SPIEGEL
BUCH

Buch

»Keine Feier ohne Meyer!« war im Sommer 1978 an Westberliner Fassaden zu lesen: Till Meyer, Mitbegründer der »Bewegung 2. Juni«, war in einer spektakulären Aktion mit Waffengewalt aus dem Hochsicherheitsgewahrsam der Haftanstalt Moabit befreit worden, und die Szene frohlockte.

In diesem Buch erzählt einer aus dem innersten Zirkel der linksradikalen Terrorgruppe, die mit der Entführung des Berliner CDU-Politikers Peter Lorenz weltweit Aufsehen erregte, seine Lebensgeschichte und beschreibt seinen Weg aus der außerparlamentarischen Opposition in den Untergrund.

Meyer spannt den Bogen von seiner Kindheit und Jugend im Berlin der Nachkriegsjahre bis zu seiner Enttarnung als Agent des Staatssicherheitsdienstes der DDR im Januar 1992. In schnörkelloser Sprache und mit einem guten Schuß Selbstironie beschreibt Till Meyer einen wichtigen Teil der Geschichte der 68er Bewegung mit ihren vielfältigen Verflechtungen und abenteuerlichen Verstrickungen, von denen man so konkret bislang noch nie erfahren hat. Er scheut dabei keine Selbstkritik, steht aber zu seiner Biographie, die zugleich ein packendes Stück Zeitgeschichte ist: 40 Jahre Bundesrepublik aus der Sicht eines kompromißlosen Linken.

Autor

Till Meyer, geboren 1944 in Berlin, war APO-Aktivist und später führendes Mitglied der »Bewegung 2. Juni«. Nach dreizehn Jahren wird er 1986 aus der Haft entlassen. Meyer wurde Mitarbeiter der Abteilung XXIII (Terrorabwehr) des MfS. Heute arbeitet er als Journalist.

TILL MEYER
Staatsfeind

Erinnerungen

GOLDMANN

Umwelthinweis:
Alle bedruckten Materialien dieses Taschenbuches
sind chlorfrei und umweltschonend.

Der Goldmann Verlag
ist ein Unternehmen der Verlagsgruppe Bertelsmann

Vollständige Taschenbuchausgabe August 1998
Wilhelm Goldmann Verlag, München
© 1996 der Originalausgabe Spiegel-Buchverlag, Hamburg,
und Hoffmann und Campe Verlag, Hamburg
Umschlaggestaltung: Design Team München unter Verwendung
eines Entwurfs von Thomas Bonnie
Druck: Presse-Druck Augsburg
Verlagsnummer: 12962
KF · Herstellung: Sebastian Strohmaier
Made in Germany
ISBN 3-442-12962-1

1 3 5 7 9 10 8 6 4 2

Inhalt

Vorwort 7

I. Die Lorenz-Entführung. 9
27. Februar 1975, wir schlagen los 9 – 28. Februar, wir sind am Drücker 26 – 1. März, alles läuft nach Plan 29 – 2. März, das Ultimatum wird nicht verlängert 35 – 3. März, die Gefangenen sind frei 37 – 4. März, Lorenz darf gehen 40 – Die größte Fahndung der Nachkriegsgeschichte 44 – Wie weiter? 48 – Alles im Arsch 52 – Die ersten Festnahmen 54 – Gesucht, gejagt, gefangen 57 – Der 2. Juni wird zerschlagen 64

II. Knochenjobs und Kinderknast – der Weg in die Rebellion .. 72
Schulabschluß mit großem »B« 72 – Seemann ahoi! 73 – Junge, komm bald wieder 80 – Die Milchzahnrocker 83 – Beim Sklavenhändler 85 – Die Mauer – Ende einer Jugendliebe 91 – Trocken Brot im Kinderknast 99

III. Politisierung, Ostermarsch und APO-Trier 106
Verliebt, verlobt, verheiratet 106 – Vater, Mutter, Kind 113 – Schicksalhafte Begegnung 114 – Der 2. Juni 1967 118 – Heute nacht fliegen Mollis 127

IV. Im brodelnden Berlin 132
Die APO 132 – Kinderladen 135 – Straßenschlachten auf dem Ku'damm 137 – Anti-Wahlkampf in Trier 145 – High sein, frei sein ... 149 – Haschrebellen 152 – Die RAF 158 – Konzept Stadtguerilla 160

V. In die Illegalität 169
Der Blues formiert sich 169 – Georg von Rauch wird erschossen 178 – Anschlag auf den Jachtklub 185 – Als Guerillero in Haft 189 – Offensive und Zerschlagung der RAF 199 – Meine Mutter stirbt 203

VI. Ruinen, Hunger, Lebertran 206
Kindheit im zerstörten Berlin 206 – Schulzeit in der geteilten Stadt 218 – Ab nach drüben 233

VII. Erster Ausbruch, zurück in den Untergrund 244
Isolationshaft 244 – Blockhütten bauen in einsamer Nacht 250 – Der Prozeß – Alles auf eine Karte 254 – Ausbruch in letzter Minute 260 – Die Anarchisten 269 – Flucht nach Paris 273 – Wieder in Berlin 281 – Verliebt im Untergrund 286 – Der Schmücker-Mord 292 – Wieder aktionsfähig 304 – Gruppenzuwachs 311 – Attentat auf Günter von Drenkmann 313 – Checken und cool bleiben 323 – Der Plan steht 326

VIII. Haft, Prozeß, Flucht und 29 Tage Freiheit 333
Ein Ausbruchsversuch 333 – Das Folterwochenende 335 – Die RAF ist wieder da 338 – Die Anklageschrift – voll daneben 342 – Deutscher Herbst 345 – Der 2. Juni meldet sich zurück 351 – Der Prozeß 354 – Dreister Ausbruch 356 – Die RAF-Stasi-Connection 363 – Manöverkritik 366 – Die Nato angreifen 372 – Verraten und verkauft 375 – Peter Lorenz im Zeugenstand 383 – Richtungskämpfe per Kassiber 390 – Hungerstreik – auf Leben und Tod 394 – Bambule vor Gericht 396 – Hochsicherheitstrakt – weiße Folter 400 – Die Bewegung 2. Juni löst sich auf 408 – Ein B-libi ist ein minderwertiges Alibi 411 – Das Urteil 416 – Beton, Beton, Beton 417 – Nachdenken über Theorie und Praxis 424 – Raus aus der Isolationshaft 429 – Riskante Liebe 431 – Von der Schippe gesprungen 437 – Willkommen in der Freiheit, Genosse 439

Epilog 444
Nachtrag 473

Vorwort

> Die Wahrheit ist eins;
> der Irrtum vielfältig.
> Es ist kein Wunder,
> daß die Rechte den Pluralismus lehrt.
>
> *Simone de Beauvoir*

Bekanntlich schreiben die Sieger die Geschichte. Ich gehöre zu den Verlierern. Als ich geboren wurde, hatte Großdeutschland den Krieg verloren, als ich 50 Jahre alt wurde, gab es das große Deutschland wieder. Dazwischen lagen 50 Jahre kalter Krieg. Von dieser Zeit erzählt mein Buch. Es erzählt von der Kindheit und Jugend im kalten Krieg in der Frontstadt Berlin, von meiner Chancenlosigkeit als Kriegshalbwaise und jüngstes von sechs Kindern. Vor allem aber erzählt es von meinen kompromißlosen Versuchen, ein anderes, ein besseres Leben zu erkämpfen. Diese Entschlossenheit habe ich mit 13 Jahren Haft bezahlt. Meine Lebensgeschichte habe ich in einer Zeit aufgeschrieben, in der landauf, landab nach Kräften daran gearbeitet wird, die Begriffe links und rechts, oben und unten zu verwischen. Ich komme von unten, und ich bin Sozialist. Der Aufbruch der 68er hat auch mich mitgerissen. Doch gehöre ich nicht zu jenen, die heute ihre eigene Geschichte verleugnen. Ich bereue nichts.

Als Zeitzeuge bin ich nicht Träger der historischen Wahrheit, sondern nur Zeuge eines historischen Prozesses, den ich mit subjektivem Blick wahrgenommen habe. Alles, was ich hier aufgeschrieben habe, hat sich so zugetragen. Um nicht im nachhinein noch die Akten der Verfolgungsbehörden zu komplettieren, habe ich verschiedentlich Orte, Zeiten und Namen verändert oder ganz weggelassen.

Auch wenn der Stadtguerillakampf in dieser historischen Phase scheitern mußte – wir haben es versucht und bewiesen, daß es möglich ist.

Berlin, im Juni 1996

I. Die Lorenz-Entführung

27. Februar 1975, wir schlagen los

Bist du auch aufgeregt?« Ella blickte mich über den Rand ihrer Kaffeetasse an. »Nein, nicht doll, ich habe ein gutes Gefühl für heute.« Kaum hatte ich das gesagt, spürte ich, wie mir der Schweiß aus den Achseln lief. So war das immer vor einer Aktion, und jedesmal hörte es erst unmittelbar vor dem Einsatz auf. Noch einmal gingen wir Ellas Part durch. »Du mußt vor allem ab 9 Uhr in der Fidicinstraße stehen. Egal, wo du da einen Parkplatz kriegst, wir sehen dich schon. Um 8 Uhr 45 stellst du den Polizeifunk an und läßt das Band mitlaufen. Alles wie besprochen.« Wortlos beendeten wir unser Frühstück. Es war sechs Uhr morgens. Der Wetterbericht meldete noch leichten Frost in den Morgenstunden, aber ab dem Vormittag einsetzendes Tauwetter. Ella drehte lachend das Radio etwas lauter: »Siehste, sogar das Wetter ist auf unserer Seite.«

Alles paßte in die kleine Leinentasche: der graue Monteurkittel, das grüne Cordhütchen und die Handschuhe, obendrauf der Schuhkarton, randvoll gefüllt mit Krähenfüßen. Klackend repetierte ich ein letztes Mal das ganze Magazin der Pumpaction – alle Schrotpatronen zogen sauber durch und flogen glatt raus. Vier Schuß im Magazin, einer im Lauf. Die Firebird-Pistole war top, und ich steckte sie jetzt ohne nochmalige Überprüfung ins Holster am Hosenbund. Das Reservemagazin und ein Dutzend Schrotpatronen verschwanden in den Innentaschen meiner Lederjacke. »Hast du jetzt alles?« Ella reichte mir das bunte Halstuch. Natürlich: das Tuch und die dunkelrandige Hornbrille – meine Maskierung. Die Gedanken waren mitten in der Aktion, zum x-ten Mal spielte sich im Kopf ab, was erst geschehen sollte. Wenn, wenn ... wenn alles so läuft, wie wir geplant hatten ... müßte es klappen. Den Gedanken, daß es schiefgehen könnte, ließ ich an diesem Morgen gar nicht mehr aufkommen. Geschäftig wuselten wir durch die Wohnung. Völlig unnötig kontrollierte ich noch einmal den Keller und den Laden, ob auch dort alles an seinem Platz stand. Es war soweit, ich mußte pünktlich sein. Lederjacke an, Brille auf und los. »So, jetzt noch einmal Uhrenvergleich.« Es war auf die Sekunde genau 6 Uhr 48. Der Abschiedskuß war lang und innig. Beide dachten wir das gleiche, ohne es auszusprechen: Wenn's schiefgeht, war dies der letzte Kuß. Wortlos gingen wir auseinander. Ella hob beide Hände und zeigte lachend, wie sehr sie uns die Daumen drückte.

Die Frostperiode der letzten Wochen war gebrochen. Milde Luft empfing mich, und in den Gestank aus Tausenden von Braunkohleöfen brachte der leichte Wind schon einen Hauch von Frühlingsluft. Obwohl es fast hell war, leuchtete gegenüber noch das Reklameschild der CDU-Kreisgeschäftsstelle Kreuzberg. Die Straße war menschenleer und ruhig. Auf dem Chamissoplatz quartschte bereits der Boden unter meinen Schritten, und die verdreckten Haufen des letzten Schnees am Straßenrand gaben kleine Rinnsale von Tauwasser ab. »Keine Glatteisgefahr, kein Matsch. Das ist gut für uns.« Die Tasche geschultert, lief ich in schnellen Schritten durch das morgendliche Kreuzberg in Richtung Aktionswohnung. Ich hatte nur die nächsten Stunden im Kopf, und der Versuch, jetzt an nichts zu denken, wollte ums Verrecken nicht gelingen. An »nichts« kann man nicht denken. »Der Weg. Achte jetzt auf den Weg, nicht direkt in die Fidicinstraße.« Arndtstraße, dort in eins meiner »Durchgangshäuser«, über den Hof, über den kleinen Zaun, in der Heimstraße wieder raus. Ich war sicher: Hinter mir war niemand. In der Fidicinstraße hasteten die Menschen zur U-Bahn-Station am nahen Mehringdamm, hier und dort luden Lieferanten ihre Ware ab. Nichts war ungewöhnlich. Hinterhaus dritter Stock. Ich war der letzte, aber diesmal pünktlich. Wir hatten eine Stunde Zeit für die letzte Einsatzbesprechung. Ich fühlte wieder den Schweiß. Es herrschte betont fröhliche Stimmung. Alle überspielten die Anspannung mit Freundlichkeiten und Witzchen. »So, jetzt zur Sache.«

Atze hatte auf dem niedrigen Couchtisch die Straßenskizze ausgebreitet. Noch einmal wurden der Plan und die Rollen der einzelnen Akteure durchgesprochen, und jeder, der noch Fragen hatte, sollte die jetzt stellen. Lauthals ging es durcheinander. »Ruhe, seid ihr denn verrückt geworden«, zischte Tuss dazwischen. Skepsis oder das berühmte »Was-ist-wenn . . .« kamen nicht mehr auf. Alle waren eher ausgelassen, aufgedreht und voller Tatendurst. »Laßt uns noch mal die Waffen checken und was zum Einsatz sagen, falls . . .«, warf ich in die Runde. Wir hatten sechs Pistolen dabei, ein Repetierschrotgewehr, eine Kalaschnikow, einen Nebeltopf und einen Schuhkarton voller Krähenfüße. »Tarzan, sei sanft mit dem Eisenrohr, mit Gefühl und bloß nicht zu dolle.« Er sollte den Chauffeur niederschlagen. Vor dem Klo der Einzimmerwohnung stand Lucky. »Mann, bin ich aufgeregt. Sollen wir uns den genehmigen?« Sein Blick wanderte zu einem Regal, in dem eine halbvolle Taschenflasche Weinbrandverschnitt stand. »Sollen wir? Los! Jeder einen Schluck, kann man doch, wa?« Der Schnaps brannte in der Kehle und tat richtig gut.

»Wie sehe ich aus?« Tuss hatte ihre feuerrote Perücke aufgesetzt. »Prima«, alle lachten über ihr schrilles Outfit. »Ein Hängerchen an, und du siehst aus wie Pippi Langstrumpf.« – »Es wird Zeit, wir müssen los. Vergleicht noch mal eure Uhren«, forderte Atze. Es war 7 Uhr 45. »Habt ihr auch alles? Die Funkgeräte? Na, dann . . . viel Glück, Genossen.« Tuss hielt den ersten vier die Tür auf. Sie mußten noch den Lkw holen. »Eine Zigarettenlänge, dann sollten auch wir los«, unterbrach ich die plötzlich entstandene Stille. Gemeinsam räumten wir schnell die Spuren unseres Zusammentreffens in der Wohnung weg. Als wir gingen, gab es keinen Hinweis mehr auf unsere Anwesenheit. Im Treppenhaus spürte ich, daß ich endlich aufgehört hatte zu schwitzen. Das Durcheinander in meinem Kopf verwandelte sich in klare Bilder.

Tuss fuhr den roten Fiat, ich saß auf der Rückbank des Viertürers. Wortlos steuerte sie das Auto durch den dichten Morgenverkehr in Richtung Zehlendorf. Langsam zog ich mich um: den grauen Kittel über die Lederjacke, das Tuch lose um den Hals geschlungen, mein Cordhütchen und die dunkle Brille auf. Die Handschuhe hatte ich schon seit Betreten der Aktionswohnung an den Händen. Ich war nicht mehr zu erkennen. »Jetzt kommt die Stelle«, sagte Tuss, als wir den Quermattenweg entlangfuhren. Kurz vor dem Ithweg stand unser Deckungswagen unbehindert an der Stelle, wo wir ihn am Abend zuvor abgestellt hatten. Als wir die Einmündung Ithweg passierten, war auch der Lkw bereits da. »Die stehen goldrichtig«, stellte ich fest. Gerade sahen wir noch Tarzan im Wald verschwinden. Sobald der Mercedes mit Lorenz auftauchte, würde er oben an der Straße stehen und den Lkw rauswinken, so daß der Mercedes stoppen müßte.

Unser ausgeguckter Parkplatz war frei. Tuss schlug rückwärts ein und stellte den Motor ab. Wir hatten die Ecke Quermattenweg/Fischerhüttenstraße genau im Auge. Um diese Ecke mußte er kommen. »Und wenn er nun doch heute eine andere Strecke nimmt?« schoß es mir plötzlich durch den Kopf. Ich verdrängte den Gedanken und konzentrierte mich wieder auf die Straße. Alle waren planmäßig vor Ort, und die Zeit hatten wir genau eingehalten: Es war 8 Uhr 30. Um uns herum war alles ruhig. Ein paar Mal kamen Hausfrauen auf dem Einkaufsweg dicht an uns vorbei. Inzwischen waren die Scheiben des Autos vollkommen beschlagen, und man konnte mit Sicherheit nichts von uns sehen. »Soll ich mal das Funkgerät ausprobieren?« Das Gerät lag inzwischen auf meinem Schoß, und ich hatte es bereits eingeschaltet. »Nee, besser nicht unnötig in den Äther gehen, es wird schon funktionieren.« Ich rauchte. Wir warteten schweigend, schauten abwechselnd mal auf die Uhr, mal auf die Straßenecke. Ich war jetzt innerlich ruhig und voll konzentriert.

Gerade drückte ich die Kippe aus, da sah ich von hinten, wie Tuss sich anspannte und zum Zündschlüssel griff: »Da ist er, er kommt!« Als ich mich zur Seite auf die Sitzbank warf, sah ich gerade noch den schwarzen Mercedes in den Quermattenweg einbiegen. Im selben Augenblick startete Tuss und fuhr langsam los. Während sie beschleunigte, ging ich auf Sendung und rief mehrmals aufgeregt ins Mikrofon: »Er kommt, er kommt, er kommt!« Kein Okay. Kein Wort drang aus dem Gerät. Das verdammte Ding schwieg. Noch mal: »Er kommt, er kommt!« Nichts. »Hat der jetzt verstanden oder was? Die antworten nicht«, rief ich. »Bleib unten, die haben verstanden, der Lkw setzt gerade rückwärts auf die Straße«, kommandierte Tuss, die im Gegensatz zu mir alles sehen konnte. Hastig verstaute ich das Versagergerät in der Tasche und griff die Pumpaction. Wir fuhren langsamer. »Paß auf Paul, jetzt bumst's«, warnte Tuss. Ein abruptes Abbremsen, und dann krachte es auch schon. Gefühlvoll hatte sie den Fiat hinten auf den Mercedes gesetzt. Gleichzeitig rissen wir die Türen auf, und mit einem Satz war ich auf der Straße, die durchgeladene Pumpaction auf Hüfthöhe in Anschlag. Mein erster Blick ging den Quermattenweg hoch, kein Auto, nichts, niemand war Lorenz gefolgt. Eine Drehung um die eigene Achse: Links auf dem Bürgersteig, weniger als zwanzig Meter entfernt, stand ein Mann mit einem Hund an der Leine. Wie angewurzelt starrte er auf die Szene. Weiter hinten kam eine Frau mit ihrer Einkaufstasche näher. Sonst nichts. Der Fiat stand Stoßstange an Stoßstange mit dem Wagen von Lorenz, dessen vier Türen weit aufgerissen waren. Ich sah gerade noch, wie Tuss hinten in dem Mercedes verschwand. Der Lkw rangierte bereits wieder langsam in den Ithweg zurück und gab die Straße frei. An der Bordsteinkante, fünf Meter entfernt von mir, lag Lorenz' Fahrer auf dem Boden und stöhnte. Plötzlich fing er an zu schreien: »Hilfe, Hilfe!« und versuchte sich aufzurichten. Ich ging in die Hocke und richtete drohend die Waffe auf ihn. Er schwieg, kroch aber langsam auf den Bürgersteig zu. Der Motor heulte auf, die Türen knallten, und mit quietschenden Reifen fuhr der Mercedes los. Im Wageninneren konnte ich nur fuchtelnde Arme und Beine erkennen.

Von der Fischerhüttenstraße her näherte sich ein Volkswagen, der erst wenige Meter vor mir zum Stehen kam. Die blonde Frau hinter dem Steuer schlug entsetzt die Hände vor den Mund, als ich die Waffe direkt auf sie richtete. Schnell griff ich mir die Tasche vom Rücksitz des Fiats und hastete zum Deckungswagen, den Lucky gerade startete. Die Aktion hatte bislang keine Minute gedauert. Ein Blick zurück: Alle Augenzeugen standen unbeweglich an ihrem Platz. Nur der Fahrer von Lorenz begann, sich langsam an einem Laternenpfahl aufzurichten und wieder laut um Hilfe zu rufen. Der Mercedes war schon fast außer Sichtweite. »Mist, ich hab' das Funkgerät im Lkw liegenlassen«, fluchte Lucky. »Egal, jetzt ist es zu spät, gib Gas!« Während wir mit über 150 Stundenkilometern die Onkel-Tom-Straße entlangrasten, fingerten wir zugleich an der Sitzbank herum. »Verdammt, geht das Ding nicht weiter zurück?« Wir klemmten stocksteif dicht hinter dem Armaturenbrett und fanden den Mechanismus zum Verstellen der Bank nicht. »Scheiße, wir müssen uns jetzt auf anderes konzentrieren.« Als der Mercedes links in den Hüttenweg einbog, waren wir wieder dicht hinter ihm. »Mensch, kiek mal, dem hängt ja die Windschutzscheibe quer!« Tatsächlich, die Frontscheibe des Mercedes war aus der Fassung geflogen und hing jetzt verkantet im Rahmen. »Die müssen die rausschmeißen und jetzt hinten die Fenster aufmachen«, rief Lucky. Im Konvoi und mit Höchstgeschwindigkeit jagten wir in Richtung Autobahnauffahrt. Beim Rechtsabbiegen auf die Avus flog die Windschutzscheibe plötzlich mit lautem Gescheppter auf die Straße. »Die sind sie los. Krähenfüße!« Lucky bremste ab, fuhr die Rechtskurve weit nach links aus, während ich mit beiden Händen aus dem Fenster heraus die Krähenfüße auf den Asphalt der Autobahnauffahrt warf. Als ich mich umdrehte, sah ich noch, wie sie über die Fahrbahn sprangen und sich schön gleichmäßig über die ganze Breite der Auffahrt verteilten. Schon weit entfernt raste der Mercedes auf der Überholspur in Richtung Funkturm. »Hundertsechzig, mehr macht die Kiste nicht. Aber wir sind in Sichtkontakt. Bullen! Paul, da vorne fahren Bullen!« Jetzt sah ich sie auch: Auf der rechten Fahrspur zockelte ein Streifenwagen gemächlich dahin. Noch hatte der Polizeifunk nichts gemeldet, was sich aber jede Sekunde ändern konnte. Ich griff nach der Pumpaction zu meinen Füßen. Der Mercedes raste mit unverminderter Geschwindigkeit am Streifenwagen vorbei. Nichts passierte. Einen Bruchteil von Sekunden auf gleicher Höhe, sah ich die beiden Beamten ins Gespräch vertieft. Keiner von ihnen beachtete den Verkehr. Zissssch, und wir waren vorbei – es gab damals noch keine Geschwindigkeitsbegrenzung auf der Avus. Ich starrte nach hinten. Würden sie Blaulicht einschalten und Fahrt aufnehmen? Nein. »Au, verflucht, war das brenzlig!« Sekunden später hatten wir sie aus den Augen verloren. Auf der Neuen Kantstraße waren wir wieder direkt hinter den anderen. Von Lorenz war in dem Auto nichts zu sehen, alle anderen saßen ruhig auf ihren Plätzen. »Die haben dem schon die Spritze gegeben und ihn gefesselt, da scheint wohl alles in Ordnung zu sein.« Langsam bog der Mercedes in die Tiefgarage ein und verschwand aus unserem Blickfeld.

Wir parkten den Ford gleich am Anfang der Trendelenburgerstraße und verschwanden Sekunden später im Haus Nummer 22. Im Keller griffen wir uns die Motorradhelme aus dem Versteck, Kittel und Hütchen verschwanden mitsamt dem Gewehr in der Leinentasche. Wortlos überquerten wir zügig den Hof, überkletterten einen hohen Maschendrahtzaun und verließen gemächlichen Schrittes das Haus Nr. 17 in der Suarezstraße. Ein paar Schritte weiter stand das Motorrad. »Was machen wir jetzt wegen des Funkgeräts? Wir müssen denen Bescheid sagen, daß wir es nicht mehr haben.« Dafür blieb keine Zeit. Wir einigten uns schnell darauf, sie notfalls mit Handzeichen zu warnen.

Es ging los. Die Tasche hatte ich mir vor den Bauch gehängt und mich dicht an Lucky geklammert. An der Neuen Kantstraße, vis à vis der Garagenausfahrt, warteten wir. Kaum zwei Minuten später kamen sie die Auffahrt herauf. Auch da hatte also alles geklappt. Zuerst der Golf mit Tarzan, Tuss und Lorenz im Kofferraum. Direkt dahinter der Audi als neuer Deckungswagen mit Atze und Tim. Der Golf fuhr langsam an uns heran: »Das Gerät?« Tuss hatte die Scheibe heruntergekurbelt. »Im Lkw vergessen, wir geben Handzeichen und kommen euch entgegen, wenn was ist.« – »Scheiße, aber los.« Meine Uhr zeigte 9 Uhr 02. Es waren erst neun Minuten vergangen. Bis jetzt hatte alles geklappt wie am Schnürchen. Obwohl die Sonne schien, war es auf dem Motorrad saukalt. Doch vor lauter Erleichterung, daß zumindest der erste Teil der Aktion gelungen war, spürte ich den scharfen Wind kaum. Während Lucky die Kantstraße in Richtung Innenstadt brauste, überkam mich auf dem Sozius ein noch nie erlebtes Hochgefühl und eine richtige Siegeseuphorie. »Eins in die Fresse der Herrschenden, jetzt müßt ihr mit uns verhandeln.« Kantstraße, Lewishamstraße, Fehrbelliner Platz, immer in Sichtweite des Konvois. Alles ruhig, keine Polizei. Auf Seitenstraßen durch Schöneberg und über die Brücke der Monumentenstraße rüber nach Kreuzberg. Nichts. Die Brücke als Tor nach Kreuzberg war frei, der letzte neuralgische Punkt.

Wir stoppten direkt neben Ella, die an der verabredeten Stelle parkte. »Wir haben ihn, los, hinter uns her.« Sie strahlte, die unvermeidliche Zigarette flog aus dem Fenster, und sie fuhr an. Jetzt war die Hölle los. Von überall hörten wir nun die Sirenen der Streifenwagen. Wir hielten genau auf das Polizeipräsidium in der Jüterboger Straße zu. Die Wannen kamen uns eine nach der anderen mit Blaulicht und Sirenen entgegen. Ich mußte lachen und klopfte Lucky siegessicher auf die Schulter. Am Präsidium vorbei und links in die Lilienthalstraße. Von allen Seiten hörten wir jetzt die Sirenen, aber Polizei sahen wir hier nicht mehr. An der Friedhofseinfahrt stoppte Lucky, ich stieg ab. Er wollte das Motorrad abstellen, um dann mit Tim zusammen den Audi in die Garage nach Tegel zu bringen. »Ich hau jetzt ab. Alles Gute, bis gleich.« Schon knatterte er in Richtung Südstern davon.

Ella war mit dem Transit, dicht gefolgt von dem Golf, inzwischen auf dem Friedhofsweg verschwunden und von der Straße her nicht mehr zu sehen. Ein kurzes Kopfnicken zu den Genossen im Audi, die an der Straße sicherten, und dann mit eiligen Schritten zum zweiten Umladeplatz. Kofferraum an Heckklappe. Wir waren allein, hier war niemand außer uns. Jetzt sah ich ihn zum ersten Mal. Lorenz lag zusammengekrümmt im Kofferraum des Golfs, die Hände mit Handschellen vor dem Bauch gefesselt und die Augen mit einem Tuch verbunden. Wortlos packten wir ihn zu viert und hoben ihn blitzschnell auf die Ladefläche des Transits. Tuss, Tarzan und ich hinterher. »Bis gleich«, Atze warf die Klappe zu und verschwand mit dem leeren Golf in Richtung Lichterfelde. Lorenz war noch bei Bewußtsein. »Mensch, der ist ja noch wach«, entfuhr es Tarzan. Während Ella schon losfuhr, gelang es uns dreien unter großem Kraftaufwand, den Mann in der Kommode zu versenken. »Verflucht, der ist ja noch schwerer und größer, als wir dachten«, bemerkte ich in unsere Anstrengung hinein. Plötzlich, noch während ich ihn zurechtrückte, war das Tuch verrutscht, und Lorenz blickte mir aus wenigen Zentimetern Entfernung direkt ins Gesicht. Mit einem Ruck hatte ich das Tuch wieder runtergezogen. »Verdammt«, zischte ich leise, »habt ihr das gesehen?« – »Egal, so ganz ist er doch nicht mehr da«, flüsterte Tuss mir zu. Lorenz' Bewegungen waren in der Tat unkontrolliert, und seine Stimme war eher ein Gemurmel und fast unverständlich. Wir spürten, daß er sich mit aller Kraft gegen die Betäubung wehrte. Aber die Spritzen hatten bereits gewirkt. Als wir den Friedhofsweg verließen, hörten wir, mal von nahem, mal von weitem, wieder die Polizeisirenen. Auf dem kürzesten Weg fuhren wir in die Schenkendorfstraße zu unserem Secondhand-Laden. Vorbei an mehreren Polizeiwannen, die uns immer noch entgegenkamen und zu ihren Einsatzorten rasten. Der unscheinbare graue Lieferwagen fiel niemandem auf. Wir fühlten uns sicher.

Direkt vor dem Laden, in dessen Keller wir in monatelanger Arbeit das Volksgefängnis eingebaut hatten, war ein Parkplatz frei. Dummerweise standen aber vor dem Hauseingang drei Frauen ins Gespräch vertieft. »Das ist die türkische Hauswartsfrau aus unserem Haus mit zwei anderen Plaudertaschen«, rief Ella nach hinten. »Scheiße, solange die da stehen, können wir auch nicht raus«, murmelte ich. Wir warteten schweigend. Über die nahe Bergmannstraße jaulten immer noch ununterbrochen die Sirenen der Polizeiwagen. »Jetzt erst ist ihre Alarmfahndung in Gang gekommen. Genau 27 Minuten haben die gebraucht«, flüsterte Tuss. Nach einer endlos langen halben Stunde hatten die drei Frauen ihr Schwätzchen beendet und zogen von dannen. Ella schloß die Ladentür auf, und ohne gesehen zu werden, stiegen wir von der Ladefläche. »Vier Träger, vier Ecken.« Tarzan begann die Kiste nach vorne zu schieben. Unsere Arme wurden immer länger. Der schwere Mann und die solide Eichenkommode hatten ihr Gewicht. Und wieder ein Malheur: Plötzlich öffnete sich der Deckel der Kommode einen Spalt und der graue Wuschelkopf von Lorenz war für einen Moment zu sehen. Einer von uns war beim angestrengten Tragen mit der Schulter an den Deckel geraten und hatte diesen unabsichtlich hochgedrückt. Hätte man aus der CDU-Bezirksstelle gegenüber, deren Leuchtreklame immer noch brannte, auf die beiden Frauen und Männer geguckt, die sich da mit einer schweren Kommode abmühten, wer weiß, vielleicht hätten sie dann sofort gewußt, wo ihr Vorsitzender war. Aber niemand hatte etwas mitbekommen. Erschöpft und erleichtert atmeten wir auf, als die Kommode endlich im Laden stand. Noch eine letzte Anstrengung, und wir hatten das gewichtige Möbelstück in den Raum über dem Volksgefängnis bugsiert. Hier konnte uns niemand mehr sehen. Pause. In der Kiste war alles ruhig.

Im hinteren Raum hörte ich als erstes leise den Polizeifunk ab. Ein heilloses Durcheinander und offensichtliche Konfusion: »Dora 17, Dora 18, Anna 27, Walroß 1, wo bleiben Sie? Nehmen Sie Ihre Standorte ein.« Stimmengewirr, Befehle, Vollzugsmeldungen. »Kommen Sie über Draht. Gesucht wird ein roter Ford Kombi mit dem amtlichen Kennzeichen B-VE 314. Ich wiederhole. An Eigensicherung denken.« Viel mehr war dem Chaos im Äther in dieser Stunde nicht zu entnehmen. Also den Ford suchten sie schon. Die Zehn-Uhr-Nachrichten des SFB meldeten: »Der Berliner CDU-Vorsitzende und Spitzenkandidat für die Wahlen zum Abgeordnetenhaus am kommenden Sonntag, Peter Lorenz, ist in den frühen Morgenstunden entführt worden. Eine abscheuliche Tat terroristischer Gewalttäter . . .« An allen wichtigen Kreuzungen, an allen Brücken und Plätzen Westberlins massives Polizeiaufgebot. Zur Fahndungshilfe nach den anarchistischen Gewalttätern sei die gesamte Polizei auf den Beinen, unterstützt von 2000 Funktaxifahrern, BVG-Busfahrern und den Alliierten. Fünf Hubschrauber befänden sich in der Luft. An den Grenzübergangsstellen in die Bundesrepublik werde jedes Fahrzeug scharf kontrolliert, selbst Krankenwagen angehalten. Die Großfahndung lief auf vollen Touren.

Atze traf als erster ein. Ohne Probleme hatte er den Golf in die Garage nach Lichterfelde gebracht und war mit der BVG zurückgekommen. Triumphierend schwenkte er eine dicke, schwarze Aktentasche: »Die haben wir noch schnell mitgenommen, sie gehört ihm.« Unter großer Kraftanstrengung hoben wir den schweren Mann, der jetzt wieder versuchte zu sprechen und immer noch nicht ganz ohnmächtig war, aus der Kommode. Von allen Seiten gestützt, konnten wir ihm einen Tragegurt um die Achsel schlingen, um ihn so durch die Luke die steile Leiter ins Volksgefängnis hinunterzulassen: die beiden Kräftigsten oben, die beiden Frauen und ich unten. Vorsichtig ließen wir den halbbetäubten Mann runter und trugen ihn auf das vorbereitete Bett. Bevor wir ihm die Handschellen und die Augenbinde abnahmen, zogen wir uns alle die Kapuzen über. Ich schloß die Zelle mit dem Vorhängeschloß sorgfältig ab. Puh, jetzt liegt er erst mal da!

Ella hatte inzwischen vorne den Secondhand-Laden, den wir zur Tarnung eingerichtet hatten, ordnungsgemäß geöffnet und konnte sogleich als »erste Kunden« Lucky und Tim begrüßen. Auch sie waren ohne Probleme quer durch die Stadt nach Tegel und zurück gekommen. Alle waren da, die Aktion hatte bis hierher hervorragend geklappt. Jetzt aber begann der schwierigste Teil: nicht entdeckt zu werden und die Nachrichtenübermittlung.

Jeder wollte ihn sehen. Da wir nur vier Kapuzen hatten, ging das nur schubweise. Um 14 Uhr setzten wir uns zu einer ersten Bilanz und Manöverkritik zusammen. Lorenz schlief jetzt tief. Mit gedämpfter Stimme berichtete jeder über seinen Part und die Vorkommnisse. »Das eine Funkgerät ist im Lkw liegengeblieben«, sagte ich. »Habt ihr den Funkwagen auf der Avus überhaupt bemerkt? Das war eine verflucht gefährliche Situation, Gott sei Dank hatten die noch keinen Alarm. Was war denn in dem Auto bei Lorenz los, hat der sich gewehrt?« wollte ich wissen. Tim berichtete: »Ja, ja, als wir ihn nach hinten zogen, hat der sich gewehrt und dermaßen mit den Füßen getreten, daß die Scheibe rausgeflogen ist. Aber nach der Spritze wurde er dann ziemlich schnell ruhiger.« »Na, ist ja noch mal alles gutgegangen.« Atze drängelte, die erste Wache mußte runter. Um 15 Uhr meldeten die Nachrichten, daß der Wagen von Lorenz in der Tiefgarage gefunden worden sei und dicht dabei auch der gesuchte Ford Konsul in der Trendelenburger Straße: außer einer Spritzkanüle im Mercedes und einem einzelnen Krähenfuß in dem Ford keine Spuren.

Erst am späten Nachmittag würde die Wirkung der Spritze nachlassen und Lorenz wieder voll zu Bewußtsein kommen. Atze und ich zogen die Overalls und die Kapuzen über und gingen als erste Wache runter. Die anderen hörten leise die Nachrichten und den Polizeifunk ab und begannen mit der Formulierung des ersten Kommuniqués. »Jetzt wird er wach.«

Wir hatten den Gefangenen unaufhörlich beobachtet. Der setzte sich benommen in seinem Bett auf und fragte sofort durch das Gitter hindurch: »Wo bin ich, wer sind Sie?« Wir sahen mit unserer Montur und den Masken, ich die Kalaschnikow im Anschlag, furchterregend aus. »Bleiben Sie ruhig, dann wird Ihnen nichts geschehen. Alle Ihre Fragen werden wir Ihnen noch beantworten. Vor allen Dingen bleiben Sie jetzt ruhig und folgen Sie unseren Anordnungen. Dann passiert Ihnen nichts.« Atze hatte dem verstörten Mann in sachlichem Ton eine erste beruhigende Erklärung gegeben. Die Klappe über uns ging auf, Tuss und Tim kamen runter. »Er ist wach.« Sie hatten die Polaroid und das selbstgemalte Schild dabei. »Wir müssen jetzt ein Foto von Ihnen machen.« Tuss ging dicht an das Gitter heran und sprach Lorenz an: »Sie sind Gefangener der Bewegung 2. Juni und befinden sich in einem Volksgefängnis unserer Organisation. Wenn Sie mit uns kooperieren, wird Ihnen nichts geschehen. Sie werden ordentlich behandelt und weder gequält noch gedemütigt. Aber wir werden Sie auch verhören, und wir verlangen, daß Sie uns Auskunft geben.«

Lorenz saß immer noch auf seinem Bett und hatte schweigend zugehört. »Sind Sie nicht die, die auch Herrn von Drenkmann erschossen haben?« war seine erste Frage. »Fragen stellen nur wir«, schnauzte ich barsch. »Sie müssen das Schild halten!« Darauf stand: »Peter Lorenz – Gefangener der Bewegung 2. Juni.« Auf dem i war der Punkt kaum zu sehen. Schnell hatte ich ihn mit einem Kuli dick verstärkt. »Nein, das halte ich nicht«, weigerte er sich. Atze hatte inzwischen die Tür aufgeschlossen, und ich war in sicherem Abstand mit der MP in Position gegangen. Tim lehnte ihm das Schild kurzerhand gegen die Brust, und im Nu waren drei Bilder gemacht. Lorenz mußte seine Taschen leeren, den Gürtel abgeben und die Schnürsenkel aus den Schuhen nehmen. Tuss, ganze 156 Zentimeter, stand vor dem fast 1,90 m großen Mann und nahm ihm seine Sachen ab, Brieftasche inklusive. »Haben Sie einen Wunsch, wollen Sie etwas essen oder trinken?« Er wollte nur trinken. Auf den Riß in seiner Hose deutend, der beim Einstich der Spritzen entstanden war, sagte Tuss freundlich: »Ziehen Sie mal Ihre Hose aus, ich werde Ihnen den Riß flicken. Und hier ist neue Unterwäsche, wir hoffen, daß es die richtige Größe ist.«

Die erste Unterredung hatte in einem ganz bewußt ruhigen Ton stattgefunden. Wir wollten auf keinen Fall, daß sich seine Angst noch steigern oder er gar in Panik geraten würde. Der Mann war groß, kräftig und konnte gefährlich werden. Es war riskant, ihn auch nur für einen Moment aus den Augen zu lassen. Wann immer wir die Gittertüre aufschlossen, stand einer von uns in sicherem Abstand und bedrohte ihn mit der MP. Wir mußten ausschließen, daß er vielleicht durchdrehte und sich plötzlich auf uns stürzte. Als er sich unvermittelt und etwas verlegen für seine langen Unterhosen entschuldigte: »Ich wollte heute auf dem Markt am Rathaus Schöneberg Wahlkampf machen, und wegen der Kälte . . .«, mußten wir alle verhalten kichern. Damit entspannte sich zum ersten Mal die Situation zwischen Lorenz und uns. Nachdem er ein großes Glas Apfelsaft getrunken hatte, war er offensichtlich wieder vollends bei sich und wirkte einigermaßen ruhig und gefaßt. Jetzt wollte er natürlich wissen, was wir mit ihm vorhatten: »Wollen Sie mich töten, bin ich Ihre Geisel?« Wir hatten nicht vor, ihm diese Fragen schon jetzt zu beantworten, wollten aber gleichzeitig auch den Druck von ihm nehmen. »Warten Sie ab, Sie werden alles erfahren.« Seinen Wunsch, den Chef zu sprechen, wiesen wir lachend zurück: »Einen Chef, so etwas gibt es bei uns nicht.«

Oben war inzwischen der Entwurf für das erste Kommuniqué fertig, und ich wurde abgelöst, um den Inhalt mitzudiskutieren. Die Genossen hatten gut gearbeitet, bis auf den Anfang hatte ich mit dem Text keine Probleme, er war gut. Mir gefiel allerdings die Formulierung ». . . bewaffnete Frauen und Männer der Bewegung 2. Juni . . .« nicht. Warum nicht: »Ein Kommando der Bewegung 2. Juni . . .« – »Du wieder mit deiner RAF-Sprache«, raunzte Tim. Ich war einverstanden. Um 20 Uhr war das Kommuniqué in seiner letzten Fassung fertig, und alle hatten zugestimmt. Tuss und Ella hatten unterdessen die Aktentasche von Lorenz Papier für Papier durchsucht. Voller Empörung schwang Tuss einen Zettel: »Hier, hört mal, das ist scheinbar seine Jahresabrechnung. Über 180 000 Mark, davon hat er 50 000 unter ›Sonstiges‹ verbucht. Eine Frechheit, da leben ja glatt zwei Arbeiterfamilien ein ganzes Jahr von. Und seht mal diesen Hit hier!« Sie wedelte aufgeregt mit einem Scheck. »Ratet mal, von wem der ist! Von niemand anderem als dem Spekulantenschwein Karsten Klingbeil.«Tatsächlich, der Berliner Baulöwe, eigentlich ein Mann der SPD, schmierte offenbar alle Parteien. Es war ein Spendenscheck an die CDU in Höhe von 10 000 D-Mark. Der Inhalt der Aktentasche barg noch weitere Informationen: Preiserhöhung bei der BVG nach den Wahlen und ein Papier, das Massenentlassungen bei der Firma DETEWE ankündigte, ebenfalls nach den Wahlen. Und noch etwas Interessantes fanden wir: ein halbes Dutzend Briefe einer Mutter mit einem behinderten Kind, die sich von der CDU dringend Hilfe erflehte. Bitter beschwerte sich die Frau über die Gleichgültigkeit der Parteien, von denen ihr bisher keine geholfen habe. Verreist sei sie mit dem Kind noch nie, alles sei zu teuer, und normale Hotels würden sie mit dem kranken Kind sowieso nicht aufnehmen. Was sagt die CDU dazu? »Das könnten wir ihn ja direkt mal fragen.« In seiner Brieftasche hatte er 700 D-Mark, Ausweise, Führerschein und ein gewichtiges Adreßbuch. Außerdem fanden wir noch eine Handvoll Sticker mit dem CDU-Logo und dem Wahlkampf-Slogan »Mehr Tatkraft schafft mehr Sicherheit«. Fortan liefen wir alle mit diesem Sticker am Overall herum.

Außer den beiden, die Lorenz bewachten, hingen wir alle vor dem Radio. Die Fahndung war noch immer in vollem Gange, und die Polizei hielt noch mehr als hundert Straßensperren aufrecht. Der Staatsschutzchef mußte im Radio verkünden, daß die Polizei keinen Anhaltspunkt habe, wer die Täter seien und wo Lorenz versteckt sein könnte. In Berlin und Bonn traten die Krisenstäbe zusammen. Die Leitung des Berliner Krisenstabes hatte der Regierende Bürgermeister Klaus Schütz übernommen. Kurz nach 20 Uhr hörten wir seine erste Erklärung:»Die feige Entführung ist ein Schlag gegen alle Demokraten in unserem Lande, besonders hier in Berlin. Aber alle Parteien des Abgeordnetenhauses, das stelle ich mit Genugtuung fest, sind sich völlig einig, daß es im Augenblick nur um eins geht: Wir müsen Peter Lorenz freibekommen. Dem müssen sich alle anderen Erwägungen unterordnen.« Erleichterung, ja Euphorie machte sich unter uns breit: »Wenn das kein Signal dafür ist, daß es klappt . . .« Fernsehen und Radio verkündeten immer mehr »Ekel und Abscheu« . . . In Berlin wurde der Wahlkampf eingestellt. Für den CDU-Vorsitzenden Kohl war die

»Verschleppung von Peter Lorenz ein barbarischer Akt politischen Vandalismus'«. Es sei eine Schande, daß es gerade Peter Lorenz getroffen habe, den Mann, der seit Monaten den Verfall der öffentlichen Sicherheit angeprangert habe. An diesem Abend gab es niemanden aus Politik, Parteien und Gewerkschaften, der sich nicht zu Wort meldete und die Tat mindestens »abscheulich« nannte und seine »tiefe Betroffenheit« kundtat. Nach der Analyse der diversen Statements wurde uns immer klarer, daß wir ins Schwarze getroffen hatten und die Bedingungen nach unseren Konditionen bestimmen konnten. Nur Bundeskanzler Helmut Schmidt dämpfte unsere erste Hochstimmung, er sprach sibyllinisch von »einer Herausforderung des Rechtsstaates« und schien noch keine Entscheidung gefällt zu haben.

Gegen 23 Uhr verließ Ella die Ladenwohnung, um das erste Kommuniqué noch rechtzeitig in einen Briefkasten irgendwo in Charlottenburg zu werfen. An die Deutsche Presseagentur Berlin, Savignyplatz 5. Fein säuberlich abgewischt, ausreichend frankiert und per Eilboten.

»Mitteilung:
Heute morgen haben bewaffnete frauen und männer der bewegung 2. juni den parteivorsitzenden der berliner cdu, deren spitzenkandidaten für die abgeordnetenwahlen am 2. märz, Peter Lorenz, gefangengenommen. Die entführung mußte bewaffnet durchgeführt werden, da LORENZ sich auf einen solchen fall vorbereitet hatte, sein chauffeur und leibwächter war mit einer schußwaffe ausgerüstet.
Peter LORENZ ist gefangener der bewegung 2. juni. Als solcher wird er nicht gefoltert oder unmenschlich behandelt; im gegensatz zu den über 60.000 gefangenen in den zuchthäusern der brd und berlin. Als unser gefangener wird es ihm besser gehen als den häftlingen in den staatsknästen, allerdings wird ihm auch nicht der komfort seiner zehlendorfer villa zugute kommen.
P. LORENZ wird verhört werden. Er wird über seine verbindungen zur wirtschaft, zu den bossen und zu faschistischen regierungen erzählen müssen.
LORENZ ist von uns entführt worden, weil er als vertreter der re-

aktionäre und bonzen verantwortlich ist für akkordhetze und bespitzelung am arbeitsplatz, für den aufbau von werkschutz und anti-guerillagruppen, für berufsverbote, das neue demonstrationsrecht, verteidigereinschränkung und für die aufrechterhaltung des diskriminierenden paragraphen 218.

Als cdu-chef hat er sich zum propagandisten des zionismus, der aggressiven eroberungspolitik des staates israel in palästina gemacht, und nimmt durch besuche in israel und geldspenden an der verfolgung und unterdrückung des palästinensischen volkes teil.

Genauso hat er blutigen anteil am militärputsch durch pinochet und konsorten in chile. Seine partei ist es, die die junta durch geldspenden die repression ausführen läßt, die jede freiheitliche gesinnung erbarmungslos verfolgt und blutig niederschlägt, tausende von chilenen in KZs foltert und ihre macht durch tägliche blutbäder aufrechterhält.

UNSERE FORDERUNGEN:

1. sofortige freilassung, d.h. annullierung der urteile, der gefangenen, die bei demonstrationen anläßlich der ermordung des revolutionärs holger meins in berlin verhaftet und verurteilt sind. Diese forderung ist innerhalb von 24 stunden zu erfüllen.

2. sofortige freilassung von

VERENA BECKER
GABRIELE KRÖCHER-TIEDEMANN
HORST MAHLER
ROLF POHLE
INA SIEPMANN
ROLF HEISSLER

die in westdeutschland gefangen gehaltenen genossen KRÖCHER, POHLE und HEISSLER sind binnen 48 stunden nach Westberlin einzufliegen. eine BOEING 707 hat in Westberlin vollgetankt und mit 4 mann besatzung bereitzustehen. die obengenannten genossen werden bis zu ihrem reiseziel von einer person des öffentlichen lebens begleitet. die person ist der pfarrer und bürgermeister a.d. HEINRICH ALBERTZ. außerdem sind den sechs genossen jeweils 20.000,– D-Mark auszuhändigen. diese forderungen sind binnen 72 stunden zu erfüllen.

3. veröffentlichung dieser mitteilung in form von anzeigen in folgenden tageszeitungen:

BZ, Tagesspiegel, Abend, Hamburger Morgenpost, Weserkurier, Hannoversche Allgemeine Zeitung, Westdeutsche Allgemeine Zeitung, Frankfurter Rundschau, Süddeutsche Zeitung, Kölner Stadtanzeiger, NRZ, TZ, FAZ.
die anzeigen sind von der cdu zu bezahlen.

während der ganzen zeit seiner gefangenschaft fordern wir absolute waffenruhe von seiten der polizei. keine präsenz auf den straßen, keine kontrollen, keine hausdurchsuchungen, keine festnahmen, keine fahndungsphotos, keine fahndungsersuchen an die bevölkerung. bei nichterfüllung oder auch nur dem versuch der täuschung ist die unversehrtheit des gefangenen bedroht!
alle forderungen sind gleich wichtig!
wir wollen keine geheimverhandlungen – dem volk darf nichts verborgen bleiben!
nachrichten des staatsapparates an uns und ablauf der freilassung der genannten genossen samt ihrem abflug müssen über funk und fernsehen abgewickelt werden.
bei präziser erfüllung aller forderungen ist die unversehrtheit und freilassung des gefangenen LORENZ garantiert. andernfalls ist eine konsequenz wie im falle des obersten richters G. v. Drenkmann unvermeidbar.

an die genossen im knast:
wir würden gern mehr genossen von euch herausholen, sind aber bei unserer jetzigen stärke nicht dazu in der lage.

an die bevölkerung berlins:
die organe des staates werden in den nächsten tagen eine hetz-

kampagne gegen uns führen, sie werden versuchen, euch in eine fahndung nach uns einzubeziehen. leistet keine unterstützung, laßt die polizei, die bonzen und die presse unter sich.

FREIHEIT FÜR ALLE GEFANGENEN!!!!!!
bewegung 2. Juni«

Obwohl wir hundemüde waren, ging keiner schlafen. Alle wollten noch auf Ella warten. Es war weit nach Mitternacht, als sie endlich wieder zurück war. »Hier, seht mal, die ›Morgenpost‹ hat eine Sonderausgabe herausgebracht.« Wir stürzten uns alle zugleich auf das einseitige, großformatige Zeitungsblatt. Die Titelzeile: »»Ungeheuerliches Verbrechen drei Tage vor der Wahl. Das Schicksal von Peter Lorenz ist noch ungewiß. Wird die Wahl verschoben? Keine Spur von den Tätern.« Ansonsten nur Spekulationen. Die Polizei tappte völlig im dunkeln. Draußen sei alles ruhig, merkwürdig ruhig nach der Hektik des Tages, berichtete Ella von ihrem nächtlichen Gang durch die Stadt. Polizei habe sie nur noch vereinzelt gesehen. Vor allem um unser Quartier herum sei ihr nichts Ungewöhnliches aufgefallen. Die Erklärung habe sie in den Briefkasten in der Uhlandstraße geworfen, so rechtzeitig noch, daß sie am Morgen garantiert bei der dpa auf dem Tisch liege. Jetzt genehmigten wir uns alle ein erstes Bier. Ich spürte langsam, wie die Anspannung und alle Anstrengungen der letzten Monate von mir abfielen, und plötzlich wollte ich nur noch ins Bett.

28. Februar, wir sind am Drücker

Freitag, 28. Februar. Um 6 Uhr früh war ich wieder im Keller.

Wachwechsel war alle acht Stunden: immer zwei von uns im Keller und möglichst einer oben in der Küche als zusätzliche Sicherung. Nachts, wenn Lorenz fest schlief, öffneten wir schon mal die Klappe nach oben, weil die Luft im Keller sehr stickig und heiß war. Ella besorgte an mehreren Bäckerei- und Wurstständen in der unübersichtlichen Marheineke-Markthalle unser Frühstück, an jedem Stand so dosiert, daß nicht auffiel, für wie viele Leute sie einkaufte. Vor allem die Zeitungen wollten wir haben: Die Entführung hatte weltweites Aufsehen erregt, die gesamte internationale Presse berichtete über den »infamen Menschenraub drei Tage vor der Wahl in der Frontstadt Westberlin«. Aber noch veröffentlichte keine Zeitung unsere Forderungen. Bei uns liefen ständig die zwei Radios, damit wir keine Nachrichtensendung verpaßten, zusätzlich war immer noch eins auf den Polizeifunk eingestellt.

Endlich! Um 12 Uhr mittags brachte der SFB die erste Meldung über das Kommuniqué und Teile unserer Forderungen. Von nun an überschlugen sich die Nachrichten. Standleitungen der Sender in die Krisenstäbe im Rathaus Schöneberg und nach Bonn wurden installiert. Alle paar Minuten Statements der verschiedenen Politiker und Experten, Spekulationen und Prognosen wurden über den Äther geschickt, aber niemand wußte etwas Genaues. Vor allem: keine Spur von den Tätern und ihrem Opfer. Das schwarz-weiße Polaroidfoto von Lorenz, das wir beigelegt hatten, löste die wildesten Spekulationen aus. Tot sei er bereits, das zeige dieses Foto deutlich. »Lorenz nicht mehr am Leben, haben die Entführer eine Leiche fotografiert?« Ob die Presse das seinerzeit wirklich ernsthaft glaubte, war für uns nicht wichtig. Die Polizei, von der das Statement über den angeblich toten Lorenz kam, wollte offensichtlich auf Zeit spielen. Ab dem Nachmittag jagte eine Nachricht die andere. Der Krisenstab in Bonn unter Leitung von Bundeskanzler Helmut Schmidt tagte seit Stunden ohne Ergebnis. Wir einigten uns schnell darauf, eine zweite Mitteilung mit einer massiven Drohung für das Leben von Peter Lorenz rauszugeben und darauf zu bestehen, daß unser erstes Kommuniqué vollständig und mitsamt dem Foto in allen Medien erscheint. Kategorisch erklärten wir auch, daß unsere Ultimaten nicht verlängert würden.

In kurzen Zeitabständen trafen wir uns in der Küche zur Situationsanalyse und Beratung über unser weiteres Vorgehen. Selten wurden wir uns so schnell einig wie in dieser Extremsituation. Die zweite Erklärung adressierten wir an zwei protestantische Pfarrer, mit der Bitte um Weiterleitung an die Presseagenturen AP, UPI, dpa und die CDU-Parteizentrale. Gleichzeitig erlaubten wir Lorenz, einen kurzen Kartengruß an seine Frau zu senden. Captain Haddock, der einzige unserer Unterstützer, mit dem wir während der Entführung Kontakt hielten, sollte sie noch am selben Abend aus dem toten Briefkasten in der Nostitzstraße abholen und den beiden Pastoren zustellen. Die Karte landete in einem x-beliebigen Postkasten. Haddock erhielt von uns noch eine andere Anweisung: »Ab sofort den Briefkasten in der Nostitzstraße nicht mehr benutzen!« Am Nachmittag hatte unsere Euphorie einen kleinen Dämpfer bekommen: In Hamburg war kurz hintereinander das Ehepaar Hochstein festgenommen worden. Sie gehörten zum norddeutschen Ableger der Bewegung 2. Juni. Weil wir ihnen nicht ganz trauten und sie auch den Briefkasten in der Nostitzstraße kannten, wurde der sofort stillgelegt.

Niemand von uns schlief, alle saßen vor den Radios und dem Fernseher. Aus der Haftanstalt Tegel kam die Information, daß Horst Mahler sich zunächst mit dem Altkommunarden Dieter Kunzelmann und der Führung der KPD/AO beraten wolle. Einen Austausch lehne er ab. Auch Gabriele Kröcher-Tiedemann ließ über ihren Rechtsanwalt erklären, nicht ausgetauscht werden zu wollen. Wir waren ratlos und beschlossen, erst mal abzuwarten. In einem Fernsehinterview am frühen Abend erklärte Pfarrer Heinrich Albertz, daß er bereit sei, die befreiten Gefangenen als Vertrauensperson zu begleiten: »Wenn die politisch verantwortlichen Stellen dies für nützlich und richtig halten.« Unsere gefangenen Genossen, die wir rausholen wollten, waren bereits in Absonderungszellen untergebracht, hieß es. Erst am späten Abend kam für uns die erlösende Nachricht: Unter Führung von Bundeskanzler Helmut Schmidt hatte eine All-Parteien-Runde getagt, und alle Beteiligten waren sich einig, alles zu tun, um das Leben von Peter Lorenz zu retten. Die Forderungen der Entführer sollten erfüllt werden. Für kurze Zeit herrschte großer Jubel unter uns, wir umarmten uns vor Erleichterung und Freude. Jetzt lag die Initiative bei uns. Schon am morgigen Sonnabend, so hieß es, wolle Bonn unsere erste Forderung erfüllen. Die Gefangenen, die anläßlich der Holger-Meins-Demonstration in Haft gekommen waren, sollten freigelassen werden.

1. März, alles läuft nach Plan

Fünf Uhr früh. »Achtung, Achtung, hier spricht die Polizei! Es folgt eine wichtige Nachricht an die Entführer von Peter Lorenz«, kam es aus dem Radio. Auch diese Bedingung hatte der Staat erfüllt: Alle Botschaften zwischen uns und der Polizei müssen öffentlich abgewickelt werden. Wieder saßen wir alle gebannt vor dem Gerät. »1. Die Personen, die im Zusammenhang mit der Demonstration nach dem Tode von Holger Meins festgenommen worden sind, befinden sich bis auf Ettore Canella und Gerhard Jagdmann seit längerem in Freiheit. Die beiden Genannten werden am 1. März 1975 vor zehn Uhr aus der Haft entlassen.« Es folgten noch weitere Forderungen, mit denen die Polizei auf Zeitgewinn aus war: Sie wollten wissen, wie mit jenen Leuten verfahren werden solle, die nicht ausgetauscht werden wollten. Mit dem letzten Punkt vier verlangte die Polizei ein neues Lebenszeichen von Lorenz, die Nummer seines Personalausweises. Alle, die noch wachbleiben konnten, lagen Sonnabend früh vor dem Fernseher. Um 8 Uhr 30 öffneten sich unter großem Presseandrang für die ersten beiden Gefangenen die Gefängnistore der Haftanstalt Moabit.

Unsere Stimmung wurde von Stunde zu Stunde euphorischer. Aber wir hatten keine Zeit, uns richtig zu freuen und lange zu diskutieren, denn die Tempovorgabe, die wir mit unseren Ultimaten selbst gesetzt hatten, verlangte Wachsamkeit und schnelle Reaktion. Wir waren verblüfft angesichts der Beflissenheit, mit der der Staat unseren Forderungen nachgab, und wie zügig er auf sie einging. Jetzt nur keine Fehler machen.

Wir hatten uns inzwischen alle einen deftigen Schnupfen eingehandelt. Atze war mit einer Grippe in die Aktion gegangen, und weil wir die Kapuzen ständig wechselten, hatte er uns nach und nach angesteckt. Die »Tarnkappen« waren vollgeschnieft. Aber was war schon eine Grippe in dieser Situation: Wir hatten die mächtige Bundesrepublik in die Knie gezwungen. Keiner von uns, bis auf Ella, war über die Volksschule hinausgekommen, wir, die Underdogs, die ewigen Verlierer und Proleten, diktierten das Handeln! Genugtuung!

Beim Verhör ließen wir ein Tonband mitlaufen, aber wir bekamen aus Lorenz nichts raus. Er weigerte sich, von sich aus zu erzählen, und wir waren für gezielte Hintergrundfragen nicht gut genug vorbereitet – ein Schwachpunkt, den wir uns schnell eingestanden, und so unterließen wir die sinnlose Fragerei. Wie hätten wir Lorenz auch zwingen können? Daß er als Syndikus bei »dem CIA-Sender RIAS« tätig war, räumte er ein, bestritt aber, was längst bekannt war, nämlich daß der Sender damals aus dem Haushalt der CIA finanziert wurde. »Ein Hetzsender, eigens nur dazu installiert, in den Osten zu strahlen«, fuhr ich ihn an. Er wies alles entrüstet von sich. Weil er keine Auskunft geben konnte oder wollte, verlangten wir im Gegenzug, er solle sich mit unseren Ideen und Texten auseinandersetzen. Dazu drückten wir ihm das Stadtguerilla-Fragment »Mit dem Rücken zur Wand« in die Hand und gaben ihm das Buch über die Verhältnisse im Iran unter dem Schah »Feuer unter dem Pfauenthron«.

Zeitungen verlangte er, erhielt sie aber nur zensiert: Alles, was mit der Entführung zu tun hatte, schnitten wir vorher raus, manchmal blieben dann nur noch ein paar Auslandsmeldungen, die Kulturseiten und der Sport übrig. Er sollte in diesem Stadium nichts über unsere Forderungen und den Stand der Verhandlungen erfahren. Inzwischen war auch der Ton unter uns lockerer geworden: Fast täglich diskutierten wir über die aktuelle Politik und die Haltung der CDU, über die Machtkonstellationen im Rathaus Schöneberg und über die Verbindungen seiner Partei zu den reaktionären Regimen in der dritten Welt. Offen erzählte er uns von seiner Familie, seiner Frau und den beiden Söhnen. Er sprach über seine Jugend im Krieg und daß er als junger Leutnant 1945 mit dem Panzer Berlin gegen die einmarschierenden Russen verteidigt habe. »Krieg und Faschismus, das darf sich nie wiederholen«, war seine Meinung, und wir glaubten ihm das auch. Zur Auflockerung und Entspannung spielte Atze jeden Abend mit dem Gefangenen einige Partien Schach durch das Gitter hindurch. Zu keinem Zeitpunkt allerdings vernachlässigten wir die Sicherheitsvorkehrungen. Wichtig war noch immer, dafür zu sorgen, daß er ruhig blieb und nicht in Panik geriet. So ließen wir ihn auch wissen, daß unser Plan allem Anschein nach aufginge und er daher wohl auch bald wieder bei seiner Familie sein könne. Soweit man in dieser Extremsituation davon sprechen konnte, kooperierte der Mann mit uns. Er müsse sich still verhalten und sich strikt an unsere Anordnungen halten, denn wenn die Polizei uns aufspüre, könne er sich ja denken, daß er hier nicht lebend rauskomme.

Ein weiteres Mißgeschick passierte eines Abends während einer Schachpartie: Zum zweiten Mal sollte Lorenz mich für wenige Sekunden unmaskiert sehen. Gerade hatte ich die Kapuze abgenommen, um mir die Nase zu putzen, als Atze, der mit dem Gefangenen Schach gespielt hatte, versehentlich den Vorhang vor dem Wachraum beiseite schob. Beide gleichermaßen erschrocken, starrten Lorenz und ich uns regungslos an. »Scheiße. Er wird dich irgendwann wiedererkennen«, schoß es mir durch den Kopf.

Bis zum Mittag hatten wir noch nichts über unsere Meldung Nummer zwei gehört. Die einzige Panne in der Nachrichtenübermittlung war passiert. Die Botschaft tauchte erst drei Tage später auf, weil die beiden Pfarrer, in deren Briefkästen sie deponiert worden war, zufällig verreist waren. Während die Krisenstäbe nach unserem Willen funktionierten, traf aus der Ecke, aus der wir es am wenigsten erwarteten, eine Hiobsbotschaft nach der anderen ein. Im Fernseher verkündeten nacheinander die Rechtsanwälte von Horst Mahler und Gabriele Kröcher, daß ihre Mandanten definitiv nicht ausgetauscht werden wollten. Betretenes Schweigen bei uns, nur Tim faßte sich: »Ich habe es euch ja gleich gesagt, der Mahler ist ein Arschloch und kein Revolutionär!« Wir waren wütend, enttäuscht und ratlos. Sollten wir nachschieben und einfach Ulrike Meinhof auf die Liste setzen? Wir wurden uns schnell einig: Das geht nicht, damit würden wir Irritation und Schwäche in den eigenen Reihen signalisieren. Nachmittags gab auch noch der Rechtsanwalt von Andreas Baader, Klaus Croissant, im Fernsehen direkt vor dem Stammheimer Gefängnistor eine merkwürdige Erklärung ab: Eine obskure Aktion sei das Ganze, so verdächtig gut getimt, und vor allem: die RAF-Spitze sei ja nicht mal auf der Liste! Man ginge in Stammheim davon aus, daß diese Entführung eine Geheimdienstaktion sei. Uns blieb die Spucke weg: »So sind die drauf, nur weil ihre Chefs nicht auf der Liste sind«, wetterte Atze los. Eine neue Mitteilung mußte her, sofort: »Mitteilung Nr. 3. Wenn ein von uns benannter genosse die befreiung nicht in anspruch nehmen will, soll er dies am 1.3.75 um 19 Uhr 25 im beisein seines rechtsanwaltes in der berliner abendschau kundtun. Unser ultimatum wird nicht verlängert. Es läuft am montag, 3.3.75, um 9 uhr früh ab. Bis dahin müssen die freigelassenen genossen und Pfarrer Albertz abgeflogen sein. Nach seiner rückkehr werden wir sofort die modalitäten der freilassung von Peter Lorenz bekanntgeben. Seine unversehrtheit hängt allein vom verhalten des staatsapparates ab. Wir haben Fürstenfeldbruck und Rammelmayer nicht vergessen. Wenn der polizeiapparat ähnliches vorbereitet, ist das der sichere tod von Peter Lorenz. Dies ist bis zur erfüllung unserer forderungen unsere letzte mitteilung. bewegung 2. Juni. (Personalausweis Nr. 343456789PXY).«

Weil wir den Briefkasten in der Nostitzstraße nicht mehr benutzen konnten, hatten wir uns für diese Mitteilung einen Gag ausgedacht. Sie sollte von Boten zu Boten gehen. Wichtig war uns, daß wir die Sympathien der Öffentlichkeit auf unserer Seite hatten. Also suchten wir uns einen Mann mit dem Namen Peter Lorenz aus: Ein Bäckermeister im Wedding schien uns geeignet. Haddock übernahm in der Markthalle von Ella den Umschlag und legte ihn ungesehen unter die Fußmatte vor der Wohnung des Bäckers. Ein kurzer Anruf mit verstellter Stimme und der verdutzte Peter Lorenz No. 2 holte unter seiner Fußmatte einen Brief der »Bewegung 2. Juni/An die Polizei. Eilt!« hervor. Keine zwei Stunden später hatte die Polizei den Umschlag. Spurlos. Niemals faßten wir das Papier mit bloßen Fingern an oder benutzten beim Zukleben unsere Spucke. Aus den Nachmittagsnachrichten erfuhren wir, daß die Bundesregierung vorgeschlagen habe, den Abtransport der Gefangenen aus völkerrechtlichen Gründen über Frankfurt am Main abzuwickeln. Dazu wollten wir uns erst nach längerem Überlegen äußern, wir witterten hinter allem eine Falle.

Aber es reichte noch zu einem weiteren publikumswirksamen Coup. Wir schrieben einen Brief an jene unglückliche Mutter, die noch nie mit ihrem kranken Kind verreist war und die die CDU um Hilfe gebeten hatte. »Liebe Frau, wir sind die Entführer von Peter Lorenz. Erschrecken Sie sich nicht. Auch wir sind empört über die Gleichgültigkeit der Parteien (...) Anbei als kleinen Trost die 700 D-Mark, die wir Peter Lorenz bei seiner Festnahme abgenommen haben (...).« Das machte bundesweit Schlagzeilen. »Bild«: »Unerhört, geschmacklos, zynisch ...« Aber die Gags sprachen für sich. Wir waren eben nicht die skrupellosen Killer – und so wurde es auch verstanden.

Die Polizei antwortete noch vor der Abendschau: »Achtung, Achtung, hier spricht die Polizei. Es folgt eine wichtige Mitteilung an die Entführer von Peter Lorenz. Die Polizei hat die Mitteilung Nummer 3 erhalten. Andere numerierte Mitteilungen liegen ihr nicht vor. 1. Die Polizei geht davon aus, daß Peter Lorenz am Leben ist. 2. (...) Wie Sie gehört haben, gibt es lediglich die Möglichkeit, Ihr Ziel über einen Flughafen des Bundesgebietes zu erreichen. Es bietet sich daher an, alle namentlich genannten Gefangenen dort zusammenzuführen. (...) 4. Sie können fest davon ausgehen, daß die bisherigen und künftigen Verhandlungen ausschließlich der Sicherung und der Gesundheit von Peter Lorenz dienen." Wir sollten doch einen schnelleren Kommunikationsweg wählen. »Noch schneller!« Tim tippte sich an die Stirn. »Die wollen doch nur, daß wir einen Vermittler benennen, um so an uns ranzukommen«, war unsere einhellige Meinung. Dem Vorschlag, alle Befreiten in Frankfurt/Main und nicht in Berlin zusammenzuführen, trauten wir allerdings. Als Zeichen dafür, daß Peter Lorenz noch lebte, sollten wir angeben, woher seine Armbanduhr stammte. Und unmittelbar darauf folgte eine weitere Nachricht der Polizei »an die Entführer von Peter Lorenz« über Rundfunk und Fernsehen. Gegen 19 Uhr erklärte sie, daß der Termin mit Mahler und Kröcher für die Berliner Abendschau nicht eingehalten werden könne. Es bliebe zuwenig Zeit, die beiden kämen zu einem späteren Zeitpunkt noch vor die Kamera. Für 20 Uhr kündigte die Polizei aber eine andere Mitteilung für uns an. Sonnabend 20 Uhr, Tagesschau, Pfarrer Heinrich Albertz: »Ich spreche zu Ihnen als Mann der Kirche, der bereit und verpflichtet ist, menschliches Leben zu schützen. Deshalb habe ich mich auch in dieser schwierigen Situation sofort bereit erklärt mitzuwirken. (...) Ich habe mich zur Verfügung gestellt, um bei meiner ersten Begegnung mit Ihnen oder Ihren Freunden der unversehrten Freilassung Peter Lorenz' sicher zu sein. Sie umgekehrt können sich darauf verlassen, daß ich mich an keiner Unternehmung, die wie in Fürstenfeldbruck endet, beteiligen werde.« Das war es, wir vertrauten ihm! Im Anschluß an Albertz meldete sich erneut die Polizei: »An die Entführer von Peter Lorenz. Sie haben die Erklärung von Pfarrer Albertz gehört, teilen Sie uns umgehend die Modalitäten für die Freilassung von Peter Lorenz mit.« Man hoffe des weiteren, daß es bis Mitternacht möglich sei, Mahler und Kröcher im Fernsehen zu zeigen.

Tagesschau um Mitternacht: Horst Mahler ganz in Schwarz, Glatze, Nickelbrille, dunkler Vollbart. Gespannt und etwas beklommen saßen wir wortlos vor dem Bildschirm. »Die Entführung des Volksfeindes Peter Lorenz als Mittel zur Befreiung von politischen Gefangenen ist Ausdruck einer von den Kämpfen der Arbeiterklasse losgelösten Politik, die notwendigerweise in einer Sackgasse enden muß. Die Politik des individuellen Terrors ist nicht die Strategie der Arbeiterklasse. (. . .) Ich bin der festen Überzeugung, daß sich durch den Kampf der revolutionären Massen die Gefängnistore für alle politischen Gefangenen öffnen werden. (. . .) Ich lehne es ab, mich auf diese Weise außer Landes bringen zu lassen. Vorwärts mit der KPD!« Sofort brach bei uns lautes Wutgeschrei los. »Der Arsch der, dann kann er noch lange sitzen!« Stiller wurde es, als unmittelbar danach eine blasse, zögerlich sprechende Gabriele Kröcher im Beisein ihres Anwalts erklärte, sich ebenfalls nicht austauschen lassen zu wollen. Wir waren konsterniert und machten uns Vorwürfe wegen der schlechten Vorarbeit. Einig waren wir uns nur, keine neuen Forderungen zu stellen und keine zusätzlichen Gefangenen auf die Liste zu setzen.

Verdammt, wieder mußten wir sofort handeln, noch eine Mitteilung, gleich. Das Tempo war atemberaubend und ließ kaum Zeit, die Entscheidungen genau zu überlegen. Wir handelten richtig. Eilig mußte Lorenz selbst etwas an Pfarrer Albertz auf Tonband sprechen. Er bedankte sich bei dem Pastor für dessen Bereitschaft, an seiner Befreiung mitzuwirken. Leider aber könne er nichts über seine Freilassungsmodalitäten sagen, das würden seine Entführer zur gegebenen Zeit selbst tun. »Meine Bewacher haben mir jedoch ihr Ehrenwort gegeben, daß ich, wenn Sie, Pfarrer Albertz, auf dem Luftwege nach Deutschland zurückgekehrt sind, unverzüglich ohne jeden Schaden an Leib und Leben freigelassen werde. Ich vertraue meinen Bewachern, daß sie dieses ihr Ehrenwort halten werden. Ich bitte, meiner Frau meine herzlichsten Grüße auszurichten. Peter Lorenz«.

2. März, das Ultimatum wird nicht verlängert

Sonntag, 2. März 1975, kurz vor drei Uhr morgens. Ella verläßt das Haus mit der Mitteilung Nummer 4 in der Handtasche: »Die entscheidungen von Kröcher und Mahler werden akzeptiert. Die gefangenen revolutionäre Siepmann, Becker, Heißler und Pohle sind umgehend nach Frankfurt/Main zu schaffen. Mit den berliner genossen muß Pfarrer Albertz fliegen. In frankfurt müssen die genossen gelegenheit haben, ohne aufsicht miteinander sprechen zu können. Außerdem sind ihnen sämtliche mitteilungen in dieser sache vorzulegen.« Das Ultimatum wird nicht verlängert. »Herr Albertz und die genossen, die erklärt haben, daß sie ausgeflogen werden wollen, starten bis montag, 9 Uhr, mit einer boeing 707 und vier mann besatzung. Den genossen sind die 120 000 D-Mark auszuhändigen. Zu seinen freilassungsmodalitäten hat Lorenz auf der anliegenden Kassette selber etwas gesagt (. . .) Bewegung 2. Juni. Armbanduhr = Madrid.« Lorenz hatte bereitwillig Auskunft gegeben, woher die Sachen jeweils stammten, nach denen uns die Polizei fragte.

Und wieder hatten wir uns eine neue, clevere Nachrichtenübermittlung ausgedacht: Ellas Weg in dieser Nacht führte sie direkt zum Postbriefkasten in der Knesebeckstraße in der Nähe des Kurfürstendamms. Der Umschlag in ihrer Tasche war versehen mit dem Codewort »Madrid/An die Polizei«. Anschließend fuhr sie weiter, tiefer nach Charlottenburg rein, suchte sich eine Telefonzelle und wählte 110. Mit drei Erbsen in den Backentaschen nützte auch keine Stimmaufzeichnung etwas. In ruhigen Worten teilte sie dem verdutzten Beamten in der Zentrale folgendes mit: »Hier spricht die Bewegung 2. Juni. Kennwort Madrid. Die Nachricht befindet sich im Postbriefkasten in der Knesebeckstraße. Haben Sie alles verstanden? Ende!« Bei dieser Textlänge hatte die Polizei keine Chance, eine Fangschaltung aufzubauen und damit den

Standort der Anruferin zu orten. Die 1000 Mann starke SoKo der Polizei war ebenso ohne Schlaf wie wir.

Der Wahltag hatte begonnen. Sonntag 14 Uhr: »Achtung, Achtung, hier spricht die Polizei. Wir wenden uns erneut an die Entführer von Peter Lorenz. 1. Die Gefangenen Becker und Siepmann werden Berlin am heutigen Tag verlassen. Auch Heißler und Pohle werden in Frankfurt sein. 2. Ihre in diesem Zusammenhang genannten Zeitvorstellungen sind nicht zu realisieren. 3. Sie werden Beweis erhalten, daß die Gefangenen in Frankfurt angekommen sind. (...) 5. Es ist notwendig, daß Sie uns sofort das endgültige Reiseziel angeben, damit die damit verbundenen Vorbereitungen getroffen werden können. 6. Wie garantieren Sie, daß Pfarrer Albertz unmittelbar nach Erreichen des Zielortes zurückkehren kann? Welche Zeitvorstellungen haben Sie?«

Wir schalten den Fernseher nicht mehr ab. Kurz nach 15 Uhr können wir sehen, wie Rolf Pohle und Rolf Heißler mit dem Hubschrauber auf einem hermetisch abgeriegelten Teil des Frankfurter Flughafen einschweben. Eine Stunde später startet auf dem von französischen Soldaten abgesperrten Teil des Flughafens Tegel die französische »Falcon 20« mit Verena Becker, Ina Siepmann und Pfarrer Albertz an Bord in Richtung Frankfurt. Wir sind im Siegestaumel. Aber noch ist nichts überstanden. Der Regierende Bürgermeister Klaus Schütz jettet erneut nach Bonn, um am Krisenstab der Regierung teilzunehmen. Wir rätseln – warum? Nochmals bangen wir um den Erfolg. Wenn Helmut Schmidt nun doch noch anders entscheidet? Der Nachmittag verläuft in angespannter Ruhe. Die Wahlbeteiligung ist rege, doch alle Medien räumen ein, daß in Berlin niemand über die Wahl spricht, sondern sich alles um die Entführung dreht. Eine Blitzumfrage von Allensbach wird bekannt: demnach ist eine Mehrheit der Bundesbürger für den Austausch, 56 Prozent der Befragten setzen sich für und 31 Prozent gegen ein Nachgeben ein. »Der Spiegel« bringt anderntags sogar ein Ergebnis von mehr als 70 Prozent für den Austausch.

Die ersten Hochrechnungen sehen die CDU vorn und große Verluste für die SPD. Damit bestätigt sich der Trend zu einem Niedergang der alleinregierenden SPD, der bereits bei den Kommunalwahlen ein Jahr zuvor sichtbar geworden war. Als das Endergebnis feststeht, zeigt sich, daß die CDU mitnichten einen Erdrutschsieg davontragen konnte, wie vorausgesagt worden war. Alle Kommentatoren müssen zugeben, daß dieses Ergebnis keineswegs einen Mitleidsbonus für die CDU widerspiegele, sie wird jedoch zur stärksten Fraktion im Abgeordnetenhaus. Zum ersten Mal darf Peter Lorenz aus seiner Zelle heraus fernsehen, kann das Endergebnis und die Wahlanalysen anschauen. Die CDU verkündet noch an diesem Abend, daß Peter Lorenz, sollte er je wieder auftauchen, neuer Parlamentspräsident werden solle. »Bitte schön, immerhin springt das für Sie raus«, quittiert Atze diese Entscheidung. So kam es dann auch, er wurde Parlamentspräsident. Wir sind erleichtert, daß der große Triumph für die CDU ausgeblieben ist und selbst der rechtsradikale »Bund Freies Deutschland« nur 3,4 Prozent erhalten hat. Aus dem linken orthodoxen Lager war sofort nach der Entführung massive Kritik an uns laut geworden: Wahlhilfe für die CDU, Provokation! Diese Kritiker waren jetzt eines Besseren belehrt.

3. März, die Gefangenen sind frei

Montag, 3. März, 4 Uhr morgens. Hochstimmung kommt bei uns auf, als Ina Siepmann im Fernsehen erklärt, daß auch Gabriele Kröcher mitfliegen wird. Nach einem längeren Telefonat, das die befreiten Gefangenen mit ihr geführt hätten, habe sie sich bereit erklärt, doch ausgetauscht zu werden. Schwere Vorwürfe erhebt unsere Genossin gegen die Behörden, die alles tun würden, um den Abflug um 9 Uhr zu verzögern. Im Anschluß an diese Erklärung wendet sich wieder die Polizei an uns: Wir sollen endlich den Zielort des Fluges nennen. Außerdem müßten wir aus technischen Gründen das Ultimatum verlängern. Wieder handeln wir sofort. Schon eine halbe Stunde später verläßt Ella unter äußerster Vorsicht mit der Mitteilung Nr. 5 die Schenkendorfstraße: »1. Wir nennen kein reiseziel. Der pilot wird die anweisung in der luft erhalten. 2. Das ultimatum wird um eine stunde, das heißt bis 10 uhr verlängert. Das heißt, daß in der tagesschau um 10 Uhr das einsteigen der fünf genossen und Pfarrer Albertz gezeigt wird. 3. Die boeing 707 muß vollgetankt und mit vier mann besatzung starten. 4. Die 120 000 D-Mark sind den genossen auszuhändigen. 5. Heinrich Albertz ist keine geisel. 6. Peter Lorenz und wir warten auf den unverzüglichen abflug der fünf genossen und Heinrich Albertz. Bewegung 2. Juni.« Diesmal geht Ella im Schutz des morgendlichen Berufsverkehrs zum Postbriefkasten in die Marburger Straße in Charlottenburg. Und erneut ruft sie über die Telefonzelle 110 an. Es klappt. Um Punkt 8 Uhr 30 ist die Polizei im Besitz der Mitteilung Nummer 5. Schon wenige Minuten später wendet sie sich über Rundfunk wieder an uns und erklärt, daß die Maschine »Afrika« der Lufthansa mit vier Mann Besatzung bereitstünde und der Abflug, wie von uns gefordert, um 10 Uhr erfolgen wird. Das Einsteigen der Gefangenen und das Abfliegen der Maschine wird, ebenfalls wie von uns gefordert, durch das Fernsehen übertragen werden. Atze und ich sind unten bei Lorenz und haben den Fernseher angestellt. Diesmal darf er zusehen. Zum ersten Mal erfährt er, was überhaupt abgelaufen ist.

Schweigend starren wir drei auf den kleinen Bildschirm unseres Minifernsehers. 9 Uhr 15. Ein weißer Lieferwagen prescht über das abgesperrte Rollfeld. Polizeifahrzeuge umkreisen mit eingeschaltetem Blaulicht ununterbrochen die Maschine. Rolf, Ina, Verena, Heißler, Gabriele und als letzter Pfarrer Albertz gehen die Gangway hoch. Wie zum Beweis für uns, daß auch sie wirklich dabei ist, dreht sich Gabriele noch einmal in der Tür der Maschine um und winkt. Neben ihr steht Albertz. 9 Uhr 56. Die Maschine hebt ab. Gedämpfter Jubel. Glücklich fallen wir uns in die Arme. »Herr Lorenz«, wendet sich Atze an den jetzt auch lachenden Lorenz, »betrachten Sie sich ab sofort als unseren Gast. Möchten Sie Alkohol trinken?« Alle zusammen genehmigen wir uns an diesem frühen Vormittag ein Glas Weißwein. Niemand von uns denkt jetzt noch an Schlaf, obwohl wir alle von den Anstrengungen dieser Tage gezeichnet und total übermüdet sind. Aber auch für den letzten Akt des Dramas wollen wir die Initiative behalten.

Wir wissen, wohin die Maschine fliegt. Und Ina Siepmann weiß es. Zunächst dirigiert sie das Flugzeug in Richtung Rom, von dort einen Schwenk über Libyen. Ina setzt dort einen Funkspruch ab: »Fünf befreite deutsche Revolutionäre grüßen Muamar al-Gaddhafi und die libysche Revolution!« Ina gibt die Richtung an. Jetzt fliegt die Maschine mit Kurs auf Addis Abeba. Um 18 Uhr 10 schwenkt das Flugzeug in Richtung des Zielflughafens ein: Aden in der Volksrepublik Süd-Jemen. Um 19 Uhr 40 gibt Aden die Landeerlaubnis. Keine Landeerlaubnis bekommen zwei weitere Maschinen, die Bonn hinter der ersten hergeschickt hat. In der zweiten Maschine sitzt eine Ersatzcrew und in der dritten der Minister für Entwicklungshilfe Wischnewski mit einem 6-Millionen-Koffer. Die soll er der süd-jemenitischen Regierung als »erste Rate einer großzügigen Entwicklungshilfe der Bundesrepublik Deutschland« anbieten, für den Fall, daß der Jemen bereit gewesen wäre, die Aufnahme der Gefangenen zu verweigern. Beide Maschinen müssen in der Hauptstadt des Nachbarlandes, Sanaa, landen. Für uns geht der Streß weiter. Jahre später erfuhren wir, daß Rolf Pohle es war, der beim Abflug darauf bestanden hatte, die gesamten 120 000 D-Mark ausgehändigt zu bekommen, so wie wir es gefordert hatten. Ein paar Jahre später sollte ihn die bayerische Justiz dafür wegen räuberischer Erpressung zu drei Jahren und sechs Monaten Haft verurteilen.

Haddock hatte gemeldet, daß alles in der Stadt ruhig sei, nirgendwo hatte es Straßensperren oder Hausdurchsuchungen gegeben. Auch Ella war auf ihren Wegen durch die Stadt nichts Verdächtiges aufgefallen. Die Polizei hatte sich an unsere Forderung »keine Fahndung« gehalten. Eine italienische Bande wußte das übrigens auszunutzen und überfiel in diesen Tagen gleich drei Banken hintereinander.

Jetzt warteten wir in schon gelöster Stimmung auf die Rückkehr von Pastor Albertz, der das Codewort mitbringen würde. Erst wenn die Gefangenen uns das durchgegeben hätten, konnten wir Lorenz freilassen. Es bedeutete, daß sie auch wirklich in Sicherheit waren. Jeder von uns war vor allem erleichtert darüber, daß wir um die letzte Konsequenz herumgekommen waren – bei einem Scheitern der Aktion Lorenz zu töten.

4. März, Lorenz darf gehen

Dienstag, 4. März, 7 Uhr. Der Rundfunk berichtete, daß Pastor Albertz sich bereits auf dem Rückflug nach Deutschland befinde. In einem Funkspruch von Bord der Maschine bat Albertz, Frau Lorenz Grüße zu übermitteln und auszurichten, »daß unser Leben nicht länger in Gefahr ist«. 16 Uhr 45. Albertz startete mit einer US-Militärmaschine von Frankfurt aus in Richtung Berlin. 17 Uhr. In Westberlin trat der Krisenstab zusammen. 17 Uhr 44: Albertz war in Tegel gelandet und flog sofort mit einem Hubschrauber zum SFB weiter. 18 Uhr 10: Das Fernsehprogramm der ARD unterbrach die laufende Sendung, und Albertz trat ins Bild. »Achtung, Achtung, es folgt eine wichtige Erklärung.« Heinrich Albertz, einen Zettel auf den Knien, begann, die sehnsüchtig erwartete Mitteilung zu verlesen: »Die Gefangenen haben mir eine Nachricht mitgegeben, die ich nun verlesen möchte. ›Am Morgen des 4. März 1975 verließen wir, die fünf befreiten Gefangenen, die Crew und Pfarrer Albertz die Lufthansa-Maschine. In der Halle des Flughafens Aden versammelten wir uns mit dem Staatssekretär des Auswärtigen Amtes der süd-jemenitischen Regierung. Er bekräftigte nochmals den Entschluß seiner Regierung, uns in der Volksrepublik Jemen aufzunehmen, wo wir uns unbegrenzt und völlig frei aufhalten können. Die Regierung gab ihr Wort, daß sie diese unsere Bedingungen einhalten will, gegen unser Wort, daß dieser Text die Voraussetzung für die Freilassung von Peter Lorenz schafft. Wir danken Pfarrer Albertz für all seine Bemühungen. Wir grüßen unsere Genossen in Deutschland, die außerhalb des Knastes und die, die noch im Knast sind. Wir werden unsere Energie darein setzen, daß für sie auch bald ein Tag so wunderschön wie heute anbrechen wird. Wir werden siegen!‹« Jetzt gab es kein Halten mehr, alle lagen wir uns in den Armen. Wir hatten es geschafft! So ein Tag, so wunderschön wie heute – das war das Stichwort! Albertz hielt den Text direkt in die Kamera. Deutlich konnten wir die Unterschrift unserer fünf Genossen erkennen.

Und erneut die Polizei: »An die Entführer von Peter Lorenz: Geben Sie Peter Lorenz frei und teilen Sie uns sofort seinen Aufenthaltsort mit.« Wir mußten lachen, das könnte denen so passen.

»Ruhe jetzt! Wir müssen ihn sofort loswerden. Heute noch. Solange wir ihn haben, ist draußen noch alles ruhig, nützen wir das aus und lassen ihn gleich heute noch frei.« Schnell diskutierten wir verschiedene Möglichkeiten durch, ihn ohne Gefahr für uns und ihn rauszuschaffen. Wieder mit der Kiste? Zu umständlich. Und es mußte auch nachts laufen. Wo sollten wir ihn denn überhaupt absetzen? »Er wird mit uns kooperieren. Wir verkleben ihm die Augen, fahren nach Dahlem und lassen ihn dort irgendwo raus.« – »So weit brauchen wir nicht zu fahren, wir bringen ihn in den Volkspark Wilmersdorf. Da ist in der Nacht kein Mensch unterwegs«, schlug ich vor. Atze, Tuss, Tim und ich sprachen mit Lorenz. »Sie können in wenigen Stunden bei Ihrer Frau sein. Aber nur, wenn Sie jetzt mit uns zusammenarbeiten«, eröffneten wir ihm unseren Plan. »Sie wissen, wenn wir Sie jetzt freilassen und werden dabei erwischt, kann es in einem Blutbad enden. Halten Sie sich unbedingt an unsere Anweisungen.« Lorenz nickte und war ganz aufgeregt über die Aussicht, in wenigen Stunden wieder frei zu sein. »Ja, natürlich meine Herren und meine Dame, das versichere ich Ihnen, ich tue, was Sie sagen. Ich sehe ein, daß es jetzt noch mal gefährlich werden könnte. Aber das wollen wir ja alle nicht.« Atze machte sich bei Einbruch der Dunkelheit auf den Weg, den grünen Golf aus der Garage in Lichterfelde zu holen. Wir anderen putzten und räumten die Spuren unserer Anwesenheit beiseite, so daß hinterher nichts mehr davon zu sehen war, daß hier über Tage sieben Menschen gelebt hatten. Für den Laden, den Ella die ganzen Tage über ordnungsgemäß geöffnet hatte, malte sie einen Zettel: »Wegen Betriebsferien geschlossen bis zum 20. März.« Solange wollten wir auf jeden Fall die Füße still halten. Denn der Gegenschlag des Staates würde massiv und so sicher wie das Amen in der Kirche erfolgen. Nach der Freilassung von Lorenz würde sich zeigen, ob wir cool gearbeitet hatten und unsere Logistik dem Fahndungsdruck standhalten würde. Die Wohnung über dem Volksgefängnis war in aller Kürze clean.

»Herr Lorenz, ziehen Sie Ihren Mantel an. Wir lassen Sie frei.« Sorgfältig verklebte Tuss ihm die Augen mit Leukoplast, dann die Sonnenbrille drauf. Ich pappte ihm eine »Stalinbremse« auf die Oberlippe; falsche Bärte hatten wir reichlich, Lucky und Tarzan hatten den Fundus eines Kostümbildners aufgekauft. Dann setzten wir ihm eins unserer Cordhütchen auf den Kopf – niemand erkannte in dem Mann mit der Sonnenbrille und dem Schnurrbart den vermißten Peter Lorenz. Um 23 Uhr hatte sich jeder mit Waffe und ausreichend Munition versorgt. Es ging los. Lucky, Tim und Tarzan deckten uns vor dem Haus und auf der Straße. Atze und ich führten Lorenz, fest untergehakt, langsam durch das menschenleere und stille Treppenhaus. Eine Treppe runter. Zur Irreführung erst in Richtung Hof, dann um imaginäre Ecken. Von draußen zischte es: »Alles klar, kommt.« Der Golf parkte direkt vor der Tür. Niemand war auf der Straße, nur auf der nahen Bergmannstraße brauste noch der Verkehr. Blitzschnell hatte Tuss Lorenz in den Fond des Golfs geschoben und sich gleich eng neben ihn plaziert. Atze setzte sich hinter das Steuer. Ella schloß den Laden ab und hastete mit mir zu unserem Peugeot 404. Den Wagen hatten wir legal erworben und auf eine Freundin von Ella zugelassen. Aus Sicherheitsgründen wollten wir in dieser Zeit nicht nur auf unsere Doubletten angewiesen sein. Nach den langen Tagen und Nächten in den stickigen Räumen sog ich gierig die milde Nachtluft ein. Es war tatsächlich Frühling geworden. Nie wieder hat frische Luft so phantastisch gerochen wie an diesem späten Abend. Und los. Der Golf fädelte sich bereits in die Bergmannstraße ein. Ella und ich klemmten uns direkt dahinter. Lucky, Tim und Tarzan fuhren mit der BVG in ihre Notquartiere nach Neukölln. An jeder Ampel, an der Atze halten mußte, drückte Tuss Peter Lorenz heftig an sich, so daß es von draußen aussah, als handelte es sich um ein Liebespaar. Die Straßen waren kaum noch befahren. Wir kurvten erst mal im Kreis, über den Breitenbachplatz und wieder zurück in die Bundesallee. Die Fahrtzeit sollte künstlich verlängert werden, damit Lorenz später nur falsche Angaben über die Dauer machen konnte. Nach einer guten halben Stunde bog Atze von der Bundesallee in die Straße »Am Volkspark« ein, sie verläuft direkt parallel zu der großen Parkanlage, in der wir ihn absetzen wollten.

Links Häuser, rechts die dichten Büsche des großzügigen Parks.

Anhalten und Motoren aus. Stille, niemand war zu sehen. Auch aus den Fenstern hing um diese Zeit keiner mehr. Kein Fifi war unterwegs. Ella blieb zur Sicherung im Auto. Die Pumpaction unter der Jacke, ging ich voraus. Tuss und Atze hakten Lorenz fest unter und kamen nach. Der Park war menschenleer. Auf der weiten Wiese stand ein mächtiger alter Baum, unter dessen Äste wir ihn führten. »Sie sind frei. Warten Sie, bis Sie von weitem das Aufheulen der Motoren hören, dann können Sie sich das Pflaster von den Augen nehmen. Hier sind 30 Pfennige zum Telefonieren, falls einer durchfällt, damit können Sie Ihre Frau anrufen«, wies Tuss den Mann ein. Plötzlich tastete Lorenz nach unseren Händen. Er ergriff die Hand von Tuss: »Alle Menschen, die in meinem Leben wichtig waren, habe ich irgendwann einmal wiedergetroffen. So schrecklich unsere Begegnung auch war, ich hoffe, auch Sie wiederzusehen. Aber dann unter besseren Umständen.« Wir waren verblüfft, und Atze konnte ein Lachen nur mühsam unterdrücken. »Bei mir finden öfters Gartenpartys statt, vielleicht sehen wir uns da wieder.« Jetzt prusteten wir alle drei los. »Nee, man bloß nicht«, beschied Tuss den aufgeregten Mann. »Wenn Sie nach Hause kommen, gehen Sie hintenrum rein, vor Ihrem Haus lagert die gesamte Presse.« Wir drehten ihn ein paar Mal um seine Achse und gingen dann eilig hoch zur Straße. Noch ein Blick zurück: Da stand er wie angewurzelt.

Ein kurzes Tschüß zu Atze und Tuss, und wir fuhren auf getrennten Wegen los in die eigens für die Zeit nach der Entführung vorbereiteten Notquartiere: die beiden nach Neukölln, wir zu einem Ehepaar direkt gegenüber des Kreuzberges. Unsere Logistikkoffer und einer mit unseren Klamotten waren bereits da. Noch bevor wir unser Ziel erreicht hatten, unterbrach der Rundfunk sein laufendes Programm und meldete: »Wie wir soeben erfahren, hat Peter Lorenz sich telefonisch bei seiner Frau gemeldet. Er ist wieder frei.« – »Jetzt geht der Tanz los, runter von der Straße.« Ich kannte unsere neuen Wirtsleute nicht, Ella hatte das Quartier besorgt. Als wir ankamen, schliefen sie bereits. »Hier gibt's zwei kleine Kinder, wir müssen aufpassen mit den Waffen, nicht, daß die davon noch was mitkriegen«, schärfte Ella mir ein. Das Zimmer war groß, bequem eingerichtet und ausgestattet mit einer riesigen Matratze auf dem Boden. Völlig erschöpft sanken wir beide auf unser Lager. »Wir haben es geschafft. Wir haben es tatsächlich geschafft.« Ich war ungeheuer aufgeregt und außer mir vor Freude.

Irgendwie war es auch ein persönlicher Triumph für mich. Wir flüsterten und konnten es beide kaum fassen, wie gut und reibungslos alles gelaufen war. »In die Knie haben wir sie gezwungen!« Ella mußte mich mehrmals zur Ruhe mahnen, weil ich vor lauter Freude und Siegesgefühl immer wieder das Flüstern vergaß.

Die größte Fahndung der Nachkriegsgeschichte

Um zwei Uhr ging es los: »Im Zusammenhang mit der Entführung von Peter Lorenz sucht die Polizei folgende anarchistische Gewalttäter: Ralf Reinders, 26 Jahre. Angela Luther, 34 Jahre. Inge Viett, 30 Jahre. Till Meyer, 30 Jahre. Werner Sauber, 28 Jahre. Norbert Kröcher, 24 Jahre. Andreas Thomas Vogel, 19 Jahre. Fritz Teufel, 31 Jahre.« – »Daneben!« Sie tappten im dunkeln. Nur vier der Gesuchten hatten tatsächlich etwas mit der Entführung zu tun. Das sprach für uns und dafür, daß die Polizei keine Ahnung hatte und nur spekulierte.

Die Meldung war der Auftakt zur größten Fahndungsaktion in der Berliner Nachkriegsgeschichte. In allen Westberliner Bezirken wurden Straßensperren aufgebaut, an denen mit Stahlhelm und Maschinenpistolen bewehrte Polizisten noch in dieser Nacht Tausende von Bürgern kontrollierten. Unterstützt wurde die Polizei von Einheiten der französischen Armee und der US-Streitkräfte und von britischer Militärpolizei. Zusätzlich waren bereits seit Tagen 300 Polizeibeamte aus dem Bundesgebiet zur Verstärkung der Berliner Kollegen im Einsatz. Um vier Uhr morgens krachten die Äxte und Tritte der Polizei in die Türen von 80 Wohnungen und linken Treffpunkten. Vorübergehend festgenommen wurden außer den polizeibekannten Linksradikalen auch 176 unbescholtene Personen, vorzugsweise aus Wohngemeinschaften. Fast überall wehrten sich die Bewohner, und es kam zu handgreiflichen Auseinandersetzungen. Das war selbst Teilen der Presse zu viel, und die Bürger murrten. »Als würden die Lorenz-Entführer geradewegs jetzt bei Rot über die Ampel laufen«, spottete die Presse. »Sie treiben einen Elefanten durch die Stadt, um eine Maus zu fangen«, wie Carlos Marighella eine solche Situation bezeichnete. Binnen

Tagen wurde das Kontingent der westdeutschen Polizisten in Berlin auf 4000 erhöht. Und erneut hatte die »Morgenpost« eine Sonderausgabe gedruckt: »EXTRA. Anruf um Mitternacht aus einer Telefonzelle. Peter Lorenz frei. Bei guter Gesundheit aufgefunden.«

Spannend war für uns, was er selber sagte. Schon einen Tag später konnten wir seine internationale Pressekonferenz in der Zeitung nachlesen. Frage: »Wie haben die Entführer sich Ihnen gegenüber verhalten?« Lorenz: »Es handelt sich zweifelsfrei um einen Gewaltakt. Aber sie haben sich, wenn man die allgemeinen Umstände in Betracht zieht, mir gegenüber korrekt verhalten (. . .)« Frage: »Hatten Sie das Gefühl, daß sich die Entführer absolut sicher vor Maßnahmen der Polizei fühlten, oder waren sie unsicher?« Lorenz: »Nein, die Entführer vermittelten den Eindruck, als ob sie von ihrem Standpunkt aus so gut wie möglich vorgesorgt hatten, und ich muß auch sagen, wenn ich mir mal den Ablauf der Aktion ansehe – selbst wenn man in Rechnung stellt, daß die Polizei ja bewußt eine ganze Weile auf Maßnahmen verzichtet hat –, dann ist sie ausgezeichnet geplant gewesen und abgelaufen. (. . .)« Frage: »Wie war der Umgangston? Welchen Eindruck hatten Sie von den Tätern hinsichtlich ihrer Intelligenz?« Lorenz: »Ich habe sie für intelligent gehalten, und ich möchte keine Einzelheiten weiter sagen, als daß ich nicht erpreßt worden bin (. . .)« Frage: »Wieviel Personen waren an der Aktion beteiligt? War eine Frau dabei?« Lorenz: »Ich weiß nicht genau, wieviel Personen dabei waren. Alle waren getarnt, übrigens in Monteuranzügen, so daß man bei ähnlicher Größe die Leute schwer unterscheiden konnte. Wenn sie miteinander sprachen, flüsterten sie immer. Sie haben sich in dieser Art und Weise bis zum Schluß konspirativ verhalten. Es war mindestens eine Frau dabei. (. . .)« Frage: »Haben Sie absolut keine Idee, wo sie sich befanden in Berlin?« Lorenz: »Ich habe keine Idee, wo ich gewesen bin.« Frage: »Ihre Parteifreunde haben die Todesstrafe für Terroristen gefordert. Ihre Ansicht?« Lorenz: »Ich war und bin gegen die Wiedereinführung der Todesstrafe.« Wir erfuhren auch, daß wir Lorenz zufällig genau an jener Stelle im Volkspark Wilmersdorf freigelassen hatten, wo er 1945 von den Russen gefangengenommen worden war.

»Überall kleben neue Steckbriefe. Jetzt sind wir schon noch mal

150 000 D-Mark mehr wert«, begrüßte uns Atze lachend. Drei Tage lang war niemand von uns auf der Straße gewesen, nur Ella hatte täglich Zeitungen geholt. Atze war auf einer Rundreise zu den Genossen. »Sie haben keine Spur. Ich habe mich mit Yvonne und Haddock getroffen. Ihre Rollkommandos liegen falsch. Als würden wir uns im Georg-von-Rauch-Haus aufhalten! Der Staatsschutz sucht uns in völlig abwegigen Ecken«, berichtete er uns. Gemeinsam diskutierten wir noch über die Erklärung von Bundeskanzler Helmut Schmidt, die er am Vortag im Bundestag abgegeben hatte. Man konnte aus jedem Satz heraushören, daß er dem Austausch nur zähneknirschend zugestimmt hatte. Unsere Einschätzung, daß er gegen ein Eingehen auf unsere Forderungen gewesen war, sahen wir in der Rede bestätigt. »Für den Austausch war wohl vor allem die Berliner SPD, die es bei Strafe von Stimmenverlusten nicht riskieren konnte, den Oppositionsführer und möglichen Wahlsieger über die Klinge springen zu lassen«, lautete unsere übereinstimmende Meinung. Der Bundeskanzler hatte uns harte Verfolgung und Zerschlagung angedroht: »Ich kann nicht versprechen, daß es keine Terrorakte mehr geben wird, aber ich verspreche: Wir werden mit Gesetzestreue und Konsequenz unseren Rechtsstaat verteidigen, und wo es nottut – darüber soll sich niemand täuschen – mit aller notwendigen Härte.« Als ich die Rede im Fernseher verfolgte, ahnte ich schon, was kommen sollte. Wir hatten den bürgerlichen Staat fundamental herausgefordert, und ein wenig wurde mir vor dieser Ungeheuerlichkeit selbst bange. »Jetzt werden sie uns jagen, tot oder lebendig.« Klar war mir auch sofort, daß es nie mehr eine Wiederholungsaktion geben könne. Noch mal gibt der Staat nicht nach. Die RAF sollte das noch zu spüren bekommen.

Wir wollten noch das kommende Wochenende zu Hause abwarten und uns gleich am Montag zum ersten Plenum im Volksgefängnis treffen. Mich hielt es nicht mehr in der Wohnung, ich mußte die neuen Steckbriefe unbedingt sehen. Ella machte für den Sonnabend einen Termin mit Yvonne und Roger beim Griechen aus. Tatsächlich, an jeder Litfaßsäule klebte das Plakat: rot umrandet und fettgedruckt. Fix hatte ich meinen eigens dafür eingesteckten Filzer in der Hand, und im Nu hatten wir alle einen dicken Balken über dem Gesicht. »Das ist eine Sache für die Szene, die sollen soviel übermalen, wie sie nur können.« So geschah es dann auch. Unsere legalen Genossen Roger und Yvonne waren vom Erfolg der Aktion begeistert. »Das ist ja Spitze gelaufen! Drüben würde man sagen: Weltniveau«, empfing uns Roger. Sie mußten haarklein erzählen, wie die Aktion bei den Linken und in der Stadt überhaupt aufgenommen worden war. Tagelang habe es in keiner Kneipe, in keinem Betrieb oder Büro ein anderes Gesprächsthema gegeben als die Entführung. »Die Stimmung war überall, in den linken Kneipen sowieso, aber auch in den Eckkneipen auf eurer Seite. Wetten haben sie abgeschlossen. Immer wollten alle die Live-Übertragungen hören. Als die Gags mit der armen Mutter und dem zweiten Lorenz bekannt wurden, haben die Leute in den Lokalen geklatscht.« In den Wohngemeinschaften habe man Tag und Nacht vor dem Fernseher gesessen. »Wie Helden haben sie euch gefeiert.« Die ganze Linke sei total aus dem Häuschen. »Hier, guck mal! Das haben sie gestern bei einem Teach-In verteilt und gesungen hat der Typ das Lied auch gleich, unter lautem Gejohle und Beifall.« Roger gab mir einen Liedtext. Das »Lorenz-Lied«. In vier Strophen mit langem Refrain erzählte das Lied in Form einer Moritat die Geschichte der Entführung: »An einem schönen Donnerstag / Es hatte grad getaut / da wurde Peter Lorenz / Aus Zehlendorf geklaut / Und er kam gleich in die Kiste / Und allmählich wurd ihm klar / Daß er nun ein Gefangner / Des 2. Juni war. – Hey, hey, hey, hey . . .

Mehr Tatkraft schafft mehr Sicherheit / Die Praxis hat's gezeigt / Die Bonzen sind verletzbar / 7 Gefangene sind befreit! / Von euch können wir lernen / Wie man kämpft und wie man lebt / Nur durch Gewalt der Waffen / Wird der Faschismus weggefegt. – Hey, hey, hey, hey . . .« Wir waren stolz auf diese Resonanz. Roger steuerte allerdings auch einen Wermutstropfen bei: Vor einigen Tagen, so erzählte er, seien bei unserer alten, gemeinsamen Freundin Tina zwei Beamte vom BKA aufgetaucht. Tina hatte mir seinerzeit auch in den Bielefelder Knast geschrieben. Vierzehn verschiedene Fotos von mir, mit allen Bartvarianten, Frisuren und Haarfarben hätten sie ihr vorgelegt. Ob sie denn nicht auch nur einen Schimmer habe, wo ich sein könnte oder möglicherweise verkehren würde. Verdammt, das war gefährlich! Elisabeth, von der wir die Wohnung in Kreuzberg hatten, war Tinas Freundin. Alarm. Wir hatten die Wohnung zwar noch vor der Entführung clean gemacht, konnten aber jetzt auf keinen Fall mehr hingehen. »Elisabeth soll sie sofort kündigen oder einen anderen, harmlosen Zeitgenossen reinsetzen«, gab ich Roger mit auf den Weg. Später erfuhr ich, daß die BKA-Bullen zu einem vierköpfigen Zielfahndungskommando gehörten, das schon seit Anfang des Jahres 1974 hinter mir her war. Sie suchten überall nach mir: bei meinen alten Lehrern, bei den Geschwistern, bei ehemaligen Freunden und alten Genossen. Ergebnislos. Und doch sollte mir drei Monate später genau dieses Zielfahndungskommando zum Verhängnis werden.

Wie weiter?

Wie es jetzt weitergehen sollte mit der Gruppe, wußte keiner von uns. Nächtelang diskutierte ich mit Ella darüber, wie es wäre, wenn wir uns abspalten würden, um eine neue, weitere Zelle aufzubauen. Jetzt, wo uns die Aktion nicht mehr einte, traten die politischen Widersprüche im 2. Juni, aus denen immer stärker auch persönliche wurden, wieder deutlich hervor. Schon auf dem Plenum zeigte sich, daß ich andere Vorstellungen hatte als der größere Teil der Gruppe. Wir wollten nach der Entführung selbst ein Papier in die Öffentlichkeit bringen. Das wurde auch beschlossen, ich war aber mit der inhaltlichen Konzeption nicht einverstanden. Wenn schon ein Text von uns, war meine Meinung, dann ein strategisches Positionspapier über Ziel und Praxis des bewaffneten Kampfes. Ich konnte mich nicht durchsetzen, vor allem, weil meine Ideen dazu nicht ausgereift waren und ich viel zu vage blieb. Also fügte ich mich und es entstand »Die Entführung aus unserer Sicht«. Ein zehnseitiger Text, den vor allem Atze, Tuss und Ella erarbeitet hatten. Ich hielt das für eine Rechtfertigungsschrift, also defensiv, und schrieb aus Protest keine einzige Zeile an dem Text. Gedruckt haben wir ihn an mehreren Tagen im »Atelier«, unserer konspirativen Wohnung in Steglitz, auf unserer geklauten

Druckmaschine. Es waren gut 30 000 Exemplare, obendrauf zum ersten Mal öffentlich unser neues Emblem: eine Weltkugel, umschlungen von einem Arm, dessen Faust ein Gewehr umklammert, als Zeichen des solidarischen Internationalismus. Es begann erneut eine schon bei anderen Aktionen erprobte großangelegte Verteileraktion. Quasi im Schneeballvertrieb schafften wir es, binnen einer Stunde alle 30 000 Flugschriften zu verteilen: Hausbriefkästen, Universitäten, linke Buchläden und Kneipen, Jugendzentren. Ein Fressen für die Presse: unerhört, kaltblütig, dreist!

Über die weitere Konzeption der Gruppe konnten wir auch auf dem nächsten Plenum nicht reden, Gefahr war im Anmarsch. Peter Lorenz hatte ausgesagt, das Gefängnis könne in einem Garten oder Hof gewesen sein. Wie er darauf kam, konnten wir uns nicht erklären, jedenfalls behauptete er es. Also begann die Polizei, nach Gartenhäusern, Schuppen oder Remisen zu suchen. Dafür wurde Westberlin, Planquadrat für Planquadrat, aus der Luft fotografiert. Tagelang waren mehrere US-Hubschrauber in der Luft. Zur Markierung am Boden wurde ein bestimmtes Planquadrat mit vier Funkwagen an jeder Ecke besetzt, die ihr Blaulicht rotieren ließen. Das Pech war, daß zu der Ladenwohnung in der Schenkendorfstraße tatsächlich eine Remise auf dem Hof gehörte. Das große Mietshaus hatte außer dem Vorderhaus einen Seitenflügel, gegenüber die Remise und hinten im Hof auch noch einen kleinen Garten. Als die Presse meldete, demnächst würde Kreuzberg abfotografiert, schritten wir unverzüglich zur Tat: In zwei Tagen und Nächten bauten wir das gesamte Volksgefängnis ab. Schade, die Entführung eines Industriellen für Lösegeld hätten wir damit noch machen können. Nach hartem Schuften hatten wir 48 blaue Müllsäcke mit den zerbrochenen Styroporplatten, Holzstücken, Schutt und Teilen der Isoliermatten gefüllt. Der Einstieg wurde mit einer dicken Platte wieder geschlossen und von unten verputzt. Fast sah es wieder so aus wie zuvor. »Jetzt müssen wir schnell einen Nachmieter finden, und der sorgt für den Rest«, schätzte ich ein. Ein Teil der Gruppe sollte die Säcke nach Lichterfelde auf einem schon dafür ausersehenen Bauplatz abladen, mit Benzin übergießen und anzünden. Bei Einbruch der Dunkelheit beluden wir, Ketten bildend, in aller Eile den eigens dafür geklauten Lkw mit den Säcken.

Ella, die mit dem Deckungswagen hinterherfuhr, kam erst gegen Mitternacht zurück. »Scheiße, der Bauplatz war ungeeignet. Zuviel Leute. Da haben wir die Säcke in der Gropiusstadt in die zahllosen Müllcontainer verteilt.« Verhängnisvoll, wie sich zwei Tage später zeigen sollte.

»Erste Spur von den Lorenz-Entführern«, meldete die »Bild«-Zeitung groß aufgemacht. Bürger aus der Neubausiedlung hatten die Genossen beobachtet und waren empört, daß da Fremde Müll in ihre Container versenkten. In ihrem Ärger hatten sie die Polizei gerufen. Die wurde gleich fündig. Mit in die blauen Säcke war – wenn auch zerrissen – das Poster von Ché Guevara geraten, das bei Lorenz in der Zelle gehangen hatte. Die Bullen fanden zwar nur noch 28 Säcke, aber es war eindeutig Isolationsmaterial aus dem Volksgefängnis. Lorenz hatte »seinen Ché« wiedererkannt. Zunächst traf es aber einen falschen: Professor Bertholt Rubin. Der Mann wohnte in der Nähe des Fundortes und renovierte gerade seinen Partykeller, unter Benutzung von viel Styropor. Der seltsame Byzantistikprofessor hatte schon öfter von sich reden gemacht: Aus Protest gegen die zu lasche Verfolgung der Baader-Meinhof-Bande hatte sich das Mitglied des »Freundeskreises der CSU« 1971 selbst entführt und im Grunewald an einen Baum gefesselt. Der rechtslastige Professor machte wohl nicht nur ein dummes Gesicht, als eine Hundertschaft der Polizei sein Anwesen stürmte, um im Partykeller nach dem Volksgefängnis zu suchen.

Regelmäßig ging Ella in den Laden, um nachzusehen, ob irgend etwas los sei. Dem Hausbesitzer hatten wir bereits geschrieben, daß wir aufgeben müßten, da sich der Secondhandshop in dem Viertel nicht lohne. Als sie am 22. März aus dem Laden an den Chamissoplatz zurückkam, wo ich auf sie wartete, war sie kreidebleich. »Los, sofort weg hier!« zischte sie mir im Vorbeigehen zu. Erst am Mehringdamm blieb sie stehen. »Jemand hinter uns?« Wir waren alarmiert, hatten aber nichts feststellen können. »Hier, guck mal.« Sie hielt mir ein Papier vor die Nase. »Mensch, das ist ja ein Hausdurchsuchungsbefehl!« Als die blauen Säcke gefunden worden waren, erging sogleich ein Fahndungsaufruf: »Wer hat gesehen, wo Personen blaue Säcke abtransportiert haben . . .« Man hatte uns beobachtet, wie wir Jahre später den Akten entnehmen konnten. Eine Bewohnerin der Schenkendorfstraße hatte uns an jenem Abend gesehen, als wir die Säcke in den Lkw luden, und das der Polizei anonym und in Sütterlinschrift gemeldet. Man ging damals jedem Hinweis nach. Also verschafften sich Beamte in Ellas Abwesenheit Zugang zu dem Laden und dem Keller. Die Polizei fand jedoch nur den Kellerraum unter dem Laden, und der war nur 190 Zentimeter hoch, und Lorenz hatte wahrheitsgemäß ausgesagt, der Kellerraum sei weit über drei Meter hoch gewesen. Das war erst mal unsere Rettung. Den eigentlichen Keller hatten wir auch nach dem Abbau des Volksgefängnisses zugestellt gelassen, den hatte die Polizei schlichtweg nicht entdeckt. Und so schrieben sie auch auf den Hausdurchsuchungsbefehl: »Ein Irrtum ... wir bitten vielmals um Entschuldigung.« Das war haarscharf! Wieder kam mein alter Ärger hoch. »Warum habt ihr das Zeug nicht verbrannt, wie es abgemacht war?«

Der Fahndungsdruck war enorm: Die Stadt wimmelte von Polizei. Wie es mit der Gruppe weitergehen sollte und ob wir uns spalteten, wollten wir später diskutieren. Es schien uns ratsam, in dieser heißen Zeit die Stadt für ein paar Wochen ganz zu verlassen. Zum anderen wollten wir auch Kontakt zu den befreiten Genossen im Jemen aufnehmen. Wir aktivierten erneut unsere Palästinenser-Connection und vereinbarten eine Ausbildungswoche für ein halbes Dutzend Leute von uns im Libanon. Ella und ich sollten für alle Fälle in Europa bleiben, falls in Berlin etwas geschähe. Unsere Reiseroute war klar: möglichst alle Grenzen der Bundesrepublik Deutschland vermeiden. Wir fuhren alle mit der Eisenbahn über die Ostberliner Friedrichstraße nach Kopenhagen. Vor dort aus sollte ein Teil über Griechenland, ein anderer über Spanien in den Libanon einreisen. In einer Kopenhagener Eckkneipe feierten wir noch kurz meinen 31. Geburtstag, um uns dann in aller Herzlichkeit, »Paßt gut auf euch auf«, voneinander zu verabschieden. Ella und ich flogen von Kopenhagen nach Paris und fuhren zwei Tage später mit dem Zug weiter nach Nizza. In spätestens vier Wochen wollten wir alle wieder in Berlin sein. Und dann sollten die entscheidenden Diskussionen über die Zukunft der Gruppe geführt werden.

Alles im Arsch

Meine alten Freunde und Genossen Claude und Jean empfingen uns im sommerlichen Nizza sehr herzlich: Jean schlug sich immer wieder vor Begeisterung auf die Schenkel, als ich ihnen Details über die Entführung erzählte. Auch die französische Presse habe jeden Tag über den Coup des »Mouvement deuxième Juin« berichtet. Aber Fahndungsbilder seien hier nicht erschienen, beruhigten sie uns, wir könnten uns sicher bewegen. Unsere Pistolen hatten wir bei Roger gelassen, er sollte sie uns bei der Rückkehr direkt an den Bahnhof bringen. Wir lagen am Strand oder fuhren mit geliehenen Mopeds weite Touren bis tief in das Hinterland hinein. Die deutschen Zeitungen berichteten noch immer in großer Aufmachung über den »dreisten Akt der Terrorbanditen«, von denen die Polizei noch immer keine Spur habe. In den kleinen Kneipen der Altstadt verbrachten wir unsere Abende und Nächte und redeten uns die Köpfe heiß über das Schicksal der Gruppe und wie es mit uns beiden weitergehen sollte. Ella war wie ich der Meinung, daß wir uns von der Gruppe lösen müßten. Sie war ohnehin schon zu groß, und wohin sollten die befreiten Genossen gehen, wenn sie wieder in Deutschland waren? Außerdem hatte sich die in München wegen Unterstützung einer kriminellen Vereinigung gesuchte Juliane Plambeck in Berlin angekündigt. Auch Fritz Teufel, der sich jetzt aufgrund des Steckbriefes in seinem Job in einer Essener Klobrillenfabrik nicht mehr sicher fühlte, wollte wieder nach Berlin. Zum anderen paßte Ella und mir der politische Kurs der Mehrheitsfraktion des 2. Juni nicht. Wir verstanden uns beide nicht als Anarchisten. Das wichtigste Argument aber war, daß wir jetzt, wo wir einen Schlag gelandet hatten, der uns einen großen Sympathiebonus eingebracht hatte, in der gesamten Bundesrepublik agieren müßten – also neue Zellen aufbauen. Ella und ich planten, ins Ruhrgebiet zu gehen, um dort mit Victor und den anderen Genossen aus dem Frankfurter Raum zusammen eine weitere Zelle der »Bewegung 2. Juni« aufzubauen. Wie wir uns strategisch ausrichten würden und welche Aktionen wir machen wollten, sollte mit den Frankfurtern diskutiert werden. Wichtig war, genau jetzt den Sprung in die Bundesrepublik zu wagen.

Der 24. April 1975 sollte alle unsere Vorhaben durchkreuzen. »Paul, vite, vite, ici, vos camarades ont occupé l'ambassade allemande de Stockholm! Vite, vite au télévision!« Wir rannten vor den Fernseher. »Diese Idioten«, schimpfte ich spontan. Claude hatte eingeschaltet, als die Botschaft bereits in die Luft geflogen war und lichterloh brannte. Schreie waren zu hören, verletzte Menschen rannten durch den Garten der Botschaft. Gespenstisch. Erst Stunden später wußten wir genauer, was eigentlich passiert war. Ein sechsköpfiges Kommando der RAF, das »Kommando Holger Meins«, hatte das Gebäude der deutschen Botschaft in Stockholm besetzt und für die Freilassung des Botschaftspersonals, inklusive des Botschafters Stöckers selbst, die Freilassung von 26 RAF-Gefangenen gefordert – alle Kader der RAF. Für den Fall, daß Bonn ablehnte, drohte das Kommando damit, alle zwei Stunden einen Angestellten der Botschaft zu erschießen. Vor laufenden Kameras machten sie ihre Drohung tatsächlich wahr: Am späten Nachmittag erschoß das Kommando den Militärattaché von Mirbach, mit mehreren Kugeln in Kopf und Brust, auf dem Treppenpodest. Stunden später wurde der Wirtschaftsattaché Hillegaard ebenfalls erschossen. Die RAF hatte den Mann ans offene Fenster geführt und vor laufenden Kameras hingerichtet. Bonn blieb hart und forderte die Schweden auf, das Gebäude zu stürmen. Noch bevor die schwedische Polizei dazu kam, flog mit einem Donnerknall plötzlich die halbe Botschaft in die Luft. Die schwedische Polizei brauchte die konsternierten und teils schwer verletzten Helden der Aktion nur noch abzugreifen.

Das Kommando hatte zuvor noch die Drohung nachgeschoben, bei Nichterfüllung ihrer Forderung das Botschaftsgebäude mit allen Angestellten und sich selbst in die Luft zu jagen. Dann kam es zur Katastrophe: Beim Verlegen von einigen Kilo TNT war den Geiselnehmern ihr Sprengstoff unerwartet selbst um die Ohren geflogen. Ein Mitglied des Kommandos war sofort tot, ein weiteres ist später in einem deutschen Gefängnis seinen schweren Verletzungen erlegen. Jean schüttelte immer nur den Kopf: »C'est fou, vraiment fou!« Alles im Arsch, ratterte es in meinem Kopf. Der Sympathiebonus, den wir erworben hatten, war durch diese äußerst brutale und politisch dumme Aktion zunichte gemacht. »Paß mal auf, wie jetzt der Schmidt reagieren wird«, wandte ich mich Ella zu. Die nickte: »Ja, Scheiße.« Jean redete an diesem Abend kein Wort mehr mit uns. Dafür hatte er kein Verständnis: Wie kann man, mit einer linken Begründung, eine Hinrichtung inszenieren? Ausgerechnet eine öffentliche Hinrichtung, weltweit das Synonym für faschistische Brutalität. Wir waren wütend und deprimiert.

Uns war die Lust an allem vergangen. Mit zwei Flaschen Wein verzogen wir uns ins Bett. »Da hat der RAF-Brain-trust in Stammheim sich mal wieder eine politische Fehleinschätzung vom gröbsten geleistet«, sinnierte ich laut vor mich hin. »Als würde die BRD für ein paar Botschaftsangehörige, kleine Beamte, die gesamte RAF rauslassen. Sie haben auch die Sozialdemokratie falsch eingeschätzt. RAFRAF-Zackzack ist davon ausgegangen, daß der Humanist und Sozialdemokrat Olof Palme in seinem Land kein Massaker zulassen wird. Falsch, wie man sieht.« Die Aktion war von vornherein zum Scheitern verurteilt gewesen. »Und dafür wollten die auch noch zwei Leute von uns.« Ein halbes Jahr zuvor hatte ein Emissär der RAF, ein untergetauchter Rechtsanwalt, zwei Leute von uns »für eine Aktion« angefordert. Wir lehnten ab. Derartige Aktionen oder Flugzeugentführungen hätte der »2. Juni« niemals gemacht, da herrschte Konsens in der Gruppe.

Die schrecklichen Bilder, die in alle deutschen Wohnstuben flimmerten, hatten die Stimmung kippen lassen. Bundeskanzler Schmidt drohte »den Feinden unseres Staates« harte Vergeltung und Verfolgung rund um den Globus an.

Unsere Niedergeschlagenheit spülten wir in dieser Nacht mit viel Wein runter. Wir wurden unruhig. Im Libanon war der Bürgerkrieg voll entflammt. Ob unsere Genossen in Sicherheit waren? Gut eine Woche früher als geplant brachen wir nach Deutschland auf. Beide wieder im schnieken Outfit, denn unsere Reise, vor allem die Grenzübertritte, wurde immer gefährlicher.

Die ersten Festnahmen

Mit der Eisenbahn wollten wir über Italien, Griechenland und durch den Ostblock nach Ostberlin und dort über die Friedrichstraße nach Westberlin einreisen. So umgingen wir bundesdeutsche Grenzen. Von Brindisi wollten wir mit der Fähre nach Griechenland. Kaum in der Kabine, quakte der Lautsprecher los: »Alarm, Alarm, bitte alle Gäste von Bord!« – »Meinste, wir müssen runter?« fragte Ella. »Wozu, das ist bloß der übliche Probealarm, den machen die doch immer vor dem Auslaufen«, wußte ich es mal wieder besser. »Raus, sofort!« schrie uns der Steward durch die aufgerissene Tür an. »Verdammt, los, wir müssen doch raus!« Kaum an Deck, stockte mir der Atem und das Herz raste. Am Kai wimmelte es von Carabinieri, einige hasteten bereits auf dem Schiff herum. »Ella, jetzt ist es aus, die haben uns, oder?« Die Carabinieri rannten an uns vorbei und schoben uns sogar noch vom Schiff runter. Puh! Wir hörten, daß für das Schiff eine Bombendrohung eingegangen sei, alles müsse jetzt durchsucht werden. Mist! Stundenlanges Warten. Im Morgengrauen ging ich geradewegs in die Hütte der Grenzpolizei. Ich wollte wissen, wie lange es noch dauert. »Eine Stunde noch.« Hinten an der Wand hingen 30, 40 Fahndungsfotos, darunter auch unsere, ganz frisch. »Schmidts Internationalisierung der Fahndung nach den deutschen Staatsfeinden«, bemerkte ich zu Ella.

Eigentlich wollten wir noch zwei Tage in Athen bleiben, aber schon bei unserer Ankunft in der Stadt empfing uns die »Bild«-Zeitung mit einer neuen Hiobsbotschaft: In der Tegeler Garage waren Gerald Klöpper und Ronald Fritsch festgenommen worden. »Erster Schlag gegen die Lorenz-Entführer!« Was war passiert? Ein Teil der Gruppe hatte sich bereits vor Tagen auf den Weg zurück nach Berlin gemacht, der andere Teil wartete in Damaskus auf Kontakt mit den befreiten Genossen. Gerald und Ronny wollten auf dem Garagenhof den Audi zur Doublette umbauen. Schon beim Betreten des großen Hofes saßen sie in einer Falle der »Operation Eule«, die der Staatsschutz schon seit Wochen aufgebaut hatte. Tarzan und Lucky hatten vor der Lorenz-Entführung in der Tegeler Garage an dem roten Ford gebastelt und zum Ärger der Gruppe bei geschlossener Garagentür den Motor laufen lassen. Tarzan kippte ohnmächtig um, und Lucky konnte in letzter Minute noch ins Freie taumeln. Das war von der gegenüberliegenden Kfz-Werkstatt beobachtet worden, und man hatte eilends die Feuerwehr alarmiert. Die brachte den noch immer benommenen Tarzan zu einem Kurzaufenthalt ins Krankenhaus.

Nachdem der rote Ford-Kombi, B-VE 314, bei der Lorenz-Aktion aufgetaucht war, konnte der brave Feuerwehrmann sich erinnern, genau diesen Wagen bei seinem Noteinsatz im Januar in der Garage gesehen zu haben. Von da ab lagen die Beamten auf der Lauer. Es war nur ein Zufall, daß gerade die beiden in die Falle liefen. Tim, der in der Nähe war, konnte unerkannt entkommen. Für uns hieß das, im Eiltempo zurück nach Berlin. Es ging darum, die Wohnung der beiden zu räumen, bevor sie von der Polizei entdeckt wurde. Dort angekommen, rief ich Roger an. »Unsere Feuerzeuge haben wir vergessen, bring sie uns bitte.« Wenig später waren wir wieder bewaffnet.

»Es klappt mit dem Kontakt erst in ein paar Wochen«, berichteten Tuss und Atze nach ihrer Rückkehr in der ersten Maiwoche. Sie hätten viele Schießübungen gemacht und den Umgang mit Handgranaten gelernt. Außerdem haben die Palästinenser ihnen verschiedene Sozialeinrichtungen in den Flüchtlingslagern gezeigt. Schwer beeindruckt erzählten sie, wie gut sie die in Schuß hielten und wie wichtig unsere Solidarität für die Palästinenser sei. In Beirut sei es zu gefährlich geworden, überall Schießereien und Granateinschläge, so daß sie es für ratsam gehalten hätten, erst mal zurückzukommen.

Weil wir für Gerald und Ronny zunächst nichts tun konnten, wurde über ihre Verhaftung beim ersten Plenum auch nicht mehr viel geredet. Wir kamen zur Sache und waren sehr schnell einer Meinung: Ella und ich sollten in absehbarer Zeit in den Ruhrpott gehen, Tim, der jetzt mit der Stillen, einer noch legalen Genossin, zusammenlebte, wollte es zusammen mit ihr noch mal im Hamburger Raum versuchen, Atze und Tuss sollten in Berlin bleiben. Was die Befreiten machen und wohin sie gehen würden, wußten wir nicht.

»Bei einem Feuergefecht zwischen Terroristen und der Polizei auf einem Kölner Parkplatz ist in der heutigen Nacht der gesuchte Terrorist Werner Sauber von der Polizei erschossen worden. Sein Komplize, der Arzt Karl-Heinz Roth, ist schwer verletzt worden.

Der ebenfalls gesuchte Terrorist Roland Otto konnte unverletzt verhaftet werden.« Die Genossen der Betriebsguerilla waren gerade dabeigewesen, ein Auto zu knacken, und erwischt worden. Das traf uns! Werner, den wir Apparatschik nannten, hatte lange Zeit mit Atze zusammen im Berliner Untergrund agiert.

Gesucht, gejagt, gefangen

Ella und ich waren vorerst wieder auf Wohnungssuche. Wir wollten noch ein paar Monate in Berlin bleiben und von hier aus vorsichtig das Terrain in Essen sondieren. In der Moabiter Lehrter Straße sollten wir uns etwas angucken, Hinterhaus, ein Zimmer, Küche, Klo. Der Vermieter war jedoch nicht da. Also warteten wir in einer der vielen kleinen Kneipen in der Straße. Da war gerade ein Kabarett im Gange und die Kneipe brechend voll. »Mensch, da hinten sitzt doch mein Bruder Klaus«, flüsterte ich Ella aufgeregt zu. Sie kannte ihn nicht. Wir standen irgendwo unbeachtet in einer Ecke. Eindringlich musterte ich die vielen Gäste. Bullen, ja oder nein? Als mein älterer Bruder dicht an uns vorbei zum Klo ging, mußte ich auch. Er war allein und pinkelte gerade, als ich ihn anstieß. »Mensch, wollnse pöbeln, oder wat?« Er hatte mich nicht erkannt. »Mann, ich bin's, ich«, raunzte ich ihn an. Er wechselte gleich mehrmals die Farbe und bekam erst mal kein Wort raus. »Schnauze«, zischte ich ihm zu, als er mir um den Hals fiel und meinen Namen rief. »Du gehst jetzt ruhig raus, sagst in genau 30 Minuten zu deiner Frau, daß du mal kurz an die Luft mußt. Dann kommste schnell in die Perleberger Straße in die ›Bärenpils-Kneipe‹. Bleib ganz ruhig und laß dir nichts anmerken.« Ella und ich verließen das Lokal. Draußen erzählte ich ihr, was ich vorhatte. »Meinste nicht, das ist zu gefährlich?« – »Nee, ich glaube nicht, der kann nicht ewig die Bullen dran haben, und hier war das Treffen ja auch Zufall«, entgegnete ich. Ich wollte ihn sehen und kurz sprechen, obwohl Ellas Bedenken berechtigt waren. »Wir passen eben gut auf.«

Einer von uns beobachtete das Lokal, aus dem er kommen mußte, der andere das, in das er gehen würde. Er kam. Niemand hinter ihm, die Straße war leer. Nach gut fünf Minuten gingen auch wir rein. Klaus freute sich mächtig. Alles mußte er erzählen, die Geschwister, wie es ihnen allen ging. »Haste auch niemand, auch deiner Frau nichts davon gesagt, wo du jetzt bist?« Er versicherte es. Nach 15 Minuten wollte ich gehen. »Paß auf Klaus, ich bin nicht mehr lange in Berlin, wer weiß, was noch alles passiert. Ich will euch noch mal sehen. Du kommst mit Elisabeth und Rosemarie, aber nur mit den beiden, am 25. Mai um Punkt 18 Uhr in das Lokal ›Algarve‹ in der Charlottenburger Waitzstraße. Du darfst auf keinen Fall telefonieren und mit niemandem außer den beiden über den Termin sprechen! Daran müßt ihr euch unbedingt halten. Unbedingt! Versprichst du das?« Er versprach es hoch und heilig. Ich mußte ihnen trauen, es waren meine Geschwister.

Die Waitzstraße, eine kleine Seitenstraße des Ku'damms, ist auch aus sicherer Entfernung gut einsehbar. Wir warteten. Statt meiner Schwester Rosemarie tauchte plötzlich ihr 18jähriger Sohn, mein Neffe Oliver, auf. Klaus war offenbar überpünktlich gewesen und vermutlich schon drin in der Kneipe. Nach 15 Minuten, in denen wir nichts Verdächtiges bemerkten, ging Ella, wie immer, zuerst los. Wenn ihr im Lokal irgend etwas komisch erschiene, sollte sie, ohne die beiden anzusprechen, wieder rauskommen. Langsam schlenderte ich auf die Tür des portugiesischen Lokals zu. Kurz davor bemerkte ich aus den Augenwinkeln einen großen Opel mit Wuppertaler Kennzeichen. Die beiden Insassen, jung, drahtig, Lederjacke, hatten die typischen Polizisten-Gesichter. Gemächlichen Schrittes ging ich weiter in Richtung Ku'damm. Hier stimmt doch was nicht, nicht allein die beiden Typen, ich hatte einfach so ein Gefühl . . . Vom Ku'damm aus sah ich, wie Ella kam. Auch sie mußte etwas gemerkt haben, denn sie überquerte die Straße, ohne mich zu beachten. In sicherem Abstand und auf der anderen Straßenseite ging ich hinter ihr her. Niemand war uns gefolgt. Aber ich war in höchster Anspannung und Wachsamkeit. Doch nichts passierte. Nach zehn Minuten eilte ich über die Straße, winkte ein Taxi, stoppte kurz neben Ella – und weg waren wir. Niemand folgte uns. »Am Tresen haben zwei Typen gesessen, die waren mir nicht geheuer. Soffen auch Cola, Lederjacke, du weißt schon. Bis auf deine Familie, wieso waren das überhaupt nur zwei, war das Lokal leer.« Ich erzählte, daß auch ich zwei Typen im Auto gesehen hätte, die wie Bullen aussahen. Scheiße, haben wir sie dran? Haben mich meine Geschwister verraten oder doch übers Telefon gequatscht? Oder hat einer von ihnen die Bullen dran und hierher geschleppt? Es war alles nur Spekulation, nur nicht darüber nachdenken. Allerdings machte ich mir Vorwürfe, in dieser heißen Zeit – überall klebten Steckbriefe und Tausende Polizisten suchten fieberhaft nach uns – überhaupt so ein Treffen vorgeschlagen zu haben. Taxi wechseln, Umwege fahren und noch fix durch eines unserer »Durchgangshäuser«. Wir hatten jedenfalls keine Polizei an den Hacken. Noch nicht!

Der 6. Juni 1975 war ein schöner Sommertag. Vormittags waren wir unterwegs, um ein paar Banken zu checken. Das Geld war wieder knapp geworden, und wir wollten auch einiges mit nach Westdeutschland nehmen. Nachmittags brachte ich das Auto unserer Fälscherin Maria, die es für einen kurzen Urlaubstrip brauchte. Abends wollte sich die Gruppe beim Griechen in Charlottenburg treffen. »Da können wir ja vorher noch zum ›Haxenwirt‹ in die Blissestraße gehen«, schlug ich Ella vor. Gut gelaunt und engumschlungen verließen wir gegen 19 Uhr unsere Wohnung am Kreuzberg. Wir wollten eine Station mit dem Bus fahren und dann am Bahnhof Yorkstraße in die U-Bahn umsteigen. Hätte ich bloß an diesem Abend meine verliebte Turtelei gelassen und mehr darauf geachtet, was um mich herum los war, wer weiß . . .

Der Bus hielt ein paar Meter neben dem U-Bahn-Eingang. Ins Gespräch vertieft und meinen Arm um Ellas Schulter gelegt, stiegen wir aus und gingen die paar Schritte auf den U-Bahn-Schacht zu. Noch drei Schritte bis zum Eingang. Plötzlich fuhr ein brauner Opel nur wenige Meter vor uns mit quietschenden Bremsen auf den Bürgersteig. Der Beifahrer hing schon halb draußen, bevor das Auto zum Stehen kam, in der Hand eine schußbereite Pistole: »Hände hoch, stehenbleiben!« Ich stieß Ella, die erstarrte, beiseite und schrie: »Hau ab!« Im gleichen Atemzug zog ich meine Pistole. Der Wagen stand. Fliehen! Rein in den U-Bahnschacht, raste es mir durch den Kopf. Sie schießen uns sonst beide zusammen. Ella, die an diesem Tag unbewaffnet war, rannte in entgegengesetzter Richtung davon, während ich die Pistole auf das Auto richtete.

Aber wen treffen, auf wen zielen? In den Schacht. Flieh! Mit Riesenschritten, in Bruchteilen von Sekunden war ich auf die lange Treppe in den rettenden U-Bahnschacht zugestürzt. Die Treppe mußt du schaffen! An deren Ende ging es sofort um eine schützende Ecke. Da unten bist du in Sicherheit. Mit mächtigen Sätzen jagte ich die menschenleere Treppe runter.

Das ohrenbetäubende Krachen eines Schusses. Und gleich wieder, und wieder: Wum! Die schießen auf dich! Auf der Länge einer U-Bahntreppe raste mein Leben an mir vorbei. Eine rasante Folge von Gedanken spulte sich ab, und Bilder tauchten auf, die ich längst vergessen hatte; es war die gleiche Ausnahmesituation, wie ich sie schon bei meiner dramatischen Festnahme in Bielefeld erfahren hatte. Dein ganzes Leben läuft ab, in einer Weise, wie es vielleicht nur im Zustand der Todesangst möglich ist. Jeden Moment gewahr, die tödliche Kugel im Körper zu spüren. Und wieder: Wums, Wums! Die Kugeln pfeifen wirklich. Von den Kachelwänden prallten die Geschosse meiner Verfolger als Querschläger ab und zischten durch den U-Bahneingang. Dann doch. Ein Schlag, ein brennend heißer Schmerz durchfuhr mein rechtes Bein. Wie durch ein unsichtbar gespanntes Seil zu Fall gebracht, klatschte ich auf den Betonboden, zwei Schritte nur vor der rettenden Ecke. Die Pistole flog mir durch den harten Aufprall im hohen Bogen aus der Hand. Und schon waren sie über mir. Pistole in den Nacken, Hände auf den Rücken und das Knie ins Kreuz. Es hatte mich erwischt, ich war getroffen. Aber wo? Irgendwo in der Kniekehle puckerte es heiß und schmerzhaft. »Los, die Fotze, du mußt der Tante hinterher!« schrie der Mann, der sich mühte, mir Handschellen anzulegen. »Nee, komm zurück, die kriegen wir später.« Die beiden waren extrem nervös. Jetzt, als ich da lag, strömten plötzlich Fahrgäste auf die Treppe. Wären sie nur wenige Sekunden vorher gekommen, dann hätten die Bullen nicht schießen können. Ich wäre ihnen entkommen. »Ruf über Funk Verstärkung. Vorsicht, Vorsicht, Terroristen, gehen Sie weiter! Wir sind von der Polizei, Polizei!« schrien sie die gaffenden Leute an. Wenige Minuten später wimmelte es von Polizei. Mit der Feuerwehr wurde ich ins Tempelhofer St.-Joseph-Krankenhaus gebracht.

Aus Till, es ist aus! Sie haben dich. Ich mußte unentwegt an Ella denken, hoffentlich ist sie ihnen entkommen. Hoffentlich! Mein Bein schmerzte. Der Schuß hatte mich in die Kniekehle getroffen. Hielt ich das Bein still, puckerte es und brannte wie Feuer in der Wunde, aber jede kleinste Bewegung schmerzte so sehr, daß ich stöhnen mußte.

Eine Polizei-Hundertschaft sperrte das Krankenhaus ab und nahezu die gesamte Spitze des Berliner Staatsschutzes versammelte sich um meine Trage herum, um ihren Triumph zu feiern.

»Sie haben eine komplizierte Knieverletzung. Das Geschoß hat sich am Kniegelenk aufgesplittert, ich will versuchen, ihr Bein wieder hinzukriegen, aber es kann auch steif bleiben«, erklärte mir der eigens herbeigeholte Chefchirurg. »Wir müssen sofort operieren.« Es begann ein einstündiges Gezerre darüber, ob die Polizei mit in den OP dürfe oder nicht. Der Professor lehnte dies kategorisch ab, die Beamten bestanden darauf. Es wurde telefoniert und unter vier Augen verhandelt. Der Professor blieb bei seinem Nein. Ich hatte bis dahin noch kein einziges Wort gesagt. »Das ist Till Meyer, ganz sicher«, tröteten die Staatsschützer immer wieder. Mit festem Griff wurde mein Arm umklammert und sie holten sich meine Fingerabdrücke. »Ja, er ist es wirklich.« Irgendein Telefonat mußte entschieden haben, daß der Professor sich zu fügen hatte. Die Bullen durften mit in den OP. Die Operation sollte unter Vollnarkose erfolgen. Das wollte ich nicht, und so machte ich das erste Mal den Mund auf. »Nein, keine Vollnarkose, machen Sie das mit örtlicher Betäubung.« Das ginge nicht, die Operation werde sehr schwierig und würde lange dauern, erklärte der Professor. »Ich will Sie unter vier Augen sprechen«, forderte ich. »Auf keinen Fall werden wir den Raum verlassen«, erklärten die Polizisten schroff. Jetzt wurde der Professor böse und sogar laut: »So geht das nicht, das Arzt-Patienten-Gespräch muß unter vier Augen stattfinden. Terrorist hin oder her!« Sie blieben bei ihrem Nein. Er beugte sich zu mir herunter und hielt mir sein Ohr an den Mund. Leise flüsterte ich ihm zu, daß ich Angst habe, unter Narkose vielleicht Aussagen zu machen. Er müsse mir versprechen, mich nicht eher hier wegzulassen, bis ich wieder bei vollem Bewußtsein sei. Der couragierte Mann drückte meine Hand: »Ich verspreche es Ihnen!«

Das unaufhörliche Piepen eines Funkgerätes hatte mich aus tiefer Narkose geholt. Es war sieben Uhr morgens. Rings um mein Bett herum saßen gleich vier uniformierte Polizisten. Mein Bein war vom Knöchel bis zur Hüfte in dicke Verbände gewickelt, und auf Kniehöhe ragten zwei Schläuche raus. »Blut und Wundsekret müssen ablaufen können«, erklärte der Professor. »Ich habe Ihr Bein noch mal hingekriegt. Wir haben drei Stunden operiert und alle Geschoßsplitter entfernt. In zwei Monaten können Sie es wieder normal gebrauchen. Ich wünsche Ihnen Glück, auch wenn Sie jetzt ganz bestimmt schweren Zeiten entgegengehen.« Seine ausgestreckte Hand ergriff ich mit beiden Händen, drückte sie fest und bedankte mich.

Die Schwester gab mir eine Zigarette, »obwohl hier Rauchen verboten ist«. – »Was melden die Zeitungen?« flüsterte ich ihr ins Ohr. »Gab es noch eine Verhaftung?« – »Nein, sie suchen noch nach einer Frau.« Aaah, das tat gut. Ella war ihnen also entkommen. Eine Stunde später lag ich in einer Einzelzelle des Haftkrankenhauses Moabit. Vorbei, Till! Jetzt kannst du dich auf einiges gefaßt machen. Hier kommst du nie wieder raus. Meine Hoffnungslosigkeit und meine depressive Stimmung wurden nur gemildert durch die Tatsache, daß ich Ella in Freiheit wußte.

Ich konnte mich nicht bewegen. Sechs Wochen sollte mich die Verletzung an das Krankenbett fesseln. Eine Woche aß ich nicht, ich sprach nicht – nicht mit den Pflegern, nicht mit dem Chef der Vollzugsmedizin, der jetzt für die Behandlung der Schußverletzung zuständig war, und vor allem nicht mit dem zuständigen Staatsanwalt. Der Haftbefehl, den er mir überreichte, umfaßte nahezu das gesamte Strafgesetzbuch. »Wollen Sie Aussagen machen?« fragte er. »Nein, ich will ein Radio und Zeitungen und meinen Anwalt sprechen.« Der kam auch, von uns »Bananenbieger« genannt, und brachte allerliebste Grüße mit! Verteidigen könne er mich leider nicht, er werde mir einen anderen Anwalt besorgen. Aber er versprach, bis dahin noch weiter zu kommen und sich um meine Versorgung zu kümmern. Zeitungen, Besuch, Radio. Bis das alles klappte, sollten Wochen vergehen. Ich war wieder drin! Überlebensrhythmus finden! Der schöne heiße Sommer. So viel hatte ich noch vorgehabt. Aus, vorbei! Es dauerte diesmal lange, bis ich mich gefangen hatte und den Kampf gegen die Widrigkeiten der Haft aufnahm. Ich hatte nicht nur meine Freiheit verloren, sondern war auch abrupt von der Seite meiner Geliebten weggeknallt worden.

Tag um Tag zermarterte ich mir den Kopf über die Frage, wie die Beamten an uns rangekommen waren. Die Zeitungen hatten gemeldet, daß ich angeblich schon wenige Wochen vorher in eine Polizeifalle geraten war, allerdings wieder entkommen konnte. Also doch Verrat? Damals bei dem geplatzten Geschwistertreffen? Ich konnte oder wollte es nicht glauben. Ein Jahr später sollten die ersten Aktenbände Aufklärung bringen: Das Zielfahndungskommando des BKA hatte mich an der Yorkstraße gestellt. Sie hatten wochenlang meine Geschwister observiert und auch deren Telefone abgehört. Mein Bruder oder mein Neffe mußte seinerzeit ahnungslos die Observanten an das Lokal »Algarve« mitgeschleppt haben. Das sagten die Akten. Aber nicht ich sei gekommen, sondern eine Frau in roter Lederjacke und Krempeljeans, mit kurzen roten Haaren und auffällig rot geschminkten Lippen. Die hätten sie nicht einordnen können und sie wieder ziehenlassen. Aber nur zwei Wochen später stand genau jene Frau, gekleidet mit denselben Sachen wie in der »Algarve«, an einer Bushaltestelle. Die beiden Beamten waren angeblich gerade auf dem Weg ins Polizeipräsidium gewesen und hatten Ella zufällig da stehen sehen. Neben ihr stand ich, und »uns war gleich klar, das ist unsere Zielperson. Das ist Till Meyer«. Erst wollten sie uns nur verfolgen, aber als wir in die U-Bahn gingen, mußten sie zugreifen, ehe wir ihnen wieder entkommen konnten. Scheiße, also ist mir das verpatzte Familientreffen doch noch zum Verhängnis geworden.

Drei Jahre später erzählte mir Ella, wie es ihr an jenem Abend ergangen war: Wie in Panik sei sie in Richtung Bülowstraße geflüchtet. Die Schüsse! Immer wieder! Fast wahnsinnig vor Angst um mich sei sie dann auf den stillgelegten Güterbahnhof in der Nähe gerannt. Auf dem verwilderten, riesigen Gelände sei sie unter einen dichten Busch gekrochen und habe mit klopfendem Herzen die ganze Nacht abgewartet. Gesucht hatten sie auf dem Gelände nach ihr, sogar mit Funkwagen alles ausgeleuchtet. Im gesamten Stadtgebiet hatte die Polizei in jener Nacht sechs junge Frauen mit roten Haaren und roter Lederjacke vorübergehend festgenommen. Erst im Morgengrauen habe sie sich unter dem Busch hervorgetraut und sei dann schnell zu einem alten Freund gelaufen. Da sei sie erst mal umgekippt und drei Tage schwer krank gewesen. Immer wieder habe sie die Schüsse gehört und stundenlang geglaubt, daß sie mich erschossen hätten.

Der 2. Juni wird zerschlagen

Meine Wunde war gut verheilt. In der Kniekehle hatte ich eine dreizehn Zentimeter lange Narbe, und mein Bein war nur noch Haut und Knochen. An Krücken übte ich das Laufen in der Krankenzelle oder humpelte allein auf dem kleinen Freistundenhof des Haftkrankenhauses herum. Vom allgemeinen Anstaltsleben war ich isoliert, Besuch durfte ich nur von Verwandten ersten Grades bekommen, und auch sonst galten für mich strenge Sicherheitsauflagen: Einzelzelle, Einzelfreistunde, Einzelduschen, Nachtkontrolle, keinen Kontakt zu Mitgefangenen, »von Hand zu Hand«, das heißt, niemals ohne Sicherheitsbeamte durch die Anstalt gehen, Besuchsüberwachung durch die Abteilung Staatsschutz. Nur einmal versuchte die Polizei mich zu verhören – da ich konsequent schwieg, unternahmen sie auch keinen weiteren Anlauf.

Draußen waren die Genossen wieder aktiv: Am 30. und am 31. Juli 1975 überfielen sie zwei Banken hintereinander und erbeuteten über 250 000 D-Mark. Um die Bankkunden während des Überfalls zu beruhigen, verteilten sie Mohrenköpfe an die verdutzten Menschen und hinterließen Flugblätter mit dem Konjunkturprogramm der Bewegung 2. Juni: »Wo alle sagen, daß der Rubel wieder rollen muß, damit die Schornsteine wieder rauchen, will auch unsere Bewegung im Rahmen ihrer bescheidenen Möglichkeiten – schließlich sitzen wir alle im gleichen Latrinendampfer – einen Beitrag leisten. Hoffentlich geht's gut, also: Her mit der Kohle! Revolutionäre Negerküsse von der Stadtguerilla der Bewegung 2. Juni.«

Anfang August 1975 wurde ich aus der Krankenzelle in den allgemeinen Teil der Haftanstalt Moabit verlegt. Die über 100 Jahre alte Anstalt ist ein einziger Horror: Sternförmig gehen die fünf Stollen mit Hunderten von Zellen aus dem Zentrum, dem Stern mit der mächtigen Kuppel, in alle Richtungen des stahlarmierten Kolosses ab. Meine Zelle lag direkt an einer massiven, eisernen Durchgangstür, von deren lautem Schlagen ich Tag und Nacht traktiert wurde – an Schlaf war bei dem Krach kaum zu denken. Aus Sicherheitsgründen wurde mir auch gleich der Krückstock abgenommen, den ich zum Laufen aber noch brauchte. Also hinkte ich mühsam an den Wänden entlang.

Anfang September ging es Schlag auf Schlag: Atze, Tuss und die neu zu uns gestoßene Juliane Plambeck wurden im Atelier verhaftet. Nur drei Tage später gingen auch Ella und der ebenfalls erst seit kurzem in Berlin weilende Fritz Teufel in Haft. Nur Tim, die Stille, und ein paar der Halblegalen blieben vorerst noch in Freiheit. Eine Unterstützerin hatte die Polizei unwissentlich an alle fünf herangeführt.

Der 2. Juni war erst mal zerschlagen. Noch bevor ich den Schock verdauen und Kontakt mit den Genossen aufnehmen konnte, wurde ich in die Haftanstalt Tegel verlegt. Jetzt war ich Strafgefangener und mußte die 14 Monate Reststrafe wegen der Schießerei mit der Polizei in Bielefeld absitzen, die nach meinem damaligen Ausbruch noch offen waren. In Tegel kam ich in das Haus II, das sogenannte Höllenhaus, und dort gleich in die Sicherheitsabteilung im vierten Stock. Schräg gegenüber, im anderen Flügel, lag die Zelle des linken Rechtsanwalts Horst Mahler, mit dem ich zusammen auch die Freistunde absolvieren konnte. Für mich galten zwar eine Reihe von Sicherheitsauflagen, ansonsten war ich aber in den normalen Vollzugsalltag integriert, keine Isolation. So hatte ich auch Gelegenheit, die Knastsubkultur kennen und schätzen zu lernen. Für Geld konnte man fast alles bekommen: Drogen, Alkohol, Pornohefte, Lebensmittel, Tabak, ja, sogar Messer. Ich bekam schnell beigebracht, wie man aus Rasierklingen und Draht einen Tauchsieder baut, aus Hefe und Brot Bier braut oder aus Fett Kerzen bastelt. Mahler, zu dem ich anfänglich auf Distanz blieb – ich konnte ihm seine Ablehnung eines Austausches bei der Lorenz-

Entführung nicht so schnell verzeihen –, genoß unter den Gefangenen einen guten Ruf. Er fertigte unermüdlich Schriftsätze an und beriet die Mitgefangenen in allen juristischen Fragen. Das versöhnte mich ein wenig mit ihm, und nach einer Weile sprachen wir auch miteinander. Hatte Mahler Geburtstag, kam auch ich in den Genuß revolutionärer Musik, die die Schalmeienkapelle der KPD/AO ihm lautstark über die Gefängnismauer schmetterte. Unser Verhältnis blieb trotzdem gespannt, und auch zu den anderen Mitgefangenen hielt ich, bis auf wenige Ausnahmen, vorsichtige Distanz.

Mein Bein war inzwischen fast wieder ganz hergestellt, auch wenn ich noch ein wenig hinkte und es über Monate auch nicht voll belasten konnte. Ab und zu kam eine Krankengymnastin, um Bewegungsübungen mit mir zu machen und das Bein zu massieren. Einmal vertraute sie mir an, der »2. Juni« sei schuld daran, daß sie jetzt Mutter sei: Während der Lorenz-Entführung habe sie Tag und Nacht am Bildschirm gesessen und vor lauter Aufregung vergessen, die Pille zu nehmen.

Mein Rechtsanwalt war jetzt Wolfgang Panka: ein schlanker, dunkelhaariger Mann, der vom ersten Tag an keinen Zweifel daran aufkommen ließ, mich mit allen seinen Möglichkeiten verteidigen zu wollen. Ich hatte Vertrauen zu dem engagierten Mann, und in den langen Jahren der Haft konnte ich mich immer auf ihn verlassen.

Ein paar Monate nach Ellas Verhaftung fand die Polizei auch das Volksgefängnis. Wieder war es jene unbekannte Frau, die seinerzeit die Polizei vergeblich auf die Herkunft der blauen Säcke hingewiesen hatte. Diesmal teilte sie der Polizei abermals in akkurater Sütterlinschrift mit, daß Ella genau die Frau sei, die monatelang einen Secondhandshop in der Schenkendorfstraße betrieben habe. Das wisse sie genau, denn sie wohne gegenüber. Die Bullen stürmten den längst geräumten Laden und fanden sogar noch Spuren. Auf einem hinterlassenen Streifen Klebeband spürten sie meine Fingerabdrücke und die von Tuss und Atze auf: Damit waren wir in der Lorenz-Sache überführt, wie Panka lakonisch feststellte.

Das Haftreglement war in Tegel nicht sonderlich hart. Es gab sogar Abwechslungen wie Fernsehen und Sport, und so verrann die

Zeit für mich auch relativ schnell. Zwar hatte ich Arbeitsverbot, aber ich las viel und beschäftigte mich mit dem Auswerten meiner Zeitungen. Ich erhielt drei Tageszeitungen, den »Spiegel«, den »Stern« und verschiedene linke Periodika. In meiner Lektüre konzentrierte ich mich vor allem auf den Sicherheitsapparat in all seinen Aspekten. Ich schnitt die Artikel aus und analysierte die Inhalte, legte Namensregister an und füllte meine Kladden mit Einschätzungen. Ich verstand auch bald, genau das aus der Vielzahl der Informationen herauszulesen, was nicht oder nur verschleiert auftauchte, eine Beschäftigung, die mich noch jahrelang fesseln sollte. Und immer wieder versuchte ich, unserer Niederlage auf den Grund zu gehen. Was hatten wir falsch gemacht? Hatten wir doch politisch zu chaotisch agiert, so daß sich prompt auch die praktischen Fehler häuften? Auch damit sollten wir uns noch lange auseinandersetzen. Vom ersten Tag an galt allerdings mein ganzes Sinnen und Trachten einem Ausbruch. Wenn es überhaupt eine Chance dafür gab, dann hier. Ausbrechen, bevor du wieder zurück nach Moabit verlegt wirst! Diesem Vorhaben ordnete ich alles andere unter.

Bis jetzt hatte niemand von uns Kontakt zu den befreiten Genossen bekommen. Vielleicht war es Tim inzwischen gelungen, und sie bereiteten bereits neue Aktionen vor? Anfang 1976 meldete er sich mittels Kassiber: Nein, kein Kontakt, alles sei mühsam und schwer, der Fahndungsdruck sei immer noch enorm. In all den Jahren meiner Haftzeit gelang es uns, Kassiber zu schmuggeln, oft mit großem Aufwand und unter schwierigen Bedingungen. Selbst später, als es die Trennscheibe gab, und auch im total abgeschotteten Hochsicherheitstrakt haben wir einen unkontrollierten Verständigungsweg gefunden. Von Anfang an hatte die Bundesanwaltschaft unsere Rechtsanwälte im Verdacht, den Kassiberschmuggel zu organisieren. Es gab jedoch auch andere Wege: Oft tüftelten wir wochenlang, manchmal dauerte es Monate, aber irgendwann hatten wir dann doch einen sicheren Weg gefunden. Zeit genug zum Ausbaldowern und Brüten, bis wir die Lücke fanden, hatten wir ja. Keine Maßnahme der Bundesanwaltschaft hat den Kassiberschmuggel beenden können.

Ich kassiberte an Tim, daß ich eine Eisensäge und 1000 Mark bräuchte. Die Hälfte des Geldes wollte der Kurier, ein Mitgefangener im Freigang, der mir das Zeug reinschmuggeln sollte. Das klappte auch. Aber die Säge war ungeeignet, ich wollte das mit Diamantsplittern versehene sogenannte »Engelshaar«. Tim konnte es nicht mehr besorgen. Ende März wurden er und Eberhard Dreher beim Betreten unseres Bastelkellers verhaftet. Das Mietshaus war, ohne daß er es mitbekommen hatte, verkauft worden, und der neue Besitzer verschaffte sich Zugang zu allen Räumlichkeiten. In unserem Keller hat er wohl nicht schlecht gestaunt. Die Polizei brauchte sich nur noch auf die Lauer zu legen . . .

Um diese Zeit erhob die Staatsanwaltschaft auch Anklage gegen zehn Männer und Frauen wegen »Unterstützung einer kriminellen Vereinigung«. Sieben von ihnen saßen seit Monaten in Haft. Man warf ihnen vor, uns Pässe überlassen oder Wohnungen für uns angemietet zu haben. An meinem 32. Geburtstag erreichte mich ein ganz besonderer Kassiber von Ella: ein Päckchen Zigarettenblättchen und ein Herz aus selbstgemachtem Marzipan. In dem Päckchen waren genau 32 Blättchen, jedes versehen mit einem Lippenstiftabdruck von Ella. Es gelang mir über Jahre, diesen Schatz zu hüten und allen Kontrollen zum Trotz zu schützen und aufzubewahren.

Die Haftbedingungen der Frauen in der Lehrter Straße, wo sie mit vier Frauen aus der RAF zusammen einsaßen, waren erheblich lockerer als die der Genossen in Moabit und auch meine in Tegel. Sie konnten gemeinsam den Hofgang absolvieren und kamen auch bei sogenannten Umschlußzeiten zusammen. In Moabit hingegen herrschte für alle Häftlinge des »2. Juni« strikte Einzelhaft, auch für die der Unterstützung beschuldigten.

Am 9. Mai 1976 wurde Ulrike Meinhof am Fenstergitter ihrer Zelle in der Justizvollzugsanstalt Stuttgart-Stammheim erhängt aufgefunden. Tags darauf gab es in Tegel einen Aufstand: Mit Hunderten von Gefangenen stand ich vor der Tür meiner Zelle und skandierte: »Ulrike, Bambule, Bambule.« Rhythmisch schlugen wir mit unseren Stullenbrettern auf die Eisengeländer der Gänge. Die Schließer wagten sich stundenlang nicht in die aufrührerischen

Stollen. Erst gegen Abend ebbte die Revolte ab. Ich war traurig und glaubte wie viele andere auch an Mord. Aus Wut und Hilflosigkeit trat ich mit mehreren Dutzend Gefangenen in einen dreitägigen Hungerstreik: Protest gegen die Ermordung unserer Genossin Ulrike. Später glaubte keiner von uns mehr an Mord.

»Haste schon gehört, die haben ein Flugzeug entführt und fordern die Freilassung von ein paar deiner Genossen«, rief mir mein Nachbar über das Fenster zu. Eine Air-France-Maschine, die sich auf dem Weg von Tel Aviv nach Paris befand, war gekapert und nach Entebbe in Uganda umdirigiert worden. Die Entführer forderten die Freilassung von 53 politischen Gefangenen in Israel, der BRD, Frankreich, der Schweiz und Kenia. Ralf Reinders, Inge Viett und Fritz Teufel waren unter den Deutschen auf der Liste. Steckten unsere befreiten Genossen dahinter? Mich irritierte die Auswahl der Leute, und wer saß eigentlich in Kenia im Gefängnis? Ich grübelte unentwegt. Ralf und Inge ist ja okay, aber warum Fritz, er hat doch ein Alibi? Das konnten nicht unsere Genossen sein. In einer Blitzaktion stürmten die Israelis den Flughafen, befreiten alle Geiseln und erschossen die Entführer. Wilfried Böse und Brigitte Kuhlmann starben. Sie gehörten zum internationalistischen Teil der Revolutionären Zellen um den legendären Carlos. Und doch waren auch einige unserer befreiten Genossen dabei. Sie waren in den Minuten des israelischen Angriffs auf dem Tower und konnten im letzten Augenblick noch entkommen. Aber das erfuhr ich erst Jahre später.

Anfang Juli erhielt ich abermals einen kurzen Kassiber von Ella. Vorsichtig deutete sie irgend etwas an, doch es war so sibyllinisch formuliert, daß ich nicht herausbekam, um was es eigentlich ging. Kurz darauf verstand ich: In den frühen Morgenstunden des 7. Juli 1976 bummerte es ununterbrochen an meine Zellenwand. Ich fuhr aus dem Schlaf hoch. »Geh mal schnell ans Radio, schnell!« rief mein Nachbar Jürgen lauthals aus dem Fenster. Ich schaltete ein und hörte gerade noch den Rest der Nachrichten. ». . . von den vier ausgebrochenen Frauen fehlt zur Stunde jede Spur.« Wenig später die volle Meldung: »In der heutigen Nacht sind die Terroristinnen Inge Viett, Juliane Plambeck, Gabriele Rollnik und Monika

Berberich aus dem Frauengefängnis in der Lehrter Straße ausgebrochen. Mit Hilfe eines Nachschlüssels haben sich die Frauen aus ihren Zellen befreit und sich mit zusammengeknoteten Bettlaken aus der Haftanstalt in die Freiheit abgeseilt. Zuvor haben die vier noch zwei Wärterinnen überwältigt und gefesselt zurückgelassen.« Ich war tagelang im Freudentaumel. Sie sind draußen, es geht weiter! Ella ist frei! Dolles Ding!

Politik und Polizei standen Kopf. Und erneut gab es eine Großfahndung – erfolglos. Ein Schuldiger mußte her: Der FDP-Justizsenator Hermann Oxford trat zurück. Warum Monika Berberich 14 Tage nach dem Ausbruch auf dem Kurfürstendamm wieder festgenommen werden konnte, ist bis heute unklar. Die anderen drei blieben auf Jahre verschwunden. Später erzählten sie mir, wie das ganze abgelaufen war. Einen Nachschlüssel hatten sie gehabt, aus Polyester gefertigt. Einer der Frauen gelang es spät in der Nacht, die zugeschraubte Essensklappe an der Zelle von innen zu öffnen und zuerst sich mit dem Nachschlüssel selbst rauszuschließen, dann die anderen drei. Bewaffnet mit stoffumwickelten Bettfedern hatten sie die zwei Wärterinnen, Wachteln genannt, lautlos überwältigt und gefesselt. Über das einzige nicht vergitterte Fenster, die Dachluke in der Bücherei, gelangten sie dann an die Fassade, von der sie sich schließlich waghalsig auf die Straße abseilten. Rein in den wartenden Fluchtwagen und weg. Im Fluchtwagen saß die Stille, die zusammen mit dem neuen Genossen Horst den Ausbruch von draußen organisiert hatte. Auf abenteuerlichen Wegen konnten sie Wochen später in den Nahen Osten entkommen.

Mit dem Ausbruch der Frauen und den legalen Genossen, die der Verhaftungswelle entgehen konnten, war der 2. Juni wieder aktionsfähig: »Der Kampf geht weiter!« Ich aber saß vorerst in Tegel fest.

Wie immer in den ersten Monaten der Haft tauchten auch jetzt in Tegel längst vergessen geglaubte Bilder und Erinnerungen aus meiner Kindheit und Jugend auf. Ich versuchte mich an einer Bilanz. Welche Entwicklungen lagen hinter mir, die mich in den unversöhnlichen politischen Kampf und letztlich in den bewaffneten Untergrund gebracht hatten? Nächtelang lag ich wach auf meiner Pritsche, starrte an die Decke und ließ meinen Weg aus dem zerbombten Nachkriegsberlin über die vermufften 50er Jahre im kalten Krieg bis zum Staatsfeind Nummer eins noch einmal an mir vorüberziehen. »Terroristen« nannte man uns, wir aber verstanden uns als Vorkämpfer für eine neue, bessere, eine gerechtere Gesellschaftsordnung. Genaugenommen begann alles schon in frühster Jugend. Ich wußte, wogegen ich kämpfte, und ich wußte, wofür ich kämpfte. Die Überzeugung, daß es besser ist, die Verhältnisse zum Tanzen zu bringen, statt sich von ihnen erdrücken zu lassen, war zeitlebens Triebkraft meines Handelns. Ein Blick zurück auf meine Jugend im geteilten Berlin.

II. Knochenjobs und Kinderknast – der Weg in die Rebellion

Schulabschluß mit großem »B«

In meinem letzten Schuljahr auf der »Oberschule – Praktischer Zweig« erzielte ich das erste Mal in meiner neunjährigen Schulzeit beachtliche Erfolge. Bis dahin hatte ich mir durch anhaltendes Schwänzen und Lernverweigerung in der Schule und zu Hause ständig Ärger eingehandelt. Schlechte Zeugnisse waren die Regel, einmal blieb ich sogar sitzen. Jetzt sollte sich alles ändern, wenn auch Jahre zu spät. Mein neuer Lehrer, Herr Michel, ein grauhaariger Endfünfziger, der mit Vorliebe Zigarren rauchte, förderte mich und spornte meine Leistungen an. Nach den ersten Erfolgserlebnissen hatte ich sogar Spaß am Lernen und mit dem Schulstoff überhaupt keine Schwierigkeiten mehr. Als Herr Michel am Schulentlassungstag im Februar 1959 vor der Klasse verkündete: »Die besten Zeugnisse haben Till und Norbert«, konnte ich es gar nicht fassen, freute mich aber ungeheuer. Beim Überreichen des Zeugnisses sagte er zu mir: »Ihr seid die Verlierergeneration, der Krieg hat eurer Generation viel genommen, hiermit habt ihr vielleicht einen guten Start, nun macht auch was daraus.« Tatsächlich, lauter Zweien in Fächern, in denen es jahrelang nur Fünfen gegeben hatte. Und in die Beurteilung hatte er geschrieben: »Till ist ein aufgeweckter, aufmerksam mitarbeitender Schüler, der an allen Fragen eifrig interessiert ist. Er bildet sich seine eigene Meinung, kann gut denken und sich gewandt ausdrücken. Schriftliche Tätigkeit liegt ihm nicht. Er arbeitet aufmerksam mit, beobachtet eingehend, ist schnellstens im Bilde und gibt treffende Antworten. Führung im ganzen gut.« Das erste Mal hatte ich es nach der Schule eilig, nach Hause zu kommen. Schon im Flur jubelte ich Mutter entgegen: »Hier, ich habe das beste Zeugnis der Klasse bekommen!«, was so nicht ganz stimmte, denn Norbert war um eine Zwei besser als ich. Meine Mutter war so froh und erleichtert, daß sie die Bemerkung weiter unten: »Schulbesuch nicht regelmäßig«, ganz übersah. Na ja, einen Schönheitsfehler hatte das Zeugnis schon, die Abgangsklasse der Volksschule war eigentlich die neunte, bei mir aber war es die achte, mit einem großen B dahinter. Damit war für jeden erkennbar, daß ich ein Sitzenbleiber war.

Seemann ahoi!

Mein Berufswunsch stand bereits seit Monaten fest: Ich wollte Seemann werden. Das garantierte Abenteuer und weite Ferne. In der Berufsberatung, zu der ich mit der Mutter erschien, war man über meinen Berufswunsch nicht sehr begeistert. Die freundliche Frau wollte mich partout davon abbringen und schlug mir allerlei andere Lehrstellen vor. Kein Wunder, Seemann bedeutete weg aus Berlin, aber gerade hier wurden Lehrlinge dringend gesucht, denn die Jahrgänge 1944/45 waren extrem geburtenschwach. Und überhaupt, eine Seemannslehre sei von Berlin aus sowieso nicht möglich, dazu müsse ich nach Hamburg fahren.

An einem Montag im Hochsommer desselben Jahres kamen Mutter und ich in Hamburg an. Ich war das erste Mal in West-Deutschland. Nur ungern hatte die Mutter meinem Drängen nachgegeben, zum einen, weil sie nicht wollte, daß ich »aus ihren Augen verschwand«, zum anderen war die Hamburg-Fahrt ein teures Unternehmen und dazu eine Reise ins Ungewisse. Aber sie wollte mein Glück, und so erfüllte sie mir, wenn auch widerstrebend, meinen »sehnlichsten Wunsch«.

Dann ging alles rasend schnell: Arbeitsamt in der Frühe, Gesundheitsamt, Seefahrtsamt. Am Nachmittag hatte ich alle Papiere und stand mit Mutter im Heuerbüro. Das war eine Welt nach meinem Geschmack. Kräftige Männer jeden Alters, in dichten Zigarettenqualm gehüllt, Berge von Seesäcken und ein Schalter, aus dem unaufhörlich Reisen in alle Welt verteilt wurden: »Zwei Leichtmatrosen ›Krügerlinie‹ Südafrika, ein Maschinist ›Hapag‹ Südamerika, ein zweiter Offizier mit kleinem Patent, Trampfahrt ›Deutscher Lloyd‹ Ostasien«. – »Siehste Mutti, hier bin ich richtig, jetzt geht's los!« Ein dicklicher Mann, etwa Mitte Vierzig, in schwerer Lederjoppe sprach uns an: »Bist du der Berliner, der 'ne Heuer als Moses sucht? Ich bin Kapitän Wertig, du kannst morgen bei mir anfangen.« Noch ein paar Worte mit der Mutter, und ich durfte mich in die Heuerrolle eintragen. Nun war ich Lehrling auf dem 500-Tonnen-Frachtschiff »MS Merkur« – ich hatte meine erste Heuer. »Morgen früh um sechs Uhr bist du an Bord, wir laufen gleich aus nach Stettin und dann nach Stockholm. Die ›Merkur‹ liegt direkt hinter den Landungsbrücken.« Mir gefiel dieser Mann der wenigen Worte. Was ich denn jetzt noch alles an Arbeitskleidung bräuchte und ob ich auch gut untergebracht würde, wollte Mutter noch wissen. Mir waren ihre besorgten Fragen an den Kapitän peinlich, und ich drängelte zum Gehen. Im ersten US-Steg-Waren-Laden kauften wir alles, von dem wir meinten, daß ich es haben müßte. Vorweg gesagt, es war alles falsch. Die billigen, gebrauchten US-Militärklamotten taugten für das, was mich im Herbst dann auf hoher See erwartete, überhaupt nicht. Natürlich mußte ich auch einen Seesack haben.

Zur Feier des Tages leisteten wir uns einen Restaurant-Besuch. Die Mutter sprach von »der großen Chance«, die ich jetzt hätte und daß ich durchhalten müsse, auch wenn es mal sehr schwer werde. »Für dich beginnt jetzt das Arbeitsleben, ein wichtiger Schritt für deine Zukunft.« Keinen Kummer solle ich ihr machen und gut auf mich aufpassen. »Gefallen läßt du dir ja sowieso nichts.« Zufrieden sei sie nur, daß der Kapitän so ein netter Mann sei, und innig hoffe sie, daß ich es nicht zu schwer haben würde. Meine Mutter sollte sich auf der ganzen Linie täuschen, aber an diesem Abend war für mich alles himmelhochjauchzend. »Ich werde es schon schaffen, mach du dir bloß keine Sorgen«, beruhigte ich sie mit meinen gerade mal 15 Jahren vollmundig wie immer.

Nach einer unruhigen Nacht in einer kleinen Pension fanden wir uns pünktlich um sechs Uhr an den Landungsbrücken ein. Ein dicker Pott, hoch wie ein Haus, lag dort, wo eigentlich »mein Schiff« liegen sollte. »Die ›Merkur‹ liegt an Backbord längsseits neben uns«, erfuhr ich auf meine Frage. Ich betrat das große Schiff und schaute längsseits über die Reling. Die erste Enttäuschung: kein schmucker Dampfer wie der, auf dem ich mich befand, weit unten dümpelte ein mickriges, in allen Dunkeltönen gestrichenes Schiff. Das war die »Merkur«. Und auch die Begrüßung fiel anders aus, als ich es erwartet hatte. »Komm gleich runter, es ist schon zehn nach sechs!« Der Kapitän hatte mich von unten gleich erkannt. Hastig küßte ich meine Mutter, die nun zu weinen begonnen hatte und mir noch schluchzend hinterherrief: »Paß gut auf dich auf, mein Junge!« Noch ein letztes Winken, und sie war meinem Blick entschwunden. Der Seesack flog über die Reling und landete tief unten an Deck der »Merkur«. Artig, so wie ich es gelernt hatte, begrüßte ich alle mit Handgeben und einem angedeuteten Diener. Den Kapitän, seine Frau, den etwa dreißigjährigen Steuermann und einen älteren Matrosen. »Wir alle schlafen achtern, das heißt hinten, du bist im Bug untergebracht, das heißt vorne«, bekam ich meine erste Lektion in Seemannssprache. »Du bist da nicht alleine, du hast noch einen Kollegen.« Eine steile Eisentreppe führte mich hinunter in eine Art dunkle Höhle. Der Eindruck Höhle wurde verstärkt durch einen halbnackten über und über mit Kohlenstaub verdreckten jungen Mann, der sich über ein winziges Waschbecken beugte und eifrig bemüht war, sich mit dem dünnen Wasserstrahl den Ruß vom Körper zu waschen. Das einzig Weiße an ihm waren seine Zähne, als er mich anlachte und im tiefsten Kölner Dialekt begrüßte. Eine enge Kajüte, links und rechts kleine Kammern, die Kojen, ein Tisch, zwei Stühle, für jeden ein schmaler Schrank, Waschbecken und ein Klo, auf dem man nur sitzen konnte, wenn man beim Scheißen die Beine zur Seite nahm. »Da hast du dir ja 'nen richtigen Seelenverkäufer ausgesucht, du Armer. Ich gehe nach dieser Reise von Bord, der Alte ist doch 'n Schinder. Übrigens, ich heiße Jupp und bin aus Kölle.« Plötzlich hatte ich ein Gefühl im Bauch wie in der Schule, wenn ich die Hausaufgaben nicht gemacht hatte. »Watt ist'n hier so los, warum ist denn der Alte so'n Arsch?« – »Weil er 'nen Arsch is, das wirste schon sehen.« Wie zum Beweis des gerade Gehörten flog oben die Türe auf, die hier Schott heißt, und der Kapitän schrie nach unten: »Reise, Reise! He, Berliner, zieh dich um und komm rauf, wir laufen aus!« Daß wir alle Länder an der Ostsee anlaufen, mal Weizen, mal Steinkohle oder Stückgut laden würden, erfuhr ich, noch während ich mich umzog. Leinen los, und meine erste Reise begann. Nach einem kurzen Rundgang über das Schiff, bei dem mir der Steuermann erklärte, was ich wissen mußte, hieß es dann gleich hart anpacken. Zentnerschwere Balken auf die Ladeluken, Persenning drüber, Maschinen abschmieren und gleich am ersten Tag die Alltagsarbeit auf See: Rostklopfen.

Ich packte kräftig an und gab mir große Mühe. Die harte Arbeit setzte mir schwer zu, zumal ich noch schmächtig und gerade mitten in der Pubertät war. In der ersten Nacht an Bord, wir hatten bereits die offene Ostsee erreicht, rauchte ich meine erste Zigarette und trank dazu mein erstes Bier. »Rauche und saufe, das ist hier dat beste und kostet nix.« Jupp hatte vier Flaschen Bier aus der Kombüse geholt und spendierte mir ein Päckchen amerikanische Chesterfield Zigaretten. »Püllken Bier kostet 40 und die Zigaretten nur 25 Pfennige, is doch alles zollfrei hier an Bord.« Unter sechzehn Stunden endete kein Arbeitstag. Ganz und gar unromantisch lief es in Stettin ab: »Du darfst nicht von Bord, du hast Wache«, zerstörte der Kapitän meine Träume vom ersten Landgang in einem fremden Land, als wir in den Hafen von Stettin einliefen. Was echte Schinderei bedeutet, sollte ich am Morgen des nächsten Tages erfahren. Ab fünf Uhr morgens standen wir zu viert in den Laderäumen, ausgerüstet mit mächtigen Schaufeln und Staubtüchern vor dem Mund. Unaufhörlich schwenkte der Greifer eines riesigen Krans in den Laderaum und ließ aus wenigen Metern Höhe gleich fünf Tonnen Steinkohle auf einmal in die Tiefe des Laderaums donnern, so daß das Schiff erzitterte. Staubwolken und ohrenbetäubender Lärm. Unsere Aufgabe war es, mit den Schaufeln die Kohle gleichmäßig im Laderaum zu verteilen, »trimmen der Ladung« heißt das an Bord. Bis zu den Knien in der Kohle stehend, mit brennenden Augen und ausgetrocknetem Mund, versuchte ich verzweifelt, der Kohleberge Herr zu werden. Mal hatte ich Angst, in der Tiefe des Laderaums verschüttet zu werden, mal mußte ich um Luft ringen, weil der Staub mir Mund und Nase verklebte. Durchhalten, du mußt durchhalten. Und so schaufelte ich ganz allein in meiner Ecke um mein Leben. Aus Angst und Erschöpfung mischten sich bald auch Tränen in die Rinnsale von Schweiß, der mir unaufhörlich über das Gesicht lief. Erst gegen Mittag drang wieder Licht durch die Staubwolken, der Laderaum war fast voll. Wir hatten zu viert 500 Tonnen Steinkohle getrimmt – und ich hatte, wenn auch unter Tränen, durchgehalten.

Diese Knochenarbeit sollte sich in den folgenden Monaten noch oft wiederholen. Mal stand ich bis zu den Hüften in Mais oder Weizen, mal in Steinkohle oder mußte zentnerschwere Säcke mit Fischmehl in alle Ecken des Laderaums stapeln. In Stockholm luden wir die Kohle aus und fuhren mit Fischmehl zurück nach Hamburg. »Alle Seeleute sind tätowiert, sieh mal den schönen Tigerkopf, hab' ich in Kopenhagen machen lassen.« Jupp, mit dem ich mich gut verstand, hatte auf dem rechten Oberarm einen gelungenen Tigerkopf eintätowiert. »Wenn du willst, mache ich dir auch was, ich kann das.« Jetzt, nach den ersten vier Wochen, fühlte ich mich selbstverständlich als Seemann. Ich rauchte und trank doch auch, und waren nicht meine Oberarmmuskeln bereits dicker und hart geworden? »Ja, mach mir wat, aber was?« Wir saßen in der letzten Sommersonne an Deck, kamen von Kopenhagen und fuhren den Nord-Ostsee-Kanal in Richtung Hamburg. »Wie wäre es mit dem schönen Katzenkopf hier?« Jupp hielt eine Packung dänischer Kekse in die Sonne, auf der ein Fünf-Mark-Stück großer Katzenkopf abgebildet war. »Das gefällt mir, die Katze sieht aus, als würde sie lachen. Die nehmen wir.« Keinen Moment dachte ich daran, daß eine Tätowierung nicht mehr oder nur sehr schwierig zu entfernen ist. Am Abend baute er aus zwei Nähnadeln ein »Pike-Instrument«, und »japanische Ausziehtusche muß sowieso sein, damit du keine Blutvergiftung kriegst«. Schnell war der Katzenkopf auf den Oberarm kopiert, und es ging los. Während ich die Haut meines Oberarms straff hielt, tunkte er das mit Garn umwickelte Nadel-Duo in die Tinten und stach etwa anderthalb Stunden entlang der vorgezeichneten Linien in meinen Arm. Es tat höllisch weh. »Du mußt durchhalten! Oder willst du kein Mann werden?« – »Fertig, jetzt mußt du drauf pissen, sonst kannste eine Blutvergiftung bekommen«, klärte er mich auf. Aber wie sollte ich mir selbst auf meinen Oberarm pinkeln? »Ins Glas und dann drüber geschüttet.« Der Arm war dick angeschwollen, und dort, wo der Katzenkopf sein sollte, war ein Brei aus Tinte und Blut. Drei Tage später war alles gut zu sehen. Ich hatte eine lachende Katze auf dem Oberarm.

Auf der nächsten Reise war alles anders. Jupp war von Bord gegangen – »Laß dich nicht unterkriegen« –, und es war inzwischen Herbst geworden. Wir liefen aus, und der versprochene Ersatz für Jupp kam nicht. Ich hatte jetzt doppelte Arbeit zu leisten. Zu den nun oft 18 bis 20 Stunden Arbeit täglich kamen jetzt rauhe See und eisige Stürme. Meine Ami-Klamotten waren nicht wasserdicht. Nächtelang kam ich nicht mehr aus den nassen Sachen. Erschöpft und zerschunden kroch ich mit nassen Klamotten in die Koje, um nach drei, vier Stunden erneut geweckt zu werden, weil Nebel aufgekommen war und ich als zweiter Ausguck auf die Brücke sollte. Alle vier Stunden mußte der mächtige Diesel im Maschinenraum in einer aufwendigen Prozedur mit Fett und Öl abgeschmiert werden. In mancher Nacht sank ich total erschöpft auf die ölverschmierten Eisenplatten nieder, um sofort trotz des Höllenlärms in einen tiefen Schlaf zu fallen. Die Eisenplatten waren so schön warm. Als ich das zweite Mal von Kapitän Wertig bei einem solchen Kurzschlaf erwischt wurde, setzte es Tritte und Ohrfeigen. Vor Entsetzen und Angst war ich sprachlos. In dieser Nacht, als ich im Morgengrauen klitschnaß und zerschlagen endlich in meiner Koje lag, weinte ich mich das erstemal in den Schlaf. Ich dachte an meine Mutter und sehnte mich nach ihrer Fürsorge und ihrem Schutz. Schmerzhaftes Heimweh quälte mich.

Ich beschloß, irgendwie von diesem Schiff zu kommen, bestimmt, im nächsten Hafen ganz sicher, würde ich schon einen Weg finden. Der November 1959 war ein Katastrophenmonat für die Seefahrt. Ein halbes Dutzend Schiffe soff ab. Das Schwesterschiff der »Merkur« Anfang November in der Biskaya. Schwere Orkane peitschten tagelang über Nord- und Ostsee, so daß wir immer wieder Zwangsaufenthalte hatten. So durchstreifte ich Stockholm, Kopenhagen, Helsinki und etliche kleinere Häfen in diesen Ländern. Meistens nicht mehr als den Gegenwert von zehn D-Mark in der Tasche. Der Kapitän war ja nicht nur mein Lehrherr, er war auch Erziehungsberechtigter. Und so teilte er mir meinen ohnehin kargen Verdienst nach seinem Ermessen ein. Ich war jetzt bockig und schweigsam. Fast alle meine Tätigkeiten, vor allem die langen Arbeitszeiten, waren Verstöße gegen das Jugendarbeitsrecht. Der kaputte Wasserhahn war noch immer nicht repariert, und auf meinem Rücken hatten sich schon Schwären von Dreck gebildet, weil ich mich nie richtig waschen konnte. Ich fühlte mich ausgeliefert, und wer sollte mir hier auch helfen? Nach einem Vorfall Anfang Dezember beschloß ich, über mich nur noch alleine zu entscheiden. Wie schon etliche Nächte zuvor war ich auch in dieser Dezembernacht allein auf der Brücke und steuerte das Schiff quer über die nächtliche Ostsee. Nach nur knapp vier Stunden Schlaf hatte ich um Mitternacht das Ruder übernehmen müssen. »Du hältst bis drei Uhr den Kurs Süd-Süd-West 210 Grad, um Punkt drei Uhr mußt du mich wecken, Kursänderung«, hatte mich der Steuermann eingewiesen. Nur das schwache Licht der Kompaßrose – um mich herum schwarze Nacht. Die See war ruhig, und so nickte ich im Stehen ein. Als ich unsanft in die Ecke flog, wurde ich wach. Das Schiff hatte eine scharfe Linkskurve genommen, und unter mir waren sie alle aus den Betten gefallen. Im Schlafanzug, ein Stück Tau, den sogenannten Tampen in der Hand, jachtete der Kapitän den Niedergang rauf: »Du Scheiß Berliner bist eingepennt!«, und noch bevor er das Schiff wieder auf Kurs brachte, schlug er wie von Sinnen mit dem Tauende auf mich ein. Noch ein Tritt, »verschwinde von der Brücke«, und ich war weg.

Scheiß Seefahrt, Scheiß Mann-werden, ich will hier weg, ich will nach Hause.

Mein ganzes Bemühen, die harte Arbeit, nichts wurde gewürdigt, und von Romantik sowieso keine Spur – was hatte ich hier noch zu suchen! Mein Abmusterungsbegehren am nächsten Tag wurde abgeschmettert: »Du hast hier einen Lehrvertrag und bleibst«. Na warte! Unverzüglich nach Einlaufen in Hamburg suchte ich einen Arzt auf und ließ mich krankschreiben. Mein Rücken voller Dreckausschlag verlangte nach einem Dermatologen. Kurz vor dem Auslaufen präsentierte ich die Krankschreibung. »Sie müssen mich von Bord lassen, ich bin krank«. Schon holte er mit der Hand aus: »Einen Dreck biste, du Scheiß Berliner. Du machst die Reise mit, basta!« Der Steuermann mischte sich ein: »Käpt'n, Sie müssen ihn gehen lassen, wir kriegen sonst Ärger.« Recht hatte der Mann, soeben kam der Zoll an Bord, wie vor jedem Auslaufen. Sofort ging ich auf die beiden Beamten zu, festen Willens, ihnen den Sachverhalt zu erklären. »He, du kannst in Kiel-Holtenau von Bord, nur durch den Kanal mußte noch mit«, schrie der Kapitän eilig hinter mir her. Der Steuermann nickte mir zu.

Mit einem »Verschwinde!« und 67 D-Mark musterte ich um drei Uhr morgens in Kiel ab. Über den Daumen gerechnet hatte ich in den gut fünf Monaten ganze 350 D-Mark verdient.

Ich war erleichtert, die Schinderei hinter mir zu lassen. Obwohl ich nicht durchgehalten hatte, machte ich mir keine Vorwürfe und war auch sicher, daß meine Mutter mich verstehen würde. So kann man doch keinen Menschen behandeln! Die erste Begegnung mit der Arbeitswelt war für mich mehr als ernüchternd. Und so soll das jetzt weitergehen? Ich wollte darüber nicht nachdenken, nicht heute... Während die Eisenbahn in Richtung Berlin ratterte, überlegte ich mir, wie ich diese neuerliche Misere meiner Mutter beibringen konnte. Um ihr das nahe Weihnachtsfest nicht zu verderben, entschied ich, erst einmal zu sagen, daß ich bis Januar Urlaub hätte. Wie es dann weitergehen sollte, ach, da würde sich schon wieder eine Lösung finden.

Junge, komm bald wieder

Um jegliches Mißtrauen zu ersticken, platzte ich sofort an der Türe mit meinem »Weihnachtsurlaub« heraus. Glücklich schloß Mutter mich in die Arme und staunte, wie groß und kräftig ich in den Monaten geworden war. Zu Hause in Friedenau hatte sich einiges verändert. Meine Schwester Brigitte hatte ihren langjährigen Freund geheiratet und war in eine eigene Wohnung gezogen. Dafür wohnte jetzt jemand neues bei uns: der Untermieter Norbert Voss. Ein Student der Werbegrafik aus Trier, der über die dortige Verwandtschaft an uns geraten war. Unverzüglich wickelte ich allerlei Seemannsgarn ab, vermied es aber, von der Schinderei zu erzählen. Mein Bruder war der einzige, der mir meinen euphorischen Redeschwall nicht abnahm, und wie zur Unterstreichung, daß er mich durchschaut hatte, legte er seine Seemannsplatten von Freddy Quinn auf. Untermieter Norbert, ein humorvoller, dunkelhaariger Mann Ende zwanzig, der gut malen konnte, hatte mich in der Küche bereits verewigt: eine lebensgroße, farbige Karikatur zeigte mich in Seemannskleidung mit wehenden Mützenbändern aber weinenden Auges an der Küchenwand. »Der verlorene Sohn« stand darunter. Ein gelungenes Bild, mit Plakafarbe direkt auf die Wand gemalt. Hatte auch er mich schon durchschaut? Was ahnte er von meinem Heimweh?

In einer günstigen Situation Anfang Januar, der Termin meiner vorgeblichen Rückkehr nach Hamburg war gekommen, eröffnete ich meiner Mutter meine tatsächlichen Erlebnisse auf See. Ich erzählte von der Prügel, den langen und harten Arbeitstagen, dem Heimweh und der Einsamkeit. Davon, daß ich aller Illusionen beraubt und mit der Seefahrt restlos fertig war. Wie immer in schwierigen Situationen hatte sie auch jetzt Verständnis, ich mußte nicht zurück. Innerhalb der nächsten Wochen sollte ich mir darüber klar werden, was ich denn jetzt wirklich wolle. »Du mußt etwas Vernünftiges lernen, zu Hause rumsitzen dulde ich nicht.« Aber das war es ja gerade: Ich wußte nicht, was ich wollte. Besondere Fähigkeiten oder Berufsinteressen hatte ich nicht, und niemand war da, der mich hätte fördern oder auch nur beraten können. Lehrstellen gab es in der Zeit genug, mancher Lehrherr köderte seinen Lehrling bei Einstellung sogar mit einem Moped. Die »Schlackerhosenbande«, meine alten Kumpels von der Straße, lernte Bäcker, Maurer, Gärtner oder Bierbrauer – so was wollte ich nicht. Hatte ich eine Idee, waren das für meine Mutter »Rosinen im Kopf«. Und jedesmal hörte ich den Spruch: »Da hättest du in der Schule besser aufpassen sollen, mit deinem Sitzenbleiber-Volksschulzeugnis kannst du dir das abschminken.« Ich war unzufrieden. Zum erstenmal dachte ich über Versäumnisse nach.

Untermieter Norbert war es dann, der eine erste Lösung brachte. Er hatte sich viel mit mir beschäftigt und meiner Mutter vorgeschlagen, sie solle mich noch einmal auf die Schule schicken. Meine Intelligenz müsse geschult werden, denn dort lägen meine Fähigkeiten. Ich stimmte zu, vielleicht war das der Weg aus meiner Misere. Also wurde ich für teures Geld in der »Privatschule Dr. Fackelmann« am Rüdesheimerplatz angemeldet. Erstes Ziel: Mittlere Reife. Aber es war vertrackt. Kam ich im Aufbaukurs noch einigermaßen mit, versagte ich später total. Mein Schulschwänzen rächte sich bitter. Nach ein paar Monaten konnte ich es nicht mehr ertragen, nur weiße Blätter abzugeben, weil ich es partout nicht schaffte, einen simplen Dreisatz zu begreifen. Ich ging nicht mehr hin und kam damit einem Rauswurf am Semesterende zuvor. Fazit war, daß meine Mutter nachträglich noch 600 D-Mark Schulgeld bezahlen mußte. Jetzt gab es zu Hause kein Pardon mehr. »Du gehst arbeiten, mir ist egal, was. Solange du die Füße unter den Eßtisch steckst, mußt du ab sofort für deinen Lebensunterhalt selber sorgen.« Sie war nun unerbittlich. Ich aber war ratlos und hin und her gerissen zwischen dem, was ich wollte, und zwischen dem, was ich wirklich leisten konnte. Fackelmann hatte mir das erneut schmerzhaft deutlich gemacht. Also legte ich mir wieder einen Ausweg zurecht: Mach jetzt irgend etwas, es wird sich schon noch was ergeben, kommt Zeit . . . Eine glastechnische Werkstatt suchte einen Hilfsarbeiter. Ich bewarb mich und bekam den Job. Neonbläser, Glasbläser und Relaisbläser, etwa 40 Arbeiter hatte das mittelständische Unternehmen in einem der typischen Berliner Betriebe im zweiten Stock eines Schöneberger Fabrikhofes. Für den Stundenlohn von 1 Mark 10 hatte ich als Handlanger des Feinmechanikers in einer kleinen Werkstatt Stahlstifte zu schneiden, Gußformen zu schleifen oder mit dem betriebseigenen Moped fertige Teile im ganzen Berliner Stadtgebiet auszuliefern. Die Arbeit war leicht und machte mir anfänglich auch Spaß. Vor allem, wenn ich stundenlang mit dem Moped unterwegs war. Von meinen 46 D-Mark Wochenlohn mußte ich 20 D-Mark als »Kostgeld« zu Hause abgeben.

Die Milchzahnrocker

Die Schlackerhosenbande nannte sich jetzt »Clique«, fuhr frisierte Mopeds und lungerte ganze Abende im »Tutti-Frutti-Schuppen« rum. Eine Bretterbude mit Spielautomaten und einer mächtigen Wurlitzerbox, gut bestückt mit den neuesten Rock'n'Roll-Platten. Man soff Bier, spielte Skat oder pokerte in einer Eckkneipe am Südwestkorso. Auch ich mußte jetzt ein Moped haben. Per Ratenzahlung, 20 D-Mark im Monat, kaufte ich mir ein gebrauchtes der Marke »Victoria« bei einem Weddinger Gebrauchtwarenhändler. Für meine ersten Levis-Jeans, ein absolutes »Muß« in der Clique, legte ich zwei Wochen das Geld zurück, sie kosteten 27 D-Mark. Mein ganzer Stolz aber war die heißbegehrte James-Dean-Jacke. Ein schwarzer Seidenblouson, den es mit feuerrotem oder quittegelbem Futter gab. Meiner war rot. Daß dazu schwarzweiße Schuhe gehörten, versteht sich. Die Haare trug ich zu einer gewaltigen Elvis-Tolle frisiert und hinten zu einem »Entenschwanz« zusammengekämmt. In der Clique fühlten wir uns stark und rebellisch wie die echten Halbstarken, obwohl uns nicht nur deren schwere Motorräder fehlten. Dröhnendes Geknatter, noch ein bißchen mehr Gas gegeben als nötig, ein freches, großes Maul zu jedermann und stets das Kofferradio im Arm, natürlich auf »volle Pulle«. Wo immer sich unsere Clique an den verschiedenen Straßenecken des Viertels versammelte, gab es Ärger mit den Bürgern und bald auch mit der Polizei. Mehr als einmal wurden Mopeds beschlagnahmt, oft bei handgreiflichem Widerstand gegen die »Kalkmützen«, wie die Polizei wegen ihrer damals noch weißen Mützen genannt wurde, Strafverfahren wurden eingeleitet, meistens wegen Ruhestörung oder, wie bei mir, dreimal zum zweistündigen Verkehrsunterricht wegen »Fahruntüchtigkeit« meines »Hobels«. Wir waren laut, aggressiv und fühlten uns wie »King Elvis« persönlich. Unter den Jungarbeitern herrschte eine harte Sprache und ein aggressives Klima. Streitigkeiten, auch innerhalb der Clique, meistens wegen Nichtigkeiten, wurden vielfach mit den Fäusten ausgetragen. Weil ich gegen diese Aggressivität untereinander war, war ich alle naselang als Vermittler gefordert und somit nur selten Zielscheibe der Wut anderer.

Es war die Zeit, als die Mädchen auf meinem Sozius Farah-Diba-Frisuren, weite Röcke und Petticoats trugen. Wir gingen in die Waldbühne zu Little Richard und in den Sportpalast zu Ted Herold, Peter Kraus und Bill Ramsey. Natürlich hatten wir immer unsere »Bräute« dabei. Mehr als Knutschen und Petting in den Häuserecken war selten möglich. Zum einen fehlte es uns an den geeigneten Räumen, zum anderen hielten sich die Mädchen sehr zurück: »Wenn dit meen Vadder rauskriegt. So schnell is nich, da kannste noch soviel sülzen von wegen, hab dich nicht so . . .« Aber dann klappte es doch, mal mit Ute am Wannsee, mal mit Renate am Grunewaldsee. Richtig verliebt war ich in keine meiner Freundinnen. Vielleicht war das der Grund, warum mir von meinen zahlreichen Eroberungen die meisten den Vögel-Wunsch abschlugen. Der Beweis der Männlichkeit war allemal erbracht, und in der Clique war man von meinen Erfolgen bei den »Bräuten« schwer beeindruckt. Aber alles habe ich ja auch nie erzählt.

Ende der fünfziger Jahre machten große Banden von Halbstarken, wie die »Totenkopfbande« aus dem Arbeiterbezirk Wedding, mit ihren schweren Motorrädern ganze Bezirke unsicher. Es gab Straßenschlachten von Hunderten von Halbstarken gegen die Polizei. Schuld, das stand für Eltern und die Medien fest, war das »amerikanische Gejohle«, und sogar Bundeskanzler Adenauer sah sich genötigt, im Bundestag die »Verluderung der Sitten durch die kriminellen Halbstarken« anzuprangern.

Auch als Halbstarker fuhr ich wie schon in meiner Kindheit alle paar Wochen zu meinem Patenonkel Frenny nach Ostberlin. Mal in seine Stadtwohnung in der Marchlewskistraße, einer Seitenstraße der Stalinallee, mal für ein Wochenende auf seine Datsche am Müggelsee nahe dem idyllischen Vorort Rahnsdorf, tief im Ostsektor der Stadt. Frenny, ein Jugendfreund meiner Eltern und wie diese aus Trier an der Mosel stammend, war 1949 nach Gründung der DDR von Westberlin in den Ostteil der Stadt übergesiedelt. Der Onkel, DEFA-Schauspieler und Antifaschist, wollte, wie er sich gern ausdrückte, »als Kulturschaffender am Aufbau des Sozialismus in der DDR mitwirken«. Jedesmal machte sich Frenny über mein Äußeres lustig: »Was ist denn auf deinem Kopf los, bist du der Presley? Um was kümmerst du dich sonst eigentlich noch?« Etwas verlegen druckste ich dann was von »Mode bei uns im Westen« herum, kam mir aber in diesen Augenblicken mit meinem »wichtigen Getue« ziemlich albern vor. Es lag mir doch sehr viel daran, wie er über mich dachte.

Nie ging ich aus der Marchlewskistraße weg, ohne daß er mir noch ein Buch in die Hand drückte. »Im Westen nichts Neues«, »Das siebte Kreuz«, »Nackt unter Wölfen«. Wenn das alles so war, wenn Krieg und Faschismus nur Elend und Tod bedeuteten, dann mußte ich dagegen sein. Hatte ich nicht selbst meinen Vater im Krieg verloren, Zerstörung gesehen und Hunger gelitten? Aus der Clique las niemand solche Bücher, und keiner wollte meine Erzählungen daraus hören. Hier waren Jerry Cotton und Lemmy Caution die Favoriten. Nur in puncto Kinoprogramm stimmte ich noch mit Freund Norbert überein: Wir ließen keinen Film mit Rita Hayworth und Brigitte Bardot aus. Nach und nach verloren die Clique und ihre Rituale an Bedeutung für mich. Ich war in der Phase des Suchens, ohne allerdings eine Perspektive zu sehen. So wuchs die Unzufriedenheit mit mir selbst und mit der Situation, in der ich steckte.

Beim Sklavenhändler

Einmal in der Woche mußte ich zur »Berufsschule für Ungelernte« am weit entfernten »Reichssportfeld«, dem Olympiastadion. Bis zum achtzehnten Lebensjahr war ich schulpflichtig, egal was ich beruflich machte. Hier fanden sich die Aussortierten, die Verlierer, all jene, die keine Lehrstelle bekommen hatten oder keine wollten, die Hilfsschüler, die Underdogs zusammen. Schlägereien auf dem Schulhof unter Schülern oder auch mit Lehrern gab es fast in jeder Pause. Man fühlte sich bedroht, ohne zu wissen, warum oder von wem. »Hier werden die Noten mit der Stahlrute verteilt«, war ein beliebter Spruch unter uns Schülern. Auch ich trug die damals gängige Waffe in der Lederjacke. Gebraucht habe ich sie nie, kein Wunder, denn ich tauchte nur selten in der Schule auf. Nach anfänglich regelmäßigem Erscheinen gelangte ich zu der Überzeugung, daß mein Besuch nur vertrödelte Zeit sei und es hier für mich nichts mehr zu lernen gab. Inzwischen konnte ich sogar den Dreisatz. Ob diese Einschätzung wirklich zutraf, darüber bin ich mir bis heute nicht im klaren. Meine Überheblichkeit aber sollte noch böse Folgen haben.

Der Chef der glastechnischen Werkstätten, Herr Bender, meinte es gut mit mir: Er schlug mir eines Tages vor, bei ihm eine Lehre als Neonbläser zu beginnen. Ich überlegte nicht lange, sondern sagte zu. Mich hatten die Kollegen fasziniert, wie sie mit den harten, bunten Glasstäben vor dem Bunsenbrenner hantierten wie mit einem weichgekochten Makkaroni. Und gut bezahlt wurde die Arbeit auch. »Morgen bringst du deine Mutter mit zum Unterschreiben des Lehrvertrages, und dann geht's los.« Mutter schöpfte wieder Hoffnung, daß ich »jetzt doch noch einen anständigen Beruf« erlernen würde.

Am ersten Lehrtag hatte ich mich morgens beim Chef zu melden. Da stand ich nun vor ihm in meiner schönen Halbstarkenkluft. »Zuerst geht es mal um dein Äußeres. Als Lehrling kannst du jetzt nicht mehr so rumlaufen, was sollen denn unsere Kunden sagen. Und zeig mal deine Fingernägel, auch darauf habe ich jetzt als Lehrherr zu achten.« Ich traute meinen Ohren nicht, stinksauer fuhr ich ihn an: »Meine Kleidung geht sie gar nichts an. Ick loofe rum, wie ick will!« Wie kam der mir vor, mich, einen, der sich schon mit der Polizei geprügelt hatte, zur See gefahren war und in der Clique voll anerkannt war, einen, der sich nie etwas hatte gefallen lassen, so runterzuputzen. Und sofort setzte ich hinterher: »Herr Bender, ick will mir dit nochmal überlejen.« Drehte mich um und ließ den sprachlosen Chef stehen. Zu Hause erzählte ich, daß die Firma sich, ganz überraschend für mich, noch einmal anders entschieden habe, vielleicht im nächsten Frühling. Dann, das versicherte ich, würde ich es bestimmt auch noch wollen.

Vierzehn Tage später hatte ich meine Papiere in der Hand. Herr Bender wollte mir die fünf Pfennige Lohnerhöhung, um die ich gebeten hatte, nicht gewähren. »Dann meine Papiere und den Rest Geld.«

Von meinem Chef Bender sollte ich rund 20 Jahre später noch einmal hören. Während des Prozesses gegen die »Bewegung 2. Juni«

in Moabit fand ich in den Prozeßakten plötzlich meinen handgeschriebenen Lebenslauf. Dazu Details aus meinem Personalbogen und ein Schreiben des Herrn Bender. Er hatte in der Hochzeit der Fahndung nach mir dem polizeilichen Staatsschutz sämtliche Betriebsunterlagen über mich zukommen lassen. Weil, wie er der »Sehr geehrten Polizei« mitteilte, »diese Unterlagen bei der Fahndung von Nutzen sein könnten.« Ein braver Bürger!

Und wieder saß ich wie schon beim Schulschwänzen in der Kinderzeit in der Bücherei, inzwischen in der Abteilung für Erwachsene. Zu Hause hatte ich noch nichts erzählt, erst einmal Zeit gewinnen. Ich las mich quer durch die dort vorhandene antifaschistische Literatur. Rauskriegen, wie das wirklich war. Meine Sehnsucht nach Ferne und Abenteuer befriedigte ich mit der Lektüre von B. Traven und Jack London. Bereits um zwei Uhr konnte ich bei meiner älteren Schwester Rosemarie in Schöneberg auftauchen, die um die Zeit von der Schicht als Löterin bei Siemens kam. Wir überlegten gut zwei Wochen lang, wie ich das nun wieder »der Mutti« sagen sollte. Vielleicht sollte ich mal mit Barwinkel sprechen?

Im Herbst 1960 war der Publizistik- und Germanistik-Student an der Freien Universität, Gerd Barwinkel, als zweiter Untermieter bei uns eingezogen. Er wohnte in dem durch die Heirat meines Bruders Klaus freigewordenen Zimmer zur Wilhelmshöher Straße hin. Barwinkel war Anhänger des Philosophen Jean-Paul Sartre.

Ich konnte den ruhigen Mann, der zehn Jahre älter war als ich, gleich gut leiden. Schon bei den ersten Gesprächen mit ihm, in der Küche oder auf dem Flur, spürte ich, daß ich von dem nur lernen konnte. Mit seinem Wissen fesselte er mich sehr. In den zahllosen Diskussionen, die wir manchmal bis spät in die Nacht führten, öffnete er mir eine bis dahin verschlossene Welt. Jazz, Gesellschaftspolitik, Philosophie und Kultur. Alles, was wir diskutierten, war weit weg von meinem persönlichen Dilemma, und doch gab es einen Zusammenhang. Behutsam und nach und nach, oft nicht ohne Ironie, räumte er mit meinem Mackergehabe als Halbstarker auf. »Jetzt hast du 14 Tage an deinem Moped gebastelt, nur um das ein paar lächerliche Kilometer schneller zu machen. Wozu?« Ja, wozu eigentlich, nur um der Clique zu imponieren? Und der ganze Rabatz, das Faustrecht, die immer gleichen Männlichkeitsrituale, eigentlich war es damit nun genug.

Meine aktuelle Arbeitsmisere sah er überhaupt nicht dramatisch: »Du kannst dir noch etwas Zeit lassen und wirst schon noch finden, was du wirklich willst. Dann hältst du auch durch. Laß mich mal mit deiner Mutter sprechen.« Barwinkel war Ziel meiner Suche nach Wissen und Orientierung. Mindestens einen Tag in der Woche hatte er Zeit für mich. Dann saß er mit qualmender Pfeife in seinem alten Ledersessel, gut temperierten Rotwein auf dem Tisch, verbreitete Ausgeglichenheit, und mit einem »Na, worum soll's gehen?«, war das Frage-und-Antwortspiel eröffnet.

Mal ging es um den Existenzialismus und Sartres »Das Spiel ist aus«, das ich auf seinen Rat hin gelesen, aber nicht richtig verstanden hatte. Ein anderes Mal ging es um Malerei, und er erklärte mir den Unterschied zwischen Impressionisten und Expressionisten, ja überhaupt erst mal, mit welchen Augen man ein Bild betrachten müsse. In ihm hatte ich auch endlich jemanden gefunden, mit dem ich gründlich über die antifaschistische Literatur diskutieren konnte, die ich gelesen hatte. Ich machte mich jetzt auch an so unterschiedliche Autoren wie Voltaire, Reuter, Grimmelshausen und Fontane. Allmählich veränderte ich meinen Umgang, meine Kleidung und die Lokale. Dieser Student hatte großen Einfluß auf mich.

Auch Mutter konnte er beruhigen. Allerdings bestand sie darauf, daß ich arbeiten ginge, »und zwar sofort«. Freund Norbert, den ich immer seltener traf, hatte seine Maurerlehre geschmissen. Er hatte seinem Polier beim freitäglichen Lohntütenball in der Baubude aufs Maul gehauen. Wir brauchten sofort Geld. Auf zum Sklavenhändler. Eigentlich hießen diese Arbeitsvermittler »Be- und Entlade-Einsatz«. Sofort Arbeit, sofort Geld. Der uns nächste Sklavenhändler war auf dem Güterbahnhof Wilmersdorf. Eine schäbige Bretterbude, durch eine dünne Wand unterteilt in einen kleinen Warteraum und ein Büro. Wenn man nicht um Punkt fünf Uhr morgens da war, hatte man keine Chance mehr, Arbeit zu bekommen. In der verräucherten Bude ging es hoch her. Bierflaschen kreisten bereits in der Frühe, noch immer nicht Nüchterne gröhlten, und wenn »die aus 'm Osten« da waren, gab es auch schon mal blutige Prügeleien. Hier versammelten sich die von ganz unten: die vom Alkohol Zerstörten, die Penner, die Haftentlassenen, Väter auf der Flucht vor den Alimentenzahlungen, gesuchte Knackis und meistens auch die »Ostler«. Weil sie die billigsten waren, bekamen sie zuerst Arbeit. Sie wurden mit 60 Prozent Ostgeld und 40 Prozent Westgeld abgefunden. Für den Sklavenhändler ein Mordsgeschäft. Mehr als 30 oder 35 D-Mark waren hier auch beim härtesten Job nicht zu verdienen. Die »Ostler« bekamen nie mehr als 10 D-Mark in West. Und doch verdienten sie damit mehr als wir. Mit Drohungen und Gewalt versuchten die Westarbeiter die »Ostler« von der Bude, ja, sogar vom gesamten Bahnhofsgelände zu verjagen. Bedroht wurde aber auch der Arbeitsvermittler, wenn er nicht sofort mehr Westler als Ostler beschäftigte. Im Westteil der Stadt waren vor dem Mauerbau über 60 000 »Ostler« als billige Arbeitskräfte unterwegs. Pausenlos brüllte der Vermittler die Jobs in die dicht gedrängt Wartenden: »Fünf Mann zu ›Montania‹, 25 Tonnen Koks auf und ab. Vier erfahrene Möbelträger zur ›Spedition Kopania‹. Sechs Mann uffen Bau nach'em Wedding. Zwee Mann zum Schneeschippen.« Norbert und ich machten alles. Waren wir rechtzeitig da, bekamen wir auch Arbeit. Er gab uns Arbeit, weil wir mit unseren 17 Jahren sehr kräftig waren und vor allem weil wir nicht soffen. Mit fünf Mark Vorschuß für den ganzen Tag machten wir uns bei Wind und Wetter auf den Weg. In den Betrieben dann hatten die Leute vom »Sklavenhändler« natürlich nur die Drecksarbeit zu machen. Zerschunden, den Rücken blutig vom Koks schleppen, mußten wir abends wieder den Sklavenhändler anlaufen, um unsere paar Mark Verdienst abzuholen. Weil ich keine großen Bedürfnisse hatte und zu Hause nur 50 D-Mark im Monat abgeben mußte, in Kneipen ging ich nicht mehr, mein Rauchen war mäßig, brauchte ich nur drei- oder viermal pro Woche auf den Güterbahnhof. Nachdem ich mehrmals hintereinander bei der Möbelspedition Warnitz gearbeitet hatte, die wegen ihres lausigen Stundenlohnes von 3 Mark 50 »Lause-Warnitz« genannt wurde, und man mich dort als guten Arbeiter schätzte, brauchte ich nicht mehr über den Sklavenhändler zu kommen, sondern ging direkt zu Warnitz. Arbeit gab es deswegen trotzdem nicht jeden Tag. Es war ein Knochenjob, aber ich hatte schnell Routine, und als ich das erste Mal mit an einen Flügel mußte, drei Treppen rauf, und durchhielt, war ich anerkannt. So schleppte ich mehrere Tage in der Woche für »Lause-Warnitz« ein ganzes Jahr lang die Möbel der Berliner über die Treppen. Ich ging auseinander wie ein Preisboxer. Meine Schultern wurden breit und meine Muskeln hart. Rasieren mußte ich mich bereits täglich, und Haare wuchsen mir auch auf der Brust. Barwinkel hatte recht, was ein Blödsinn, den »Mann zu spielen«, wenn er doch von ganz alleine kam.

Statt in die Berufsschule, ging ich arbeiten. Die seltenen Briefe aus der Schule fing ich ab, Entschuldigungszettel fälschte ich nach bewährter Methode. Meine Mutter hatte den Überblick verloren.

Ich hatte jetzt keine Elvis-Tolle mehr, sondern einen »Caesarenschnitt« wie die Existentialisten. Trug »Kutte«, wie die Parkas damals hießen, und einen extrem langen Schal um den Hals. Wenn ich in Kneipen ging, dann in die beiden Berliner Jazz-Lokale »Badewanne« oder »Eierschale«. Aber nicht zum Saufen, sondern um zu hören, zu sehen und zu diskutieren. Die Arbeit am Tage und das Publikum hier, überwiegend Studenten – es waren zwei Welten. Bald bewegte ich mich in der einen so selbstverständlich wie in der anderen. Ging es hier um Sartre oder die »Nouvelle Vague«, war ich dort bald ein versierter Möbelträger. Wegen meiner Höflichkeit und meiner gebildeten Ausdrucksweise nannten mich die Kollegen bald »Student«, und ich wurde regelmäßig mit dem Trinkgeld-Eintreiben beauftragt. »Student, jeh du ma bohren«, hieß es dann, »du kannst dir so jut ausdrücken.« Und dann »bohrte« ich: »Gnädige Frau, wo ist der Wasserhahn, wir haben alle großen Durst.« Hatten sie nicht verstanden, bat ich unverzüglich um ein großes Glas Wasser »für mich und die netten Kollegen«. Spätestens beim zweiten Durstanfall kamen dann etliche Flaschen Bier, Schrippen und Hackepeter auf den Küchentisch. War das Ende nah, hieß es: »Na, das haben wir doch prima hingekriegt, wir hoffen doch sehr, daß Sie zufrieden mit uns waren. Wir haben uns auch mächtig angestrengt, es waren doch sehr schwere Sachen dabei.« Je nachdem, 15 oder 20 D-Mark Trinkgeld waren an einem Tag möglich, dann kam man auf 40 D-Mark Verdienst insgesamt.

Im Sommer 1961 war ich des öfteren mit Frennys Tochter Judith zusammen in Rahnsdorf. Wir sprachen über die Jazz-Szene und die Jazzkeller im Westen – so was gab es in Ostberlin nicht. Ich erzählte ihr, was das war, die »Nouvelle Vague«, und was daran so »neu« war, und diskutierte mit ihr über Sartre, dessen Bücher in der DDR nicht zu haben waren. Judith stand kurz vor dem Abitur und wollte Theaterwissenschaft studieren. Und die Malerei liebte sie auch. Dafür war ich gewappnet: In den Gesprächen mit Barwinkel ging es jetzt um die Expressionisten und die schönen Künste. Ich wollte darüber diskutieren, und das so oft, bis ich glaubte, genug begriffen zu haben. Mich interessierte wirklich alles. Als begleitende Praxis empfahl Barwinkel mir Museums- und Galerie-Besuche, Büchertips inklusive. Judith gefiel mir plötzlich. In den Jahren zuvor hatte ich ihr kaum Beachtung geschenkt, aber jetzt begann ich, mich sehr für sie zu interessieren. »Ein schönes, apartes Mädchen«, sagte Mutter über sie. Stundenlang lagen wir in diesem Sommer in Rahnsdorf im Liegestuhl und sprachen sehr ernsthaft über die Kunst, über »Effi Briest« oder über Modern- und Cooljazz. Meine Arbeit war nie Thema, sie wußte gar nicht, was ich machte, denn darüber wollte ich mit ihr nicht reden. Ich hatte mich in sie verliebt und wollte sie jetzt so oft wie möglich wiedersehen. »Am nächsten Wochenende dann wieder hier in Rahnsdorf!« Und für das Wochenende darauf hatten wir schon einen Besuch in der »Eierschale« in Westberlin festgemacht. An diesem Sonnabend kam ich schon äußerst früh in Rahnsdorf an. »Judith kann heute nicht, aber vielleicht kommt sie morgen noch«, empfing mich der Onkel. Sie kam auch am Sonntag nicht.

Die Mauer – Ende einer Jugendliebe

»Hier ist RIAS Berlin, eine freie Stimme der freien Welt. Seit Mitternacht des heutigen Tages haben die Zonen-Machthaber den gesamten Westsektor Berlins vom Ostteil der Stadt abgeriegelt. An der 43 Kilometer langen innerstädtischen Sektorengrenze und rund um Westberlin sind Angehörige der sogenannten Volkspolizei, der Grenztruppen und Soldaten der Zonenarmee dabei, aus

Stacheldraht Barrikaden zu errichten.« Das voll aufgedrehte Radio hatte mich aus dem Schlaf geholt. Noch bevor der Bericht zu Ende war, kurbelte mein Onkel Frenny in der Küche nebenan schon hektisch auf die nächste Nachrichtensendung. »Wie soeben gemeldet wird, haben Bautrupps der Zonenarmee im Norden Berlins damit begonnen, die S-Bahn-Gleise aufzureißen und die Verkehrsverbindungen innerhalb der Stadt zu unterbrechen.« Es war zehn Uhr morgens, Sonntag, der 13. August 1961. Ich war siebzehn Jahre alt. Die Datsche meines Onkels lag an einem versteckten Seitenarm des Müggelsees. Ich befand mich tief im Ostsektor Berlins. Mein Zuhause war knapp vierzig Kilometer entfernt, mitten im Westteil der Stadt. Die Meldungen überschlugen sich. In kurzen Abständen unterbrachen die West-Sender das laufende Programm und brachten immer neue Informationen über die Vorgänge an der Sektorengrenze. Die DDR-Sender dagegen berichteten wie gewohnt nur zur vollen Stunde: »Damit hat die DDR einen Riegel vor die revanchistischen Wiedervereinigungspläne der Regierung Adenauer geschoben. Seit heute Nacht haben die Kampfgruppen der Arbeiterklasse und Teile der NVA den Schutz unserer Staatsgrenze übernommen. Für die Bonner Ultras hat es jetzt dreizehn geschlagen. Die Grenzsicherheitsmaßnahmen laufen planmäßig und ohne nennenswerte Zwischenfälle ab.« Es folgte wie üblich die Verlesung ellenlanger Beschlüsse des Ministerrats der DDR und der Regierungen der Teilnehmerstaaten des Warschauer Vertrags. Angespannt, aber wortlos lauschten wir den Berichten über das, was offenbar in Berlin vor sich ging. Mir schossen die Gedanken kreuz und quer durch den Kopf: Was war los? Bedeutete das Krieg? Einmarsch der Russen? Eine neue Blockade? Ich hatte überhaupt keine Vorstellung, wie das, was ich gerade gehört hatte, praktisch funktionieren sollte. Westberlin abriegeln, die Stadt teilen, keine Verkehrsverbindung mehr von einem Stadtteil in den anderen? Wie sollte es möglich sein, das pausenlose Hin und Her in dieser Stadt zu unterbrechen? Eine Nachricht, zu der sich keine Bilder einstellen wollten. Mitten durch die Millionenstadt quasi über Nacht eine undurchlässige Grenze? Unvorstellbar. Das Schweigen des Onkels irritierte mich: »Was heißt das, was passiert da, Onkel Frenny, kann es Krieg geben?«

Der Onkel, sonst immer bemüht, all meine Fragen zu beantworten und mir alles geduldig zu erklären, zeigte sich ungewohnt einsilbig. Auch er war überrascht. Wie immer, wenn er mir etwas besonders Wichtiges sagen wollte, setzte er auch jetzt mehrmals zu seiner Erklärung an. »Ja, es ist wohl eine ernste Situation. Offenbar ist unser Staat nicht mehr willens, die Ausplünderung der DDR durch den Westen hinzunehmen. Es sieht so aus, daß die Grenze zum Westen zugemacht wird. Ich weiß noch nicht genau, was vor sich geht, aber es ist besser, daß du dich sofort fertigmachst und schnellstens den Heimweg antrittst. Pack deine Sachen, ich werde versuchen, nach Berlin zu telefonieren, um genaueres zu erfahren.« Der Weg zum nächsten Telefon war weit. Hin und zurück brauchte der Onkel eine gute Stunde. Hastig zog ich mich an, stopfte mein Wochenendgepäck in den rotkarierten Matchsack und hockte mich wieder vor das Radio. Die Meldungen wurden immer dramatischer: »Zusammenrottungen auf dem Potsdamer Platz und vor dem Brandenburger Tor, Panzer in der Friedrichstraße, Gleisunterbrechungen im Norden Berlins, Betriebskampfgruppen, Volkspolizei und Nationale Volksarmee entlang der gesamten Sektorengrenze.« Mir wurde mulmig.

Gleisunterbrechungen? Die Sektorengrenze dicht? Panzer? Doch Krieg? Und wie sollte ich überhaupt noch heil nach Westberlin zurückkommen?

An den Ausläufern des Müggelsees war von dem, was an der weit entfernten Grenze geschah, nichts zu merken. Außer dem Rauschen der hohen Bäume, dem Entengeschnatter und dem Gezwitscher der Vögel war hier alles still. Die Datsche lag umgeben von Wasser, Sumpf und üppigem Grün an einem kaum zugänglichen Seitenarm des Müggel-Spree-Kanals. Der Kanal verbindet hier den Dämeritzsee im Südosten der Stadt mit dem größten See Berlins, dem Müggelsee in Köpenick. Onkel Frenny hatte dieses Datschen-Grundstück seit 1952 gepachtet. Er war Mitte Fünfzig, ein grauhaariger, großer, hagerer Mann, der immer leicht nach vorne übergebeugt ging. Frenny nahm sich immer Zeit für mich, und ihn konnte ich mit allen Fragen löchern, die mir weder von meiner Mutter noch in der Schule beantwortet wurden.

Als er vom Telefonieren zurückkehrte, wirkte sein Gesicht noch ernster als sonst. »Till, es ist besser, du fährst sofort los! Es sieht so aus, daß unsere Organe die Sektorengrenze wirklich dicht machen. Was noch alles passieren kann, weiß ich selber nicht. Du mußt sehen, daß du schnell rüberkommst.« Inzwischen war es dreizehn Uhr. »Du fährst genau so, wie du am Freitag gekommen bist. Es gibt noch keine Informationen, daß die S-Bahn im Süden auch schon unterbrochen ist. Bummle nicht, sondern fahre direkt durch«, ermahnte er mich schließlich bei unserem eiligen Abschied. Ohne Angst, aber aufgeregt und neugierig, machte ich mich unverzüglich auf den langen Heimweg. Mit Fähre, Bus und S-Bahn brauchte ich gut zwei Stunden bis zu unserer Wohnung im Stadtteil Friedenau.

Um von der Datsche zum S-Bahnhof Rahnsdorf zu gelangen, mußte ich zunächst mit einer kleinen Fähre über den hier etwa dreißig Meter breiten Müggel-Spree-Kanal setzen. Von der Fähre aus lief ich gut fünfzehn Minuten quer durch das alte Angerdorf zur nächsten Busstation. Auch hier war von all dem, was in Berlin an der Sektorengrenze vor sich ging, nichts zu merken. Rahnsdorf schien wie ausgestorben. Der Bus rumpelte mich zehn Minuten über Kopfsteinpflaster und hielt dann direkt vor dem S-Bahnhof Rahnsdorf. Erst oben auf dem Bahnsteig spürte ich, daß etwas Ungewöhnliches im Gange sein mußte. Es warteten für diese Zeit schon ungewöhnlich viele Leute auf den Zug in Richtung Westen. Der kam aus Erkner und fuhr zum innerstädtischen S-Bahn-Knotenpunkt »Bahnhof-Ostkreuz«. Dort mußte ich dann wieder umsteigen. Für die achtzehn Stationen bis zu meinem Zielbahnhof, dem S-Bahnhof Wilmersdorf, würde ich mit Umsteigen und Warten mindestens noch anderthalb Stunden unterwegs sein. Friedrichshagen, Hirschgarten, Köpenick, Wuhlheide, Karlshorst ... Ab da waren die Abteile gerammelt voll. Hunderte von Westberlinern, die ihre Datschen im Osten hatten oder vom Besuch bei Feunden und Verwandten kamen, versuchten, auf dem schnellsten Weg nach Hause in den Westen zu kommen. Eingekeilt zwischen die zurückflutenden Menschen, schwirrten mir die Gerüchte um die Ohren. Die Stimmung der Mitreisenden schwankte zwischen Beklommenheit, Angst und aufgeregter Ungläubigkeit. Je näher wir dem Westteil der Stadt kamen, desto voller wurden die Bahnsteige. An der letzten Station vor »Ostkreuz«, am Bahnhof »Rummelsberg«, hielt der überfüllte Zug schon gar nicht mehr an, sondern fuhr einfach durch. Der große, mehrgeschossige Umsteigebahnhof »Ostkreuz« war schwarz von Menschen, die alle auf den Zug in Richtung Westen warteten. Als der Zug »Vollring über Westkreuz« einlief, drängten und schoben sich Hunderte in die Abteile. Fast wäre ich nicht mehr mitgekommen. Nur unter kräftigem Einsatz meiner Ellenbogen konnte ich mich noch in einen der Waggons quetschen. Jetzt hatte ich nur noch eine Station im Ostteil vor mir. Die übernächste Station war bereits der S-Bahnhof »Sonnenallee« in Westberlin. Dazwischen aber lag die Sektorengrenze.

Je näher wir der Sektorengrenze kamen, desto gespannter wurde die Stimmung im Abteil. Alle redeten aufgeregt durcheinander. Ich konzentrierte meine Gedanken ganz darauf, was jetzt an der Grenze geschehen würde. An der Station »Treptower Park«, dem letzten Bahnhof im Ostsektor, hielt der Zug wieder. Statt wie sonst üblich: »Achtung, Achtung, Sie verlassen den demokratischen Sektor Berlins«, schnarrte der Lautsprecher jetzt ununterbrochen: »Endstation, Endstation, alle aussteigen, alle aussteigen!«

Auf dem Bahnhof waren etwa dreißig Angehörige der DDR-Transportpolizei, kurz Trapo, postiert. In ihren schwarzen Uniformen, Breeches und Schaftstiefeln, die umgehängte Kalaschnikow vor der Brust, wirkten die Bewaffneten entschlossen und bedrohlich. Schweigend standen sie an der gegenüberliegenden Bahnsteigkante und blickten mit unbewegter Miene auf die aus dem Zug quellenden Fahrgäste. Der quäkende Lautsprecher gab jetzt die Richtung an: »Achtung, Achtung! Alle Bürger Westberlins begeben sich unverzüglich zum Grenzübergang Harzer Straße! Der Zug endet hier, der Zug endet hier!« Fragen an die Trapo wurden harsch abgewiesen: »Sie haben doch den Lautsprecher gehört! Gehen Sie unverzüglich zur Harzer Straße!« Die Leute schlossen sich zu kleinen Gruppen zusammen, um den kurzen Fußweg zur nahen Grenze gemeinsam zurückzulegen. Noch am späten Nachmittag dieses Augusttages lag drückende Hitze über der Stadt, und für lange Zeit ein letztes Mal nahm ich den mir so vertrauten DDRtypischen Geruch wahr: eine Mischung aus Desinfektionsmitteln, Zweitaktmotoren, den spezifischen DDR-Lacken, dem leichten Brandgeruch heißer Dachpappe und der allgegenwärtigen DDR-Plaste. Außer den vielen Westberlinern, die in Richtung Grenze liefen, war in der Nähe des Bahnhofs Treptow nichts Auffälliges zu bemerken. Als wir aus der Elsenstraße in die Wildenbruchstraße einbogen, die in südwestlicher Richtung von Ostberlin direkt auf die im Westberliner Bezirk Neukölln liegende Harzer Straße mündet, änderte sich das Bild radikal. Überall standen kleine Gruppen von Ostberlinern erregt diskutierend auf der Straße. In den hohen Mietshäusern links und rechts lagen die Bewohner in den Fenstern, riefen lauthals Grüße oder winkten mit Tüchern in Richtung Westen.

Die erste Vorkontrolle. Volkspolizisten kommandierten schroff: »Ausweise, die Ausweise zeigen!« Wie alle anderen hielt auch ich meinen behelfsmäßigen Berliner Personalausweis hoch und wurde ohne nähere Kontrolle durchgewinkt. Fünfzig Meter weiter erreichten wir dann die eigentliche Sektorengrenze. Dort, wo noch am Tag zuvor ein simpler weißer Strich die Grenze zwischen den beiden Blöcken markiert hatte, waren nun mannshohe Stacheldrahtrollen aufgetürmt. Grenzsoldaten mit Stahlhelmen und Maschinenpistolen bildeten einen dichten Kordon quer über die Straße. Etwas zurückgezogen von der Stacheldrahtbarriere waren links und rechts auf dem Bürgersteig zwei Schützenpanzer in Stellung gegangen, die Maschinengewehre drohend gen Westen gerichtet. Bautrupps hackten bereits das Straßenpflaster auf, um in tiefen Löchern massive Betonpfeiler zu verankern.

Einzeln mußten wir an die Posten vor dem Stacheldraht herantreten und wieder unseren Ausweis zeigen. Es wurde scharf kontrolliert. Rausgelassen wurden nur diejenigen, die sich als Westberliner ausweisen konnten. Auf Handzeichen der Kontrolleure hin zogen zwei andere Uniformierte die Stacheldrahtverhaue für einen Moment auseinander und entließen mich nach Westberlin. Auch hier war Polizei aufmarschiert, die Karabiner auf dem Rücken. Sie war vor allem damit beschäftigt, die aufgebrachten Menschen, die sich in vielen kleinen Gruppen auf der Straße versammelt hatten, auf gehörige Distanz von der waffenbestückten

Grenze zu halten. Wie schon auf der anderen Seite wurde auch hier empört und aufgeregt debattiert, viele weinten oder winkten mit Tüchern in Richtung Osten. Durch lautes Zurufen versuchte man sich mit den weit hinter der Grenze stehenden Bekannten oder Verwandten zu verständigen. Weiter hinten in der Harzer Straße hatte sich ein Trupp von zwanzig bis dreißig Jugendlichen versammelt. Gellende Pfeifkonzerte und immer wieder Sprechchöre: »Nieder mit dem Spitzbart! Ulbricht, Mörder! Budapest, Budapest, Budapest!« Ich wollte auf dem schnellsten Weg nach Hause. Ohne mich noch einmal umzudrehen, lief ich in Richtung Kreuzberg zur nächsten U-Bahn-Station.

Am frühen Abend erreichte ich das stille Friedenau. Schon von weitem sah ich meine Mutter auf dem Balkon stehen und nach mir Ausschau halten. Noch von oben herunter rief sie mir aufgeregt entgegen: »O Gott, mein Junge, da bist du ja, wir haben uns so große Sorgen gemacht! Ich habe schon mit der Polizei telefoniert! Wir wußten ja gar nicht, ob man dich überhaupt noch rausläßt!« Ich mußte ihr sofort jede Einzelheit genau erzählen. Unsere Nachbarin, Tante Irmel, kam mit der Nachricht rüber, daß die »Berliner Morgenpost« eine Sonderausgabe herausgebracht habe, die am Bahnhof Zoo verteilt werde. Sofort wurde ich losgeschickt, ein Exemplar zu besorgen. Dichte Menschentrauben umlagerten die Zeitungsverkäufer. Die Schagzeile der Extraausgabe lautete: »Ost-Berlin ist abgeriegelt. S- und U-Bahn unterbrochen. An allen Sektorengrenzen Stacheldraht – Straßensperren. Volksarmee rund um Berlin.« Die Mauer teilte die Stadt endgültig in zwei Hälften.

Für meine Vita brachte dieser Tag den Schlußstrich unter eine Jugend in der Frontstadt Berlin, die sich bis dahin im Westen wie auch im Osten der Stadt zugetragen hatte.

Erst siebzehn Jahre später, am 27. Mai 1978, sollte ich wieder Ostberliner Boden betreten. Diesmal als Fliehender von West nach Ost. Gesucht und gejagt als Staatsfeind Nummer eins von allen Sicherheitsorganen des Westens. In der Jackentasche 1000 Dollar und einen zypriotischen Paß, im Hosenbund die durchgeladene Makarow-Pistole. Der vertraute Ost-Geruch, der mich auf dem S-Bahnhof Friedrichstraße empfing, signalisierte mir an diesem

Morgen nur eins: »Du hast es geschafft, du bist frei! Wir sind in Sicherheit.« Noch eine Viertelstunde zuvor hatte ich unter höchster Sicherheitsstufe als Gefangener in der Haftanstalt Moabit eingesessen. Hinter mir lagen drei Jahre Isolationshaft. In einer dreisten Aktion hatte mich ein bewaffnetes Kommando der »Bewegung 2. Juni« mitten aus der alten Zwingburg befreit.

An jenem 13. August 1961 hatte der sogenannte »antifaschistische Schutzwall« jedenfalls meine erste zarte Jugendliebe zu Judith abrupt unterbrochen. Am 16. August meldeten die Zeitungen, daß Westberliner noch immer ungehindert ein- und ausreisen könnten. Also ging ich am 17. zu Fuß – Verkehrsverbindungen gab es nicht mehr – über die Oberbaumbrücke und lief zur Marchlewskistraße: Stacheldraht, die Mauer im Bau, Grenzer und ruppige Kontrollen. In den Straßen direkt hinter der Mauer viel Militär, in den Baulücken Panzer und biwakierende Soldaten. Direkt hinter der Oberbaumbrücke, auf einem Ruinengrundstück ein Dutzend russische Panzer. Für Judith hatte ich Sartres »Das Spiel ist aus« und einen Druck des Malers Otto Müller in der Tasche. Aber weder sie noch der Onkel waren da. Judith sei beim Abiturkurs und Frenny drehe in Babelsberg. Ich ließ die Mitbringsel da und versprach der Tante, es morgen noch einmal zu versuchen. Der Versuch scheiterte, ab dem 18. August war die Mauer für alle Berliner dicht. Niemand wußte genau, wie das jetzt mit der Mauer weitergehen würde, wer noch rüber durfte und wer nicht. Willy Brandt verkündete ununterbrochen »Berlin bleibt frei«, und die Amerikaner verlegten zur Unterstützung ihrer Berlin-Brigade demonstrativ 150 ihrer Soldaten aus der BRD nach Westberlin. Den Trupp ließen sie zur Aufmunterung der geschockten Berliner durch die Straßen der Stadt marschieren. Barwinkel machte sich darüber lustig, und alles andere war für ihn sowieso klar: »Der Osten ist dicht. Was sollten die auch anderes machen, wären ja sonst ausgeblutet. Nichts wird passieren, das ist alles abgekartet.« So sah ich das auch, hoffte allerdings, daß ich doch bald wieder »rüber« durfte. Wegen Judith, wegen Rahnsdorf. Abermals flohen Tausende aus Westberlin in die BRD, und wieder hatten die Umzugsunternehmen Hochkonjunktur. Das bedeutete Arbeit für mich.

Trocken Brot im Kinderknast

In der Berufsschule tauchte ich in diesem Herbst überhaupt nicht mehr auf. »Bist du der Schüler Till Meyer?« Ich schreckte aus dem Schlaf hoch und blickte direkt auf zwei »Kalkmützen«, die sich vor meinem Bett aufgebaut hatten. Im Hintergrund die Mutter im Morgenrock mit besorgtem Gesicht, ratlos. »Wir sollen dich in die Schule bringen, heute wird nicht jeschwänzt. Zieh dich an!« Es war fünf Uhr in der Frühe. »Wir haben einen Auftrag von der Schule ihres Sohnes bekommen, der schwänzt zu oft, und jetzt bringen wir ihn hin«, erklärte einer der Beamten meiner Mutter, während der andere mich ins Badezimmer begleitete und sich vor der Türe aufbaute. »Scheiße«, brüllte ich, »was soll der Quatsch, ich finde auch allein in die Schule. Außerdem ist es viel zu früh.« Sie nahmen mich mit auf das zuständige Revier, und so lernte ich mit gerade 17 Jahren das erste Mal eine Gefängniszelle von innen kennen.

Nach zwei Stunden rückte ich in Begleitung eines Polizisten zur Schule ab. »Wenn de nich wegloofst, laß ick och deinen Arm los.« Nein, ich wollte nicht weglaufen. Und so fuhren wir gemeinsam mit der Straßenbahn der Linie 44 und 55 zum »Reichssportfeld«. Ich wurde direkt in der Klasse abgeliefert. Die erste große Pause nutzte ich, um wieder abzuhauen.

Barwinkel schüttelte darüber nur den Kopf, war aber der Meinung, daß es besser sei hinzugehen, es könne sonst Ärger geben. Doch es war zu spät. Kurz vor Weihnachten erhielt ich Gerichtspost: eine Anklageschrift wegen »fortgesetzten Verstoßes gegen die Schulpflicht«. Termin im Kriminalgericht Moabit, vierzehn Tage später.

So stand ich das erste Mal vor einem Richter. Ein Mann sagte gegen mich aus, den mir der Richter als meinen Klassenlehrer vorstellte. Ich kannte ihn natürlich nicht. Sogleich machte ich meiner Empörung Luft, aufgrund so einer Bagatelle überhaupt vor Gericht gestellt zu werden. Schule oder nicht, das sei einzig und allein meine Sache. Ich redete mich um Kopf und Kragen. Nur Gewalttätigkeit herrsche an der Schule, niemand würde sich richtig um einen bemühen, und überhaupt, der Stoff sei langweilig und für mich völlig uninteressant. Und gab zum Schluß meiner unverschämten Einlassung noch eins drauf: Lernen könne einer wie ich da sowieso nichts mehr. Darauf hatte der Richter wohl gewartet. »Damit du das nicht vergißt: drei Wochen Dauerarrest!« Im leeren Zuschauerraum hörte ich meine Mutter aufschluchzen. Nein, vorbestraft sei ich damit nicht, diese Strafe sei eine »angemessene Erziehungsmaßnahme«, beruhigte der Richter die weinende Mutter. Nicht ohne hinzuzufügen, daß man auch sie wegen mangelnder Aufsichtspflicht hätte belangen können, davon aber abgesehen habe, weil sie es »mit den vielen Kindern und als Kriegerwitwe wohl schon schwer genug« habe.

Draußen hatte sich die Mutter ein wenig gefangen. »Ich weiß nicht mehr ein noch aus mit dir, ich kann nicht mehr. Wie soll ich denn nur deine Lügen durchschauen.« Unter dem Urteil litt sie zu dieser Stunde mehr als ich. Bis wir zu Hause ankamen, hatte ich sie wieder beruhigt: Das sei doch alles nicht so schlimm, die drei Wochen werde ich schon schaffen. Und vorbestraft sei ich damit ja auch nicht.

In der Clique war man von meinem Gerichtsauftritt schwer beeindruckt. »Die drei Wochen ›Café Schönstedt‹ sitzte doch uffe Rasierklinge ab«, kommentierte Norbert den kommenden Knast. Unter uns Jugendlichen war die Jugendarrestanstalt Berlin in der Neuköllner Schönstedtstraße unter dem Namen »Café Schönstedt« wohl bekannt und gefürchtet. Aber keiner aus der Clique hatte je darin gesessen. Unter den Kollegen bei »Lause-Warnitz« gab es dafür um so mehr Leute mit Knasterfahrung, von denen ich mir Rat und Erfahrungsberichte holen konnte. Ziemlich finster gehe es da zu. »Roochen darfste da sowieso nich. Und paß uff, alle drei Tage kriegste trocken Brot und heißes Wasser, mehr nich. Und hartet Lager, also Matratze mußte rausjeben.« Das kam mir so abwegig vor, daß ich es gar nicht glauben wollte. »Tabak machste naß, und dann rinjepresst inne leere Zahnpastatube, hinten wieder zujedrückt. Streichhölzer, Blättchen feste mit rin.« Anfang Februar 1962 erhielt ich die Aufforderung zum Haftantritt.

Die alte Haftanstalt aus dem 18. Jahrhundert liegt direkt hinter dem Rathaus Neukölln, so versteckt und eingebaut, daß sie von der Straße her gar nicht gesehen werden kann. Gefaßt, aber mit einem flauen Gefühl im Bauch klopfte ich an die eiserne Pforte.

Auch jetzt waren es die Neugier und mein unverwüstlicher Optimismus, die mir diesen Gang leichter machten: Du wirst schon einen Weg finden, erst mal abwarten. Ich war gut vorbereitet. Gleich drei Zahnpastatuben hatte ich dabei, zwei davon voll mit nassem, gepreßtem Tabak. Verhaltensweisen im Knast und das Reglement hatte ich mir von den Knackis unter meinen Kollegen eingehend erklären lassen. Ich war sicher, die drei Wochen locker »abzureißen«. Als mich der Pfortenbeamte über einen Hof in das Hauptgebäude führte und mit einem mächtigen Schlüssel Gittertüre um Gittertüre aufschloß und mich mit einem gebrüllten »Zugang!« auf der Kammer ankündigte, sank mein Optimismus sofort auf Null. Alles, was ich gehört hatte, war ein Dreck gegen das, was ich jetzt sah: Gittertüren, Gänge, von denen man durch die Fangnetze bis unters Dach gucken konnte, und Zellentür neben Zellentür, dunkles Linoleum und pißgelbe Wände, alles blank geputzt, und über allem eine Dunstwolke von Desinfektionsmitteln und Bohnerwachs. Zwei Wolldecken, blau karierter Bettbezug, eine Blechschüssel, Gabel, Löffel, Stullenbrett. Hose, Hemd, gestreift, ausgetretene Halbschuhe, graue, ausgewaschene Unterwäsche.

»Ausziehen und bücken. Arschbacken auseinander!« Mit einem scharfen »Geredet wird hier nicht. Du darfst nur sprechen, wenn du gefragt wirst«, schnitt mir der Beamte das Wort ab. Ich wollte mir nicht in den Hintern gucken lassen. »Mußte aber.« Aus dem Augenwinkel beobachtete ich, wie ein anderer Beamter meine Seifensachen kontrollierte. »Hier haste«, und er schob mir alles rüber. Das hatte geklappt. Für einen Moment faßte ich wieder Mut. Immerhin hatte ich sie überlistet. »Abjang. Dritten Stock, Zelle 73«, hallte es durch die Flure. Ich marschierte los. Von oben schrie schon der nächste: »Hier ruff!« Noch bevor ich sehen konnte, wo ich eigentlich war, schob mich der Beamte in die Zelle. Tür zu, ein metallisches Rasseln, und der Schlüssel drehte sich im Schloß, noch ein dumpfer Rums, und der Riegel war zu. Auf 4,7 Quadratmetern sollte ich jetzt die nächsten drei Wochen verbringen. Links ein an die Wand geschraubtes Eisenbett, mit einer Auflage aus alten, abgewetzten Brettern, darauf eine verdreckte Schaumstoffmatratze. Ein kleiner Hängeschrank rechts an der Wand, ein Tisch mit einem kleinen, dreibeinigen Schemel davor. Zwischen Tür und Bett ein Etwas, das ich noch nie zuvor gesehen hatte. Ein rundes Ding mit einem Holzrand, unter den ein großer Topf mit Deckel paßte: »der Kübel«, das Klo. Darüber ein Winzling von Waschbecken. An der Stirnseite, nur erreichbar, wenn man auf den Tisch kletterte, ein kleines Fenster, von dem lediglich das obere Drittel runtergeklappt werden konnte. Davor massive Gitterstäbe.

Da saß ich nun auf meinem Schemel in kratzigen Knastklamotten, mit zu engen Schuhen an den Füßen, ein Häufchen Elend. Ich war kurz davor zu heulen, als die Tür wieder aufflog. »Abendbrot!« Ein blonder Jugendlicher, etwa so alt wie ich, forderte mich auf, das Stullenbrett rauszuhalten. Ruck, zuck, hatte ich vier Scheiben klitschiges, saures Kommißbrot, einen Klumpen Margarine und ein etwa fünf Zentimeter langes Stück Schmierwurst auf dem Brett. »Tasse!« In meine Tasse kellte der junge Mann lauwarmen Muckefuck. »Und datte hier jarnich aus'm Fenster brüllst, jetzt is Nachtruhe, sonst kommste gleich in' Bunker«, schnauzte der begleitende Beamte. Rums, die Türe war wieder zu. Ich bekam keinen einzigen Bissen runter. Wenn ich die Arme seitwärts ausstreckte, konnte ich mit den Fingerspitzen die gegenüberliegenden Wände berühren. Ich lief auf und ab, fünf Schritte hin, fünf Schritte zurück. Absolute Ruhe. Nicht einmal leises Straßengeräusch von der belebten, ganz nahen Karl- Marx-Straße. Als das mickrige Licht ausging, war es vielleicht fünf Uhr. Richtig, der Gong der Turmuhr im Rathaus Neukölln sagte mir wenigstens regelmäßig, wie spät es war. Das einzige Geräusch, das ich in den Wochen von draußen hören sollte.

Ich fühlte mich einsam und hoffnungslos. Du bist dem hier schutzlos ausgeliefert. Das hältst du nicht durch. Es hatte etwas von Endgültigkeit. Hier kommst du nie mehr raus. Ich konnte die Tränen nicht mehr zurückhalten. Stundenlang weinte ich lautlos vor mich hin. Ich verfluchte meine Schwänzerei und hob meine Mutter in den Himmel. Hatte sie mich nicht immer gewarnt? Alles wollte ich wiedergutmachen, nur raus hier . . . Nach über zwei Stunden hatte ich keine Tränen mehr. Es war erst 21 Uhr. Die Zeit wollte hier nicht vergehen. Wieder lief ich auf und ab, fünf Schritte hin, fünf Schritte zurück. Die Enge der Zelle machte mir das Atmen schwer. Erst um Mitternacht traute ich mich ans Fenster: Es regnete, fahles Licht leuchtete in einen kleinen Hof, ringsherum unzählige dunkle, vergitterte Fensterhöhlen. Ich lauschte in die Nacht, war da nicht was, ganz nah? Da schluchzt doch einer. Ich zischte leise: »Zssss.« Nochmal. Ein leises: »Ja.« – »Hier, ick bin unter dir.« »Haste jeweent?« wollte ich wissen. »Nee, dit ist der Kleene neben mir. Jerade 14 Jahre alt, hat nur eene Woche, weila Bretter jeklaut hat.« Ich erfuhr, daß mein Untermann so alt war wie ich und daß er auf meiner Station Kalfaktor war. »Haste wat zu rochen?« – »Klar, Tabak und Blättchen.« Ich versprach, ihm in der morgigen Freistunde etwas von meinem Tabak abzugeben. Das Gespräch hatte mich etwas aufgemuntert, konnte meine deprimierte Stimmung aber auch nicht verscheuchen, und so weinte ich mich leise in den Schlaf.

Um 5 Uhr 00 flog mit lautem Rums der Riegel zurück und der Schlüssel rasselte im Schloß. Ein Geräusch, das ich nie wieder vergessen sollte. »Kübeln!« schnauzte der Beamte. Ich hatte den Toilettenkübel zum Ende des Ganges zu tragen und ihn dort in der Spülzelle in ein großes Toilettenbecken zu schütten. Zum ersten Mal sah ich meine Nachbarn. Keiner war älter als ich, viele ganz junge, vielleicht vierzehnjährige Jungens liefen wie ich den Gang entlang. »Haltet ja die Schnauze, hier wird nicht jeredet«, hallte es den Gang entlang. Der blonde Typ in der Spülzelle zischte mir zu: »Ick bin der von unter dir, verjiss nachher den Tabak nich.« Er hatte die Aufsicht dort und mußte in jeden Kübel einen Löffel Chlor verteilen. »Du hast heute hartes Lager und trocken! Matratze raus.« Ich mußte meine Matratze vor der Zellentüre über das Geländer legen. Wie jeden Tag klappte der Schließer mein Bett hoch und schloß es mit einem Vorhängeschloß bis abends an der Wand an. »Alle drei Tage hast du hier trockenes Brot, heißes Wasser und hartes Lager.« Ich nahm die vier Scheiben trockenes Brot und das heiße Wasser sprachlos entgegen. In der Nacht war ich gezwungen, auf den harten Brettern zu schlafen. Mit dem Essen war es nicht so schlimm, ich bekam die erste Woche ohnehin kaum einen Bissen runter. Alles schmeckte so grauenvoll schlecht, daß sich an meinem Mund bald eine Ekelgriebe bildete. Schmalz, Kunsthonig, ranzige Margarine und pampiger Eintopf.

Vorsichtig puhlte ich ein wenig von dem nassen Tabak aus der Tube und breitete ihn auf der Heizung zum Trocknen aus. Zum ersten Mal fühlte ich mich gut, weil ich sie doch überlistet hatte. Die »Freistunde« war genau 30 Minuten lang. Mit 25 anderen Jugendlichen mußte ich, die Hände auf dem Rücken, ohne zu reden, hintereinander im Kreis gehen. »Schulschwänzer, mal herkommen!« rief mich ein Mann in einem grauen Kittel und mit einem gutmütigen Gesicht zu sich. »Du kriegst nachher Arbeit. Ab in die Reihe!« Unbemerkt konnte ich dem vor mir gehenden Kalfaktor eine gute Prise Tabak, drei Blättchen und Streichhölzer in die Hand drücken. Rauchen, das wäre jetzt toll. Ich freute mich auf meine erste Zigarette, die ich rauchen wollte, sobald ich wieder in der Zelle war. Den Rest Tabak aus der Tube hatte ich gut unter den Heizrippen verbunkert. Das Ohr an der Tür, lauschte ich auf die Geräusche draußen auf dem Gang. Nichts. Genüßlich sog ich den Rauch ein. Ah, wie gut das tat. Ich hatte meinen kleinen Triumph, und plötzlich ging es mir auch besser. Jetzt spürte ich, daß ich es schaffen würde. Durchhalten!

»Du kriegst jetzt jeden Tag so einen Stapel, zum Abendbrot holen wir den wieder ab.« Der Werksmeister, so stellte er sich vor, hatte mir einen bauchhohen Stapel alter Zeitungen, Springers »BZ« und die »Morgenpost«, in die Zelle gewuchtet. »Die faltest du jetzt auseinander, Bogen für Bogen, und legst sie, schön Kante auf Kante, auf einen Stapel.« Eine stumpfsinnige Arbeit. Aber es war Beschäftigung. Niemals zuvor war ein Tag so lang gewesen. »Etwas zu lesen willst du? Kannste haben, hier gibt's nur die Bibel.« Der Beamte klärte mich auf: »Das Bett wird bis zum Abend hochgeschlossen, ihr sollt auf den Schemeln sitzen und über eure Sünden nachdenken.« Ich hatte meine Fassung wiedergefunden: »Das ist doch Quatsch«, und tippte mir an die Stirn. »Wat hast du da ebend gemacht, ick globe, dir sollten wir die Arbeet wieder wegnehmen, du Rabauke.« Ich behielt die Stumpfsinnsarbeit. Im Gegenzug gegen etwas Tabak bekam ich vom Kalfaktor einen Bleistift. Ein Schatz hier drin; damit konnte ich stundenlang Kreuzworträtsel in den alten Zeitungen lösen. Die Bibel las ich ganz durch. Wenn ich dann auf dem Schemel saß und über den Tisch strich, malte ich mir aus, wer hier schon alles gesessen haben mußte.

Nach 14 Tagen Zeitungsfalten hatte ich genug. »Ich will die Arbeit nicht mehr.« Das hatte der Mann noch nie gehört. »Na schön, freut sich ein anderer drauf.« Ich setzte mich in eine Ecke der Zelle auf den Boden, schloß die Augen und dachte darüber nach, was ich alles machen könnte, wenn ich demnächst entlassen würde. Das war mein Überlebensrhythmus. Alles stellte ich mir bis ins kleinste Detail vor, das Essen, die ersten Schritte und Paris, Paris, Paris! Ich hatte fünfhundert Mark gespart und wollte direkt nach meiner Entlassung in das Zentrum des Existentialismus trampen. Immer und immer wieder malte ich mir die Parisreise aus. Wohin ich gehen würde, die kleinen Kneipen, der Louvre und der Montmartre, von dem mir Barwinkel so viel erzählt hatte. Ja, da wollte ich hin, Rotwein trinken und Sartre treffen. Vielleicht.

»Es klingt wie eine Sage, nur noch drei Tage!« – »Auf Wiedersehen«, vor übergroßer Freude war mir der Lapsus an der Pforte rausgerutscht. »Na, man bloß nicht, mach datte wegkommst, ohne Wiedersehen«, rief mir lachend der Beamte nach. Frei, frei, frei.

Ich genoß den hektischen Verkehr um mich herum, den Gestank der Autos und Braunkohleöfen und war so glücklich, daß ich den Weg bis zur U-Bahnstation von einem Bein auf das andere hüpfend zurücklegte. Es ist vorbei! Nach Hause, nach Hause! Ich hatte fünf Kilo abgenommen und eine Ekelgriebe am Mund. Daheim erwartete mich mein Lieblingsessen: ein gebratenes Hähnchen. Während ich das verschlang, erzählte ich der Mutter, wie es mir ergangen war. Sie konnte es nicht fassen, daß ich tatsächlich auf harten Brettern hatte schlafen müssen und alle drei Tage nur trockenes Brot bekommen hatte. Aus lauter Mitleid legte sie mir noch ein Hühnerbein auf den Teller. Daß ich zwischendurch sterben wollte und geweint hatte, darüber erzählte ich ihr nichts. Weil das alles so hart gewesen war und ich so gelitten hatte, spendierte sie mir für meine Paris-Reise zweihundert Mark. Damals eine große Summe. Ich sollte etwas Schönes erleben und mir endlich ernsthafte Gedanken machen, wie es nach Paris mit mir weitergehen sollte. Sie wollte jetzt unbedingt, daß ich einen anständigen Beruf erlernte. »Ja, aber erst mal Paris.« Zwischenstation wollte ich in Trier machen. Wohnen konnte ich dort bei einer alten Freundin meiner Eltern, Tante Eva.

III. Politisierung, Ostermarsch und APO-Trier

Verliebt, verlobt, verheiratet

Am 4. März, drei Wochen vor meinem achtzehnten Geburtstag, machte ich mich in Kutte und Schal, meinen Hebammenkoffer in der Hand, per Anhalter auf den Weg nach Paris. Am Morgen des 5. März kam ich in Trier an, wo mich in der Wohnung der Tante ihre beiden Söhne, Mik und Nick, beide fast so alt wie ich, mit lautem Hallo begrüßten. Silbergefärbte Haare und Pappnasen, Luftschlangen und Konfetti, in den Straßen johlende Besoffene und geschlossene Geschäfte. Es war Rosenmontag und der Karneval im Rheinland auf seinem Höhepunkt. Bei unserem ersten Rundgang durch die Stadt staunte ich nicht schlecht über die vielen kostümierten, singenden oder Küßchen verteilenden Menschen. In Mik und Nicks Stammcafé war es knackend voll. Ein länglicher, in schummriges Licht getauchter Raum, dessen Wände mit dunklen, gerafften Stoffbahnen bespannt waren und auf dessen Boden ein farbig erleuchtetes Rondell die Tanzfläche markierte. Viele Besucher waren junge französische Soldaten im verbotenen Zivil. Trier hatte eine der größten französischen Garnisonen in der Bundesrepublik.

Aus einer Gruppe von jungen Frauen, die auf der anderen Seite der Tanzfläche standen, löste sich plötzlich eines der Mädchen und kam direkt auf mich zu. Es war eine kleine, zierliche und offenbar noch sehr junge Frau mit schwarzem Haar, das sie ganz kurzgeschnitten trug. Schwarze Strumpfhosen und eine Bluse, die gerade mal den Po bedeckte. Sie gefiel mir auf Anhieb. Gerade hatte die Musikbox Pat Boones »I'll be home« aufgelegt, als sie mich ansprach: »Mit dir möchte ich mal tanzen.« Den und noch einen Tanz – der schon mit gewagtem Griff um die Taille, na, mal sehen, wie sie reagiert. Daß ich aus Berlin war und bei den Söhnen von Eva wohnte, wußte sie, da Mik und Nick zu ihrer Clique gehörten. Schon wieder eine Clique. Allerdings eine ganz andere als die Berliner. Sie heiße Christa und ginge aufs Gymnasium, sechzehn Jahre alt sei sie, noch nicht ganz – und ob ich heute Abend noch auf den Jugendball in den »Astoriakeller« käme. Und ob! Nach fünf langsamen, eng umschlungenen Tänzen hatte ich mich total verliebt. Um es vorwegzunehmen, nach Paris bin ich erst Jahre später gekommen, aber frankophil ging es trotzdem zu.

Das erste, was ich dann außer »hmm« und »ja« sagte, war: »Du siehst fast so aus wie Jean Seberg in ›Außer Atem‹. Bloß, daß du schwarze Haare hast und mir eigentlich noch besser gefällst.« Wir sahen uns an diesem Abend und auch gleich am nächsten Tag wieder. Plötzlich war alles so toll wie noch nie, ich freute mich des Lebens, weil es jetzt plötzlich Christa gab. Ich war das erste Mal so richtig verliebt. Ich konnte an nichts anderes mehr denken.

An den Wochenenden ging es bei Tante Eva hoch her. Sie war eine kleine und schlanke Mittfünfzigerin mit kurz geschnittenem, grauem Haar, der man noch immer ansah, daß sie einmal Primaballerina gewesen war. Sonnabends kamen die Damen vom »Jazzdance mit anschließender Diskussion« zu ihr nach Hause. Am frühen Abend trafen dann oftmals zehn bis fünfzehn uniformierte französische Soldaten, einer nach dem anderen, in der Wohnung ein. Alle zogen sich in einem der vielen Zimmer der großen Wohnung ihre Zivilkleidung an, weil sie nicht in Militäruniform ausgehen wollten, wie es Vorschrift war. Ein Teil brach unverzüglich in die wenigen Tanzlokale der Innenstadt auf, während der andere Teil blieb und reichlich Rotwein und Zigaretten auf den Tisch legte. Bei Jacques Loussier, Dizzy Gillespie oder Jimmi Noone wurde dann lebhaft und hitzig diskutiert. Ich war begeistert. Christa, die ich gleich mitbrachte, sprach gut Französisch und konnte mir alles übersetzen. Es war das gleiche Milieu von Kunst-, Musik- und Politik-Interessierten, von Studenten und Akademikern wie das, zu dem ich in Berlin gerade Zugang bekommen hatte. Und doch war es anders. Hier ging es um den Algerienkrieg. Damit beschäftigte sich die Runde am meisten. Sehr schnell hatte ich raus, daß hier nur Gegner des Krieges versammelt waren, ja, einige zeigten offene Sympathie für die algerische Befreiungsfront FNL. Sartre wurde beigepflichtet. Der kämpfte schon seit Jahren vehement gegen den Krieg Frankreichs in Algerien und rief die jungen Soldaten zur Desertion auf. Nur am Rande hatte dieser Krieg in den Diskussionen zwischen mir und Barwinkel eine Rolle gespielt. Ich hörte mit wachsendem Interesse zu.

Nach und nach bekam ich mit, daß hier nicht nur diskutiert wurde. Die Tante war in der Region eine der Kontaktadressen und Anlaufstelle für französische Deserteure. Für jene wehrpflichtigen jungen Männer, »die man auf keinen Fall in den Krieg schicken darf«, wie die Tante sich ausdrückte. Ich hatte zu schweigen und mich nicht darum zu kümmern. Das tat ich auch.

Mittags holte ich Christa vom Gymnasium in der Innenstadt ab. Wir tranken im »Studio 11« zusammen mit Schulfreundinnen und -freunden aus der Clique eine »Bluna«, um dann langsam händchenhaltend in Richtung Christas Elternhaus zu schlendern. Ihre Eltern betrieben im Norden der Stadt einen kleinen Lebensmittelladen. Meiner Mutter hatte ich mitgeteilt, daß ich vorerst in Trier bleiben wolle. »Warum eigentlich?« und »Wo willst du wohnen? Du hast doch gar kein Geld!« kam es zurück. »Es wird schon gehen, ich bleibe hier. Ich bin verliebt!« Berlin, die Mutter, die Freunde, Barwinkel und Frenny, alles war weit weg und unwichtig geworden. Nach dem heiligen Versprechen, Arbeit und Zimmer zu suchen, gab sie es auf. Auch Christa wollte, daß ich in Trier blieb: »Für immer!«

Ich mochte die Stadt am Fluß vom ersten Tag an: die schmalen Straßen mit den alten, restaurierten Häusern, die imposanten Kirchengebäude, das Moseltal mit seinen steilen Weinbergen und den dichten Wäldern drumherum. Die Menschen hier waren freundlich und auch Fremden gegenüber sofort aufgeschlossen. Die Stadt im Dreiländereck zwischen Frankreich, Luxemburg und Holland war durch die vielen Touristen international geprägt. Es gab eine ausgezeichnete Küche und Mosellas beste Weine. Hier konnte man leben. Aber von was? Ich besaß keinen Pfennig Geld. Die »Bluna« und die Pommes frites, von denen ich mich hauptsächlich ernährte, bezahlte Christa. Sie hatte die Schule mit der Mittleren Reife beendet und eine Lehrstelle als Hotelsekretärin in einem sechzig Kilometer entfernten Eifel-Nest in Aussicht. Das aber hätte unsere Trennung bedeutet, und so setzte sie sich erfolgreich gegen den Willen ihrer Eltern durch. Dann wollte sie lieber Verkäuferin im elterlichen Geschäft lernen. So kam es.

Ich fand ein Zimmer in der Innenstadt. Als »möblierter Herr« mit striktem Verbot, »Damen mit aufs Zimmer zu nehmen«. In Trier gab es nur wenig Industrie, und so war es sehr schwer für mich, Arbeit zu finden. Hin und wieder konnte ich tageweise in ähnlichen Knochenjobs ackern wie zuvor schon in Berlin. Eisenhandel. Neben den Franzosen waren auch viele amerikanische Soldaten in Trier. Sie gehörten zu den strategischen Flugbasen in Bitburg oder Spangdahlem. »Die suchen öfters jemand, bewirb dich mal da«, hatte mir die Clique geraten. Als ich zum 30 Kilometer entfernten Luftwaffenstützpunkt Bitburg kam, suchten sie gerade Küchenhelfer, boten mir aber eine andere Arbeit an. Airpolicemen bräuchten sie noch, es gebe gutes Geld, und Kost und Logis seien frei. Die Bedingungen waren gut: 1100 D-Mark im Monat, das war viel Geld für meine 18 Jahre, neun Tage Schichtarbeit und dann drei Tage frei. Ich nahm ohne Zögern an. Damit hatte ich mich in einen halbmilitärischen Verband einzuordnen. Auf der US-Basis in Ramstein in der Pfalz bekamen wir einen Schnellkurs in Englisch und militärischem Drill, Grüßen, Diensträngen und den Kontrollaufgaben, für die wir später eingesetzt werden sollten. Schneidige Uniformen für Dienst und Freizeit plus leichtes Training an der Armeepistole der Marke Colt. Meine ersten Schießübungen!

Die Unterkunft in Bitburg war mitten auf der Airbase. Mein Dienst bestand darin, an einem der beiden Haupttore alle einfahrenden Wagen zu kontrollieren. Gate check. In einer anderen Schicht fuhr ich zusammen mit einem amerikanischen Militärpolizisten Streife in der riesigen amerikanischen Wohnsiedlung.

Housing check. Die Arbeit war leicht und das Essen gut. Ich nutzte alle Vergünstigungen. Vor allem das billige, gute Essen in den Messen, die zollfreien Zigaretten, Lebensmittel und die Veranstaltungen. Einmal im Monat gab es im überfüllten »Skybaser Club« die Night-Show mit bekannten Musik-Stars aus den USA. Die besuchte ich zusammen mit Christa, um Dean Martin oder Paul Anka live zu erleben.

Aber ich eignete mich nicht zum Soldaten, nichtmal zum halben. Bald bekam ich Ärger wegen fehlender Disziplin. Mal trug ich graue statt schwarze Socken zur Uniform. Öfters kassierte ich auch den Vorwurf, daß ich des Nachts nie die leichten Mädchen aus den Autos der Soldaten hole, obwohl es strengstens verboten war, sie durchzulassen. Und bei einer Nachtkontrolle konnte ich meinem amerikanischen Sergeanten die Dienstpistole nicht vorweisen. Statt sie am Gürtel zu tragen, hatte ich sie in den Schreibtisch gelegt, sie war mir zu schwer geworden. Auch das Grüßen vergaß ich gelegentlich. Ich war zu zivil, und deshalb riet mir mein deutscher Vorgesetzter, mir besser doch etwas anderes zu suchen. Schade, die Arbeit war nicht schlecht, keinerlei Belastung, und ich konnte mich voll meiner Liebe zu Christa widmen.

Merkwürdigerweise tauchte diese halbjährige Episode meiner Arbeit bei der U.S. Air Force später nicht in meinen Gerichtsakten auf. Obwohl die Fahnder zehn Jahre später meinen Lebenslauf bis ins kleinste Detail nachrecherchiert haben. Vielleicht war es den Amerikanern unangenehm, einräumen zu müssen, daß sie einen wie mich einmal in einem so brisanten Bereich beschäftigt hatten. Bitburg war eine strategische Rückzugsbasis für Jagdbombergeschwader aus Vietnam.

Und wieder hatte ich kein Geld und keine Arbeit.

Freddy, schmal, Schnauzbart, schwarze Haare und immer eine Gitanes im Mund, kannte ich schon aus dem Kreis von Tante Eva. Er war selbständiger Grafiker und konnte mir ein Volontariat als Schaufenstergestalter in einem kleinen Trierer Kaufhaus vermitteln. Das war eine neue Chance, und ich überlegte nicht lange. Freddy sollte mein langjähriger Freund werden. Später erzählte er mir, welche Rolle er in dem Kreis um Eva hatte. Er war es, der während des Algerienkrieges mit seiner Vespa desertierte Franzosen über die grüne Grenze aus Frankreich herausholte und sicher über die Schweizer Grenze brachte.

Irgendwann im Sommer 1963 trat ich für 270 D-Mark monatlich mein Dekorateurs-Volontariat im »City Kaufhaus« an. Anfänglich noch unbeholfen, entwickelte ich aber bald Geschick für diesen Beruf. Es machte mir Spaß, und ich war fest entschlossen durchzuhalten. Die Knochenarbeit hatte ich satt, ich wollte nicht mehr zerschlagen und hundemüde abends ins Bett fallen.

Bei Christa zu Hause ging ich inzwischen ein und aus: Den Eltern war es lieber, das Unabwendbare unter Kontrolle zu haben. Vögeln war für uns immer eine Frage der Räumlichkeiten. Im Sommer lagen wir in den bewaldeten Hügeln rings um Trier, machten Picknick und liebten uns, was im Winter leider nicht ging. Ich hatte schon ein Zimmer verloren, weil die Wirtin mitbekommen hatte, daß Christa bei mir gewesen war. »Was sollen wir tun?« Wir wollten unbedingt ganz zusammen sein. Ein ärztlicher Befund brachte die Lösung. Christa war im zweiten Monat schwanger.

Nur Sekunden dauerte meine Irritation, dann wußte ich: Das ist es! Jetzt können wir endlich für immer zusammen sein, dann sind wir eben zu dritt. Irgendwie wird das schon gehen. Christa hatte große Angst vor der Reaktion ihrer Familie, vermutete aber genau wie ich, daß die Eltern uns heiraten lassen würden. In einigen Monaten würde ich 20 und sie 17 Jahre alt werden, und wir benötigten für eine Heirat die Einwilligung der Eltern. Sollten sie uns die verweigern, würden wir eben nach Gretna Green verschwinden, wo auch Sechzehnjährige rechtskräftig getraut wurden. Wir hatten vor, beide nach Berlin zu gehen. In Berlin, so wußte ich, gab der Senat jedem jung verheirateten Paar 3000 D-Mark »Ehestandsdarlehen«, zinslos. Das wäre ja schon mal etwas für den Anfang. Und beim ersten Kind wurde gleich die Hälfte erlassen. Arbeit würde ich in Berlin allemal finden, egal was. Daß ich das Dekorateursvolontariat aufgeben mußte, war schade aber es ging nicht anders.

Meine Mutter reagierte auf meine Offenbarung völlig untypisch, ohne jeden Zornesausbruch und anders als zuvor bei meinen Schwestern. Warum denn gleich heiraten, das solle ich mir noch mal gut überlegen, schließlich könne ich auch für das Kind Alimente zahlen. Nach meiner jahrelangen Bummelei sei ich ja nicht einmal in der Lage, eine Familie zu ernähren. Und überhaupt solle ich erst mal an meine Zukunft denken und mir für so einen Schritt mehr Zeit lassen. Verantwortung und Bürde und selbst noch unreif. Jede Skepsis und jedes Mißtrauen wurden von mir empört zurückgewiesen. »Gut, dann mach, du weißt es ja mal wieder besser.« Ab jetzt aber sollte ich dann auch die Verantwortung allein tragen. Natürlich könnten wir eine Zeitlang bei ihr wohnen, und natürlich werde sie uns helfen. Es war ein kurzes Gespräch. Sie war still und traurig. Vielleicht dachte sie an den letzten Brief meines Vaters von der Front. Im Falle seines Todes, so war sein Wunsch gewesen, sollte ich meiner Mutter Trost geben und vor allem ihre Stütze im Alter sein. Ich aber war optimistisch und fest davon überzeugt, daß wir es schaffen würden.

Als ich bald darauf von Christas Eltern einbestellt wurde, fand ich die ganze Familie um den Küchentisch versammelt. »Du hast uns ja zu einer schönen Bescherung zusammengebracht«, eröffnete der Vater das Gespräch. Dann ging es los: »Wie denkst du dir das eigentlich jetzt? Wie willst du die Familie ernähren? Welche Arbeit hast du überhaupt? Wieviel Geld bringst du denn nach Hause?« Vorbereitet wie immer, hatte ich auch jetzt eine »gute Position als Kaffeevertreter bei Jacobs in Aussicht«. Christa würde es gutgehen, schließlich liebe ich sie doch. Unser Plan ging auf.

Auch jetzt funktionierte die Doppelmoral der Adenauer-Ära zuverlässig. Mit Gesetzbuch und Schlägen, Tabuisierung hier und dem »Mädchen Rosemarie« dort versuchte man, uns von Liebe und Lust fernzuhalten. Aber in eine ungewisse Zukunft ließ man uns ziehen.

Vater, Mutter, Kind

Anfang Januar 1964 holte ich Christa mit Taschen und Koffern am Bahnhof Zoo ab. Jetzt waren wir wirklich zusammen. Paradiesisch!

Jeden Morgen um fünf machte ich mich wieder zum Sklavenhändler auf. Weil Christas Bauch noch nicht zu sehen war, fand sie einen Job als Verkäuferin in einer Lebensmittel-Einzelhandels-Kette in Steglitz. Ich hatte vor, mich um eine Vertreterstelle zu bemühen, brauchte dafür aber zunächst mal einen Führerschein und fing sofort mit dem Unterricht an. Unser Zimmer hatte ich vor Christas Ankunft schon zu einem bescheidenen, aber schmucken Nest ausgebaut. Während die minderjährigen Frauen für eine Heirat nur die Einwilligung der Eltern benötigten, brauchten die Männer unter 21 Jahren eine Volljährigkeitserklärung der Jugendbehörden. Da ich im März 1964 erst 20 geworden war, mußte ich zu einem längeren Gespräch auf das zuständige Jugendamt. Nach zwei Stunden war ich »volljährig«. Amtlich!

Als die Temperaturen milder wurden, beschloß ich mit Freund Norbert, uns Arbeit beim U-Bahn-Bau zu suchen. So kam es, daß wir Akkordarbeiter im Vortrieb an der U-Bahnlinie 9 wurden, vom Bundesplatz zum Friedrich-Wilhelm-Platz, mitten durch den Bezirk meiner Kindheit.

Am 11. Mai 1964 heirateten wir. Ich wähnte mich am Ziel meiner Wünsche. Nach zwei Jahren inniger Liebe war es für mich mit Christa noch genauso aufregend und schön wie am ersten Tag. Wir haben alles gemeinsam gemacht. Selbst in der hochschwangeren Zeit ließen wir kein Rock'n'Roll-Konzert aus. Wir diskutierten mit Barwinkel so manche Nacht durch, gingen ins Museum und in die »Mascotte Bar« zum Rock-Tanzen. Christa besaß einen ansteckenden Humor, war herzlich, niemals nachtragend und immer guter Laune. Ganz im Gegensatz zu mir. Die Arbeit machte mich oft mürrisch und unzufrieden. Aber da war Christa, und sie war mir sowieso das Wichtigste. Wie es weitergehen sollte, wußte ich nicht. Ich plante nur bis zum Kind, dann würden wir sehen...

Die dreitausend Mark Ehestandsdarlehen kamen goldrichtig. Geld war immer knapp. Wir richteten uns preiswert, aber bequem ein, die Bücherwand baute ich selber, den Rest verpraßten wir. An einem August-Sonntag war es dann soweit. Alles war zu Hause vorbereitet und Christa rechtzeitig in der Klinik. Ich wäre gern bei der Entbindung dabeigewesen, aber das war damals noch verboten. Am Abend teilte mir das Krankenhaus per Telefon mit, daß wir einen Sohn hätten. Mutter und Kind seien wohlauf. Till-Felix nannten wir ihn. Till, weil der Name damals noch selten war, und Felix, weil er glücklich werden sollte.

Schicksalhafte Begegnung

Im Herbst wurde Christas Heimweh so groß, daß sie, die sonst doch immer so fröhlich war, nahezu trübsinnig wurde und häufig weinte. Ich sah in Berlin keine Perspektive, und in Trier hatte es mir gut gefallen, warum nicht zurückgehen? Von einem Tag auf den anderen fuhr ich nach Trier, um Arbeit und Wohnung zu beschaffen. Arbeit hatte ich schnell, die Firma Coca-Cola suchte einen Auslieferungsfahrer und stellte mich ein. Wohnen konnten wir vorübergehend in einem kleinen Zimmer bei den Schwiegereltern.

Ich fuhr nicht mehr zurück, sondern wartete sehnsüchtig auf Christa und Till-Felix. Ihr Bruder war mit dem familieneigenen Opel-Kapitän gen Berlin gefahren, um Mutter und Kind, Koffer und Kartons sicher nach Trier zu bringen.

Christa war glücklich, wieder zu Hause zu sein. Mit Hilfe meiner Schwiegereltern fanden wir sehr schnell auch eine eigene Wohnung. Zwei Zimmer, Küche, Bad. Wir waren jetzt eine richtige kleine Familie.

In der alten Clique freute man sich, daß wir wieder da waren. Man traf sich immer noch im »Studio 11«, unternahm gemeinsame Spaziergänge zum Kegeln in die Mosel-Dörfer, diskutierte oder feierte Feten, vorzugsweise bei uns.

An einem Abend im Dezember 1964 kam es zu einer Begegnung, die mein ganzes Leben und Denken radikal verändern sollte. Mitten auf dem Hauptmarkt drückte mir ein junger Mann, Caesaren-Schnitt, Kutte und langer Schal, ein Flugblatt in die Hand. Im oberen Drittel des Textes wurde zum Ostermarsch 1965 aufgerufen. Die Vorbereitungsgruppe lud ein. Der andere Teil des engbetippten Blattes beschäftigte sich mit einem Thema, von dem ich bis dahin nur wenig gehört hatte. »Die Amerikaner«, hieß es da, »führen einen verdeckten Krieg in Vietnam.« Und wieder wurde Jean-Paul Sartre zitiert. »Es geht um die Unterstützung der Viet Minh«. Natürlich hatte ich mit Barwinkel über den Indochinakrieg der Franzosen diskutiert, und gerade bei Eva war immer wieder davon die Rede gewesen. Aber die Amerikaner? Ich ging zurück. »Klaus heiße ich. Wir treffen uns locker alle paar Wochen im Jazzclub Trier, die Ostermarschierer.« Kommen solle ich, einfach mal so. Und aus Trier sei er, aber jetzt in Frankfurt, Soziologiestudium. Das Flugblatt war mit »Sozialistischer Deutscher Studentenbund Frankfurt, SDS« unterzeichnet. Die Amerikaner in Vietnam, verdeckter Krieg? Ich wollte mich besser informieren.

Es sollte noch eine Zeit vergehen, bis ich wieder mit Klaus zusammentraf.

Ich verbesserte mich und wurde Automobilverkäufer bei BMW. Vor allem in den Weindörfern an der Mosel erzielte ich damit beachtliche Verkaufserfolge. Die Weinbauern hatten Geld. Aber die schnellen Autos waren Gift für mich. Nach zweimaligem Blechschaden mit den nagelneuen Vorführwagen war auch diese Arbeit für mich beendet. Jetzt mußte uns Christa ernähren, die einen Job als Serviererin in einem Restaurant annahm. Ihr Kollege, ein geschäftstüchtiger Italiener namens Josef, verhalf uns Ende 1965 zu einem einträglichen gemeinsamen Job. Der Mann verkaufte nebenbei mit einem mobilen Kantinenwagen auf französischem Militärgelände Marketenderwaren, Bier, Limonade, belegte Baguettes, von den Soldaten »Casser la Croûte« genannt. Weil Josef einen Imbiß aufmachen wollte, überließ er uns das Franzosen-Geschäft. Überall um Trier herum gab es Dutzende von Übungsgeländen, Schießständen oder Panzerstrecken. Was wir brauchten, war eine Genehmigung, die Militärareale zu betreten, die »permission«. Die bekamen wir vom französischen Stadtkommandanten, immer gültig für ein Jahr. Mit geliehenem Geld kauften wir einen alten VW-Bus und übernahmen Josefs alte Lieferanten: den Bäcker, Fleischer und Getränkehändler. So steuerten wir

Sommer wie Winter, bei Schnee und Regen die Militärgebiete der Region an. Morgens in der Bäckerei die noch heißen Baguettes in Windeseile aufgeschnitten und belegt, mit Salami, Käse oder Leberwurst, und rein in den großen Korb. Hunderte an manchen Tagen, 150 in der Regel. Das Auto voller Bier-, Limonade- und Kakao-Flaschen. Alles kostete einen Franc, umgerechnet etwas mehr als 80 Pfennige. Am frühen Nachmittag waren wir meistens schon fertig. Zogen die Soldaten ins Manöver, zogen wir mit und arbeiteten auch Tag und Nacht.

»Chère Chrichri«, wie sie Christa nannten, war beliebt und wurde immer sehnsüchtig erwartet. Wir waren auch die einzige freundliche Abwechslung für die Soldaten während ihres Drills. Till-Felix war natürlich immer dabei. Wir hatten viel Freude an ihm. Waren wir beim Verkaufen, saß er im Auto vorne auf der Bank, spielte still vor sich hin oder rannte zwischen den Soldaten umher. Der Franzosen-Job ernährte uns leidlich, aber zeitweise auch so gut, daß wir uns eine größere Wohnung im Hause unseres Bäckers leisten konnten. Josef, dem wir den guten Tip verdankten, wurde einer unserer Freunde. Der schmächtige Sizilianer sollte noch eine beeindruckende Karriere machen. Über den größten Schnellimbiß und zwei Diskotheken wurde er mit seiner Fabrik für Fertigpizza Anfang der achtziger Jahre zu einem der größten Unternehmer in Trier. Neben Freddy und Josef gehörte zu unserem damaligen Freundeskreis auch der Jurastudent Christian. Er war der Sohn des Bundesbahnpräsidenten und studierte in Köln. Christian war engagierter Juso und wollte mich für die SPD gewinnen. Zwar wählte ich die SPD, wollte aber nicht Mitglied werden. War er auf Wochenendbesuch in Trier, saßen wir nächtelang zusammen, tranken Bier und diskutierten oder droschen einfach nur Skat. Die Politik hatte mich in ihren Bann gezogen. Ich wollte dahinterkommen, wollte alles verstehen und mich vor allem einmischen. Die Nazizeit, die neuen von der NPD und die alten, die Globkes, Kiesingers und die Reaktionäre von der CDU waren immer Thema unserer Runde. Mit meiner Radikalisierung in den späten Sechzigern trennten sich unsere Wege allerdings wieder. Heute ist Christian ein führender SPD-Politiker in Mainz.

Leidenschaftlich gern gingen Christa und ich tanzen. Für die

Beatles hatten wir nicht viel übrig, wir waren Fans der Rolling Stones. Am liebsten besuchten wir das verrufene »Café Wilhelmshöhe« etwas außerhalb von Trier. Dort verkehrten viele Amerikaner, und dort wurde die schärfste Musik gespielt. An den Wochenenden gab es Live-Musik, oftmals sogar mit namhaften Bands wie den »Everly Brothers«. Wir beide tanzten so gut den Boogie-Woogie, daß die Leute oftmals einen Kreis um uns bildeten und uns mit rhythmischem Klatschen anfeuerten.

In den ersten Jahren des Franzosen-Jobs hatten wir kaum materielle Sorgen, und die Probleme unserer Kleinfamilie hielten sich im üblichen Rahmen. Bei mir aber wuchsen Unzufriedenheit und Gereiztheit. Die Situation befriedigte mich immer weniger, und ich spürte, daß das nicht alles sein konnte. Auf den Rat meines Freundes Christian hin bewarb ich mich um ein Redaktionsvolontariat bei dem Lokalblatt »Trierer Volksfreund«. Mein Zeugnis mit dem großen »B« allerdings stand mir im Wege. Ich wurde nicht einmal zu einem Gespräch gebeten. Also weiter mit den Franzosen und weiter mit der inneren Unruhe, der Unzufriedenheit und dem Suchen. Aber wohin, wo war mein Ziel, was wollte ich eigentlich wirklich? Ich hatte nichts, ich konnte nichts. Das Militär wollte mich. Aber das wollte ich nicht und beantragte eine Zurückstellung. Das klappte auch. Als sie mich dann zwei Jahre später doch noch zu den Panzern einziehen wollten und ich vor die Kommission mußte, rückte ich mit der ganzen außerparlamentarischen Opposition Triers im Kreiswehrersatzamt an. Meinen Wehrpaß hatte ich mit einem dicken Hakenkreuz versehen und darunter geschrieben: »Habt ihr immer noch nicht die Schnauze voll?« Mit den Worten: »Mich kriegt ihr nie«, knallte ich das graue Ding dem Kommissionsvorsitzenden auf den Tisch, um mich sogleich mit einem »Nieder mit der Nato« von den verdutzten Beamten zu verabschieden. Draußen hatten die Genossen angefangen zu skandieren: »Bundeswehr ist ungeheuer, erstens Scheiße, zweitens teuer!« Das war auch der Tag, an dem die APO Trier erstmals ins Fadenkreuz der Polizei geraten sollte. Aber zurück in das Frühjahr 1967.

Die Fernsehsender brachten immer öfter Bilder von demonstrierenden Studenten in Berlin und Frankfurt. Unruhe auf den Straßen und in den Universitäten. Bilder über Langhaarige aus der

»Kommune I« in Berlin, die »freie Liebe« praktizierten. Die APO, Sit-Ins, Teach-Ins in allen Universitätsstädten. Ich verfolgte das erst skeptisch, dann mit wachsendem Interesse. Die nehmen ihre Sache selber in die Hand, die machen was! Zum Ostermarsch '67 fand ich mich im Jazzkeller ein. Dort war es an diesem Märztag rappelvoll. Überwiegend junge, aber auch viele ältere Leute, die mir im Stadtbild bisher noch nie begegnet waren, saßen diskutierend auf alten Sofas oder um kleine Tische herum. Klaus konnte ich nicht entdecken. In eine Ecke gedrückt, hörte ich erst mal still zu. Es ging um die große Koalition in Bonn, »Wählerbetrug« wurde lautstark geschimpft! »Die diskutieren jetzt die Notstandsgesetze, wir müssen Front dagegen machen«, rief ein schmächtiger, rothaariger junger Mann durch den Keller. Wer trifft sich wann und wo zum diesjährigen Ostermarsch? Wer klebt Plakate für die »Deutsche Friedensunion« (DFU)? Die Vorsitzende der Partei, Klara Faßbinder, wird in Trier sprechen, wer geht hin? Mich beachtete an diesem Abend niemand. Einer, der ein großes Wort führte, imponierte mir sofort. Sah er nicht genauso aus wie die Berliner Kommunarden aus dem Fernseher? War er vielleicht gar jener Fritz Teufel aus der »Kommune I«? Nicht alles, was ich an diesem Abend zu hören bekam, war neu für mich, fasziniert war ich aber von der Entschiedenheit und der Radikalität der Leute in ihrer Ablehnung der etablierten Politik. Ich beschloß, ab sofort öfter in den Jazzkeller zu gehen.

Der 2. Juni 1967

Mein erster Ostermarsch dauerte nicht lange. Ich begleitete den Trupp von gut 150 Leuten lediglich bis zur Stadtgrenze und kehrte dann um. Es war ein regnerischer Tag und bitterkalt.

Auf meinem Rückmarsch begleitete mich jener etwa dreißigjährige Mann, den ich vor ein paar Wochen noch für Fritz Teufel gehalten hatte. Horst hieß er, ehemals Dekorateur und jetzt als Kunstmaler tätig, geschieden, zwei Kinder. Der Mann sah abenteuerlich aus. Zu seinem Wuschelkopf mit Vollbart trug er eine Nickelbrille und einen altertümlichen Gehrock und wie zur Krönung seines Aufzugs auf dem Kopf auch noch eine abgewetzte Schiebermütze. Seit Jahren sei er überzeugter Marxist und begeistert, daß jetzt endlich »was in Gang kommt«. Daß ich kein Student war, sondern ungelernter Arbeiter, trug mir ein Schulterklopfen ein: »Dann bist du bei uns richtig.« Nach etlichen Bieren erfuhr ich, wer eigentlich im Jazzkeller verkehrte. »Die Alten, das sind die von der illegalen KPD, die sind jetzt für die DFU. Der Rothaarige, das ist Bernd aus Kordel, ein Dorf hier in der Nähe. Ein theoretischer Kopf, kommt aus einer alten roten Familie. Dann sind da noch ein paar Maler und die Studenten der Kunsthochschule. Klaus hat dich zu uns geschickt? Ein prima Genosse, sitzt jetzt im SDS-Bundesvorstand.« Als ich mich verabschiedete, war mir nicht nur dieser marxistische Bohemien äußerst sympathisch, sondern ich fühlte mich eingeweiht und schon irgendwie dazugehörig.

Das Franzosen-Geschäft lief in diesem Frühjahr schlecht. Wir mußten auf weit entfernte Übungsplätze fahren, um überhaupt so viel verkaufen zu können, daß es zum Leben reichte. Christa war gezwungen, sich dreimal in der Woche in Josefs Diskothek hinter den Tresen zu stellen. Weil ich dann auf den dreijährigen Till-Felix aufpaßte, kam ich erst unmittelbar nach dem 2. Juni 1967 wieder in den Keller. Dort herrschte an jenem Abend große Aufregung und Empörung: »Wir müssen sofort etwas tun!« Horst verlangte nach Aktion. Am 2. Juni hatte der Polizeiobermeister Kurras bei einer Demonstration gegen den Schah-Besuch in Berlin den Studenten Benno Ohnesorg erschossen. Einige wollten sofort nach Berlin fahren, um vor Ort gegen diesen »Akt staatlicher Gewalt« zu protestieren. Andere meinten, zumindest ein Flugblatt müsse verfaßt werden. Außer Empörung geschah aber nichts, die Versammlung war viel zu bunt gemischt und konnte sich nicht einmal auf einen Flugblattext einigen. Damals ahnte ich noch nicht, daß der 2. Juni 1967 auch für mein Schicksal noch von großer Bedeutung sein würde.

Erst mit Beginn des Winters lief das Geschäft, vor allem mit heißem Kakao, wieder so gut, daß sich die Finanzlage etwas entspannte und Christa aufhören konnte, in der Diskothek zu arbeiten. Ich ging wieder in den Jazzkeller. Dort hatte sich ein Referent des SDS-Frankfurt angekündigt, der einen Vortrag über den Vietnamkrieg halten wollte. So voll wie an diesem Abend hatte ich den Raum noch nie gesehen. Als mitten im Vortrag einer durch den Keller brüllte: »In Berlin sind zehntausend Genossen unter Vietcong-Fahnen auf dem Ku'damm unterwegs«, brach Jubel aus. Spontan schwang sich ein junger Mann mit seiner Gitarre auf einen Stuhl und stimmte »We shall overcome« an. Alles tobte und sang begeistert mit. An diesem Abend erfuhr ich viel über den Krieg in Vietnam, aber vor allem hatte ich mein erstes gemeinschaftliches Soli-Erlebnis. Aufgewühlt, aber fröhlich und überzeugt davon, daß ich hier meine Sache gefunden hatte, machte ich mich erst spät in der Nacht auf den Heimweg.

Jetzt ging ich regelmäßig zwei- bis dreimal die Woche ins »Kulmer-Eck«. »Rot Front!«, die linke Faust erhoben, war das obligatorische Begrüßungszeremoniell. Wir hatten ein Hinterzimmer zur Verfügung, und von Treffen zu Treffen wurden wir mehr. Zeitweilig saßen bis zu dreißig junge Leute in dem verqualmten Raum und diskutierten sich die Köpfe heiß. Das war die APO Trier. Inzwischen kam auch Christa mit, der ich begeistert von den Genossen und den Diskussionen erzählt hatte. Das große Wort führten zweifellos Horst und unser theoretischer Kopf, Bernd aus Kordel. Mit dabei aber auch Richard, der in Berlin Philosophie studierte, Emil, Pädagogikstudent in Berlin, Heini, der Anarchist und Elektriker, und Juppi aus Trittenheim, jener Rotkopf, der später als Juppi von der Berliner UFA-Fabrik bekannt werden sollte. Wenn Klaus aus Frankfurt anreiste, erfuhren wir das Neueste über den Diskussionsstand der »Frankfurter Schule« und bekam die Bücher genannt, die wir lesen sollten. Wilhelm Reich, Georg Lukacs, Adorno, Marcuse. Wir bildeten Arbeitskreise und studierten die Texte gemeinsam im Hinterzimmer des »Kulmer-Eck«.

Ich geriet bald »wegen meines Besitzanspruchs auf meine Frau Christa« ins Kreuzfeuer der Kritik. »»Freie Liebe Tag und Nacht stärkt die junge Sowjetmacht«. Begreif das doch mal! Das Private ist das Politische!« Ich verstand nicht, und ich wollte das auch nicht. Was hatte der politische Kampf mit meiner Liebe zu Christa zu tun? »Wer zweimal mit derselben pennt, gehört schon zum Establishment«, das wollte ich nicht einsehen. Christa sah ihre Chance, mit Unterstützung der Genossen aus der traditionellen

Frauenrolle auszubrechen, und goß noch Wasser auf die Mühlen der Kritik. In der Folge änderte sich bei uns zu Hause einiges: Die Rollen wurden Zug um Zug anders verteilt. Das, was ich zuvor für selbstverständlich gehalten hatte, ging auf einmal nicht mehr durch. Ich mußte jetzt alles erst mal selber machen. Anfänglich litt ich darunter, traute mich aber nicht, das auch offen zu sagen, sondern begann, mich in die neue Rolle zu fügen. Christa kam mit immer anderen »Frechheiten«, die sie den Broschüren des gerade gegründeten »Frankfurter Weiberrats« entnahm. Über den Arbeitskreis, in dem Wilhelm Reichs »Die Funktion des Orgasmus« gelesen wurde, geriet ich dann auch noch vor versammelter Runde als Liebhaber in Verschiß. Die Genossen hatten gut reden, wo ich doch der einzige war, der eine feste Beziehung hatte und obendrein auch noch verheiratet war. Aber ich war lernwillig, wenn auch bockig und zäh. »Alles verändert sich, wenn du dich veränderst. Wie willst du richtig agitieren, wenn du selber dein reaktionäres Verhalten nicht änderst?« attackierte Horst mich regelmäßig. Er hatte ja recht. Aber mußte das alles so schnell und sofort gehen?

Besonders eifrig besuchte ich die Arbeitskreise über Marx und Engels. Hier konnte ich mitreden, und hier verstand ich schnell, worum es ging. »*Lohn, Preis, Profit. Lohnarbeit und Kapital. Das Kommunistische Manifest.*« Ich war begeistert. Von Anfang an spürte ich: Das ist eine vorwärtstreibende Idee und Ideologie, eine Wissenschaft, die alles erklärt, eine konkrete Utopie. Ich war so heftig daran interessiert, alles zu begreifen, daß ich nachmittags oft allein zu Richard ging, um mir nochmals die Marxsche Mehrwerttheorie erklären zu lassen. Das theoretische Niveau der Diskussionen war beachtlich hoch. Einige in dem Kreis hatten sich schon jahrelang im Stillen mit Klassikern der sozialistischen Theorie befaßt und hatten durchaus Schulungsqualitäten. In den Arbeitskreisen ging es sehr ernst und konsequent zur Sache.

Nach dem Attentat auf Rudi Dutschke im April 1968 in Berlin schrie alles nach Aktion. Was aber sollten wir tun? In Trier gab es keine Springer-Druckereien, und so begnügten wir uns mit einem

Flugblatt und dem Tragen von Stickern mit dem »Enteignet Springer«-Slogan.

Dieses Attentat, die massenhaften Blockaden vor den Springer-Verlagen und die Feuerattacke gegen die Springer-Auslieferungsfahrzeuge in Berlin sowie die heftigen Prügelorgien der Berliner Polizei gegen unsere demonstrierenden Genossen lösten bei uns die Gewaltdiskussion aus.»Wenn die herrschende Klasse unseren legitimen Protest gegen die Macht der Bourgeoisie niederknüppelt, dann müssen wir uns wehren«, verkündete Horst unter lautem Beifall.

Was wir damals nicht wissen konnten, war die Tatsache, daß der Berliner Verfassungsschutzspitzel Peter Urbach den militanten Berliner Genossen bei ihrem Feuerzauber gegen die Springer-Auslieferungsfahrzeuge zwei Taschen fertiger Molotow-Cocktails geliefert hatte. Dazu später mehr.

Anfang Mai waren wir alle auf dem Marsch nach Bonn: gegen die Notstandsgesetze, gegen die große Koalition. Die gesamte außerparlamentarische Bewegung bis weit in die Gewerkschaften hinein hatte den DGB aufgefordert, notfalls gegen die Verabschiedung der Notstandsgesetze, die die APO nicht zu Unrecht neben Hitlers Ermächtigungsgesetz stellte, einen Generalstreik auszurufen. Der DGB lehnte in einer Erklärung seines Bundesvorstandes »einen Generalstreik zur Verhinderung der Notstandsgesetze ausdrücklich ab«. Zum ersten Mal sah ich Zehntausende Menschen unter roten Fahnen. Wir skandierten: »Wer hat uns verraten – Sozialdemokraten!« Ich war voller Optimismus. Das war nur der Anfang!

Als wenig später in Paris die »Mai-Unruhen« begannen, kamen Christa und ich zum Zuge. Wir verkauften jetzt nicht nur Baguettes, sondern zogen mit Megaphon und Flugblättern an den Zäunen der Kasernen entlang und gaben die Losung aus: »Soldaten! Schießt nicht auf Arbeiter! Verweigert den Einmarsch in Paris!« Drei Tage ging das gut, dann hatten wir die Militärpolizei im Nacken. Auf der Stelle wurde uns unwiderruflich die Genehmigung zum Betreten von Militärgelände entzogen. Wann immer wir es wieder versuchten – denn wovon sollten wir leben? – tauchte die Militärpolizei auf und verjagte uns mit einem harschen »dégager«. Wieder mußte Christa hinter den Tresen zu Josef. Ich war jetzt voll in die Gruppe eingebunden. Hitzig diskutierten wir die Organisationsfrage. »Wenn wir etwas erreichen wollen, müssen wir uns organisieren«, forderte ich. So gründeten wir nach wochenlanger Debatte die »Sozialistische Basisgruppe Trier (SBT)«. Vier Genossen wurden in den Vorstand gewählt, einer davon ich als Kassierer. Alles in offener Abstimmung. Unsere Basis war außerordentlich stark. Zu den Arbeitskreisen kamen immer mehr, oftmals an die fünfzig junge Leute, zumeist Schüler und Studenten, aber auch viele Jungarbeiter.

Anstoß erregte jetzt mein »bourgeoises Aussehen«. »Du mußt dich dem Konsumterror verweigern und mit deiner Eitelkeit aufhören!« Das sah ich ein. Schon längst fand ich keinen Gefallen mehr an meinen Bügelfaltenhosen und den Sakkos. Also ließ ich die Haare wachsen, verzierte mein Gesicht mit einem dicken Schnauzbart und trug nur noch Jeans und meine abgewetzte Lederjacke. Sich dem »Konsumterror zu verweigern« war jetzt Pflicht. Was sollten diese Äußerlichkeiten auch, wo mir doch jetzt nichts so wichtig war wie mein politischer Kampf. Alles andere war bedeutungslos geworden. Nur noch das zählte. Hier fand ich die Erklärung dafür, warum es mir so dreckig ging. Ich begriff die Ursachen meiner Chancenlosigkeit und daß ich nie aus der Knochenmühle herauskommen würde. Es sei denn, ich nahm mein Schicksal selber in die Hand und kämpfte für meinen Zipfel Glück und Zukunft, gemeinsam mit jenen, denen es genauso ging wie mir. Ich hatte das Prinzip von Lohnarbeit und Kapital, von Ausbeutung und Unterdrückung begriffen und sofort auf meine eigene Situation bezogen. Zu Recht.

Die Aufbruchstimmung hatte uns alle erfaßt. Wir wähnten uns in dem Glauben, nur die Vorhut einer großen und allumfassenden gesellschaftlichen, sozialen und kulturellen Umwälzung zu sein. Die ganze Republik schien in Bewegung. Was gestern noch als unumstößliche Norm galt, war heute bedeutungslos. Neue Lebensformen wurden ausprobiert und fegten die verlogenen Moralvorstellungen der Adenauer-Ära quasi über Nacht hinweg. Im Sog der APO gingen die Frauen auf die Straße und klagten ein, was ihnen jahrzehntelang vorenthalten worden war; autonome Jugendzentren entstanden, den Autoritäten wurde der Gehorsam verweigert, der Ruf nach Selbstbestimmung und Autonomie hallte durch die Republik. Die Schwulen trauten sich aus ihren Klappen hervor, Wohngemeinschaften wurden gegründet, Kinderläden, in denen das alte Prinzip von Autorität und Gehorsam nichts mehr galt, schossen wie Pilze aus dem Boden. Die Theater spielten Stücke oft geschmähter Autoren, die Universitäten waren gezwungen, seit Jahrzehnten überfällige Reformen zu akzeptieren: »Unter den Talaren der Muff von 1000 Jahren!« Der von den staatstragenden Parteien zur Doktrin erhobene Antikommunismus war aufgebrochen, und die jahrelang verfolgte KPD konnte sich als DKP neu gründen. Überall bildeten sich Komitees und Organisationen, die das herrschende System angriffen und soziale Veränderungen forderten. Mit dem immer brutaler geführten Vietnamkrieg und der bedingungslosen Unterstützung der amerikanischen Aggressoren durch die Bundesrepublik wurde für viele Menschen der Bruch mit der Politik und dem Geist der Adenauer-Ära unumkehrbar. Die Hoffnungen, die vor allem die Arbeiterschaft in die SPD gesetzt hatte, wurden durch das Zusammengehen von CDU und SPD zur großen Koalition zunichte gemacht, und die Aktionen der APO wurden auch von dieser Schicht durchaus mit Wohlwollen begleitet. Erstmals in der Geschichte der Bundesrepublik brachen im Herbst 1969 wilde Streiks aus. Zehntausende von Arbeitern, vor allem aus der Metall- und Druckindustrie, erkämpften sich gegen den Widerstand ihrer Gewerkschaftsführer beachtliche Lohnzuwächse und soziale Absicherungen.

Die Generation der Nazi-Väter, die wieder die Machtelite in Politik, Wirtschaft und Kultur stellte, wurde herausgefordert und mußte sich das erste Mal ihren Kindern gegenüber für die Vergangenheit rechtfertigen. Symbol dafür war die Backpfeife, die der damalige CDU-Bundeskanzler und ehemalige NSDAP-Mann Kurt-Georg Kiesinger von der Antifaschistin Beate Klarsfeld auf dem CDU-Parteitag 1968 in Westberlin verpaßt bekam.

Um uns theoretisch und praktisch auf dem Niveau der APO-Spitze zu halten, fuhren wir immer wieder nach Frankfurt. Klaus Brack hatte dann nicht selten sechs oder sieben von uns mit Schlafsäcken in seiner Studentenbude zu Gast. Wir besuchten geschlossen Vorlesungen von Marcuse oder Habermas und saßen abends regelmäßig im Zentrum des Frankfurter SDS, im »Club Voltaire«. Wir diskutierten mit den Größen der Frankfurter APO, mit der »Lederjacken-Fraktion«, wie der Kreis um Günter Amendt, dem späteren Autor von »Sexfront«, und die Theoriekoryphäen Hans-Jürgen Krahl und K. D. Wolff genannt wurde.

Der Einmarsch der Truppen des Warschauer Vertrages in die Tschechoslowakei im August 1968 brachte eine erste heftige Auseinandersetzung in der Basisgruppe. Wollten die einen eine klare Distanzierung von dem Einmarsch, waren die anderen dafür. Zu letzteren gehörte auch ich. »Soll es vielleicht noch so weit kommen, daß auf dem Prager Wenzelsplatz die ›Bild-Zeitung‹ verkauft werden kann?« Auf jeden Fall wollten wir uns zu Wort melden und ein Flugblatt herausgeben. Schließlich einigten wir uns auf eine vorsichtige Verurteilung des Einmarsches bei gleichzeitiger Kritik am »Modell des Prager Frühlings« als »Einfallstor für die kapitalistischen Konzerne«. Mit unserer uralten Abzugsmaschine druckten wir 10 000 Flugblätter und verteilten sie in ganz Trier.

Manchmal fuhren wir sonntags auch in die nähere Umgebung von Trier an das Flüßchen Kyll. Dort stießen wir regelmäßig auf die Altkommunisten der illegalen KPD, die sich dort bei Streuselkuchen und Kaffee versammelten. Dann ging es hoch her. Rieten uns die Alten – selten mehr als zehn Frauen und Männer – zur Mäßigung und zum Abwarten, warfen wir ihnen Untätigkeit und den Verzicht auf die Revolution vor. Dennoch waren die Diskussionen für uns sehr wichtig, denn die Alten hatten wirklich etwas zu sagen. An einem Sonntag im September eröffneten sie uns plötzlich: »Wir kommen wieder, wir gründen eine neue kommunistische Partei. Sie wird ›Deutsche Kommunistische Partei‹, DKP, heißen. Schon sehr bald.« Uns alle lud man zur Gründungsversammlung für Ende September in den Treverissaalbau ein.

Am 26. September zog die Basisgruppe mit 25 ihrer eifrigsten Aktivistinnen und Aktivisten unter Absingen der »Internationalen« in den Versammlungssaal ein. Der Vorstandstisch war in rotes Tuch gehüllt und von einer mächtigen roten Fahne flankiert. »Wer ist denn hier der Vorstand?« wollten wir sogleich wissen und setzten uns demonstrativ an den roten Tisch an der Stirnseite des Saales. Heftige Proteste der Altgenossen: »So geht das nicht!« Sie stellten klar, daß der alte, gestern noch illegale Vorstand der verbotenen KPD auch den neuen stellen würde. Das mußten wir – wenn auch unter Protest – erst mal akzeptieren. Dennoch bestanden wir auf Neuwahlen, schließlich waren wir mit drei Stimmen in der Mehrheit. Der designierte Vorsitzende, ein besonnener Mann von über sechzig Jahren, der mit seinem Charakterkopf aussah wie Lenin höchstpersönlich, riet uns zur Mäßigung und verlangte zunächst, daß wir uns alle der Reihe nach vorstellen und begründen sollten, warum wir in die DKP wollten.

Die Alten begannen mit der Vorstellung: »Mati Beck, Schlosser, 62 Jahre, acht Jahre KZ Sachsenhausen, neun Monate im Gefängnis Wittlich nach dem KPD-Verbot 1956.« Nahezu alle der alten Genossen hatten eine derartige Biographie vorzuweisen. Wir wurden immer stiller. Bei uns hieß es dann: »Schüler, Student, Schüler«, und nur drei von uns konnten sich wenigstens als Arbeiter einführen. Nach dieser eindrucksvollen Eröffnung akzeptierten wir alles, was die Alten uns vorschlugen. Beim Gehen ließen sie uns noch wissen, daß jeder von uns, der es wolle, durchaus einen Antrag auf Mitgliedschaft stellen könne. Christa und ich dachten noch lange über diesen Tag nach und kamen uns reichlich lächerlich vor. Wir entschieden, noch mal bei der Partei vorzusprechen und einzutreten. Das taten wir auch, und zwar als einzige aus der Gruppe. Man hatte zwar großen Respekt vor den alten Genossen, traute ihnen aber keine revolutionäre Politik mehr zu. »Die machen die alten Fehler der KPD vor dem Faschismus«, lautete das Verdikt von Horst. Obwohl die Basisgruppe noch weiterhin Kontakt zu einzelnen Genossen hielt, war damit vorerst eine Zusammenarbeit mit der DKP erledigt.

Der nächste Impuls kam wieder aus Berlin. Dort hatte die Justiz den Rechtsanwalt Horst Mahler mit Ehrengerichtsverfahren überzogen und vor Gericht gestellt. Anlaß für die Berliner APO, unter der Parole »Hände weg von Mahler« vor das Gerichtsgebäude am Tegeler Weg zu ziehen. Es kam zu der bis dahin schwersten Straßenschlacht zwischen Demonstranten und der Polizei, in deren Folge es erstmals mehr verletzte Polizisten als Demonstranten gab. Im Fernsehen konnten wir sehen, wie die Polizei unter einem Steinhagel der Demonstranten massenhaft die Flucht ergriff. Wir feierten die »neue Qualität des Angriffs«, wie der SDS das damals nannte, und so wurden Steine doch zu »Argumenten« – auch für uns.

Heute nacht fliegen Mollis

Unsere Basis an den Schulen in Trier wuchs ständig. An einem der Gymnasien, dem humanistischen, das ausgerechnet den Namen »Friedrich Wilhelm« trug, hatten wir unsere stärkste Anhängerschaft. Prompt war dort auch die Repression besonders massiv. Einige Schüler waren bereits von der Schule geflogen, andere nicht versetzt worden, und jedesmal riß der Rektor persönlich unsere Flugblätter vom Schwarzen Brett. Horst und ich hatten schon seit Wochen eine Bestrafungsaktion gegen die Schule geplant, und durch die Ereignisse in Berlin fühlten wir uns geradezu herausgefordert, sie durchzuführen. Wir weihten nur vier Genossen ein: »Heute nacht fliegen Molotow-Cocktails ins Rektorat.« In meiner Garage füllten wir die Limonadeflaschen mit Benzin ab. Weil wir unsere Handschuhe vergessen hatten, opferte ich drei Paar Socken für die Hände, damit wir keine Fingerabdrücke hinterließen. Mit dem »Philosophen Richard« und dem Schüleraktivisten des »Friedrich-Wilhelm-Gymnasiums«, Heinz, gerade 17 Jahre alt, machten wir uns im Auto von Horst auf den Weg durchs nächtliche Trier. Das Auto ließen wir vom Ort unserer Aktion weit entfernt stehen und schlichen vorsichtig durch Vorgärten und Häuser bis auf den nachtdunklen Schulhof, direkt unter das Rektorat im ersten Stock. Ich hatte keine Angst, sondern hielt diese Aktion für einen selbstverständlichen Akt der Gegenwehr. In großen Lettern schmierten wir erst mal auf den Betonboden des Hofes: »Terror gegen Bildungsterror!« und tauften sogleich auch noch die Schule mit roten Lettern in »Karl-Marx-Gymnasium« um. Richard hatte auf der anderen Straßenseite Posten bezogen, er sollte uns warnen, wenn jemand kam. »Ich werfe«, zischte ich leise. Gluck, gluck – die Flasche stand auf dem Kopf, und der Lappen, der den Hals verstopfte, sog sich voller Benzin. Horst gab Feuer, und los! Klatsch, der erste Mollo knallte knapp am Fenster vorbei an die Fassade. Im Nu war diese in eine mächtige Feuerwolke gehüllt, so daß wir drei Sekunden lang wie erstarrt dastanden und dabei ganz vergaßen, den nächsten Cocktail zu werfen. »Jetzt laß mich den nächsten«, forderte Horst. Auch der klatschte wieder nur gegen die Fassade. Wieder eine Feuerwand. »Jetzt ich noch mal.« Und diesmal landete das Ding unter lautem Knall der berstenden Scheibe im Rektorat. Während wir wegrannten, brannte die Fassade noch immer lichterloh. Wieder über Zäune und Höfe, atemlos zum Auto und nur weg aus der Gegend.

Hinterher waren wir selbst über unseren Mut und die Tat so erschrocken, daß wir uns sogleich trennten, ohne noch mal über unsere Aktion zu diskutieren. Von nun an war alles anders. Wir hatten erfahren, daß Militanz möglich ist, wenn man sich nur traut. Vor allem für mich war damit eine Barriere durchbrochen, die sich jahrelang gehalten hatte. Nach dem Schock des Jugendarrestes in Berlin hatte ich mir geschworen: Da willst du nie mehr rein, nie wieder ins Gefängnis. Dieser Anschlag hätte allerdings unweigerlich Knast bedeutet. Die Lokalzeitungen brachten nur äußerst kurze Meldungen über »ein Feuer am ›Friedrich-Wilhelm-Gymnasium‹ ohne nennenswerten Schaden«. Kein Wort über unsere Parolen auf dem Schulhof. Eine größere Zeitungsmeldung hatten Horst und ich ein paar Tage später dennoch zu verbuchen. Auf dem Weg ins »Kulmer-Eck« trabten wir am Bischöflichen Palais vorbei. Und weil der Trierer Bischof zu jener Zeit Stein hieß, schrieben wir mit unserem Filzschreiber in zentimetergroßen Buchstaben an die Mauer: »Pißt dem Stein ans Bein!« Die Zeitungen schäumten in großen Lettern vor so viel Vandalismus. Den anderen Genossen gegenüber verschwiegen wir unsere Molotow-Cocktail-Aktion. Niemals ist rausgekommen, wer den Anschlag verübt hat. Die Polizei hatten wir dennoch auf den Fersen. Bei nahezu jedem von uns, vor allem bei den Schülern, tauchte der einzige Mann des Staatsschutzes Trier, Hauptkommissar Flohr – »Haut dem Flohr aufs Ohr« –, immer wieder auf, vor allem um uns einzuschüchtern und auszufragen.

Das Jahr 1968 konnten wir mit einer erfolgreichen Bilanz beenden. Uns war es gelungen, eine funktionierende Organisation aufzubauen, zu den Vollversammlungen (VV) kamen bis zu achtzig junge Leute, zu unserer Freude auch viele Jungarbeiter. Wir hatten eine Vielzahl von Aktionen durchgeführt zum Zwecke der »Agitation und Propaganda«, und jeder in der Stadt wußte jetzt, wer wir waren und wo wir waren. Mit Unterstützung der Frankfurter Bundeszentrale war es uns gelungen, an mehreren Schulen die »Aktion unabhängiger und sozialistischer Schüler«, kurz AUSS, eine bundesweit aktive Schüler-Organisation, ins Leben zu rufen. Wir hatten Hunderte von NPD-Wahlplakaten zur Landtagswahl in einer großen Aktion von den Stelltafeln gerissen – und dafür, unter großer Pressebeteiligung, einen Prozeß an den Hals bekommen. Der endete mit Freispruch. Wir hatten mehrfach das Trierer Karl-Marx-Haus besetzt, um dort Veranstaltungen der SPD zu stören – denn gerade der SPD wollten wir das Geburtshaus von Karl Marx streitig machen. Ebenfalls mit Pressewirbel.

Christa mußte wieder allein für unseren Unterhalt sorgen. Mit meinem Aussehen bekam ich nun nicht einmal mehr einen Knochenjob, so oft ich es auch versuchte. Nicht jedesmal waren es meine langen Haare. Von einem Eisenhandel, der mich eingestellt hatte, bekam ich schon nach vier Tagen die Papiere zurück: »Mit Leuten, die mit der Polizei zu tun haben, wollen wir nicht zusammenarbeiten«, erklärte man mir im Lohnbüro. Kurz zuvor hatte ich Besuch vom Bundeskriminalamt gehabt. Die Beamten wollten ein Alibi von mir. Zwei Wochen zuvor hatten irgendwelche Durchgeknallten im saarländischen Lebach acht Bundeswehrsoldaten im Schlaf erschossen und deren Waffen geraubt. Ich war die »Spur 248«. Wieso sie ausgerechnet auf mich kamen, ist bis heute unklar.

So betreute ich abends Till-Felix, während Christa Bier ausschenkte. Anfang 1969 bewarb sie sich dann im »Französischen Offizierscasino« um eine Stelle in der Bar. Es war ein Tagesjob, bei dem sie doppelt soviel verdienen konnte wie in der Diskothek. Sie bekam den Job. Wegen ihrer »politischen Umtriebe bei der Linken« wurde sie allerdings nach drei Monaten wieder gefeuert.

Als im Frühjahr '69 die von der APO ausgerufene Kampagne

»Zerschlagt die Nato« in Gang kam, waren wir selbstverständlich dabei – und Trier sollte seine erste Demonstration erleben. In Frankfurt machten wir uns über Einzelheiten sachkundig und faßten reichlich Agitationsmaterial ab. Plakate, Broschüren, Aufkleber und Transparente. Der SDS sagte uns zu, zwei Genossen zur Unterstützung der Kampagne nach Trier zu schicken. Abends gingen wir, wie so oft zuvor, noch ins »Kolp-Heim«. Klaus hatte uns eine interessante Diskussion mit »wichtigen Leuten« angekündigt. In dem überfüllten großen Raum agierte in der Mitte ein lebhafter, wild mit den Armen gestikulierender Rotschopf. »Das ist der rote Dany«, verkündete Klaus nicht ohne Stolz. Ich hatte ihn sofort erkannt: Es war der Held der Pariser Mai-Unruhen, Daniel Cohn-Bendit. Kontra bekam der »rote Dany« von einer hageren Frau mit langen, blonden Haaren und einem scharf geschnittenen Gesicht. Klaus wieder: »Das sind die Kaufhausbrandstifter, die Blonde ist Gudrun Ensslin, und der Typ, der neben ihr sitzt, Andreas Baader.« Ensslin, Baader, Söhnlein und Thorwalt Proll waren uns längst ein Begriff. Sie hatten im Jahr zuvor als Fanal gegen den Vietnamkrieg in zwei Frankfurter Kaufhäusern Brandsätze gezündet. »Und worum geht's hier heute eigentlich?« wollte ich wissen. Klaus klärte uns auf: »Um die Jugendheim-Kampagne, und dafür wollen sie von Dany Geld haben. Der hat mit Interviews und Filmen viel verdient. Da wollen sie was von abhaben, um Wohnungen für ehemalige Jugendheimbewohner anmieten zu können.« Ich verfolgte angespannt die immer lauter werdende Diskussion. Im Rahmen einer später so genannten »Randgruppenstrategie« hatte der Frankfurter SDS, vor allem unter der Führung der »Kaufhausbrandstifter«, damit begonnen, Jugendliche aus den damals noch geschlossenen Erziehungsanstalten zu befreien und in Wohngemeinschaften unterzubringen. Einer dieser »Befreiten« war der spätere RAF-Aktivist Peter-Jürgen Boock. Ulrike Meinhof flankierte das Projekt mit ihren Kolumnen in »Konkret« und schrieb zu jener Zeit auch ihr Heimbuch »Bambule«.

Zurück in Trier, begannen wir sofort mit der Nato-Kampagne. Tag und Nacht klebten wir unsere Plakate mit dem Slogan »Zerschlagt die Nato« und dem Aufruf zur Desertion, gerichtet an die Soldaten der Bundeswehr. Mit weit über zweihundert Menschen zogen wir unter Transparenten und Sprechchören durch die Innenstadt, vorbei an verblüfften Bürgern, zur nächsten Bundeswehrkaserne. An die Soldaten kamen wir allerdings nicht ran. Man hatte Ausgangssperre verhängt. Dies war auch unsere vorläufig letzte Aktion in Trier.

Ich hatte schon lange überlegt, wie es hier weitergehen sollte. Keine Arbeit, kein Geld. Den Gerichtsvollzieher ständig im Nacken. Nach nächtelangen Diskussionen mit Christa und Horst fällte ich meine Entscheidung: »Ab sofort werde ich alles für die Sache der Revolution geben. Ich werde Berufsrevolutionär! Aber in Trier geht gar nichts mehr. Wir müssen zurück nach Berlin. Da ist das revolutionäre Zentrum.«

Zwei Wochen später hatten wir unsere Wohnung verkauft und statt dessen einen alten Ford Transit erworben, den wir Thälmann-Expreß tauften. Wir packten das Auto mit unseren Büchern und der persönlichen Habe voll und fuhren zurück ins brodelnde Berlin. Christa, Till-Felix, Horst und ich.

IV. Im brodelnden Berlin

Die APO

In Berlin eingetroffen, suchten wir sofort unseren Trierer Genossen Emil auf, der in der Kreuzberger Urbanstraße eine Ladenwohnung bewohnte. Natürlich gingen wir davon aus, daß Emil uns alle vier aufnehmen würde, bis wir selber etwas gefunden hätten. In die große Wohnung meiner Mutter konnten wir nicht, denn die war zusammen mit ihrer Freundin schon vor Jahresfrist nach Bad Neuenahr gezogen. Emils ehemaliger Obstladen war allerdings so winzig, daß er unser Anliegen zu Recht ablehnen mußte. »Sucht euch eine Wohngemeinschaft oder gründet selber eine.« Das war ohnehin unser Ziel. Eine WG wollten wir gründen, zumal wir vier nur die Vorhut der Trierer waren, die sich gleich im Dutzend für die Umsiedlung nach Berlin entschieden hatten. Aber für die ersten paar Tage mußte es auch in der engen Ladenwohnung gehen. Emil überließ sie uns großzügig und kam vorübergehend bei seinen Genossen von der »Gruppe Internationaler Marxisten (GIM)« unter, einer trotzkistischen Organisation. Er selbst war Aktivist in der Jugendorganisation der GIM, genannt »Initiativausschuß für eine revolutionäre Jugendbewegung«.

Noch am selben Abend fuhren wir ins Zentrum der Berliner APO, in den »Republikanischen Club« in der Charlottenburger Wielandstraße, einer Seitenstraße des Kurfürstendamms. Die Räume des Clubs, von dem wir schon so viel gehört hatten und von dem es inzwischen in zahlreichen größeren Städten der Bundesrepublik Ableger gab, befanden sich im ersten Stockwerk eines hochherrschaftlichen Bürgerhauses. Die großen, ineinandergehenden Zimmer waren an diesem Abend überfüllt. Dicht gedrängt standen die Genossinnen und Genossen und lauschten dem Vortrag einer etwa 40jährigen Frau mit dunklen, langen Haaren, die während des Redens fortwährend ihre Brille auf- und absetzte. Es war Ulrike Meinhof. Ich hatte sie sofort erkannt, denn ihr Foto prangte immer über ihrer monatlichen Kolumne in der Zeitschrift »Konkret«. »Es geht hier um kritischen Journalismus, und Ulrike referiert«, erklärte uns der Bierzapfer im Entree des Clubs. Ein freundlicher, blonder Mann von vielleicht 30 Jahren. Es war »Charly«. Ein Jahr später sollte er als RAF-Aktivist gesucht und wenig später wegen Beteiligung an der Befreiung von Andreas Baader zu einer langjährigen Haftstrafe verurteilt werden. Wir stellten uns als Genossen aus Trier vor, die nach Berlin gekommen seien, um sich der revolutionären Bewegung anzuschließen. Unser Problem sei aber, daß wir keine Wohnung hätten, und ob er, Charly, nicht etwas für uns wisse. Am »Schwarzen Brett« sollten wir suchen, »gleich da hinten im langen Flur«. In der Friedenauer Isoldestraße bot eine Medizinstudentin für ein halbes Jahr zwei Zimmer in einer WG an – »nur für Genossen«. »Das wäre doch was«, und wir notierten uns die Adresse.

Neben Ulrike saß ein schmalgesichtiger Mann, der zwischendurch scharfzüngige Erläuterungen von sich gab. Es ging vor allem um die Springer-Presse und ihre Hetzkampagnen gegen die APO. »Das ist der Rechtsanwalt Otto Schily«, klärte uns Charly auf. Wir fühlten uns saugut. Hier lag Rebellion in der Luft, und alle begegneten sich offen und solidarisch. Wir fühlten uns sofort dazugehörig. Ja, wir kamen uns vor, als seien wir schon lange Angehörige einer großen Bewegung mit ein und demselben Anliegen.

Spät in der Nacht fuhren wir in die Isoldestraße. Mitten in Friedenau, in einem schönen Bürgerhaus, lag im vierten Stock das begehrte Objekt. Ein Mann öffnete uns, der, obwohl gerade mal knapp über 30, eher wie ein altes, verhutzeltes Männchen wirkte. Patti nannte er sich. Wodka sollten wir mit ihm trinken, die Vermieterin, Iris, müsse auch bald kommen. Iris tauchte auf, und wir hatten die beiden Zimmer für die nächsten sechs Monate. Zwei voll eingerichtete, ineinandergehende Zimmer für einen akzeptablen Preis. Die Wohnung hatte sieben Zimmer, eine große Küche und ein Gemeinschaftszimmer mit Fernseher für alle. Der Hauptmieter, ein Studienrat mit Doktortitel namens Wilhelm, mußte anderntags allerdings noch zustimmen. Er mochte uns und willigte ein. Horst sollte noch weiter bei Emil wohnen. Das klappte allerdings nicht. Wenig später hatte er sich im Gemeinschaftszimmer der Isoldestraße eingenistet und seine »Misere« so arg beklagt, daß ihn bald alle akzeptierten.

Unverzüglich stürzten wir uns in das politische Leben Westberlins. Vorträge im »Republikanischen Club«, Lesungen von Günter Grass, Teach-Ins im Audimax der TU und der FU, die erste Vietnam-Demo und anschließend in die zahlreichen linken Kneipen rechts und links des Ku'damms: »Herta«, »Dicke Wirtin«, »Polkwitz«, »Delirium«, »Schotten«. Hier setzte sich fort, was auf der Straße, während der Teach-Ins und Universitäts-Vollversammlungen begonnen hatte. Man war unter sich, jeder redete jeden mit Genosse oder Genossin an, und mir war schnell klar, daß der Entschluß, nach Berlin zu gehen, richtig gewesen war. Berlin war das revolutionäre Zentrum.

Erst mal aber hatten wir Geldsorgen. Das, was wir vom Wohnungsverkauf übrig hatten, rann uns nur so durch die Finger. Mittags aßen wir in der TU-Mensa, um Geld zu sparen. Aber wir deckten uns dort an den zahlreichen Büchertischen auch regelmäßig mit revolutionärer Literatur ein. Das Angebot war imposant. Nicht nur daß die Klassiker des Marxismus-Leninismus auferstanden waren, sondern auch die des Anarchismus und Trotzkismus wurden verlegt, fast alle als Raubdruck.

Horst und ich mußten uns unverzüglich einen Job suchen. Wir fanden ihn bei der Schultheißbrauerei in Kreuzberg. Jeden Morgen um sechs Uhr standen wir zusammen mit anderen an der Pforte und warteten auf Arbeit. Waren wir pünktlich, bekamen wir welche: leere Bierkisten stapeln im Flaschenkeller. Die Arbeit war schwer, die Kantine aber gut und billig. Unsere Biergutscheine, zwei Liter am Tag, verkauften wir an die Säufer unter uns Tagelöhnern. Abends gab es Geld: 35 D-Mark für einen Tag im naßkalten Kellergewölbe. Christa hatte sich inzwischen aufs Klauen spezialisiert. Ganz offen wurde in der APO der Diebstahl von Konsumgütern propagiert, als »Antwort auf den Konsumterror«. Dem galt es sich strikt zu verweigern, statt dessen sollte geklaut werden, was man zum täglichen Leben brauchte. Christa entwickelte dabei eine unübertreffliche Fingerfertigkeit. Ihr bevorzugtes Revier war die Steglitzer Schloßstraße, eine belebte Einkaufsstraße mit mehreren großen Kaufhäusern. So kamen wir des öfteren zu Schinken, Steaks oder Lachs. Dinge, die wir uns nie hätten leisten können. Jedesmal, wenn sie ihre Beute präsentierte, gab es lautes Hallo und großes Lob für ihren Mut und ihre Raffinesse beim Klauen. Den ganzen Sommer '69 über versorgte sie Horst, den kleinen Till und mich mit Lebensmitteln. Weil Christa aber im Gegensatz zu uns Männern den APO-Schmuddellook verweigerte und sich nach wie vor chic kleidete, kam es zu einem Betriebsunfall. Pullover und Röcke, Kleidung für den Kleinen und mehrere Pakete Rouladen hatten wir bereits erbeutet, als sie im Defaka-Kaufhaus am Tauentzien noch »schnell etwas für mein Gesicht« holen wollte. Der Lippenstift war kaum verstaut, da packte uns auch schon der Kaufhausdetektiv an den Armen. Ausgerechnet an diesem Tag war ich mit dabei. »Ah, die APO hat mal wieder geklaut«, kommentierte die herbeigerufene Polizei unsere Festnahme. Man ließ uns wieder laufen, aber wir kassierten einen Strafbefehl über jeweils 30 D-Mark wegen »gemeinschaftlichen Diebstahls«. Eine Vorstrafe, die später tatsächlich in meinem Strafregister auftauchen sollte.

Kinderladen

Im tiefsten Kreuzberg, am Mariannenplatz, lag der Kinderladen »Rote Sonne«. Dort wollten wir Till-Felix unterbringen. Kaum ein Tag verging, an dem nicht vor allem die Springer-Presse über gerade diesen Laden berichtete und bitterböse die »sozialistischen Experimente mit Knirpsen« geißelte. Till-Felix mußte jetzt unter Gleichaltrige kommen, und mit den städtischen Kindergärten hatten wir in Trier üble Erfahrungen gemacht. Nur eine Woche war der Kleine in einer solchen Institution gewesen, dann wollte er partout nicht mehr hingehen. Auf die Finger hatten »die Tanten« ihm damals gehauen. Und Haue hatte er von uns nie bekommen. Schon in Trier hatten wir uns mit modernen Erziehungsmethoden befaßt und alle damals verfügbaren Texte gelesen. Vor allem das Buch des englischen Psychologen A. S. Neill, *Theorie und Praxis der antiautoritären Erziehung. Das Beispiel Summerhill*, gab den Ausschlag, Till-Felix jetzt sofort in einen Kinderladen zu schicken, der sich diese Theorie zur pädagogischen Grundlage gemacht hatte. Für Neill gab es nur zwei Kategorien von Kindern: freie und unfreie, glückliche und unglückliche. Folgerichtig, so der einfache Schluß, sollten später daraus glückliche oder unglückliche Erwachsene werden. Aber auch auf die Russin Wera Schmidt bezogen sich die Verfechter der antiautoritären Erziehung. Sie hatte 1921 in den Anfängen der Sowjetunion bei Moskau ein Experimental-Kinderheim gegründet und mit einer Reihe progressiver Pädagogen versucht, die Erkenntnisse der Psychoanalyse mit den Grundsätzen kommunistischer Erziehung zu verbinden. Nach diesem Modell sollten die Kinder vor allem lernen, als Mitglied eines Kollektivs aufzuwachsen, ohne dabei freilich ihren Eigenwillen und ihre individuellen Fähigkeiten aufzugeben. Die Kinder sollten sich repressionsfrei entwickeln können, aber zugleich die notwendigen Anpassungsleistungen gegenüber der Umwelt, wie Reinlichkeit und Realitätstüchtigkeit erlernen. Im Gegensatz zur bürgerlichen Erziehung ging Wera Schmidt davon aus, daß dies den Kindern ohne Zwang und Strafe, allein durch Argumentation und Vorbildhaftigkeit vermittelt werden könne. Schmidt gestand den Kindern auch eine eigene Sexualität zu, die, anders als in der bürgerlichen Erziehung, weder tabuisiert noch unterdrückt wurde. Nackte und sich am Schniepel rumfummelnde Kinder in den Läden waren dann auch prompt für die Springer-Gazetten das schlagzeilenträchtige Thema.

Die dünne Broschüre von Frau Schmidt war neben Neills Summerhill dann auch schon die einzige theoretische Grundlage der Kinderladenbewegung. Daneben produzierte der »Zentralrat der sozialistischen Kinderläden« selbst eine Fülle von Texten, Erfahrungsberichten und Fallstudien – die natürlich alle gelesen sein mußten. In der »Roten Sonne« war allerdings leider kein Platz mehr für Till-Felix frei. »Der Kinderladen Friedenau, dort, wo ihr wohnt, hat gerade seine Arbeit aufgenommen, die suchen noch Kinder in dem Alter.« Till-Felix bekam seinen Platz zusammen mit Jessica, Marc, Ilja und Hendrike. Mit ihnen ging er zunächst in den Kinderladen und später dann in den Schülerladen Kreuzberg. Wir Eltern hatten abwechselnd einmal in der Woche »Dienst«, wozu wir auch Horst heranzogen. Um es kurz zu machen: Die Kinderladenbewegung, damals stark an die sozialistischen Ziele der APO angekoppelt, sollte Mitte der siebziger Jahre in sich zusammenbrechen. Obwohl ich persönlich in dieser Zeit viel über Kinder und Kindererziehung gelernt habe und mir engagierte, aufrichtige Eltern begegnet sind, war das Ganze doch ein abenteuerliches Experiment. Wir wußten einfach zuwenig. Ende 1970 forderte der »Zentralrat der Kinderladenbewegung«, der nun schon das Wort »sozialistisch« gestrichen hatte, meinen Ausschluß und verlangte, daß Christa nur noch allein als Betreuerin käme. Horst und ich hatten auf den Kinderladen-Plena immer wieder lautstark die »bürgerliche Laissez-faire-Pädagogik« kritisiert und wortgewaltig gefordert, unsere Kinder konsequent zum Klassenkampf zu erziehen. Till-Felix hat sich allerdings im Kinderladen immer wohl gefühlt und erinnert sich noch heute gerne an diese Zeit, die er nicht missen möchte. Aber zurück in den Sommer 1969.

Straßenschlachten auf dem Ku'damm

Kein Abend verging, an dem wir nicht im »Republikanischen Club« erschienen. Wir hörten Vorträge über die Gebrechen der kapitalistischen Gesellschaft, über den Krieg der Amerikaner in Vietnam und setzten uns zu den verschiedensten Basisgruppen, die dort ständig tagten und diskutierten. Wir wußten selbst noch nicht, wohin wir uns orientieren sollten, und suchten unseren politischen Anschluß. Aber bei wem? Bei den Rätekommunisten, den Trotzkisten, der KPD/ML? Wir selbst verstanden uns als libertäre Sozialisten und nahmen hauptsächlich Kontakt zu den verschiedenen rätekommunistischen Zirkeln im RC auf.

Kein Teach-In und keine Demo verging, ohne daß wir dabei waren: Kampf gegen die Fahrpreiserhöhungen und »Roter-Punkt-Aktion«. Jeder Linke, der ein Auto besaß, versah seine Frontscheibe mit einem roten Punkt, der signalisieren sollte, daß er jeden Anhalter mitnehmen wird. Mit Ulrike Meinhof protestierten und agitierten wir im Märkischen Viertel, einer gerade fertiggestellten Trabantensiedlung im Berliner Norden, gegen Vereinzelung, Isolation und Horrormieten. Vor allem aber: Vietnam. Mit Postern von Ho Chi Minh und Sprechchören: »Von Hanoi bis Saigon – alle Macht dem Vietcong!« zog ich über den Ku'damm. Kam es zu einer Auseinandersetzung mit der Polizei, waren wir Trierer vorneweg, bei den Militanten in Lederjacke und schwarzem Halstuch, bei den Anarchisten. Ich traf auf Georg von Rauch, Bommi Baumann, Ralf Reinders, Bernie Braun, Thomas Weißbecker, Shorty, Zupp und Hannibal, die unerschrocken Front gegen die prügelnde Polizei machten. Die trug zwar immer noch Papp-Tschakos auf dem Kopf, brach aber mit gefährlichen Reiterstaffeln in die Demonstrantenreihen. Mittlerweile konnten wir Trierer bei den Demos schon eine eigene Reihe bilden. Wir waren jetzt ein gutes Dutzend aus der alten Basisgruppe, die nach Berlin gezogen war.

Im Hochsommer lud uns unser Hauptmieter, der Genosse Dr. Wilhelm, zu einem Jour-fixe mit einigen seiner ehemaligen Schüler ein, die er gerade durchs Abitur gebracht hatte. »Es sind auch ein paar Genossen dabei«, versprach er uns. Zumindest in einem der frischgebackenen Abiturienten hatten wir drei sogleich unseren Diskussionspartner gefunden. Michael, gerade 19 Jahre, argumentierte uns gewissermaßen an die Wand. Die Revolution und der Weg dahin. Der junge Mann, an dem mich nur störte, daß er dermaßen stark berlinerte, daß es schon wie aufgesetzt wirkte, imponierte mir mächtig. Dieser Typ beherrschte den Marxismus, vor allem den Leninismus außerordentlich gut, und wir mußten ihn sogleich fragen, welche Schulung er eigentlich hinter sich habe. Er war im Leitungskollektiv der »Roten Garde«, der Jugendorganisation der »Kommunistischen Partei Deutschlands/Marxisten Leninisten (KPD/ML)«. Jener Partei, die 1968 von dem ehemaligen Hamburger KPD-Funktionär Ernst August Aust gegründet worden war. Schon morgen, so schlug er uns vor, könnten wir ja mal an einer Agitprop-Aktion der »Roten Garde« an der Berufsschule für Drucker in Kreuzberg teilnehmen. Unser Auto, der »Thälmann-Express«, sei bestens dafür geeignet. Wir sollten uns in aller Frühe beim parteieigenen »Magdalinski Verlag« in Charlottenburg einfinden.

Am anderen Morgen faßten wir dort einen großen Karton voller Mao-Plaketten, Mao-Bibeln und Broschüren des »großen Vorsitzenden« ab. Ein Megaphon hatten wir selbst, und so ausgerüstet fuhren wir in der ersten großen Pause direkt auf dem Schulhof vor. Nicht ohne vorher noch eine prächtige rote Fahne aufzustecken. Im Nu waren wir von Schülern umringt. Die rissen uns förmlich das Propagandamaterial aus den Händen. Während Michael seine markigen Agitationssprüche über den Schulhof schmetterte, verteilten wir mit beiden Händen restlos alles, was wir an Propagandamaterial dabei hatten. »Jungproletarier, kommt zur ›Roten Garde‹. Vergeßt nicht, das Proletariat muß in allem die Führung innehaben! Es lebe der Vorsitzende Mao Tse-Tung! Es lebe die Kulturrevolution!« Kein Lehrer störte uns. Michael klärte uns auf: »Hier haben wir eine ganz starke Basis, kein Lehrer traut sich, uns hier wegzujagen.« Wir waren schwer beeindruckt von der Professionalität dieser Aktion und der starken Resonanz. »Was euch fehlt, ist der klare Klassenstandpunkt, und vor allem müßt ihr mehr Lenin lesen«, beschied uns Michael und fügte hinzu: »Dabei kann ich euch helfen, wir machen einen Lenin-Arbeitskreis.« Im übrigen verlangte er von uns, ihn jetzt nur noch mit »Paul« anzureden, weil das sein Deckname in der Partei sei. Paul sollte erst später in unser Blickfeld geraten. Dann aber gewichtig, vor allem für mich.

Zunächst brachte uns eine andere Entwicklung mitten ins Zentrum des Protestes. Die Anti-Nato-Kampagne des Frühjahrs hatte Früchte getragen. In Berlin, wo die Bundeswehr aufgrund des Vier-Mächte-Abkommens nichts zu suchen und zu sagen hatte, trafen nach und nach eine Handvoll desertierter Soldaten ein. Unter ihnen auch Walter, ein in Trier stationierter Bundeswehrsoldat, der unseren Aufruf zur Desertion gelesen und die Aufforderung

»Kommt nach Berlin!« wahrgemacht hatte. Über den RC fanden wir auch eine Bleibe für ihn. Da hatte man längst Vorsorge getroffen und Wohngemeinschaften an der Hand, in denen vor allem die immer zahlreicher desertierten US-Soldaten Unterschlupf fanden, die nicht nach Vietnam wollten. Die US-Soldaten wurden dort so lange versteckt, bis sie von der APO aus Berlin illegal nach Schweden geschleust wurden. Dort erhielten sie Asyl. Dennoch gelang es der Polizei, einige der Bundeswehrdeserteure zu schnappen und zu inhaftieren, mit dem Ziel, sie wieder in die BRD auszufliegen. Das allerdings war den Berliner Behörden laut Vier-Mächte-Status verboten.

Selbstverständlich kümmerten wir uns um Walter, »unseren Deserteur«, und steckten damit mitten in der anlaufenden Deserteurkampagne. Die noch nicht verhafteten Deserteure, juristisch betreut von Rechtsanwalt Horst Mahler, stellten sich in voller Uniform im RC der Presse, um ihre Flucht vor der Bundeswehr zu begründen und schärfstens gegen ihr gewaltsames und unrechtmäßiges Ausfliegen in die BRD zu protestieren. Juristisch war die Sache klar: Die Berliner Behörden durften keine Amtshilfe für die Bundeswehr leisten. Neben Ulrike Meinhof, Horst Mahler und Walter, dieser in Uniform, saß auch ich auf dem Podium dieser Pressekonferenz. Die APO verlangte, daß die Bundesregierung sofort auf die Rückführung der Soldaten verzichtete, und forderte zugleich die unverzügliche Freilassung der schon inhaftierten Deserteure. Alle noch nicht Verhafteten, so kündigte Mahler an, würden sich der Polizei zur Anmeldung in Berlin stellen, und damit sei eine Verschleppung in die BRD sowieso hinfällig.

Der Berliner Senat ignorierte die Rechtslage allerdings, verhaftete die Deserteure, um sie später in die Bundesrepublik ausfliegen zu lassen. Wir alle waren empört, und so sollte sich die Deserteurkampagne zu einer weiteren Kraftprobe zwischen der APO und dem Senat hochschaukeln. Auf dem Kurfürstendamm war die Hölle los. Es kam zu den für mich bisher gewaltsamsten Auseinandersetzungen. »Freiheit für die Deserteure! Nieder mit Nato und Militarismus!« Die Polizei hatte inzwischen aufgerüstet: Helme mit Visier und schwarze Schutzschilde; aus den kurzen Gummiknüppeln waren lange, harte Holzknüppel geworden. Aber auch wir waren gut vorbereitet. Im RC konnte sich jeder mit Bauarbeiterhelmen und Knüppeln versorgen. Reiterstaffeln und Tränengas beantworteten wir mit Pflastersteinen. Ausgerüstet mit Katapulten, schossen wir Stahlkugeln auf die Polizeipferde, die besondes gefährlich für uns Demonstranten waren. Abend für Abend verwandelte sich der Ku'damm in ein Schlachtfeld. Und von Demo zu Demo nahmen die Auseinandersetzungen zwischen der Staatsmacht und ihren Gegnern an Härte zu.

Sammelpunkt der mehreren tausend Demonstranten war regelmäßig die Kreuzung Ku'damm/Joachimsthaler Straße, von der Polizei bald »Spielwiese« genannt. Von dort trieb uns die anrückende Polizei in Richtung Halensee zurück. Ich schloß mich den schwarz Gekleideten an, von denen ich einige schon mit Namen kannte. Bei ihnen, ganz vorne, war ich sicher: Sie wichen als letzte zurück und hauten noch jeden Genossen raus. Und doch bezog ich am dritten Demoabend mächtig Prügel. Im Eifer des Gefechts hatte ich nicht mehr wahrgenommen, daß alle sich zurückgezogen hatten, im Nu waren zwei Uniformierte über mir, und die Knüppel sausten nur so auf mich nieder. Ich schlug und trat gegen meine Festnahme an, und wäre nicht wieder ein Steinhagel über mich hinweggeprasselt, so hätten sie mich auch gekriegt. Mein Rücken war grün und blau, und auf dem Oberschenkel hatte ich eine große Platzwunde.

Horst sah diese »Rituale«, wie er die Straßenschlachten nannte, eher mit Skepsis. »Wir kriegen ja doch bloß auf die Schnauze, da nützt auch der Heldenmut der Haschrebellen nichts. Wir müssen uns anders wehren!« »Es geht nicht um Widerstand, es geht um Angriff!« konterte ich und schlug vor, »gleich heute nacht« was zu machen. Es war die Zeit, in der längst nächtens Molotow-Cocktails in Banken, Polizeibehörden, Gerichte und vor allem in die »Agenturen des US-Imperialismus« flogen. Wir fingen bescheidener an. In mehreren Nächten hintereinander waren Horst und ich unterwegs und entglasten ein Dutzend Funkwagen, VW-Käfer damals, indem wir ihnen mit unseren Katapulten aus dem Dunkel heraus die Heckscheiben zerschossen. Die waren für diese Nacht nicht mehr einsatzfähig.

Gerechtfertigt haben wir das mit dem immer brutaleren Vorgehen der Polizei gegen unseren berechtigten Protest. Die Stimmung in der Stadt war ohnehin gegen uns. Der Regierende Bürgermeister Klaus Schütz riet der Bevölkerung, sich »diese Typen nur anzusehen«. Und der CDU-Oppositionsführer Amrehn schlug der Bevölkerung vor: »Man darf die ganze Drecksarbeit nicht nur der Polizei überlassen.« Flankiert von den Hetzkampagnen der Springer-Presse, war das der Aufruf zur Bürgerwehr, und etliche Bürger wurden tatsächlich handgreiflich. Links und rechts vom Straßenrand hörten wir die Sprüche der »ordentlichen Berliner«: »Ihr langhaarigen Affen, verschwindet doch gefälligst nach drüben!«

Die »da drüben« wollten uns aber gar nicht. Horst und ich hatten vor, über die Heinrich-Heine-Straße zu einem Jugendfestival nach Ostberlin einzureisen. Am Grenzübergang wurden wir sogleich auf eine Sonderspur gewinkt, und ein Offizier befragte uns nach unserem Ziel. »Wir wollen das Festival besuchen, hier, Mitglied der DKP«, ich hatte meinen Parteiausweis gezückt. Mit den Worten: »Es ist bereits eine DKP-Delegation aus Trier da« verweigerte uns der Grenzer freundlich, aber bestimmt die Einreise. Als Horst dem Mann vertraulich mit »Genosse, das kannste doch nicht machen« antwortete, wurde der barsch. »Was heißt hier Genosse! Solche Leute, die aussehen wie Mädchen, wollen wir hier nicht. Fahrt zurück und geht erst mal zum Friseur!« Das saß. Baff und ratlos machten wir kehrt. »Da hastes. Das sind doch keine Revolutionäre, sondern Kleinbürger!« schimpfte Horst noch tagelang über die unfreundliche Zurückweisung an der Grenze zum Sozialismus. Auch ich verstand das Einreiseverbot nicht, wollten wir doch in bester Absicht die Hauptstadt der DDR besuchen. Wir waren sauer und wiederholten den Versuch auf lange Zeit nicht wieder.

Für den Maoisten Michael, alias Paul war die Sache sowieso klar. »Verbürgerlichte Revisionisten, unterdrückt vom Erzrevisionisten Moskau«, lautete sein Verdikt. Mit ihm kamen wir jetzt zweimal in der Woche zum »Arbeitskreis Leninismus« in unserer Wohnung zusammen. Neben Christa, Horst und mir hatte sich auch unser Mitbewohner Patti dazugesellt. Patti, der angeblich Soziologie studierte, aber vor allem ein Freund des Wodkas war, zeigte mir in einer alkoholisierten Nacht plötzlich einen Schuhkarton voller Überweisungsabschnitte. »Hier, guck mal, alles Belege für Geldüberweisungen an die Vietnamesische Befreiungsfront.« Tatsächlich, der Mann hatte Tausende von Mark an die FLN überwiesen. »Donnerwetter«, entfuhr es mir, »kannste das denn?« Er konnte. Er war der Sohn eines Kunstbuchverlegers im Badischen, und geerbt hatte er obendrein. Wegen seiner großzügigen Spenden gefiel mir der stille Trinker, der immer den Eindruck machte, daß er unter seiner Herkunft schwer litt.

Die Arbeitskreise wurden stringent geführt. »Staat und Revolution« kamen zuerst an die Reihe. Paul war wirklich ein Profi, der nicht das erste Mal einen Arbeitskreis leitete. Im Laufe der Zeit rasselte er allerdings immer öfter mit Horst zusammen, wobei zunächst nicht klar war, ob Horst sich über die Inhalte aufregte oder über die Art, wie Paul den Arbeitskreis führte. Auch mir wurde er wegen seines arroganten Auftretens immer unsympathischer, doch nach wie vor war ich schwer angetan von seiner brillanten Fähigkeit, Inhalte zu vermitteln. Vor allem aber faszinierten mich die Texte und Analysen Lenins. Auf mehrere Lenin-Texte folgte Mao. »Über den Widerspruch. Über die Praxis«, und natürlich die Mao-Bibel. Einfache und klare Wahrheiten – irgendwann konnte ich es mir nicht verkneifen, den großen Vorsitzenden der »Binsenweisheiten« zu zeihen. Paul wurde stinkwütend, und ich kassierte dafür den Vorwurf, »mal wieder nichts verstanden« zu haben. Tatsächlich aber hatte mich die Auseinandersetzung mit den Ideen Mao Tse-Tungs und vor allem mit Lenin näher an die Position der Arbeiterbewegung gebracht. Das, was mir bislang nur mein Gerechtigkeitsempfinden gesagt hatte, wurde hier glasklar begründet. Zusammenhänge, die ich zuvor eher diffus erahnt hatte, standen mir nun klar vor Augen. Hatte ich nicht in meinem bisherigen Leben Ausbeutung und Unterdrückung dutzendfach gesehen und am eigenen Leib erfahren? Bewußt wurde mir auch, daß die revolutionäre Umwälzung, die die Studentenbewegung auf ihre Fahnen geschrieben hatte, ohne große Teile der Arbeiterschaft nicht gelingen konnte. Und trotz Mühen und großem Engagement war es der APO zu keinem Zeitpunkt gelungen, bedeutsame Teile der abhängigen Klasse hinter sich zu bringen. Auch das wurde im Laufe der nächsten Jahre immer deutlicher. Ich aber glaubte fest an die Initialkraft der Revolte und an unsere besseren

Argumente. Hatten wir nicht das Recht und die Moral auf unserer Seite?

Und wieder hieß es »Hände weg von Mahler«. Der linke Anwalt war verhaftet worden und saß für wenige Tage in Moabit ein. Grund für die APO, zur Demonstration vor dem Gefängnis aufzurufen. Erneut Reiterstaffeln und prügelnde Polizisten auf der einen, Steine und Katapulte auf der anderen Seite. Auf der Flucht vor einem Berittenen riß ich eine junge Frau, die dunklen Haare zum Pferdeschwanz gebündelt, schnell in eine Hofeinfahrt hinein und sprang dort mit ihr in großer Hast über eine Mauer in den sicheren Hinterhof eines Nachbarhauses. Noch atemlos machten wir uns bekannt. Barbara, zwanzig sei sie, Pädagogikstudentin aus Hamburg und gerade zu Besuch in Berlin. Die junge Frau mit den dunklen Augen gefiel mir. Wir verabredeten uns für den Abend im RC. Das Rendezvous sollte Folgen haben. Für den nächsten Tag hatte unser Lenin-Arbeitskreis eine Fete geplant – zur Klimaverbesserung, wie Patti meinte. Barbara kam auch, und den ganzen Abend war ich nur um sie bemüht. Nach dem ersten Knutschen reichte es Christa. Sie verschwand mit Michael, der schon länger ein Auge auf sie geworfen hatte, im Gemeinschaftszimmer. Das paßte mir natürlich ganz und gar nicht, aber ich ließ den Dingen an diesem Abend ihren Lauf. Als Barbara am anderen Tag wieder nach Hamburg zurückfuhr, hatte ich ihre Adresse und Telefonnummer und ihr Versprechen, in Kürze wiederzukommen. Christa allerdings hatte ich verloren.

Die Affäre mit Barbara, die an sich noch gar keine gewesen war, nahm Christa zum Anlaß, aufzubrechen und auszubrechen. Ganz offen turtelte sie jetzt mit Michael, und als ich sie ruppig zur Rede stellte, entgegnete sie trocken: »Ich habe mich in ihn verliebt.« Ich konnte es nicht fassen. Der? Und ich? Wieso? Ich war tief verletzt und vor Verlustängsten und schmerzhafter Eifersucht erst mal nicht mehr in der Lage, weiter am Arbeitskreis teilzunehmen. »Laß den privatistischen Scheiß raus. Christa ist doch nicht dein Eigentum«, versuchte Horst gegen meine Lähmung anzugehen. Der hatte gut reden. Ich litt Höllenqualen, aber sagen konnte ich auch nichts. Sofort hieß es: »Du willst doch bloß deine bürgerliche

Kleinfamilie retten und deinen Besitzanspruch auf Christa.« Alles Quatsch, ich hatte keinen Besitzanspruch, ich liebte sie und wollte sie auf keinen Fall verlieren. Horst tröstete mich abends in unserer Stammkneipe »Destille«, machte mir aber auch klar, daß ich mich wohl damit würde abfinden müssen: »Scheiß privatistischer Dreck, du mußt da durch. Laß sie gehen.« So sehr ich mich auch bemühte, ich konnte das nicht begreifen – und ziehen lassen wollte ich sie schon gar nicht. Ohne Christa, völlig undenkbar. Genausogut hätte Horst mir vorschlagen können, ich solle mir ein Bein amputieren lassen. Immerhin war ich nach ein paar Tagen so weit gefaßt, daß ich zumindest wieder an den Arbeitskreisen teilnehmen konnte, wenn auch mit anhaltendem und noch nie erlebtem Herzschmerz. Es war eine Qual.

Anti-Wahlkampf in Trier

Wir hatten Großes vor. Die Basisgruppe in Trier hatte uns aufgefordert, sie beim Anti-Wahlkampf anläßlich der Bundestagswahl 1969 in Trier zu unterstützen. Zu meinem Ärger hatte Michael angekündigt mitzukommen, und alle willigten ein. Auch ich, der ich jetzt täglich den Spagat zwischen meiner Liebe zu Christa und dem politischen Anspruch leisten mußte. Den arroganten Schnösel haßte ich nur noch. Alles Flehen, Bitten, die Beschwörung der gemeinsamen Jahre, Till-Felix, meine Liebesbeteuerungen und die Versprechen, daß jetzt alles anders werde, konnten Christa nicht mehr umstimmen. Sie wollte frei sein und einen neuen Anfang machen. Das Alte zählte nicht mehr, die neue Zeit, das neue Selbstbewußtsein, der politische und emanzipatorische Aufbruch sprengten unsere Kleinfamilie plötzlich auseinander. Ich mußte erfahren, daß das, was ich lauthals propagierte, jetzt auch mich selbst erreicht hatte. Es tat nur weh. Aber noch wollte ich nicht aufgeben, sondern kämpfen, um Christas Liebe kämpfen. Erst mal Zeit gewinnen ...

Um Geld genug für die Fahrt und den Aufenthalt in Trier zu haben, verdingten Horst und ich uns als Akkordtapezierer in Mariendorf. Christa arbeitete als Serviererin im »Wienerwald«. Abends wurde Theorie gepaukt. Wir erstellten Analysen aller bürgerlichen Parteien und nahmen auf jeweils sechs Seiten ihre Wahlprogramme als leere Versprechungen auseinander. Vom »Magdalinski Verlag« kartonweise mit Mao-Bibeln und anderem Propagandamaterial bestückt, fuhren Horst, Till-Felix, Christa, Michael und ich eine Woche vor der Wahl gen Trier. In einem abrißreifen Haus hatten die Trierer Genossen für uns Quartier gemacht. Wie selbstverständlich bezogen Christa und Michael, alias Paul das eine Zimmer und Horst und ich das andere. Till-Felix hatte von all dem noch nichts mitbekommen, und wir hielten es für angebracht, ihn für die Zeit in Trier bei seinen Großeltern unterzubringen. Auch die ahnten noch nichts von der Trennung. In den Nächten hatte Horst allerhand zu tun, um mich immer wieder aufzubauen. Für alle Genossen war ja mittlerweile offenkundig, daß Christa nicht mehr zu mir gehörte, was mich neben aller Qual auch noch tief in meiner Eitelkeit verletzte. Nur zeigen durfte ich meinen Schmerz nicht. »Vergiß sie, denk an den politischen Kampf. Das ist deine Sache!«

Täglich wuchsen jetzt zwischen Horst und mir auf der einen und Michael und Christa auf der anderen Seite die Spannungen. Uns mißfiel die von Michael hartnäckig betriebene Fixierung auf den Maoismus, und immer öfter bekamen wir uns über die ideologische Ausrichtung unserer Kampagne in die Haare. Argumentierte ich hart an der Sache, konterte Michael: »Das machst du doch nur aus Eifersucht.« Es war zum Kotzen. Und so stürzten Horst und ich uns in Aktionen. Wir fuhren nächtens durch die Straßen, schossen bei günstiger Gelegenheit mit unseren Katapulten in die Schaufenster von Banken und klebten Hunderte von mitgebrachten Aufklebern an Wände, Scheiben und Laternenpfähle. »Zerschlagt den kapitalistischen Staat und seine bürgerlichen Parteien! Wahlboykott!« Das ganze rot auf weißem Grund. In der Mitte der postkartengroßen Aufkleber prangte rot der fünfzackige Stern, verziert mit Hammer und Sichel. Zur Großveranstaltung von Bundeskanzler Kiesinger rückten wir im »Thälmann-Expreß«, die rote Fahne aufgepflanzt und flankiert von 50 Genossen und Genossinnen, auf dem Platz an. Auf dem Dach des Autos stehend, dröhnte ich durchs Megaphon: »Kiesinger ist – ein Faschist!« Das hatte der Mann ausgerechnet in Trier nicht erwartet.

Wir verteilten Dutzende unserer CDU-Analysen, die wir in nächtelanger Arbeit mit einer Handabzugsmaschine gedruckt und geheftet hatten, und versorgten die verdutzten Bürger auch gleich noch mit der Mao-Bibel.

Für den Abend war ein Treffen mit der DKP geplant, die sich mit dem linken Wahlbündnis »Aktion Demokratischer Fortschritt, ADF« erstmals wieder an einer Wahl beteiligte. Das Hinterzimmer der Kneipe in Trier-Süd war überfüllt. Als ich den verqualmten Raum betrat, hatte ich schnell abgezählt. Links die DKP, 27 an der Zahl, alle alten Genossen waren da. Rechts wir, 32 Genossen, davon immerhin zehn Frauen. Das Anliegen der »ADF« war uns bekannt. Sie wollten, daß wir in der letzten Phase des Wahlkampfes mit ihnen zusammenarbeiten. Vor allem sollten wir noch Wahlplakate für die ADF kleben. Wir dagegen hatten vor, die DKP vom Wahlboykott zu überzeugen, und wollten überdies unsere harsche Kritik am Wahlprogramm der ADF – uns viel zu bürgerlich und nicht radikal genug – loswerden. Vorab gesagt, in unserer maßlosen Selbstüberschätzung hatten wir damals tatsächlich geglaubt, das auch durchsetzen zu können. Zumindest darüber zu streiten. Zum Streit sollte es kommen, und zwar handfest. Wie vorher abgekartet, stellten wir mit unserer Stimmenmehrheit den Diskussionsleiter, in dem Fall die Leiterin. Das war dann Christa. Etwa eine Stunde hatte vor allem die DKP Fragen von uns beantwortet und sich der Kritik erwehrt. Dabei manipulierte Christa die Rednerliste derart offen und unverschämt, nämlich überproportional oft für Michael, daß ich immer wütender wurde. Und nicht nur ich. Wieder mal bekam Michael das Wort. Schon nach dem ersten Satz, den er in den mucksmäuschenstillen Raum sprach, stockte mir der Atem. Die Stimmung war ohnehin bereits kurz vor dem Siedepunkt. »Spinnt der«, zischte ich dem direkt unter mir stehenden Horst – ich war auf einen Stuhl gestiegen – leise ins Ohr. »Das gibt Ärger«, Horst nickte. Michael, 19 Jahre jung, Maoist und Student, griff die Sowjetunion als Todfeind der glorreichen chinesischen Revolution an. Im Sommer des Jahres war es am sowjetisch-chinesischen Grenzfluß, den die Sowjets Ussuri nannten und die Chinesen Ussuli, bei dem Streit um eine Insel in der Mitte des Flusses zu Schießereien gekommen. Michael, der nur vom Ussuli sprach, forderte die alten Genossen auf, sich von »dem imperialistischen Akt der russischen Revisionisten und Kriegstreiber« zu distanzieren. Sekunden Ruhe, dann brach die Hölle los. Diesen arroganten Angriff auf das »Heimatland aller Werktätigen« wollten sich die Überlebenden von Naziterror und KZ, unter ihnen auch zwei alte Interbrigadisten, nicht bieten lassen. Unter dem Gebrüll: »Du CIA-Agent, dir haue ich die Fresse!« ging es los. Die Wut der Alten ging auf uns alle nieder. Die Prügelei war im Gange, alles ging zu Bruch. »Wo ist der Drecks-Agent?« Der wütende Alte setzte dem flüchtenden Michael nach. Auf meinem Stuhl stand ich etwas über den Dingen und blieb verschont. »Dich nicht, Till«, der DKP-Mann ließ seine Faust sinken. Mich kannte er aus vielen Diskussionen. Die Zusammenarbeit mit der DKP war geplatzt, und Michael hatte eine geschwollene Nase.

Horst und ich gingen von nun an deutlich auf Distanz zu Michael. Vor allem verabschiedeten wir uns aus dem Dunstkreis seiner autoritären und besserwisserischen Partei – die nicht die unsere sein konnte. Schon lustlos und frustriert von der ganzen Trierer Kampagne, sprengten wir dann noch eine FDP-Wahlveranstaltung. Das sollte mir Ärger bringen. Fraktionschef Wolfgang Mischnik wollte nicht mit uns diskutieren und holte kurzerhand die Polizei. Sofort kam es zu Handgreiflichkeiten zwischen uns und den Bullen. Alle konnten entkommen, nur ich nicht. Mich nahmen sie fest, und ich bekam ein Verfahren wegen »Widerstands gegen die Staatsgewalt« angehängt, wurde aber ein Jahr später, wie Tausende andere auch, von Willy Brandt amnestiert.

Zum ersten Mal nach dem Krieg wurde 1969 ein Sozialdemokrat Bundeskanzler. Der Antifaschist Willy Brandt. Zusammen mit dem Koalitionspartner FDP stellten die Sozialdemokraten die Regierung. In seiner Regierungserklärung kündigte Willy Brandt durchgreifende Reformen in allen gesellschaftlichen Bereichen und Institutionen an und trug damit der Aufbruchstimmung in der Bundesrepublik Rechnung. Unter dem Motto: »Wir wollen mehr Demokratie wagen« versuchte Brandt, die rebellischen Studenten von den Straßen wieder an ihre Studienplätze zu holen. Eine seiner ersten Handlungen war eine Generalamnestie für all jene, die im Rahmen von APO-Aktionen straffällig geworden waren. Zehntausende wurden amnestiert. Mit ihrer neuen Ostpolitik versuchte die Regierung Brandt/Scheel aus den Schützengräben des kalten Krieges herauszukommen und suchte den Dialog mit den Nachbarn im Osten. Zum ersten Mal mahnte ein Bundeskanzler in seiner Regierungserklärung nicht die Wiedervereinigung an. Aber auch die Regierung Brandt unterstützte rückhaltlos die amerikanische Aggression in Vietnam. Damit war klar, daß der Massenprotest gegen die Amerikaner in Deutschland weitergehen würde.

High sein, frei sein ...

In Berlin hatte unser Kinderladen inzwischen neue Räume gefunden. Nun sollte das lang gehegte Projekt »Wohnen und leben zusammen mit den Kindern« umgesetzt werden. Die Dreizehn-Zimmer-Wohnung in der Charlottenburger Wielandstraße war dafür bestens geeignet. Christa lehnte es ab, mit mir und Till-Felix dorthin zu ziehen und blieb mit Michael in der Isoldestraße zurück. Zusammen mit sechs Kindern und sieben Erwachsenen, davon nur ein Ehepaar, wohnte ich bis zum Januar 1970 in der Eltern-Kinder-WG. Für vier Tage der Woche verdingte ich mich wieder beim Sklavenhändler, um ansonsten noch genug Zeit für die Arbeit mit den Kindern und meine Polittermine zu haben. Einen Tag in der Woche hatte ich Kinderdienst. Die sowjetische Pädagogin Wera Schmidt hatte uns eine schwere Last aufgebürdet. Unsere Kinder, alles Fünfjährige, waren wild, frech und nicht zu bändigen: antiautoritär. Von morgens bis abends lärmten sie über Tische und Schränke hinweg quer durch alle Räume der riesigen Wohnung. Keiner von uns Erwachsenen konnte sich ihnen gegenüber durchsetzen. Wie auch? Das Prinzip von Strafe und Belohnung gab es bei uns nicht. Tobten sie auf einem der Spielplätze in unserem Viertel herum, hielten sie zusammen wie Pech und Schwefel und fielen gemeinsam über andere spielende Kinder her, so daß die Mütter in aller Eile Reißaus nahmen, wenn sie uns mit unserem Kindertrupp ankommen sahen. Als unsere Kinder im Sommer 1970 in die Schule kommen sollten, hatte der Kinderladen beschlossen, sie alle sechs im Arbeiterbezirk Kreuzberg einzuschulen. Dahinter stand die Absicht, die Kinder im Arbeitermilieu aufwachsen zu lassen, jedoch verbunden mit der Hoffnung, daß sie sich gegen äußeren Druck als Gruppe solidarisieren würden.

Ende Januar 1970 mußten wir allerdings, wenn auch unter Protest, die Wohnung in der Wielandstraße schon wieder räumen. Der Vermieter hatte uns fristlos gekündigt. Karin, Psychologin und Tochter des Direktors einer großen Firma, die ab und zu unsere Kinder betreute, bewahrte mich vor der drohenden Obdachlosigkeit. Vorübergehend konnte ich mit Till-Felix in ihrer winzigen Ein-Zimmer-Dachwohnung in Wilmersdorf wohnen. Meine Freundin Bärbel, eine attraktive Friseuse, die ich von Kindesbeinen an kannte, versorgte mich in diesem bitterkalten Winter nicht nur mit Lebensmitteln, sondern auch mit Liebe. Schon in der Halbstarkenzeit hatte sie auf dem Sozius meines Mopeds gesessen, und wir waren gemeinsam mit der Clique ins Freibad Wannsee geknattert. Das war nun über zehn Jahre her, und nur durch Zufall hatte ich sie wiedergetroffen. Wenn ich ihr in den Nächten mit großer Leidenschaft von meinem politischen Kampf erzählte, von der sozialen Utopie einer gerechten Gesellschaft, um die es sich zu kämpfen lohne, war Bärbel interessiert, blieb aber, für mich unverständlich, immer skeptisch. Trotzdem war ich glücklich, daß sie da war, weil ich sie mochte. Vor allem in dieser Phase, in der es mir emotional und materiell hundsmiserabel ging. Unruhe hatte mich erfaßt, weil ich wieder mal nicht wußte, wie es weitergehen sollte. Keine Arbeit, kein Geld – weil ich mich um Till-Felix kümmern mußte, konnte ich gar nicht arbeiten gehen – und obendrein keine Wohnung. Politisch trat ich auf der Stelle, weil ich mir nicht im klaren war, welchem der zahlreichen Zirkel ich mich tatsächlich anschließen sollte. Und Christa war nicht mehr da! Das dringendste war jetzt, Geld zu verdienen und eine eigene Wohnung zu bekommen. Die fand ich Ende März mit Hilfe des Genossen Emil in der Kreuzberger Wartenburgstraße. Zwei Zimmer, Küche, und das Klo eine halbe Treppe tiefer. Prima. Mietpreis 225 D-Mark, ein Zimmer für mich, eins für Till-Felix.

Eine kleine Annonce im linken »Extradienst« brachte mich auf eine Idee, wie ich mein finanzielles Desaster zumindest für eine

Zeitlang lösen könnte. Da bot jemand selbstgemachten Silberschmuck zum Verkauf an. Mit Bärbels Geld kaufte ich dem Freak, der keine Lust mehr hatte, seine ganze Kollektion ab. Sie kostete nur 100 D-Mark. Damit könnte ich Geld verdienen und trotzdem unabhängig bleiben – ideal. Ich kopierte den Schmuck, entwickelte eigene Formen und Modelle, um fortan selber welchen herzustellen und ihn abends in den Kneipen zu verkaufen. Weil Horst für so etwas besonderes Geschick besaß, sollte er mein Partner sein. Tagelang machten wir Entwürfe, suchten Lieferanten auf, kalkulierten und begannen, Ohrringe, Ketten, Ringe und Armbänder aus Neusilber anzufertigen und zu verkaufen.

So verwandelte sich meine Küche in eine Werkstatt für Silberschmuck. Tagsüber produzierten wir am Küchentisch jede Menge Schmuckstücke, die wir abends auf Touren, vor allem durch die Charlottenburger und Kreuzberger Kneipen, verkauften. Weil wir damals die ersten und die einzigen fliegenden Händler mit einem solchen Angebot waren, lief das Geschäft bald so gut, daß wir uns ein zweites Auto kaufen konnten und nachts auf zwei Touren unterwegs waren. Betraten wir mit unserem Schmuckkoffer die Kneipen, war uns die Aufmerksamkeit der Gäste auf Anhieb sicher. Wir kamen exotisch daher. Unsere Haare wallten in wilden Locken bis auf die Schultern, und beide hatten wir einen mächtigen Schnauzbart. Horst in Schwarz, ich in Rot. Mal trug ich meine schwarze Fransenlederjacke zu gestreiften Hosen oder meine blaue Basisgruppenjacke, an deren Revers selbstverständlich ein handtellergroßer Mao-Button blinkte. Wir boten nicht nur mit witzigen Sprüchen unseren Schmuck feil, sondern verteilten auch noch Flugblätter, in denen zur nächsten Demonstration oder Veranstaltung aufgerufen wurde. Vor allem verteilten wir Kommandoerklärungen und Flugblätter des »Blues«, wie sich der Kreis um die militanten Haschrebellen jetzt nannte.

Waren unsere Touren gegen Mitternacht zu Ende, trafen wir uns regelmäßig im »Katmandu« in der Sybelstraße, um eine Portion Haschisch zu besorgen und bei der Musik von Pink Floyd gleich einen Joint durchzuziehen. Ich rauchte das Zeug gerne, und es bekam mir außerordentlich gut. Man konnte dabei vorzüglich diskutieren und völlig entspannt Musik hören. Den »Haschrebellen«

galt das offene Konsumieren von Dope als Akt revolutionären Ungehorsams – das nicht nur, weil es hart verfolgt und bestraft wurde, sondern weil es eine »bewußtseinserweiternde« Droge war, deren Auswirkungen von den Herrschenden nicht kontrolliert werden konnte. »High sein, frei sein, Terror muß dabei sein!« hieß dann folgerichtig auch ihr Slogan. Wir verkehrten in allen Untergrundlokalen der Stadt. »Zodiak«, »Mister Go«, »Unergründliches Obdach für Reisende« oder »Black Corner«. Verstärkt suchten wir wieder Anschluß an jene Kreise von Militanten, die wir schon von den Demos her kannten. Stundenlang lauschten wir, Dope rauchend, der Musik von Pink Floyd, Them oder Deep Purple. Ließen uns anheizen von den Stones, Jimi Hendrix, Uriah Heep und Iron Butterfly. Vor allem aber liebten wir den Blues von Muddy Waters, B. B. King und Chuck Berry. Der Blues-Rhythmus ging uns nicht nur ins Blut und in die Beine, er vermittelte uns auch ein Lebensgefühl. Es war die Musik der Ausgebeuteten in den USA: »Hendrix lebt, und Roy Black klappert mit dem Sargdeckel.« Die Musik jener Jahre war auf seiten der Rebellion. »Die wahre Subkultur, das sind wir«, blafften wir die Besucher des Musicals »Hair« nach der Vorstellung an und drückten ihnen die Broschüre einer »Reni von Tent« in die Hand. Die plädierte auf zwölf Seiten »für eine gerechte Verteilung mit der Brechstange«. Wir sahen nicht nur wild aus, wir waren es auch, und wir waren gefährlich. Polizeieinsätze gegen die Untergrundlokale endeten regelmäßig in Straßenschlachten. Weil wir uns nicht verbieten lassen wollten, was uns Spaß machte.

Haschrebellen

Ein Teil der aktivsten Genossen des »Blues« war Anfang '70 allerdings bereits wegen verschiedener Brandanschläge, die sie in wechselnder Besetzung und unter stets neuen Phantasienamen verübt hatten, in Haft. Die »Tupamaros Westberlin«, die »Schwarzen Ratten« oder die »Militanten Panther Tanten«, die nach eigenem Bekunden »Terror schon vor Rauschgift kannten«, waren verantwortlich für eine ganze Serie von Brandanschlägen auf Justiz, Polizei, Banken und die Einrichtungen der Amerikaner. Bei einer

Aktion gegen einen »Quick«-Reporter ging man sofort handgreiflich vor. Der hatte einen Artikel über die »Berliner Anarchisten« gebracht, der vom »Blues« als üble Verleumdung empfunden wurde. Die Aktion unter dem Motto: »Ich bin ein Journalist und schreib nur Mist«, ging im Chaos unter, und Bommi Baumann und Georg von Rauch landeten mit anderen in Haft. Gesucht und abgetaucht waren auch Bernie Braun und Ralf »Bär« Reinders, denen man verschiedene Brand- und Bombenanschläge anhängen wollte. Zu einigen der Verhaftungen hatte der Verfassungsschutzspitzel Peter Urbach beigetragen. »S-Bahn-Peter«, wie er wegen seines Jobs bei der S-Bahn genannt wurde, lieferte nicht nur Mollos und Bombenzünder an die Militanten, sondern auch sackweise Informationen an den Verfassungsschutz. Es war der klassische »agent provocateur«.

Erst Mitte 1970 konnte der »Blues« ihn enttarnen. Gewerkschafter der S-Bahn, die damals noch der DDR unterstellt war, hatten uns den Tip gegeben. Noch heute wird von interessierten Kreisen die These aufgestellt, Urbach, und über ihn der Verfassungsschutz, habe die Militanz jener Jahre angeheizt und mitgesteuert. Viele unserer Kritiker sehen ihn gar als Mitinitiator der RAF, zu der er tatsächlich in den Anfängen auch Kontakt hatte. Der Geheimdienst wußte längst, daß es im Untergrund Bestrebungen gab, eine Guerillaorganisation aufzubauen. Mit »seinem« Urbach wollte er »vor allem immer die Finger im heißen Brei« halten, um zumindest informiert zu sein über das, was er nicht aufhalten konnte. Die radikale Linke war zu allen Zeiten Zielobjekt der Geheimdienste, und Urbach war gewiß auch nicht der einzige Spitzel, der damals unterwegs war. Sehr bald hatten wir so viel klandestine Erfahrung, daß ein Spitzel kaum noch Chancen hatte, in die Gruppen einzudringen, obwohl es immer wieder Versuche gab. Urbach hat weder die Militanz gesteuert noch die RAF mitgegründet. Das lief einfach – mit oder ohne Urbach. – The time is right for violence.

Flugblätter und Broschüren, in denen zum »Klassenkampf in den Metropolen« aufgerufen wurde, zirkulierten massenhaft: »Habt Mut zu kämpfen, habt Mut zu siegen!« Die Losung: »Macht kaputt, was euch kaputt macht« wurde von vielen von uns verstanden und in die Tat umgesetzt. Militante Kleingruppen waren fast jede Nacht unterwegs. Wenn auch die Polizei im dunkeln tappte, wußte man in unseren Kreisen dennoch Bescheid, wer da nächtens zündelte. Anfang 1970 erreichten die Nacht-und-Nebel-Aktionen eine neue Qualität. Längst knallten nicht mehr nur Molotow-Cocktails, sondern Rohrbomben mit gefährlicher Sprengwirkung. Die Untergrund-Zeitung »883«, so genannt nach den ersten drei Zahlen ihrer Telefonnummer, brachte in jeder Ausgabe Kommandoerklärungen oder Aufrufe zur revolutionären Aktion.

Horst und ich hatten uns längst wieder auf unsere alten, libertären sozialistischen Positionen besonnen. Vor allem lehnten wir den Dogmatismus der sogenannten K-Gruppen ab. Fast alle studentischen Funktionäre der APO schlossen sich den K-Gruppen an oder gehörten zu ihren Gründern. Die Gründung der »Kommunistischen Partei Deutschlands/Aufbau Organisation (KPD/AO)«, von uns KPD/A-Null genannt, wurde vom »Blues« heftig befehdet. Die Gründungsleiter, Christian Semler, Jürgen Horlemann, Neitzke und andere, wurden dafür vom »Blues« vor dem überfüllten Audimax der TU mit einer Mehltüten-Attacke bestraft. Die dogmatischen K-Gruppen, so unsere Meinung, würgten den emanzipatorischen Elan der APO jetzt endgültig ab. Vor allem fühlte ich mich immer stärker zu den militanten Aktivisten hingezogen. Ich fand es richtig, den Protest gegen den Krieg der Amerikaner in Vietnam mit dem direkten Angriff auf ihre Kasernen hier zu verbinden, ich fand es richtig, den Protest gegen brutale Polizeieinsätze mit dem direkten Angriff auf Polizeistationen zu artikulieren, es leuchtete mir ein, die Kapitalismuskritik mit Attacken auf Banken zu verbinden.

Es war die Zeit, in der wir uns in den Metropolen als Teil des weltweiten revolutionären Aufbruchs fühlten. Hatte Che Guevara nicht uns gemeint, als er von den »Revolutionären im Herzen der Bestie« sprach und uns die Losung »Schafft zwei, drei, viele Vietnams!« hinterließ? Wir waren Teil des weltweiten Protestes gegen den Krieg der Amerikaner in Vietnam. Wir fühlten uns als Internationalisten und an der Seite der Befreiungsbewegungen in der dritten Welt, die mit der Waffe in der Hand für Gerechtigkeit, Humanität und Sozialismus kämpften. War das, was die Stadtguerilla-Organisation »Tupamaros« in Uruguay praktizierte, nicht auch hier möglich? Unsere Solidarität galt der militanten afroamerikanischen Bewegung »Black Panther« und der Untergrundgruppe »Wheathermen«, die in den USA Sabotageakte gegen den Vietnamkrieg durchführten. Mit Sammlungen und Spenden unterstützten wir den antikolonialen Befreiungskampf der Guerilla in Angola und Mosambique gegen die Portugiesen. Wir ergriffen Partei für die Palästinensische Befreiungsorganisation, ohne dabei Israel das Recht auf einen eigenen Staat abzusprechen. Wir wollten allerdings auch nicht, daß dies auf Kosten des palästinensischen Volkes geschah. Wir waren nie antisemitisch und haßten Rassismus.

Guerilla-Bewegungen erschütterten Bolivien, Argentinien und Brasilien. In Chile war der Sozialist Salvador Allende auf dem Vormarsch. Gegen die faschistischen Diktaturen in Europa, Spanien, Portugal und Griechenland formierte sich eine bewaffnete Opposition. Längst zirkulierten unter uns die Schriften von Guerillaführern, vor allem aus Lateinamerika. Von dort kam auch eine wichtige Schrift für den Guerillakampf in den Metropolen: Carlos Marighelas »Zerschlagt die Wohlstandsinseln der dritten Welt. Mit dem Handbuch der Guerilleros von Sao Paulo«. Unsere Wut und die Entschlossenheit, nicht mitschuldig werden zu wollen, wurde jeden Tag aufs neue durch die grauenvollen Bilder genährt, die über den Fernseher in die Wohnstuben flimmerten. Vietnam. Die Schreckensorte Bin Hoa, Da Nang, Hue, Hanoi. Menschen, die wie Fackeln brannten, entlaubte Wälder durch das Gift »Agent Orange«, durch Napalm verwüstete Dörfer und Städte, das Massaker von My Lay. Die wie Regen aus den fliegenden Festungen fallenden Bomben, geschleudert gegen ein kleines Volk von Reisbauern, das der US-Oberbefehlshaber in Vietnam, General Westmoreland, mit seinen B 52 »in die Steinzeit zurückbomben« wollte. Und die Verlogenheit der Politik hier. Die Bundesregierung stand nicht nur politisch »loyal zu unseren amerikanischen Freunden«, sie stellte auch Logistik und Rückzugsraum für den Krieg in Vietnam. Unsere Empörung aber ließ die sozialliberale Koalition durch die eilends aufgerüstete Polizei auf der Straße niederknüppeln. Diese Haltung sollte sie in den nächsten Jahren noch teuer zu stehen kommen. Wir fühlten uns berechtigt, ja, verpflichtet, auf diese Gewalt mit Gegengewalt zu antworten. Diese Gesellschaft in ihrer Verlogenheit konnte nicht unsere sein. Es konnte keine Arbeitsteilung geben, bei der die Revolutionäre in der dritten Welt den Kopf hinhalten, während wir Linken in den Metropolen scharfsinnige Analysen darüber verfassen. Eine Welt, ein Feind, ein Kampf. Einmischen! Aber wie? Es sollte noch ein Jahr dauern.

Am 1. Mai demonstrierten wir friedlich durch Kreuzberg, lustig machten wir uns vor allem über das Gerangel der K-Gruppen. Vertreten waren jetzt die KPD/ML, die KPD/AO, die SED-West und eine neue Sekte, die »Proletarische Linke/Parteiinitiative«. Sie zankten und rauften sich um die Rednerliste. Jede der Parteien reklamierte ohne Wenn und Aber den Führungsanspruch für sich. Bis auf die SED-West waren sie alle reine Studentenparteien, die lächerlich bis zur Karikatur die Rituale der KPD der Weimarer Zeit nachahmten. Zugleich aber schloß schon die Sprache ihrer Zeitungen und Funktionäre jene aus, um die es eigentlich gehen sollte: die Arbeiter. Der »Blues« und alles, was sich dazu zählte, demonstrierte dagegen unter einfachen und griffigen Losungen: »Freiheit für alle Gefangenen! Free Bommi! Amis raus aus Indochina! 600 D-Mark Lehrlingsgehalt! Gleicher Lohn für gleiche Arbeit! Schluß mit den niedrigen Löhnen für Frauen, Jung- und Gastarbeiter!«

Von einem kurzen Besuch in Trier hatte Horst zwei Pakete mit brisantem Inhalt mitgebracht. Mit dem Philosophen Richard und dem roten Bernd hatten sie in der Nacht einen Steinbruch in der Eifel heimgesucht und mitgenommen, was man gebrauchen konnte. Beide Kartons waren prall gefüllt mit professioneller Zündlitze, Verbindern und Zündern. Eines der Pakete transferierten wir nach Frankfurt, wo es bei der RAF landen sollte, das andere blieb bei uns. Zwei Jahre später, als Guerillero des 2. Juni, suchte ich besagten Steinbruch erneut auf und machte wiederum reiche Beute. Wir experimentierten in meiner Küche mit den Zündern und stellten zu unserem Erstaunen fest, daß die Zündschnur sogar unter Wasser brannte. Diese heiße Ware wollten wir unbedingt am

Feind ausprobieren. Tagelang fuhren wir mit mehreren Molotow-Cocktails und genügend Zündlitze auf der Suche nach einem geeigneten Ziel durch Berlin. Auf einem Parkplatz genau gegenüber dem Polizeirevier in der Leibnitzstraße hatten wir unser Objekt: zwei Fahrzeuge der britischen Militärpolizei parkten dort unbewacht. Schnell hatten wir ein Blatt Papier mit dem Spruch: »Solidarität mit der IRA. Brits out of Northern Ireland!« gemalt und unter die Windschutzscheibe des einen Wagens geklemmt. Dann, alles am hellichten Tage, unter jedes Auto fünf Mollos im Karton deponiert, verbunden mit der Zündlitze, angezündet und weg. Aus sicherer Entfernung wollten wir unseren Erfolg beobachten. Es qualmte mächtig. In aller Eile hetzten die Militärpolizisten aus dem Revier und sprühten mit Feuerlöschern, was das Zeug hielt. Die Autos blieben unbeschädigt. Noch in derselben Nacht zündelten wir nach der gleichen Methode auf dem Parkplatz eines Polizeireviers in Zehlendorf. Ein Mannschaftswagen fing Feuer.

Wütend und entschlossen zum Handeln rückten wir Anfang Mai 1970 zur Demonstration aus. Die Amerikaner waren wenige Tage zuvor in das neutrale Kambodscha einmarschiert. Als sich während der Großdemonstration wie ein Lauffeuer die Nachricht verbreitete, daß die US-Nationalgarde im Universitätsstädtchen Kent vier und an der Jackson-State-University zwei weitere Studenten erschossen hatte, die gegen den Überfall auf Kambodscha demonstriert hatten, schlug die bis dahin friedliche Demo um. Voller Zorn rannten wir mit Steinen und Knüppeln gegen die Polizeiketten an, die das Amerikahaus in der Hardenbergstraße schützten. Die Polizei reagierte mit äußerster Brutalität. Am Abend registrierte die »Rote Hilfe« Dutzende von Verletzten mit Schädelplatzwunden, Knochenbrüchen und etliche Verhaftete. Noch in derselben Nacht brannte es trotzdem im Amerikahaus. Verurteilt wurden dafür später eine Journalistin, ein späterer Bundestagsabgeordneter der »Grünen« und Karl Heinz, ein Jugendlicher aus der Heimkampagne der APO.

Die RAF

Am 14. Mai 1970 stellten wir schon am frühen Vormittag unsere Schmuckproduktion ein. Grund dafür war eine Radiomeldung, die von Horst und mir mit großem Hallo begrüßt wurde. Eine Gruppe Bewaffneter hatte im Handstreich aus dem »Zentralinstitut für soziale Fragen« Andreas Baader befreit. Der war einen Monat zuvor durch den Verrat des Spitzels Peter Urbach mit falschen Papieren bei einer Verkehrskontrolle in Berlin festgenommen worden. Zu Studienzwecken hatte Anwalt Mahler eine Ausführung seines Mandanten in das Institut erreicht. Ulrike Meinhof, die dort mit Baader arbeiten wollte, war mit auf der Flucht. Ungeplant, wie wir viel später erfuhren, waren Schüsse gefallen und der Institutsangestellte Linke verletzt worden. Es war die Geburtsstunde der RAF. Fast alle, die wenig später auf dem ersten RAF-Fahndungsplakat auftauchen sollten, hatten meinen Weg gekreuzt. Unzählige Diskussionen mit Ulrike Meinhof, Holger Meins, Ensslin oder Proll im RC und später im »Sozialistischen Zentrum« in der Moabiter Stephanstraße. Biertrinken mit Mahler, Baader und Becker im »Schotten« oder bei »Herta«. Schon Wochen vorher hatten in unseren Kreisen Gerüchte die Runde gemacht, daß irgend etwas passieren würde, eine militante Organisation stünde in den Startlöchern. Das Gerücht hielt sich hartnäckig, aber niemand wußte etwas Genaues. Jetzt wußten wir Bescheid und warteten gespannt auf die anstehende Kommandoerklärung. Die kam dann in »883« und kurz darauf im »Spiegel«. Ulrike Meinhof, deren rotumrandeter Steckbrief jetzt überall klebte, hatte der französischen Journalistin Michelle Ray ein Interview gegeben. »Die Rote Armee Fraktion aufbauen«. RAF! Horst und ich waren der Ansicht, daß, »wenn die uns wollen, sie uns auch finden«, oder wir sie. Also warteten wir erst mal ab.

Wir hatten große Fingerfertigkeit im Schmuckherstellen entwickelt, und er war so ausgefallen, daß uns in Berlin mehrere Boutiquen gleich große Mengen auf einmal abnahmen. Das Geldverdienen machte plötzlich richtig Spaß. Till-Felix konnten wir den ganzen Tag über, während wir Schmuck anfertigten, gut betreuen, er fühlte sich wohl. Abends konnte ich ihn auch alleine lassen, ohne daß er gleich Unfug anstellte. Christa agierte jetzt mit Paul in der KPD/AO und war mit anderen Parteimitgliedern in eine WG in Moabit gezogen. Sie war Stadtteilleiterin in Moabit und Paul führender Studentenfunktionär des KSV, des Studentenverbands der KPD/AO. Dort schätzte man keine langen Haare mehr und gab sich inhaltlich wie äußerlich betont kleinbürgerlich, weil »die Arbeiter das besser verstehen«. Wenn sie Till-Felix besuchen kam, beklagte sie die »unordentlichen und anarchistischen Kreise«, in denen der Kleine aufwachsen müsse. Ich konterte: »Dem geht es gut. Du hast uns verlassen. Er bleibt bei mir.« So fetzten wir uns jedesmal. Langsam hatte ich mich mit der Trennung abgefunden, und ich war mir auch nicht mehr sicher, ob ich sie wirklich noch liebte. An Beziehungen zu Frauen mangelte es Horst und mir nicht. Wir lebten die neue Freizügigkeit und Offenheit getreu der Devise: »Wer zweimal mit derselben pennt, gehört schon zum Establishment.«

Zwar ließen wir keine Demo aus und verteilten auch noch Flugblätter, konzentrierten uns aber den ganzen Sommer über bis in den Herbst hinein in erster Linie auf unser Schmuckgeschäft. Vom »Blues« waren etliche noch in Haft, andere sollten später bei der RAF auftauchen. Die Subkultur war aus ihren Lokalen gedrängt worden, der RC machte dicht, und die rebellischen Studenten saßen zersplittert und diszipliniert in den Sekten der K-Gruppen. Der Zerfall der APO war nicht mehr aufzuhalten.

Unser Kinderladen suchte noch immer nach geeigneten Räumen, hatte aber in Kreuzberg welche in Aussicht. Kurz vor der Einschulung unserer Kinder trafen wir uns regelmäßig in der »Vorbereitungsgruppe«. Alle sechs sollten in der Reichenberger Straße, im tiefsten Kreuzberg, Anfang August ihren ersten Schultag haben. Lange Debatten gab es darüber, ob unsere Kinder auch, wie alle anderen, eine Zuckertüte bekommen sollten. Sie kriegten eine. Schon einmal hatten wir mit einem ähnlichen Problem böse Erfahrungen gemacht. Weihnachten 1969 hatten wir kurzerhand das Fest als »klerikales und heuchlerisches Ritual« für abgeschafft erklärt und einfach übergangen. Unsere Kleinen nahmen uns das schwer übel. Zum ersten Mal und auch zum letzten Mal konnte ich im Sommer 1970 mit Till-Felix in die Ferien fahren. Von einer gemeinsamen Schmuckverkaufstour nach Westdeutschland, wo wir in Köln, Düsseldorf und Dortmund massenhaft von unseren Klunkern absetzen konnten, trennte ich mich von Horst und fuhr mit Till-Felix nach Dänemark. Pony-Reiten, Legoland und ein Ferienhaus am Meer. Mir war klar, daß jetzt mit der Schule eine neue Verantwortung auf mich zukommen würde, und ich war nicht sicher, ob ich die auch würde annehmen können und wollen. Schon nach drei Monaten Schule hatte ich wegen Till-Felix' ständigen Zu-spät-Kommens bei der Lehrerin anzutreten.

Konzept Stadtguerilla

Entscheidungshilfe gab die RAF. Ende September überfiel sie zeitgleich in Westberlin drei Banken. Das bewies gute Planung und Stärke. Die Organisation, auf die ich gewartet hatte, war da! Meine Begeisterung für die Genossen wurde auch nicht gedämpft, als nur eine Woche später Horst Mahler, Ingrid Schubert, Monika Berberich und Irene Görgens verhaftet wurden. Erstaunt war ich darüber, wer offenbar alles bei der RAF war. Auch diese Genossinnen hatte ich kennengelernt.

Im Herbst gab ich das Schmuckgeschäft auf und trennte mich von Horst. Der hatte Geschmack am Geldverdienen gefunden und hängte nur wenig später seine revolutionären Ideale endgültig an den Nagel. Ich verkaufte mein Auto, verkehrte wieder in den linken Lokalen und machte zeitweilig in der Redaktion der »883« mit, wo inzwischen Dirk Schneider das Sagen hatte, der mit seinem rigiden Dogmatismus schwere Richtungskämpfe in der Redaktion auslöste. Über einen Genossen, der gute Verbindung zur Botschaft der Vietnamesischen Befreiungsfront in Ostberlin hatte, ließ ich ausloten, ob der Vietcong mich nicht als Freiwilligen gebrauchen könnte. Natürlich lehnten die dankend ab. Und was sollte mit Till-Felix geschehen, wenn die RAF sich melden sollte? Einerseits widerstrebte es mir, Till-Felix in Christas Spießerkreise zu geben, andererseits wollte ich meinen revolutionären Weg gehen. Der 1. Mai 1971 brachte die Entscheidung.

Bärbel, die seit ein paar Wochen wieder häufiger bei mir schlief, war gerade zur Arbeit aufgebrochen, als es an meiner Wohnungstüre klopfte. Es war sieben Uhr früh. Draußen stand ein Mann, vielleicht 40 Jahre alt, mit einem Karton unter dem Arm. »Bist du Till?« Ich nickte. Er trat in den Flur, zog die Korridortüre nur kurz ran und sagte: »Hier, das soll ich dir geben.« Der schwere Karton landete auf dem Boden. »Übermorgen verteilen auf der 1.-Mai-Demo. Aber sei vorsichtig, und laß dich bloß nicht von den Bullen erwischen.« Mit einem »viel Spaß« war er wieder weg. Ich habe den Mann nie wiedergesehen. Nicht viel fragen und trotzdem verstehen – damit hatte ich Erfahrung. Sofort riß ich den Karton auf. Es war »Das Konzept Stadtguerilla« der RAF. Das Deckblatt des auf DIN-A 3-großem Zeitungspapier gedruckten Textes zierte eine Maschinenpistole mit den drei fett darübergelegten Buchstaben »RAF«. Oben das Mao-Zitat: »Zwischen uns und dem Feind einen klaren Trennungstrich ziehen!« Gierig sog ich den Text sofort in mich hinein. Ich war begeistert. Vor mir lag eine rundum schlüssige Schrift zur Begründung des bewaffneten Kampfes »jetzt und hier!« Alles, was ich auf den sieben Seiten las, stimmte nicht nur mit meiner Analyse überein, sondern bestätigte mich auch in dem, was ich schon eine ganze Zeitlang in meinem Kopf hin und her wälzte. »Stadtguerilla heißt, den antiimperialistischen Kampf offensiv führen . . . Stadtguerilla heißt, trotz der Schwäche der revolutionären Kräfte in der Bundesrepublik und Westberlin hier und jetzt revolutionär zu intervenieren.« Und: »Ob Stadtguerilla hier möglich ist, kann nur die Praxis zeigen.« Der Text sprühte vor Polemik und war zugleich eine knallharte Analyse der kapitalistischen Strukturen der Bundesrepublik und des Zustands der Linken. Es war eine flammende Anklage gegen die herrschende Klasse in unserem Land und eine Solidaritätserklärung an die Völker der dritten Welt in ihrem Kampf gegen den Imperialismus. Es war der Aufruf zum bewaffneten Kampf für den Sozialismus. »Sieg im Volkskrieg.« Ich war bereit, für meine Ideale Leben und Freiheit in die Waagschale zu werfen. So weiterleben – gefressen, verdaut und ausgeschissen werden – war meine Perspektive nicht. Von nun an gab es kein Halten mehr.

Dieser 1. Mai war kalt und regnerisch. Über die Kottbusser

Brücke fegte ein stürmischer Wind. Hier stieß ich auf den mehrere zehntausend Menschen zählenden Demonstrationszug. Unter meiner Jeansjacke, in der ich erbärmlich fror, hatte ich gut 50 der RAF-Texte verstaut. Etwa gleichviel hatte ich über den Arm gelegt, obendrauf zur Tarnung den Berliner »Tagesspiegel«. Und rein in den Zug. »Hier, Genossen, der neueste RAF-Text!« schrie ich und wedelte mit dem Konvolut. In Windeseile war ich sie los. Jetzt hier weg und nach vorne, zur Spitze der Demo, die sich bereits auf dem Zickenplatz zur Kundgebung sammelte. Und wieder: »Hier, die RAF meldet sich zu Wort. Das Konzept Stadtguerilla! Müßt ihr haben, müßt ihr lesen!« Natürlich ging ich nur in die Blöcke rein, in denen ich schon vom Äußeren her Sympathisanten ausmachen konnte. Dort, wo die Lederjacken, die schwarzen Tücher und der Palästinenserschal dominierten.

Ich war nicht der einzige, der den heißen RAF-Text verteilte. Mit mir waren mindestens noch fünf oder sechs andere Verteiler unterwegs. Am Zickenplatz fiel mir ein zirka 25jähriger auf, der gerade seinen letzten Stapel verteilt hatte. Ich kannte ihn vom Sehen aus dem »Sozialistischen Zentrum«. Zusammen machten wir uns schnell in Richtung Hermannplatz aus dem Staub. Mike, so hieß er wirklich, war 24 Jahre und bezeichnete sich als Anarchist. Er hatte die RAF-Schrift über einen Genossen im »Sozialistischen Zentrum« bekommen, wollte mir aber nicht sagen von wem. Auch er war begeistert von dem Text und der Idee des bewaffneten Kampfes, jetzt und hier. Fortan waren wir unzertrennlich. Wenn die RAF uns schon den Text hatte zukommen lassen, so vermuteten wir, dann würden sie sich auch bald wegen anderer Aufgaben bei uns melden. Beide waren wir entschlossen, uns der RAF anzuschließen, sollten sie bei uns anklopfen.

Wir gingen gemeinsam zum Sklavenhändler und jobbten bei »Lause-Warnitz« oder lungerten in der TU-Mensa oder im »Sozialistischen Zentrum« rum. Abends zogen wir kräftig einen durch und hörten Musik in den noch verbliebenen Kneipen der linken Subkultur. Wir warteten. Und noch jemand hatte sich zu uns gesellt: Wodo, 26 Jahre, auch er bekennender Anarchist. Er war Aktivist der inzwischen auch präsenten »Schwarzen Hilfe«, einer anarchistisch ausgerichteten Hilfsorganisation für »soziale Gefangene«, als die alle angesehen wurden, die nicht wegen politischer Straftaten einsaßen. Wodo kannte ich schon von Demos und aus dem RC. Er war immer in vorderster Front und machte jetzt das gleiche wie wir. Er wartete auf den Sprung in den Untergrund.

Was aber sollte jetzt mit Till-Felix geschehen? Ich quälte mich noch ein paar Monate und entschied dann schweren Herzens, ihn doch Christa zu geben. Ich war besessen von der Idee meines politischen Kampfes und brannte darauf, endlich gegen die Schweine richtig losschlagen zu können. Zuerst brachte ich ihn nur über die Wochenenden zu Christa. Eine Katze wollte der Kleine doch so gern haben. Wir besorgten eine, ließen sie aber bei Christa. Als Anreiz. Nach und nach hatte ich all seine Sachen in sein neues Zuhause transportiert und immer wieder mit ihm geredet. Er wollte nicht weg von mir. Mit der Zeit wirkte aber »der Anreiz«, und so kam es an einem Sommertag zur »Übergabe«. Im »Athener Grill« auf dem Ku'damm aßen wir zu dritt noch eine Portion »Mimis«, die er heiß liebte, und dann rein in Christas Auto. Als hätte das Kind unser Manöver voll durchschaut und gewußt, daß er nun nicht mehr zu mir zurückkommen würde, begann er im Auto Zeter und Mordio zu schreien. Noch lange winkte er mir heulend aus dem Autofenster zu. Es sollte 15 Jahre dauern, bis ich ihn wieder in die Arme nehmen konnte.

Ich tröstete mich damit, daß es ihm bei seiner Mutter gewiß nicht schlecht gehen würde. Und irgendwann...

Mitte Juli kam es zu einer Schießerei zwischen RAF und Polizei in Hamburg. Petra Schelm, eine Friseuse aus dem Märkischen Viertel in Berlin, wurde dabei getötet, und das RAF-Mitglied Werner Hoppe ging in Haft. Sie waren mit ihrem BMW in eine der berüchtigten »Baader-Meinhof-Kontrollen« geraten. Wir waren empört und initiierten noch am gleichen Tag eine Demo: »Petra Schelm von den Bullen ermordet!« Angeblich soll sie von hinten erschossen worden sein. Ich hatte Probleme mit dem Begriff »ermordet«, weil ich die Auseinandersetzung Guerilla – Staat als eine politisch-militärische sah. Gab es da »Ermordete«? Petra Schelm hatte auch geschossen. Wir drei wurden uns darüber einig, daß der Terminus »ermordet« sein mußte, weil diese Auseinandersetzung mit ungleichen Mitteln geführt wurde. Hier der hochgerüstete kapitalistische Staat, dort seine wenigen, aber entschlossenen Gegner.

Diesmal kam die RAF über Wodo. Schon am anderen Tag erhielten wir einen dicken Packen Flugblätter. Die RAF griff die Bundesregierung und die Hamburger Polizei wegen ihrer »Kill-Fahndung« heftig an und schwor Vergeltung. Petra habe keine Chance zur Aufgabe gehabt. An die Adresse der Polizei gerichtet hatte die RAF schon im »Konzept Stadtguerilla« erklärt: »Der Bulle, der sich in dem Widerspruch zwischen sich als ›kleinem Mann‹ und als Kapitalistenknecht, als kleinem Gehaltsempfänger und Vollzugsbeamten des Monopolkapitals befindet, befindet sich nicht im Befehlsnotstand. Wir schießen, wenn auf uns geschossen wird. Den Bullen, der uns laufen läßt, lassen wir auch laufen.« Petra Schelm war die erste Tote auf seiten der Guerilla. Wir sollten die Flugblätter in der Freien und in der Technischen Universität verteilen. Aber Vorsicht! Studenten, die mit der rechtsgerichteten »Notgemeinschaft für eine Freie Universität« sympathisierten, umlagerten uns und wollten uns den Stapel Flugblätter entreißen. Wir wußten uns zu wehren und verschwanden, als wir von weitem Polizeisirenen hörten. Auch an den Unis begann sich der Wind langsam zu drehen. Schon seit längerem wuchs mein Mißtrauen gegen die Studenten. »Alles Brotstudenten, das ist die kommende Elite, was wollen wir mit denen? Deren Interessen sind doch nicht unsere.« Mike und Wodo waren Arbeiter wie ich. Mike war der Sohn eines amerikanischen Besatzungssoldaten, den er nie gesehen hatte, und in Heimen aufgewachsen.

Angelaufen war zu dieser Zeit bereits, was unter »Baader-Meinhof-Hysterie« im Laufe der nächsten Jahre durch das Land fegen sollte. Die Polizei, allen voran das Bundeskriminalamt, hatten »Baader/Meinhof-Sonderkommissionen« gebildet, und die »Bild-Zeitung« hatte die »Baader/Meinhof-Bande« zum Staatsfeind Nummer 1 erklärt. Das Bundeskabinett hatte in aller Eile die Finanzposten für »Innere Sicherheit« um 25 Prozent aufgestockt. Zehntausende von unbescholtenen Bürgern gerieten in Fahndungskontrollen, und so mancher blickte verängstigt in die Mündungen von Maschinenpistolen.

Zunächst aber sollte meine Frau Christa öffentlich in die Terrorismusfahndung geraten. Sie hatte eine Lehre als Keramikerin begonnen und arbeitete schon längere Zeit in einer Werkstatt in Charlottenburg. Genau an diese Adresse schickte die RAF mehrere Waffenpakete für ihre Berliner Dependance. Christas Chef hatte nichtsahnend einer alten Freundin erlaubt, die Pakete an seine Adresse senden zu lassen, weil sie, wie sie sagte, »nicht immer zu Hause« sei. Wie die Polizei mitbekam, was in den Paketen war, ist bis heute unklar. Sie stürmte eines Morgens die Werkstatt, nahm den Chef und Christa als »Terroristen« fest, und die Presse hatte ihre Schlagzeilen. Das kann doch wohl nicht wahr sein, dachte ich an diesem Morgen völlig baff. Am nächsten Tag konnten beide wegen erwiesener Unschuld wieder gehen.

Mike, Wodo und ich wollten zusammenziehen, und das möglichst schon in einer konspirativen Wohnung. Von einer Studentin, die für ein Jahr nach Westdeutschland gehen wollte, konnten wir eine verrottete, aber für uns sichere Drei-Zimmer-Behausung in Wilmersdorf übernehmen. Die Kreuzberger Wohnung überließ ich einem linken Türken, den ich schon lange kannte.

Am Abend des 8. Juli überraschte uns Wodo mit einer guten Botschaft: »Georg ist frei, hört mal Radio.« Noch am Morgen waren wir im Kriminalgericht Moabit als Besucher bei der Verhandlung gegen Georg von Rauch, Thomas Weißbecker und Bommi gewesen. Georg hatte noch ein weiteres Strafverfahren anhängig, während sich abzeichnete, daß der Haftbefehl gegen Weißbecker und Bommi aufgehoben werden würde. Was war passiert? Wenige Tage später erzählte mir Georg selbst, was abgelaufen war. Als sie nach der Mittagspause wieder in den Gerichtssaal gebracht werden sollten, wurden die beiden für eine gute halbe Stunde im Gerichtskeller zusammen in eine sogenannte Vorschlußzelle eingeschlossen. Erst da sei ihnen die Idee gekommen abzuhauen. Sollte Weißbeckers Haftbefehl aufgehoben werden, wollte Georg sich als Thommy ausgeben und unverzüglich den Gerichtssaal verlassen. Beide hatten dunkle Haare und beide einen dichten, dunklen Vollbart. Nur Weißbecker trug eine Brille. Die setzte sich Georg auf. Als der Richter den Haftbefehl gegen Weißbecker und Bommi aufhob, stand Georg auf, bedankte sich, verließ auf der Stelle den Gerichtssaal und verschwand. Weißbecker bekam verkündet, »daß gegen

Sie, Herr von Rauch, der Haftbefehl Bestand hat«. Jetzt empörte sich Weißbecker: »Was heißt hier Georg von Rauch, ich bin Thomas Weißbecker!« Nach einer Stunde Irritationen und erkennungsdienstlicher Behandlung stand fest: Dieser Mann ist wirklich Weißbecker. Die Justiz hatte einen Fehler gemacht und mußte nun zähneknirschend auch Weißbecker freilassen, gegen den sie keine Handhabe mehr hatte. Das Rückgrat des alten »Blues« war wieder frei. Wenige Tage zuvor hatten bereits Hans Peter Knoll und Heinz Brockmann nach monatelanger Untersuchungshaft die Zellen hinter sich lassen können. Steckbriefe, Großfahndung und Hausdurchsuchungen blieben ohne Erfolg: Georg von Rauch war verschwunden.

Über die Aktivistinnen der »Frauen-Befreiungsfront«, vor allem Angela Luther und Annerose Reiche, kamen wir wieder in Kontakt zu Bommi, Knoll und Brockmann. In den nächtelangen Diskussionen bei Musik und Dope wurde das erste Mal konkret über den Aufbau einer zweiten Guerilla-Gruppe diskutiert. Klar war für mich nur, daß diese Leute nicht mit der RAF zusammengehen wollten. Eines Hochsommertages sollten wir uns im Keller einer Weddinger Wohnung einfinden. »Schon mal 'n bißchen üben«, hatte Bommi uns angekündigt. Ein langer, großer Keller, bevölkert von gewiß 20 jungen Leuten beiderlei Geschlechts. Bommi, Knoll, Brockmann, Angela, Annerose, Thommy, Inge Bartz, wir drei und eine Reihe von Leuten, die ich alle vom Sehen her kannte. Links an der Kellerwand waren Zielscheiben angebracht, und Bommi saß mit einem Feldstecher auf der Treppe, um die Treffer durchzugeben. Geschossen wurde mit Luftdruckpistolen und -gewehren. Diese Übungen wiederholten wir noch mehrmals.

Über der Wohnung von Angela, einer ehemaligen Wäscherei im Wedding, ließ sich auf dem nicht mehr genutzten Trockenboden vortrefflich diskutieren. Wir lagen auf dem riesigen Matratzenlager, hörten Blues-Musik und überlegten, was die nächsten Schritte sein sollten. Bommi berichtete von den Kontakten zur RAF und wie die sich eine Integration des »Blues« in die RAF vorstellten. »Wir wollen doch nicht im Vertreter-Outfit rumloofen wie die. Ich kann das Gequatsche von Baby schon nicht mehr hören.« Mit »Baby« war Andreas Baader gemeint. Ich wußte noch immer nicht genau, welche Pläne der »Blues« hatte, und entschied, erst mal noch abzuwarten.

Weil keiner von uns Geld hatte, kamen wir auf die Idee, die auf dem Trockenboden kartonweise rumliegenden Comic-Heftchen »Das rote Frauenbataillon« am Ku'damm zu verscheuern. Angela hatte das schmale Heftchen, das vom Ruhm der Frauen während der chinesischen Revolution berichtete, auf eigene Kosten übersetzen und drucken lassen. Aber niemand wollte die heroische Geschichte haben. Mit einer Perserimitatbrücke und an die Hundert der in Blau gebundenen Bändchen ließen wir uns mitten auf dem Bürgersteig des Ku'damms nieder. Genauer, wir hockten uns vis-à-vis des Nobelhotels »Kempinski« direkt auf die Ecke Fasanenstraße/Ku'damm. Im Schneidersitz nahmen Bommi, Mike und ich hinter einem Stapel der Comics Platz, zogen eine Flöte zum Anlocken der Kunden hervor, und priesen den Vorbeieilenden das »Rote Frauenbataillon« an. Nach zwei Stunden hatten wir ein Heft für eine Mark verkauft. So sehr Bommi mit viel Charme und Humor die Heftchen auch anbot, niemand wollte sie. Plötzlich sah ich rechts hinter uns den Kölner Volksschauspieler Willy Millowitsch das »Kempinski« verlassen. »Mensch, der soll uns wat abkoofen, kieck mal!« rief ich. »Nee, der soll uns hier helfen«, und schon eilte Bommi auf den Mann zu. Freundlich redete er auf ihn ein, und tatsächlich, beide kamen zu unserem Perserteppich. Artig begrüßten wir Millowitsch, der nicht recht wußte, was wir von ihm wollten. »Erst mal ein paar Autogramme.« Bommi hielt dem Künstler einen Stapel vom »Roten Frauenbataillon« entgegen. Mit schwarzem Filzstift unterzeichnete er schwungvoll alle Exemplare. Und schon hatten wir Trauben von Menschen um uns versammelt. »Jetzt für fünf Mark mit Autogramm von Willy Millowitsch!«, schrien Mike und ich in die Menge. »Nehmt mal ruhig von den Jungens, dat sind doch so liebe Hippies«, ermunterte Millowitsch die ihn umringenden Bürger. Und während er noch ein weiteres Dutzend Comics signierte, rissen uns die Leute die Heftchen aus den Händen. Nach zehn Minuten wollte Millowitsch nicht mehr, und mit Handschlag und einem großen Dank ließen wir ihn gehen. Satte 110 D-Mark hatten wir eingenommen.

»Heute abend treffen wir uns bei euch. Aber bringt Wodo nicht mehr mit. Der macht woanders rum«, hatte uns Bommi verkündet. Wodo war vor ein paar Tagen zu seiner Freundin Inge Bartz nach Moabit gezogen. Sie kamen zu dritt. Bommi, Knoll und einer mit Brille und dunkelroten Haaren. »Darf ich vorstellen, die Dalton Brothers. Und das ist Herr Dalton«, begann Bommi. Ich hatte ihn erkannt, es war der gesuchte Georg von Rauch. »Und ich bin ab jetzt der Alex. Der werte Dicke hier, Knoll, ist jetzt Yeti, der Schneemensch.« Als sie sich auf unserem Matratzenlager niederließen, fischten alle drei großkalibrige Pistolen aus dem Hosenbund: »Die drückt sonst.« Mich hatte das nicht überrascht, schließlich wurde Georg steckbrieflich gesucht. »Wir wollen mit euch was machen«, begann Dalton. »Mit der RAF kommen wir nicht klar, die wollen uns den Blues austreiben. Wir machen etwas eigenes.« Seit Wochen hatte es Kontakte zwischen dem »Blues« und der RAF gegeben, aber eine Integration des »Blues« in die RAF war nicht zustande gekommen. In der Aufbauphase sollten wir aber von der RAF Unterstützung bekommen. Sie erzählten auch, daß unser Freund Wodo und Inge Bartz jetzt bei der RAF seien und daß Angela und Weißbecker wohl auch zu denen gehen würden.

Wir trafen uns von nun an fast jeden Tag in unserer Wohnung. Mit dabei war jetzt auch ein schmächtiger, kleiner Typ mit Vollbart, der uns als »Feuerbach« vorgestellt wurde. Aber auch ihn kannte ich, es war Heinz Brockmann. Mike und ich erhielten ebenfalls Decknamen. Ich »Doc« und Mike »Benn«. Jetzt konnte es wirklich ernst werden. Ich beschloß, noch einmal meine Mutter in Bad Neuenahr zu besuchen, um sie irgendwie darauf vorzubereiten, daß sie vielleicht bald Schlimmes über mich lesen würde.

Sie empfing mich sofort mit einer freudigen Nachricht. Der »Volksbund Deutsche Kriegsgräberfürsorge« hatte seit 15 Jahren gegen die Bundesregierung prozessiert, um eine Rentenerhöhung für sie zu erreichen. Es zeichnete sich ab, daß sie den Prozeß gewinnen würde. »Dann bekomme ich 80 000 D-Mark Nachzahlung!« Voller Glück erzählte sie, daß wir Geschwister dann jeder 10 000 D-Mark von ihr bekämen. Ich konnte ihr nichts von meinen Plänen sagen. Nach drei Tagen fuhr ich zurück. Vorweg: Bevor das Geld ausbezahlt wurde, starb sie. Das zweite Mal hatte die Regierung sie um ihr Geld betrogen.

V. In die Illegalität

Der Blues formiert sich

Es geht los! »Laßt uns mal 'nen Bruch machen«, schlug Georg vor. »Mal sehen, wie ihr euch bei einer Aktion verhaltet.« Zuerst knackten wir in Schöneberg einen VW-Käfer. Mike, der jetzt Benn hieß, und ich wurden wie Lehrlinge an das Objekt herangeführt. »Das ist die Wunderwaffe«, Dalton zeigte uns einen Gewindestab, der vorne spitz zulief und über dem eine verschiebbare Metallhülse saß. »Damit knacken wir jedes Auto.« Er klemmte sich hinter das Steuerrad, ich neben ihm, und Benn guckte durchs Fenster zu, während Bommi im Hintergrund »sicherte«. In Windeseile hatte Dalton mit einem dünnen, aber festen Draht, den er durch den Türspalt hindurchfummelte, den Sicherungsknopf hochgezogen, und die Türe war auf. Dann setzte er die »Wunderwaffe« direkt am Zündschloß an. Nur eine Minute später fuhren wir mit dem geklauten Käfer los. Er hatte mit der »Wunderwaffe« das ganze Zündschloß herausgezogen. Vorne hatte das Gerät einen sogenannten Ausdreher mit Linksgewinde, daran war ein Rechtsgewinde angeschweißt. Drehte man nun das spitz zulaufende Linksgewinde in das Zündschloß und schob die Metallhülse drüber, konterte sie mit einer Mutter und drehte dann das angeschweißte Rechtsgewinde in die gleiche Richtung, wurde der gesamte Einsatz des Zündschlosses rausgezogen. Es funktionierte genauso wie jene Korkenzieher, mit denen man durch einfaches Umlegen des Griffes den Korken ziehen kann, obwohl man in die gleiche Richtung dreht. Für den »Bruch« hatten wir uns eine ehemalige Untergrundkneipe, die jetzt nur noch Knete machte, in der Bayerischen Straße in Charlottenburg ausgesucht. Mit Brecheisen, aber wenig Lärm kamen wir über die Hintertür rein. Benn und ich suchten sofort nach der Kasse, während Dalton und Alex sich breit hinter dem Tresen aufbauten, um erst mal »ein leckeres Bierchen zu zapfen«. »Mensch, duckt euch, wenn jetzt ein Bullenwagen vorbeikommt, sehen die euch doch durch die Scheibe«, flüsterte ich den beiden zu. »Dann gibt's einen toten Bullen, und wir haben eine Knarre mehr«, antwortete Dalton und zapfte in aller Ruhe weiter. Plötzlich war mein Mund trocken, und ich begann unter den Achseln zu schwitzen. »Mensch, ist der drauf«, zischte ich Benn zu, der sichtlich irritiert das Treiben der beiden beobachtete. »Wegen solchem Pipifax schießen?«, ging es mir durch den Kopf. Und ich beschloß in diesem Moment, mein Mitspracherecht in der Gruppe stärker geltend zu machen. Alles ging gut. Wir hatten ein paar Hundert Mark, ein paar Schallplatten und mehrere Flaschen edler Schnäpse mitgenommen. Hinterher waren alle der Ansicht, daß es »cool« abgelaufen sei.

Schon einen Tag später machten wir das nächste Ding. Von linken Türken hatten wir erfahren, daß im Wedding ein Kassierer der faschistischen »Grauen Wölfe« wohnte. Dem wollten wir die Kasse klauen. Benn und ich zogen alleine los, jeder bewaffnet mit einem soliden Tränengasrevolver und einem Bund Dietriche. Eine zweite Tauglichkeitsprüfung – »aber nicht mit scharfen Waffen«, wie Dalton meinte. Alles klappte. Der Mann war zum Glück nicht zu Hause, wir öffneten die Wohnung, suchten und fanden neben einer Mitgliederliste auch 3500 D-Mark. Aber nicht alles lief so glatt. Am Charlottenburger Studentenheim »Siegmundshof« kam es zu einem ersten Feuergefecht mit der Polizei. Beim Versuch, ein Auto zu klauen, wurden Dalton, Feuerbach, Yeti und Alex von einer Zivilstreife überrascht. Schießend gelang allen vieren die Flucht.

»Die Damen mit den schweren Handtaschen sind wieder in der Stadt«, berichtete uns Alex, der selbst in schwierigen Situationen seinen Witz behielt. Er meinte die RAF-Frauen. Benn und ich merkten, daß ein Teil der Gruppe eine Aktion plante, bei der wir nicht mitmachen sollten. Erst nach dem 14. Oktober erfuhren wir, zunächst durch die Zeitung, worum es gegangen war. Die Gruppe hatte mit finanzieller und logistischer Unterstützung der RAF eine Befreiung der inhaftierten RAF-Frauen Irene Görgens, Ingrid Schubert und Monika Berberich aus dem Frauengefängnis Lehrter Straße versucht. Alles war schiefgegangen. Damit war die Zusammenarbeit zwischen »Blues« und RAF endgültig vorbei. Aber der große Bruder RAF hatte uns ein beachtliches Waffenarsenal überlassen. Vor allem Pistolen der Marke Firebird und belgische FN.

Benn und ich sollten von nun an eine eigene »Feuereinheit« bilden, so nannten wir die einzelnen Zellen der Gruppe, und alles lernen, was im Untergrund überlebenswichtig ist. »Jeder muß alles können. Alles. Es gibt keine Arbeitsteilung zwischen Spezialisten und Handwerkern. Wenn eine Feuereinheit aufgerieben wird, muß die andere in der Lage sein, sofort weitermachen zu können«, erklärte uns Dalton. Zuerst die Waffen. Auseinandernehmen und zusammensetzen. Wir schlichen uns in der Abenddämmerung zu Schießübungen in den Tegeler Forst, in die Nähe des Schießplatzes der französischen Truppen. Immer wenn von dort die Schüsse belferten, schossen auch wir, quasi als Echo. »Schneller ziehn als die Polizei, das kann dir das Leben retten.« Wir übten blitzschnelles Ziehen und Combatstellung, genaues Treffen und schnelles Nachladen. Obwohl ich fortan einige Jahre lang ständig eine Waffe trug, hatte ich nie eine selbstverständliche Beziehung zu diesem Todbringer. Sie blieb in all den Jahren ein ungeliebter Fremdkörper, der mir allerdings in Zeiten der Großfahndung auch ein Gefühl von Sicherheit gab. Wir führten nur großkalibrige Pistolen mit uns, zum einen wegen des psychologischen Effekts der Abschreckung und zum anderen, um bei einem Einsatz den Gegner gleich so zu verletzen, daß er seinerseits nicht mehr auf uns schießen konnte.

Alles, was wir über Waffen und ihren Einsatz wissen mußten, holten wir uns aus dem Standardwerk »Mit gebremster Gewalt« des Waffenexperten H. J. Stammel. In den Anfängen damals, und später auch beim »2. Juni«, wurde immer wieder über den Einsatz der Waffe diskutiert. Für uns galt die Devise, daß sie, wenn überhaupt, nur zum Schutz, als Bedrohungs- oder Einschüchterungsinstrument, bei einer eventuellen Festnahme genutzt werden sollte. Eher aufgeben als zu versuchen, sich den Fluchtweg freizuschießen. Und für Geld, bei einem Bankraub, wollten wir sowieso nicht schießen. So war es dann auch.

Wir erfuhren, wie man eine »Doublette« macht. Das waren gestohlene Autos, mit denen wir uns relativ sicher durch die Stadt bewegen konnten. Ein weißer BMW wurde im Norden Berlins geklaut und das gleiche Modell in gleicher Farbe im Süden gesucht. Dessen Nummernschild ließen wir dann nachfertigen. Bei der KFZ-Zulassung erfuhren wir per Lügengeschichten den Halter, fälschten einen Blanko-KFZ-Schein auf diesen Namen, trennten von anderen geklauten Nummerschildern TÜV- und Stadtstempel mittels Skalpell sauber ab, setzten sie auf die neuen Schilder, und damit gab es dieses Auto zweimal in Berlin. Diese Methode praktizierten wir die ganzen Jahre über, und nie wurde uns eine »Doublette« zum Verhängnis. Dann war da noch das Dokumentefälschen: Pässe, Führerscheine, KFZ-Scheine. Die »Dalton Brothers« hatten falsche Pässe von der RAF, konnten uns die Methode aber selbst nicht beibringen. Das lernte ich erst später.

Am 21. Oktober 1971 war ein RAF-Plenum in einer Hamburger Hochhauswohnung angesetzt. Die Wohnung hatte ein Künstler Ulrike Meinhof für ein paar Tage überlassen. Die vier Genossen, zwei Frauen und zwei Männer, gingen zielstrebig durch das ruhige, mit viel Grün bepflanzte Neubauviertel am Hamburger Stadtrand. Es war bereits dunkel. Schon zum zweiten Mal fuhr ein PKW, besetzt mit zwei Männern, langsam an ihnen vorbei. Als er sich ihnen zum drittenmal näherte, waren die Genossen vorbereitet. Der Wagen hielt und beide stiegen aus: »Halt, Polizei, ihre Ausweise.« Wie abgemacht, spritzten die vier auseinander und rannten in verschiedene Richtungen davon. Plötzlich peitschten Schüsse, Ruhe, und nochmal Schüsse. Tödlich getroffen lag der Zivilfahnder Norbert Schmidt am Boden. Von den vieren keine Spur. Bei der sofort einsetzenden Großfahndung wurde die Polizei doch noch fündig. In einer Telefonzelle griff sie das RAF-Mitglied Margit Schiller auf. Sie war bewaffnet, aber aus ihrer Pistole war kein Schuß abgegeben worden. Ralf Reinders, der damals in Hamburg gewesen war, erzählte mir später, daß Gerd Müller die tödlichen Schüsse abgefeuert hatte. Müller, der ein paar Jahre später als Kronzeuge der Bundesanwaltschaft gegen die RAF-Führung aussagte, kam mit fünf Jahren davon. Wer die tödlichen Schüsse abgegeben hatte, wurde vor Gericht nie geklärt. Norbert Schmidt war der erste Tote auf der anderen Seite.

Um drei Uhr nachmittags sollte ich, »aber pünktlich«, in »Kuttis Spielsalon« am Nollendorfplatz sein, hatte mir Dalton gesagt. Ich war pünktlich. Außer mir stand nur ganz hinten in der Ecke ein Mann am Flipper, sonst war die große Halle leer. Nach zehn Minuten kam Dalton. »Jemand will dich sprechen.« Der junge Mann, der in der Ecke geflippert hatte, kam langsam auf uns zu. Obwohl er sein Äußeres durch Brille, Bart und eine neue Haarfarbe stark verändert hatte, konnte ich mich an ihn erinnern: Ralf Reinders. »Das ist Bruno«, stellte Dalton vor. Wir unterhielten uns über dies und jenes und verabredeten für den nächsten Tag ein Treffen in unserer Wohnung. Bruno war doch schon lange auf den RAF-Steckbriefen, gehen wir doch mit der RAF zusammen? fragte ich mich. Der nächste Abend brachte Klarheit. Einer kam nach dem anderen: Dalton, Alex, Yeti, Feuerbach, dann Bruno. Er in Begleitung einer Frau: »Das ist Hedwig Dünn«, stellte Alex vor. Die schlanke, große Frau von etwa 30 Jahren in Minirock und Lackstiefeln hatte ich zuvor noch nicht gesehen. Es war Ina Siepmann. »Wir wollen jetzt mit euch zusammen was machen«, eröffnete Bruno, und Dalton sekundierte: »Die kommen jetzt zu uns, weil sie mit der RAF nicht klarkommen.« An diesem Abend wurde nur noch gealbert.

Ein paar Tage später war plötzlich Geld da, viel Geld. In Hermsdorf, so konnten wir in der Zeitung lesen, hatte »vermutlich die Baader-Meinhof-Bande« eine Bank überfallen und 80 000 D-Mark geraubt. Wir wußten Bescheid.

»Es reicht nicht, wir müssen noch eine machen«, stellte Dalton eines Abends fest. Geld brauchten wir nicht nur zur Auffüllung unserer »Kriegskasse« – die illegale Struktur kostet viel –, sondern unser Ziel war, damit autonome Projekte und Initiativen in sozialen Bereichen zu unterstützen. Wir stellten uns vor, eine große Anzahl von Widerstandszellen, vor allem in Kreuzberg, aufzubauen und auch finanziell zu helfen. Uns schwebte der Aufbau einer Art Gegenmacht vor, eine befreite Doppelstruktur gegen die repressive staatliche. Kreuzberg, ein befreites Gebiet. Alles diffus und idealistisch gedacht. Immerhin haben wir tatsächlich eine ganze Reihe von politischen, autonomen Projekten finanziell unterstützt, nicht nur die »Rote Hilfe«.

Und wieder gingen wir in den Tegeler Forst und veranstalteten Schießübungen. An diesem Abend mußten Benn und ich die Waffen nicht mehr zurückgeben. »Die behaltet ihr jetzt«, wurde uns verkündet. »Aber keinen Scheiß machen!« Wir hatten jetzt zwei Firebird-Pistolen, zwei Reservemagazine und einen Karton mit fünfzig Schuß Munition. Überlassen hatten sie uns auch ein kleines umgebautes Transistorradio, mit dem wir den Polizeifunk abhören konnten. Benn und ich hatten den Tip bekommen, daß Ende November wegen des Weihnachtsgeldes für die Professoren in der Hauptkasse der Technischen Universität über eine halbe Million Mark liegen würde. Der 29. November sei der entscheidende Tag. Die Gruppe beschloß, die Kasse auszurauben und sich das üppige Weihnachtsgeld zu holen.

Umsichtig und in wechselnder Beteiligung checkten wir das Terrain, die Kasse, die Fluchtwege. Der Kassenraum war ähnlich wie in einer Bank, der Kassierer saß hinter einem Schalter, der bis zur Hälfte verglast war. Ich sollte den ersten Fluchtwagen steuern, einen BMW, Bruno den »Umsteiger«, einen VW-Kastenwagen. Hedwig sollte auf den Tresen springen und zusammen mit Benn die Angestellten in Schach halten, Dalton die Türe sichern und Feuerbach, weil er der Kleinste war, in den Kassenraum klettern und einsammeln, was er fand.

Trotz sorgfältiger Planung wäre fast alles in die Hose gegangen. Zunächst klauten Benn und ich nach bewährter Methode den VW-Kasten-Wagen, die anderen den BMW. Yeti und Bommi sollten an diesem Morgen nicht dabeisein, sondern den Polizeifunk abhören und mitschneiden. Das machten wir jedesmal, um genau herauszukriegen, wann der Alarm bei den Bullen ankam, und wie lange sie brauchten, um am Tatort zu sein. Irgendwann wußten wir dann, wieviel Zeit wir bei einem Überfall hatten. Von unserer Wohnung rückten wir sechs an diesem 29. November in aller Frühe in

Richtung TU aus. Ich hatte einen grauen Kittel an, eine Brille mit Fensterglas auf der Nase und ein grünes Kordhütchen auf dem Kopf. Benn, Dalton und Feuerbach hatten sich ähnlich maskiert. Nur Hedwig trug eine strähnige, strohblonde Perücke und lange, schwarze Hosen. Unter dem Mantel versteckt allerdings auch ihren Minirock. Die Hosen waren an den Beinen nur geheftet, so daß sie die in Sekundenschnelle vom Körper reißen konnte.

Der BMW stand auf dem Parkplatz vor dem TU-Hauptgebäude. Von dort sollte ich ihn an die Rückfront des Gebäudes fahren und direkt vor den Fenstern der Kasse warten. Die Genossen wollten den Kassenraum zwar durch die Türe betreten, aber durch die Fenster des zu ebener Erde liegenden Raums wieder verschwinden. Sobald sie im Wagen wären, sollte ich dann mit Affenzahn über das TU-Gelände preschen bis an eine kleine Seitenpforte zur Fasanenstraße. Dort, außerhalb des Geländes, sollte uns Bruno mit dem Bus übernehmen, und weg wären wir. Als ich mich hinter das Steuer setzte, spürte ich plötzlich, wie mir der Schweiß nur so aus den Achseln lief. Langsam steuerte ich den BMW an die vereinbarte Stelle und konnte gerade noch sehen, wie die vier im Hauptgebäude verschwanden. Ich hörte auf zu schwitzen und war jetzt voll konzentriert. Links und rechts wuselten die ahnungslosen Studenten an mir vorbei. Sekunden später tauchten die vier im Kassenraum auf. Ich starrte gebannt durch die großen Fenster in den Raum. Hedwig stand auf dem Tresen, die kleine Maschinenpistole in der Hand, mit der sie unaufhörlich Leute dirigierte. Es dauerte und dauerte endlos, schien mir. Dann flog das Fenster auf: Hedwig, Feuerbach mit einer dicken Plastiktüte in der Hand, Benn und dann Dalton. Alle waren schon am Auto und hechteten in den Fond, da drehte sich Benn um und schoß in die Luft.

Ich raste los. Sogleich fing Hedwig an zu zetern: »Bist du verrückt, warum hast du jetzt geschossen!« Ich war irritiert und so nervös durch das Gebrüll hinter mir, daß ich den falschen Weg einschlug. »Doch nicht hier lang«, schrie Dalton. Aber es war zu spät, ich konnte nicht mehr abbiegen. Knapp hundert Meter von der vereinbarten Pforte entfernt erreichte ich eine andere. Mit heftigem Winken wurde der wartende Bruno herangeholt. Noch während wir uns im fahrenden VW-Bus unserer Kostümierung entledigten, gab es herbe Schelte für Benn und mich. »Scheiße habt ihr gebaut!« Ich hörte gar nicht hin. Alles kam von weit her, ich war noch immer wie benommen und konnte es nicht fassen, daß wir gerade eine Bank überfallen hatten.

Ich war wie abwesend und vor allem erschrocken über meine eigene Courage. Aber alles war gerade abgelaufen, wirklich! Es hatte nicht mal eine Minute gedauert. Zum ersten Mal war ich offen mit einer Waffe aufgetreten. Es war doch ein großer Unterschied zu den Nacht-und-Nebel-Aktionen der vergangenen Zeit, so ganz anders und gleichzeitig auch so einfach. Benn war genauso irritiert, und das war auch der Grund, warum er völlig unnötig geschossen hatte. Er war überfordert. Nur wenige Tage später räumte er das selbst ein. Bei uns angekommen, wurde erst mal das Geld gezählt. Wir hockten auf dem Boden und rissen eine Gehaltstüte nach der anderen auf. Das gesamte Geld war in Gehaltstüten. 30 000 DM. Die halbe Million aber war nicht dabei. Feuerbach beteuerte unaufhörlich, sie sei gar nicht dagewesen. Den ganzen Kassenraum habe er auf den Kopf gestellt, sogar die Stullendose des Kassierers habe er gefilzt. Dalton sprang ihm bei. Er selbst war trotz des hohen Risikos zusätzlich noch in den Kassenraum geklettert, um das große Geld zu finden. Nichts. Uns beiden wurde eindringlich ins Gewissen geredet, und wir wurden auch prompt mit der Frage konfrontiert: »Wißt ihr genau, daß das, was wir machen, auch das Richtige für euch ist?« Grinsend und in Anspielung auf Mao mahnte Georg: »Stadtguerilla machen ist kein Deckensticken.« Wir beide übten Selbstkritik und versicherten, daß wir weitermachen wollten.

Natürlich hatten wir Scheiße gebaut. Ich war nicht den verabredeten Weg gefahren, und Benn hatte ohne Not einfach geschossen. Die Pistole war damit perdu, weil jetzt polizeibekannt, und mußte verschwinden. Meine Pistole behielt ich. Wir bekamen 10 000 D-Mark, »euer Depot«, und verabredeten uns alle für eine Woche später zum »Perspektiv-Plenum«. »Haltet jetzt die Füße still, bestimmt kommt in der nächsten Zeit eine Großfahndung in Berlin«, verabschiedete sich Bruno.

Benn und ich beschlossen, uns erst mal ein paar neue Klamotten zu kaufen, die wir nötig hatten, dann in die Sauna und anschließend endlich mal wieder gut essen zu gehen. Benn wollte sich im »Market« in der Uhlandstraße die lang ersehnten silbernen Stiefel mit roten Sternchen und Plateausohle kaufen, wie sein Idol Jim Morrison von den »Doors«. Als wir gegen Mittag das Haus verließen und den ersten Zeitungskiosk sahen, wußte ich sofort, daß es jetzt keine Kritik an Benn und mir mehr geben würde. Andere hatten noch größeren Mist gebaut als wir. Die Schlagzeile der Mittagszeitung »Der Abend« lautete: »Baader-Meinhof-Terroristen vergaßen eine halbe Million.« In dem Artikel behauptete der Kassierer, sogleich als die Bande den Kassenraum betreten habe, habe er geistesgegenwärtig den schwarzen Karton mit der halben Million Weihnachtsgeld per Fußtritt tief unter seine Kassenbox geschoben. Von den Tätern hatte die Polizei keine Spur. Weder über unsere Patzer noch über die vergessene halbe Million wurde noch einmal geredet.

Abends fand ich einen Zettel in der Wohnung. Wodo wollte mich sprechen und schlug für 22 Uhr ein Date in einer Kneipe in Schöneberg vor. Er sah völlig verändert aus. Keine langen Haare, kein Wuschelbart mehr, und ordentlich gekleidet war er auch. Am Ende des langen Gesprächs kam er auf den Punkt: »Willste für die RAF was machen?« Ich schüttelte den Kopf und hob vorsichtig meinen Pullover etwas an, so daß er meine Pistole sehen konnte: »Bin schon woanders.« Wodo hatte verstanden, und unsere Wege trennten sich wieder.

Für den kommenden Montag hatten wir uns mit Dalton, Alex und Yeti, mit denen Benn und ich am besten klarkamen, zum Essen bei dem Japaner in der Wilmersdorfer Straße verabredet. Danach wollten wir alle zu einem B. B. King-Konzert in die Deutschlandhalle. Wir aßen gut und lange, und unsere Stimmung stieg mit jedem Bier. Als Alex noch einen faustgroßen Klumpen »Roter Libanese« präsentierte, wurden wir schon leichtsinnig. Vor allem, nachdem wir alle auf dem Klo eine Prise von dem Stoff probiert hatten. Kurz darauf mußten wir das Lokal überstürzt verlassen. Dalton war irgendwann aufs Klo gegangen, und beim Hocken auf den japanischen Sitzkissen war sein Pullover so hochgerutscht, daß man deutlich seine Pistole sehen konnte, die er im Gürtel auf dem Rücken trug. Als er zurückkam, hatten wir schon bezahlt – und weg.

Wie sich die »Dalton Brothers« auf dem Konzert dann unbekümmert unter Freunde und Frauen mischten, war mir suspekt. Ich hielt es für gefährlich. Bald waren die drei umlagert von Frauen in schrillen Klamotten und Typen, die schon vom Aussehen und Verhalten her, damals noch Gesinnungskennzeichen, nicht zu uns paßten. »Alles alte Bluesbreaker«, beruhigte mich Alex. Wir ließen uns von B. B. King mitreißen und amüsierten uns köstlich.

Georg von Rauch wird erschossen

Nur drei Tage später, am 4. Dezember 1971, kamen Benn und ich kurz nach 19 Uhr von einer Frittenbude am Nollendorfplatz. Vor einem Fernsehladen machten wir halt, weil gerade die Berliner Abendschau begann. »Bei einer Schießerei zwischen Baader-Meinhof-Terroristen und der Polizei hat es heute abend einen Toten gegeben. Es handelt sich dabei um den mit Steckbrief gesuchten Anarchisten Georg von Rauch. Der 24jährige Professorensohn wurde im Zuge der Fahndung nach anarchistischen Gewalttätern in der Eisenacher Straße in Schöneberg zusammen mit drei weiteren Terroristen von einem Zivilfahndungskommando gestellt. Dabei kam es zu einem heftigen Schußwechsel, in dessen Verlauf der 24jährige getötet wurde. Drei weitere Terroristen sind noch flüchtig.« Anschließend zeigten sie eine Puppe, der sie Georgs Kleidung, den gefütterten braunen Wildledermantel und seine Jeans angezogen hatten. Sogar seine Brille hatten sie der Puppe aufgesetzt. Die Polizei rief die Bevölkerung zur Fahndungshilfe auf: »Wer hat diesen Mann gesehen, wo hat er eventuell eine Wohnung oder Garage gemietet?«

Mir wurde abwechselnd heiß und kalt, und ich spürte förmlich, wie mir das Blut aus dem Gesicht wich. Benn mußte sich an der Schaufensterscheibe abstützen, auch er war kreidebleich. Ich hatte mich zuerst gefangen: »Los, sofort weg hier!« Wir befanden uns nur eine Ecke von dem Ort entfernt, wo das Ganze erst vor zwei Stunden geschehen war. Ich hakte Benn unter, der noch immer kein Wort rausbrachte, und winkte am Straßenrand nach einem »Schuhmann«. So hießen bei uns die Taxis, aber auch stereotype Neubauten, ein schnieker Anzug oder irgendeine langweilige Person. Wir leiteten diesen Oberbegriff für alles, was uns kleinbürgerlich erschien, von der Comic-Figur »Herr Schuhmann, der menschliche« des Zeichners Robert Crumb ab. Benn war fertig. Zu Hause legte er sich auf seine Matratze und heulte. Auch ich war schwer mitgenommen von Georgs Tod. Immer witzig und unerschrocken war er gewesen, ein Draufgänger und Revolutionär. Wir mußten jetzt höllisch aufpassen: Etliche Male war er in unserer Wohnung gewesen, und irgendwer aus dem Haus hatte ihn vielleicht hineingehen sehen. Benn wollte Schnaps. In der Eckkneipe besorgte ich eine Flasche Weinbrand. Schweigend und jeder in seine Gedanken versunken, schluckten wir sie gemeinsam, dazu noch einen Joint und noch einen.

Am anderen Morgen quälte nicht nur der Kater meinen Schädel, sondern auch die Frage: Was nun? Georg war für uns beide die Achse der Gruppe und unser Hauptbezugspunkt gewesen. Benn war immer noch grau. Wir verließen die Wohnung schon am frühen Morgen, um nicht von der Polizei überrascht zu werden: Jetzt würden alle Zeitungen den Fahndungsaufruf bringen. Die waren in der Tat voll damit, und wieder die Puppe mit Georgs Klamotten. Wir gingen den ganzen Tag flippern, Benn sprach einfach nicht. Abends, bei Vietcong-Essen, Reis mit scharfer Sauce und viel Zwiebeln, in der Wilmersdorfer, kam's dann. Am Ende sei er, den Tod von Georg könne er nicht verkraften. Er wolle nicht mehr, und ob ich ihm helfe, da rauszukommen. Er werde alles machen, was wir von ihm verlangten, und verraten werde er nie etwas. Ich nickte. »Laß mal, Alter, mach dir keine Sorgen. Wir sprechen beim nächsten Plenum darüber.« Ich selber hatte mich schon entschieden: Weitermachen! Ja, in der Trauer über Georgs Tod wollte ich jetzt erst recht. Der ist als Rebell gestorben, du mußt es fortsetzen. Ich hatte nichts zu verlieren. Lieber aufrecht gehen und krepieren, als auf den Knien rutschend letztendlich doch nur irgendsoein »Schuhmann« zu werden. Die sozialistische Revolution steht auf der Tagesordnung, machte ich mir neuen Mut.

Erst zehn Tage später meldete sich als erster Bommi wieder bei uns. Er wirkte wie immer, machte seine Witzchen und wollte am liebsten gar nicht über Georgs Tod sprechen. Sie hatten zu viert,

Knoll, Brockmann, Georg und Bommi, den Ford Transit von seinem Parkplatz in der Winterfeldtstraße geholt. Einem alten »Bluesbreaker« wollten sie einen Gefallen tun und mit dem Auto ein Möbel für ihn transportieren. Der Ford, eine Dublette, stand angeblich schon seit Tagen unter Polizeibeobachtung. Das war ihnen entgangen, als sie einstiegen. Gefolgt von Brockmann, der mit Knoll in einem VW-Variant saß, fuhren sie zur Wohnung des Freundes in der Eisenacher Straße.

Kaum hatten sie eingeparkt, wurden sie von zwei bewaffneten Männern, einer davon mit einer Maschinenpistole, bedroht. »Aussteigen, Hände hoch und alle an die Wand!« Während einer der beiden Bommi und Georg nur hastig nach Waffen abtasteten, forderte der andere Brockmann und Knoll auf, aus dem VW-Variant auszusteigen. Sie waren in die Falle einer Zivilstreife der »Soko-Baader-Meinhof« geraten. Brockmann nutzte einen kurzen Moment der Verwirrung und flüchtete, verfolgt von dem Polizisten mit der MP, in Richtung Nollendorfplatz. Nur weil die MP Ladehemmung hatte, wurde nicht hinter ihm hergeschossen. Die anderen drei standen mit erhobenen Armen vor dem Rolladen eines Antiquitäten-Geschäfts, in Schach gehalten von einem sichtlich nervösen Polizisten. Georg zischte den beiden zu: »Bei drei umdrehen und feuern, dann weg!« Und sie schossen. Der Polizist entging dem Kugelhagel und feuerte zurück. Georg wurde durch einen Kopfschuß getötet. Für Bommi und Knoll sollte Georgs Tod auch das Ende des Stadtguerillakampfes bedeuten. Bommi: »Mein ganzes Leben lang sehe ich Georg neben mir umfallen.« Die Berliner Linke ging sofort auf die Straße: »Rache für Georg!«

Ich ging mit Benn noch zu einem Teach-In ins überfüllte Audimax der TU und hörte mir die verschiedenen Versionen zum Tod von Georg an. Niemand hier glaubte an die Darstellung der Polizei. Deren Erklärung, es habe eine Schießerei »einer gegen drei« stattgefunden, wurde von Rechtsanwälten und zufälligen Augenzeugen entschieden bestritten. Augenzeugen wollten am Tatort noch weitere Bewaffnete gesehen haben, die hinter Autos schußbereit auf der Lauer lagen. Nie dementiert wurde die Behauptung, daß mehr Polizisten am Tatort waren und geschossen haben, als offiziell zugegeben wurde.

Auf dem Teach-In wurde beschlossen, das leerstehende Bethanien-Krankenhaus zu besetzen und in »Georg-von-Rauch-Haus« umzubenennen. Das riesige Gebäude aus dem vorigen Jahrhundert lag mitten in Kreuzberg am Mariannenplatz. Über 500 junge Leute, vor allem Jungarbeiter und Lehrlinge, zogen noch in derselben Nacht in den leerstehenden Komplex, um dort ein »Autonomes Lehrlings- und Jugendzentrum« zu gründen. Das fanden wir Klasse.

Auf dem ersten Plenum nach Georgs Tod wurde sogleich über Benns Problem gesprochen. Jemand, der nicht mehr wollte oder den Druck nicht mehr aushielt, konnte gehen. So war das grundsätzlich beim 2. Juni. Benn bekam einen falschen Paß, ein paar tausend Mark und die scharfe Auflage, über alles, was er wußte, für immer zu schweigen. Und: Er mußte sofort aus unseren Strukturen raus. Ich brachte ihn noch an diesem Abend zu Horst und den anderen Trierern, die jetzt in einer Tiergartener Ladenwohnung wohnten und weiter Schmuck herstellten. Sie nahmen ihn auf. Während des Besuches kam es zu einer heftigen Auseinandersetzung zwischen Horst und mir: Wir hätten sowieso keine Chance, was wollten wir mit unseren lächerlichen Pistolen schon gegen die Panzer der Polizei ausrichten. Selbstmordkandidaten seien wir allesamt, schimpfte Horst. »Defätismus und Verrat an der revolutionären Sache«, konterte ich erregt. Wütend und enttäuscht trennte ich mich nach einer Stunde von den Freunden aus der alten Zeit. Horst sollte ich nie wiedersehen.

Jetzt wieder allein, ging ich forciert einem Tip nach, den ich schon vor Monaten bekommen hatte. Ein Genosse, der dreimal die Woche als Küchenhelfer in einem Prominentenlokal in der Schöneberger Motzstraße jobbte, hatte mir erzählt, neben Prominenz aus Politik und Kultur käme hin und wieder auch der amerikanische Stadtkommandant mit Gefolge zum Essen in das piekfeine Restaurant. Ich sprach den Mann wieder an. Ja, er bestätigte seine alte Information. Nicht nur das: »Gestern erst war der französische Stadtkommandant da.« Mit großem Troß und aufwendiger Bewachung. Ich ließ mir von ihm eine genaue Skizze der Örtlichkeiten anfertigen, mit allen Nebenräumen und Hinterausgang.

Ende Dezember besuchte ich das Lokal selbst und schaute mich genau um. Die Skizze war okay.

Mein Plan war, einen der Stadtkommandanten zu entführen, am besten den amerikanischen. Ich erzählte der Gruppe von dem Hinweis und meinen Überlegungen. Man war angetan, und ich bekam den Auftrag, weiter zu checken. Tagelang klapperte ich alle Secondhand-Läden in Berlin ab. Auf der Kantstraße wurde ich fündig: zwei französische Militäruniformen und eine amerikanische. Bis auf die Mützen komplett. Für 100 D-Mark hatte ich die Klamotten. Irgendwann wurde allerdings entschieden: »Das ist 'ne Nummer zu groß im Moment. Später vielleicht.« Die Uniformen verbunkerte ich bei meiner Schwester Rosemarie, die sie gut wegpackte, ohne lange zu fragen.

Auf den Vollversammlungen wurde nach und nach deutlich, daß vor allem Bruno und Hedwig bemüht waren, die Gruppe neu zu formieren. Sie standen offenbar in Verhandlungen mit anderen Grüppchen, mit dem Ziel, eine schlagkräftige Bewegung aufzubauen. So auch mit der Gruppe um Peter Paul Zahl, zu der auch Norbert und Gabriele Kröcher gehörten. Die hatten die gleichen Vorstellungen wie wir. Bis vor kurzem hatten die drei noch die Untergrundzeitung »Fizz« herausgegeben, eine Postille, die vor allem anarchistische Positionen verbreitete. Auch Bommi und Knoll kümmerten sich um die Zusammenführung anderer, allein vor sich hinwurstelnder Militanter. Die Gruppe um P. P. Zahl wollte sich uns aber nicht anschließen, sondern allein agieren. Bald danach verließen sie geschlossen Berlin, um im Ruhrgebiet die »Rote Ruhrarmee« aufzubauen. Mit anderen Leuten sollte ein Zusammenschluß besser klappen, wenn auch teilweise mit zweifelhaftem Erfolg. Die Kriterien, nach denen Leute für militante Aktionen rekrutiert wurden, waren zu oberflächlich und teils grob fahrlässig, was die Reihe von Verrätern wie Schmücker, Sommerfeld und Hochstein noch zeigen sollte.

Über Georgs Tod wurde nicht mehr gesprochen. Der anfängliche Schock war überwunden, wir waren eher noch entschlossener geworden. Für mich hatte sein Tod auch ganz unmittelbare Folgen. Weil ich einmal in dem Ford Transit mitgefahren war, bestand die Gefahr, daß die Polizei dort Fingerabdrücke von mir finden könnte. Und die existierten schon in ihrer Kartei noch aus der Zeit, als ich wegen Schulschwänzens inhaftiert gewesen war. Also, befand die Gruppe, hatte ich sofort in die Illegalität abzutauchen, weil nicht auszuschließen war, daß per stiller Fahndung bereits nach mir gesucht wurde. Schnellstens hatte ich alle alten Kontakte abzubrechen, zu den alten Genossen, zu meiner Familie, zu den üblichen Kneipenszenen. Gefährliche Ecken, Bahnhöfe oder die Kriminellenszene hatte ich zu meiden. Ich bekam einen falschen Paß auf den Namen Detlev Walter Knoblich und ging von diesem Tag an auch nicht mehr ohne Pistole aus dem Haus. Und ein anderes Quartier sollte ich mir suchen. Dabei half mir die Genossin Barbara, die sich gerade mal wieder in Berlin aufhielt. Als ich sie in einem spanischen Restaurant in Charlottenburg traf, war sie nicht allein. Mit am Tisch saß eine junge Frau von vielleicht Anfang Zwanzig. Groß, schlank und mit modischem hennaroten Haarschopf, den sie ganz kurz geschnitten trug. Die Unbekannte gefiel mir auf den ersten Blick. Sie hatte ein freundliches, offenes Gesicht, und wenn sie lachte, was sie sehr oft tat, zeigte sie eine Reihe perlweißer Zähne. »Das ist meine Freundin Gabriele. Studentin der Soziologie an der FU. Sie ist mit mir zusammen in der Frauengruppe ›Brot und Rosen‹.« Ich erzählte den beiden nicht genau, wie es um mich stand, drängte aber darauf, daß sie mir irgendwie zu einer »coolen Bleibe« verhelfen sollten. Barbara kannte eine WG in der Winterfeldtstraße. »Es braucht ja keiner zu wissen, wer ich eigentlich bin. Der Walter eben.« Gabriele war engagiert in der »Projektgruppe Elektroindustrie«, einer Organisation, deren Ziel es war, »revolutionäre Betriebsgruppen« in den Fabriken aufzubauen. Sie selbst hatte schon etliche Monate als Löterin am Band gestanden. Zeitweilig hatten die studentischen Betriebsgruppen beachtliche Erfolge und konnten mit einer starken Basis in einzelnen Großkonzernen einige Wirkung erzielen.

Als ich mich nach diesem langen Abend von den beiden trennte, hatte ich mich in Gabriele verliebt. Und ich hatte gespürt, daß auch ich ihr nicht ganz unsympathisch war. Jedenfalls bekam ich ihre Adresse und zum Abschied einen sanften Kuß. Aber es vergingen noch viele Monate, bis ich wieder von ihr hörte. Das Zimmer in der WG, das die beiden mir besorgt hatten, konnte ich Mitte

Januar für immerhin drei Monate beziehen. Niemand von den Mitbewohnern dort interessierte sich sonderlich für mich.

Von sämtlichen alten Kontakten abgeschnitten, langweilte ich mich, vor allem abends. Oft tigerte ich ziellos durch die Gegend. Beim Essen in der »Schöneberger Weltlaterne«, in die ich besonders gern ging, weil dort ein Exil-Portugiese hervorragende Knoblauchhühnchen servierte, setzte ich mich an einen Tisch, an dem bereits zwei junge Frauen Platz genommen hatten. Noch immer hatte ich schulterlange Haare und einen buschigen Schnäuzer, trug einen schwarzen, schweren holländischen Polizei-Ledermantel und um den Hals, wie immer, mein rotes Tuch. Schnell war ich mit den beiden, einer Strohblonden und einer Rothaarigen mit auffällig vielen Sommersprossen, im Gespräch. Beide waren sie Junglehrerinnen aus dem Westfälischen, die gerade in Berlin ihr Referendariat begonnen hatten. Ich fühlte mich allein und hatte große Lust, wieder einmal mit einer Frau zu schlafen. Und das noch diese Nacht. Die junge Frau mit den Sommersprossen hieß Tina, die andere Elisabeth. Tina gefiel mir, und so legte ich all meinen Charme und meine Überredungskunst in diese wenigen Stunden, um zum ersehnten Ziel zu gelangen. Tina nahm mich mit. Daraus wurde eine gute Freundschaft, die noch heute Bestand hat.

Die beiden wohnten für meine Verhältnisse luxuriös, hatten eine große Zwei-Zimmer-Wohnung und vor allem ein Bad – das mir fehlte. Und so nistete ich mich dort ein und blieb gleich ein paar Tage. Keine von den beiden wußte zunächst genau, wer ich war und was ich tat. Beim Ausziehen versteckte ich unbemerkt meine Pistole in ihrem Wäscheschrank und ließ mir auch sonst nichts anmerken. Eines Morgens, die Frauen waren bereits in der Schule, traf ich in der Küche auf einen großen, blonden Mann, dessen Mund ein spärlicher Oberlippenbart zierte. Roger, Student der Wirtschaftswissenschaften und der Freund von Elisabeth. Sehr bald schon bekam ich mit, daß er ein entschiedener Sympathisant der RAF war. Damit hatten wir Gesprächsstoff. Bommi und Knoll, die auch kein Bad hatten, wollten ebenfalls mal das der Frauen benutzen. So saßen wir schließlich zu viert am Küchentisch und diskutierten über die Ziele und Methoden des bewaffneten Kampfes. Auch die Genossen fanden Roger in Ordnung, und ich hielt weiter

Kontakt zu ihm. Genaues wußte er erst mal nicht, aber natürlich hatte er Bommi erkannt, der steckbrieflich gesucht wurde. Roger sollte später ein zuverlässiger Unterstützer der Bewegung 2. Juni werden.

Über einen Namen für unsere Gruppe wurde erst Anfang Februar 1972 diskutiert. Hedwig machte den Vorschlag: »Bewegung des 2. Juni«. Vor allem das Datum sei wichtig, argumentierte sie. Jedesmal, wenn sie über uns in den Medien berichteten, müßten sie auch an den Mord von Benno Ohnesorg erinnern, und jedesmal würde aufs neue klar, daß die Polizei es gewesen war, die zuerst geschossen hatte. Und der Begriff »Bewegung« müsse sein, weil uns vorschwebte, keine geschlossene Kaderorganisation aufzubauen, sondern eine breit gefächerte Bewegung, zu der sich alle zählen konnten, die das machten, was wir machten: Stadtguerilla. Aber noch hatten wir keine genaue Vorstellung davon, wie das aussehen sollte und welche Strategie wir einschlagen wollten. Vieles war völlig unklar, und so wurde intensiv weiter diskutiert, in unserer Gruppe und mit anderen. Den Namen »Bewegung 2. Juni« gaben wir uns erst im Frühjahr 1972.

Anschlag auf den Jachtklub

Anfang Februar kam es zu einem verhängnisvollen Fehler, der die Gruppe in tiefe Konflikte stürzte und sie schließlich auseinanderriß. Am 30. Januar hatte britisches Militär in Londonderry, Nordirland, in eine Trauerdemonstration der IRA geschossen und 13 Trauergäste getötet. Für uns hieß das: »Vergeltung für den Blutsonntag von Derry.« Ein Teil der Gruppe legte zwei Sprengsätze unter britische Militärfahrzeuge in Charlottenburg, ein anderer Teil sollte eine Bombe im Britischen Jachtklub in Gatow deponieren. Den gefährlichen Sprengsatz hatte Feuerbach aus einem Feuerlöscher konstruiert und ihn mit den üblichen Zutaten, dem überall frei erhältlichen Unkrautvertilgungsmittel »Unkraut EX« und Zucker, gefüllt und mit einem Zeitzünder versehen. Die Höllenmaschine wanderte über Bommi und Yeti an gerade neu rekrutierte Leute aus der Anarchoszene. Alles ging schief. Die Bombe explodierte nicht wie geplant mitten in der Nacht, sondern erst mal überhaupt nicht. Ein deutscher Bootsbauer fand die Bombe am anderen Morgen auf der Veranda des Klubs und spannte sie nichtsahnend in den Schraubstock. Ein Schlag mit dem Hammer, der Mann wurde zerfetzt. Es hagelte harsche Kritik in der Gruppe. Vor allem Hedwig machte Bommi und Yeti die schwersten Vorwürfe wegen ihres Leichtsinns. Warum sie überhaupt diesen Leuten die Bombe in die Hand gedrückt hätten und warum sie die Bombe, nachdem sie zum eingestellten Zeitpunkt nicht hochgegangen sei, nicht wieder abgeholt hätten. Auseinandersetzungen gab es auch, weil die beiden sich »völlig uncool« verhalten, ja, sogar im Rauch-Haus übernachtet hatten. Unklar war zusätzlich der Verbleib von Geld, das einfach so versickert sei. Im Zuge dieser Kritik lösten sich Bommi und Hans-Peter Knoll endgültig von der Gruppe und gingen im Ausland ins Exil. Die Trennung bekam ich allerdings nicht mehr mit, ich saß zu dieser Zeit bereits in Untersuchungshaft in Bielefeld.

Für hitzige Diskussionen sorgte Ende Januar der von den Innenministern der Länder verabschiedete sogenannte »Radikalenerlaß«. Die sozialliberale Koalition in Bonn hatte beschlossen, »den Gegnern der Freiheitlich Demokratischen Grundordnung, FDGO« den Weg in die staatlichen Institutionen zu versperren. Das ging vor allem gegen die Linke. Die radikal politisierten Studenten drängten in Lehrämter, in die Verwaltungen und an die Hochschulen. Es war die Antwort Bonns auf die gerade verkündete Strategie der Linken, »sich auf den langen Marsch durch die Institutionen« zu begeben, um das System von innen heraus umzuwälzen. Zehntausende wurden bespitzelt und vom Verfassungsschutz überprüft, bevor sie in einer staatlichen Behörde beschäftigt wurden. Es traf harmlose Zeitgenossen, nur weil sie in einer WG lebten, genauso wie den Briefträger mit DKP-Mitgliedsausweis oder den engagierten Gewerkschafter, aber auch jene wenigen, die sich in der Tat taktisch auf den »Marsch durch die Institutionen« begeben hatten. Der tief verwurzelte Antikommunismus in der Bundesrepublik hatte einen weiteren Höhepunkt erreicht. Für uns bedeutete der Radikalenerlaß geradezu eine Bestätigung für die Notwendigkeit des bewaffneten Kampfes. Ein bekennender Linker konnte in diesem Land nichts werden, sondern sah sich Verfolgung, Ächtung und Zerstörung seiner Existenzgrundlage ausgesetzt. Hunderte von Bewerbern für den öffentlichen Dienst wurden nicht eingestellt, und Hunderte schmiß der Staat in den folgenden Jahren aus seinen Institutionen.

In Bonn wurden weitere Gesetzesvorlagen diskutiert, vor allem, um der »Baader-Meinhof-Bande« das terroristische Handwerk zu legen. So wurde auch das Waffengesetz restriktiver gefaßt, insbesondere der Erwerb von Feuerwaffen sollte erschwert werden. Das neue Gesetz sollte schon am 1. Juli in Kraft treten. Auch der Kauf von Munition wäre dann nur noch mit einer sogenannten »Munitionserwerbskarte« möglich. Die Gruppe beschloß sofort, Feuerbach und mich nach Baden-Württemberg zu schicken, um noch schnell Tausende Schuß Munition verschiedener Kaliber zu kaufen. Mit einem hellblauen VW-Käfer, einer Doublette, brachen wir am 20. Februar zunächst in Richtung Schweizer Grenze aus Berlin auf. Um nicht aufzufallen, hatte ich mir die langen Haare etwas abschneiden lassen, trug eine Bügelfaltenhose und einen eleganten, blauen Tuchmantel.

In einem Kaff in unmittelbarer Nähe der Grenze zur Schweiz hatten wir unser erstes Date. Feuerbach verhandelte in einem Restaurant über zwei Stunden lang mit drei langhaarigen, bärtigen jungen Leuten, während ich draußen im Auto blieb und »sicherte«. Mit einer großen Leinentasche in der Hand kam er zurück. Als wir den Ort in Richtung Stuttgart verließen, hatten wir zwei »Landmann Preetz«-Kleinkaliber-Gewehre mehr. »Das waren die Schweizer Genossen. Die haben uns etwas abgegeben, was wir gut gebrauchen können.« Später sollten die Leute noch als »Anarchokommune Bändlistraße« von sich reden machen.

Wir hielten in jeder Kleinstadt. Mal ging Feuerbach, mal ich in den Waffenladen, während der andere mit laufendem Motor in Sichtweite zur Absicherung zurückblieb. Hoch oben im Schwarzwald veranstalteten wir mit unseren Pistolen in aller Ruhe hin und wieder Schießübungen auf ein Blatt Papier, das wir an einen Baum hefteten. Ich zog inzwischen schnell und traf auch ganz passabel.

Unser nächstes Ziel war Trier, um dort den schon erwähnten Sprengstoffbunker erneut heimzusuchen. Danach Bielefeld, die Heimatstadt Feuerbachs. In Berlin hatten wir entschieden, erneut eine Bank zu überfallen, aber diesmal in Bielefeld. Der Fahndungsdruck war in dieser Zeit in Berlin besonders groß, weil die Sicherheitsbehörden das Hauptquartier der RAF in der Halbstadt vermuteten. Zu dem Zeitpunkt stimmte das schon nicht mehr. Um den Fahndungsdruck nicht noch mehr zu erhöhen, wollten wir deshalb die nächste Bank im ruhigeren Bielefeld »machen«. Feuerbach sollte bei alten Freunden für Quartier sorgen und mit mir eine geeignete Bank auschecken. Erst dann wollten Hedwig und Bruno in Bielefeld zu uns stoßen. In Trier mied ich meine bevorzugten Plätze, um nicht alten Bekannten in die Arme zu laufen. Beim Genossen Richard konnten wir für eine Nacht bleiben.

Der Steinbruch zwischen Bitburg und Trier, nahe der Ortschaft Newel, lag dunkel und verlassen da. Vorsichtig, mit gezogener Waffe, erkundeten wir das Gelände, um dann im stockdunklen Bergwerksstollen die mitgebrachten Lampen anzuzünden. Hier wurde Granit aus dem Berg gehauen. Wir fanden den in den Berg eingelassenen Sprengstoffbunker und bearbeiteten die massive Eisentür mit schwerem Werkzeug und großem Kraftaufwand. Auch nach drei Stunden war es uns nicht gelungen, die Türe aufzubekommen, und so blieben die Dynamitstangen zurück. Zündschnüre, Zünder und Verbinder, die nicht unter Verschluß waren, ließen wir aber kartonweise mitgehen. Auf dem Weg durch das nächtliche Trier klauten wir noch vier Sätze Nummernschilder, um dann total erschöpft ins Bett zu fallen. Es war sechs Uhr morgens. Richard ließen wir im unklaren darüber, was wir gewollt hatten und wer eigentlich Feuerbach war.

Als Guerillero in Haft

Am 27. Februar 1972 kamen wir in Bielefeld an, eine häßliche Stadt ohne Profil und Konturen. Sie sollte mir zum Verhängnis werden. Sofort fingen wir an, nach einer geeigneten Bank für den Überfall zu suchen. Etliche Kriterien mußten dabei bedacht werden: schnelle Abfahrt, Parkmöglichkeit für den Fluchtwagen, am besten direkt davor, kein Polizeirevier in der Nähe und Schleichwege, auf denen wir abhauen konnten. Und vor allem durfte es nicht allzu weit entfernt von unserem Quartier sein, damit wir bei der einsetzenden Fahndung schnellstens von der Straße verschwinden konnten. Das Quartier hatten wir gleich klargemacht. Feuerbachs alter Freund überließ uns ohne viel Fragen für eine Woche seine Zwei-Zimmer-Wohnung am Rande der City. Ideal für uns. Am anderen Tag hatten wir auch »unsere Bank« gefunden: eine Sparkasse der Stadt Bielefeld, die von den äußeren Kriterien her goldrichtig lag. Und sie hatte auch den günstigsten Schalterraum: übersichtlich, kein Panzerglas vor den zwei Kassenschaltern und der Tresor im Schalterraum. Das versprach fette Beute. Nach der vergessenen halben Million in der TU kassierten wir nun grundsätzlich selber ab, nie ließen wir uns das Geld vom Kassierer aushändigen. Der gab uns womöglich nicht alles oder versuchte, uns das sogenannte »Fanggeld«, ein Bündel Hunderter mit registrierten Seriennummern, anzudrehen.

Die Berliner waren angetan von unserer Vorarbeit und kündigten sich per Telefon für die nächsten Tage in Bielefeld an. Um den 1. März rum wollten wir die Bank »machen« und dann einzeln wieder aus der Stadt in Richtung Berlin verschwinden. Wir beide konnten jetzt relaxen. Feuerbach wollte an diesem Abend eine alte Freundin treffen und konnte mich dabei nicht gebrauchen. Er schickte mich in irgendeine Musikkneipe. »Da verkehren die Freaks von Bielefeld, und du kannst dich amüsieren.« Ich flipperte um ein paar Runden Bier mit drei Langhaarigen, Bundeswehrsoldaten, wie sich herausstellte. Nach mehreren Bieren brachte mich das auf die Idee, sie um Waffen anzuhauen. Vorsichtig fühlte ich vor, ob sie, quasi an der Quelle, nicht in der Lage seien, 'ne Waffe zu klauen. Das Sturmgewehr G3 war im Gespräch.

An diesem Abend blieb alles sehr vage, und wir verabredeten uns zu einem weiteren Gespräch für den Mittag des nächsten Tages. Ein Kaufhaus, das ich im Zentrum der Stadt gesehen hatte, sollte unser Treffpunkt sein. »Also um 14 Uhr wartet ihr in der Schallplattenabteilung auf mich so lange, bis ich komme«, machte ich mit den Dreien zum Abschied aus. Damit saß ich bereits in der Falle. Ungesehen im Gewühl der Leute beobachtete ich die drei eine gute Weile, wie sie anderntags in der Plattenabteilung auf mich warteten. Ich konnte nichts Verdächtiges bemerken und sprach sie schließlich an. »Wir könnten essen gehen«, schlug ich vor. Zu viert gingen wir durch die belebte Fußgängerzone in ein nahes Fischrestaurant. An einem Ecktisch des überfüllten Lokals nahmen wir Platz. Ich, wie immer, mit dem Rücken zur Wand. So hatte ich den Rücken frei und den Überblick über das ganze Lokal.

Als ich nur für Sekunden meinen Blick auf die Speisekarte richtete, spürte ich auch schon, daß jemand an den Tisch getreten war. Und es war nicht der Kellner. Vor uns hatte sich ein drahtiger junger Mann im Trenchcoat aufgebaut. Zwei Meter hinter ihm noch ein Durchtrainierter in Lederjacke. Bullen!

Mein Mund war schlagartig trocken, und meine Zunge lag mir wie ein dicker Fremdkörper im Mund. Mir brach der Schweiß aus. »Polizei, Ihre Ausweise bitte.« Der Mann hielt kurz seine Marke hoch. Meine Gedanken rasten, fanden aber keinen Ausweg. Nur keine Panik, Till! Ich spürte plötzlich das Gewicht der Pistole im Hosenbund. Die muß mir helfen. Wortlos reichte ich ihm meinen falschen Paß. Der Kripomann betrachtete ihn lange und reichte ihn dann nach hinten an seinen Kollegen weiter. Den drei anderen gab er ihre Pässe gleich wieder zurück. »Sie kommen mit aufs Präsidium, zur Personenüberprüfung.« Mit einer Kopfbewegung forderte er mich auf, aufzustehen und mitzukommen. Vorsichtig, damit er die Waffe im Hosenbund unter meinem Pullover nicht sah, zog ich mir den Mantel an. Ich hatte meine Sprache wiedergefunden: »Wenn's denn sein muß, mein Paß ist doch in Ordnung. Was wollen Sie überhaupt von mir?« – »Nur eine Routine-Überprüfung, kommen Sie.« Ohne die drei Verräter noch eines Blickes zu würdigen, verließ ich das Lokal.

Einer der beiden Beamten blieb strikt neben mir, während der zweite ein paar Schritte hinter uns ging. Ich hatte aufgehört zu schwitzen und dachte nur an eins: Abhauen! In der Fußgängerzone war reges Leben und Treiben. Hier nicht, zu viele Menschen. Wir gingen zu Fuß, das Präsidium sei nicht weit, erklärte der Bulle neben mir. »Dort drüben ist es schon«, mit der Hand wies er auf ein Hochhaus an der Stirnseite eines großen, betonierten, freien Platzes. Den hatten wir noch in seiner ganzen Länge zu überqueren. Hier hast du die letzte Chance, mach es! Ich war jetzt ruhig und voll konzentriert. Einfach stehenbleiben, der Mann hinter mir war gefährlich. Vorsichtig holte ich mein Päckchen Gitanes aus der Manteltasche. »Haben Sie vielleicht Feuer?« Der Mann hinter mir hatte. Jetzt standen sie beide vor mir.

Ich ließ die Zigarette fallen und zog, wie ich es hunderte Male geübt hatte, blitzschnell meine Pistole, sprang einen Meter zurück, ging in die Hocke und schrie: »Hände hoch, aber sofort!« Was sonst noch um mich herum auf dem Platz vor sich ging, nahm ich überhaupt nicht wahr. Nur diese beiden in Schach halten und dann weg. Langsam, die Pistole mal auf den einen, mal auf den anderen gerichtet, entfernte ich mich rückwärtsgehend von ihnen. »Keine Dummheiten!« brüllte ich den Jüngeren der beiden an, der tatsächlich die Hand sinken ließ, um aus dem Schulterhalfter seine Waffe zu ziehen. Brav hob er wieder die Hände. »Höher! Sofort!« Im Hintergrund drohte das Präsidium. Nur weg jetzt. Nach etwa zehn Metern im Rückwärtsgang drehte ich mich um und rannte um mein Leben. Aber wohin? Hier war ich noch nie zuvor gewesen. Der freie Platz, der »Kesselbrinck« hieß, war menschenleer. Du mußt in Deckung kommen, sofort! Nach links schauend, sah ich zahlreiche Schüler am Rand des Platzes stehen, nach vorne eine lange Reihe wartender Taxis. Dahin!

»Halt, stehenbleiben, Polizei!« hörte ich sie hinter mir brüllen, wieder und wieder und wieder. Ein lautes, trockenes Knallen – und noch mal. Verdammt, die schießen auf dich. Du mußt sofort um irgendeine Ecke, die knallen dich sonst ab. Panik hatte mich erfaßt, und mein Herz begann zu rasen. Ich japste und hechelte auf das erste Taxi zu. Den mußt du dir kapern, und dann ab. Die Schüsse, es knallte jetzt das dritte Mal, hatten alle alarmiert. Der Taxifahrer sprang in dem Moment, als ich die Türe aufriß und ihn anbrüllte: »Losfahren!«, mitsamt dem Zündschlüssel aus dem Auto. Und wieder knallte es. Die Taxifahrer, die kurz zuvor noch »Bild« lesend neben ihren Autos gestanden hatten, lagen jetzt alle flach auf dem Boden. Noch über diese Straße mußt du kommen und dann um die Ecke in die kleine Seitenstraße! Mitten auf der Straße blieb ich stehen und drehte mich das erste Mal um. Die beiden waren gut 30 Meter entfernt. Der eine war hinter einem Blumenbetonkübel in Deckung gegangen. Der andere hockte in Schußstellung und legte auf mich an. Alles lief jetzt bei mir wie in Trance ab. Der oder ich. Wie im Lehrbuch drehte ich mich halb zur Seite und schoß. Mit einem gewaltigen Hechtsprung hatte sich der andere Bulle ebenfalls hinter einem Betonkübel in Sicherheit gebracht. Der mächtige Knall und der enorme Rückschlag meiner Pistole hatten mich erschreckt. Mörder willst du nicht werden, du mußt sie nur auf Distanz halten, sonst bist du dran!

Völlig ausgepumpt von der Hatz bog ich um die rettende Ecke. Die kleine Seitenstraße war schnurgerade und bot ebenfalls keine Deckung. Wieder im Laufschritt. Ich sah mich um. Der eine links an den Häusern entlang, der andere auf der rechten Seite. Und immer wieder: »Stehenbleiben, Polizei! Wir schießen!« Unverzüglich richtete ich wieder die Waffe mal auf den einen, mal auf den anderen. Sofort sprangen sie Deckung suchend in die Hauseingänge. Ich konnte ein paar Dutzend Meter weiterrennen. Dann knallte es wieder. Verdammt, die schießen immer noch. In einem kleinen Vorgarten, an dem ich vorbeihetzte, sah ich aus dem Augenwinkel die ersten Forsythien sprießen. Mir ging, völlig verrückt, durch den Kopf: »Es wird Frühling, und du mußt sterben.« Todesangst! In einen Bauzaun neben mir klatschte das Geschoß der Verfolger. Die ältere Frau, die gerade ein kleines Geschäft verließ, hat mir vielleicht das Leben gerettet. Sofort hielt ich mich ganz dicht neben ihr. Jetzt konnten sie nicht mehr schießen.

Später erzählte diese Frau als Zeugin vor Gericht, daß ich plötzlich neben ihr aufgetaucht sei, furchtbar blaß gewesen sei und gehechelt habe wie ein Hund. Von weitem hörte ich schon Polizeisirenen. Noch mal um eine Ecke. Ich war völlig ausgepumpt und am Ende meiner Kraft. Vielleicht gibt es Rettung in dieser Toreinfahrt, Höfe wie in Berlin, über die ich doch noch entkommen könnte.

Der Hof war nach hinten zugebaut, keine Fluchtmöglichkeit. Scheiße, ich saß in der Falle! Hinter einen Mauervorsprung gequetscht, hoffte ich, daß die beiden vielleicht vorbeirennen würden. In der Einfahrt zu dem Hof hatte ein VW-Bus geparkt. Ich blickte auf den alten Mann, der auf dem Beifahrersitz saß. Was wollte er von mir, er zeigte mit den Händen in eine Richtung, und rief mir auch ständig etwas zu. »Ist hier gerade jemand reingerannt? Polizei!« hörte ich meine Verfolger brüllen. Der alte Mann wollte antworten. Drohend hob ich die Pistole und legte meinen Finger vor den Mund. Schweigen solle er. »Da ist er!« Sie hatten unter dem VW-Bus durchgeguckt und meine Füße in der Ecke entdeckt. Hinter dem Bus in Deckung, brüllten sie mir zu: »Waffe fallen lassen, Hände hoch und vorkommen!« Auf der Straße vor der Toreinfahrt heulten schon die Sirenen. Vorbei, Till, sie haben dich! Jetzt kannst du nur noch aufgeben. Langsam ließ ich meine Pistole zu Boden fallen. »Vorkommen, Hände hinter den Kopf!« Die beiden, ebenso schwer atmend wie ich, stürzten sich sofort auf mich.

Es wimmelte plötzlich von Uniformierten. Mit gespreizten Beinen, Hände an die Wand, hatte ich mich in der Toreinfahrt aufzustellen. Blitzschnell wurde ich durchsucht. Aus meiner Jackentasche fingerten sie mein Reservemagazin. Als ein anderer meine Pistole brachte, wurden sie rabiat. »Sieh mal, mit welchem Kaliber das Terroristenschwein auf uns geschossen hat!« Triumphierend hielt er meine Firebird in der Hand. Sofort wurden mir die Beine weggetreten, so daß ich bäuchlings auf den Betonboden flog. Hände auf den Rücken, Handschellen, und dann setzte es Prügel. Tritte auf den ganzen Körper und Fausthiebe in die Seiten. Ich brüllte so auf vor Schmerz, daß die Gaffer, die sich vor der Toreinfahrt angesammelt hatten, lauthals protestierten: »Man schlägt doch keinen Gefesselten! Schämt ihr euch nicht!« – »Gehen Sie weiter, sofort, das ist ein gefährlicher Terrorist!« Über den Boden schleiften sie mich in den Funkwagen. »Aus. Aus. Vorbei!« Ich konnte nichts anderes denken. Kaum im Präsidium angekommen, verwandelte sich das in das sprichwörtliche Bienenhaus. Alle rannten geschäftig und wichtigtuerisch um mich herum. Sie witterten einen »dicken Fang«. Selbst der Polizeipräsident kam an meine Zelle, um das »gefährliche Tier« zu begutachten. »Das ist eindeutig der Baader-Meinhof-Terrorist Holger Meins«, trötete er dem Pulk seiner Kollegen triumphierend zu. Dem sah ich nun allerdings überhaupt nicht ähnlich, aber sie glaubten es bis zum Abend. Weil sie meine Fingerabdrücke schon hatten und sie unmittelbar nach meiner Verhaftung erneut welche genommen hatten, begrüßten sie mich um 18 Uhr mit: »Na, Herr Meyer, jetzt sitzen Sie ganz schön in der Patsche.« Die Verhörversuche brachten für sie nichts. Sie wußten nun überhaupt nicht, wie ich einzuordnen war, was ich in Bielefeld gewollt hatte, ob ich alleine gewesen war oder in Begleitung, wo ich gewohnt hatte oder wo vielleicht noch Gepäck von mir sein könnte. Auf keine ihrer Fragen gab ich Antwort. Ich schwieg. Noch in derselben Nacht brachte man mich ins Untersuchungsgefängnis Bielefeld, das direkt hinter dem Gerichtsgebäude, mitten im Zentrum der Stadt lag. Es war der 29. Februar 1972.

Bis auf die Kleidung wurde mir alles abgenommen: Brieftasche, Gürtel, Schnürsenkel und selbst die Uhr. »Halten Sie sich bereit, morgen früh geht es zum Haftrichter.« Rums, die Tür fiel ins Schloß, das verhängnisvolle Rasseln der Schlüssel, klack, der Riegel, und das Licht war aus. Ich war gefangen, verhaftet und saß mit ungewisser Zukunft in dieser verschissenen Stadt in einer Zelle, in einem Gefängnis aus dem vorigen Jahrhundert.

Erschöpft und zerschunden sank ich deprimiert und völlig demoralisiert auf das Bett, blauweiß kariert natürlich. Au warte, jetzt sitzt du wirklich ganz dick in der Scheiße. Angst vor dem, was jetzt auf mich zukommen sollte, ließ den Kloß in meinem Hals wachsen. Der ganze Tag ging mir noch mal durch den Kopf. Während sich die Bilder der vergangenen Stunden wieder zusammensetzten, fühlte ich mich, als stünde ich neben mir, geradeso wie ein unbeteiligter Beobachter. Ich hatte auf die Bullen geschossen, ich war es! Aber du hast ja nicht getroffen, vielleicht wollte ich gar nicht treffen...? Natürlich nicht. Der Gedanke setzte sich fest. Was konnten sie mir sonst noch vorwerfen? Ich war nicht vorbestraft, und von allem anderen wußten sie ja nichts. Schweigen, durchhalten und hoffen, daß andere das auch tun. Das ist jetzt deine Chance. Und ich sollte sie nutzen.

Nach dem lautstarken Wecken um 5 Uhr 30 sah ich mich erst einmal in der Zelle um. Pißgelbe und lindgrüne Farben schmückten auch diesen Raum. Immerhin kein Kübel, dafür ein Klo ohne Brille, ein Waschbecken, ein schmaler Spind, Tisch und ein Stuhl. Das Eisenbett an die Wand geschraubt. Vor dem Fenster eine Perversität, die ich schon aus der Antifa-Literatur kannte: Sichtblenden. Erst das nur halb nach innen zu öffnende Fenster, davor das Gitter und dann kamen, lamellenförmig angeordnet, aus Glasdraht bestehende Sichtblenden. Das Tageslicht kam nur gefiltert rein, und nach draußen sehen konntest du auch nicht. Kontaktaufnahme war so nur durch lautes Brüllen möglich. Das Frühstück nahm ich gar nicht erst an. Die Kehle war wieder wie zugeschnürt. Ich bekam eine ganze Woche lang keinen Bissen runter. Am frühen Vormittag wurde mir im Gericht der Haftbefehl verkündigt. Eine junge, blonde Haftrichterin verlas ihn lakonisch, wackelte dabei aber immer wieder leicht mit dem Kopf: Versuchter Mord. Schwerer Widerstand gegen Vollstreckungsbeamte. Versuchte räuberische Erpressung. Nötigung. Urkundenfälschung und illegaler Waffenbesitz. Drohend fügte sie noch hinzu: »Und ob Sie ein Baader-Meinhof-Terrorist sind, bekommen wir auch noch raus!«

Gefesselt, schweigend und mit unbewegter Miene hatte ich mir die Latte von Missetaten angehört. Daß mir mein Herz bis zum Hals schlug und es in meinem Magen rumorte, bekam niemand mit. »Haben Sie noch etwas zu sagen?« Ich hatte: »Meinen Anwalt möchte ich anrufen.« Was zu tun ist im Falle einer Festnahme, wußte ich schon seit Jahren. »Wie heißt der Anwalt, wir müssen die Nummer suchen.« – »Suchen Sie nach dem Sozialistischen Anwaltskollektiv Berlin: Eschen, Mahler, Ströbele.« Kaum hatte ich das gesagt, tauschte die Richterin mit dem Staatsanwalt vielsagende Blicke aus, um mich dann anzuschauen, als wollte sie sagen: »Aha, ich hab's doch gewußt. Terrorist!« In der Kanzlei erreichte ich Hans-Christian Ströbele. Er hatte bereits in der Zeitung über mich gelesen. »Du sagst nichts und wartest erst mal, bis ich komme. Bleib ruhig, die kochen auch nur mit Wasser.« Er übernahm meine Verteidigung. Von der Richterin forderte er das Aktenzeichen und meine Buchungsnummer, die jeder Gefangene bei Einlieferung ins Gefängnis bekommt. Die Vollmacht käme in Kürze.

In der Zelle überlegte ich fieberhaft, was ich alles gemacht hatte. Nötigung? Versuchte räuberische Erpressung? Wann und wie? Niedergeschlagen und wie abwesend lag ich auf dem Bett. Mir wurde erst nach und nach bewußt, daß ich hier nicht mehr so schnell rauskommen würde. Versuchter Mord, das war mir klar, könnte lebenslänglich bedeuten. Ich spürte, wie mir das Wasser in die Augen stieg. Aber ich wollte nicht weinen, und wenn mir noch so zumute war: Hier nicht, du nicht. Du bist stark, du bist ein Guerillero! Wir werden sehen ...

Mit den anderen Gefangenen kam ich nicht zusammen. Die Freistunde in dem eng ummauerten Hof mußte ich allein absolvieren. Rings um mich herum Fensterhöhle an Fensterhöhle, alle mit Sichtblenden. Du hörtest die Gefangenen rufen, aber du sahst niemanden. Von der linken Seite kamen Zurufe von Frauen. Dieser Flügel, genau meinem gegenüber, war das Untersuchungsgefängnis für Frauen. Gesehen habe ich über anderthalb Jahre lang keine von ihnen. Meine depressive Stimmung sollte noch weiter gedrückt werden. »Ey, du bist doch der Terrorist vom Kesselbrinck. Heute morgen haben sie einen von euch erschossen, in Augsburg. Und in Hamburg hat einer von euch einen Bullen erschossen. Aber alle sind verhaftet. Kommt gerade im Radio!« brüllte irgendwer in den Hof. »Sagt mal 'n paar Namen« schrie ich in Richtung der grauen Mauer, von wo die Stimme kam. Meine zwei Bewacher, einer mit geschultertem Karabiner, brachen lautstark und unter Drohungen, mich sofort in den Bunker zu bringen, die Freistunde unverzüglich ab. »Wenn Sie noch mal verbotene Kontakte aufnehmen, werden wir mit Ihnen andere Seiten aufziehen.« Die Zelle hatte 4,3 Quadratmeter. Sechseinhalb Schritte längs, zweieinhalb Schritte quer. Tag für Tag und halbe Nächte lang lief ich nun auf und ab. Kein Radio, keine Zeitung, keine Abwechslung. Durch Zurufe erfuhr ich dann doch noch, was draußen passiert war. In Augsburg war Thomas Weißbecker auf offener Straße erschossen worden und seine Begleiterin, Carmen Roll, verhaftet. In Hamburg waren mein Freund Wodo und Manfred Graßhof in eine Falle gelaufen. Graßhoff hatte dabei den Leiter der Hamburger »Soko Baader/Meinhof« erschossen und war selbst schwer verletzt worden.

Wodo ging unverletzt in Haft. Das waren bittere Nachrichten, aber resignieren wollte ich deshalb noch lange nicht. Mein Überlebensrhythmus war wieder da.

Das erste Lebenszeichen von draußen war ein Brief von meiner Mutter. Der engbeschriebene fünfseitige Brief hatte es in sich. Einerseits stürzte er mich in quälende Selbstvorwürfe, andererseits baute er mich auch auf. Voller Kummer und in großer Sorge um mein Schicksal sei sie. Aus dem Fernsehen habe sie von meiner Verhaftung erfahren, ganz unvorbereitet, und tagelang sei sie krank gewesen. Ob es mir auch gutginge, man würde ja soviel Schlimmes lesen in der letzten Zeit. Die Geschwister in Berlin hätten sich schon bei ihr gemeldet, alle wollten sie mir schreiben und mich auch unterstützen. Sie glaube fest an mich, ich sei doch ihr Sohn, und sie wisse, daß ich kein Verbrecher sei und mich nur für eine gute Sache einsetzen würde. Da sei sie ganz sicher, auch wenn sie nicht verstünde, warum wir all das täten.

Besuchen wollte sie mich, so bald es möglich sei, und was sie mir mitbringen könnte? Stark solle ich sein und durchhalten – auf sie könne ich mich immer verlassen.

Mein Antwortbrief war voller Optimismus, und ich bemühte mich, sie zu beruhigen. Ein kleines Radio hätte ich gerne, und die Geschwister sollten den »Tagesspiegel« für mich abonnieren.

Die Schließer gingen barsch, aber durchaus korrekt mit mir um. Ich war auch ihr »dickster Fisch« im Knast. Allerdings bedauerten sie, daß wir nun »leider nicht mehr die Zustände haben wie noch vor kurzem. Dann dürften Sie tagsüber nicht auf dem Bett liegen und müßten, wenn unsereins die Zelle betritt, strammstehen und ihre Buchungsnummer und den Grund ihrer Inhaftierung aufsagen. Das ist ja nun leider vorbei.« Es war nicht nur das vorbei. Wenige Monate zuvor war die große Strafrechtsrefom der sozialliberalen Koalition in Kraft getreten. Das alte, überkommene Straf- und Zuchthaussystem war gründlich reformiert worden.

Die »Rote Hilfe Berlin« hatte sich gemeldet und angekündigt, mir monatlich 50 D-Mark zu überweisen und ein Zeitungsabonnement zu übernehmen. Endlich ein Zeichen, daß ich nicht vergessen war. Ich wollte den »Spiegel«. Ende März besuchte mich meine Mutter. Weil sie von weither kam, hatte sie eine ganze Stunde Besuchszeit, statt der üblichen halben. Ich mußte mich schwer zusammennehmen, um nicht auch in Tränen auszubrechen. Wieder hatte ich sie enttäuscht und ihr nur Kummer bereitet. Ich schaffte es aber, ihr Optimismus und Stärke vorzuspielen, obwohl mir ganz anders zumute war. Der Sicherheitsinspektor, der den Besuch überwachte, allenfalls so alt wie ich war und stets den Eindruck vermittelte, als kümmere er sich nur um mich, wollte zunächst eine Umarmung verhindern. Ich konnte mich durchsetzen. Gut sah die Mutter aus, und nachdem ich lange auf sie eingeredet hatte, daß doch alles nicht so schlimm sei und noch gut werden würde, lachte sie sogar beim Abschied. Ein kleines Radio hatte sie mir mitgebracht, und meine Schwester Elisabeth habe mir den »Tagesspiegel« schon abonniert. Das Radio, bei dem laut Vorschrift erst mal das UKW-Teil abgeklemmt werden mußte, sollte ich erst drei Monate später ausgehändigt bekommen.

Irgendwann an einem Abend Mitte April flog die Zellentür auf. Vier Männer in Lederjacken quollen in die Zelle und forderten mich befehlsgewohnt auf, ihnen sofort mit all meinen Sachen auf die Kammer zu folgen. Es war das BKA. »Sämtliche Zivilkleidung haben Sie abzugeben, Sie tragen ab sofort nur noch Anstaltskleidung!« Sogar mein rotes Halstuch wollten sie. Das konnte selbst der Kammerbulle nicht verstehen. Das BKA bestand darauf. »Alle Baader-Meinhof-Häftlinge unterstehen jetzt dem BKA. Und es besteht bei diesen Leuten erhöhte Fluchtgefahr«, wurde der Kammerbulle kurz beschieden. Die Knastklamotten, alt, verwaschen und abgetragen, viel zu klein und kratzig, mußte ich nun für Monate tragen. Die Berliner Anwälte schrieben harsche Beschwerden gegen meine Isolationshaft, gegen die Zwangskleidung und die schikanösen Körper- und Zellenkontrollen, die ich tagtäglich über mich ergehen lassen mußte. Offenbar war das Recht für mich außer Kraft gesetzt, denn es änderte sich lange Monate gar nichts.

Der Mai kam mit ungewöhnlicher Wärme. Nur in eine Ecke des Hofes gelangten die Sonnenstrahlen ungehindert. So hockte ich mich in der Freistunde in jene Ecke und ließ mich von der wohltuenden Frühjahrssonne bescheinen. Viele der Mitgefangenen zeigten mir ihre Solidarität, trotz Strafandrohung riefen sie mir Durchhalteparolen oder Informationen zu. Manchmal flogen auch Zigaretten für mich in den Hof.

Offensive und Zerschlagung der RAF

Am 12. Mai 1972 wurde mir mein »Tagesspiegel«-Exemplar mit einem gezischten »Ihr Strolche!« in die Zelle geschleudert. Die Bombenoffensive der RAF hatte begonnen. Im Hauptquartier des 5. US-Corps in Frankfurt/Main waren drei Bomben explodiert. Ein Offizier wurde getötet, drei weitere verletzt. Schon einen Tag später Bomben im Polizeipräsidium der Städte München und Augsburg, keine Verletzten. Am darauffolgenden Tag ein Anschlag auf den Bundesrichter Buddenberg, zuständig für die Haftbedingungen der politischen Gefangenen. Am 19. Mai: Bomben im Hochhaus des Springer-Konzerns in Hamburg. Zahlreiche Verletzte. Am 24. Mai ein gewaltiger Anschlag auf das Hauptquartier der US-Army in Europa in Heidelberg. Drei tote Soldaten. Die RAF übernimmt für alle Anschläge die Verantwortung: »am donnerstag, dem 11. Mai 1972 – dem tag, an dem die bombenblockade der us-imperialisten gegen nord-vietnam begann – hat das kommando petra schelm im frankfurter hauptquartier des 5. armee-corps der amerikanischen streitkräfte in westdeutschland 80 kg tnt zur explosion gebracht. für die ausrottungsstrategen von vietnam sollen westdeutschland und westberlin kein sicheres hinterland mehr sein. sie müssen wissen, daß ihre verbrechen am vietnamesischen volk ihnen neue erbitterte feinde geschaffen haben, daß es für sie keinen platz mehr geben wird in der welt, an dem sie vor den angriffen revolutionärer guerilla-einheiten sicher sein können.

wir fordern den sofortigen abbruch der bombenblockade gegen nord-vietnam. wir fordern die sofortige einstellung der bombenangriffe auf nord-vietnam. wir fordern den abzug sämtlicher amerikanischer truppen aus indochina.

FÜR DEN SIEG DES VIETCONG! HABT MUT ZU KÄMPFEN – HABT MUT ZU SIEGEN! RAF.«

Der Krieg in Vietnam war noch einmal zu einem neuen Höhepunkt eskaliert. Die US-Regierung hatte zu diesem Zeitpunkt weit über eine halbe Million Soldaten in Indochina stationiert. Längst gingen rund um den Globus Hunderttausende mit der Forderung: »Amis raus aus Indochina!« auf die Straße. Selbst große Teile der bundesdeutschen Sozialdemokratie bekundeten immer deutlicher ihre Kritik am Krieg der Amerikaner in Vietnam. Natürlich waren die Erklärungen der RAF vollmundig, wenn sie von der Schlagkraft ihrer »Guerilla-Einheiten« sprach. Legende war auch, daß der Bombenanschlag im Heidelberger US-Hauptquartier den Zentralcomputer beschädigt habe, der die US-Bombereinsätze in Vietnam koordinierte. *Moralisch gerechtfertigt erschienen uns die Anschläge allemal.* Viel gewichtiger als der materielle Schaden aber waren für die USA und die Bundesrepublik das politische und propagandistische Echo. Selbst inmitten ihrer sichersten Bastion innerhalb der Nato waren die US-Militärs vor ihren militanten Gegnern nicht mehr sicher. Die Anschläge auf zwei der wichtigsten US-Stützpunkte im Nato-Frontstaat BRD, dem höchstgerüsteten Vorposten gegen »das Reich des Bösen«, hatte höchste Brisanz. Die Politiker in den USA verlangten von Bonn, sofort alles aufzubieten, um den Terroristen das »abscheuliche Handwerk zu legen«. Neben Entschuldigungen und Loyalitätsbeteuerungen kurbelte Bonn seinen Sicherheitsapparat auf Hochtouren. In der Bundesrepublik und Westberlin erfolgte die größte Razzia der Nachkriegsgeschichte. Ausgerechnet unter dem Codenamen »Aktion Wasserschlag«. Alle Geheimdienste waren unterwegs, Spitzel wurden abgeklopft, andere im sogenannten Terrorumfeld neu gewonnen. Telefone wurden abgehört, von amerikanischen und deutschen Geheimdiensten, Tausende von Menschen überwacht und kontrolliert. Überall in den Städten und Dörfern klebten die rotumrandeten Steckbriefe mit den Konterfeis der RAF-Verdächtigen. Das Innenministerium, unterstützt vom Springer-Verlag, bot 440 000 D-Mark Belohnung für »sachdienliche Hinweise«. Das FBI hatte »Spezialisten« zum BKA geschickt und fahndete mit eigenen Agenten in der BRD. Ein »Schlag ins Wasser« sollte es allerdings nicht werden.

Zwanzig Jahre nach der Niederlage der USA in Indochina und nach der schmachvollen Flucht des letzten GIs mit dem Hubschrauber vom Dach der US-Botschaft in Saigon meldete sich der damalige Verteidigungsminister der USA, Robert McNamara, öffentlich zu Wort: Ein Verbrechen sei der Krieg gewesen und der größte Fehler, den die USA hätten machen können. Ob nun aus Altersweisheit oder Reue, der Verteidigungsminister, einst ein Falke im mächtigen Pentagon, legte jedenfalls jetzt auch offen, daß sich die Welt in jenen Jahren haarscharf am Rande des Atomkriegs befand. McNamara heute: »Das Militär verlangte (...) ›Wir bitten um Erlaubnis, bestimmte Maßnahmen zu ergreifen, die letztendlich den Einsatz von Atomwaffen zur Folge haben können‹.« Damit rehabilitierte der Ex-Verteidigungsminister alle jene, die damals gegen den Vietnamkrieg gekämpft haben. Alle. Wahr ist auch, daß der legendäre vietnamesische Präsident Ho Chi Minh am Ende des Krieges gesagt hat: »Der heldenhafte Kampf der vietnamesischen Reisbauern, die solidarische Unterstützung der sozialistischen Staaten und die internationale Protestbewegung haben dazu beigetragen, daß Vietnam nach 170 Jahren Kolonialherrschaft endlich ein freies, unabhängiges Volk ist.« Aber das ist Geschichte. Heute.

Je höher ich den Kopf trug, desto stärker schlug die Stimmung der Schließer in offene Feindseligkeit um. Es ging mir besser, alles war leichter zu ertragen, wir waren noch da! Und die Genossen vom 2. Juni meldeten sich, wenn auch nur indirekt. Der »Tagesspiegel« wußte eines Tages zu berichten, daß »terroristische Gewalttäter in Berlin« wieder mal eine Bank überfallen hatten. Geflüchtet seien sie mit einem Auto, das mit vor Monaten gestohlenen Kennzeichen aus Trier versehen war. Das waren jene, die ich mit Feuerbach geklaut hatte. Also auch da ging es weiter.

Aus Berlin war noch niemand zu Besuch gekommen, aber meine Mutter hatte sich erneut angesagt. Als ich an jenem Mittag die kleine Sprechzelle betrat, erschrak ich. Die Mutter wirkte um Jahre gealtert, ihr Gesicht war eingefallen und ihr Körper in sich zusammengesunken. Nichts mehr von der Stattlichkeit bei ihrem ersten Besuch war übrig, statt dessen ging sie gekrümmt und tastete zittrig nach dem Stuhl. Ich war entsetzt und sah sofort, daß sie entweder schwer krank sein mußte oder ihr Kummer... Als sie mich in meinen erbärmlichen Knastklamotten sah, Hosen und Ärmel zu kurz, eine Schnur statt eines Gürtels um den Bauch, fing sie gleich an zu weinen. Was sie denn nur mit mir gemacht hätten? Mühsam um die eigene Fassung ringend, versuchte ich sie sofort zu beruhigen. »Ach, Mutti, das machen die hier mit allen. Aber es geht mir gut, wirklich!« Tag und Nacht müsse sie an mich denken, aber Vorwürfe wolle sie mir dennoch nicht machen.

An diesem Tag mischte sich der Schnösel und Wichtigtuer von Sicherheitsinspektor, der direkt bei uns saß, ständig in unser ohnehin schon schleppendes Gespräch ein. Ich wäre ihm an die Kehle gegangen, wenn da nicht meine Mutter zu Besuch gewesen wäre. Ach ja, gut ginge es ihr, nur mit dem Herzen . . . Ich konnte ihr meinen Eindruck über ihren Zustand vor Schmerz gar nicht sagen. Immer wieder beruhigte ich sie, daß es mir schon gutginge und ich korrekt behandelt werde. Sorgen solle sie sich auf keinen Fall machen. Unentwegt streichelte ich ihre Hände, die mir so vertraut waren. Wie gerne hätte ich ihr gesagt, wie es mir wirklich ging. Wie gerne ihren Trost gehört, ihren Schutz gesucht. Mit aller Kraft nahm ich mich zusammen. Nur jetzt nicht weinen, Till. Sie so elendig vor mir zu sehen, zehrte schwer an mir.

Um Punkt 16 Uhr, genau nach einer halben Stunde, beendete der Sicherheitsinspektor abrupt den Besuch. Die Mutter kam aber von weit her, den ganzen Tag war sie mit der Eisenbahn unterwegs gewesen. Sie hatte die richterliche Genehmigung zum Besuch von einer ganzen Stunde. Ich beschwere mich in scharfem Ton: »Kommt gar nicht in Frage, wir haben eine Stunde. Wir bleiben noch 30 Minuten!« – »Dann laß ich sie gewaltsam abführen. Um 16 Uhr muß die Anstalt von allen Fremden geräumt werden. Basta.« Weiß vor Wut fügte ich mich. Daß sie mich hier gewaltsam aus dem Besucherraum zerrten, konnte ich meiner Mutter nicht zumuten. Es war das letzte Mal, daß ich sie lebend gesehen habe. Einen Monat später war sie tot. Noch am selben Abend schrieb ich einen Brandbrief an meine Schwester Elisabeth. Der Mutter ginge es gar nicht gut, sehr schlecht sehe sie aus. Man müsse sich sofort um sie kümmern oder sie nach Berlin holen. Ich sei in großer Sorge um sie.

Es war schon zu spät.

Immer kommt alle Freude auf einmal oder alles Elend.

Wieder flog meine Zeitung in die Zelle. Diesmal triumphierend:

»Wir kriegen euch alle!« In Frankfurt/Main hatten sie Andreas Baader, Holger Meins und Jan Carl Raspe verhaftet. Bei den nächsten Verhaftungen spendierten die Schließer mir sogar ihre »Bild-Zeitung«. Es ging Schlag auf Schlag: Gudrun Ensslin in Hamburg, Brigitte Mohnhaupt in Berlin, Ulrike Meinhof und Gerhard Müller in Hannover. Klaus Jünschke und Irmgard Möller in Offenbach. Razzien quer durch die Republik. In jeder größeren Stadt wurden sogenannte Sympathisanten wegen Unterstützung der RAF festgenommen. Die Gründer der RAF waren alle in Haft. Der bewaffnete Kampf hatte seinen Preis: drei Tote auf seiten der Guerilla. Drei tote Polizisten und vier getötete amerikanische Soldaten auf der anderen Seite. Ende Juni erschoß die Polizei bei einer Baader/Meinhof-Fahndung in Stuttgart den unbeteiligten Bürger Ian MacLeod. Er sollte nicht das letzte unschuldige Polizeiopfer sein. Bis zum Jahresende 1972 saßen über 40 Gefangene aus der RAF und der »Bewegung 2. Juni« hinter Gittern.

In der Bundesrepublik wurde weiter aufgerüstet. Über das »Programm zur Förderung der Inneren Sicherheit« erhielten Polizei und Geheimdienste erweiterte Kompetenzen, die Mannschaftsstärke der Schutzpolizei wurde um 30 000 auf 150 000 aufgestockt, der Bundesgrenzschutz in die »Terrorismusbekämpfung« einbezogen, und in aller Eile wurde auch das Haftrecht wieder verschärft.

Meine Mutter stirbt

An einem heißen Sommertag Anfang Juli betrat der Sicherheitsinspektor meine Zelle: »Herr Meyer, Sie haben Besuch.« Ich hatte niemanden erwartet. »Ihre Schwester, kommen Sie mit.« Es war meine Schwester Dorothee in Trauerkleidung: »Unsere Mutter ist tot.« Ich brachte es nicht über mich, in Tränen auszubrechen, obwohl ich sie nur mit letzter Kraft zurückhalten konnte. Vor dem Schnösel wollte ich nicht schwach wirken. So schluckte ich und war minutenlang nicht in der Lage zu sprechen. Wortlos saß ich der Schwester gegenüber und hielt ihre Hände. Die Mutter sei eines Morgens nicht mehr aufgewacht. Das Herz habe einfach aufgehört zu schlagen. Die anderen Geschwister seien in Bad Neuenahr und lösten bereits die Wohnung auf. In der nächsten Woche sei die Beerdigung. Ob auch ich damit einverstanden sei, unsere Mutter nach Berlin überführen zu lassen, um sie dort unter die Erde zu bringen. Ja, sicher. Mit meinen Anwälten hätten sie auch schon Kontakt aufgenommen, und Rechtsanwalt Ströbele sei sicher, daß ich zur Beerdigung eine Ausführung erhalten werde. Der Antrag sei schon gestellt. Ich konnte kaum noch zuhören, dachte immer nur an die Mutter, die ich nie wiedersehen würde. Ich hatte ihr noch soviel zu sagen gehabt! Alle Geschwister hofften jetzt, daß die Ausführung genehmigt werde, damit wir zumindest am Grab noch einmal alle zusammen sein könnten. »Weil, wir wissen ja nicht, was mit dir noch passiert.« Ich nickte. »Ja, Ströbele soll den Antrag stellen.« Jetzt nur zurück in die Zelle. Allein sein mit meinem Schmerz und meinen Tränen.

»Wollen Sie Beistand, soll ich Ihnen den Pfarrer schicken?« Nein, ich wollte niemanden sehen. In der Einsamkeit meiner Zelle konnte ich trauern und weinen, solange ich wollte. Ich legte mich ins Bett, zog die Decke über den Kopf und weinte. Lautlos, aber unaufhörlich rannen mir die Tränen. Irgendwann in der Nacht kamen keine Tränen mehr. Aber die Bilder. Szenen aus meiner Kindheit. Wie sehr sich unsere Mutter nach diesem verdammten Krieg für uns geplagt hatte. Und wie wenig Dank sie dafür bekommen hatte. Und ich, ihr Jüngster, hatte ihr jetzt auch noch den größten Kummer gebracht. Bittere Selbstvorwürfe machten mir das Herz so schwer, daß ich wieder heulen mußte. Kaum war das erste Morgenlicht da, las ich alle ihre Briefe. Hatte sie mich nicht mehrfach wissen lassen, daß sie zu mir stehe, auch wenn sie mein Handeln nicht verstehen könne? Was immer ich auch getan hätte, ich bliebe ihr geliebter Sohn. Ja, das hatte sie ja auch geschrieben. Ich fand darin Trost. Tagelang bekam ich wieder keinen Bissen runter. Je länger ich über die Kindheit zu Hause nachdachte, desto trauriger wurde ich. Einmal quälte ich mich eine ganze Nacht mit dem Gedanken, mich am Gitter aufzuhängen. Aber die Kosten-Nutzen-Rechnung, weiter leben oder tot sein, hatte ich im Grunde schon von Anfang an entschieden: Du lebst! Du mußt hier stark bleiben, sonst zerquetschen dich die Verhältnisse!

Zum ersten Mal in meinem Leben gelang es mir in dieser verschissenen Bielefelder Zelle, die Frau, die auch meine Mutter war, so zu sehen, wie es mir zuvor nie möglich war. Immer hatte ich sie nur mit den Augen des Sohnes betrachtet. Jetzt erst wurde mir bewußt, wie stark sie war und wie viele Entbehrungen, wieviel Verzicht als Frau sie für uns, ihre sechs Kinder, auf sich genommen hatte. Wie gerne hätte ich darüber noch einmal mit ihr geredet.

VI. Ruinen, Hunger, Lebertran

Kindheit im zerstörten Berlin

Ich wurde am 31. März 1944 in Luckenwalde geboren. In einer Zeit, als der Krieg mit seiner ganzen zerstörerischen Wucht an seinen Ausgangspunkt zurückkehrte. Hitler-Deutschland sollte nur noch dreizehn Monate existieren.

Nachdem die alliierten Bomber bereits Tagesangriffe auf die Reichshauptstadt flogen, beschloß die NS-Führung im Herbst 1943 ein großangelegtes Evakuierungsprogramm für die Zivilbevölkerung von Berlin. Vor allem kinderreiche Familien sollten aus der Stadt ins nähere Umland evakuiert werden. So gelangte auch meine Familie aus Friedenau, einem Bezirk im Herzen des Berliner Westens, in das kleine Dorf Sernow im Kreis Luckenwalde. Hier, rund siebzig Kilometer südlich von Berlin, sollten meine Mutter, meine fünf Geschwister und ich auch das Kriegsende erleben. Wir kamen in dem bescheidenen Siedlungshaus eines Sernower Handwerksmeisters unter und teilten uns dort zwei kleine Zimmer in der Mansarde. Mit unter dem Dach wohnte auch die Schwester meiner Mutter, Tante Elisabeth, mit ihrem zweijährigen Sohn Horst.

Mein Vater, Dolmetscher und als Zivilangestellter beim Reichsrundfunk in Berlin tätig, besuchte uns in Sernow, sooft er konnte. 1940 waren meine Eltern Franz Josef und Helene aus ihrem gemeinsamen Geburtsort Trier an der Mosel nach Berlin übergesiedelt. Die Familie Meyer vergrößerte sich schnell. In geplantem Abstand und wunschgemäß brachte meine Mutter sechs Kinder zur Welt. Die Zwillinge Elisabeth und Brigitte 1935, Klaus 1937, Rosemarie 1940, Dorothee 1942 und mich 1944.

Wie meine Eltern zum Nazi-Regime standen, konnte ich nie genau herausfinden. Aus Briefen, die mein Vater hinterlassen hatte, und aus vielen Gesprächen, die ich Jahre später mit meiner Mutter führte, konnte ich schließen, daß sie keine Anhänger der Nazis, aber auch keine erklärten Gegner waren. Auf ihre Familie hatten sie sich konzentriert und politisch passiv die Nazizeit durchlebt.

Obwohl Angestellter beim Reichsrundfunk, war mein Vater nicht in der NSDAP, und meine Mutter lehnte die Annahme des sogenannten NS-Mutterkreuzes ab, das allen Frauen verliehen wurde, die mehr als vier Kinder hatten. Auch unter ihren Freunden, die zumeist aus dem Künstlermilieu kamen, gab es keine begeisterten Nazis. Man lebte eher zurückgezogen, in der Hoffnung, daß der braune Spuk möglichst schnell vorüberginge. Gegen den Krieg waren sie von Anfang an. Von sich aus sprach meine Mutter später nie über diese Zeit: »Ich kann dir nur erzählen, wie wir es gesehen und empfunden haben. Wir wußten doch von so vielem überhaupt nichts. Außerdem habe ich mich nie um Politik gekümmert«, war immer ihr Standardsatz.

Im Kriegsjahr 1944 war mein Vater der einzige Mann aus seiner und der Familie meiner Mutter, der noch nicht gefallen, vermißt oder an der Front war. Vermißt bei Stalingrad war der einzige Bruder meines Vaters, Onkel Emil. Vermißt vor Moskau seit zwei Jahren Onkel Hans, der Mann von Tante Elisabeth. An der Ostfront und seit einem Jahr ohne Nachricht die beiden Brüder meiner Mutter, Robert und Fritz. Ein halbes Jahr nach meiner Geburt, im Oktober 1944, wurde auch mein Vater zur Wehrmacht eingezogen. Hitler-Deutschland stand kurz vor seiner Niederlage: Im Sommer waren die Alliierten in der Normandie gelandet und rückten auf die Grenze des Deutschen Reiches vor. Die Rote Armee näherte sich von Osten her bereits der Oder. Die Bombenangriffe auf die

Hauptstadt waren inzwischen so zahlreich, daß meine Mutter sich nicht mehr traute, nach Berlin zu fahren, um in unserer Wohnung nach dem Rechten zu sehen. Als Sonderführer und Dolmetscher wurde mein Vater einer Propaganda-Kompanie zur Truppenbetreuung an der Westfront zugeteilt. Um die Amerikaner aufzuhalten, die über die Ardennen nach Deutschland durchbrachen, zog die Hitler-Wehrmacht im November 1944 alle ihre Reserven zusammen und entfesselte die sogenannte Ardennen-Offensive. Die Einheit meines Vaters folgte den vorrückenden deutschen Verbänden bis nach Luxemburg hinein. Am 26. Dezember 1944 griffen alliierte Bomber bei der Ortschaft Dönningen die rückwärtigen Wehrmachtseinheiten an. Dabei fiel mein Vater. Jahrzehnte später erst besuchte ich das Massengrab auf dem Soldatenfriedhof Sandweiler in Luxemburg, in dem er mit über zehntausend anderen gefallenen und zerfetzten Soldaten begraben liegt.

Im Januar 1945 erhielt auch meine Mutter Helene im Evakuierungsort Sernow den Standardbrief, den vor ihr schon Millionen erhalten hatten: »Der Sonderführer und Dolmetscher Franz-Josef Meyer, geb. am 17. 1. 1908 in Trier, ist für Führer, Volk und Vaterland gefallen.« Von nun an mußte meine Mutter, jetzt 37 Jahre alt und Witwe mit sechs Kindern, die Verantwortung für die Familie endgültig allein tragen. Zum Trauern blieb ihr in diesen Tagen kaum Zeit. Aber auch später hielt sie ihren Kummer über den frühen Tod ihres Mannes vor uns Kindern verborgen. Damit wollte sie uns wohl nicht belasten. Und doch spürten wir, daß sie zeitlebens nie aufgehört hat, ihn zu lieben und zu vermissen.

Ende März war in Sernow der Krieg zu Ende. »Helene, die Russen sind da!« Tante Elisabeth hatte aus ihrem Dachfenster auf dem Dorfplatz einen russischen Panzer entdeckt. Die Vorhut der Roten Armee. Unverzüglich wurde Haus für Haus durchsucht. Meine Mutter, meine Tante und die Vermieterin erwarteten den Trupp Soldaten im Parterre, umrahmt von den sieben Kindern, ich auf Mutters Arm. Während einer der Soldaten die Frauen schweigend mit der Maschinenpistole bedrohte, durchsuchten die anderen das Häuschen vom Keller bis zum Dach. »Wo sind die Männer?« Immer wieder schrien sie die Frauen an: »Wo sind die Männer?« Sie suchten nach Wehrmachtssoldaten. Meine Mutter deutete auf das DIN-A 4-große Portrait meines Vaters, das in der Mitte der Wand hing, unten links der schwarze Trauerflor. »Tot, tot. Krieg, Krieg.« Der Rotarmist hatte verstanden. Hier gab es keinen Soldaten mehr. Die Frauen blieben unbehelligt.

Das Kriegsende feierte außer den Russen im Dorf niemand. Als sich die Nachricht am 8. Mai 1945 verbreitete, herrschte Erleichterung, aber niemand wußte, wie es weitergehen würde. Den ganzen Sommer über fand sich meine Mutter fast täglich auf der Kommandantura ein. Jetzt wollte sie mit uns allen unverzüglich zurück in ihre eigene Wohnung. Für Berlin aber hatten die Russen eine Zuzugssperre erlassen. Keine der evakuierten Familien durfte vorerst zurück in ihren Heimatort. Im November endlich erhielt sie die ersehnte Genehmigung. Schweren Herzens und in großer Sorge um unser aller Zukunft trennte sich meine Mutter von ihrer Schwester Elisabeth. Die hatte inzwischen die Nachricht erhalten, daß ihr Mann in russischer Gefangenschaft sei. Bei einer Entlassung könne er ausschließlich in die Sowjetische Besatzungszone entlassen werden. Berlin war inzwischen Vier-Sektoren-Stadt, und unser Wohnsitz lag im amerikanischen Sektor. Die Tante wollte also mit Sohn Horst im sowjetisch besetzten Sernow auf ihren Mann warten.

Am 11. November stand ein mit Holzgas betriebener offener Kleinlastwagen vor dem Haus. Alles, was die Russen nicht requiriert hatten, Bettwäsche, Kleidung, Decken und einige Kleinmöbel, wurde auf dem Lkw verstaut. Und wir setzten uns alle sieben obendrauf. So fuhren wir bei eisiger Witterung zurück in das zerstörte Berlin.

Ziel war die elterliche Wohnung in Friedenau. Im Norden trennt der Südwestkorso Friedenau von Wilmersdorf, im Süden grenzt der Stadtteil an die Bezirke Steglitz und Dahlem und im Westen an Schöneberg. Vor dem Krieg war der Bezirk mit seinen stillen Straßen, seinen alten Bäumen und dem üppigen Grün, den vielen Vorgärten vor den mächtigen, alten Bürgerhäusern ein bevorzugtes Wohngebiet von höheren Beamten, Offizieren und Künstlern. Im Hochparterre der Wilhelmshöher Straße 10, Ecke Stubenrauchstraße lag unsere 150 Quadratmeter große Fünf-Zimmer-Wohnung.

Unser Haus war schwer beschädigt, aber es stand noch. In direkter Nähe hatte es vier Volltreffer mit Totalzerstörungen gegeben. Das Haus schräg gegenüber war zur Hälfte eingestürzt, noch jahrelang konnte man in den wie abrasierten Zimmerfluchten die Tapeten an den Wänden erkennen. Im Vorgarten unseres Hauses war eine Brandbombe explodiert. Die Stuckfassade des fünfstöckigen Hauses war von der Explosion und dem Feuer halb zerstört und rußgeschwärzt. Ein Bombeneinschlag gegenüber hatte auch in unserer Wohnung erhebliche Schäden angerichtet. Das dreiflüglige Fenster zur Wilhelmshöher Straße hin war mitsamt dem Rahmen herausgerissen, dort klaffte nun ein riesiges Loch im Mauerwerk. In der Wohnung selbst waren mehrere Zwischenwände eingestürzt, so daß drei der fünf Zimmer, die Küche und der Flur ein unübersehbares Chaos aus Schutt und Möbeltrümmern ergaben. Sämtliches Fensterglas war zersplittert. Nur zwei Zimmer hatten dem Bombardement weitgehend standgehalten. Immerhin, einen Teil ihrer Möbel, Bücher, Kleidung und ihres Kochgeschirrs fand meine Mutter unversehrt vor.

Kein Straßenzug in der Umgebung war verschont geblieben. Überall Ruinen, verkohlte Fassaden, überall Trümmer und Schuttberge. Die zwei noch intakten Zimmer unserer Wohnung sollten bis zum Ende der vierziger Jahre Unterschlupf für uns alle sein. Mit dem Wohnzimmerbuffet, dem Kleiderschrank und einem Vorhang teilte meine Mutter die Küche von dem restlichen, mit Trümmern vollgeschütteten Teil der Wohnung ab. Gas- und Wasser-, Strom- und Abwässer-Versorgung funktionierten entweder gar nicht oder nur stundenweise. Für Grundnahrungsmittel gab es jetzt Lebensmittelmarken. Alle zehn Tage wurden die Bewohner mal des einen, mal des anderen Straßenzugs per Lautsprecher, Aushang und über Rundfunk aufgefordert, sich bei den zuständigen Ausgabestellen einzufinden und die äußerst knapp bemessenen Rationen von Lebensmitteln in Empfang zu nehmen: Milchpulver, Kartoffeln, Dosenfleisch, Schmalz, Kunsthonig und Brot. Jedenfalls nicht mehr als 1200 Kalorien am Tag pro Person. Die Kachelöfen in unserer Wohnung waren so schwer zerstört, daß wir in keinem der Zimmer mehr heizen konnten. Die Fenster in den zwei bewohnbaren Zimmern hatte meine Mutter notdürftig mit Pappe und Holzplatten zugenagelt. Es war November, und der Winter brach herein. Kaum jemand war da, der den vielen Kriegerwitwen helfen konnte, auch nur die dringendsten Reparaturen vorzunehmen. Die Handwerker, die Männer, waren tot oder in Gefangenschaft. Bei uns aber stand noch in diesem Winter Onkel Frenny vor der Tür. Der Onkel hatte als Antifaschist und überzeugter Pazifist den Krieg als Aktenträger im Oberkommando der Wehrmacht (OKW) in Berlin überlebt. Zielbewußt hatte er es geschafft, sich »UK« zu machen, das Kürzel der Militärs für »unabkömmlich«, um nicht am Krieg teilnehmen zu müssen. Er wurde in diesen Jahren die entscheidende Stütze in unserem Lebenskampf. Zuerst organisierte er den damals gebräuchlichen Glasersatzstoff »Bezella«, um damit unsere Fenster wieder dicht zu machen. Eine in Plastik getränkte Drahtgaze, die einfach auf den Fensterrahmen genagelt wurde. Irgendwie schaffte er es auch, einen kleinen eisernen Ofen, einen sogenannten Allesbrenner, herbeizubringen. Ein unschätzbares Wertstück. Die 30 Pfund Brikettzuteilung pro Woche mußte meine Mutter im Rucksack aus der fünfzehn Kilometer entfernten Weddinger Ackerstraße zu Fuß nach Hause buckeln.

Das Straßenbild in jener Zeit wurde vor allem von den Frauen geprägt, die meisten von ihnen in Trauerkleidung. Fast alle hatten sie um den Kopf einen Schal oder ein Tuch geschlungen, das vorne zu einem kunstvollen Knoten gebunden war. Ich hatte Hemd und Hose, aus einer karierten Wolldecke gefertigt, bekommen, und die Geschwister trugen jetzt Röcke aus Vorhangstoff. Wie alle anderen hatte auch unsere Mutter ihre Kleidung inzwischen gewendet und trug jetzt die intakten Innenseiten nach außen. Auch sie schlang sich das Tuch mit dem modischen Knoten um den Kopf. Früher hatte sie immer großen Wert auf elegante Kleidung gelegt und das, solange es ging, auch während der Kriegsjahre beibehalten. Sie war eine große, schlanke Frau mit dunklem Haar, die sich trotz ihrer Größe immer kerzengerade hielt. In ihrem schmalen Gesicht fielen die etwas starke Nase auf und die dunklen, klaren Augen hinter der Brille, die sie nie ablegte. Als Trierer Beamtentochter hatte sie eine behütete Jugend verlebt. Auch in ihrer Ehe war sie bis zum Krieg nie mit existentiellen Problemen konfrontiert gewesen. Mein Vater hatte nicht nur materiell gut für die Familie gesorgt, sondern war immer bemüht gewesen, aufkommende Probleme und Schwierigkeiten von ihr fernzuhalten oder mit ihr gemeinsam zu lösen. Aber bei aller Obhut, die sie erfahren hatte, war sie doch zeitlebens eine energische und zupackende Frau, jetzt vor allen Dingen getrieben von der Sorge um das Überleben ihrer Kinder. Nur ein einziges Mal, so erzählte sie mir später, war sie inmitten der Trümmer und in ihrer tiefen Hoffnungslosigkeit so verzweifelt, daß sie daran dachte, den Gashahn aufzudrehen und sich und uns Kinder umzubringen.

Tagtäglich und von morgens bis abends war sie damit beschäftigt, die notwendigen Lebensmittel und Brennmaterialien herbeizuschaffen. Voll eingespannt waren auch die Zwillinge Elisabeth und Brigitte, die stundenlang für Lebensmittelmarken Schlange standen oder durch die Gegend streiften, immer in der Hoffnung, etwas Brauchbares aufzutreiben.

Rosemarie, Dorothee und ich mußten zweimal in der Woche in die nahe Niedstraße, um einen Löffel Lebertran zu schlucken, den die Stadt an die hungernden Kinder ausgab. Wir alle waren stark unterernährt. Eine Verschlechterung der Versorgungslage war kaum noch denkbar, sollte aber kommen. Der Winter 46/47 brachte über das zerstörte Deutschland eine katastrophale Kältewelle. In Berlin pendelte sich schon Ende November das Thermometer bei zwanzig Grad Minus ein.

Goldes wert war der Ofen von Onkel Frenny, in dem wir von Papier über Holz und Kohlen selbst Lumpen verbrennen konnten. Meine Geschwister streiften den ganzen Tag in eisiger Kälte durch die Ruinen und sammelten alles, was den Ofen am Brennen zu halten vermochte. Trotz allem war ich, gerade gut zwei Jahre alt, nahe daran zu erfrieren. An Händen und Füßen wucherten bereits dicke Frostbeulen, die so weh taten, daß ich oft weinen mußte. Fortan wurde ich mit dem wenigen Fett, das wir hatten und das eigentlich für die Brote gedacht war, dick eingeschmiert, Tag und

Nacht in alte Zeitungen gewickelt und dann in Bergen von Zudecken wie in ein Steckkissen verpackt.

Im Berliner Norden brachen die Seuchen Diphterie und Tuberkulose aus. 60 000 Menschen mußten wegen Erfrierungen behandelt werden. 200 Menschen starben den Kältetod. Große Teile der Versorgungsbetriebe stellten ihre Arbeit ein, weil wegen der Temperaturen die Produktion nicht mehr aufrechterhalten werden konnte. Erst nach drei langen Monaten, Ende Februar 47, war die Kältewelle vorüber. Wir alle hatten auch diesen Winter unversehrt überstanden.

Immer noch lebten wir in den zwei Zimmern zusammengepfercht, und noch immer improvisierte meine Mutter täglich aufs neue unser Überleben. Was es nicht gab, gab es als Ersatzprodukt. Ersatzleberwurst, Ersatzmehl, Ersatzkaffee, Ersatzhonig. Die falsche Leberwurst bestand hauptsächlich aus Getreidegrütze und viel Majoran. Kaffee wurde aus grob gemahlenen, angerösteten Eicheln hergestellt. Statt der Süßigkeiten nuckelte ich des öfteren an einem Klumpen Milchpulver herum, der so hart war wie Stein. Nur mit großem hausfraulichen Geschick gelang es meiner Mutter, aus den dürftigen Zutaten ein schmackhaftes Essen auf den Tisch zu zaubern. In der Regel war das eine Suppe.

Im Juni 1948 winkte uns das Glück. Die Großtante meiner Mutter, Helene von Zastrow, war verstorben und hatte ihr 90 000 Reichsmark hinterlassen. Zu den Erbschaftsverhandlungen mußte meine Mutter in ihre Heimatstadt Trier reisen, mich nahm sie mit. In Trier zahlte der Rechtsanwalt, der die Erbschaftsangelegenheiten regelte, die 90 000 Reichsmark in bar aus. Aber noch ehe meine Mutter ihre Jugendfreunde und Verwandten in Trier besuchen konnte, ereignete sich in Westdeutschland und Berlin erneut Dramatisches.

Die Westalliierten, Amerikaner, Briten und Franzosen, hatten am 20. Juni über Nacht für ihr Hoheitsgebiet, die spätere Bundesrepublik, eine Währungsreform erlassen, die Reichsmark schlagartig entwertet und die D-Mark eingeführt. Drei Tage später verfügten sie dieselbe Maßnahme für den von ihnen besetzten Teil Berlins. Zum Entsetzen meiner Mutter waren ihre 90 000 Reichsmark über Nacht nur noch das Papier wert.

Mit der unerwarteten Einführung der D-Mark in den drei West-Sektoren Berlins war ein entscheidender Schritt zur Spaltung der Stadt und darüber hinaus ganz Deutschlands getan. Die Russen reagierten prompt. Als Reaktion auf die einseitige Maßnahme der Westalliierten unterbrachen sie schon einen Tag später, am 24. Juni 1948, sämtlichen Güterverkehr von und nach Berlin. Kein Schiff, keine Eisenbahn, kein Autobus, kein Lkw kam in den Westteil der Stadt oder aus ihm heraus. Die Westsektoren Berlins waren hermetisch von ihrer Versorgung abgeschnitten. Der kalte Krieg hatte begonnen. Westberlin war jetzt eine Insel, inmitten der sowjetischen Besatzungszone.

Noch am 24. Juni 1949 führten die Russen im sowjetisch besetzten Teil Berlins und drumherum, von der Elbe bis zur Oder, eine eigene Währung ein, die »Ostmark«. In Berlin aber galten fortan zwei Währungen, die D-Mark in den drei Westsektoren und die »Ostmark« im sowjetisch besetzten Teil. Westberlin war nun Bestandteil der Trizone, wie die von den drei Westmächten besetzten Gebiete Deutschlands genannt wurden. Wir Kinder johlten den Gassenhauer: »Wir sind die Eingeborenen von Trizonesien! Heidi, schiffala, schiffala bum!«

Jedem Westberliner Bürger, vom Säugling bis zum Greis, standen 40 D-Mark der neuen Währung zu. Abzuholen am Wohnort gegen Vorlage sämtlicher Familienunterlagen. Unverzüglich machten wir uns auf den Weg von Trier zurück nach Berlin. Die Interzonenzüge, für deren Benutzung man einen besonderen Paß benötigte, fuhren aber nur noch bis Helmstedt. Dort war unsere Reise erst mal zu Ende. Auf der Grenzkommandantur in Marienborn verhandelte meine Mutter sofort lautstark und resolut mit den Russen. Ihre kleinen Kinder warteten alle in Berlin, und sie müsse unbedingt auf dem schnellsten Weg zurück, und sei es mit sowjetischen Militärfahrzeugen. Niemand von den Russen wollte ihr zuhören, barsch wurde ihr statt dessen befohlen, den Fußboden der Kontrollbaracke zu putzen. Ich wurde auf unser Gepäck gesetzt und sah zu, wie sie mit zwei anderen Frauen auf den Knien rutschend den Holzboden der Baracke schrubbte. Erst im Morgengrauen hielten die Russen einen Klein-Lkw an und forderten den Fahrer auf, uns beide und drei andere Frauen samt ihren Kindern nach Magdeburg mitzunehmen. Von dort aus fuhren wieder Züge bis Westberlin. Hunderte von Reisenden klebten an dem heillos überfüllten Zug. Auf den Perrons der Türen hingen dichte Menschentrauben, selbst auf den Waggondächern lagen sie dicht an dicht. »Hier, die Frau mit dem Kind muß noch mit.« Über die dicht gedrängten Köpfe der Drängelnden hinweg wurden wir beide durch das Fenster in das Abteil gezerrt.

Nach unendlich vielen Haltepunkten erreichte der Zug Stunden später Berlin. Es war tiefe Nacht, als wir im Bahnhof Zoo eintrafen.

Und wieder hieß es in den folgenden Monaten Schlange stehen für Lebensmittelrationen. Die Insel Westberlin wurde jetzt von den drei Westalliierten über die Luftbrücke versorgt. Monatelang und Tag und Nacht hörten wir das Dröhnen der amerikanischen Versorgungsflugzeuge, die geradewegs über unser Haus hinweg zum Flugplatz Tempelhof flogen. Die »Rosinenbomber« brachten vor allem Instant-Nahrung nach Berlin: jede Menge Trockengemüse, Dosenfleisch, Milchpulver, Brennmaterial. Wieder kein Obst, wieder keine Süßigkeiten, wieder Hunger.

Strom und Gas gab es erneut nur stundenweise. Meistens kam der Strom mitten in der Nacht. Dann wurden wir geweckt, und aus den Trockenprodukten wurde schnell eine warme Mahlzeit gezaubert. Wurde der Strom wieder abgedreht, hockten wir bei selbstgemachten Kerzen immer noch lange beieinander. Dann erzählte die Mutter Geschichten, las aus »Grimms Märchen« oder sang mit ihrer schönen, hellen Stimme traurige Küchenlieder vom Mariechen, das weinend im Garten saß, oder Sabinchen, das ein Frauenzimmer war. So lange, bis wir wieder eingeschlafen waren.

In vielen dieser Nächte erzählte sie auch von unserem Vater. Meistens begann sie: »Wenn euer Papa noch leben würde . . .« Die älteren hörten dann still und andächtig zu. Auch ich lauschte aufmerksam, konnte mir aber nie richtig vorstellen, wie es wäre, wenn der Vater, den ich ja nur vom Foto her kannte, noch leben würde. Ich vermißte ihn nicht.

Im Mai 1949 wurde die Blockade aufgehoben. Über Nacht war in den Geschäften wieder alles zu haben, aber kaum einer hatte Geld. Die kleine Rente meiner Mutter wurde schon zur Hälfte von der Miete aufgefressen. Doch eine große Anschaffung in der neuen Zeit leisteten wir uns auf Raten: ein Radio mit weißen Tasten und einem magischen Auge zur Feineinstellung der Sender.

Wenn die Geschwister in der Schule waren und meine Mutter ihrer Hausarbeit nachging, hockte ich vor dem Radio und hörte wie gebannt die nicht enden wollenden Ansagen im »Suchdienst des Deutschen Roten Kreuzes«. Auch unser Onkel Emil galt als vermißt. Aber sein Name wurde nie genannt, Mitte der fünfziger Jahre wurde er dann für tot erklärt.

Kein Tag verging, an dem nicht Musikanten in unserem Hof auftraten. Die Hofmusikanten spielten mal Akkordeon, mal Mundharmonika, manchmal sangen sie auch nur. Meistens waren es Kriegsversehrte, denen ein Bein oder ein Arm fehlte, Männer, die gerade aus der Gefangenschaft kamen und deren Familien tot oder nicht auffindbar waren. »Das sind Menschen, die der Krieg entwurzelt hat«, sagte die Mutter und gab regelmäßig zwanzig Pfennig und eine Klappstulle, für die sich diese freundlichst bedankten. Meine Geschwister und ich guckten uns die Männer jedesmal ganz genau an. Denn wir hegten noch immer die Hoffnung, daß unser Vater gar nicht tot sei und eines Tages als Hofmusikant vor uns stehen könnte.

In meiner Erinnerung spielten sich die ersten sechs Jahre meines Lebens zwischen Entbehrung und Hunger ab, mit Lebertran, Leibchen und langen, kratzigen Strümpfen, zwischen Langeweile zu Hause und aufregenden Entdeckungstouren auf den Straßen und in den Ruinen. Die Ruinen waren für uns Knirpse das spannendste überhaupt. Es gab ja sonst nichts. Kaum Spielzeug, keinen Kindergarten, kein Kindertheater und Spielplätze schon gar nicht. Aber trotz Not und anhaltender Mangelversorgung war ich ein wilder Steppke, der dank der unermüdlichen Fürsorge seiner Mutter einigermaßen unbeschwert in den Tag leben konnte. Wer vermißt schon Apfelsinen, wenn er sie nicht kennt. An Beachtung und Liebe fehlte es mir nicht. Trotz ihrer großen Belastung hatte ich immer die besondere Zuwendung und Aufmerksamkeit meiner Mutter. Vielleicht weil ich der Jüngste war.

Im Viertel kannte man mich gut. Den Frauen half ich, die Einkaufstasche die Treppe hochzutragen oder den Müll herunterzubringen, immer in der Hoffnung auf eine kleine Belohnung, denn ich hatte ständig Hunger. Mal gab es einen Apfel, mal eine Wurststulle. »Na, da bist du ja, du kleiner Brüller«, begrüßten mich die Frauen. Den Spitznamen Brüller hatte ich mir eingehandelt, weil ich abends nie freiwillig nach oben in die Wohnung wollte und aus freien Stücken nicht aus den Ruinen herauskam. Wann immer man mir beim Spielen etwas verweigerte oder gar verbot, fing ich tränenlos, doch lauthals an zu brüllen. Und zwar so lange, bis man meinem Willen nachgab oder aber meine Mutter mit einer schallenden Ohrfeige dem Gebrüll ein Ende setzte. Die Nachbarn kannten das Ritual.

Mit der Gründung der Bundesrepublik am 23. Mai 1949 wurde ich, fünf Jahre alt, zum Rentner. Von nun an bekamen meine Geschwister und ich, wie Millionen andere Kinder, die ihre Väter im Krieg verloren hatten, die personenbezogene Halbwaisenrente. Viel war das nicht. An der kärglichen Versorgungslage unserer Familie änderte es wenig. Nach wie vor mußte meine Mutter alles ganz genau einteilen, es reichte gerade für eine Wurststulle pro Kopf, auf dem nächsten Brot gab es Margarine und Senf oder Vierfruchtmarmelade. Alle sechs Monate mußte die ganze Familie auf dem zuständigen Polizeirevier in der nahen Sarazinstraße ihre Vollzähligkeit unter Beweis stellen. Ein Polizist rief alle namentlich auf, prüfte unsere Anwesenheit und stellte eine »Lebensbescheinigung« aus. Die brauchte meine Mutter für alle Behördengänge, besonders aber für die Auszahlung der Rente. In der großen Politik geschah unterdessen Entscheidendes. Wenige Monate nach der offiziellen Gründung der »Bundesrepublik Deutschland« erfolgte am 7. Oktober 1949 die Gründung der »Deutschen Demokratischen Republik«, DDR. Die Stadt Berlin, inmitten des DDR-Gebiets gelegen, wurde nun immer mehr auch sichtbar eine geteilte Stadt. Dieser Zustand sollte vierzig Jahre andauern. In der halbierten Stadt galten fortan nicht nur unterschiedliche Währungen, sondern auch

Verwaltungseinrichtungen, Polizei, Verkehrsbetriebe, Wasserwerke, Kraftwerke – alles wurde getrennt. Schon bald gab es nicht einmal mehr eine Telefonleitung von der einen Hälfte in die andere. Die Grenze verlief quer durch die noch immer schwer zerstörte Stadt, an vielen Stellen gar mitten durch einen Straßenzug, so daß die eine Straßenhälfte im Ostteil, die andere im Westteil der Stadt lag. Manchmal markiert durch einen weißen Strich, manchmal aber auch nur durch kleine weiße Begrenzungspfähle. Immer aber war die Volkspolizei auf der Ostseite vertreten und kontrollierte stichprobenartig den noch in beide Richtungen pulsierenden Fahrzeug- und Fußgängerverkehr. Von den öffentlichen Verkehrsmitteln fuhren nur noch die S- und die U-Bahnen durch alle Sektoren, während die Bus- und die Straßenbahnlinien an den Grenzen der jeweiligen Stadthälften endeten. Die Teilung Deutschlands und Europas in Ost und West war manifestiert.

Schulzeit in der geteilten Stadt

Im darauffolgenden Jahr sollte für mich ein ganz anderer »Ernst des Lebens« beginnen. »Denk immer daran, du lernst nur für dich und nicht für die Schule«, waren die eindringlichen Worte meiner Mutter an jenem 1. April 1950, dem Tag meiner Einschulung. Ich wollte aber nicht in die Schule und ahnte bereits, daß dieser »Ernst des Lebens« mir nur Ärger einbringen würde. Äußerst widerwillig saß ich still und hörte den Begrüßungsworten unserer Lehrerin Fräulein Marwedel zu: eine kleine, dickliche ältere Dame mit rotblondem Haar, das sie oben auf dem Kopf zu einem mächtigen Dutt bündelte. »Ab heute, liebe Kinder, werden wir uns täglich sehen.« Unmißverständlich folgte die Marschroute: pünktlich, ordentlich und vor allem fleißig sollten wir sein. In den folgenden Jahren meiner Schulzeit gab es keinen einzigen Tag, an dem ich gerne in die Schule gegangen wäre. Ich haßte den Zwang des verordneten Lernens, das Still-sitzen-Müssen, die Schularbeiten, vor allem das ewige Disziplinieren und die ständige Kontrolle von Heften, Fingernägeln und Kleidung. In den Schulen herrschte zu jener Zeit strikte Disziplin und penible Ordnung. Vorlautes Dazwischensprechen, Kaugummi kauen, Tuscheln oder Abschreiben vom Nachbarn bestraften die Lehrer nicht selten durch einen heftigen Schlag mit dem Lineal auf die Handflächen des Schülers. Auch Ohrfeigen setzte es zuweilen. Mildere Strafen waren Nachsitzen, ellenlange Strafarbeiten oder mit dem Gesicht zur Wand In-der-Ecke-Stehen. Betrat ein Lehrer die Klasse, mußten die Schüler aufstehen und den Ankommenden im Chor namentlich begrüßen. Wer mit dreckigen Fingernägeln oder Schuhen daherkam, wurde kurzerhand zum Reinigen auf die Toilette verwiesen. Mit Ruhe, Ordnung und Gehorsam kannte sich der Großteil des Lehrpersonals schließlich bestens aus. Viele von ihnen waren schon unter Hitler im Schuldienst gewesen und bereits pensioniert, aber aufgrund des krassen Lehrermangels nach dem Krieg wieder reaktiviert worden. Mein langjähriger Deutschlehrer, Herr Rieger, war ein alter Kommißkopf. Obwohl selbst unterarmamputiert, verging keine Deutschstunde, in der er uns nicht von Heldentaten der deutschen Soldaten gegen die »Ruskis« erzählte. Fräulein Marwedel, bei der wir Heimatkunde lernten, trauerte immer wieder aufs neue um »die verlorenen Ostgebiete«, die man uns Deutschen zu Unrecht weggenommen habe. »Schlesien und das schöne Pommern – alles unter polnischer Wirtschaft.« Kam ein Kind aus der »Zone« neu in die Klasse, mußte es uns ganz genau »über die Unfreiheit in der SBZ« erzählen. Wir Kinder wurden dann angehalten, für die armen Flüchtlinge Geld zu sammeln. Die Ost-West-Konfrontation und die Teilung der Stadt waren Themen in allen Unterrichtsfächern. Uns wurde eingepaukt, welch ein Glück wir hätten, im freien Westteil zu wohnen, und wie schlecht es doch den Brüdern und Schwestern in der Ostzone erginge, die unter den Kommunisten in Armut und Unfreiheit leben müßten. Das leuchtete uns Kindern ein, und wir hatten großes Mitleid mit den armen Menschen in »der Zone«.

Bis weit in die fünfziger Jahre hinein mußten wir alljährlich zweimal geschlossen zum Schularzt, um vor allem auf TBC oder Diphterie hin untersucht zu werden. Für mein Alter war ich zu groß und spindeldürr. Jedesmal konstatierte der Schularzt, daß ich zwar einen gesunden Knochenbau hätte, aber unterernährt sei. Das bedeutete bis Mitte der fünfziger Jahre Schulspeisung und

Lebertran. Immer gab es Eintopf: Milchnudeln, Graupensuppe, Kohlsuppe oder Sojabohnen mit Sauerkraut. Bis auf die süßen Sachen aß ich alles ganz gerne und ließ mir das alte Wehrmachtsgeschirr regelmäßig bis zum Rand füllen.

War die Schule aus, flog die Mappe in die Ecke, und ich war fürs erste auf der Straße verschwunden. Murmeln spielen, Roller fahren, stundenlang durch die Straßen der Stadt stromern und über Ruinen klettern, all das war mir viel wichtiger als die Schularbeiten. Überall im Viertel waren große, freie Sandplätze, auf denen kurz zuvor noch Ruinen gestanden hatten und auf denen jetzt Dutzende von Kindern mit den bunten Ton- oder Glaskugeln murmelten. Ich zeigte so großes Geschick bei diesem Gewinn- und Verlustspiel, daß ich bald von den Kindern respektvoll »Murmelkönig« genannt wurde. Eines Tages kam sogar ein Übertragungswagen des »RIAS Berlin«, der über die massenhaft Murmeln spielenden Kinder berichtete und einzelne nach ihren Tricks befragte. Natürlich war auch ich vor dem Mikrophon. Am Abend nervte ich die ganze Familie, die Sendung unbedingt mit mir zusammen anzuhören.

Leider war mein kleiner Beitrag nicht zu verstehen: Wieder einmal hatte ich zu laut gebrüllt.

Sonntags durfte nicht gestromert werden. Statt der unverwüstlichen Sepplhose hatte ich meine »Sonntagskleidung« anzuziehen und die wilden Haare mit einem »ordentlichen Scheitel« zu bändigen. Nur der Gang ins Kino konnte mir diesen langweiligen Tag versüßen. Mit 50 Pfennig Taschengeld machte ich mich pünktlich um vierzehn Uhr zur Jugendvorstellung in eins der zahlreichen Kinos der Umgebung auf. Manchmal brauchte ich nicht einmal zu bezahlen, weil die Mutter eines Klassenfreundes an der Kasse des Lydia-Kinos am Breitenbachplatz arbeitete. Ich sah mir einfach alles an. Besonders gefesselt aber war ich von den Cowboy-Helden Tom Mix, Zorro oder Hopalong Cassedy. Ich versetzte mich dermaßen in die Figuren hinein, daß ich noch tagelang nach einem solchen Film zu Hause die Show-down-Szenen meiner Helden nachspielte und zeitweilig sogar verlangte, daß man mich Tom nannte. Unserer Mutter mißfielen meine schauspielerischen

Phantasie-Ausbrüche derart, daß ich einmal ein halbes Jahr nicht mehr ins Kino durfte.

Ich lernte nicht und machte keine Schularbeiten, sondern träumte mich durch einsame Abenteuer in weiter Wildnis. Tagelang fühlte ich mich als Trapper unter Indianern oder war einsamer Büffeljäger in den endlosen Weiten der Prärie. Hier gab es keine Schule. Entsprechend schlecht waren auch meine Leistungen. Selbst am Ende des dritten Schuljahres konnte ich noch immer nicht richtig lesen und schreiben. Ich verweigerte mich hartnäckig. Alles büffeln unter den Fittichen meiner Mutter und die vielen Ohrfeigen, die ich wegen meiner Lernunwilligkeit verpaßt bekam, halfen nicht. Ich wollte nicht lesen und schreiben lernen und schon gar nicht in die Schule gehen. »Till, du bist doch so ein heller Kopf, warum um Himmels willen kannst du noch nicht richtig lesen? Üben, üben, üben«, stöhnte Fräulein Marwedel regelmäßig. Aber ich hatte auch Stärken. Meine mündlichen Beiträge wurden stets als »überdurchschnittlich« bewertet, und gute Leistungen zeigte ich auch in den Fächern, an denen ich selbst ein Interesse hatte. Mehrmals wurde meine Mutter von der Lehrerin einbestellt, um mit ihr über meine Lernunwilligkeit zu reden.

Ob es der ständige Ärger war, den ich mir mit meiner Lernunwilligkeit einhandelte, oder die Neugierde auf die vielen Indianerbücher meines großen Bruders Klaus, aus denen mir niemand mehr vorlesen mochte – plötzlich wollte ich lesen. Geradeso als hätte ich nie Schwierigkeiten gehabt, konnte ich zur Verblüffung der Lehrer in der vierten Klasse genausogut lesen wie meine Mitschüler. Und ich las und las und las. Kein Buch und keine Zeitung waren jetzt vor mir sicher. Ich hatte so viel Spaß daran und war so wißbegierig, daß ich mir einen Mitgliedsausweis für die Jugendbücherei im Rathaus Friedenau besorgte. Bald lieh ich mir dort nicht nur Abenteuerbücher und Berichte aus fernen Erdteilen aus, sondern verbrachte mindestens einmal in der Woche einen ganzen Vormittag im stillen Lesesaal der Bücherei, statt in die Schule zu gehen. Vor allem schwänzte ich an den Tagen, für die Diktate oder eine Rechenarbeit angekündigt waren. Kaum hatte ich morgens das Haus verlassen, versteckte ich als erstes den Tornister auf einem Ruinengrundstück, um mir dann an den vielen

Schaufenstern der Rheinstraße die Nase platt zu drücken. Pünktlich bei Öffnung der Kinderbücherei um zehn Uhr tauchte ich dort auf. Vor allem die Geschichtsbücher hatten es mir angetan. Ich las mit Spannung über die alten Griechen, die Römer, über die Pharaonen in Ägypten und über die Kriege der letzten Jahrhunderte. Verschlungen habe ich gleichermaßen die Indianerbücher von James Fenimore Cooper oder exotische Reiseberichte über ferne Erdteile. Ich las über die Reisen des Marco Polo und über die großen portugiesischen Seefahrer, die ferne Kontinente entdeckt hatten. Ich reiste mit Vasco da Gama und James Cook, mit Charles Darwin und Thor Heyerdahl und begleitete Alexander von Humboldt auf seiner Expedition in die Anden. Was war schon Karl May gegen die »Sagen des klassischen Altertums«.

Einerseits erbrachte mein Leseeifer mir einen Vorsprung und gute Zensuren in den einschlägigen Unterrichtsfächern, andererseits aber sorgte das regelmäßige Schwänzen in der Schule und zu Hause für Heidenärger. Für jedes Fehlen mußte prompt eine Entschuldigung vorgelegt werden. Blieb diese aus, kam drei Tage später unweigerlich der »blaue Brief«. Manchmal gelang es mir, die Briefe abzufangen, aber spätestens das nächste Schreiben erreichte dann doch meine Mutter. Die reagierte sofort und drastisch. Ohne lange zu fragen, setzte es Hiebe. Was immer sie gerade zur Hand hatte, ob Kleiderbügel, Handfeger oder Teppichklopfer, sauste auf mich nieder. Waren meine großen Schwestern da, hatte ich Fürsprecherinnen. Sie bestürmten die Mutter inständig, von mir abzulassen. Härter als die Schläge trafen mich aber die in aller Regel zusätzlich verhängten drei Tage Stubenarrest. Ich haßte es, eingesperrt zu sein, und versprach ihr unter Tränen das Blaue vom Himmel, wenn sie mich bloß wieder auf die Straße ließe. Meistens gab sie nach. Eine Ohrfeige konnte ich mir auch einfangen, wenn ich mich nicht so benahm, wie sie es von uns verlangte. Streng achtete sie auf höfliches Benehmen gegenüber Erwachsenen, gute Tischmanieren und unbedingte Aufrichtigkeit. Zu Hause durfte nicht berlinert werden, wir hatten alle Hochdeutsch zu sprechen. Und selbstverständlich hatte ich mir vor der Schule die Fingernägel zu reinigen und die Schuhe zu putzen. Ständig mußte ich mit einer Kontrolle rechnen: »Sofort ins Bad.

Fingernägel und Ohren! Aber tipptopp! Manieren mußt auch du lernen, mein Lieber.«

Hielt sie Verhaltensweisen oder Ausdrücke von uns für »unter unserem Niveau«, konnte sie schnell in Rage geraten. Ihrer lockeren Hand entgingen dann auch meine älteren Geschwister nicht.

Aber trotz ihrer oft rigorosen Strenge in Fragen des »Niveaus« war sie uns gegenüber doch auch voller Verständnis und Nachsicht. Jedes ihrer sechs Kinder konnte sich gleichermaßen beachtet, umsorgt und geliebt fühlen. Wir liebten sie innig. Sie war für uns die uneingeschränkte Autorität. Bei aller Sorge und Last war sie nie verbittert oder traurig. Sie liebte die Geselligkeit, war humorvoll, laut und lebhaft und einem »guten Tropfen« keineswegs abgeneigt. Feste wurden in großer Familienrunde und immer lautstark und feuchtfröhlich begangen. Und wir hatten viele Geburtstage.

Meine Geschwister bereiteten als Heranwachsende kaum Probleme. Fleißig absolvierten sie die Schule, waren in der katholischen Mädchengruppe oder gingen ordnungsgemäß ihrer Lehre nach. Streit unter uns gab es selten, und wenn, dann nur wegen der Hausarbeiten, an denen wir uns alle zu beteiligen hatten. Für Kummer sorgten die bedrängten wirtschaftlichen Verhältnisse. Nur eine meiner Schwestern konnte ein Gymnasium besuchen. Die anderen mußten nach der Volksschule sogleich mit einer Lehre beginnen, weil wir auf das Einkommen angewiesen waren.

Auch ich hatte zu Hause meine Aufgaben: täglich den Mülleimer runtertragen und – überaus lästig – Kohlen aus dem Keller holen. Und jedesmal gab es darüber Ärger. »Dieser Satan hat schon wieder keine Kohlen geholt.« Ich hatte den Namen verdient. Keine Sparbüchse der Geschwister war vor mir sicher. Mit großer Energie fingerte ich geschickt aus den noch so kompliziert verschlossenen Dosen kleine Geldbeträge heraus, die ich zumeist ins Kino trug. Aufgesparte Schokolade, Kaugummis oder sorgsam eingeteilte Vorräte wurden durch mich erheblich reduziert. Kaum wurde der Schwund entdeckt, stand der Übeltäter fest: »Du Satan . . .«, und dann spielte sich das gleiche wütende Ritual ab, das ich schon durch meine Schulbockigkeit kannte. Inklusive Stubenarrest. Meine große Klappe, gepaart mit einem »sturen

Kopf«, hatte überdies zur Folge, daß meine Geschwister »den Satan« nicht mehr zu Freunden oder zum Spielen mitnehmen sollten. »Der kann sich nicht benehmen! Der ist frech, und sagen läßt er sich auch nichts.«

Um meine Rumstreunerei und Abenteuerlust wenigstens etwas in geordnete Bahnen lenken zu können, meldete man mich bei den katholischen »Sankt Georgs Pfadfindern« an. Voller Begeisterung war ich »Wölfling« in der »Sippe Fuchs«. In den Sommermonaten unternahm ich mit meiner »Sippe« ausgedehnte Wanderungen durch den Grunewald. Fährten lesen, Vögel beobachten, Bäume erkennen stand dann auf dem Programm. Manchmal übernachteten wir auch in kleinen, einfachen Zelten. Wenn abends über dem offenen Lagerfeuer in einem großen Kessel der Eintopf gekocht wurde, gefiel mir das Pfadfinderleben besonders gut. Ich kam mir vor wie einer der Helden aus meinen geliebten Trapper- und Indianerbüchern.

Die Pfadfinderromantik sollte mich allerdings nicht lange fesseln. Mit den Zeltlagern und allen anderen Unternehmungen verband sich nämlich immer auch ein Gang in die katholische St. Marienkirche in Wilmersdorf. Dorthin ging ich aber nur mit großem Unwillen. Obwohl wir alle katholisch getauft waren, zwang meine Mutter keines ihrer Kinder, in die Kirche zu gehen oder am Religionsunterricht teilzunehmen. Auch Tisch- oder Abendgebete gab es zu Hause nicht. Nur am zweiten Weihnachtsfeiertag, dem Todestag meines Vaters, verlangte sie, daß wir uns um sein Bild unter dem Weihnachtsbaum versammelten und in Gedenken an ihn gemeinsam ein Vaterunser sprachen. Unablässig starrte ich dann auf das Foto, und jedesmal ging mir durch den Kopf: »Das soll dein Vater sein?« Der schlanke, gutgekleidete Mann auf dem Foto war mir vollkommen fremd. Ich konnte nicht um ihn trauern, ich hatte ihn ja nie gesehen. Dennoch kämpfte ich regelmäßig mit den Tränen, weil ich es nicht ertragen konnte, wenn meine Mutter weinte.

Bei uns kam das Wirtschaftswunder in Form eines neuen Kühlschranks der Marke »Elektrolux« ins Haus. Nach und nach waren auch alle Zimmer wieder instand gesetzt, und wir konnten uns auf die ganze Wohnung verteilen. So kam auch ich zu meinem eigenen kleinen Reich. Am Ende des Flurs, direkt neben dem Bad, bewohnte ich die ehemalige Dienstmädchenkammer, in die nicht mehr als ein Bett, ein Nachttisch und eine kleine Kommode paßten. Mit mir bewohnten abwechselnd ein Hamster, mehrere weiße Mäuse und ein Wellensittich die Kammer. Unter dem Bett stapelten sich meine Bücher. Jack London, Mark Twain und Edgar Allan Poe waren in dieser Zeit meine Lieblingsautoren. Verschlungen habe ich auch jede Menge Comic-Heftchen: Vor allem Micky Maus, Tarzan, Prinz Eisenherz und die dünnen Westernheftchen »Tom Prox« und »Billy Jenkins« oder die Jugendzeitschrift »Rasselbande«. Bei der Auswahl meiner Lektüre hatte ich immer freie Hand, niemand kontrollierte, was ich las.

Die Vorliebe für Comic-Heftchen, »Schund«, wie meine Mutter sagte, teilte ich mit meinem besten Freund Norbert. Auch die Abenteuerlust und das Vergnügen am Herumstromern durch die Straßen der Stadt genossen wir gleichermaßen. Dritter im Bunde war Jürgen, ebenfalls ein Junge aus der Nachbarschaft. Wir waren gleich alt und zufällig jeweils die jüngsten von mehreren Geschwistern. Kein Zufall war es, daß wir alle keinen Vater hatten. Mein Terrain war die Straße. Hier kannte ich mich aus, hier ließ ich mir von niemandem etwas gefallen. Auf den langen und oft weiten Zügen durch die Bezirke Berlins, immer auf Entdeckungen und Abenteuer aus, fühlte ich mich in meinem Element. Beim Obstklauen, Schwarzfahren, Sich-in-den-Zoo-Schmuggeln, beim Erkunden streng verbotener Ruinen oder bei den Kloppereien mit anderen herumstrolchenden Kindertrupps – ich war immer vorneweg. Die Freunde mochten mich, weil ich nie feige und auch in brenzligen Situationen auf mich Verlaß war. Unter den Straßenkindern lernte ich mich zu behaupten und durchzusetzen. Jahrelang waren wir drei eine verschworene Gemeinschaft. Von anderen Kindern wurden wir die »Schlackerhosenbande« genannt, weil wir recht schmächtig und mit viel zu großen, bis an die Knie reichenden Lederhosen bekleidet waren.

Als ich 1955 in den Fußballverein wollte, gab meine Mutter mir unverzüglich die zwei D-Mark Monatsbeitrag, in der Hoffnung, daß ich dort zumindest für diese Zeit unter Kontrolle und gut aufgehoben war. Zusammen mit Norbert spielten wir im »Turn- und Sportclub Friedenau von 1886« in der 1. Schülermannschaft.

Während ich es auf dem Fußballfeld nur zu mäßigen Leistungen brachte, hatte Norbert einen »dollen Bums« und war schnell unser Torschützenkönig. Sonntag für Sonntag spielten wir auf den Brasche-Schulhöfen von Friedenau und Schöneberg, bekleidet mit roten Hosen, blauen Hemden und rotweiß gestreiften Stutzen.

Mein Patenonkel Frenny, Fußballfan und Anhänger des Westberliner Vereins »BSV 1892«, sah meine Fußballbegeisterung mit großem Wohlwollen und spendierte mir die unerschwinglichen Fußballschuhe. Der Onkel, der jetzt schon gut fünf Jahre in Ostberlin lebte, besuchte uns immer noch regelmäßig. Sobald ich ihn auf der Straße von weitem kommen sah, in seinem schweren, dunkelgrünen Ledermantel, die Baskenmütze auf dem Kopf und die Aktentasche unter dem Arm, ließ ich alles stehen und liegen und rannte ihm freudig entgegen. Vielleicht nahm er mich wieder mit in den Osten oder hatte wie so oft ein neues Buch für mich dabei. Von ihm hatte ich mein schönstes Indianerbuch: »Blauvogel«. Die Geschichte des geraubten weißen Siedlerjungen, der unter den Indianern aufwuchs und den sie Blauvogel nannten, gefiel mir so gut, daß ich das Buch nie verlieh und es hütete wie einen Schatz.

Manchmal nahm der Onkel mich zum Einkaufen nach Ost-Berlin mit. »Helene, bei uns ist das alles billiger, der Junge braucht wieder ein paar neue Schuhe.«

Ein Tag im Sommer 1956 blieb mir nachhaltig in Erinnerung. Mit den schönen, neuen Sandalen an den Füßen, die mir der Onkel gerade im »Kaufhaus des Kindes« am Strausberger Platz erstanden hatte, machten wir uns zu einem besonderen Spaziergang auf. Ziel war das große sowjetische Ehrenmal im Treptower Park. Wir betraten ein riesiges rechteckiges Areal, das an beiden Längsseiten von einer schnurgeraden Reihe wuchtiger Steinquader gesäumt war, in die in kyrillischen Buchstaben unzählige Namen gemeißelt waren. Auf einem Hügel an der Stirnseite stand die fast kirchturmhohe Statue eines Soldaten, der auf dem Arm ein Kind trug und in der anderen Hand ein zu Boden gesenktes Schwert. Mit seiner ganzen Gestalt überragte der Soldat auf dem massiven Steinsockel die hohen, alten Bäume des hinter ihm gelegenen Parks. Noch nie zuvor hatte ich eine derartige Anlage gesehen, ja, nicht einmal gewußt, daß diese hier existierte, obwohl nur wenige

S-Bahn-Stationen von zu Hause entfernt. Während wir an den vielen Gedenksteinen vorbei auf den Soldaten zugingen, erklärte mir der Onkel den Sinn des Mahnmals. »Dies ist ein großer Friedhof. Unter den Gedenksteinen liegen die Knochen von Tausenden russischer Soldaten, die im Krieg gegen Hitler-Deutschland gefallen sind.« Eindringlich erzählte er mir vom Krieg, den Deutschland angezettelt hatte, und wie verheerend die deutschen Armeen in der Sowjetunion gewütet hatten. Er sprach von den Verbrechen der Nazis, mit denen sie ganz Europa überzogen hatten. Auch über die Verfolgung und Vernichtung der Juden erzählte der Onkel in einer Weise, wie ich es in der Schule und zu Hause noch nie gehört hatte. Ich war so beklommen, daß ich nur sprachlos zuhören konnte. Noch Jahrzehnte später erinnerte ich mich genau an einzelne seiner Sätze bei diesem Gang über das Ehrenmal in Treptow.

Ich hing sehr an Frenny, und bis zum Mauerbau 1961 besuchte ich ihn so oft es ging auf seiner Datsche in Rahnsdorf. Meistens waren wir beide alleine dort, ab und an waren aber auch seine Frau Charlotte und die Tochter Judith dabei, die ein Jahr älter war als ich. Die Tante, eine lebhafte, zierliche Frau mit brünettem Haar und dunklen Augen, war Sprecherin von Nachrichten- und Kultursendungen beim »Berliner Rundfunk« der DDR. Jedesmal wenn ich zu Frenny fuhr, packte mir die Mutter Lebensmittel ein. Kaffee, Kakao und Schokolade – Dinge, die, wie sie immer behauptete, »drüben im Osten einfach nicht zu bekommen« seien. Und jedesmal nahm der Onkel diese Mitbringsel nur widerwillig und, das spürte ich, nur aus Höflichkeit an. »Das soll Helene doch jetzt endlich mal lassen! Wir haben doch genug. Oder hat es dir hier schon einmal an etwas gefehlt?« Die Mutter wollte partout nicht glauben, daß der Onkel tatsächlich alles hatte, sogar den Bohnenkaffee. Mir fehlte es dort nie an etwas.

Bei jedem Besuch löcherte ich ihn mit neuen Fragen. Geduldig war er bemüht, mir auf alles Antworten zu geben. Obwohl bei uns zu Hause selten über Politik geredet wurde, war ich doch lebhaft an allem interessiert, was politisch um mich herum geschah. Vor allem der Ost-West-Gegensatz, der mich selbst spürbar betraf, interessierte mich brennend. »Warum gibt es bei euch noch so viele

Ruinen und warum sind eure Geschäfte so leer? Warum ist hier alles noch so ärmlich? Was ist Sozialismus? Wie war das mit den Nazis?« Für seine langen Erklärungen holte er immer weit aus: »Ja, wir haben nicht so viel wie ihr, noch nicht, aber wir müssen auch an die Russen gigantische Kriegsschulden zurückzahlen. Ihr habt den Marshall-Plan, und es fließen Milliarden-Dollar-Kredite nach West-Deutschland«. Das leuchtete mir ein: Tatsächlich gab es in Westberlin kein Neubauvorhaben, vor dem nicht die Tafel mit der stilisierten US-Flagge stand: »Aufbau Berlins mit Hilfe des Marshall-Plans.« Leidenschaftlich verdammte er Krieg und Faschismus. Er warnte mich, bloß nicht zum Militär zu gehen, sonst könnte es mir wie meinem Vater ergehen, der »blutig im Straßengraben geendet ist«. Wißbegierig sog ich alles auf und grübelte immer noch tagelang über das Gesagte nach. Kein anderer redete so mit mir wie der Onkel, und niemand verstand es so gut wie er, einem Vierzehnjährigen auch komplizierte Zusammenhänge schlüssig zu erläutern.

Seine Sichtweisen und Erklärungen waren so ganz anders als jene, die ich in der Schule beigebracht bekam oder zu Hause und auf der Straße hörte. Nach und nach begann ich, mir in all diesen Widersprüchen meine eigene Meinung zu bilden. Ich glaubte nicht mehr umstandslos, was in der Schule gesagt wurde, sondern gab immer häufiger Kontra. Meistens erntete ich aber nur ärgerliches Kopfschütteln von den Lehrern, wenn ich über eigene Erlebnisse in Ostberlin berichtete oder gar Argumente meines Onkels wiedergab. »Das hast du nicht richtig verstanden. Darüber müssen wir in der nächsten Stunde noch einmal reden«, und das Thema war vom Tisch.

»In den Fächern, auf die es ankommt, da bist du ein Versager.« Mein Schwänzen zeigte schwerwiegende Folgen. Schularbeiten lieferte ich nur selten ab, und im Unterricht schaltete ich die Ohren meistens auf Durchzug. In den Hauptfächern Deutsch, Mathematik und Englisch lagen meine Leistungen unter dem Klassendurchschnitt. Es hagelte »Fünfen«. »Du interessierst dich doch für alles und liest soviel, warum machst du bloß so viele Fehler im Diktat?« Es reichte mir, daß ich meine Bücher lesen konnte, die sich unter meinem Bett stapelten. Und was hatten Mathematik und Grammatik überhaupt mit dem zu tun, was mich beschäftigte? Meine Mutter indes war immer noch bemüht, mir die nötige Schuldisziplin beizubringen. Mit Schlägen und Engelszungen, mit eindringlichen Beschwörungen und flehenden Bitten. Es half nichts.

Nach heftigem Üben konnte ich bald die Unterschrift meiner Mutter täuschend echt nachmachen, und die Entschuldigungszettel waren kein Problem. Irgendwann war sie auch nicht mehr in der Lage oder willens, mein Gespinst aus Ausreden, Halbwahrheiten und Lügen zu durchschauen.

Und so nahm das Desaster seinen Lauf.

In der sechsten Klasse hatten wir erstmals eine Junglehrerin als Klassenlehrerin, Fräulein Hektor. Es schien mir, als hätte sie es ausschließlich auf mich abgesehen. Keines meiner Lügenmanöver kam bei ihr an. Sie war es auch, die nach dem Halbjahreszeugnis in Absprache mit meiner Mutter verlangte, daß ich ein Anwesenheitsheft zu führen hatte. Jeden Tag schrieb sie einen Kurzbericht über Leistung und Anwesenheit, der von meiner Mutter täglich gegengezeichnet werden mußte. Da aber war es schon zu spät.

Anfang März 1956, kurz vor dem Versetzungszeugnis, gelang es mir noch, den entscheidenden blauen Brief abzufangen. In kurzen Worten teilte Fräulein Hektor meiner Mutter mit, daß ich »das Klassenziel nicht erreicht« habe und die Klasse wiederholen müsse. Am 31. März, genau an meinem dreizehnten Geburtstag, begann der Unterricht mit der Vergabe der Zeugnisse. Gleichzeitig war dies auch der letzte Schultag vor den Osterferien. Die Zeugnisse vor sich auf dem Lehrerpult gestapelt, begann Fräulein Hektor: »Leider müssen wir uns von einem Schüler trennen. Alle anderen sind versetzt.« Sie blickte auf mich. Ich mußte bei ihr zwecks besserer Kontrolle immer in der ersten Reihe sitzen. »Till hat das Klassenziel nicht erreicht und kann nicht mit uns in die nächste Klasse gehen«, eröffnete sie der versammelten Klasse. Alle starrten mich an, und es war mir, als würden sie mit Fingern auf mich zeigen und im Chor »Pfui!« rufen. Das erste Mal schämte ich mich zutiefst. Ich lief unaufgefordert nach vorne, griff blitzschnell das Zeugnis und rannte, ohne ein Wort zu sagen, aus der Klasse. Erst auf der Straße hielt ich an und las das Zeugnis. Tatsächlich, ich war sitzengeblieben. Zwei Zweien in Geschichte und Erdkunde, eine Drei in Werken, ansonsten überwiegend Fünfen. Die Note »Sechs« gab es damals noch nicht. In der Rubrik »Bemerkungen« hatte Fräulein Hektor zu meinem großen Entsetzen auch noch vermerkt, wie viele Tage ich im letzten Schulhalbjahr unentschuldigt gefehlt hatte.

Am Südwestkorso lag die Eisdiele »Gellert«, in die ich mich erst einmal setzte, um mich zu beruhigen und nachzudenken. Mein Lügengespinst war zusammengebrochen, es würde eine deftige Tracht Prügel setzen und Stubenarrest bestimmt tagelang. Ich spürte, wie langsam ein Kloß in meinem Hals zu wachsen begann, weil mir immer klarer wurde, wie sehr ich meine Mutter wieder enttäuscht hatte. Wie oft hatte sie mich ermahnt und beschworen, mir doch Mühe zu geben und wenigstens ein bißchen fleißiger zu sein. Und jetzt das. Ich kämpfte mit den Tränen. Wie würde ich jetzt vor ihr dastehen? All das ausgerechnet an meinem Geburtstag. Nichts würde es geben. Bestimmt auch nicht das Fahrrad, das mir für diesen Tag etwas verklausuliert angekündigt worden war. Fieberhaft suchte ich nach einem Ausweg. Wie immer in brenzliger Lage dachte ich auch jetzt: »Hauptsache erst mal für heute eine Ausrede finden! Vielleicht fällt mir morgen was anderes ein, und wer weiß, was noch alles passiert.« Mir kam die Idee. Fräulein Hektor war verunglückt, ein Autounfall, gerade erst und nichts Ernstes, aber sie liegt im Krankenhaus und konnte die fertigen Zeugnisse nicht mehr unterschreiben. Aber versetzt worden sind alle. Wegen des Unfalls bekommen wir die Zeugnisse allerdings erst nach den Ferien. Das war die Lösung! Ich würde es nur so glaubhaft erzählen müssen, daß niemand Verdacht schöpfte. Fragen konnte meine Mutter vor Ende der Osterferien niemanden.

Kaum in der Wohnung angekommen, überschüttete ich sie sofort mit der unglaublichen Nachricht: »Stell dir vor Mutti, wir haben heute überhaupt keine Zeugnisse gekriegt! Die gibt's erst nach den Ferien! Keiner aus meiner Klasse hat sein Zeugnis bekommen!« Meine Mutter, sofort mißtrauisch: »Das gibt's doch gar nicht! Alle Schüler bekommen heute ihre Zeugnisse.« – »Nein, nein, nur wir nicht. Fräulein Hektor ist doch krank. Die ist gestern mit dem Auto verunglückt. Deswegen konnte sie unsere Zeugnisse nicht fertig machen!« – »Wie?« hakte meine Mutter nach, »bei wem hattet ihr denn dann heute Unterricht?« Für diesen Part hatte ich mir niemand Geringeres als die Schulleiterin selbst ausgedacht: »Frau Schicke ist zu uns in die Klasse gekommen. Die hat uns das von dem Unfall erzählt und daß wir die Zeugnisse erst in vierzehn Tagen bekommen können. Aber sie hat auch gesagt, daß wir alle versetzt sind.« Auch weitere bohrende Nachfragen brachten mich nicht aus dem Konzept. Schließlich schien sie mir zu glauben. »Na schön, dann in vierzehn Tagen, dann werden wir ja sehen.« Die Gefahr war fürs erste vorüber. Das Sitzenbleiber-Zeugnis aber versteckte ich tief hinter den Büchern unter meinem Bett.

Doch je näher der erste Schultag rückte, um so mehr wich die aufkommende Angst einer neuen Überlegung: Vielleicht hatten sich die Lehrer geirrt, und das Ganze war nur ein Fehler! Vielleicht würde sich alles aufklären und ich doch noch versetzt werden. Denn eigentlich hatte ich das auch verdient! Gerade in den letzten Wochen hatte ich doch regelmäßig meine Hausaufgaben gemacht, und sogar meine Diktate hatten nicht mehr so arg vor Fehlern gewimmelt. Und hatte ich nicht immer etwas zu sagen gewußt, wenn ich aufgerufen wurde? Je länger ich darüber nachdachte, desto ungerechter fühlte ich mich behandelt.

Erst am zweiten Schultag fragte meine Mutter nach dem Zeugnis. Auf diese Frage war ich vorbereitet. Gleich am ersten Schultag hatte ich die Schuldirektorin angesprochen und höflich zu ihr gesagt: »Meine Mutter möchte Sie wegen meines Zeugnisses sprechen. Wann kann sie denn kommen?« Arglos nannte Frau Schicke mir den Sprechstunden-Termin, am dritten Schultag direkt nach Schulschluß im Direktorenzimmer. Inzwischen fest davon überzeugt, ungerecht behandelt worden zu sein, antwortete ich meiner Mutter: »Ja, das Zeugnis habe ich. Aber da ist ein Fehler passiert! Die haben mich falsch benotet, und deswegen bin ich nicht versetzt worden! Das ist gemein! Du sollst auch gleich morgen mittag in die Schule zu Frau Schicke kommen. Die will mit dir darüber sprechen!« – »Wie? Du bist nicht versetzt worden? Zeig erst mal das Zeugnis her!« Sie wurde blaß und setzte sich. »Da sind ja fast nur Fünfen! Was soll denn daran falsch sein?« – »Doch! In Englisch und Deutsch bin ich ja gar nicht so schlecht! Die haben sich vertan!

Deswegen sollst du ja auch zu Frau Schicke kommen!« Mißtrauische und zweifelnde Blicke trafen mich. Der Termin in der Schule, von dem sie nicht ahnte, daß ich ihn arrangiert hatte, war es wohl, der sie davon abhielt, mein Gerede sogleich als neuerliche unverfrorene Lüge zu durchschauen. Wegen all der Gemeinheiten fing ich jetzt auch an zu heulen. Ungerecht behandelt wollte sie mich auf keinen Fall wissen. »Also gut. Morgen um eins in der Schule. Wir werden ja sehen.« Auch ich sah jetzt diesem Termin mit großer Spannung entgegen, denn ich hoffte tatsächlich, daß meine Mutter mein Sitzenbleiben noch rückgängig machen könne. Hatte sie nicht schon ganz anderes geschafft?

Am nächsten Mittag stand ich um dreizehn Uhr vor dem Rektorat und wartete aufgeregt auf meine Mutter. In Hut und Mantel, die breite Krempe leicht schräg ins Gesicht geknickt, kam sie pünktlich die Treppe herauf. Als ich sie sah, wuchs meine Zuversicht. Entschlossen ging sie auf ihren hohen Absätzen, die Lederhandschuhe in der Hand, auf das Rektorat zu. Nach einem kurzen Blick auf mich verschwand sie wortlos hinter der schweren Eichentür. Während ich bangte und hoffte, daß noch alles gut werden würde, ging die Tür wieder auf, und ich wurde hereingerufen. »Till«, begann die Direktorin, »deine Zensuren sind gerechtfertigt. Ich habe das mit deiner Mutter bereits alles besprochen. Du hast dich zu wenig angestrengt. Wir können nichts mehr daran ändern, du kannst nicht versetzt werden.« Jäh wurde ich aus meinen Träumen gerissen, und mir schlug das Herz bis zum Hals. An meine Mutter gewandt fuhr sie fort: »Frau Meyer, machen Sie sich aber nicht zu viele Sorgen. Ihr Sohn ist ein sehr intelligenter Junge, und wenn er sich ein bißchen Mühe gibt und vor allem das Schwänzen läßt, wird er mit Leichtigkeit den Anforderungen gerecht.

Auf dem Heimweg ging ich zwei Schritte hinter meiner noch immer schweigenden Mutter her. Zu Hause verschwand ich gleich in meiner Kammer und rührte mich nicht. Erst abends wurde ich an den großen Eßtisch zitiert, an dem bis auf Elisabeth alle meine Geschwister saßen. Entgegen ihrer sonstigen Gewohnheit brauste meine Mutter nicht auf, sondern beschwor mich mit eindringlichen Worten. »Kind, was soll denn sonst aus dir werden?« »Straßenfeger wird der, der Faulpelz!« rief mein Bruder Klaus dazwischen. Ungewohnt kleinlaut, aber aus vollem Herzen versicherte ich, daß so etwas »wirklich nie mehr« vorkommen solle und ich mir ganz bestimmt mehr Mühe geben werde. Die Familie beratschlagte, wie ich in Zukunft besser kontrolliert und zur Schularbeit angehalten werden könne. Ich stimmte allen Plänen ohne Widerrede zu. Ich war zerknirscht und deprimiert – aber einen kleinen Triumph trug ich doch davon: Meine Mutter und all meinen Geschwistern war entgangen, daß ich mein Zeugnis doch schon vor den Ferien, nämlich an meinem Geburtstag, erhalten hatte.

Ab nach drüben

In diesem Schuljahr war gut Schwänzen. Jetzt, wo ich alles das zweite Mal lernen mußte, kam ich im Unterricht ganz leidlich mit.

Immer gab es wichtigere Probleme als die Schule. Für Norbert und mich vor allem, wie wir an eigenes Geld kommen konnten. Regelmäßiges Taschengeld bekamen wir beide nicht. Unentwegt waren wir auf der Suche nach kleinen Verdienstmöglichkeiten. Zusammen trugen wir in unserem Bezirk einmal die Woche die Fernsehzeitschrift »Hör zu« und die Illustrierte »Kristall« aus. Für drei Stunden Treppauf-treppab-Gerenne kassierten wir gerade mal drei Mark. Die setzten wir restlos in Kinokarten und Süßigkeiten um. Ins Kino zu gehen war für uns das größte Vergnügen überhaupt. 60 Pfennig Eintrittsgeld und 35 Pfennig für die kleine Tafel Schokolade »Carina«-Zartbitter-Nuß – unser Geld reichte gerade mal für zwei oder drei Kinobesuche die Woche. Das war uns zu wenig. Wir suchten nach einer Möglichkeit, wie wir an mehr Geld kommen konnten. Norbert hatte die Idee: »Mensch, wir müssen Schrott sammeln!« So zogen wir mit einem kleinen Leiterwagen durch die noch verbliebenen Ruinen des Bezirks. Hauptsächlich suchten wir nach Buntmetall. Nur dafür gab es beim Schrotthändler Geld. Kupfer aus alten Elektroleitungen, Bleirohre der Wasserversorgung, Fensterbleche aus Zink und alte Messing-Wasserhähne, das brachte einen guten Kilo-Preis. Weil die Profis die Ruinen bereits ausgiebig geplündert hatten, mußten wir waghalsige Klettertouren riskieren, um überhaupt noch etwas von Wert zu finden. Unter ständiger Absturzgefahr erklommen wir die zerborstenen Stockwerke bis in die obersten Etagen hinein und montierten Zinkfensterbleche ab oder buddelten aus halbverschütteten Kellern mit Hammer und Meißel kaputte Bleirohre aus. Da die Ruinen mitunter von einem Monat auf den anderen verschwanden, mußten wir mit unserem Bollerwagen in immer weiter entfernte Gegenden des Bezirks ziehen. Neubau auf Neubau wurde hochgezogen. Von uns Kindern wurden die schmucklosen Kästen mit den grauen Einheitsfassaden und den typischen Eloxal-Türen »Schuhkartons« genannt. Kaum hatten die Bauarbeiter Feierabend gemacht, durchstöberten wir die abgezäunten Baustellen und bauten ab und nahmen mit, was sich verkaufen ließ. Auf den Höfen der Mietshäuser suchten wir nach gebündeltem Zeitungspapier und leeren Schnapsflaschen, denn auch das konnten wir beim Schrotthändler verkaufen. Für eine leere Schnapsflasche bekamen wir fünf Pfennig.

Jeden Freitag mußte Norbert mit seinem älteren Bruder Wilfried zum Einkaufen an den Ostberliner Alexanderplatz fahren. Vor allen Dingen die Grundnahrungsmittel waren dort billiger als im Westteil der Stadt. Ihre Mutter stattete die beiden Jungens mit vier Einholnetzen und zehn D-Mark aus. Damit steuerten sie zunächst die Wechselstube am S-Bahnhof Wilmersdorf an. An fast allen S-Bahnhöfen in Westberlin und vor allem entlang der Grenze zum Ostsektor gab es diese Wechselstuben. Es waren schlichte Ladenräume, meistens trennte nur ein hoher Tresen die Geldwechsler von ihren Kunden. Hier wurde ausschließlich West- in Ost-Mark und Ost- in West-Mark getauscht. Der Kurs war für Westler stets überaus günstig: Für eine D-Mark West erhielt man 4,10 bis 4,30 Mark Ost. Nie fiel der Kurs unter vier Mark. Damit war der Westberliner im Osten Dollar-König, denn der Kurs des Dollars stand im Verhältnis zur D-Mark genauso, 4,20 DM für einen Dollar. Norbert und sein Bruder bekamen für ihre zehn Mark West mehr als vierzig Mark Ost. In den HO-Läden rund um den Alexanderplatz kauften sie alles ein, was die fünfköpfige Familie für mehrere Tage an Lebensmitteln benötigte. Um bei möglichen Kontrollen mit ihren schweren Netzen nicht zu zweit aufzufallen, passierten sie dann getrennt auf verschiedenen Wegen, zu Fuß oder mit der

S-Bahn, meist im dichten Pendelverkehr die Grenze zurück nach Westberlin. Auch viele meiner Klassenkameraden und Kinder aus der Nachbarschaft wurden regelmäßig zum Einkaufen in den Osten geschickt. Preisgünstig waren auch die Dienstleistungen. Man ging zum Friseur, zum Uhrmacher, zum Schneider und trug sogar die Schuhe zum Besohlen nach Ostberlin. Was meine Mutter davon abhielt, es den anderen gleichzutun und »drüben« einzukaufen, weiß ich nicht. Ich mußte jedenfalls nie zum Einkaufen rüberfahren. Hin und wieder aber fuhr auch sie in den Ostteil, um sich dort billig eine Dauerwelle machen zu lassen. Einmal, so erinnere ich mich, ließ sie sich sogar ein dunkelblaues Nadelstreifen-Kostüm im Osten maßschneidern. Reger Handel und Wandel herrschte entlang der gesamten Sektorengrenze, vor allem im City-Bereich ging es turbulent zu. Von Westen her strahlten die Leuchtreklamen zahlreicher Kinos, Kneipen und Bekleidungsgeschäfte in den Ostsektor. Die Ostseite konterte mit riesigen Leuchtbändern, die den »Sieg des Sozialismus« verkündeten oder einfach nur die aktuellen Gemüse- oder Fleischpreise im HO in den Westen strahlten. Der Ostbürger, sofort an der ärmlichen Kleidung zu erkennen, oft im Chic der vierziger Jahre, kaufte im Westen Saatgut, Werkzeuge und Bananen. Gut verborgen schleppte er seinen Einkauf auf die andere Straßenseite, an den Vopos vorbei gen Osten. Umgekehrt kam der Westler, die Taschen gut gefüllt mit Wurst, Fleisch, Porzellan und im neuen Maßanzug, von Ost nach West. Um den Beutezug der Westler im Ostsektor zu bremsen, wurde über Nacht in allen Geschäften und Kaufhäusern in Ostberlin beim Bezahlen der Personalausweis verlangt. Überall wo man einkaufen konnte, stand unübersehbar neben der Kasse ein Schild: »Wir bitte unsere Kunden, unaufgefordert den Personalausweis zu zeigen.« Verkauft wurde nur an Personen mit DDR-Ausweis. Wir Knirpse waren jedoch davon ausgenommen, denn einen Ausweis bekam man in der DDR erst ab dem vierzehnten Lebensjahr.

Mit dem hart erarbeiteten Geld vom Schrotthändler gingen Norbert und ich – wie viele andere Westberliner – unter die Dollar-Könige. Im Kurs von 1:4 wurden in der Wechselstube aus unseren zwölf Mark West 48 Mark Ost, für jeden glatte 24 Mark. Mit diesem vielen Geld in der Tasche machten wir uns ein um das andere Mal auf in Richtung Alexanderplatz. »Ab in den Osten!« war unsere Devise. 24 Mark, ein sagenhafter Reichtum. Wir hauten das Geld an einem Nachmittag auf den Kopf. Hineinfuttern ohne Reglementierung und Zuteilung, essen und trinken, soviel wir wollten. Es war wie eine Sucht. An einem Nachmittag schafften wir es, Eintöpfe, Bockwurst und ein halbes Hähnchen, im Ostjargon »Goldbroiler« zu verschlingen. Dazu etliche Malzbiere und zum Schluß ein großes Stück Kuchen. Von unseren 24 Mark waren danach noch immer rund 15 Mark übrig. Das Malzbier kostete 29 Pfennig, die Wurst 54 Pfennig, ein halber Goldbroiler 1,20 Mark. Gulasch mit Rotkohl und Kartoffeln gab es für 1,80 Mark. Von dem restlichen Geld kauften wir, was immer wir gerade benötigten: Fahrradersatzteile, Futter für unsere Hamster, Käfige für unsere Wellensittiche, Taschenlampen und manchmal auch Bücher in dem riesigen Buchhandel »Das gute Buch«, direkt neben dem »Automaten-Imbiß«. Für 20 Pfennig Fahrgeld und mit einmal Umsteigen auf dem S-Bahnhof »Schöneberg« waren wir in dreißig Minuten am Alexanderplatz. Hier war alles anders. Kaum hatten wir die S-Bahn verlassen, nahmen wir als erstes den gänzlich anderen Geruch wahr, den Norbert stets mit: »Aha, wir sind im Osten«, kommentierte. Der Ostgeruch war so unverwechselbar, daß man jeden von uns mit verbundenen Augen irgendwo in die Stadt hätte stellen können, und wir gewußt hätten, ob wir uns im West- oder im Ostteil befanden. Im Gegensatz zu Westberlin dominierten hier Männer in langen, dunklen Ledermänteln, mit Hüten und Schirmmützen auf dem Kopf, Aktentaschen unter dem Arm, Frauen mit Kopftüchern und vor allem unzählige Uniformierte das Straßenbild. Es schien uns, als würde fast jeder Dritte eine Uniform tragen: Post, Bahn, Trapo, Militär- und Volkspolizei und zwischendurch truppweise die Russen in ihren erdbraunen Uniformen. Obwohl der Krieg bereits 13 Jahre vorbei war, erinnerten mich die Menschen hier immer an die ersten Nachkriegsjahre. Alles wirkte viel bescheidener und ärmlicher als im Westteil, wo bunte Kleidung und modischer Chic Einzug gehalten hatten und viele der gut betuchten Kriegerwitwen längst wieder ihre Persianermäntel trugen.

Noch Mitte der fünfziger Jahre war der Alexanderplatz eine Trümmerlandschaft. Nur anhand des Straßenverlaufs konnte man mehr erahnen als erkennen, daß hier einstmals ein großer, runder Platz existiert hatte, auf den sternförmig ein halbes Dutzend breiter Straßen zuliefen. Auf dem Rondell des Kreisverkehrs kreuzten sich auch jetzt noch die Gleise verschiedener Straßenbahnlinien. Aber auch auf dem zerstörten Platz war richtig was los. Obwohl es kaum Autos im Osten gab, brausten hier pausenlos die stinkenden Zweitakter der Marke IFA, Horch-Lkws, Motorräder und die schnittigen EMW-Limousinen kreuz und quer über den Platz. Von den hohen Geschäftshäusern, die den Platz einmal umrundet hatten, stand nicht einmal mehr die Hälfte. Intakt waren nur links vom Bahnhof das große »Centrum-Warenhaus« und rechter Hand ein mächtiges, graues Bürohaus, in dem sich unten eine Reihe von HO-Geschäften und Gaststätten befanden. Blickte man über die Ruinen auf der anderen Seite des Platzes hinweg, konnte man aber schon die schnell wachsenden Hochhäuser auf der nahen Stalinallee erkennen. Genau dort, wo das Bürohaus einen leichten Knick macht und damit den ehemaligen Kreisverlauf andeutete, lag unser erstes Ziel, die HO-Gaststätte »Automaten-Imbiß«. Diese große Gaststätte, in der es nur Stehtische gab und die immer stark besucht war, hatte etwas, was es in Westberlin nicht gab. Alle Getränke, Bier, Limonade, Malzbier, und alle kalten Speisen mußte man mittels zuvor an der Kasse eingekaufter Messingchips selbst aus den Automaten ziehen. An der Stirnseite befand sich eine große Essensausgabe, aus der mehrere Frauen in weißen Kitteln unaufhörlich gegen Bons deftige Speisen herausreichten. Eintöpfe, Bockwürste, Gulasch, Bouletten. Die blankpolierten Automaten boten hinter halbrunden Glasscheiben diverse belegte Brote, russische Eier oder Sülzkoteletts an. Gegen Einwurf des passenden Chips senkte sich unter leisem Summen ein Tablett nach unten und gab so das begehrte Essen frei. In einem separaten Raum waren über Zapfhähnen kleine Hebel angebracht, die nach Einwurf eines Chips nach rechts gezogen werden mußten und die dann das darunterstellte Glas exakt bis zum Rand füllten.

Wir suchten uns einen freien Platz in dem Gedränge zwischen den hastig essenden Arbeitern, um erst mal eine Portion Eintopf runterzulöffeln. Danach jeder ein Paar Bockwürste und dazu gleich drei Gläser Malzbier. Fürs erste gesättigt, streunten wir dann durch die S-Bahn-Bögen, große Gewölbehallen, die unterhalb des Bahnhofs lagen. Hier gab es Kleinviehmärkte, Gemüse-Großhandel und ein Gewölbe, in dem mehrmals in der Woche Versteigerungen stattfanden. Lautstark wurden die Gebote durch die Halle geschrien. Für uns Kinder war das ein dolles Erlebnis. Waren Rummelfeste angekündigt, so gaben wir dort unser Geld aus. Und Rummelfeste gab es den ganzen Sommer über. Erschöpft, aber zufrieden fuhren wir nach diesen aufregenden Touren durch den Ostteil der Stadt erst bei Einbruch der Dunkelheit wieder nach Westberlin zurück. Wir waren gerne im Osten, der für uns das wahre Paradies war. Immer gab es etwas Neues zu sehen in dieser Welt, in der alles so anders war als im Westen und die doch direkt vor unserer Tür war. Und Angst hatten wir sowieso nicht.

Doch auch wir sollten nicht ungeschoren bleiben. Eines Tages, als der Zug gerade in den Bahnhof »Alexanderplatz« einfuhr, begann Norbert unvermittelt, aber lauthals einen bei uns Kindern beliebten Abzählreim aufzusagen und dabei mit dem Zeigefinger abwechselnd auf sich und mich zu zeigen: »Pieck und Grotewohl / zanken sich um Sauerkohl / Sauerkohl ist aus / und du bist raus.« Kaum war der Zug zum Stehen gekommen, wurden wir beide von einem kräftigen älteren Mann in Ledermantel und braunem Hut, der neben uns an der Tür stand, an den Armen gegriffen und auf den Bahnsteig gedrängt. »Ihr verhetzten West-Gören! Was fällt euch ein, unsere Politiker zu beleidigen! Haut sofort ab in den Westen, sonst übergebe ich euch der Volkspolizei!« Sprachlos vor Schreck, wagten wir beide kein Wort zu sagen. Der Mann drängte uns immer noch, fest an den Armen gepackt, an die andere Bahnsteigkante und schubste uns mit den Worten »Verschwindet hier!« in den Gegenzug nach Westberlin. Erst im Westen fanden wir die Sprache wieder. »Bist du blöde«, beschimpfte ich Norbert, »wat soll denn der Quatsch? Du weißt doch ganz genau, dat wir mit sowat hier Ärger kriegen können.« – »Ach, Scheißosten«, gab Norbert kleinlaut zurück, »ich hab doch gar nicht gedacht, daß der Mann uns hören kann.« Wir waren immer noch aufgeregt. Was, wenn man uns festgehalten und vielleicht sogar eingesperrt hätte? Stimmte es vielleicht doch, was man uns in der Schule eingebleut hatte: »Man muß den Mund halten, sonst kommt man ins Gefängnis.« Von dem Tag an fuhren wir seltener nach Ostberlin.

In der zweiten Hälfte der fünfziger Jahre begann sich unsere Familie aufzulösen. Zuerst heiratete meine große Schwester Elisabeth. Nur ungern und traurig nahm ich wahr, wie sie aus dem Haus ging und nun nicht mehr wir, ihre Geschwister, für sie wichtig waren. Der andere Zwilling, Schwester Brigitte, hatte eine Lehre als Verkäuferin hinter sich und arbeitete schräg gegenüber in einem der noch zahlreich vorhandenen Lebensmittelläden. Bruder Klaus war mit seiner Maurerlehre fertig, Rosemarie ging aufs Gymnasium, und Dorothee hatte gerade eine Friseur-Lehre begonnen. Meine Mutter konnte das erste Mal verreisen und gönnte sich eine Pauschalreise ins Fichtelgebirge. Wir anderen waren noch nie aus Berlin herausgekommen.

Ein Ereignis in diesen Jahren bescherte meiner Mutter großen Kummer und versetzte die gesamte Familie in helle Aufregung. Als ich an jenem Winterabend von der Straße nach oben kam, fand ich alle um den Eßtisch versammelt. Ich spürte sofort, daß irgend etwas Schlimmes passiert sein mußte. Die Runde blickte ernst und hörte auf zu reden, als ich den Raum betrat. Meine Schwester Rosemarie hatte offenbar geweint. Noch eh ich fragen konnte, was denn los sei, schickte Mutter mich aus dem Zimmer: »Wir haben etwas Wichtiges zu besprechen. Da kannst du nicht dabei sein. Geh erst mal auf deine Kammer.« Auch ihr sah ich an, daß sie geweint hatte. Am nächsten Tag war die Stimmung immer noch bedrückend. Meine Mutter lief wortlos und mit zusammengekniffenen Lippen, bei ihr ein Zeichen für großen Zorn, durch die Wohnung. Sie war ungewöhnlich blaß. Erst am Abend bekam ich mit, was eigentlich vor sich ging. Wieder saßen sie alle um den Eßtisch versammelt. Mutter war so in Rage, daß sie ganz vergaß, mich aus dem Zimmer zu kommandieren. Ihre Stimme überschlug sich: »Mir bleibt auch nichts erspart, jetzt auch noch diese Schande! Habe ich dir nicht gesagt, du sollst die Finger von den Männern lassen! Mußt du uns jetzt noch ein uneheliches Kind ins Haus bringen! Wie willst du überhaupt ein Kind ernähren?« Meine sechzehnjährige Schwester Rosemarie war schwanger. Den Kopf in ihre Armbeuge auf den Tisch gelegt, schluchzte sie laut. Mit tränenerstickter Stimme beteuerte sie ein um das andere Mal: »Ich habe das doch auch nicht gewollt. Das wollte ich doch nicht.« Schwester Brigitte, selbst den Tränen nahe, versuchte, meine Mutter zu besänftigen. Ich saß etwas abseits auf der neuen Snap-Couch unter dem Fenster und hörte aufgeregt zu, ohne aber richtig zu begreifen. Unentwegt redete die Mutter auf Rosemarie ein: »Jetzt mußt du vom Gymnasium runter. Ist dir das klar? Was soll jetzt aus dir werden? Schämen muß ich mich. Was werden bloß die Leute sagen?« Rosemarie, die mit ihren modischen Dreiviertel-Schlenkern, ihrer karierten Bluse, die Haare in einen dicken Pferdeschwanz gebunden, geradewegs aussah wie eins der »Mädels vom Immenhof«, konnte vor lauter Schluchzen nichts mehr entgegnen.

Der Vater des werdenden Kindes, ein achtzehnjähriger Maurerlehrling aus der Nachbarschaft, wurde unverzüglich einbestellt. Mit ihm ging unsere Mutter hart ins Gericht: Unverschämt und rücksichtslos sei sein Verhalten dem unschuldigen Mädchen gegenüber, und einen anständigen Beruf könne er auch nicht vorweisen. Zerknirscht beteuerte der junge Mann, daß er Rosemarie liebe, und heiraten wolle er sie doch auch. Man werde sich schon durchschlagen, er jedenfalls wolle sein Bestes dazu tun.

Die Mutter entschied schweren Herzens, dem drängenden Wunsch Rosemaries und ihres Freundes nachzugeben und in eine Heirat einzuwilligen. Hatte das Kind erst mal einen Vater, konnte die »Schande« nach außen hin zumindest abgemildert werden. Eile war geboten, denn Rosemarie war bereits im fünften Monat. Sofort erfolgte die Abmeldung vom Gymnasium, denn schwangere Schülerinnen wurden nicht geduldet.

Unter der gedrückten Stimmung zu Hause litt auch ich, obwohl ich die ganze Aufregung um Rosemarie nicht verstand. Ich war traurig, daß sie, an der ich von all meinen Geschwistern am meisten hing, jetzt auch aus dem Haus gehen sollte. Welche Katastrophe die ungewollte Schwangerschaft der sechzehn Jahre alten

Schwester in diesen Zeiten für sie und Mutter bedeutete, war mir als Dreizehnjährigem in seinem Ausmaß gar nicht bewußt.

Ein uneheliches Kind in der vermufften Zeit der Ära Adenauer bedeutete nicht nur für die junge Mutter, sondern auch für deren Familie gesellschaftliche Ächtung und Ausgrenzung. Meine Mutter schämte sich gegenüber ihren Freunden und vor den Leuten aus der Nachbarschaft. Sie hatte versagt und die »Schande« ihrer Tochter nicht verhindert. Sexualität und Liebe waren Tabuthemen. Keines von uns Kindern wurde aufgeklärt. Über Sexualität oder gar Verhütungsmethoden sprach man weder zu Hause noch in der Schule. Alles, was wir darüber wußten, wußten wir von der Straße. Oftmals anonym von den Nachbarn denunziert, wurden unzählige Eltern mit Strafverfahren wegen Kuppelei überzogen, weil sie es, wissentlich oder nicht, zugelassen hatten, daß ihre heranwachsenden Kinder »unter dem elterlichen Dach Geschlechtsverkehr hatten«. Die Pille gab es noch nicht, und die herkömmlichen Verhütungsmittel gaben die Apotheken nur an Personen über 21 Jahre ab. Die schwangeren jungen Frauen waren oft in einer verzweifelten Lage. Zu Hause durften sie mit einem Kind nicht ankommen. Abtreibungen waren nur bei windigen Engelmacherinnen, meistens Laien oder allenfalls ehemaligen Hebammen, möglich. Aber selbst wenn die Frauen so eine Adresse hatten, fehlte es an dem nötigen Geld: Eine Abtreibung kostete zwischen 1000 und 1500 Mark. Unerschwinglich für die Angehörigen der Unterschicht. Und immer wieder berichteten die Zeitungen von Todesfällen bei illegalen Abtreibungen. Die bigotte Doppelmoral der fünfziger Jahre war mitverantwortlich für Tausende von Ehen, die nur deshalb geschlossen wurden, weil uneheliche Kinder als Schande galten. Eltern ließen ihre Töchter mit Männern ziehen, die sie sonst als Schwiegersohn niemals akzeptiert hätten. Notgedrungen in Kauf genommen wurde auch, daß die jungen Paare zumeist in eine materiell völlig ungesicherte Zukunft schlitterten, weil sie die Schule oder eine Berufsausbildung abbrechen mußten. Zum unehelichen Kind gab es nur die Alternative Heiraten, und das, bevor die Nachbarschaft den runden Bauch bemerkte. Das Gerede verstummte trotzdem nicht. Die jungen Mütter galten als lose Personen, denen hinter vorgehaltener Hand hinterhergetuschelt wurde: »Die mußte heiraten.«

Diese Entwicklung wirkte sich einschneidend auf die Stimmung in unserer Familie aus. Die Kraft meiner Mutter schwand in dem Maße, wie die Probleme ihrer Kinder wuchsen.

Schwester Dorothee, eine blonde, groß gewachsene, schöne Teenagerin, liebte den Rock 'n' Roll über alles. Statt von der Arbeit um 19 Uhr nach Hause zu kommen, zog sie es vor, erst mal in der Friedenauer Tanz-Bar »Mascotte« ein paar Stunden abzuhotten, um dann gegen Mitternacht zu Hause einzutreffen. Meine Mutter, alarmiert und in höchster Sorge wegen Rosemarie, mißbilligte Dorothees Tanzleidenschaft aufs schärfste. Alles Warnen und Drohen, die Backpfeifen und der Stubenarrest halfen nicht. Der Rock'n'Roll war stärker. Spätestens nach dem zehnten Mal Auf-die-Uhr-Blicken und immer schmaler werdenden Lippen der Mutter, wurde ich dann gegen 23 Uhr losgeschickt, das »Luder endlich nach Hause zu holen«. Nur allzu gern führte ich den Befehl aus. Bedeutete das doch auch für mich ein kurzes Abenteuer in dem »verrufenen Rock'n'Roll-Schuppen«. Mich ließ man da noch gar nicht rein, es sei denn, ich »wollte nur meine Schwester holen«. Begeistert sah ich dann zu, wie sie nach Musik von Elvis oder Little Richard aus der dröhnenden Wurlitzerbox über die Tanzfläche wirbelte. Sie war eine gute Tänzerin. Auf dem Heimweg wurde dann eilends die dicke Schminke aus dem Gesicht gerubbelt und der oben zusammengerollte Rock wieder nach unten verlängert. Dem Vorwurf der Mutter: »Du siehst ja wieder aus wie ein Flittchen«, entging sie dennoch nicht. Als dann Dorothee, auch gerade 16 Jahre, mit demselben Problem im Wohnzimmer stand wie Rosemarie gut ein Jahr zuvor, hatte meine Mutter schon resigniert. Wieder Drängen, Bitten und rosige Versprechen – und erneut gab meine Mutter nach und ließ auch diese Tochter in die Ehe ziehen. Gefangen in den Konventionen jener Jahre, erschöpft und verbraucht und auch nicht willens, ein weiteres Kind in der Familie großzuziehen, hatte sie auch keine andere Wahl. Aber sie war tief unglücklich über das Schicksal ihrer Töchter und beobachtete die Ehen der beiden mit Argusaugen.

Das Drama der Schwestern, das jetzt alles andere in der Familie

überlagerte, bedeutete auch für mich das Ende meiner Kindheit.
Das alles lag jetzt viele Jahre zurück. Vergangenheit, die mich zweifellos geprägt hat. Die Erinnerungen an die bitteren Nachkriegsjahre und den aufopferungsvollen Existenzkampf meiner Mutter haben mich nie verlassen.

Wie so oft mußte ich es auch jetzt schaffen, mich aus den Erinnerungen und Selbstvorwürfen zu lösen, die lähmenden Gedanken zu verdrängen und in die Realität meiner Bielefelder Gefängniszelle zurückzukehren. Ich erwartete wichtigen Anwaltsbesuch.

VII. Erster Ausbruch, zurück in den Untergrund

Isolationshaft

Rechtsanwalt Klaus Eschen kam mit Kirschen und Grüßen. Nie wieder hat ein Pfund Süßkirschen so gut geschmeckt wie jene, die der Anwalt auf den Tisch legte. »Grüße von Gudrun, sitzt in Essen, ich komme gerade von dort.« Akteneinsicht hatte er noch nicht. »Aber ich habe erneut eine Beschwerde wegen der Isolationshaft und der Zwangsumkleidung eingereicht.« Und meine Ausführung zur Beerdigung der Mutter habe die Richterin soeben genehmigt. Die Schwestern müßten jetzt nur vorab Geld einzahlen für den Flug für mich und meine beiden Kripo-Begleiter. Hannover–Berlin und zurück. Tröstende und aufbauende Worte: »Warte mal ab, wir kriegen das schon hin.« Noch ein paar Fragen zu dem, was ich brauche, und weg war der Anwalt. Gut, daß er gerade zu dieser Zeit gekommen war.

Am Tag der Beerdigung sollte ich um zehn Uhr abgeholt werden. In der Nacht hatte ich kaum ein Auge zugetan. Abschied nehmen von meiner Mutter. Erst um drei Uhr mittags, nach quälenden Stunden, erfuhr ich, daß die Ausführung in letzter Minute abgelehnt worden war. Fast genau zur selben Stunde entschieden die wartenden Geschwister in Berlin, die Mutter jetzt ohne mich beizusetzen. Sie hatten den ganzen Tag in glühender Hitze die Beerdigung Stunde um Stunde hinausgezögert. Anwalt Ströbele, von ihnen alarmiert, telefonierte fieberhaft in Bielefeld herum, was los sei, die Genehmigung liege doch vor. Was er schließlich erfuhr, empörte nicht nur ihn. Der Chef der Berliner Staatsschutzabteilung hatte sich geweigert, für diesen Anlaß genügend Beamte zu meiner Bewachung auf dem Friedhof abzustellen. Aus Sicherheitsgründen wurde daraufhin meine Ausführungsgenehmigung zurückgezogen. Dieser Mann sollte noch mehrfach meinen Weg kreuzen. Ein paar Jahre später ließ er sich als Bezwinger der »Bewegung 2. Juni« feiern. Als taz-Redakteur Ende der achtziger Jahre konnte ich dem inzwischen zum Leitenden Polizeidirektor aufgestiegenen Polizisten mit meinen Recherchen so zusetzen, daß er sich fast genötigt sah, zu seiner eigenen Rehabilitierung einen Parlamentarischen Untersuchungsausschuß zu fordern. Im Sommer 1972 aber hatte der Berliner Terroristenjäger alle Hände voll zu tun. Zunächst hatten ihm die Kollegen aus Bad Neuenahr einen heißen Fang geliefert. Drei Männer und eine Frau, allesamt der Berliner Anarchoszene zugehörig, waren schlafend im Auto auf einem Parkplatz in dem Städtchen an der Ahr angetroffen und festgenommen worden. Die vier waren bereits im Visier des Berliner Staatsschutzes gewesen. Sie wurden verdächtigt, an einer Reihe von Bombenanschlägen auf amerikanische Einrichtungen in Berlin beteiligt gewesen zu sein. »Vermutlich gehören sie der Terrorgruppe ›Bewegung 2. Juni‹ an«, ließ die Polizei in Berlin verkünden. Verdächtigt wurde das Quartett auch, bei dem Bombenanschlag auf den Britischen Jachtclub dabei gewesen zu sein. Insassen des Autos: Inge Viett, Wolfgang Knupe, Harald Sommerfeld und Ulrich Schmücker. Brisantes in ihrem Auto: eine Bombe, gefertigt aus einem Feuerlöscher. Ein ähnliches Modell, darüber war sich die Polizei klar, wie jenes, das seinerzeit den ahnungslosen Bootsbauer zerfetzt hatte. Diese Bombe war für die Türkische Botschaft in Bonn gedacht gewesen, als Protest gegen den Militärputsch in der Türkei. Aha, dachte ich mir, die waren das also, die Bommi und Knoll damals rekrutiert haben. Was sie tatsächlich im einzelnen gemacht haben sollten, kam wenige Monate später raus. Unter den vieren waren zwei Verräter, die sehr schnell mit der Polizei kooperierten. Ich kannte von ihnen allerdings nur Inge Viett, sie hatte ich mehrfach in der »Schwarzen Hilfe« gesehen. Die Verräter Sommerfeld und Schmücker kannte ich nicht. Für

Schmücker sollte die »Kooperation« mit der Polizei tragische Folgen haben. Dazu später mehr.

Infolge der Aussagefreudigkeit der beiden gab es in Berlin mehrere Festnahmen, und ein paar andere Leute kamen neu auf die Fahndungsplakate, die Hitliste, wie wir die überall klebenden Steckbriefe nannten.

Die Bielefelder Genossinnen und Genossen betreuten mich ausgezeichnet. So oft es ging, kam Besuch, und später fand sich sogar jemand, der meine Wäsche wusch. Eine Zeitung hatten sie mir auch abonniert. Der Briefwechsel mit ihnen und mit Berlin brachte mir endlich wieder Information, Diskussion und Abwechslung. Wenn auch ein Gedankenaustausch wegen der rigiden Postkontrolle nur schleppend möglich war. Manchmal konnte ich nachts die »Stimme der DDR« empfangen und hin und wieder meine Tante Charlotte eine Kultursendung sprechen hören. So war ihre vertraute Stimme in dieser Zeit ein Gruß aus der Kindheit – ein Hoffnungsschimmer und Auslöser von Hoffnungslosigkeit zugleich. In der Isolation bist du auf nichts anderes zurückgeworfen als auf deine Bücher und die zensierten Briefe. Die linken Buchläden schickten mir, anfänglich auch kostenlos, zu, was ich mir bestellte. Und ich las.

Die Isolationshaft diente nur dem Zweck, mich zu zermürben, so daß ich vielleicht doch noch aussagen würde. Das Haftreglement war auch ohne die Totalisolation hart genug. Um 5 Uhr 30 Wecken mit Rabatz durch das Zurückreißen des Riegels. Um 7 Uhr Frühstück. Kommißbrot, Margarine, Marmelade und lauwarmer Muckefuck. Post rausgeben. Irgendwann am Vormittag brachten sie die Zeitungen und die eingehende Post, wenn welche kam. Die Freistunde, immer nur 45 Minuten. Einsam konnte ich dann im Hof unter schwerer Bewachung meine Runden drehen. Um 12 Uhr Mittagessen. Hausmannskost, nicht immer genießbar. Einschluß bis 16 Uhr. Abendbrot: wieder saures Kommißbrot, Margarine und fade Wurstsorten, »schlimme Augenwurst« genannt. Hatte ich ausreichend eigenes Geld, konnte ich für 100 D-Mark im Monat einkaufen. Anhand einer Liste bestellte ich zusätzliche Lebensmittel, Obst und vor allem Tabak. Ab 16 Uhr war »Nachteinschluß«. Also Ruhe im Bau. Um 22 Uhr ging das Licht aus.

Die Tage waren elendig lang. Durch Gymnastik hielt ich meinen Körper fit, mit stundenlangem Lesen und Grübeln meinen Kopf. Nach ein paar Monaten hatte ich fünf Kilogramm abgenommen und bekam jetzt über Tage hinweg in Etappen schwere Magenschmerzen. Die sollten mich während der ganzen Haftzeit nicht mehr verlassen. Untersucht wurde ich in Bielefeld allerdings nicht, obwohl ich deswegen mehrfach beim Arzt vorstellig geworden war. Allerlei Medizin wurde verabreicht, die allenfalls die Schmerzen mildern konnte, aber nicht beheben. Monatelang habe ich keinen meiner Mitgefangenen gesehen, geschweige denn ein Gespräch mit ihnen führen können. Verständigung war nur durch kurzes Zurufen möglich. Und das konnte für den Mitgefangenen böse Folgen haben. Verlegung oder sogar Bunker. Kontaktaufnahme zu mir war den Mitgefangenen strengstens verboten. Ich wehrte mich gegen diese tödliche Isolation, indem ich nie Selbstzweifel aufkommen ließ, sondern immer fester an die politische und moralische Berechtigung unserer Sache glaubte. Als der Rechtsanwalt Otto Schily eines Tages in den Verdacht geriet, einen Kassiber seiner Mandantin Gudrun Ensslin geschmuggelt zu haben, und von ihrer Verteidigung ausgeschlossen werden sollte, kam es zum ersten kollektiven Hungerstreik der politischen Gefangenen. Wir betrachteten das Ausschlußbegehren gegen Otto Schily als Angriff auf die freie Verteidigung. Auch ich hungerte mit. Das vermittelte ein Gemeinschaftsgefühl und war trotz tiefster Isolation ein Akt solidarischen Handelns. Ich quälte mich schwer mit dem Hunger und war froh, daß der Streik schon nach 14 Tagen vorbei war. Hungerstreik auf Leben und Tod, ich sollte noch sieben weitere mitmachen, war immer eine bestialische Qual. Irgendwann im August wurde nach einem halben Jahr die Isolationshaft aufgehoben, »auf richterliche Anordnung«.

Am nächsten Morgen konnte ich auf der Kammer meine alten Zivilsachen in Empfang nehmen und sogleich zusammen mit 30 anderen Gefangenen die Freistunde absolvieren. Es war ein herrliches Gefühl, wieder in Sachen zu schlüpfen, die paßten, gut saßen und nicht kratzten. Im Hof wurde ich von den Mitgefangenen zunächst über mehrere Tage nur beäugt wie ein Exot. Alle hatten von mir gehört, einige mir sogar etwas zugerufen, aber kaum einer hatte mich je gesehen. Jemand, der in Isolationshaft saß und sich mitten in der Stadt eine Schießerei mit den Bullen geliefert hatte, ein Terrorist, so einen hatten sie noch nicht kennengelernt. Auch ich hatte in den ersten Tagen kein Bedürfnis, mit den Mitgefangenen zu sprechen, und wehrte alle Anläufe in diese Richtung ab. Zu lang war die Zeit des Alleinseins. Das Stimmengewirr und die vielen Menschen auf einmal in der Enge des Hofes machten mich noch tagelang ganz kribbelig. Ich verspürte eine innerliche Aufgekratztheit, die mich in den Nächten nicht schlafen ließ. Kein Einzelduschen mehr, und einmal in der Woche gab es sogar für zwei Stunden »Umschluß« mit einem Mitgefangenen. Auf einmal tat es gut, wieder mit Menschen zusammenzukommen und reden zu können. Selbst meine Magenschmerzen verschwanden, zumindest für ein paar Monate.

Nun sah ich auch erstmals, in welchem Teil der Anstalt ich mich überhaupt befand. Bislang hatte ich nicht mehr gekannt als die kahlen Gänge zum Sprechzimmer, zur Dusche und zum Freistundenhof. Ein altes, kleines Gefängnis, drei Stockwerke, in denen die Flure nicht wie sonst üblich halbiert waren, sondern durchgingen. Zirka 100 Gefangene, davon ein geringer Teil Frauen, streng getrennt von den Männern. Zu meinen Mitgefangenen blieb ich auch in den weiteren Monaten auf Distanz. Die Fluktuation war stark und ebenso groß mein Mißtrauen gegenüber möglichen Spitzeln. Ich war freundlich und verlieh oder verschenkte Tabak und Kaffee, wann immer jemand nichts hatte.

Ab und zu erreichte mich auch das »Neue Deutschland«, um das ich Onkel Frenny in einem Brief gebeten hatte. Ende August hatte der Onkel einen Brief dazugelegt. Er ging hart mit meinen politischen Vorstellungen ins Gericht. Abenteurertum und Bilderstürmerei sei das, was ich und meine Genossen da anstellten, uns fehle einfach die Geduld. Gerade jetzt, wo mit der neuen Bonner Ostpolitik die Möglichkeit bestünde, normale Beziehungen zwischen beiden deutschen Staaten zu erreichen, würden wir mit unseren Bomben doch alles torpedieren. Scharf kritisierte er auch meine »ewige Kleinschreibung in den Briefen« an ihn: Kein richtiges Deutsch zu schreiben – ob das jetzt auch schon revolutionär sei! Was das mit dieser Kleinschreibung auf sich hatte, wußte ich selbst nicht genau. Die RAF schrieb grundsätzlich alles klein, ich tat es ihr gleich. Im übrigen kam mir das sehr entgegen, denn mit der Orthographie, namentlich mit der Groß- und Kleinschreibung, hatte ich immer noch meine Probleme.

Der Brief des Onkels hatte mich schwer getroffen. Die Vorwürfe waren nicht neu, viele unserer linken Kritiker, und nicht nur die aus dem DKP-Spektrum, urteilten über den bewaffneten Kampf ähnlich. Das wehrte ich ab: Revisionisten, Leute, die ihren Frieden mit dem System gemacht haben! Von der Revolution hatten die sich längst verabschiedet. Der Onkel versteht die Verhältnisse hier nicht und begreift nicht, was wir wirklich wollen. Ich war enttäuscht, Frenny hatte einfach unrecht. In meinem letzten Brief an ihn versuchte ich noch einmal, mein Handeln zu rechtfertigen, weil mir seine Meinung doch so wichtig war. Seitenlang zitierte ich aus dem »Konzept Stadtguerilla« der RAF: »Stadtguerilla geht davon aus, daß es die preußische Marschordnung nicht geben wird, in der viele sogenannte Revolutionäre das Volk in den revolutionären Kampf führen möchten. Geht davon aus, daß dann, wenn die Situation reif sein wird für den bewaffneten Kampf, es zu spät sein wird, ihn erst vorzubereiten. Daß es ohne revolutionäre Initiative in einem Land, dessen Potential an Gewalt so groß, dessen revolutionäre Traditionen so kaputt und so schwach sind wie in der Bundesrepublik, auch dann keine revolutionäre Orientierung geben wird, wenn die Bedingungen für den revolutionären Kampf günstiger sein werden, als sie es jetzt schon sind – aufgrund der politischen und ökonomischen Entwicklung des Spätkapitalismus selbst.« Irgendwann würde ich mit ihm diskutieren, und dann würde auch er verstehen... Eine Antwort auf diesen Brief habe ich nie bekommen. Zwei Jahre später starb mein Onkel.

Mit der Aufhebung der Isolation erreichte mich die Anklageschrift. Wegen versuchten Polizistenmords sollte ich vor ein Schwurgericht gestellt werden. Gegen diesen Vorwurf wirkten die weiteren eher wie Bagatellen: Widerstand, versuchte räuberische Erpressung, Nötigung, Waffenbesitz und Urkundenfälschung. Nächtelang grübelte ich jetzt über meine Verteidigungsstrategie nach. Ein versuchter Mord konnte mir lebenslängliche Haft einbringen. Gerade war in Hamburg Werner Hoppe, der wie ich geschossen, aber nicht getötet hatte, zu zehn Jahren verurteilt worden. Jetzt bekam ich erst recht mächtigen Schiß, daß es mir ähnlich oder noch schlimmer ergehen könnte. Irgendwann sah ich einen vagen Ausweg: geschossen ja, aber nicht in Tötungsabsicht, zur Abschreckung, damit sie nicht mich erschießen. Rechtsanwalt Klaus Eschen, der mich im Prozeß vertreten sollte, stand meinen Thesen skeptisch gegenüber, sah aber auch genau an diesem Punkt die Chance, meinen Kopf noch einmal aus der Schlinge zu ziehen. Helfen sollten uns dabei die Hauptbelastungszeugen, die Polizisten, die mich verhaftet hatten. Laut Akten hatten sie ausgesagt, daß ich nicht nur einmal »gezielt auf sie geschossen« habe, sondern noch mehrfach die Pistole gefährlich auf sie gerichtet hätte, allerdings ohne zu schießen. »Das ist es«, wußte Eschen sofort. »Wir müssen jetzt zu beweisen versuchen, daß dein Schuß ebenfalls nicht in Tötungsabsicht gefallen ist. Immerhin hattest du ja einige Male danach erneut die Gelegenheit zum vielleicht tödlichen Schuß gehabt, aber eben nicht geschossen. Das ist ein sogenannter ›freiwilliger Rücktritt vom Versuch‹ und nicht strafbar. Er untermauert aber, daß du nicht töten wolltest. Halt jetzt Ruhe und schreib deine Briefe nicht voll mit Bekenntnissen zum Stadtguerilla-Kampf. Der Richter, der jetzt deine Post liest, ist der, der auch die Verhandlung führen wird. Der Prozeß wird irgendwann im Dezember sein.« Die seit Monaten anhaltende Angst und Beklommenheit war wie weggeblasen. Zum ersten Mal stellte ich mir vor, wie es wäre, wieder frei zu sein. Jetzt gab es eine realistische Chance. Nahezu jeden Tag feilte ich an meiner Verteidigungsstrategie. Ich dachte alles vor und zurück, ließ keine Eventualität aus und brütete über meiner eigenen Einlassung vor Gericht. Was soll ich sagen? Daß mir am zweiten Verhandlungstag auch noch der Zufall zu Hilfe kommen sollte, ahnte ich nicht.

Blockhütten bauen in einsamer Nacht

Die sozialliberale Koalition in Bonn hatte konsequent die »Politik des Wandels durch Annäherung«, eine geschickte Formulierung mit gewollter Doppelbedeutung, fortgesetzt und stand mit den Staaten des Warschauer Vertrages vor grundlegenden Vertragsunterzeichnungen: die Ostverträge, Brandts Kniefall in Warschau, die Moskauer Verträge und das »Transitabkommen zwischen der BRD und der DDR« prägten die politische Atmosphäre. Der Berliner Senat hatte mit der DDR einen Vertrag über den Besucher- und Reiseverkehr von Westberlinern in die DDR und Ostberlin unterzeichnet. Die CDU/CSU-Opposition, angeführt von Franz Josef Strauß, witterte Verrat und den Ausverkauf Deutschlands an Moskau, ein konstruktives Mißtrauensvotum gegen die Regierung Brandt scheiterte. In der Bundesrepublik demonstrierten an diesem Tag Zehntausende Arbeiter für die Regierung Brandt/Scheel. Weil die Koalition nur über die knappe Mehrheit von zwei Stimmen verfügte, wurden für den November 1972 Neuwahlen angesetzt, die berühmte »Willy-Wahl«. Künstler, Literaten, das liberale Establishment der Bundesrepublik, selbst die DKP, alle waren für Willy. Die SPD wurde stärkste Fraktion im Bundestag, und die Regierungskoalition aus SPD und FDP erreichte die absolute Mehrheit. Das war die »Mehrheit links der CDU/CSU« im Land, die Willy Brandt auch 20 Jahre später noch sehen sollte.

In Briefen, Broschüren oder Rundbriefen, die mich erreichten, diskutierten und analysierten wir die Politik der SPD. »Solange es keine radikale Umwälzung in der Ökonomie gibt, solange gibt es auch keine grundlegende politische Veränderung«, war unsere Kernthese. Und die Politik des »Wandels durch Annäherung« wurde von uns als abgefeimte Taktik der SPD gegen den Ostblock gewertet. Uns erschien der linksverbrämte Reformismus weit gefährlicher als die Politik der offenen Reaktionäre. Bei denen wußte man wenigstens, woran man war. »Die Wahl zwischen SPD und CDU«, so konterten wir, »ist die Wahl zwischen Pest und Cholera.«

Die »Rote Hilfe Berlin« teilte mir noch vor Prozeßbeginn mit, daß ich ab sofort von Frankfurt/Main aus betreut werde. Die Frankfurter meldeten sich auch sehr bald und schlugen mir einen Betreuungs-Genossen vor, der mich besuchen werde. Mir standen nur zweimal 30 Minuten Besuch pro Monat zu. Bislang kamen hauptsächlich die Bielefelder, ganz selten auch mal Besuch aus

Berlin. Einmal reiste Barbara an und richtete mir innige Grüße von Gabriele aus, die vor der Haftanstalt auf sie wartete. Reinkommen durfte immer nur eine Person. Mit Barbaras Besuch veränderte sich auch die Besuchsüberwachung gravierend. Ab dem Tag saß nicht nur der Sicherheitsinspektor der Anstalt die halbe Stunde dabei, sondern regelmäßig auch zwei sogenannte »Besuchsüberwacher« des Landeskriminalamtes, Abteilung Staatsschutz. Es gab dauernd Ärger: Die Beamten mischten sich sofort ein, wenn wir nicht laut genug sprachen oder ich vom Prozeß oder den Haftbedingungen erzählte. Ganz böse wurden sie, wenn sie der Ansicht waren, wir würden verschlüsselte Nachrichten austauschen. Dann konnte es passieren, daß sie den Besuch einfach abbrachen. So wurde manch eine Begegnung, auf die ich mich Tage vorher schon riesig gefreut hatte, regelrecht zur Qual. Was du sagen wolltest, was dir so sehr brannte, was du zeigen wolltest an Gefühl, das konntest du nicht, und was die Kontrolleure zuließen, das interessierte dich nun erst recht nicht. Immer hatte ich hinterher, wenn ich noch völlig aufgeregt wieder allein in der Zelle saß, das Gefühl, nur Mißverständnisse hinterlassen zu haben. Gefühle wollte ich vor den Beobachtern nie zeigen, um ihnen dadurch vor allem eine Einschätzung meiner Psyche zu erschweren. Das gleiche Elend mit den Briefen: alles wurde mitgelesen. Nach vielen Jahren Haft verstand ich es dann allmählich besser, trotz Überwachung zu sagen, was ich wirklich dachte. Es blieb immer eine Anstrengung.

Der junge Mann, der mich von der »Roten Hilfe« aus Frankfurt besuchte, schmal, klein, Brille und wilder, brauner Lockenkopf, war mir auf Anhieb sympathisch. Johannes, 22 Jahre, Student. Bis zum Ende dieser Haft sollte er mich engagiert und absolut zuverlässig betreuen. Auch später haben wir im Untergrund noch einiges zusammen bewerkstelligt.

Wenn ich nicht über den bevorstehenden Prozeß grübelte, beschäftigte ich mich mit Strategie und Taktik des Guerillakampfes. Zensur hat es in der Haft immer gegeben, aber damals ließen die Richter weit mehr an Literatur und Post durch als später, ab Mitte der siebziger Jahre: von Lin Piaos Schriften zum Partisanenkrieg in China über Ché Guevaras »Tagebuch« bis zu den »Zehn Fragen an einen Tupamaro« aus Uruguay arbeitete ich alles durch. Fast alle

Texte erschienen in seriösen Verlagen, z. B. bei »Hanser« oder im »Rotbuch-Verlag«. Besonders gefesselt haben mich die Texte von den und über die Tupamaros. Sie agierten schon seit einigen Jahren politisch und militärisch erfolgreich als Stadtguerilla in Uruguay, einem Land in Südamerika mit stark europäisch geprägten sozialen Strukturen. Was da möglich war, könnte auch hier gehen! Die kurz zuvor erfolgreich abgelaufene Entführung des CIA-Agenten und Folterspezialisten Dan Mitrone durch ein Kommando der Tupamaros in Montevideo analysierte ich vor und zurück. Vor allem zerbrach ich mir den Kopf über die Beschaffenheit eines Verwahrungsortes für ein potentielles Entführungsopfer. Ein Volksgefängnis – aber wie und wo? Ich sah darin das entscheidende Problem bei einer Entführung. Es mußte mitten in der Stadt liegen, so raffiniert getarnt, daß es selbst bei intensivster Fahndung nicht entdeckt werden kann. Der Plan, der langsam in meinem Kopf reifte, beschäftigte mich ständig. Jedes kleinste Detail wog ich mit Für und Wider und Wenn und Aber ab. Tüftelte ich nicht daran herum und dachte auch nicht an den Prozeß, hing ich meinen Entspannungsgedanken nach. Nächtelang konstruierte und zimmerte ich Blockhütten in der Einöde des fernen Kanada. Mit immer neuen Hindernissen, die ich selbst aufgebaut hatte und die es zu beseitigen galt, machte ich mich nachts an die Gedankenarbeit. Mal baute ich die Hütte selbst, wofür ich das Holz schlagen mußte, mal dachte ich über die Energieversorgung nach und entwarf Energiequellen aus Wind- oder Wasserkraft. Mal besaß ich Vieh und mußte selbst schlachten, mal wurde ich aus der Luft versorgt. Im Winter hatte ich monatelang 30 Grad Kälte zu überstehen, mal mit, mal ohne Kuh und Hühner, versteht sich. Manchmal war eine Frau dabei und der kleine Till, meistens aber nahm ich die Herausforderung des Überlebenskampfes unter extremen Bedingungen in der Einöde allein an. Ich fabulierte immer nur so weit, bis ich die spezifische Schwierigkeit gelöst hatte, um dann zum nächsten Konstrukt mit anderen Hürden überzugehen. Das betrieb ich mit äußerster Akribie, und wenn ich über einem Problem einschlief, nahm ich es später wieder in Angriff. In dreizehn Jahren Haft habe ich bestimmt eine ganze Siedlung in Kanada gebaut. Ich trotzte der harten Landschaft und kam sogar durch den erbarmungslosen

Winter. Niemals aber habe ich mir ein Buch oder einen Fotoband über Kanada besorgt – Phantasie und Illusion sollten wirken. Sollte ich hier in Bielefeld mit einer überschaubaren Zeitstrafe davonkommen, wollte ich den Stadtguerillakampf wieder aufnehmen. Aber nur dann – ansonsten läge sowieso alles in weiter Ferne. Ich wollte nicht aufgeben. Eine Atempause vielleicht, und dann alles anders und besser als zuvor.

Der Prozeß – Alles auf eine Karte

Der Prozeßbeginn war auf den 10. Dezember 1972 terminiert. Johannes und die Bielefelder Genossen sorgten im Vorfeld für die übliche Öffentlichkeitsarbeit. Es gab einige Veranstaltungen im Jugendzentrum, und auf den Straßen wurden Flugblätter verteilt. Die Forderung: »Gerechtigkeit für Till Meyer.« Der Meinung war ich auch. Das konnte nur heißen: Geschossen ja, aber nicht in Tötungsabsicht! Daran glaubte ich inzwischen selbst. Ich hatte eine komplizierte Erklärung zusammengebastelt: Zum einen wollte ich nicht als Defätist dastehen und mich von meinem eigenen Tun distanzieren, zum anderen lag für das Gegenteil »lebenslänglich« in der Luft. Rechtsanwalt Eschen fand meine Erklärung korrekt und konnte mich noch in anderer Hinsicht beruhigen: Die Staatsanwaltschaft hatte keine weiteren Erkenntnisse über mich. Selbst den Straftatbestand des Paragraphen 129, Mitglied einer kriminellen Vereinigung, hätte die Staatsanwaltschaft trotz großer Anstrengung nicht belegen können. Nur meine Pistole und vage Erkenntnisse des Verfassungsschutzes deuteten auf eine Verbindung zur Baader-Meinhof-Bande hin. Meine Firebird-Pistole, so gaben die Akten her, stammte aus einer Serie von 25 Stück, die angeblich Ulrike Meinhof zwei Jahre zuvor illegal erworben hatte.

In meiner Erklärung hatte ich die Tötungsabsicht vehement bestritten und das im wesentlichen damit begründet, während der Verfolgung durch die Innenstadt hätte ich genug Gelegenheit gehabt, auf die mich verfolgende Polizei zu schießen. Und auch zu treffen, wenn ich gewollt hätte. In drei Stunden hatten der Anwalt und ich Strategie und Rollenverteilung abgesprochen. »Du liest am Ende nur deine Erklärung vor, und ansonsten schweigst du zu allen Fragen.« Mit großer innerer Nervosität, aber äußerlich gelassen trat ich den schweren Gang an. Sieg oder Niederlage, sagte ich mir. Es könnte dein Leben bedeuten. Vorbei für vielleicht 15 Jahre.

Das Schwurgericht tagte noch in einer Besetzung, die es heute so nicht mehr gibt: drei Berufsrichter und sechs Laienrichter: Hausfrauen, Handwerker, Lehrer.

»Du mußt da rauskommen!« Mit Kampfeswillen und Zuversicht betrat ich den alten, eichenholzgetäfelten Gerichtssaal. Das laut geschmetterte italienische Revolutionslied »Lotta Continua« begrüßte mich aus dem vollbesetzten Zuhörerraum. Ein schneidendes »Das geht hier nicht, sonst lass' ich sofort räumen!« des Vorsitzenden Richters würgte das Begrüßungslied ab. »Ruhe jetzt!« Der Oberstaatsanwalt war ein älterer Herr mit Schmissen im Gesicht. Unter besonderer Betonung meiner Gefährlichkeit verlas er die Anklageschrift. Als er in seinen Ausführungen dann den Verdacht äußerte, daß ich wahrscheinlich zur Baader-Meinhof-Bande gehöre, dafür sprächen schon die Waffe und mein Verhalten, unterbrach der Vorsitzende den Redefluß. »Wer weiß, wo diese Waffen überall sonst noch hingegangen sind. Alles andere, Herr Staatsanwalt, ist Spekulation.« Eschen kommentierte: »Kein Scharfmacher. Du hast Glück.« Der erste Tag verging mit pingeliger Beweisaufnahme. Für den Hauptvorwurf, die Schießerei, gab es nur zwei Belastungszeugen: die beiden Polizisten. Am zweiten Verhandlungstag traten sie in den Zeugenstand. Sie schilderten übereinstimmend die Umstände meiner Festnahme als hochgefährlich für sie, nur durch gewagte Sprünge hätten sie sich vor meinen Kugeln in Sicherheit bringen können. Aus zehn Meter Entfernung hätte ich genau auf sie gezielt und gefeuert. In meine Pistolenmündung habe er geblickt, erklärte der eine, und sogar die leere Hülse wegfliegen sehen. Das war zu dick aufgetragen. Eschen ließ nicht locker. »Und dann?« wollte er wissen. Immer wieder hätte ich auf sie gezielt, gefährlich. Ob ich sie denn auch da hätte treffen können, wollte der Anwalt wissen. Das bestätigten beide wiederum übereinstimmend. Nach langem Fragen und Antworten mußte der eine Polizist einräumen, daß er nicht habe sehen können, wie ich die Pistole beim Schießen gehalten hätte. Eschen:

»Vielleicht hat er sie nach oben in die Luft gerichtet.« Weil der Polizist gerade hinter dem Betonkübel in Deckung gegangen war, konnte er das nicht gesehen haben. So sehr ich die beiden auch anstarrte, an ihre Gesichter konnte ich mich nicht mehr erinnern. Nicht mehr richtig! Und doch fiel mir etwas auf: »Klaus«, flüsterte ich Eschen zu, »der dort trägt eine Brille, an dem Tag hat aber keiner von beiden eine aufgehabt.« Der Mann, der gerade noch wortreich meine rausfliegenden Patronenhülsen beschrieben hatte, trug eine Brille, das konnte ich quer durch den Saal erkennen, eine mit dicken Gläsern. »Bist du sicher?« Ich war. Eschen beantragte eine Pause. »Till, wenn du recht hast und mein Experiment gelingt, kann ich dich vielleicht noch heute abend mit nach Hause nehmen. Dann kriegst du nämlich unter Umständen eine Bewährungsstrafe.« Der Polizist mußte erneut in den Zeugenstand. Eschen: »Tragen Sie immer eine Brille?« – »Ja.« – »Was sind Sie, kurzsichtig?« – »Ja.« – »Hatten Sie an jenem Tag, am Tag der Festnahme, auch die Brille auf der Nase?« Eine Minute Schweigen. »Nein.« Meine Hände waren feucht, und das Herz bummerte mir bis zum Hals. »So, dann stellen Sie sich doch jetzt bitte mal in die linke Ecke des Saals.« Eschen durchmaß mit langen Schritten die Diagonale des Raums. »Etwa zehn Schritte. Das ist ja wohl die Entfernung, wie Sie sagen. Sie wollen genau gesehen haben, daß Herr Meyer seine Waffe gezielt auf Sie angelegt hat. Sie wollen sogar gesehen haben, wie die Hülse aus der Waffe flog.« Der Zeuge: »Ja, das habe ich.« Eschen blickte zu mir, ein leichtes Zwinkern, und ich wußte, jetzt kommt sein Experiment. Riskant! »Bitte nehmen Sie jetzt Ihre Brille ab, so wie am Tattag.« Der Anwalt hob einen Bleistift in Augenhöhe und hielt ihn, für alle im Saal gut sichtbar, waagerecht. »Wie halte ich den Bleistift?« Atemlose Stille bei Gericht und Zuhörern. Ich schwitzte vor Anspannung. »Senkrecht«, hörte ich wie von weither den Polizisten sagen. Ein hörbares Ausatmen auf allen Bänken. Der Oberstaatsanwalt klappte mit einem Seufzer seine Akten zu. Im Zuschauerraum klatschten die Genossen, und die Laienrichter blickten ihren Vorsitzenden mit skeptischen Blicken an. Das war's! Eschen plädierte. Er verneinte entschieden meine Tötungsabsicht, was ja nun wohl auch bewiesen sei, gesehen habe nämlich niemand etwas, und überhaupt sei ich derjenige gewesen, der in Todesangst um sein Leben gerannt sei. Das Drohen mit der Waffe habe ausschließlich dem Zweck gedient, die Verfolger von einem tödlichen Schuß auf mich abzuhalten. Der Oberstaatsanwalt mußte die Tötungsabsicht ebenfalls verneinen, forderte aber sieben Jahre Haft für alle anderen Delikte. Bei einem Strafzusammenzug sollte ich immer noch vier Jahre bekommen.

Jetzt war ich mit meinem Schlußwort an der Reihe. »Die Gesellschaft, in der wir leben, ist aufgrund ihrer Klassengegensätze bösartig und gewalttätig. Sie ist eine Profitgesellschaft, in der wenige viel besitzen, die Mehrzahl aber nichts. Das rücksichtslose Streben der wenigen nach Macht und Profit muß sich notwendigerweise auf die Mehrheit des Volkes zerstörerisch auswirken. Es behindert die Entfaltung der menschlichen Existenz, indem es unterdrückt und ausbeutet, indem es einen ungeheuren Reichtum produziert, aber diejenigen, die ihn mit ihrer Hände Arbeit erwirtschaften, nur unzureichend teilhaben läßt. Ein wirklich freies Leben und eine humane Gesellschaftsordnung sind unter den gegebenen Bedingungen Utopie. Die bestehenden Verhältnisse, der Widerspruch zwischen Lohnarbeit und Kapital ist ungerecht und menschenfeindlich! Aufheben wird sich dieser Widerspruch aber keineswegs von ganz alleine. (...)« Zum Schluß der anderthalbseitigen Erklärung legte ich noch zu: »Vom Gericht erwarte ich Schutz vor den willkürlichen und ungeheuerlichen Anschuldigungen der Staatsanwaltschaft, die aus mir einen skrupellosen Verbrecher machen will. Dagegen wehre ich mich. DIE MENSCHLICHKEIT WIRD SIEGEN. ALLE MACHT DEM VOLK!«

Nach einer guten Stunde Beratung dann das Urteil: Freispruch von der Anklage des versuchten Mords! Drei Jahre Haft ohne Bewährung wegen Nötigung: der alte Mann im Lieferwagen, den ich am Ende meiner Flucht mit Finger auf dem Mund und drohend vorgehaltener Pistole zum Stillhalten aufgefordert hatte; versuchte räuberische Erpressung: der Versuch, das Taxi in meine Gewalt zu bringen; Widerstand gegen Vollstreckungsbeamte, Waffenbesitz und Urkundenfälschung. Obwohl ich ganz kurz selbst daran geglaubt hatte, wirklich auf der Stelle freizukommen, hielt sich meine Enttäuschung nach diesem Urteil doch in Grenzen. Mit einem Rums fiel mir der schwere Stein vom Herzen, und mir war zum Lachen und Weinen zugleich. »Schade, fast hätte es doch mit dem Rauskommen geklappt, aber ich bin erleichtert, danke Klaus.« Ich hatte meine Chance genutzt.

Entlastet angesichts dieses Urteils, verlief für mich das erste Weihnachten in Haft nicht anders als zwei x-beliebige und langweilige Sonntage. Ich verschlang in nur wenigen Tagen mein fünf Kilogramm schweres Weihnachtspaket, las die »Memoiren eines Revolutionärs« von Victor Serge und begann bereits Pläne »für danach« zu schmieden. »Als Erstbestrafter hast du gute Chancen, nach Zweidrittel der Strafe auf Bewährung rauszukommen«, hatte der Anwalt versichert. Ich rechnete jetzt in Monaten, manchmal auch in Tagen. Und Revision hatten wir auch eingelegt. Wer weiß . . .

Im Januar kam es zu einem zweiten Hungerstreik. Die Forderung: Aufhebung der Isolationshaft. Hauptziel war allerdings die sofortige Verlegung von Ulrike Meinhof. Die saß seit Monaten vollkommen isoliert in einem leergeräumten Trakt der Haftanstalt Köln-Ossendorf. Absolute Stille, toter Trakt, wie wir Gefangenen diese Unterbringung nannten. Die Verteidiger, verschiedene Gutachter, die liberale Öffentlichkeit im In- und Ausland, selbst Amnesty International legten scharfen Protest gegen diese Haftbedingungen bei der Bundesregierung ein. Auf Druck der Öffentlichkeit wurde Ulrike dann auch bald aus dem toten Trakt verlegt. Nach drei Wochen konnte ich den quälenden Hunger nicht mehr aushalten und brach den Streik ab. Mein schlechtes Gewissen wurde durch den Umstand gemildert, daß auch die RAF nur eine Woche länger hungerte.

Von Christa und Till-Felix hatte ich ein ganzes Jahr nichts gehört. Klaus Eschen aber brachte Ende April 1973 Nachrichten. »Christa war bei mir, sie will die Scheidung im beiderseitigen Einvernehmen, aber als Bedingung mußt du auf das Sorge- und Erziehungsrecht für Till-Felix verzichten.« Ich müsse auf diese Bedingungen eingehen, meinte der Anwalt. Sollte ich das nicht wollen, käme es zum »Schmutzige-Wäsche-Waschen« vor Gericht, und selbstverständlich würde Christa recht bekommen. Der Anwalt erzählte mir aber noch etwas, das mich in helle Wut versetzte. Gesagt habe

Christa auch noch, daß ihre Partei, die KPD/AO, ihr nahegelegt habe, Till-Felix solle seinen Nachnamen ändern, damit wegen der Namensgleichheit von Vater und Sohn kein Terrorismus-Schatten mehr auf die Partei fallen könne. Ich wollte es kaum glauben. »Doch, es ist so, die sind so bescheuert«, belehrte mich der Anwalt. »Bei der Scheidung muß ich ihre Bedingungen ja wohl akzeptieren, aber eine Namensänderung kommt nicht in Frage, das kannste ihr sagen. Mit allem Nachdruck!« Ich verstand das nicht. »Das wollen Genossen sein?« Wie es Till-Felix ging, was er machte und wie er sich entwickelte, erfuhr ich nicht. Zwei Monate später war ich geschieden, Christa heiratete ihren Freund Michael, alias Paul, und der Kleine behielt seinen Namen.

Mitte Mai 1973 verwarf der Bundesgerichtshof meine Revision, und ich war ab sofort Strafgefangener. Schon einen Tag später hieß es: »Herr Meyer, morgen gehen Sie auf Transport.« Wohin ich verlegt werden sollte, erfuhr ich aus Sicherheitsgründen erst mal nicht. Transport ist eine viehische Sache: eingepfercht in winzige Boxen, manchmal, so wie ich, mit Handschellen, stundenlang auf den Autobahnen unterwegs in einem fensterlosen Bus. Mitten in der Nacht erst kam ich im Knast Dortmund an, am anderen Morgen weiter nach Bochum. Wieder eine Nacht. Anderntags dann am Ziel: der Knast in der westfälischen Stadt Hagen. Zwei Monate sollte mein Aufenthalt in der Stadt dauern, in der ich nie zuvor gewesen war. Das Gefängnis war doppelt so groß, aber genauso alt wie das in Bielefeld: Einzelzelle, Knastklamotten waren als Strafgefangener jetzt Pflicht. Um mich wurde sich sofort gekümmert. Ich erhielt ein Extra-Vorhängeschloß zusätzlich an die Türe. Hagen war die »Auswahlanstalt« Nordrhein-Westfalens für alle Strafgefangenen des Landes. Hier wurde entschieden, ob jemand nur Zweidrittel seiner Strafe absitzen mußte oder alles, und in welche Anstalt er weiterhin kommen würde. Um das festzustellen, gab es Gesprächstermine mit Psychologen und Sozialarbeitern. Verweigerte ein Gefangener diese Gespräche, konnte er sich seine »Zweidrittel« quasi an den Hut stecken. Es waren nur insgesamt vier Gespräche, von jeweils etwa einer Stunde Dauer, Intelligenztest inklusive. Ich antwortete taktisch und ließ kaum etwas raus. Am Ende hatte ich das Zertifikat »Geringe kriminelle Energie«. Die nächste Station war ein Reformknast in dem Städtchen Ergste. In dieser nagelneuen Anstalt mit Fabrikhallen, Arbeit und Fernsehen ging es moderat zu. An den Wochenenden blieben die Zellentüren eines Stockwerks sogar für mehrere Stunden offen. Ich arbeitete in einem der Knastbetriebe an der Stanze und fertigte sinnigerweise Kettenglieder an. Nach nur wenigen Wochen teilte mir der Sozialarbeiter mit, daß dem Antrag meiner Anwälte auf Zweidrittelentlassung stattgegeben worden sei. In Kürze würde ich in den halboffenen Vollzug verlegt. Alles war jetzt ziemlich leicht zu ertragen.

Ausbruch in letzter Minute

In Berlin passierte inzwischen Verhängnisvolles. Heinz Brockmann alias Feuerbach war in der Wohnung seiner Freundin in Wilmersdorf unter seltsamen Umständen verhaftet worden. Zufall, Verrat? Dieser Vorfall machte mich nervös. Würde er auch das Maul halten? Denn sonst . . . Freiheit adieu. Aber was konnte ich in dieser Situation schon machen, ich vertraute ihm einfach. Wenige Wochen später wurde Ina Siepman alias Hedwig Dünn beim Betreten einer konspirativen Wohnung in Kreuzberg von der Polizei erwartet. Verdammt. Was war da los? Wieder ein Zufall? Möglich. Auch später haben wir unsere Verhaftungen immer genau analysiert. Wichtig war herauszubekommen, ob eigene Fehler schuld waren, polizeiliche Fleißarbeit oder ob irgendwo etwas undicht war. Als kurz nach Inas Verhaftung im Wedding auch noch ein gut getarnter Schießkeller der Bewegung 2. Juni aufflog, war ich alarmiert. Unverzüglich beschloß ich, Roger eine Besuchserlaubnis zu schicken. Mit ihm mußte ich unbedingt darüber sprechen, und er sollte sich dann in Berlin umhören, vor allem in der »Roten Hilfe«, was man so sprach und welche Gerüchte es gab.

Kaum ein anderes Ereignis, abgesehen vom Vietnamkrieg, hat die westdeutsche Linke damals so bewegt wie der Militärputsch gegen den frei gewählten sozialistischen Präsidenten von Chile, Salvador Allende. Es gab Demonstrationen, Aufrufe, Komitees. Jahrelang noch analysierten wir die Fehler der Regierung Allende, die es unserer Ansicht nach versäumt hatte, die reaktionären

Kräfte im Militär zu entlassen und das Volk zu bewaffnen. Der Sturz eines gewählten Präsidenten, eines Sozialisten, der erstmals dem ausgepowerten Volk Arbeit und Brot sichern wollte, war für mich zusätzliche Legitimation, am bewaffneten Kampf festzuhalten. Die Linken in Chile waren ohne Waffen und ohne Organisation dem faschistischen Putsch ausgeliefert bis in den Tod.

Noch bevor Roger mich besuchen konnte, wurde ich wieder verlegt. Mittags Ankunft im halboffenen Vollzug in Castrop-Rauxel, mitten im Ruhrpott: ein großes Areal mit einem Dutzend zweistöckiger Holzbaracken, durchzogen von Gehwegen und großen, freien Rasenflächen, drumherum ein solider Maschendrahtzaun, dessen Oberkante mit dichtem Stacheldraht gesichert war. Nachts tauchten die Neonleuchten den Zaun in helles Licht. Zusätzlich ging eine bewaffnete Doppelstreife mit Hund dem Zaun entlang auf Kontrollgang. Hier waren nur »Kurzstrafer« untergebracht oder Häftlinge wie ich, die nur noch wenige Monate abzusitzen hatten. Nur für einen Teil der vielleicht 200 Gefangenen gab es Arbeit. Sie wurden morgens per Bus in die umliegenden Industriebetriebe gekarrt, um dort einfache Hilfsarbeiten zu verrichten. Die Zellentüren, die hier Zimmertüren hießen, wurden nur in der Nacht abgeschlossen. Tagsüber konnten die Gefangenen sich selbst einschließen. Es gab auch keine Besuchsüberwachung mehr, und es war gestattet, mehrmals im Monat bis zu drei Leute für volle zwei Stunden kommen zu lassen. Schon lange hatte ich geplant, Johannes mit Roger zusammenzubringen. Endlich wieder einmal reden können! An diesem Tag kamen sie beide. Roger sollte unbedingt in Berlin wegen Brockmann nachforschen, auch bei seinen Anwälten. »Wenn der Typ singt, wissen die das zuerst.« Für Johannes hatte ich eine exakte Skizze der »Wunderwaffe« zum Autoknacken angefertigt. Er war ein Bastelgenie und wollte gleich mal ein paar von den Dingern nachbauen. Das wichtigste war jetzt, herauszubekommen, was in Berlin los war. Wir verabredeten einen Notplan: Sollte Roger etwas erfahren, was auch nur im Ansatz darauf hindeutete, daß Brockmann auspackte, sollte er mir umgehend ein Telegramm mit dem Text schicken: »Schwester schwer krank, bitte sofort anrufen!« Johannes sollte vorsorglich Kontakt zur Bochumer »Roten Hilfe« aufnehmen und der Genossin Michaela zu verstehen geben, daß ich möglicherweise bei ihr auftauchen könnte auf der Flucht. Längst hatte ich herausgefunden, wie und wo ich hier ausbrechen könnte, falls erforderlich.

Anfang November hatte ich Besuch von einem Rechtsanwalt. Er war ziemlich sicher, daß Brockmann bereits angefangen hatte, mit der Polizei zusammenzuarbeiten. Dafür sprach seiner Ansicht nach, daß er die linken Anwälte von ihrem Mandat entbunden hatte und keiner mehr an ihn rankam. Das bedeutete für mich höchste Alarmstufe. Der Anstaltsfrisör, ein Anarchist aus Bayern, der wegen Brandstiftung einsaß, wurde jetzt mein Vertrauter und Helfershelfer. Ich brauchte unbedingt eine Drahtzange. Walter, so hieß der gelassene Bayer, besorgte sie mir. Mit ihm beriet ich mich. Wir sortierten die Indizien und versuchten klarzukriegen, ob Brockmann nun singen würde oder nicht. Bräche ich auf Verdacht aus, müßte ich wegen nur vier nicht verbüßter Monate sofort in die Illegalität abtauchen. Wartete ich einen Tag zu lang, würde ich von hier unverzüglich wieder hinter sicheren Knastmauern verschwinden. Wer weiß für wieviel Jahre? Schon Anfang November war Walter für den Ausbruch. »Ja mei, du mußt verschwinden, sonst haben sie dich wegen anderer Sachen am Arsch.« Ich hatte ihm gesagt, daß bei mir noch »Kronleuchter brennen«. In der Gefangenensprache bedeutet das: Da ist noch einiges offen. Ich entschied auszubrechen. Um meine Zivilklamotten auf die Zelle zu bekommen, hatte ich schon mal einen dringenden Zahnarzttermin vorgetäuscht. Am 10. November wurde ich in Begleitung zweier Schließer in Zivil in die Stadt zum Zahnarzt gebracht.

Das Telegramm entschied. Am Morgen des 13. November erhielt ich die Nachricht, daß meine Schwester schwer erkrankt sei: »Erbitte Anruf.« Noch einmal schlenderte ich mit Walter an der ausgeguckten Ausbruchstelle vorbei. Am günstigsten war es direkt hinter dem Haus, in dem ich untergebracht war. Hinter dem Zaun lag ein Kartoffelacker, und an den grenzten sehr bald Häuser, in die anderen Richtungen die Autobahn oder Wald. »Aufpassen mußte da nur, weil in den Häusern auch viele Schließer wohnen. Dennoch ist das hier die günstigste Stelle«, riet Walter. Ein dutzendmal hatte ich mir die Stelle schon angesehen und mir alle Gegebenheiten eingeprägt. Nach dem Mittagessen blieben die Häuser bis 19 Uhr offen, und wir Gefangenen konnten uns auf dem ganzen Areal frei bewegen. Sorgfältig ordnete ich den Tag über meine Habseligkeiten, die ich zurücklassen mußte. Seit ich in Castrop-Rauxel saß, hatte mich sogar Gabriele einmal besucht und mir sonst sehr lange, schöne Briefe geschrieben. Die entsorgte ich alle übers Klo. Auf sie sollten die Bullen keinen Hinweis finden. Wichtige Korrespondenz, so auch die Briefe meiner Mutter, vertraute ich Walter an, der versprach, sie gebündelt irgendwie meiner Schwester Elisabeth zukommen zu lassen. Beim Abendbrot im Speisesaal steckte er mir die wichtige Zange zu. »Viel Glück, Genosse!« Noch eine Umarmung, und Walter war verschwunden. Die Briefe erreichten meine Schwester, von Walter habe ich nie wieder etwas gehört.

Jetzt oder nie. Ich konzentrierte mich völlig ruhig nur noch auf meinen Plan. Um 19 Uhr war Zählung: Alle Gefangenen des Hauses hatten vollzählig im Fernsehraum zu erscheinen. Namentlich rief der Schließer die Gefangenen auf und überprüfte so ihre Anwesenheit. Das Haus war um diese Zeit bereits abgeschlossen. Ich hatte mir meine Zivilkleidung angezogen: Jeans, Rollpulli und dicke Joppe, darüber aber die blaue Knastkleidung. »Herr Meyer, Sie müssen noch Ihre Zivilkleidung auf die Kammer bringen. Machen Sie das morgen.« Der Schließer hatte mich nur kurz angesehen. Ich nickte. Der Duschraum lag im Keller, von dort wollte ich ausbrechen.

Nach der Zählung wurde die Post verteilt, wurden Anträge entgegengenommen oder Beschwerden vorgebracht. Der Dienstraum des Schließers, in dem sich deswegen um diese Zeit die Gefangenen tummelten und den Beamten ablenkten, lag mit dem Fenster genau in Richtung meines Fluchtweges. Ich mußte daran vorbei, einen anderen Weg gab es nicht. Als ich die Treppe zur Dusche hinabging, war mein Mund ausgetrocknet, und der Schweiß lief mir die Arme runter. Wie erwartet, war um diese Zeit niemand in dem großen Duschraum. Sofort ging ich zur Sache: Die Bank unter das Fenster, mit den Händen das Flacheisengitter gepackt und mit dem Fuß kraftvoll gegen den anderen Stab gedrückt. In Sekunden war der Spalt breit genug, so daß ich mich durchschlängeln konnte. Draußen verharrte ich kurz im Schatten des Hauses, zog das Fenster wieder ran, damit niemand die verbogenen Gitter sehen konnte. Es regnete in Strömen, und es pfiff ein ekelhaft kalter Wind. Direkt über mir lag das hell erleuchtete Fenster des Beamtenraums, aus dem ich lautes Stimmengewirr hörte. Der Mann war beschäftigt. Aus dem großen Bürofenster drang der Lichtschein über die regendurchtränkte Wiese bis an den etwa acht Meter entfernten Zaun. Jetzt los! Mit dem Rücken zu dem verdammten Fenster robbte ich lautlos Meter für Meter auf den Zaun zu. Noch ein Stückchen, und ich wäre im Schatten der mächtigen Weide, die direkt am Zaun stand. Aber der scharfe Wind trieb die Äste alle Augenblicke zur Seite, so daß sie kaum ein Dach und damit auch keine Deckung abgaben. Wenn der Schließer sich jetzt nur einmal umdrehte, würde er mich sofort sehen. Ich schaffte es. Keine Spur von der Doppelstreife. Im Schatten des Weidenstammes legte ich mich auf den Rücken und begann hastig den Draht durchzuschneiden. Der Regen hatte mich bereits völlig durchweicht. Ein kleines Loch nur, und durch. Vorsichtig bastelte ich die Stelle wieder notdürftig zu. Noch etwa 50 Meter weiter robben durch den lehmigen Kartoffelacker bis in den Schatten des ersten Hauses. Ich stand auf, streifte in Windeseile die Knastklamotten ab und begann zu laufen. Weg hier, bloß weg. Ich war frei, ich hatte es geschafft. Ohne mich umzudrehen, ging ich zügig durch die mir unbekannten Straßen. Irgendwo mußte es ein Telefon geben oder ein Verkehrsmittel. In der Tasche hatte ich 50 Mark von Roger und die Telefonnummer der »Roten Hilfe Bochum«.

Nach langem Umherirren fand ich einen Imbiß, an dem ich meine 50 Mark wechselte. »Ein Bier, bitte.« Es schmeckte köstlich! Von der nächsten Telefonzelle aus rief ich die Genossin Michaela an. »Ja, ich bin ein Freund von Johannes aus Frankfurt und sollte mich bei dir melden.« Die Frau verstand nicht gleich. »Na, ich wohnte mal in Castrop-Rauxel, er hat doch neulich mit dir über mich gesprochen. Ich würde dich gerne besuchen. Sofort!« Jetzt begriff sie. »Komm mit dem Taxi zu mir, alles klar, es ist nicht weit.« Die kleine Wohnung im vierten Stock war eine typische Studentenbude: Ikea, einfach, aber praktisch. Ich erzählte ihr, was abgelaufen war: Brockmann singt und kann mich schwer belasten, vielleicht zehn Jahre Zuschlag, und das kurz vor der regulären Entlassung. Unser Warnsystem, das Telegramm, der soeben erfolgte Ausbruch. »Das hast du richtig gemacht, welche Wahl blieb dir auch schon. Scheiße trotzdem.« Michaela gab mir trockene Jeans und einen dicken Pulli und hängte meine Sachen zum Trocknen auf. »Was jetzt«, wollte sie wissen. »Bei mir kannst du nicht lange bleiben, ich bin bei den Bullen bekannt wie ein bunter Hund. Bestimmt haben sie schon die Fahndung nach dir angeleiert.« Ich hatte weiter geplant. »Klar, ich gehe jetzt runter an ein Telefon und rufe eine coole Nummer in Frankfurt an. Johannes soll mich noch in dieser Nacht abholen. Sofort raus aus der Gegend hier.« Auch das hatte ich mit Johannes und Roger abgemacht. Michaela schlug vor, zwei »Rote Hilfe«-Genossen zur Unterstützung heranzuziehen. Sie sollten mich unverzüglich in Richtung Frankfurt fahren. Auf der Straßenkarte suchten wir nach einer Autobahnraststätte, die etwa auf der halben Strecke zwischen Bochum und Frankfurt lag. »Damit du noch heute nacht hier wegkommst.« Oben im Westerwald fanden wir eine geeignete Raststätte. »Dahin werde ich Johannes bestellen. Um drei Uhr morgens soll er da sein.« Ich erreichte ihn bei seiner Freundin. »Können wir uns noch heute nacht treffen?« Johannes verstand auf Anhieb. Ich nannte ihm die Raststätte und die Uhrzeit. »Alles klar«, kam es aus Frankfurt. Inzwischen waren die beiden »Rote Hilfe«-Leute eingetroffen. In wenigen Worten hatte Michaela ihnen erzählt, worum es ging. »Dann los.« Die beiden fragten nicht lange. Schnell verabschiedete und bedankte ich mich bei Michaela, deren Jeans ich noch immer anhatte. »Hier, das kannste jetzt bestimmt gebrauchen.« Sie drückte mir noch hundert Mark in die Hand und rief mir »Viel Glück, Genosse!« hinterher.

Im strömenden Regen fuhren wir mit einem klapprigen roten Renault R4 in Richtung Westerwald. »Wir müssen nur auf eins achten: Auf keinen Fall die Bullen auf uns aufmerksam machen und jede Kontrolle vermeiden. Ohne Ausweis bin ich gleich geliefert.« Scheiße! ging es mir durch den Kopf. Jetzt mußt du weitermachen, keine Atempause, keine neuen Überlegungen, keine neuen Pläne. Alle meine Pläne für die Zeit nach einer normalen Entlassung waren jetzt dahin: nicht Till-Felix sehen, nicht die Geschwister, keine Entspannung und keine Erholung. Aber ich war wieder frei! Und so genoß ich schließlich einfach die schweigsame Autofahrt durch die Nacht. Erst mal abwarten und dann sehen, wie es weitergeht. Die 20 Monate Haft hatten mir physisch zugesetzt: Ich wog nur noch 63 Kilo bei einer Größe von 1,82 Meter, und ich hatte chronische Magenschmerzen.

Johannes wartete bereits an der Raststätte. Ein Dankeschön und »viel Glück« für mich, und die beiden verschwanden wieder in Richtung Bochum. Auch Johannes war der Meinung, daß ich richtig gehandelt hätte und weiteres Warten ein großes Risiko gewesen wäre. Mit Roger in Berlin hatte er bereits telefoniert: »Der Anlaß für sein Telegramm von heute morgen war die Information eines Rechtsanwalts.« Der habe definitiv bestätigt, daß Brockmann umfassend aussagte. Roger könne mir das morgen alles selbst erzählen, er sei bereits auf dem Weg nach Frankfurt. Wie richtig es war, an diesem Tag abzuhauen, sollte sich in den nächsten Tagen noch zeigen.

Im Morgengrauen standen wir bei Klaus Brack vor der Tür. Der Genosse aus alten Trierer Tagen staunte nicht schlecht. »Wie, ich dachte, du sitzt noch?« Aber auch bei Klaus konnte ich mich nicht lange verstecken. Er war in einige RAF-Aktivitäten verstrickt, und seine Wohnung war gefährlich. »Ein paar Tage nur. Die kommen vielleicht noch auf unsere Trierer Verbindungen und suchen mich hier«, schätzte ich wohl zu Recht ein. Wir beschlossen, erst mal mein Äußeres zu verändern, und setzten wegen eines neuen Quartiers auf Roger. Er war in Gießen aufgewachsen und hatte dort noch eine Reihe guter Freunde. In einer ekelhaften Prozedur färbte mir Johannes die Haare schwarz. Den Vollbart rasierte ich bis auf einen buschigen Oberlippenbart ab. Die Wirkung war verblüffend, ich war nicht wiederzuerkennen. Roger kam und erzählte detailliert, was er in Berlin erfahren hatte, um sich dann unverzüglich auf den Weg nach Gießen zu machen. Er denke als Unterschlupf an seinen alten Freund Clemens, der absolut zuverlässig sei und allein in einem Haus mit separatem Eingang wohne. Ideal für mich. Zumindest eine Zeitlang könnte ich bei ihm untertauchen. Am nächsten Tag brachten die Zeitungen mein Fahndungsbild. Die »Bild«-Zeitung: »Terrorist ausgebrochen«. Unter meinem Foto, mir unbekannt, stand: »Schwarzhaariger und schnauzbärtiger Terrorist ausgebrochen. Nur einen Tag bevor der mutmaßliche Terrorist Till Meyer von Berliner Kriminalbeamten nach Berlin überführt werden sollte, war dieser ausgebrochen. Meyer wird vom Berliner Staatsschutz verdächtigt, der Terrororganisation ›Bewegung 2. Juni‹ anzugehören. Die Polizei wirft ihm schwere Straftaten vor. So soll er an mehreren Banküberfällen, Bombenanschlägen und einer versuchten Gefangenen-Befreiung im Herbst 1972 beteiligt gewesen sein. Als die Berliner Polizei gestern morgen in der Haftanstalt Castrop-Rauxel eintraf, war der Vogel am Abend zuvor bereits ausgeflogen.«

»Verdammt, das war knapp.« Aber wieso stand da schwarzhaarig, und wieso kamen die auf den Schnauzbart? Schwarze Haare hatte ich noch nie gehabt. Ich war von Natur aus mittelblond. Vielleicht vermuteten sie nur, daß ich wieder einen Schnauzbart trage. »Jetzt kann ich mich nur noch semmelblond färben und auch den Vollbart wieder wachsen lassen.«

Roger kam mit guter Nachricht: Alles gehe klar, ich könne bei Clemens wohnen und sei da erst mal sicher. Zu dritt fuhren wir mit Rogers altem BMW nach Gießen. Nach diesen Zeitungsmeldungen waren wir alle in Hochstimmung und lobten uns selbst für das Timing und die Organisation der gelungenen Flucht. »Hat doch bestens geklappt. Wenn auch riskant!«

Clemens war ein etwas dicklicher Mann, etwa so alt wie ich, mit roten Haaren und einem gemütlichen Naturell. Die Wohnung lag in der verwinkelten Altstadt, hatte drei Zimmer und eine große Küche. Wir drei diskutierten und machten Pläne, wie es nun weitergehen solle. Ich brauchte vor allem einen Paß, Geld und eine Waffe – das konnte ich nur vom 2. Juni bekommen. Also wurde Roger beauftragt, in Berlin Kontakt zu suchen. Aber wie, wo ansetzen, wo finden wir den Kontakt zu den Genossen? Ich grübelte fieberhaft, ging in Gedanken alle Leute durch, die möglicherweise einen Draht in den Untergrund haben könnten. »Wenn du sie suchst, kann es ja auch sein, daß sie dich suchen. Zeitung haben die auch gelesen. Die wissen doch jetzt, daß du auf der Flucht bist«, überlegte Johannes. »Stimmt. Dennoch müssen wir ein Signal geben, wie sie ihrerseits an mich rankommen können.« Roger hatte eine Idee: Er erzählte, daß er die wichtigen Informationen über Brockmann von einer Genossin namens Yvonne bekommen habe. Sie sei sehr aktiv in der »Roten Hilfe« und arbeite in einem linken Buchladen in der Nähe der Technischen Universität Berlin. Er habe sie in der »Roten Hilfe« öfter getroffen und mehrmals mit ihr auch über mich gesprochen. »Genau das könnte der Kontakt sein, den ich brauche.« Roger sollte zurück nach Berlin fahren, die Frau »anlaufen« und ihr mit gebotener Vorsicht zu verstehen geben, daß er wisse, wo ich sei, und daß ich dringend wieder Kontakt zur Gruppe suche. »Mit keinem sonst sprechen. Entweder wir liegen bei ihr richtig, oder wir müssen einen anderen Weg versuchen.«

Nach Rogers Abreise begann die ekelhafte Prozedur mit meinen Haaren von neuem. Es brannte, stank furchtbar, und ich mußte die Pampe gleich mehrere Stunden auf dem Kopf ertragen. Aber ich war danach semmelblond. Johannes hatte beschlossen, sein Studium sausen zu lassen und sich dem bewaffneten Kampf anzuschließen. Wir diskutierten zwei Nächte durch, entwickelten Ideen, wie man politisch wirkungsvoller und militärisch schlagkräftiger werden könne, und dachten darüber nach, in welchen gesellschaftlichen Bereichen die Widersprüche am schärfsten seien und wie man dort ansetzen müsse. Wir analysierten die Fehler der RAF und wie man Technik und Know-how im Untergrund verbessern könne. Johannes hatte bereits ein halbes Dutzend »Wunderwaffen« zum Autoknacken nachgebaut und sie sogar noch effizienter gemacht. Sobald ich den Kontakt zum 2. Juni wieder hätte, wollte ich ihn mit den Genossen zusammenbringen. Das Einverständnis der Gruppe vorausgesetzt, sollte Johannes im Raum Frankfurt allmählich eine weitere Gruppe aufbauen, unterstützt aus Berlin. Einen Partner hatte er auch schon, den Genossen Eduard, Eddy, aus Bielefeld. Ich kannte ihn, er hatte mich im Knast oft besucht. Auch Eddy hatte sein Studium abgebrochen und wartete auf den Sprung in den Untergrund. Ich war zufrieden, das hörte sich gut an, es ging weiter. Wir überlegten uns für alle einen Decknamen. Johannes wählte Victor, ich Paul und Roger gaben wir den Namen Kater – weil er ein äußerst leiser Mensch war und einen blonden Schnurres hatte, der borstig wie bei einem Kater nach allen Seiten stand.

Ohne Papiere konnte ich nicht auf die Straße gehen. Clemens

versorgte mich neben seiner Arbeit mit allem, was ich so brauchte. Voller Spannung wartete ich auf die Nachricht vom Kater. Ich hatte ihn auch gebeten, Kontakt zu Gabriele aufzunehmen, die ich unbedingt wiedersehen wollte. Sollte ich nach Berlin zurückkehren, würde sie mir bestimmt helfen.

Die Anarchisten

Clemens hatte die Klappe nicht gehalten. Eines Abends eröffnete er mir, daß er »nur mit zwei ganz guten Genossen« über mich geredet habe. Verdammt! Hoch und heilig beteuerte er, es handele sich »ganz wirklich« um solidarische Genossen. »Sie wollen gerne mal mit dir diskutieren. Nur die beiden!« Ich willigte ein. Es waren tatsächlich solidarische Genossen, beide bereits Anfang Vierzig, seit vielen Jahren vertrieben sie anarchistische Periodika in der ganzen Bundesrepublik. Vom Namen her kannte ich sie. Nach einem weinseligen Abend und lebhaften Diskussionen über das Für und Wider des bewaffneten Kampfes verabschiedeten sich die zwei mit der Versicherung, »absolut die Schnauze zu halten«. Ich hatte keinen Grund, ihnen zu mißtrauen. Und sie hinterließen mir auch noch etwas: »Hier, das kannst du vielleicht gebrauchen, dann bist du nicht so schutzlos.« Einer der beiden fingerte aus der Jackentasche eine Pistole. »Es ist unsere einzige, und sie war seit Jahren verbuddelt, wir wollten für den Fall der Fälle auch was haben. Gib sie uns wieder, wenn du sie nicht mehr brauchst.« Es war eine tadellos geölte Pistole der Marke »Walther«, Kaliber 7,65. »Leider haben wir nur für ein Magazin Munition. Sieben Schuß.« – »Das reicht. Ich danke euch sehr, Genossen. Und natürlich bekommt ihr sie zurück.« Da sitzen die Anarchisten in der tiefen Provinz und haben, für alle Fälle, eine Pistole verbuddelt, dachte ich nach dem Abgang der beiden. Das machte mir Mut, und ich war wieder voller Tatendrang. Sicher kriegten sie mich irgendwann wieder, sie kriegten uns alle, aber bis dahin wollte ich noch einiges zuwege bringen. Ich hatte ohnehin nur die Wahl, mich zu stellen und bei Nichtaussage acht oder zehn Jahre Haft zu kassieren oder weiterzumachen. Bis jetzt hatte alles gut geklappt, und mein

Selbstvertrauen war zurückgekehrt. Auch wenn die Knastbilder, die vor allem nachts auftauchten, nicht verschwanden, so hatte ich dennoch keine Angst mehr davor.

Am nächsten Vormittag, die Pistole im Hosenbund, wagte ich mich seit Tagen das erste Mal auf die Straße, die Waffe gab mir Sicherheit. Mein erster Weg führte mich in einen Waffenladen, wo ich problemlos ein Innenbundholster zum sicheren Tragen der Waffe kaufte. Dann ins Kino: »Der Schakal« gefiel mir. Und ab ins gutbürgerliche Restaurant: endlich Sauerbraten mit Klößen, darauf hatte ich mich im Knast über Monate hinweg gefreut.

Meiner Ansicht nach waren die Bedingungen für den bewaffneten Kampf in der Bundesrepublik Anfang der siebziger Jahre noch immer günstig: Im Herbst hatte die Bundesregierung erstmals über eine Million Arbeitslose melden müssen, die gleiche Anzahl war auf Kurzarbeit gesetzt. Eine halbe Million Gastarbeiter wurde, mit Prämien abgefunden, in ihre Heimatländer geschickt. Die Bundesrepublik steckte in einer tiefen Rezession. Das ganze Jahr über waren in zahlreichen Großbetrieben die Arbeiter in wilde Streiks getreten. Bei Klöckner, bei Ford, bei Mercedes, Hella, Pierburg, Karman... und seit Wochen 13 000 Kumpel im Saarbergbau. Hunderttausende streikten gegen den Willen der Gewerkschaftsbosse für mehr Lohn und bessere Arbeitsbedingungen.

Vor vielen Werkstoren kam es zu schweren Auseinandersetzungen mit der Polizei oder dem Werkschutz. Auf der anderen Seite wurde vom Staat und in den Betrieben aufgerüstet. Zur Bekämpfung des Terrorismus wurden Spezialeinheiten gegründet: die Grenzschutztruppe »GSG 9« des Bundes und »Mobile Einsatzkommandos (MEK)« in jedem Bundesland.

Die Linke hatte sich zwar in mehrere »Kommunistische Parteien« zersplittert, war aber zahlenmäßig gewachsen und hatte politisch an Einfluß gewonnen. Im internationalen Maßstab, ja, selbst in den kapitalistischen Kernländern Europas war die organisierte und nichtorganisierte Linke auf dem Vormarsch. Die USA waren gezwungen, sich mit Vertretern Nord-Vietnams in Paris an den Verhandlungstisch zu setzen und Friedensverhandlungen in die Wege zu leiten. Das Beispiel des vietnamesischen Volkes ermutigte viele andere Länder der dritten Welt, und so gab es von Asien über Afrika bis nach Lateinamerika zahlreiche Auseinandersetzungen zwischen Staaten und antikolonialen Befreiungsbewegungen. Selbst in Mitteleuropa war in fast allen Ländern eine bewaffnete Fundamentalopposition aktiv. Die letzten faschistischen Diktaturen in Spanien und Portugal hatten sich mit bewaffneten Kommandos auseinanderzusetzen. Die Putschisten in Griechenland und der Türkei wurden mit gezielten Anschlägen gegen ihre Herrschaftsstrukturen attackiert. In Nordirland setzte die IRA in ihrem Kampf für ein freies und vereintes Irland den britischen Besatzern heftig zu. In Frankreich machte die »Nouvelle Résistance Popular« (NRP) mit spektakulären bewaffneten Aktionen gegen Polizei und Fabrikbesitzer von sich reden. Jean-Paul Sartre war Herausgeber der linksradikalen Zeitschrift »La Cause du Peuple« und sorgte für starke intellektuelle Resonanz. In Italien agierten die Kolonnen der »Roten Brigaden«. Sie verübten in einem Jahr mehr Anschläge, Attentate oder Entführungen gegen die Herrschenden in Politik und Wirtschaft als die RAF und der 2. Juni in der gesamten Zeit ihres Bestehens. Neben den »Roten Brigaden« gab es noch weitere Guerilla-Organisationen in Italien und eine Vielzahl linksradikaler Parteien. Ihre Wirkung war in diesen Jahren beachtlich. Selbst im fernen Japan operierten die Stadtguerillas der »Roten Armee«, in England die anarchistische »Angry Brigade«, und selbst in der ruhigen Schweiz häuften sich die Anschläge verschiedener kleiner Untergrundgruppen. Wir blickten vor allem in Richtung Naher Osten, wo Israel erneut einen Krieg gegen die arabischen Nachbarn geführt und fremdes Territorium besetzt hatte. Unsere Solidarität galt den Fedayin-Kommandos der Palästinenser, die an Stärke und internationaler Aufmerksamkeit gewannen. Wir waren solidarisch mit der PLO, weil wir den bewaffneten Kampf für ein freies Palästina für gerechtfertigt hielten. Israel mußte unserer Auffassung nach irgendwie an den Verhandlungstisch gezwungen werden. Gelänge das nicht, würde der Nahe Osten auf weitere Jahre ein Pulverfaß bleiben. Wir waren Gegner einer zionistischen Politik, die unserer Meinung nach auf Kosten anderer Völker und mit Gewalt das Ziel eines Groß-Israel verfolgte. Die Verbindungen zu den Gruppierungen in der PLO verstärkten sich in dieser Zeit.

Anfang Dezember kam der Kater aus Berlin. Er habe mit Yvonne gesprochen und sei der Meinung, daß sie die Richtige für einen Kontakt sei. Wir konnten nur abwarten. Außer ein paar hundert Mark, die er für mich in Berlin organisiert hatte, brachte er auch einen langen Liebesbrief von Gabriele mit, die mich unbedingt wiedersehen wollte. Und ich erst! An einem Nachmittag wurde ich leichtsinnig: Wir suchten eine Kneipe auf und gingen danach ins Kino. Noch heute weiß ich nicht, ob es nur Paranoia war oder ob ich recht hatte. Ich fühlte mich beobachtet und verfolgt. Wir liefen kreuz und quer lange Umwege, wurden aber beide das Gefühl nicht los, daß irgend etwas nicht stimmte. Vom überraschenden Besuch der Anarchisten hatte ich dem Kater schon erzählt. Vielleicht, so spekulierten wir, war doch mehr durchgesickert und an falsche Ohren gedrungen. Vielleicht wurde aber auch bei Johannes oder irgendwo in Berlin abgehört, wohin ich ebenfalls, wenngleich vorsichtig, telefoniert hatte. Ich war verunsichert und nervös und traute niemandem mehr. Wir entschieden, daß es besser sei, umgehend aus dieser Stadt zu verschwinden. Der Kater wollte mich zu einer alten Freundin nach Marburg bringen. Clemens versicherte, bestimmt nicht gequatscht zu haben. Ich glaubte ihm. Abends waren wir weg.

Die alte Freundin, Christel, wohnte in einem Studentenwohnheim und empfing uns freundlich. Ja klar, ein paar Tage könne ich schon bei ihr bleiben. Nur ihr Freund, der gleich unter ihr wohne, könne Probleme machen. Sie hatte nur ein kleines Zimmer, dafür aber ein breites Bett. Problematisch. Der Kater fuhr noch am selben Abend zurück nach Berlin. Yvonne hatte ihm am Telefon zu verstehen gegeben, daß sie eine Nachricht für ihn habe. Ich hatte ihn beauftragt, sowohl bei Christa als auch bei den Trierern, namentlich bei Horst, aufzutauchen und sie wegen eines Quartiers für mich anzugehen, vielleicht im Trierer Raum. Sollte es Kontakt zum 2. Juni geben, müsse er weitergeben, daß ich vor allem einen Paß brauche und ein bißchen Geld.

Mit Christel, der ich von meiner Flucht erzählt hatte, verstand ich mich bestens. Aber ihrem Freund paßte es nicht, daß ich bei ihr übernachtete, selbst als ich ihm versicherte: »Dort, auf dem Boden im Schlafsack liege ich.« Er war mißtrauisch und furchtbar neugierig, das konnte nicht lange gutgehen. Natürlich schlief ich nicht auf dem Boden, aber das wußte er ja nicht.

Mit dem Kater hatte ich für genau eine Woche später einen Telefontermin verabredet. Endlich gab es gute Nachrichten: Er hatte den Kontakt und zudem über die Trierer eine Wohnung für mich organisiert in Paris. Sofort hatte ich eine Idee, wer mich über die grüne Grenze nach Frankreich bringen könnte: mein alter Freund Freddy in Trier. Wir verabredeten uns für den nächsten Tag bei ihm. Johannes sollte mich dorthin fahren. Ich verabschiedete mich von Christel herzlich. Sie hatte mir versprochen, in vierzehn Tagen ein kleines Weihnachtspäckchen an Till-Felix zu schicken. Ich hatte ein Radio gekauft, das Kinder selbst zusammenbauen können, und ihm einen kurzen Brief geschrieben. Pünktlich zum Fest erhielt er dann auch sein Päckchen. Christel sollte ich nie wiedersehen.

Flucht nach Paris

Als ich abends mit Johannes bei Freddy ankam, warteten schon einige Leute auf mich. »Meine« Trierer aus Berlin waren gleich mit zwei Mann angereist, einer davon der spätere Juppy vom UFA-Zirkus. Sie wollten mir helfen, über die grüne Grenze zu kommen. Die Wohnung in Paris, so wußte Juppy zu berichten, gehöre einer Französin, mit der Horst in Berlin rummache, eine verarmte Landadlige mit Appartement in der Hauptstadt, das zur Zeit leer stünde. Als Roger endlich kam, erfuhr ich, daß noch jemand in Trier sei, der im Notfall helfen wolle. In einem Hotel, auf Abruf bereit, wartete ein hoher Funktionär der KPD/AO, der helfen würde, falls etwas schiefginge. Ich war von den Socken. »Das hat deine Ex-Frau Christa in die Wege geleitet.« Die Partei habe beschlossen, mich auf ihren Kanälen außer Landes zu bringen, wenn ich es wolle. Alles ging jetzt durcheinander, jeder machte einen anderen Vorschlag, an welcher Stelle ich die Grenze überqueren sollte: durch den Fluß oder über die Wiesen – aber die Zöllner mit den Nachtsichtgläsern. Zu gefährlich. Freddy beendete die Diskussion »Ich fahre ihn mit meinem Wagen einfach durch den deutschluxemburgischen Zoll. Mit meiner Trierer Autonummer kontrollieren die mich gar nicht.« Roger hatte 3000 Mark mitgebracht und einen »schönen Gruß von der Bewegung 2. Juni«. Bei Yvonne waren wir also richtig gewesen. »Sie lassen dir ausrichten, du sollst mal vier Wochen entspannen, dich erholen und deinen Magen auskurieren.« Roger hatte mir auch gleich mehrere Schachteln Magentabletten mitgebracht: »Und ein Paßbild von dir wollen sie.«

Kurz vor Mitternacht brachen wir auf: vorneweg Freddy und ich in seinem großen Citroën DS 19, dahinter der Morris mit Johannes und Roger. Ihr Part war es, am Grenzübergang nach Luxemburg in Sichtweite so lange zu warten, bis wir durch waren. Sollte der Grenzschutz unsere Ausweise verlangen, wollte ich rausspringen, zu ihrem Auto rennen, und ab zurück nach Trier. Freddy hätte dann gesagt: »Ein Anhalter, den kenn' ich nicht.« Der Grenzübergang Wasserbilligerbrück war schwach besetzt, im hell erleuchteten Wachhaus konnten wir nur zwei Beamte ausmachen. »Die denken, ich fahre jetzt in den Puff«, unkte Freddy. Ich hielt den Türgriff in der Hand. Ein kurzes Winken, und wir waren durch. »Till, laß uns noch ein bißchen reden, ich fahre dich bis nach Frankreich rein«, schlug Freddy vor, als wir uns bereits in Luxemburg befanden. Er hielt nichts von dem, was ich machte. »Nie mehr wirst du ein normales Leben führen können. Gejagt und vielleicht erschossen, besserenfalls ein Leben im Knast. Willst du das wirklich? Ich verstehe ja deine Motive, aber ihr werdet nichts erreichen, zermalmen wird man euch. Alle. Du bist und bleibst ein Hitzkopf. Aber ist es das wert? Und dein Kind hast du auch aufgegeben, denkst du nicht manchmal an den Jungen?« Ich schwieg. Natürlich! Freddy war ein Moralist und er meinte es gut, er sorgte sich um mich. Ich wollte jetzt nicht darüber nachdenken. »Freddy, vielleicht ein andermal, laß uns dann noch mal reden, ja?« – »Wenn es das noch gibt.« Ich wechselte das Thema: seine Tochter, seine Frau, wie ging es allen? Längst hatten wir die Grenze zu Frankreich passiert, immer noch dicht gefolgt von Roger und Johannes. »So Till, hier kehre ich um.« Freddy hatte mich bis 200 Kilometer vor Paris gefahren. Mit einer langen Umarmung verabschiedete ich mich auf einem Parkplatz von dem guten Freund.

»Vergiß nicht, wenn du mich brauchst, bin ich für dich da«, und weg war er. Im Morgengrauen erreichten wir drei Paris.

Die Wohnung lag im Norden der Stadt, in der Rue Plateau im 16. Arrondissement. Als wir die kleine Straße endlich gefunden hatten und vor dem Haus Nummer 17 standen, trauten wir unseren Augen nicht: Das Gebäude war vielleicht gut zehn Meter breit, aber vier Stockwerke hoch und machte einen äußerst verfallenen Eindruck. Das Haus wirkte noch skurriler dadurch, daß es völlig allein auf weiter Flur stand. Im Parterre war das Klo mit dem berüchtigten Loch im Boden, für alle Bewohner das einzige. Auf jedem Treppenabsatz gab es nur eine Wohnungstür, die Treppe endete direkt vor dem Appartement im obersten Stock: ein winziger Flur, ein Zimmer, Küche. Alles extrem beengt und so schräg, daß man an keiner Stelle der Wohnung aufrecht gehen konnte. Aber alles war da: Bett, Schrank, zwei aufblasbare Sessel, Radio, Spüle mit Wasser, Ölofen und ein Kühlschrank. »Hier kann man es doch aushalten«, befand ich. »Ist das nicht wie im Kino? Gesuchter Anarchist in abbruchreifem Haus über den Dächern von Paris?« witzelte Johannes. »Besser. Die Realität schreibt sowieso die schärfsten Drehbücher«, sekundierte Roger. Auf seinem Spickzettel hatte Roger notiert, auf was ich zu achten hatte. Im Haus wohnten noch vier weitere Familien, alle aus dem Maghreb. Heizöl, das dort »Gas« heißt, konnte ich zehnliterweise im Lebensmittelladen »Bonne Lait« direkt gegenüber kaufen. In diesem Viertel wohnten vor allem kleine Angestellte und Rentner, hier sei alles ruhig. Als Sprachstudent aus Schweden sollte ich mich ausgeben, denn meine Wirtin, Agnes de Fleurrie, hatte schon mal einen Schweden zu Besuch gehabt.

Weil die Genossen noch am selben Abend wieder los wollten, brachen wir sofort auf, um Paßbilder zu machen. Am Gare du Nord kaufte ich zunächst eine elegante, dunkle Hornbrille mit Fensterglas. Im Fotomaton kämmte ich mir die Haare streng nach hinten und stopfte mir in die Backentaschen Watte, so daß mein Gesicht voller wirkte. Zu Hause würde ich die Bilder für eine Weile noch dicht unter die Lampe legen, damit sie gleich etwas vergilbten und dadurch älter wirkten. Roger hatte mir auch noch einen Auftrag aus Berlin mitgebracht: Ich sollte Kontakt zu einer deutschen Genossin namens Mara aufnehmen, die ich über die damals noch linksradikale Zeitschrift »Libération« kontakten könnte. Diese Frau, so vermutete Berlin, verfügte möglicherweise über Verbindungen zu der Untergrundgruppe »Nouvelle Résistance Popular« (NRP). Vor einigen Monaten hatte diese Gruppe in einem offenen Papier angekündigt, ihre militärischen Aktionen einzustellen. Ich sollte versuchen, diese Leute zu bewegen, uns ihre Waffen zu überlassen.

Als die beiden abends losfuhren, hatte Roger nicht nur die Paßbilder, sondern auch einen Brief an Gabriele in der Tasche. Wir hatten beschlossen, den Paß von Clemens zu nehmen. Er war fast genauso groß wie ich, die Augenfarbe blau wie meine, und das Alter stimmte auch, er 28, ich 27 Jahre alt. Clemens sollte Roger seinen Reisepaß überlassen und ihn nicht als verloren melden. So gab es dann Clemens aus Gießen zweimal: ihn mit seinem Personalausweis, mich mit seinem Reisepaß. Beim Fälschen wurden in einem komplizierten Verfahren nur die Paßfotos ausgetauscht, »umhängen« nannten wir das. Telefonkontakt wollten wir über eine unverdächtige Freundin von Roger halten, eine Lehrerin, die in Schöneberg wohnte. Dahin solle er auch Gabriele bestellen.

In der Redaktion der »Libération« hatte ich keine Schwierigkeiten, Mara zu finden. Die blonde Frau mit den herben Gesichtszügen lud mich »zur besten Fischsuppe in Paris« ein. Sie wußte sogleich, wer ich war. Als sie von meinem Anliegen hörte, bewegte sie jedoch nachdenklich den Kopf: »Ob die das Zeug rausrücken, wage ich zu bezweifeln. Aber ich bringe dich mit einem Genossen zusammen, der noch engeren Kontakt zu den Leuten hat. Sprich mal mit dem. Und wenn du mal nicht weißt, was du machen sollst, kannst du ruhig in die Redaktion kommen. Niemand weiß da, wer du bist: ein Bekannter aus Deutschland halt.« Der Genosse hieß Patrique und arbeitete als Redakteur bei der »Libération«. Ich sollte ihn noch näher kennenlernen. Er war der Spezialist des Blattes für die Guerilla-Aktivitäten in Europa. Und er wollte einen Vorstoß machen, war aber skeptisch, was den Erfolg anging. Eines Abends nahm er mich mit in ein Lokal ganz in der Nähe der Redaktion. »Hier versammeln sich die Gauchisten«, hatte er angekündigt. In einer Ecke saß Jean-Paul Sartre, umringt von einem halben Dutzend junger Männer. Das war er also! Wie klein er war, und wie fahrig seine Hände mit der Zigarette hantierten. Ich war geplättet: Der große Philosoph saß einfach hier so in einem x-beliebigen Café rum. Patrique steuerte sofort den Tisch mit dem großen Meister an.»Hier, ein deutscher Genosse, Paul«, rief er in die Runde. Ein kurzer Blick auf mich, ein »Bon soir«, und man schenkte mir keine Beachtung mehr. Ich mußte den alten Herrn mit den dicken Brillengläsern und der rauchigen Stimme, der immerzu Whisky trank, unentwegt anstarren. Das ist er also, so ist er also! Ich verfluche mein schlechtes Französisch, denn ich konnte nur Bruchstücke der lebhaften Diskussion aufschnappen und hätte doch so gern mehr verstanden, ja, vielleicht auch selbst etwas gesagt. Immerhin, du hast ihn jetzt gesehen und sogar an seinem Tisch gesessen.

Bei unserem Telefontermin erfuhr ich, daß Roger die Paßbilder und Paß weitergegeben hatte und es vielleicht ein Weilchen dauern könnte. Er werde ihn selbst bringen, sobald er fertig sei. Gabriele freue sich auf den Besuch in Paris, zu dem ich sie eingeladen hatte.

Zunächst aber sollten uns die Ereignisse im faschistischen Spanien indirekt einen Strich durch diesen Besuch machen. Seit Tagen gab es in Paris Großdemonstrationen. Die Franco-Regierung hatte innerhalb weniger Monate vier Anarchisten durch die Garotte hinrichten lassen. Ein weiterer Anarchist, Salvatore Puig Antich, sollte der fünfte Todeskandidat sein. Dagegen protestierte die französische Linke vehement. Ich ging tagelang nicht auf die Straße, weil es überall Kontrollen gab. Ohne Paß ist man kein Mensch, da nützte mir auch die Pistole nichts, ohne die ich nie die Wohnung verließ. Dann sprengte die ETA auch noch Francos Nachfolger Carrero Blanco in die Luft. Paris wimmelte von Polizei: Sie überzog die Stadt mit Razzien gegen die vielen hunderttausend Spanier, die in Frankreich im Exil saßen. Mara schlug mir vor, Paris für etwa vierzehn Tage zu verlassen, das sei sicherer. Auch ein Ziel gäbe es bereits: Patrique wolle zu seiner Familie nach Nizza, da könne er mich bei Genossen unterbringen. Ein überraschender morgendlicher Besuch gab den Ausschlag, das Angebot unverzüglich anzunehmen. Ich wurde wach, als sich jemand gegen sechs

Uhr morgens an meinem Türschloß zu schaffen machte. Ein Poltern im Flur, und ich saß aufrecht im Bett, die Pistole schußbereit unter der Bettdecke. Ein Einbrecher, ein Flic? Wäre es ein Polizist gewesen, ich hätte geschossen. Egal, welche Chance ich dann noch gehabt hätte, ich wollte nicht wieder in Haft. Langsam öffnete sich die Türe, zuerst ein Koffer, dahinter eine junge Frau im Hippie-Outfit. Mit großer Erleichterung versteckte ich blitzschnell die Pistole. »Ich bin Agnes aus Berlin. Du bist Paul, stimmt's?« – »Ja. Mensch, du hast ja keine Ahnung, wie sehr du mich erschreckt hast.« Die Comtesse de Fleurrie hatte Brisantes in Paris zu erledigen. Sie vertraute mir an, daß auf dem Flughafen Orly für sie ein Paket aus Indien angekommen sei: »Alles voller Metallvasen, gefüllt mit 1-a-Haschischöl, in doppelten Böden.« Das wolle sie jetzt abholen. Falls es eine Falle sei, würde die Polizei natürlich auch hierher in diese Wohnung kommen. Ich war geschockt. Von einer Rauschgift-Connection hatte ich nichts gewußt. Spinnt der Horst? ging es mir durch den Kopf. Von Agnes erfuhr ich, daß der alte Freund Horst jetzt mit ihr zusammen in Berlin ein bißchen mit Haschisch dealte. »Mensch, dann ist die Wohnung hier doch heiß«, schimpfte ich und zog mich in aller Eile an. »Nee, nee«, beruhigte sie mich. So gefährlich sei es nicht, sie sei hier gar nicht gemeldet, sondern im Haus ihrer Eltern in der Provinz. Nur auf dem Flughafen kenne man diese Adresse. Wenn da alles glatt ginge, wolle sie sogleich wieder zurück nach Berlin. Na schön, dachte ich, dann also erst mal Nizza.

In einem überfüllten Zug ratterte ich mit Patrique durch die Nacht. »Schönes Wetter in Nizza, schon 16 Grad warm.« Patrique hatte recht: samtene Frühlingsluft, blauer Himmel, blaues Meer und weiße Häuser. Schlagartig verbesserte sich meine Stimmung. Hier läßt es sich leben, du machst es dir jetzt einfach ein paar Tage schön. Punkt. Basta. Unterbringen wollte er mich bei einem befreundeten Ehepaar. Es waren Genossen, beide Lehrer, seit kurzem aber vom Dienst suspendiert. Auch in Frankreich gab es etwas ähnliches wie bei uns den Radikalenerlaß. Das Haus, in das er mich brachte, war eine uralte kleine Villa hoch oben über Nizza, umgeben von einem verwilderten Garten mit dicken Palmen, blühenden Sträuchern und vielen roten Blumen, die ich noch nie gesehen hatte: Hibiskus. Es war ein Paradies: Schaute man von der Terrasse, konnte man über die Dächer hinweg in der Ferne die Corniche und das blaue Meer sehen, schaute man nach der anderen Seite, reihte sich ein häßliches Hochhaus an das andere. »Da wohnen die Arbeiter«, kommentierte Patrique sarkastisch.

In der Familie, in der ich nun vierzehn Tage leben sollte, erhielt ich eine Lektion in Sachen deutscher Geschichte. Jean und Claude, beide etwa Ende Vierzig, lebten hier zusammen mit Claudes Mutter, einer stillen, etwa 80jährigen Frau. Alle drei mochten die Deutschen überhaupt nicht: »Das alte Deutschland, die Nazis, haben Europa erobern und unterjochen wollen, das neue Deutschland will das gleiche, diesmal mit der D-Mark.« Ich konnte die Ablehnung und das Mißtrauen dieser Leute gegenüber der Bundesrepublik nur zu gut verstehen. Wenn ich nicht diskutierend mit den anderen am Küchentisch saß, streifte ich durch die Stadt oder lag, die Ärmel hochgekrempelt, in der Sonne am Strand.

Gabriele hatte sich in Paris angekündigt, und so fuhr ich nach vierzehn Tagen wieder zurück. Die drei in Nizza besuchte ich im drauffolgenden Jahr noch einmal. Ich fand »meine« Wohnung unter dem Dach unverändert vor. Auf einem Zettel hatte die Comtesse hinterlassen, daß alles bestens gelaufen und sie auf dem Rückweg nach Berlin sei. Aber noch vor Gabriele kam Roger zum Jahreswechsel. »Ich habe dir was Schönes mitgebracht.« Der Paß war eine gelungene Fälschung. Dort, wo zuvor das Foto von Clemens eingeheftet gewesen war, befand sich jetzt meins. Stempel und Vernietung saßen wie beim Original, sauber gearbeitet. Berlin war der Meinung, ich solle noch bis Ende Januar bleiben, zur Erholung. Ich akzeptierte, obwohl ich jetzt gerne wieder aktiv geworden wäre. Meiner Rückkehr nach Berlin stand vorerst auch noch im Wege, daß ich kein geeignetes Quartier dort hatte. »Überall in Berlin hängen neue Steckbriefe, auch du bist drauf«, erzählte Roger. Bommi, Knoll, Reinders, Norbert Kröcher, Werner Sauber, Annerose Reiche, ich und Inge Viett. Inge war zwei Monate vor mir aus dem Frauengefängnis Lehrter Straße ausgebrochen. Norbert Kröcher war einer der wenigen, die der Zerschlagung der »Roten Ruhrarmee« im Sommer 1973 entgangen waren. Seine Frau Gabriele Kröcher und Peter Zahl waren verhaftet worden. Werner Sauber kannte ich nur vom Sehen. Das Fahndungsbild von mir, das nun zwei Jahre auf allen Steckbriefen prangte, hatte die Bielefelder Polizei direkt nach meiner Verhaftung im Februar 1972 gemacht. Es zeigte mich bartlos und mit halblangen Haaren. Jetzt besaß ich allerdings kaum noch Ähnlichkeit mit dem Steckbrief-Konterfei: Ich war rotblond, trug in passender Farbe dazu einen gepflegten Vollbart und auf der Nase eine Brille mit Silberrand. Mittels Fahndungsfoto war ich kaum aufzuspüren. Soweit wir das später rekonstruieren konnten, gab es weder bei uns noch bei der RAF jemals eine Verhaftung, die auf ein Wiedererkennen durch die überall aushängenden Steckbriefe zurückgeführt werden konnte.

In den Nächten saßen wir bei billigem Rotwein unter dem Dach und machten Pläne für die Zeit, wenn ich wieder in Berlin sein würde. Enthusiastisch erzählte ich Roger über meine Entführungspläne und bis ins kleinste Detail, wie ich mir ein sicheres Volksgefängnis vorstellte: »Eine Ladenwohnung muß es sein, mit einem Keller direkt unter dem Ladenraum. Die gibt es in Berlin doch noch zuhauf.« Eine Boutique, ein Lebensmittelgeschäft oder einen Trödel müßten wir als Tarnung dort einrichten und führen. Der Gruppe würde ich vorschlagen, daß Victor und Eddy mit unserer Unterstützung im Raum Frankfurt eine weitere Zelle des »2. Juni« aufbauen sollten und er, Roger, als legaler Unterstützer mit mir in Berlin agieren solle. Toll wäre es, wenn auch Gabriele sich uns anschließen würde, darüber wollte ich mit ihr reden. Roger war von meinen Ideen überzeugt und entschlossen mitzumachen. Empört diskutierten wir über den Bericht des »Club of Rome«, »Global 2000«, den Roger mir mitgebracht hatte und der äußerst düstere ökologische Prognosen für das nächste Jahrtausend stellte. »Wir müssen denen in den Arm fallen, die richten die Erde zugrunde!« Gleich Anfang des neuen Jahres verschwand Roger wieder in Richtung Berlin mit dem Auftrag, irgendwie eine Wohnung für mich aufzutreiben.

Vorsichtig, sie erst eine Weile aus sicherer Entfernung beobachtend, holte ich Gabriele am Gare du Nord ab. Wie schön sie war! Trotz der langen Zeit, in der ich sie nicht gesehen hatte, war ich noch immer heftig in sie verliebt. An der großen, schlanken Frau gefiel mir einfach alles, ihr ansteckendes Lachen, ihr Gang, wie sie sich bewegte, ihre freundliche, lebhafte Art zu erzählen und ihr Wille, sich konsequent dem politischen Kampf zu widmen. Sie war für mich ein Glücksfall, den ich nicht mehr loslassen wollte. Ich mußte sie davon überzeugen, sich uns anzuschließen.

Wir genossen das milde Klima dieses Winters und bummelten durch die Straßen von Paris. Gleich zweimal verbrachten wir Stunden auf dem Friedhof »Père-Lachaise«, wo wir uns an der Mauer »Aux Mortes de Commune« verewigten. An dieser Mauer hatte das französische Militär 1871 den Aufstand der Pariser Kommune blutig niedergemetzelt, an dieser Stelle wurden Tausende Kommunarden erschossen. Die Steinquaderwand war mit Blumengebinden gespickt, und in die Quader hatten Linke aus aller Welt ihre Initialen oder revolutionäre Parolen geritzt. »Vive le Mouvement deuxième Juin.« Verliebt saßen wir in den Cafés und lauschten Mick Jaggers »Angie«. Es waren vierzehn sorglose Tage in glücklicher Verliebtheit. Gabriele hatte längst entschieden: Sie wollte sich dem bewaffneten Kampf anschließen und mit mir in den Untergrund gehen. Durch ihr Engagement in der Betriebsgruppe und der Frauenbewegung verfügte sie über eine Fülle von Kontakten, die wir später in Berlin anlaufen könnten. Ihr Soziologiestudium wollte sie erst mal nicht weiterverfolgen. So sehr ich sie auch liebte, hätte sie eine andere Entscheidung getroffen, ich hätte mich von ihr getrennt. Pikant war allerdings, daß sie die Tochter eines Kommissars der Schutzpolizei in Dortmund war. Aber das sollte nie zu einem Problem werden, nicht für uns, nicht für sie, vermutlich aber für ihren Vater.

Wieder in Berlin

Nur die noch fehlende Wohnung stand meiner sofortigen Rückkehr nach Berlin entgegen. Gabriele, die ich fortan nur noch Ella nannte, sollte ebenfalls versuchen, ein geeignetes Quartier aufzutun. Schon eine Woche nach ihrer Abreise konnte ich ihr nach Berlin folgen. Ella hatte gemeldet, daß sie eine Wohnung in Aussicht habe, und bis dahin könne ich bei einer Freundin von Roger wohnen. Meine Bilanz für die vergangenen zwei Monate war nicht schlecht: Ich war ohne Papiere durch zwei Länder gereist, getragen von der Solidarität auch unbekannter Genossen, hatte mir selbst einen Paß besorgt und war bereits im Besitz einer Waffe. Drei oder sogar vier Genossen waren bereit, den bewaffneten Kampf aufzunehmen oder ihn als Legale aktiv zu unterstützen. Ich kam nicht mit leeren Händen bei der Gruppe an. Aber wer war die Gruppe, wen würde ich noch vorfinden? Viel Politisches hatte ich von ihnen in den letzten Jahren nicht mitbekommen: ein paar Banküberfälle, aufgeflogene Infrastruktur und Verhaftungen; keine theoretischen Texte, keine Konzepte, keine Positionsbestimmung. Wer waren sie und was wollten sie?

Die erste Grenzkontrolle bei der Einreise in die Bundesrepublik verlief unproblematisch: Mein Paß war in Ordnung, er hatte seine Generalprobe bestens überstanden. Clemens Luhr, so mein Name, kam auch bei den pingeligen DDR-Grenzern glatt durch. Ella erwartete mich am Bahnhof Zoo. Sie hatte sich aus ihren alten Beziehungen so weit zurückgezogen, wie es nötig war, ohne dabei Verdacht aufkommen zu lassen. Sie hatte überall erzählt, sie verziehe sich bis auf weiteres auf die neue Bude, um eine Klausur vorzubereiten. So konnte sie Kontakt halten, mußte aber nicht damit rechnen, daß ihre Bekannten und Freunde sich ihrerseits um sie kümmern würden. Die Wohnung der Freundin, in die wir jetzt vorübergehend zogen, war geräumig, und die Freundin stellte keine Fragen. Roger hatte für mich einen Termin mit Yvonne gemacht. In einem Park am Breitenbachplatz traf ich sie. Die große Frau mit den kastanienbraunen, wallenden Locken gratulierte mir zur gelungenen Flucht in letzter Minute. Auch die Gruppe wolle jetzt möglichst schnell ein Treffen mit mir. Sie wüßten bereits, daß ich wieder in Berlin sei. Übermorgen, am Mittwoch, solle ich um dreizehn Uhr hinter dem Europacenter mit einer Zeitung unter dem Arm warten, sie würden mich abholen.

Der grüne VW-Kastenwagen fuhr langsam an den Bordstein. Der Mann hinter dem Steuer war der gesuchte Ralf Reinders, unverkennbar. Auch die blonde Frau neben ihm erkannte ich sofort, Inge Viett. Ralf gab mir ein Zeichen, blitzschnell war ich im Kasten des Autos verschwunden. »Mensch, lange nicht gesehen«, Ralf drückte mir die Hand. »Ach, du bist jetzt auch bei der Gruppe«, ich hatte mich Inge zugewandt. »Wieso erkennst du mich gleich?« gab sie pikiert zurück. »Weil du aussiehst wie auf dem Steckbrief.« Inge, die jetzt »Tuss« hieß, hatte sich tatsächlich weder ihre Haare gefärbt noch anders frisiert. Als einzige »Verkleidung« trug sie, wie Ralf auch, eine Brille. Beide aber sahen sie ihrem Steckbrief durchaus ähnlich. Eine riskante Unvorsichtigkeit. Wir fuhren in eine Pizzeria nach Kreuzberg, um erst mal abzuklären, was als nächstes mit mir passieren sollte. Ralf, der sich jetzt »Atze« nannte, begann den Dialog: »Wir diskutieren gerade, ob wir dich wieder in die Gruppe integrieren. Wir wollen erst mal sehen, was du für Vorstellungen hast.« Das fand ich überheblich, das gleiche hätte ich sie fragen können.

Obwohl das gerade vom »2. Juni« immer gern bestritten wurde, gab es in der Organisation eine Hierarchie: ganz oben die Illegalen, die alles über die Struktur der Gruppe wußten, dann die legalen Aktivisten, die nur einen Teil davon kannten, und dann die Sympathisanten, die nur wenige Details erfuhren. Teilweise war diese Hierarchie aus Sachzwängen geboren, aus Gründen der Abschottung und Sicherheit, aber sie bestand.

Es gefiel den beiden, daß ich gewissermaßen aus dem Nichts heraus ganz allein auf die Füße gefallen war und Paß, Waffe und Leute organisiert hatte. Ich erzählte erst mal nichts von meinen Ideen, sondern wollte abwarten, was die Gruppe vorhatte und wer eigentlich noch dazu gehörte. Ich berichtete ihnen von meiner Flucht und der abenteuerlichen Reise durch zwei Länder. Und von Ella erzählte ich und von meiner Idee, sie in die Gruppe zu integrieren. Vorsichtig fügte ich hinzu: »Wenn es euch recht ist.« Atze imponierte mir mächtig. Er strahlte Ruhe und Sicherheit aus, zeigte keinerlei Ermüdung oder Paranoia, obwohl nun schon seit vier Jahren nach ihm gefahndet wurde. Der alte Routinier des Untergrunds war immer gelassen und äußerst umsichtig. Er hatte alle Verhaftungen und Abspaltungen überlebt, und er war der einzige von den alten Genossen, den ich noch wiedertraf. Bommi und Hans-Peter Knoll, so erzählte Atze, hätten sich schon im März 1972 von der Gruppe getrennt. Niemand wisse, wo sie heute seien. Von Atze wollte und konnte ich alles lernen, was mir noch zum sicheren Bewegen in der Illegalität fehlte. Ich mochte den stillen Mann mit den sanften braunen Augen und dem trockenen Humor, der ihn selbst in brenzligen Situationen nicht verließ. Ich bekam an diesem Tag nur so viel mit, daß Tuss und Atze zusammenwohnten und sie sich gerade bemühten, die Gruppe neu zu formieren, nachdem es kürzlich ein paar Abgänge gegeben hatte. Obwohl sie zusammen wohnten, auch das bekam ich gleich mit, waren sie kein Paar. Da hatte jeder für sich seine eigene Beziehung außerhalb der Gruppe. Atze wußte auch zu berichten, daß die Verhaftung von Hedwig Dünn auf die Aussagen Brockmanns zurückzuführen war. Darüber hinaus habe der einen großen Teil der illegalen Struktur verraten: neben drei Wohnungen und dem Schießkeller im Wedding auch eine illegale Druckerei in der Kreuzberger Oranienstraße.»Das haut rein, wir mußten praktisch die gesamte Struktur neu aufbauen. Der Typ kannte doch fast alles.« Ob ich genug Geld habe. Sie gaben mir noch mal dreitausend Mark, und wir verabredeten uns für die Woche darauf.»Wieder hier in der Pizzeria am Mehringdamm.«

Ich war mit dem ersten Kontakt zu den Genossen zufrieden. Wir hatten uns abgetastet und waren uns nicht unsympathisch – meinte ich zumindest. Über politische Vorstellungen oder konkrete Vorhaben hatten wir zwar nicht gesprochen, aber ich hatte das Gefühl, daß sie der Idee, Ella in die Gruppe zu integrieren, durchaus etwas abgewinnen konnten. Gut gelaunt machte ich mich auf den Heimweg. Ich hatte mich auch gefreut, Ralf nach zwei Jahren so gut drauf wiederzutreffen. Tuss war eine forsche Frau. Sie hinterfragte alles, was man sagte, ganz genau, das konnte unangenehm werden. Aber gerade weil sie so war, gefiel sie mir.

Ella hatte die Wohnung wirklich bekommen. Ein Zimmer, Küche und Klo im vierten Stock, tiefster Wedding. Eine amerikanische Genossin, die sie aus der Frauengruppe »Brot und Rosen« kannte, hatte ihr die Wohnung nichtsahnend bis auf weiteres überlassen. Es war eine namensgleiche Verwandte des Berliner Quizmasters Hans Rosenthal. Mit einer Schaumstoffmatratze und dem Hausstand aus Ellas aufgelöster, alter Wohnung zogen wir dort Mitte Februar 1974 ein. Wir machten das so vorsichtig, daß niemand in der dichtbebauten Straße etwas von dem Neueinzug mitbekam. Der Schreck saß uns noch in den Knochen: Einige Tage zuvor hatte die Polizei in Hamburg und Frankfurt schwer zugelangt: »Baader-Meinhof-Nachfolgebande ausgehoben«. In Hamburg wurden drei Genossen verhaftet, in Frankfurt vier, darunter einige, die schon zum zweiten Mal in Haft gingen. Lange war unklar, wie diese Verhaftungen zustande gekommen waren. Monate später tauchten im »Stern« superscharfe Observationsbilder des Verfassungsschutzes auf, die einen Teil der RAF-Leute beim Spaziergang zeigten. Für uns bedeutete das tagelanges Grübeln: Gibt es einen falschen Kontakt, oder hat dich jemand erkannt? Ist der Verfassungsschutz schon an dir dran? Ist dir nicht schon ein paarmal derselbe Mann begegnet? Ab sofort gehst du nicht mehr in die Eckkneipe! Auch wenn du erst zweimal dort warst. In keinen Einkaufsladen gehst du öfter als vier- oder fünfmal, schon gar nicht in den Zeitungsladen, und wir lasen viele Zeitungen. Da liegt vielleicht gerade die »B.Z.« mit deinem Foto auf dem Tisch. Immer auf der Hut: Glotzt der Typ dich nicht ein bißchen zu lange an? Die Vorsichtsmaßnahmen gingen mir in Fleisch und Blut über, ohne daß ich an Verfolgungswahn litt. Ich war ständig unter Spannung, aber keineswegs verspannt, immer auf dem Sprung, ohne nervös zu sein. Während der ganzen Zeit der Illegalität, selbst in der Hochzeit der Fahndung, als 100 000 D-Mark Kopfgeld auf mich ausgesetzt waren, hatte ich zwar ein paarmal richtige Angst vor Tod oder Verhaftung, aber auf den Horrortrip der Paranoia bin ich nie gekommen. Einmal, manchmal zweimal oder auch öfter pro Woche zog ich zusammen mit Ella eine Art Sicherheitsbilanz: Wir gingen die letzten Tage und jeden unserer Kontakte noch mal akribisch durch, suchten nach Fehlern, die wir gemacht haben könnten. Fanden wir die nicht, war Ruhe zu dem Thema. Aber wir hatten viel dazugelernt und waren zumindest zeitweilig dem Apparat um einiges voraus.

Die Gruppe hatte entschieden, mich voll zu integrieren. Zu einem ersten Plenum trafen wir uns in der Weddinger Wohnung. Wie alle Wohnungen, Garagen oder andere Objekte von uns hatte auch unsere Wohnung einen Namen, sie hieß »Dalli«. So konnten wir uns über unsere Objekte unterhalten, ohne daß ungewollte Mithörer verstehen konnten, wovon wir sprachen: Da gab es den »Turm«, das »Loch«, den »Süden«, die »Galerie« oder die »Fleischerei«. Das erste Treffen sollte allerdings erst mal ohne Ella stattfinden. »Mit ihr reden wir später. Ohne dich«, entschieden die beiden.

In stundenlangen Gesprächen schilderten sie mir die Situation der Gruppe und ihre Ideen: Einige Leute hätten die Gruppe gerade verlassen, um in der BRD ein neues Konzept anzugehen, sie wollten in Großbetrieben im Ruhrgebiet zusammen mit anderen Genossen eine Betriebsguerilla aufbauen. Unter ihnen Werner Sauber und Fritz Teufel. Dieser Versuch endete ein Jahr später im Kugelhagel der Polizei. Die Berliner Gruppe sei jetzt geschwächt und vorerst nicht aktionsfähig, man sei in Verbindung mit ein paar guten Genossen, vor allem aus den selbstverwalteten Arbeiter- und Lehrlingszentren. Mit einigen dieser Leute würden sie schon länger politisch zusammenarbeiten, und der eine oder die andere könnten die Gruppe möglicherweise verstärken. Wichtig seien aber zunächst der Wiederaufbau der Infrastruktur und Beschaffungsaktionen von Geld und Waffen. Es folgten mehrere Diskussionen, die die beiden mal mit Ella alleine, mal wir alle zusammen führten. Schließlich wurde beschlossen, Ella in die Gruppe aufzunehmen.

Verliebt im Untergrund

Roger sollte Sympi bleiben, wie wir unsere Unterstützer nannten, und mit Victor wollten sich Tuss und Atze bald persönlich treffen. Ella und ich bildeten jetzt eine weitere »Feuereinheit«, und so waren wir wieder zu viert. Die beiden weihten mich nun in die gesamte Logistik ein: In der Steglitzer Birkbuschstraße hatte die Gruppe eine Ladenwohnung, die uns als Fälscherwerkstatt diente. Es gab eine Vergrößerungskamera und alles andere, was wir zum Fälschen benötigten. Getarnt hatten wir den Ladenraum mit Kunstplakaten, es sollte so aussehen, als handele es sich um ein Atelier. In der Schöneberger Steinmetzstraße hatte der 2. Juni einen Bastelkeller: zwei große ineinandergehende Räume, von denen einer eine perfekte Werkstatt war, ausgestattet mit allem erdenklichen Werkzeug. Hier konnten wir alles basteln oder schweißen, auch Bomben. Am Stadtrand, in Tegel, hatten wir auf einem Garagenhof gleich zwei Garagen, eine davon so groß, daß wir darin auch Autos umfrisieren konnten. Ein Problem blieben immer die Wohnungen: Die beiden anderen mußten gerade ihre Wohnung in Tempelhof räumen und hatten nur mit Mühe eine andere in der Schöneberger Crellestraße an Land ziehen können. Wohnungen, überhaupt alle Räumlichkeiten, ließen wir uns von unverdächtigen Sympathisanten anmieten, die mit uns, zur eigenen Absicherung, einen Untermietvertrag abschlossen. Sollte etwas schiefgehen, waren die Hauptmieter vor der Polizei sicher. Im Bastelkeller fragte mich Atze mit seinem verschmitzten Grinsen plötzlich: »Na, wo sind unsere Waffen?« Wir standen in dem Raum, der zur Straße hin lag. Früher war hier mal eine Fleischerei gewesen, und der Raum war noch immer weiß gekachelt. Ich konnte nichts entdecken, so sehr ich mich auch bemühte. Alle Wände waren kahl und glatt. »Hier!« Atze tippte an eine Stelle an der Kachelwand. Mit einem Magnet entfernte er acht der Kacheln in einem Stück. Ein tiefer Schacht wurde sichtbar, vollgepackt mit Kästen, Schachteln und Kartons: ein Dutzend Pistolen und Revolver, alle großen Kalibers. Ein amerikanisches Schnellfeuergewehr, ein Schnellfeuergewehr der Marke MI, eine kleine Maschinenpistole und zwei Pumpaction der Marke »Fusil Rapide« waren dort verstaut, ferner ein Präzisionsgewehr mit Zielfernrohr der Marke »Browning«, tödlich auf 1000 Meter. Da gab es noch massenhaft Kartons mit Munition der verschiedenen Kaliber, etliche Stangen Dynamit, Unmengen Zünder und Zündschnüre, auch jene, die ich mit Brockmann zwei Jahre zuvor in Trier gestohlen hatte. Autonummernschilder, die Wunderwaffe, Krähenfüße, Perücken und Pässe vervollständigten das Depot. »Einiges mußten wir den Genossen mitgeben, die nach Westdeutschland gegangen sind«, erklärte Atze. Ich fand die Ansammlung dennoch sehr stattlich. Sofort tauschte ich meine Walter 7,65 gegen eine 14schüssige Pistole der belgischen Marke FN mit 9 Millimeter Para Kaliber. Als nächstes brachten mir die zwei an unserem Küchentisch bei, wie Pässe gefälscht werden. Atze hatte dafür ein besonders geschicktes Händchen, schließlich war er gelernter Offsetdrucker. Es war ein komplizierter Vorgang, der auch nach vielem Üben nicht immer klappte. Aber irgendwann hatte ich es raus, und es gelang. Jede Feuereinheit mußte autark sein. Ich erhielt die Schlüssel und die Mietkontonummern von allen Objekten und schaffte mir die zwei entscheidenden Koffer an: In dem einen waren sämtliche Utensilien, die ich zum Fälschen benötigte, einige hundert Stempelvorlagen auf Offsetplatten reproduziert, aus nahezu allen Städten oder Landratsämtern der Bundesrepublik, Entwicklressenzen, Schneidegeräte, Skalpelle, Nietzangen und Hunderte von Blanko-Führerscheinen und Kfz-Scheinen, die wir selbst auf dem Originalpapier gedruckt hatten. Der zweite Koffer enthielt Geld, Munition, Dokumente und Waffen. Ich hatte vorsorglich immer eine der Pumpaction dabei. Überdies waren wir im Besitz einiger Geheimdokumente der Polizei. So besaßen wir ein Observations-Schulungspapier der Polizeiakademie in Hiltrup, eine Karte der Berliner Kanalisation und einige Grundrisse von Banken und Polizeirevieren sowie eine lange Liste mit Kennzeichen von Zivilstreifen der Berliner Polizei. In einer brenzligen Lage mußten diese beiden Koffer auf jeden Fall mit auf die Flucht genommen werden. Unser Gelddepot lag immer über 20 000 Mark. Wir selbst lebten eher spartanisch und bewilligten uns einen wöchentlichen »Sold« von 150 Mark. Ella sollte ihren monatlichen 600-D-Mark-Scheck aus Gründen der Tarnung weiter von ihren Eltern kommen lassen. Jeden 1. des Monats überwies ich einige hundert Mark Miete für unsere Logistik. Geld war immer knapp und immer ein Problem. Wir verfügten über zwei Autos, Doubletten natürlich, einen Fiat, den Ella und ich übernahmen, und einen Alfa Romeo Giulia, den Tuss und Atze fuhren. Die Logistik und die Ausstattung fand ich bescheiden, aber solide und ausreichend. Hier war ein Fundus vorhanden, zu dessen Anschaffung einige Jahre nötig gewesen waren. Atzes Erfahrung und sein gutes Gedächtnis waren Gold wert. Er wußte, wohin man besser nicht gehen sollte, welche Schleichwege des Tags oder des Nachts die sichersten in Berlin waren, er kannte eine Vielzahl von Leuten, auf die er sich verlassen konnte. Er hatte auch einen guten Überblick über alle relevanten linken Projekte und deren Ziele. Ein paar jener Unterstützer, die dicht an uns dran waren, kannte er schon seit Jahren. Jeder wußte zwar über die Sympis der anderen Bescheid, hielt aber aus Gründen der Abschottung persönlichen Kontakt nur mit jenen, die man auch selbst agitiert hatte. Alles war für den Fall doppelt strukturiert, daß eine Feuereinheit verhaftet wurde. Nahtlos hätte dann der andere Teil die Gruppe intakt halten und weitermachen können. Unsere Kontakte reichten von der »Roten Hilfe« über Jugendzentren bis hin zu den seinerzeit sehr aktiven Betriebsgruppen der neuen Linken. Bis in die noch vorhandenen K-Gruppen hinein hatten wir politische Verbindungen. Nahezu jeden Tag gab es ein Treffen mit Leuten aus unterschiedlichen politischen Zusammenhängen, mit denen wir diskutierten oder die uns einfach nur über die politische Entwicklung auf dem laufenden hielten. Wir haben bis zur Zerschlagung der Bewegung 2. Juni an diesem Konzept festgehalten, obwohl es nicht ohne Risiko für uns war. Aber wir wollten am Ball bleiben und in der legalen Linken, in den Projekten und Initiativen auch mitreden oder zumindest gut informiert über Stimmungen und Vorhaben sein.

Wir dachten auch über eine effiziente neue Organisationsstruktur nach. Nach langen Diskussionen, in denen ich bereits den »demokratischen Zentralismus« favorisierte, ohne es auch so zu nennen, kamen wir auf das »Konzept der Kreise«: ein innerer Kreis der Illegalen, die in direkter Beziehung zum zweiten Kreis, nämlich den aktivsten, aber legalen Genossen standen. Um die herum sollte sich der Kreis der Unterstützer formieren, mit denen wir uns zwar selbst trafen, die aber nicht zu militanten Aktivitäten herangezogen wurden oder nicht wollten. Schließlich ein weiterer Kreis von Informanten und Sympathisanten, die hauptsächlich vom zweiten Kreis betreut wurden und die für uns gleichzeitig propagandistisch aktiv werden sollten. Von einer bestimmten Größenordnung an sollte es Zellspaltungen geben. Geplant war, daß sich mit unserer Unterstützung immer neue, kleine Gruppen gründeten, die unter dem Namen »Bewegung 2. Juni«, aber autark ihre Aktionen durchführten.

Die Unterstützung durch die damalige »neue Linke«, heute als 68er bekannt, war in dieser Zeit durchaus noch vorhanden, wenn auch zunehmend problematisch. Zum Jahresende 1974, nach einigen spektakulären Aktionen von uns, wurde es mit dieser Unterstützung immer komplizierter. Zum einen befanden sich weite Teile der ehemals Linken bereits auf dem Weg in die Etabliertheit, Jugendsünden ade, zum anderen waren zwei unserer Aktionen in weiten Teilen der Linken scharf abgelehnt worden. Um Unterstützer zu finden, die noch was riskieren wollten für den bewaffneten Kampf, also zum Beispiel Wohnungen anmieteten oder uns Pässe überließen, mußten wir mehr und mehr Zeit aufwenden. Zum anderen hatte sich der Polizei- und Sicherheitsapparat langsam aber merklich auf den neuen Gegner eingeschossen und war auch in die Szene gerobbt. Verrat war leicht möglich.

Das Zusammenleben mit Ella brachte mir große Vorteile: Immer dort, wo der Kontakt für mich hätte brenzlig werden können, konnte sie gefahrlos sondieren. Nur in besonderen Fällen trug sie eine Waffe und war ansonsten ja völlig legal und unverdächtig. Es war ein abgefahrenes Gefühl, zusammen mit der Frau, die ich liebte, im Berliner Untergrund zu agieren. Ich war so froh über diese Kombination, daß ich anfänglich immer mal vergaß, daß überall mein Steckbrief klebte und ich mich bremsen mußte, um bloß nicht leichtsinnig zu werden. Wir verdrängten die tägliche Gefahr, die überall auf uns lauern konnte. Über mögliche Verhaftung oder gar Tod sprachen wir nicht. Jeder von uns wußte, wie er sich zu verhalten hatte, wenn es einen von uns erwischen würde. Der Fahndungsdruck und das Wissen, daß jeder Kuß der letzte sein konnte, führten zu einem intensiven Leben im Augenblick, zu Liebe und Zärtlichkeit in einer Form, wie sie unter anderen Umständen wahrscheinlich gar nicht möglich ist. Wir waren unzertrennlich.

Wir schauten in diesen Tagen vor allem nach Portugal, dort hatte die »Revolution der Nelken« begonnen. Kriegsmüde und des Faschismus überdrüssig, hatten sich junge Offiziere und Hunderttausende verarmter Bauern gegen die älteste faschistische Diktatur in Europa erhoben und sie hinweggefegt. Die alte Kolonialmacht hatte sich in Angola und Mosambique im Kampf gegen die Befreiungsbewegungen ausgeblutet. Das imperialistische Portugal mußte sich trotz massiver Nato-Unterstützung geschlagen aus

Afrika zurückziehen. Wir waren mit jenen Kräften in Portugal solidarisch, die nun den Kampf für ein sozialistisches Portugal weiterführen wollten. Wir sahen erneut das Konzept des bewaffneten Kampfes gestärkt. »Alle politische Macht kommt aus den Gewehrläufen«, hatte Mao proklamiert.

In unseren gruppeninternen Diskussionen ging es jetzt vor allem um die Beschaffungsaktionen und den Ausbau der Logistik. Und wir stellten immer wieder aufs neue strategische Überlegungen an: wie weiter, wohin? Es gab keine authentischen Theorietexte der Bewegung 2. Juni. Da war ein Papier, das uns später vor Gericht als »Programm« angedichtet wurde, aber niemand von uns kannte das, selbst Atze nicht. Und dann gab es noch ein Papier: »Mit dem Rücken zur Wand«. Das formulierte zwar schon eine konkrete Aussage zur politischen Linie des bewaffneten Kampfes, aber ein Konzeptpapier der Bewegung war es auch nicht. Immerhin sahen wir übereinstimmend den Schwerpunkt unserer politisch-militärischen Strategie an der Basis, bei den Arbeitern. Dort wollten wir Fuß fassen und mit erfolgreichen militanten Aktionen die Ausgegrenzten zur Revolte ermuntern und die Lohnabhängigen zum Klassenkampf mobilisieren. Unsere Aktionen sollten verständlich sein, und jeder Unterdrückte sollte sich in ihnen wiederfinden können. Aber unsere Vorstellungen waren diffus, und oftmals fehlte uns der richtige Ansatzpunkt. Was sollten wir gegen die Massenentlassungen bei dem Großbetrieb »Borsig« machen? Den Chef entführen? Die Managementbüros wegbomben? Wir überlegten auch solche Aktionen. Im sozialen Gefüge, im Reproduktionsbereich sahen wir klarere Ansätze für Aktionen, mit denen sich politische Wirkung erzielen ließ. So überlegten wir lange, ob wir eine Attentatserie auf die reaktionärsten Medienvertreter der Stadt starten sollten. Wir dachten da an Werner Sykorsky, Chefkommentator bei Springers »B.Z.«, der sich in seinen täglichen Kommentaren als Kommunistenfresser hervortat. Hauptziel aber war der Chefkommentator des SFB, Mathias Walden, den wir nur »Geiferschnauze« nannten. Gecheckt hatten wir diese Leute bereits. Wir wollten sie nicht töten, sondern ihnen sollte nach dem Vorbild der »Roten Brigaden« ins Bein geschossen werden. Irgendwann aber sind wir von diesen Plänen wieder abgerückt. Wir waren auch entsetzt über das rapide Ansteigen bei der Zahl der Drogentoten, überwiegend aus der Unterschicht. Wir diskutierten ernsthaft, ob wir nicht als Saubermänner einige der dicken Heroinhändler zur Strecke bringen sollten. Verdient hätten sie es gehabt. Ein Gourmetlokal wollten wir überfallen und die schlemmenden Reichen ausrauben. Wir überlegten auch, gegen die wachsende Zahl von Pfändungen vorzugehen und die skrupellosesten Gerichtsvollzieher zu attackieren. Gleichzeitig wollten wir die Betroffenen aufrufen, sich zusammenzuschließen und sich gegen Pfändung, Mietwucher, Räumungen und Arbeitslosigkeit zu wehren. Das wären Aktionen gewesen, die vor allem propagandistische Effekte hätten haben sollen. Damit wollten wir Präsenz und Stärke zeigen und zugleich eine Mobilisierung von unten bewirken. Zunächst aber geschah etwas, das mich zum ersten Mal in Konflikt mit der Gruppe brachte.

Der Schmücker-Mord

»Hier, lies mal!« Tuss reichte mir einen Schnellhefter mit mindestens 15 handschriftlich verfaßten Seiten. Es war ein Verhörprotokoll mit dem Studenten und Verräter Ulrich Schmücker, ein Geständnis. Er räumte ein, unter Anleitung des Berliner Verfassungsschutzagenten Michael Grünhagen in der Haft ausgepackt zu haben. Er sei schuld an der Verhaftung mehrerer Genossen und hätte andere durch seine Aussagen zum Abtauchen gezwungen. Schmücker war längst wieder auf freiem Fuß, das Gericht hatte seine Aussagefreudigkeit mit einer milden Strafe belohnt. Gegenwärtig war Schmücker wieder in der linken Szene unterwegs, um Abbitte zu tun und Selbstkritik zu üben. Besonderer Pfiff an dem Protokoll war aber der Umstand, daß er dort zugab, noch immer Kontakt zum Verfassungsschutz zu haben, Grünhagen lasse ihn nicht aus den Klauen. Wer Schmücker all diese Fragen gestellt hatte, war mir zu diesem Zeitpunkt egal. Überhaupt war mir der Mann gleichgültig, ich kannte ihn nicht, und wenn die Szene alles über ihn wußte, brauchte sie ihn ja bloß konsequent zu isolieren. Was konnte er dann noch verraten? »Ja«, kommentierte ich, »ein

Schwein, aber ein kleines. Und was jetzt?« Tuss war empört. »Man kann doch einen Verräter nicht so einfach in der Szene rumlaufen lassen, da muß was passieren!« Sie deutete an, daß schon einige Genossen überlegt hätten, gegen den Verräter vorzugehen. Das war nicht mein Problem.

Atze und Tuss fuhren kurz nach diesem Gespräch in Richtung Italien. Sie wollten ein Treffen mit den »Roten Brigaden« mit ein paar Tagen Urlaub am Meer verbinden. Als sie wieder zurück waren, fuhren Ella und ich ebenfalls gen Italien. Mit Minizelt und Spirituskocher klapperten wir die wilden Campingplätze entlang der Mittelmeerküste ab: sorglose Tage voller Liebe, Sonne und Glücklichsein. Berlin, der Untergrund, der Druck, die ewige Gefahr, in der wir uns bewegten, fielen in diesen Tagen erstmals seit Jahren völlig von mir ab. »Du mußt es zulassen, weich zu werden, entspann dich doch mal«, flüsterte Ella zärtlich auf mich ein. Ein paar Tage gelang mir das auch. Es war die schönste Zeit, die ich zusammen mit ihr verbracht habe.

Die »Welt am Sonntag« holte mich wieder auf den Boden zurück. In Berlin hatte ein »Kommando Schwarzer Juni« Ulrich Schmücker an der Krummen Lanke »als Verräter und Agent des Verfassungsschutzes« erschossen, eine Femeaktion. Die »Welt« kannte auch schon die Täter: Neben dem von Atze und Tuss tauchte auch mein Name auf. Erschossen, dieses Würstchen? Und wer hatte es gemacht? Wir ganz offenbar nicht, das hätte ich gewußt. Wer waren also die Leute, von denen Tuss neulich gesprochen hatte und die sich um Schmücker kümmern wollten? Hätte man mich gefragt, so hätte ich mich entschieden gegen eine Erschießung ausgesprochen. Jetzt war ich empört, daß es passiert war. Zurück in Berlin, erfuhr ich von den beiden, daß auch sie nichts mit der Erschießung zu tun hätten. Wenige Tage später wurden sechs der Tat dringend Verdächtige festgenommen.

Der spätere Prozeß gegen die sechs wurde zu einem der längsten und skandalträchtigsten der Berliner Justiz. In dem insgesamt viermal aufgerollten Verfahren von über 16 Jahren Dauer wurden die Angeklagten dreimal schuldig gesprochen, und erst im vierten Durchgang erfolgte eine Einstellung des Verfahrens. Das war nur möglich, weil keine der beiden Seiten, die Angeklagten und ihre

Verteidiger auf der einen und die Staatsanwaltschaft auf der anderen, ein wirkliches Interesse an der Aufklärung des Mordes hatte. Die Angeklagten aus verständlichen Gründen, der Staat befand sich in einer Zwickmühle. Er wußte, wer die Täter waren, konnte aber die durchschlagenden Beweise dafür nicht auf den Tisch legen, die hatte er nämlich illegal erworben. Dem Verfassungsschutz war es gelungen, an die sechs Tatverdächtigen, allesamt sehr unerfahrene und moralisch denkende junge Leute, gleich drei seiner Agenten heranzuspielen. So war dem Berliner Geheimdienst mit der Gruppe, die sich »Schwarzer Juni« nannte, erstmals eine geradezu klassische Undercover-Variante gelungen: Er hatte praktisch seine eigene Untergrundorganisation gegründet. Der »Schwarze Juni« wurde geführt und angetrieben von drei Agenten, einer davon Volker Weingraber Edler von Grodeck. Der V-Mann arbeitete gut plaziert als Kellner in der Kreuzberger Kneipe »Tarantel«, ein linker Treffpunkt. Sein Deckname war »Wien«. Er war es auch gewesen, der noch in der Tatnacht die Waffe von einem der Angeklagten übernommen hatte, der ihn gebeten hatte, diese zu verstecken. Nur Stunden später hatte V-Mann »Wien« die Tatwaffe, eine alte P38, seinem V-Mann-Führer Michael Grünhagen alias Peter Rühl übergeben. Der zweite V-Mann in der Gruppe: Christian Hein, Verfassungsschutz-Deckname »Flach«. Er flog erst Mitte der achtziger Jahre auf. Bis dahin saß auch er inmitten der militanten Linken. Er kannte die linke Szene in Berlin so gut, daß mir nach seiner Enttarnung ein Aktivist aus der Szene gestehen mußte: »Dann haben die nahezu alles gewußt, man muß die Geschichte der linken Militanz in der Stadt neu schreiben.« Dritter Mann auf Staatsticket in der Gruppe war Jürgen Bodeux. Er wurde zwar als Mittäter angeklagt, war aber geständig und wurde nach nur wenigen Jahren Haft freigelassen.

Die Staatsanwaltschaft wußte über ihre V-Leute genauestens, was sich in jener Nacht an der Krummen Lanke abgespielt hatte. Nicht zuletzt, weil das Opfer Schmücker, Verfassungsschutz-Deckname »Klette«, den V-Mann-Führer Grünhagen wenige Stunden vor seinem Tod darüber unterrichtet hatte, wo er in dieser Nacht hingehen würde. Schmücker war vom »Schwarzen Juni« an die nächtliche Krumme Lanke bestellt worden, wo er mit »wichtigen

Genossen« zwecks seiner Rehabilitierung in der Linken zusammentreffen sollte. Der Verfassungsschutz ließ Schmücker als Lockvogel in den Tod laufen. In der Behörde ging man davon aus, daß hochkarätige Leute aus der »Terroristenszene« sich mit Schmücker treffen würden – ein Irrtum. Der Geheimdienst, der mit seinen Leuten im dunklen Wald auf der Lauer lag, wurde enttäuscht: Es kamen nicht jene, die er erwartet hatte. Die Beamten verharrten in Untätigkeit. So wurde Schmücker zum Toten »von Amts wegen«.

Ich mißbilligte die Aktion scharf und geriet sofort mit dem anderen Teil der Gruppe in Konflikt. Mir wurde entgegengehalten, zu lasch zu sein. Was denn dagegen spräche, einen Verräter und Verfassungsschutzagenten zu erschießen? »Wenn wir alle Spitzel oder Verräter umlegen wollen, wo fangen wir an und wo hören wir auf«, konterte ich. Zu anderen Aktionen kämen wir dann ja gar nicht mehr. Ein Plenum wurde einberufen, nachdem ruchbar geworden war, daß ich mich auch gegenüber unseren Sympis ablehnend zu dieser Femeaktion geäußert hatte. »So geht das nicht! Damit verstößt du gegen die Gruppensolidarität. Wir waren es nicht, aber wir distanzieren uns auch nicht davon«, ereiferte sich Tuss. In der bundesdeutschen Linken hatte die Schmücker-Erschießung hohe Wellen geschlagen und verheerende Wirkung für uns gehabt. Große Teile der Linken warfen uns nicht nur blinden Aktionismus vor, sondern verglichen uns sogar mit den Feme-Mördern der Reichswehr in den zwanziger Jahren. Das sei keine politische Tat gewesen, sondern Mord an einem kleinen Spinner. Hätten wir damals schon gewußt, daß der Verfassungsschutz den »Schwarzen Juni« unterwandert hatte, wir wären bestimmt nicht auf die Idee gekommen, das unsägliche Flugblatt an die »Weinerliche Linke« zu verfassen und verteilen zu lassen. Wir rechtfertigten darin noch einmal die Erschießung des VS-Agenten und Verräters, obgleich wir es nicht gewesen waren. Den Kritikern der Aktion warfen wir vor, immer nur Solidarität mit Opfern zu praktizieren, aber nicht mit Kämpfern, wir bezichtigten sie der politischen Bewußtlosigkeit und Nachlässigkeit gegenüber Spitzeln in der Szene und kritisierten ihr jammerndes Getue um einen Verräter. Keiner der Agenten, die noch jahrelang in der linken Szene wirkten, ist jemals an uns herangekommen, obwohl genau das ihr Auftrag war. Der Fall Schmücker sollte noch lange Zeit zur Legendenbildung in der Linken und zu zahlreichen Untersuchungsausschüssen und Komitees führen. Mehrere Bücher wurden geschrieben und Broschüren en gros verfaßt. Der Wahrheit sind sie alle nie wirklich nah gekommen, dafür haben sie Zeit und Energie verschlungen, weil immer wieder die gleiche Scheiße von einer Seite auf die andere gewälzt wurde. Die Linke schätzt Legenden und Mythen.

Eines schönen Sommermorgens klopfte es energisch an unserer Wohnungstür. Ich war gerade splitternackt in die Küche geflitzt, um Kaffee aufzusetzen, Ella saß noch im Bett und las. Auf Zehenspitzen schlich ich, den Finger auf den Mund gelegt, an der Korridortür vorbei zurück ins Wohnzimmer. Im selben Moment klappte der Briefschlitz hoch. Der Mensch draußen mußte zumindest noch meine nackten Beine gesehen haben. Wir rührten uns nicht. Erneut festes Klopfen und: »Bitte machen sie auf, hier ist die Polizei!« Kreidebleich blickten wir uns wortlos an. Meine Gedanken begannen zu rasen. Polizei – und dann so vorsichtig? Was war da los? Blitzschnell und lautlos griff ich die Pumpaction, die unter meinen Sachen lag. Mit einem Schritt war ich hinter der geöffneten Wohnzimmertür verschwunden. Ich nickte Ella zu. »Ja, was ist denn, was wollen Sie?« Bevor mir der Angstschweiß ausbrechen konnte, kam Entwarnung. Von draußen brüllte es: »Ich möchte Fräulein Marianne Berg sprechen. Machen Sie bitte auf!« Fragend schaute ich auf Ella, die inzwischen ihren Bademantel übergezogen hatte. Sie nickte wissend zurück, legte den Finger auf den Mund und deutete mit dem Kopf in Richtung Tür. Ich nickte und wurde starr vor Anspannung. Das Gewehr eng an den Körper gedrückt, lauschte ich auf das, was passieren würde. Ella hatte die Türe einen Spalt geöffnet. »Sind Sie Marianne Berg?« – »Nein, die ist auf einer Studienreise, warum?« – »Zeigen Sie erst mal Ihren Ausweis.« – »Moment.« Ella kam ins Zimmer zurück und griff ihre Handtasche. Mich bedachte sie mit einem beruhigenden Kopfnicken, und von ihren Lippen las ich ab: »Nur einer!« Durch einen winzigen Spalt konnte ich einen Teil des kleinen Flures überschauen, wäre der Bulle in den Flur getreten, hätte ich ihn sofort gesehen. Er kontrollierte Ellas Ausweis und entschuldigte sich. Gegen Marianne Berg gebe es ein Ermittlungsverfahren wegen Widerstands gegen die Staatsgewalt, und er wolle sie jetzt vernehmen oder vorladen. Aber da sie nicht da sei . . . sie solle sich später im Polizeipräsidium melden. »Auf Wiedersehen.« Weg war er. Puh! Während ich auf nüchternen Magen einen Sambucca runterkippte, beobachtete Ella von oben vorsichtig die Abfahrt des Beamten. Ein Kripowagen, dessen Nummer wir noch schnell entziffern konnten.

Aus Sicherheitsgründen räumten wir unverzüglich die Wohnung; die beiden wichtigen Koffer und eine Reisetasche mit Klamotten gingen mit. Getrennt und extrem wachsam verließen wir schon knapp eine Stunde später das Haus. Das Auto, die Fiat-Doublette, ließen wir stehn. Unsere Autos parkten grundsätzlich relativ weit von dem Ort entfernt, an dem wir wohnten oder uns gerade aufhielten. Und wann immer wir uns unseren Wagen näherten, taten wir das mit unauffälliger Vorsicht. Immerhin, das Auto gab es zweimal, und so mußten wir ständig gewärtig sein, daß es entdeckt worden war. Wir fuhren mit Taxis und auf großen Umwegen nach Friedenau in die Straßen meiner Kindheit. Hier hatte ich für einen solchen Fall meine speziellen Häuser. Rein in die Wilhelmshöher Straße 12 und über Höfe und Keller wieder raus in der Taunusstraße. Taxi und weg. Nach gut zwei Stunden Irrfahrt waren wir sicher, daß niemand an uns dran war. Für drei Tage quartierten wir uns bei Atze und Tuss in der Crellestraße ein. Bis wir die Sache geklärt hatten, hielten wir die Wohnung für »heiß«. Nach vier Tagen zogen wir wieder ein. Was uns die Hauptmieterin nicht erzählt hatte, war der Umstand, daß Marianne Berg mal bei ihr gemeldet gewesen war und bislang keine neue Adresse hatte. Das Ermittlungsverfahren lief schon ein Jahr lang. Die Frau hatte anläßlich einer Frauendemo gegen den § 218 einem Polizisten ihre Handtasche auf den Kopf geschlagen. Die Sache stimmte also. Wir sorgten schnell dafür, daß sie sich auf dem Präsidium meldete. Das war nicht die einzige Situation, in der ein einziger falscher Schritt über Leben und Tod hätte entscheiden können. Für den Polizisten – aber auch für mich.

In der Illegalität zu leben war eine schwere Belastung: Der Aufwand für die eigene Sicherheit und die der Gruppe war enorm. Schleichwege fahren, weil man ahnte oder wußte, wo des öfteren Polizeifallen waren. Immer strikt die Verkehrsregeln einhalten, nirgendwo hingehen, wo Linke verkehren, schon gar nicht in einschlägige Kneipen. Man könnte erkannt werden. Familie, Verwandte, alte Freunde – alles meiden. Da sind die Bullen dran. Sich immer einer verschlüsselten Sprache bedienen, vor allem am Telefon. Nie etwas aufschreiben, was Hinweise ergeben könnte. Später legten wir uns auch ein elektronisches Wanzensuchgerät zu, mit dem wir stundenlang unsere Wohnungen durchforschten. Telefonnummern verschlüsselten wir nach dem alten KPD-Code, der war so sicher, daß selbst der Computer des BKA ihn nicht knacken konnte. Wichtig war immer, im Falle einer Verhaftung soviel Zeit zu gewinnen wie nur möglich. Soviel zumindest, daß die anderen es noch vor der Polizei schafften, Wohnungen zu räumen, Leute zu warnen oder Spuren zu vernichten. Bei einer Verhaftung galt es, das Gesicht bis zur Unkenntlichkeit zu verzerren, damit der Nachbar im Haus der anderen nicht nach dem abendlichen Fernsehfahndungsaufruf gleich die Polizei anrufen konnte. Immer war ja auch eine Belohnung im Spiel, und die wurde von Jahr zu Jahr fetter.

Kamen Genossen aus Westdeutschland, vor allem Victor, traf ich sie fast nur am strategisch günstig gelegenen U-Bahnhof Podbielskiallee im stillen Dahlem. Der Bahnhof hatte nur einen Ausgang und war aus einem dicht bewachsenen Park heraus genau zu überschauen, ebenso alle Straßen, die den Bahnhof umgaben. Hier wäre jeder Verfolger aufgefallen. War ich sicher, daß der Besucher nicht observiert wurde, kam ich aus dem Versteck hervor. Spürte ich auch nur den Hauch einer Unsicherheit, egal an welchem Treffort und mit wem, ging ich ohne Kontaktaufnahme weg. Das hieß für den Wartenden, abchecken, was los war, und in einer Stunde noch mal an der gleichen Stelle auftauchen.

Niemals führten wir jemanden in unsere konspirativen Quartiere, die kannten nur die Illegalen. Wir trafen uns mit den Unterstützern vor allem in anonymen Pizzerias in ganz Westberlin. Für längere Diskussionen hatten wir extra Wohnungen. Diese erhielten wir meist über einen Sympi vermittelt, der jemand Zuverlässigen gebeten hatte, ihm mal die Wohnung für einen Abend zu überlassen. Manchmal haben wir auch Wohnungen von Genossinnen oder Genossen benutzt, die im Urlaub waren – nicht immer mit deren Wissen. Und ständig waren wir auf der Jagd nach coolen Genossen, die eine Wohnung, eine Garage oder ein Auto mieten, die uns ihren Paß überlassen oder Kurierdienste übernehmen könnten. Ohne viel zu fragen. Die Vorsicht, die wir bei solchen Angelegenheiten walten ließen, kostete enorm viel Zeit. Von jenen Unterstützern, die für eine derartige Gefälligkeit immerhin einige Jahre Knast riskierten, gab es nicht viele. Diese Basis war klein, aber solide und absolut zuverlässig.

Einmal hatte Ella eine vielversprechende Connection für Pässe. In einer Kreuzberger Frauen-WG seien zwei Frauen bereit, ihre abzugeben, ohne den Verlust zu melden. Sie kenne die beiden schon länger und habe schon mal vorgefühlt, ob sie vielleicht . . . und sie habe es so verstanden, daß die geben wollten. Als sie von dem Treff zurückkam, erzählte sie mir verblüfft, daß die beiden Frauen ihre Pässe schon in die »richtige Richtung« weggegeben hätten. Aber bei uns waren diese Pässe nicht angekommen. Die ganze Gruppe rätselte, wohin die wohl geraten sein könnten. Sie waren bei den »Revolutionären Zellen (RZ)« gelandet. Seit Anfang 1974 hatten die RZ mit einer Reihe von Bombenanschlägen von sich reden gemacht. Wir suchten Kontakt und bekamen ihn auch sehr schnell, weil wir wußten, in welcher linken Ecke wir suchen mußten. Später gab es verschiedene kleine Aktionen, die wir gemeinsam mit den RZ machten oder bei denen wir sie unterstützten. Im Gegenzug erhielten wir von den RZ auch Waffen.

Für uns war die Struktur und Strategie der RZ interessant. Bei ihnen gab es, zumindest in den ersten Jahren, keine Illegalen. Ihre Aktiven, die sich in kleinen, voneinander abgeschotteten Zellen organisierten, hatten nicht den Fahndungsdruck im Nacken, und daher war eine ausgebaute illegale Struktur wie bei uns nicht nötig: Für ihre Bombenwerkstatt reichte auch der Küchentisch einer sicheren Wohnung. Diese Gruppe, vom BKA nicht ganz zu Unrecht als »Feierabendbomber« bezeichnet, konnte so wesentlich risikoloser zu Werke gehen. Das Konzept einzelner abgeschotteter

Zellen verfolgten auch wir, und wir wollten auch, daß die Genossen oder Genossinnen so lange legal agierten, wie es nur ging. Victor, der ab und zu aus Frankfurt anreiste und sich dann mit uns allen ein paar Mal traf, wollte sich uns nun doch nicht mehr anschließen. Er hatte guten Kontakt zu den RZ und plante, zusammen mit Eddy und zwei weiteren Genossen, im Raum Frankfurt eine eigene RZ aufzubauen. Das gelang ihm später auch. Politisch hatten wir mit den Anschlagzielen und den Theoriepapieren zu den RZ keine Probleme. Damit standen sie uns näher als etwa die RAF. Es gab auch kein Konkurrenzverhältnis bei uns, weder zur RAF noch zu den RZ. Im Gegenteil, wir freuten uns darüber, daß sie da waren und ihre Aktionen machten.

Hatten wir kein Plenum oder Treffen mit Sympis, waren wir in anderen Angelegenheiten unterwegs. Es galt die Logistik »lebendig zu halten«, sich also immer mal wieder darin zu bewegen. Oder ich bastelte im Keller: Wochenlang popelte ich an der Konstruktion eines Schalldämpfers herum. Ich bekam's nicht hin. Dann konnte man Banken checken, neue Sympis ansprechen, Diskussionen mit anderen, zuverlässigen Genossen führen. Stand gerade einmal nichts an, besuchten Ella und ich vorzugsweise gediegene Restaurants, in denen die gehobene Mittelschicht verkehrte, so angezogen wie die waren wir inzwischen auch. Dort waren wir am sichersten, dort kannte uns keiner, und überdies schätzten wir gutes Essen und guttemperierten Wein. Wir waren immer auf Achse. Häufig trafen wir uns mit Yvonne, Roger und bald auch mit der »Stillen«, um so an den Diskussionen der legalen Linken teilhaben zu können. Die Stille, war über die »Schwarze Hilfe« zu uns gestoßen. Auch sie war eine absolut zuverlässige und engagierte Genossin, die zudem über gute Kontakte in die Linke verfügte und immer bestens informiert war. Über das, was da Thema war, hielten uns die Genossen auf dem laufenden. Für diese Treffen wechselten wir zwischen einem »Griechen«, einem »Portugiesen« oder »Italiener«, alle in Charlottenburg.

Tage- oder nächtelang waren wir unterwegs, um Wohnungen oder Garagen aufzutreiben, Nummernschilder oder Autos zu klauen. Die Nummernschilder brauchten wir, um von ihnen die Stempel abzulösen und sie dann auf neue Schilder für unsere

Doubletten-Autos setzen zu können. Aber auch die Doubletten konnte man nicht allzu lange benutzen, sie wurden wie die Wohnungen aus Sicherheitsgründen öfter gewechselt. Eines Nachts waren Tuss, Atze und ich mit dem kleinen Fiat wieder Mal zum Autoklauen unterwegs. In Tegel sollte ein vorher gecheckter schwarzer Alfa Romeo Giulia gestohlen werden. Ich saß in sicherem Abstand am Steuer des Deckungswagens und hörte leise den Polizeifunk ab. Schon über zehn Minuten bastelten die beiden hinter dem Lenkrad des Alfas, irgend etwas mußte da schieflaufen, sie mußten längst fertig sein. Dann hörte ich es: »Achtung, Namslaustraße, Kfz-Diebstahl gegenwärtig. Fahren Sie sofort zum Tatort. An Eigensicherung denken.« Irgendwer hatte uns beobachtet. Licht an und los. Mit einem Hechtsprung landeten die beiden im Auto und Vollgas. Als wir in ruhiger Fahrt die Straße verließen, bog gerade der erste Streifenwagen in sie ein. Verdammt, das war knapp!

Ich bekam Ärger mit der Gruppe, als ich mich dagegen aussprach, daß wir Illegale selbst Nummernschilder klauten. Anlaß war wieder eine haarscharfe Geschichte: Mit Tuss zusammen hatte ich auf einem Mieterparkplatz in der Schöneberger Motzstraße schon zwei Sätze Schilder abgeschraubt, als langsam ein Streifenwagen auf den Parkplatz tuckerte und mit dem Scheinwerfer zu suchen anfing. Mit der Pistole in der Hand robbten wir beide unter den Autos hindurch der Straße entgegen und ab . . .

Anschließend gab es Krach. Ich argumentierte, daß ich in einer solchen Situation schießen müßte, um nicht verhaftet zu werden, während für die legalen Genossen das Schilderklauen ohne großes Risiko wäre. Elitär und arrogant sei mein Verhalten: »Wir vergeben keine Aufträge, wir machen alles selber.« Ich konnte mich nicht durchsetzen, sondern hatte mir ein weiteres Mal das politische Mißtrauen der Gruppe eingehandelt.

Mißbilligt wurde auch, daß Ella sich weigerte, im lustfeindlichen Szene-Schmuddellook herumzulaufen. Sie, aber auch ich mochten es, wenn sie sich modisch und peppig kleidete. Sie schminkte sich sogar! Das fiel vor allem auf mich zurück. Latent wurde mir unterstellt, meine Freundin in die Objektrolle zu drängen. Mehrmals mußte Ella sich dafür rechtfertigen. Sie dachte aber nicht daran, damit aufzuhören. Ich konnte einfach nicht begreifen, was das mit unserem Kampf zu tun hatte, wurde dann aber belehrt, daß, wer die Welt verändern will, zuerst bei sich selbst anfangen muß. Und das sei bürgerlicher Fotzenkram. So einfach ging das damals.

Nach der Übertragung des Fußball-WM-Spiels BRD gegen DDR, die Atze und Tuss zusammen mit Ella und mir bei uns guckten, erzählte ich den beiden das erste Mal von meiner Idee: Eine Entführung sollten wir machen. Ein Volksgefängnis aufzubauen sei der erste Schritt dafür. Und ich legte ihnen meine lang gehegten Gedanken dar, wie das beschaffen sein müßte: ein unauffälliger Laden mit Wohnung dran, der Laden unterkellert mit direktem Zugang vom Laden zum Keller. Dieser dürfe aber nicht in den allgemeinen Hauskeller integriert sein. Dort könnte man dann das Gefängnis einbauen. Der Laden sollte als Boutique oder Trödelladen getarnt sein. »Was Kleineres fällt dir nicht ein!« kommentierte Tuss am Ende meine Ausführungen. Aber die Idee gefiel ihnen, und sie stimmten ihr zu. Nach einer längeren Diskussion erhielten Ella und ich den Auftrag, einen geeigneten Laden zu suchen. Anmieten müßte ihn dann vielleicht jemand anderes als Ella. Was wir dann konkret machen wollten, wenn wir das Volksgefängnis erst einmal hätten, darüber wurde an diesem Tag noch nicht diskutiert.

Wir fuhren dann beide tagelang durch die Straßen verschiedener Berliner Bezirke, um nach leerstehenden Läden Ausschau zu halten. Wir sahen viele, aber keiner entsprach unseren Kriterien. In der vornehmen Pariser Straße, ganz in Ku'damm-Nähe, glaubten wir ihn dann gefunden zu haben. Am anderen Tag hatten Ella und ich bereits einen Besichtigungstermin mit dem Vermieter.

Ella kam, ganz als erfolgreiche Frau ausstaffiert, hohe Absätze, Rock und Kostümjacke. Ich trug einen angeschmuddelten Monteurkittel und auf dem Kopf eine Arbeitermütze. In der Pariser Straße konnten wir nur eine Boutique aufmachen, Trödelläden hätten da nicht hingepaßt. »Ich habe gleich mal meinen Handwerker mitgebracht. Er kann ja schon wegen der notwendigen Renovierung gucken und mir dann einen Kostenvoranschlag machen«, erklärte Ella meine Anwesenheit. Während sie mit dem Vermieter verhandelte, ging ich allein durch alle Räume des Ladens, vor allem durch den Keller. Ich sah sofort, daß dieser hier nicht geeignet war, weil er in den Hauskeller integriert war. Hier konnte man nichts abschotten. Für diesen Fall hatten wir ein Signal vereinbart: Zollstock in der Hand bedeutete, daß der Laden okay war. Als ich die Treppe hochkam, hatte ich ihn in der Tasche. Mit einem »Na, ja, ich überlege es mir noch mal«, verabschiedete sich Ella zügig.

Ein paar Tage später waren wir wieder unterwegs, diesmal nach Kreuzberg zu einem Treff mit der Stillen. Als wir zufällig in die kurze Schenkendorfstraße einbogen, sahen wir unseren Laden: »Zu vermieten« stand auf einem Schild im Schaufenster der Schenkendorfstraße 7. Eine kurze, ruhige Verbindungsstraße zwischen der belebten Bergmannstraße und der ruhigen Arndtstraße, die hier auf den Chamissoplatz führt. Die Gegend war ideal. Schon damals gab es die bekannte »Kreuzberger Mischung« aus Türken, Alkis, linken Studenten, Rentnern, Sozialhilfeempfängern und deutschen Arbeitern. Ein Blick in den leeren Laden ließ uns vermuten, hier das geeignete Objekt gefunden zu haben. Zwei Tage später traten wir wieder in den gleichen Kostümen zur Besichtigung an. Das war er! Ich behielt den Zollstock in der Hand. Drei hintereinander liegende Räume oben, zwei davon unterkellert und abgeschottet. Vierzehn Tage später hatten wir den Vertrag. Aus Sicherheitsgründen trat aber eine ältere, zuverlässige und völlig unverdächtige Genossin als Mieterin auf. Ella sollte den Laden führen, ein »Secondhandshop« sollte es werden. Der älteren Genossin hatten wir nur erzählt, daß wir den Laden für konspirative Zwecke benötigten, nicht für welche.

Tarzan und Lucky, die aus der linken Jungarbeiter-Szene beziehungsweise aus dem Betriebsgruppenbereich kamen, hatte ich anläßlich längerer Diskussionen in diversen Pizzerias schon kennengelernt. Sie sollten nun die Organisation verstärken, bis auf weiteres aber legal bleiben. Und dann war da noch Captain Haddock: Er war unsere Reserve und der Verbindungsmann zu den »Revolutionären Zellen«, außer ihm gab es noch Schulze und Struppi. Sie bildeten eine weitere Zelle der Organisation.

Wieder aktionsfähig

Während ein Teil der Organisation, vor allem Ella und ich, sich ausschließlich um den Ausbau des Volksgefängnisses kümmerten, planten andere eine Waffenbeschaffungsaktion. In Spandau lag das geeignete Objekt: der Familienbetrieb »Waffen Triebel« mit eigener Büchsenmacherei. In Westberlin galten damals schärfere Waffengesetze als in Westdeutschland. Der Besitz von Handfeuerwaffen war hier unter Androhung der Todesstrafe verboten. »Waffen Triebel« betrieb aber hauptsächlich Versandhandel. Außerdem bekam der Meisterbetrieb unzählige Pistolen und Revolver zwecks Reparatur aus der BRD zugesandt. Also reiche Beute in Sicht. Ein Risiko barg der Laden allerdings: Die Büchsenmacherwerkstatt lag im Keller unter dem Geschäft mit direktem Zugang zu den Verkaufsräumen. Überfiel man oben, könnte es passieren, daß Meister Triebel und Geselle plötzlich bewaffnet von unten angerannt kamen. Und eine Schießerei sollte vermieden werden. Also heckte man einen Plan aus, diese Schwachstelle zu entschärfen. Als Kriminalbeamte getarnt wollten zwei Genossen einen Hausdurchsuchungsbefehl der Staatsanwaltschaft präsentieren, um so ohne etwaige Gegenwehr in die Werkstatt im Keller zu gelangen. Erst dann, wenn sie alle Anwesenden unter Kontrolle hatten, sollten die Waffen gezogen werden: Überfall! Im Laden würden zwei als Kunden getarnte Genossen das gleiche tun und Chefin plus Verkäufer in Schach halten. Der Coup sollte direkt nach Ladenöffnung laufen.

An einem Septembertag ging es los. Zwei mimten die falschen Kripobeamten, ausgestattet mit einem grünen Cordhütchen, Trenchcoat und falschem Bart. Sie konnten täuschend echt nachgemachte Kripoausweise präsentieren und sogar die Kripomarke zücken. Die war nach einer Vorlage aus der »B.Z.« aus Blei gegossen und bronziert worden. Auch sie wirkten echt. Und natürlich den total gefälschten Hausdurchsuchungsbefehl. Auch er perfekt. Grund der Hausdurchsuchung: Verdacht auf illegalen Waffenhandel.

Fast wäre der Überfall gänzlich im Chaos untergegangen, erzählte ein Genosse später. Man hatte ein paar gewichtige psychologische Elemente übersehen. Als die beiden falschen Kripobeamten Punkt 5 Minuten nach 9 Uhr der Chefin Frau Triebel gegenüberstanden, hatten die beiden falschen Kunden im hinteren Teil des Ladens die Verkäuferin mit Sonderwünschen abgelenkt. »Guten Morgen, Kriminalpolizei«, schnarrte es. Gleichzeitig wurden die Kripoausweise gezückt. Aber die resolute Mittvierzigerin schaute nur ungläubig und griff sich blitzschnell einen der Ausweise. »Das ist schon in Ordnung«, fuhr man sie an und riß ihr den Ausweis wieder aus der Hand. »Was wollen Sie?« – »Ihren Mann sprechen«, kam es zurück. Aus der Werkstatt, von der man einen kleinen Teil einsehen konnte, drang kein Laut. »Der ist aber nicht da, nun sagen Sie doch endlich, was Sie wollen«, wetterte die Frau wieder los. Der eine Genosse wurde lauter: »Wir haben einen Hausdurchsuchungsbefehl, wo ist der Chef?« Er hatte den Durchsuchungsbefehl auf den Ladentisch gelegt. Frau Triebel, keine Spur von Respekt vor der Polizei, überflog ihn kurz und prustete dann empört los: »Das ist ja wohl ein Witz, wir und illegaler Waffenhandel! Wer hat sich denn den Unsinn ausgedacht.« – »Holen Sie jetzt Ihren Mann und reden Sie hier nicht von Unsinn!« wurde sie angefahren. »Da muß ich ja lachen. Ich sagte Ihnen doch, mein Mann ist nicht da. Ich rufe jetzt erst mal unseren Rechtsanwalt an«, und schon griff sie zum Telefon hinter sich. Jetzt mußte gehandelt werden. Im Nu hatten alle ihre Knarre in der Hand.

»Das ist ein Überfall!« brüllte einer der falschen Kripobeamten. Die vermeintlichen Kunden hatten die Verkäuferin in ihre Mitte genommen. Einer hangelte ein paar Handschellen aus der Tasche, um die Chefin zu fesseln. Ein falscher Bulle war inzwischen mit langen Schritten in die Werkstatt gerannt. Die anderen schoben die sich sträubende und immer noch zeternde Chefin die Treppe zur Werkstatt hinunter. Dort war tatsächlich niemand. Die resolute Frau Triebel fuchtelte mit den Armen und schrie immer aufs neue: »Das ist ja wohl ein Witz! Was geht denn hier vor! Ich sagte Ihnen doch, mein Mann ist nicht da!« Knackpunkt war einfach, die Frau hatte nicht umschalten können, sie hatte nicht realisiert, daß aus Kripobeamten urplötzlich Räuber geworden waren. Endlich war es dann doch gelungen, wenigstens einen ihrer Arme zu packen und an das Treppengeländer zu ketten. Frau Triebel schlug sogar nach einer der Pistolen und rief: »Tun Sie doch das Ding weg, was ist denn hier los!« Das ganze Theater hatte die Genossen dermaßen aus dem Konzept gebracht, daß sie sogar vergessen hatten, die Ladentür abzuschließen.

»Mutti, Mutti, wer sind die Leute?« Ein etwa siebenjähriger Knirps, der Sohn des Hauses, war mit der Aufwartefrau vom Brötchenholen zurückgekehrt und mitten in den Überfall geplatzt. Noch ehe er gepackt werden konnte, rannte er wieselflink unter gellendem Hilfegeschrei über die offene Hintertür direkt in das Treppenhaus. Die Aufwartefrau hatte begriffen. Sie sank jammernd und kreidebleich auf die Treppenstufen nieder, so daß sie beruhigt werden mußte. Jetzt waren alle in der Werkstatt. »Nach oben!« kommandierte ein Genosse. Die Waffenschränke im Laden waren mit abgeschlossenen Glastüren gesichert. Schon hämmerte er mit dem Pistolenknauf dagegen. Das Glas federte, »Den Fuß!« schrie ein anderer, noch immer Frau Triebel in Schach haltend. Bums und klirr! Jetzt wurde eingesackt. Sieben Schrotbüchsen verschwanden im mitgebrachten Seesack. Wie sich später herausstellte, von der feinsten Sorte. Alles hatte zwei Minuten gedauert. Das Quartett raste mit dem geklauten, schweren BMW los. Noch auf der Flucht hörten sie im Polizeifunk die ersten Meldungen. Aber einer wollte nicht. Immer wieder rief die Zentrale: »Dora 17, melden Sie sich. Melden Sie sich, wo sind Sie? Überfall gegenwärtig! ›Waffenladen Triebel‹. Vermutlich anarchistische Gewalttäter. An Eigensicherung denken!« Die Flucht gelang. Der BMW wurde nicht weit vom Tatort einfach stehengelassen und zwei Genossen fuhren mit dem zweiten Wagen, dem Umsteiger, und der Beute ungehindert davon. Die anderen beiden machten sich mit der BVG auf den Heimweg.

Die Manöverkritik fiel dank der doch beachtlichen Beute glimpflich aus. »Heute waren wir ja wieder mal eine echte Bluestruppe! Wer hatte damit rechnen können, daß erstens der Keller leer war, daß zweitens die Chefin weder Respekt vor der Polizei noch vor uns hatte und daß drittens auch noch das Kind dazwischenkam.« Auf jeden Fall sollte in Zukunft mehr auf die psychologische Befindlichkeit der Überfallenen geachtet werden. Der mitgeschnittene Polizeifunk löste das Rätsel um »Dora 17«. Die kamen erst am Tatort an, als man längst über alle Berge waren. Grund: »Unsre Funktaste klemmt. Zentrale, wir können Sie nicht verstehen.« So etwas gab es öfters. Der 2. Juni sollte Waffen im Werte von über 50 000 D-Mark erbeutet haben und dazu einen teuren Lodenmantel. Den hatten wir natürlich nicht. Aber auch das kannten wir schon. Regelmäßig wurde der Verlust höher angegeben, als er tatsächlich war. Bei Banküberfällen etwa.

Die Waffen, mehrere doppelläufige Büchsen und sogar zwei Drillinge, bunkerten wir erst mal im Volksgefängnis ab.

Das ging in dieser Zeit seiner Vollendung entgegen. Wochenlang hatten Tuss, Ella, Atze und ich am Ausbau gearbeitet. Vor allem Ella als Ladenbesitzerin und ich als derjenige Handwerker, der immer da war. Wir wollten auf keinen Fall Aufmerksamkeit erregen. Im Laden befand sich die Luke in den Keller, der exakt genauso geschnitten war wie der Ladenraum darüber. Aus dem Laden führten fünf Stufen in einen kleinen Flur. Dort befand sich die Korridortür zum Treppenhaus, die günstigerweise mit Eisen beschlagen war und zudem noch einen massiven Riegel quer über die Tür hatte. Dann gab es noch ein Kabuff mit Klo und großem Waschbecken; dahinter ein schmales Zimmer ohne Fenster, das als Küche eingerichtet war. Daran schloß sich ein weiterer Raum mit Fenstern zum Hof an, die vergittert waren. Eine Überraschungsattacke der Polizei war hier nur schwer möglich. Der Kellerraum direkt unter dem Laden war nur 190 Zentimeter hoch. Ihm schloß sich, wenn man einen kleinen Durchgang passierte, ein zwei mal zwei Meter großer Raum mit Waschbecken an. Dieser Raum und auch der darauffolgende größere waren vier Meter dreißig hoch. Es waren jene Räume, die direkt unter dem Flur und der fensterlosen Küche lagen. Der letzte Raum der Wohnung war nicht unterkellert. Zwei Hauptkriterien mußten noch erfüllt werden: erstens einen weiteren, nicht sichtbaren Zugang zum Keller zu bauen, und zweitens das Ganze schalldicht zu machen. Wir überlegten, zogen Fachblätter zu Rate und entschieden, daß der Eingang in einer Ecke der fensterlosen Küche entstehen sollte. Mit Holzverschalung, Isoliermatten und Styropor wollten wir den ganzen Raum auskleiden und ihn so schalldicht machen. Die Kellerräume waren leer, aber bedeckt mit dem Staub von Jahrzehnten. Es begann eine unglaubliche Schinderei. Im Laden klebten wir die Schaufensterscheiben zu, versehen mit einem freundlichen Zettel: »Wir renovieren. Hier eröffnet demnächst ein Secondhand-Laden für Sie.« Zwei Monate hatten wir für die Umbauarbeiten veranschlagt. Mühsam stemmten wir uns erst einmal durch den Fußboden der Küche. Immer auf der Hut, nur nicht zuviel Krach zu machen. Dann verkleideten wir den etwa sechs mal drei Meter großen Kellerraum rundum, Wände, Decke und Fußboden mit Brettern, alle gebohrt und geschraubt. Dann zwei Lagen Isoliermatten drauf, geklebt mit einem Spezialkleister. Darauf zwei Lagen dicker Styroporplatten, und dann alles schön mit Rauhfaser tapeziert. Wir hatten am Ende eine Unmenge Material verarbeitet, das Atze und Tuss unermüdlich mit einem VW-Kastenwagen herankarrten. Mal hatten sie es auf Baustellen geklaut, mal gekauft. Problematisch war immer das Reinbringen von soviel Baumaterial, ohne daß es auffiel. Wir machten das zu unauffälligen Zeiten und in Etappen. Das kostete alles viel Zeit. Als das gröbste gemacht war, hörte auch das Kommen und Gehen unterschiedlicher Leute auf. Jetzt waren nur noch Ella und ich zu sehen. Ich lief in Handwerkerklamotten rum, während Ella freundlich zu jedermann aus der Nachbarschaft war, die inzwischen schon neugierig auf die Eröffnung des Ladens wartete.

Alle aus unserem Umfeld waren jetzt angehalten, halbwegs gute Kleidung zu spenden. Wir mußten ja unseren »Second-Hand« mit entsprechenden Klamotten füllen. Wir fragten bei Bekannten und Verwandten immer nach Kleidung für arme Angehörige im Osten. Es klappte. Der Laden wurde poppig aufgemotzt mit viel Weiß und Silberfolie, dazu Regale auf weißen Ziegelsteinen, ein Kleiderständer, große Spiegel und eine winzige Umkleidekabine. Ella saß hinter einem mächtigen alten Schreibtisch, der quer im Laden stand. Den niedrigen Kellerraum direkt unter dem Laden hatten wir mit Gerümpel und altem Plunder zu einem echten Keller umgemodelt. Den kleinen Durchgang zu den entscheidenden Kellerräumen hatten wir dichtgemacht und einen alten Schrank davorgestellt. Niemand konnte erkennen, daß sich dahinter noch zwei weitere Räume befanden. Die Eingangsluke in der Küche wurde mit einer massiven Klappe versehen, auf die wir einen Läufer nagelten. Dann kam noch ein Stuhl drauf, und so war auch hier nichts zu erkennen.

Die eigentliche Zelle hatten wir auf der Fläche von zwei Dritteln des großen Kellerraums installiert. Ein Maschendrahtgitter mit eingebauter Tür trennte die Zelle vom Rest des Raumes. Vor dem Gitter hatten wir einen Vorhang angebracht, so daß derjenige, der in der Zelle sitzen sollte, nicht sehen konnte, wer von oben die Leiter herunterkam. In dem kleinen Raum mit dem Waschbecken hatten wir unseren Platz. Auch dieser Raum war noch einmal mit einem Vorhang abgeteilt. Während der Bauarbeiten ist einer von uns immer mal wieder in den allgemein zugänglichen Hauskeller gelaufen, um auf Geräusche zu lauschen. Dann drehten wir das Kofferradio auf volle Pulle, und wenn dann draußen noch was zu hören war, wurde auf diese Wand noch einmal eine Schicht Isoliermatten drübergekleistert. Die Einrichtung der Zelle holten wir uns vom Sperrmüll: eine Plastikliege, einen alten Stuhl samt Tisch. Dinge, die auf keinen Fall als Waffe zu verwenden waren. Mit Lämpchen und Schaltern von Spielzeugeisenbahnen konstruierte ich eine Warnsignalanlage, die direkt vom Keller bis zu Ellas Schreibtisch führte. Rot für »Gefahr«, Gelb für »Achtung« und Grün für »alles o. k.«. In eine vorgebliche Lautsprecherbox, die im Laden an der Wand hing, bauten wir eine Videokamera ein, die Ladentüre und Straße in der Linse hatte. Der dazugehörige Monitor stand im Keller. Für uns stellten wir in dem Zwei-Meter-Raum lediglich zwei Stühle und eine kleine Kommode auf. Das Waschbecken konnte den Wachen zur Not auch als Pinkelbecken dienen. Etwa Mitte Oktober 1974 war alles fertig. Das Volksgefängnis hatte neben viel Arbeit auch knapp 30 000 D-Mark gekostet. Niemand außer uns vieren wußte von seiner Existenz. Aber jetzt herrschte wieder Geldnot. Banken, die günstig für einen Überfall waren, hatten wir genug ausgecheckt. Also überfielen die anderen flugs eine kleine Filiale der »Deutschen Bank« in Tiergarten: Alles ging glatt, aber mehr als 40 000 waren nicht zu holen. Das reichte fürs erste.

Noch während wir an dem Volksgefängnis bauten, hatten wir einen Entführungsplan ausgearbeitet. Wir wollten mitten in den West-Berliner Korruptionssumpf stoßen und eine der grauen

Eminenzen der Berliner Vetternwirtschaft kidnappen. Der Westberliner Politfilz wurde gerade an der sogenannten »Kreiselaffäre« offenbar: Zweistellige Millionenbeträge waren auf ominöse Weise im »Steglitzer Kreisel«, einem Hochhauskomplex, versickert. SPD-Senatoren, die den Schwund zu verantworten hatten, aber nicht erklären konnten, wo die Millionen geblieben waren, mußten zurücktreten. Die Bevölkerung war empört. Zum einen wollten wir mit der Entführung Geld erpressen, damit wir nicht mehr auf die Banküberfälle angewiesen waren, denn in den Kassenschaltern lagerte immer weniger Knete, und zudem war es auch jedesmal ein Risiko. Zum anderen wollten wir unsere Logistik, vor allem das Volksgefängnis, auf seine Brauchbarkeit und Sicherheit testen: Probelauf für den Ernstfall. Längst hatten wir entschieden, eine Entführung durchzuziehen, mit der wir politische Gefangene freipressen konnten. Wer aber für diesen Fall das Entführungsopfer sein sollte, darüber waren wir uns noch nicht im klaren. Um unser erstes Entführungsopfer auszuwählen, durchforsteten wir unsere »Prominenten-Kladde«, in der wir alles sammelten, was öffentlich über die Prominenten aus Politik und Wirtschaft berichtet wurde, nach dem Mann fürs große Geld. Wir kamen auf den CDU-Spezi und Mitinhaber des Europacenters, Herrn Pepper. Pepper war auch noch Besitzer einer Fabrik für Klimatechnik und Honorar-Konsul der Republik Irland, ein Millionär. Nach tagelangen Beobachtungen stand unser Plan: Wir wollten ihn auf dem Weg zwischen seinem Büro am Ernst-Reuter-Platz und seiner Villa in Dahlem an einer günstigen Ecke stoppen, ihn bedrohen und mitsamt seinem Auto in Richtung Kreuzberg entführen. Zum unverdächtigen Stopp sollte der Mann mittels einer Polizeikelle gezwungen werden, die wir aus einem Polizeiwagen in Neukölln geklaut hatten. Mit einem VW-Käfer hätten wir unseren Mann überholt, mit der Kelle gestoppt und wären, getarnt als Zivilstreife, an sein Auto herangetreten: »Ihr linkes Rücklicht geht nicht.« Dann hätten wir ihn zu zweit überwältigt, im Hintergrund der Deckungswagen, falls etwas schiefging, und hätten den Mann gezwungen, sich im Fond des Wagens auf den Boden zu legen: fesseln, knebeln, Kapuze. In einem günstigen Augenblick dann rein mit ihm in das Volksgefängnis.

Wir gingen zur Aktion über. Weil wir den Sicherheitsapparat nicht vor der politischen Entführungsaktion bereits in Alarmbereitschaft versetzen wollten, sollte das Kidnapping von Pepper, Deckname »Sergeant«, wie das Werk von Kriminellen aussehen. Das bedeutete, daß wir uns selbst mit Äußerungen zurückhalten mußten und die benutzten Autos auf keinen Fall nach unserer Methode knacken durften, da die Bullen sonst gleich gewußt hätten, wer da am Werk gewesen war. Diese Methode des Autoknackens benutzten damals nur wir. Also mieteten wir ein Auto, ließen vom Schlüssel ein Duplikat anfertigen und holten es in aller Seelenruhe zwei Tage später vom Hof des Autoverleihs. Wir wollten für die Freilassung von Pepper vier bis sechs Millionen Mark fordern. Die Geldübergabe, ein Knackpunkt, an dem wir wochenlang rumdokterten, sollte mittels eines falschen Taxis erfolgen. Eine Methode, mit der der 2. Juni Jahre später noch Erfolg haben sollte.

Zunächst wurde unser Laden eröffnet. Mit großen Buchstaben auf der Schaufensterscheibe verkündeten wir den Kreuzbergern, daß hier ein »Second Hand Ankauf und Verkauf« eröffnet habe. Die Kleiderspenden der Sympis, die wir wochenlang herangeschleppt hatten, reichten nicht, der Laden wurde und wurde nicht voll. Schließlich zogen Ella und ich durch die richtigen Secondhand-Läden und kauften für mehrere hundert Mark Klamotten ein. Immer noch waren wir dünn ausgestattet, aber wir mußten jetzt aufmachen. Noch bevor jedoch der Pepper-Plan in die entscheidende Phase trat, gerieten wir unter ganz anderen Zugzwang.

Gruppenzuwachs

Am 13. September 1974 hatte Ulrike Meinhof, die zusammen mit Horst Mahler in Moabit vor Gericht stand, alle politischen Gefangenen zum Hungerstreik gegen die Isolationshaft aufgerufen. An diesem kollektiven Hungerstreik beteiligten sich 60 politische Gefangene in allen Gefängnissen der Bundesrepublik und Westberlins. Es sollte einer der längsten Hungerstreiks überhaupt werden. Vom ersten Tag an wurde er von den Gefangenen mit aller Konsequenz geführt und vom Staat mit äußerster Härte beantwortet.

Fieberhaft suchten wir nach Möglichkeiten, zugunsten unserer Genossen im Knast zu intervenieren. Aber wie? Die Aktion mit Pepper war erst mal ad acta gelegt. Doch was tun? Zum ersten Mal diskutierten wir in dieser angespannten Situation über mögliche Zielpersonen einer politischen Entführung. Der Rechtsaußen der CDU, Heinrich Lummer? Den SPD-Innensenator Kurt Neubauer, wegen seiner harten Polizeieinsätze bei Demonstrationen verhaßt bei der Linken, den CDU-Vorsitzenden Peter Lorenz? Wir konnten uns noch nicht festlegen.

Zunächst bekamen wir unverhofft Gruppenzuwachs. In Bremen war beim Basteln einer Bombe eine konspirative Wohnung in die Luft geflogen. Der 19jährige Anarchist Wolfgang Quante wurde schwer verletzt in der Nähe der Wohnung festgenommen, gesucht wurde noch nach einem zweiten Bewohner, der in letzter Minute hatte fliehen können. Andreas Thomas Vogel, 18 Jahre alt. Das waren unsere Leute. Der Kontakt nach Norddeutschland lief über das Hamburger Ehepaar Inga und Rainer Hochstein. Wir hatten die Norddeutschen schon vor Monaten mit Waffen und Know-how versehen und auch regelmäßig den Kontakt dorthin gehalten. Die Hochsteins verkehrten mit uns über einen toten Briefkasten: In alten Häusern mit vielen Mietparteien und entsprechend vielen Hausbriefkästen installierten wir kurzerhand einen zusätzlichen Briefkasten. Wir hatten mehrere davon und darüber lief auch der Kontakt zu anderen Genossen in Westdeutschland. Wenige Tage nach dem Vorfall in Bremen waren das Ehepaar Hochstein und Andreas Vogel in Berlin. Wir brachten sie in der Wohnung eines Genossen unter, der auf Reisen war. Aus Gründen der Abschottung hielten nur Tuss und Atze den Kontakt zu dem zugereisten Trio. Intern diskutierten wir darüber, was jetzt mit ihnen geschehen und ob wir alle drei in die Gruppe integrieren sollten. Dem Ehepaar gegenüber waren Atze und Tuss skeptisch, während sie zu Andreas eine andere Meinung hatten. Wir entschieden später, die Hochsteins, ausgestattet mit Geld und falschen Pässen, wieder nach Hamburg zu schicken und Andreas aufzunehmen. Ich traf ihn dann auch bald, um mir überhaupt meine Meinung über ihn bilden zu können. Andreas imponierte mir sofort. Wenn ich auch nicht alle seine Ansichten teilte – er war überzeugter Anarchist –, so hatte er doch immerhin etwas zu sagen. Er unterschied sich von den anderen Neuzugängen vor allem dadurch, daß er nicht, wie jene, lärmend seine Militanzbereitschaft vortrug. Bei Andreas spürte ich, daß er nicht nur »gut drauf war«, sondern überlegt und konsequent zur Idee eines bewaffneten Kampfes stand. Irritiert war ich anfänglich nur darüber, daß jemand, der noch so jung war, doch schon so genau wußte, was er wollte, ohne dabei dem puren Aktionismus das Wort zu reden. Ich sprach mich für seine Integration aus. Für mich war er der erste Neuzugang, der die Gruppe auch politisch und ideologisch bereichern konnte. Andreas, der den Decknamen Tim bekam, zog zunächst zu Tuss und Atze.

Attentat auf Günter von Drenkmann

Der Hungerstreik lief bereits in der siebten Woche. In allen größeren Städten der Bundesrepublik und Westberlins gab es Demonstrationen, Anschläge, Besetzungen und Versammlungen zur Unterstützung der Hungerstreikenden, die Stimmung war aufgeheizt. Auch die beiden Kirchen und große Teile des liberalen Establishments erhoben scharfen Protest gegen die Haftbedingungen und die harte Haltung der Bundesregierung. Für alle politischen Gefangenen galt das berüchtigte 23 Punkte umfassende Haftstatut: »Nach jedem Besuch wird der Gefangene durchsucht und neu eingekleidet / Der Gefangene ist in strenger Einzelhaft zu halten / Die unmittelbar links und rechts und die unter und über den Gefangenen liegenden Zellen dürfen nicht belegt werden / Die Zelle des Untersuchungsgefangenen ist Tag und Nacht unter doppeltem Verschluß zu halten / Der Riegel wird zusätzlich mit einem Vorhängeschloß versehen / Einzelhofgang mit Bewachung durch zwei Bedienstete. Von diesen ist einer bewaffnet / Der Gefangene ist bei Bewegung im Freien ab Austritt aus der Zelle bis zu seiner Rückführung zu fesseln / Tägliche Zellenkontrollen in Abwesenheit des Gefangenen und Leibesvisitation / Der Gefangene trägt Anstaltskleidung / Keine Arbeitszuweisung...«

Würde die Bundesregierung es wagen, jemanden verhungern zu lassen, nur weil der um humanere Haftbedingungen kämpfte?

Eine andere Waffe als sein eigenes Leben hatte der Gefangene nicht. Wir waren erbittert und zum Handeln entschlossen, falls einer unserer Genossen im Hungerstreik sterben würde.

Am Morgen des 9. November 1974 machte ich mich mit unserem Fiat auf den Weg zu Victor nach Frankfurt am Main. Unter den Sitzen gut verstaut hatte ich sechs Stangen Dynamit, Zünder und Zündlitze dabei. Sollte es im Knast Tote geben, so hatte die Gruppe entschieden, würden wir zeitgleich in der Bundesrepublik und Westberlin auf mehrere Justizeinrichtungen Bombenanschläge durchführen. Victor sollte aus den Dynamitstangen zwei gut verdämmte Bomben basteln und sie, mit Zeitzündern versehen, in einem Frankfurter Gericht deponieren. Definitiv sollte er aber ausschließen, daß Menschen dabei zu Schaden kommen könnten. Als ich in Frankfurt am Main die Autobahn verließ, hörte ich im Radio die Nachricht: »Am heutigen Abend ist der Terrorist Holger Meins an den Folgen seines 58tägigen Hungerstreiks in der Haftanstalt Wittlich gestorben.« Schon seit einigen Tagen hatten wir befürchtet, daß so etwas passieren könnte, aber jetzt, wo es tatsächlich geschehen war, traf es mich doch wie ein Hieb: Wut und Haß kamen hoch. Die haben ihn verrecken lassen, dafür werden sie bezahlen, raste es mir durch den Kopf. Victor sollte auf der Stelle handeln. Notfalls bliebe ich in Frankfurt und machte die Sache mit ihm zusammen. Ob die Berliner sofort loslegen?

Victor war auf der spontanen Großdemonstration wegen des Todes von Holger Meins und kehrte erst spät in der Nacht in seine Wohnung zurück. »Gut, daß du da bist, wir müssen zurückschlagen. Sofort! Diese Schweine sollen nicht mehr zur Ruhe kommen!« brach es voller Zorn aus ihm heraus. Er war sofort mit unserem Plan einverstanden. Zum Auschecken des Gerichts und zum Bau der Zeitzünderbombe brauchte er aber noch mindestens zwei Tage, außerdem müsse er Eddy herbeiholen. Am Sonntag aber entschied ich wegen der neuen Situation nach dem Tod von Holger Meins, erst einmal den Anschlag in Frankfurt abzublasen und neue Order aus Berlin zu holen. Weil unsere Wohnungen, um das Abgehört-werden zu verhindern, kein Telefon hatten, mußte ich zurückfahren. Nachmittags verließ ich Frankfurt und bretterte über die Autobahn in Richtung Berlin. Am späten Abend erreichte ich den DDR-Kontrollpunkt Drewitz vor Berlin. Was den DDR-Grenzern an mir oder meinem Auto nicht gepaßt hat, weiß ich nicht. Jedenfalls winkten sie mich raus, und es begann eine zweistündige Wartezeit. »Fahrnse mal vor die Baracke«, sächselte mich der Grenzer an und dirigierte mein Auto direkt vor die berüchtigte Kontrollbaracke. Hier wurden nicht nur die Autos, sondern auch die Personen aufs schärfste untersucht. Da stand ich nun vor der Baracke, aber es passierte nichts. In meiner Hosentasche steckte brisantes Material: Victor hatte mir 17 Behördenstempel aus dem Raum Frankfurt am Main, detailgenau auf Plastikfolie gezeichnet, für unseren Bestand nach Berlin mitgegeben.

Mit falschen Stempelvorlagen durch die DDR zu reisen war hochgefährlich. Sie mußten weg. Unbemerkt von dem etwas weiter entfernt stehenden Posten, der mich im Auge behalten sollte, zerkaute ich ein Stück Plastikfolie nach dem anderen. Es war widerlich. Aber wegschmeißen konnte ich sie ja auch nicht, also aß ich sie alle auf. Während ich Plastik kaute, meldete mein Autoradio aus dem nahen Berlin dramatische Ereignisse: »Berlins oberster Richter, der Kammergerichtspräsident Günter von Drenkmann, 64, ist in den späten Abendstunden von bisher noch unbekannten Tätern erschossen worden. Die Polizei geht davon aus, daß die Täter zum Kreis der Baader-Meinhof-Bande gehören. Die Ermordung des Kammergerichtspräsidenten steht vermutlich im Zusammenhang mit dem Tod des Terroristen Holger Meins, der gestern in der Haftanstalt Wittlich an den Folgen seines Hungerstreiks gestorben ist. Die Polizei fahndet nach einem Peugeot und einem weißen Mercedes älterer Bauart.«

Verdammt, was war da los und wer war das? Wir? Nur ruhig bleiben, sagte ich mir, und sieh erst mal zu, daß du so schnell wie möglich von der Straße verschwindest. Endlich kam der DDR-Grenzer mit meinen Papieren zurück und ließ mich ohne weitere Kontrolle nach Westberlin passieren. Auf Schleichwegen fuhr ich unverzüglich in unsere Kreuzberger Wohnung. Ich hängte mich sogleich in den Polizeifunk: Die Großfahndung war voll im Gange.

Entsprechend dem alten Guerilla-Grundsatz, daß jeder nur so viel wissen darf wie notwendig, erfuhr ich nie, wer in dieser Nacht agiert hatte und was genau abgelaufen war. Fragen stellte ich nie. Das Gericht rekonstruierte das Geschehen am späten Abend des 10. November in der Wohnung des Kammergerichtspräsidenten wie folgt:

»Am 10. November 1974 fuhren mindestens sieben bewaffnete Gruppenmitglieder zu der im Hochparterre des Mietshauses in Berlin 19, Bayernallee 10–11, gelegenen Wohnung des Kammergerichtspräsidenten. Gegen 22.40 Uhr stellten sie ihre zwei Personenwagen gegenüber dem Hauseingang ab. Während mindestens zwei der Täter in den Fahrzeugen sitzen blieben, gingen fünf Gruppenmitglieder zur Haustür und klingelten bei von Drenkmann. Frau von Drenkmann, die sich allein mit ihrem Ehemann in der Wohnung aufhielt, meldete sich über die Gegensprechanlage. Einer der Täter teilte ihr mit, daß er Blumen von Fleurop abzugeben habe. Da ihr Ehemann am Tag zuvor seinen 64. Geburtstag gehabt hatte, öffnete Frau von Drenkmann trotz der späten Stunde die Haustür durch Knopfdruck. Die fünf Täter traten in das Treppenhaus und gingen durch einen Korridor zur Wohnung. Frau von Drenkmann sah durch den Türspion Kopf und Oberkörper eines jungen Mannes, der einen teilweise noch eingewickelten Nelkenstrauß in der Hand hielt. (. . .) Die Eheleute von Drenkmann wechselten einige wenige Worte mit dem Mann und öffneten dann die Tür bis zur zweiten Stufe der Sicherheitsverriegelung, die einen Spalt von 12 bis 15 cm Breite freigab. In diesem Augenblick wurde der Blumenstrauß heftig durch den Türspalt gestoßen. Gleichzeitig drückten die Täter von außen kraftvoll gegen die Tür. Die Eheleute von Drenkmann stemmten sich erschrocken von innen dagegen. (. . .) Bei dem Auf- und Zudrücken der Tür sprang die Sicherung plötzlich auf. Drei Täter stürmten in die Diele, während die beiden anderen das Treppenhaus sicherten. Es kam sofort zu einem heftigen Handgemenge. Die Täter versuchten, Herrn von Drenkmann gewaltsam aus der Wohnung zu ziehen, und riefen ihm zu: ›Verfluchter Kerl, komm mit!‹. Die Eheleute riefen laut um Hilfe. Frau von Drenkmann, die den Eindruck hatte, daß die Täter es nur auf ihren Mann abgesehen hatten, versuchte wiederholt, sich an diesen zu klammern, um seine Verschleppung zu verhindern. (. . .) Nachdem es den Entführern wegen der heftigen Gegenwehr nach einiger Zeit immer noch nicht gelungen war, Herrn von Drenkmann durch die Wohnungstür in den Hausflur zu zerren, wurde er plötzlich mit dem Rücken gegen die Wand links neben der Tür gedrängt. Sodann schoß einer der vor ihm stehenden Täter mit dem Revolver Smith & Wesson, Kaliber 38, Spezial (...) zweimal in Tötungsabsicht in die Brust des Opfers. (...) Infolge der Herzverletzung brach Herr von Drenkmann zusammen und starb innerhalb von wenigen Minuten. (...) Gleich nach den Schüssen flüchteten die Täter in ihren beiden Fahrzeugen.«

Am Abend des nächsten Tages trafen wir uns alle zu einem großen Plenum in unserer Kreuzberger Wohnung. »Wer auch immer bei dem Kommando dabei war, es muß doch wohl die Frage erlaubt sein, warum es denen nicht gelungen ist, einen alten Mann aus der Wohnung zu schleppen«, wurde gleich zu Beginn die gescheiterte Entführungsaktion kritisiert. »Mit einer Entführung hätte man Einfluß auf die Haftbedingungen nehmen können, aber mit einem toten Richter? Das geht nach hinten los.« Niemand der Genossen erklärte sich. Nach stundenlanger, kontrovers geführter Diskussion einigten wir uns schließlich darauf, wie schon im Fall des erschossenen Schmücker, als Organisation die politische Verantwortung für das Attentat zu übernehmen. Es wurde strikte Gruppendisziplin verlangt. Die Rechtfertigungslinie, auf die sich die Bewegung schließlich einigte: »Wenn schon Tote, dann auf beiden Seiten. Das Attentat als Vergeltungsschlag für den Tod des Revolutionärs Holger Meins.« Fortan wurde über jene verhängnisvolle Nacht innerhalb der Gruppe nicht mehr geredet. Ein erstes Flugblatt wurde bereits am gleichen Abend fertig:

»(...) als der hungerstreik der gefangenen begann, haben wir gesagt: wenn die vernichtungsstrategie des systems erneut das leben eines revolutionärs kostet, werden die verantwortlichen selber mit ihrem leben bezahlen. Günter von Drenkmann war der oberste richter von berlin. er gehörte somit zum harten kern der verantwortlichen. unsere forderung nach erfüllung der von den gefangenen gestellten bedingungen wollte er nicht hören, damit war klar, daß er in kauf nahm, daß noch weitere revolutionäre in deutschen gefängnissen sterben. wer gewalt sät, wird gewalt ernten.

wir fordern nochmals die aufhebung der unmenschlichen haftbedingungen in den gefängnissen der brd und westberlins!! bewegung 2. juni«

Das Flugblatt lancierten wir in die Medien und organisierten eilends die Verteilung in den Universitäten und linken Buchläden. Aber wie schon seinerzeit bei Schmücker gab es auch diesmal wieder herbe Kritik von Teilen der Linken: der Falsche sei erschossen worden. Man hielt uns vor, Drenkmann, der Sozialdemokrat, sei alles andere als ein Scharfmacher gewesen, und überhaupt, seine Erschießung habe die Lage in den Knästen nur noch weiter verschärft. Beifall kam von der radikalen Linken und vor allem aus den Gefängnissen. Das Attentat hatte das Selbstvertrauen und den Kampfeswillen der Gefangenen gestärkt. In vielen Städten der Bundesrepublik gingen die gewaltsamen Proteste wegen des Todes von Holger Meins weiter. Entsetzt und empört waren die Protestierer vor allem, als die näheren Umstände seines Todes bekannt wurden und erste Fotos des bis zum Skelett ausgemergelten Meins an die Öffentlichkeit gelangten. Der Gefängnisarzt hatte sich in der Todesnacht freigenommen und den sterbenden Meins sich selbst überlassen. Jeden Tag berichteten die Medien über die brutal durchgeführte Zwangsernährung, die gegen den Willen der Gefangenen erfolgte. Es fiel der Gruppe nicht schwer, das Attentat trotz anhaltender interner und externer Kritik politisch zu vertreten.

Wir alle hockten in unseren Wohnungen und hielten die Füße still in Erwartung des Gegenschlags des Staates: Der folgte prompt. Der Anschlag auf den höchsten Richter Westberlins war das erste politische Attentat in der Bundesrepublik auf einen hohen Repräsentanten des Staates, und der zeigte Härte. Die Haftbedingungen änderten sich auf Jahre nicht, sondern wurden im Gegenteil Zug um Zug verschärft. Wenige Tage nach dem Attentat durchkämmten Tausende von Polizisten die gesamte linke Szene in Westdeutschland und Westberlin: Es kam zu Dutzenden von vorübergehenden Festnahmen, neue Steckbriefe prangten in allen öffentlichen Gebäuden und gingen tagelang durch die Medien. Die Aktion hatte die Linke erneut polarisiert. Die anfänglich breite Protestbewegung gegen die Haftbedingungen und gegen die neuen Antiterrorgesetze, die jetzt in aller Eile verabschiedet wurden, war gespalten. Träger der Protestbewegung waren jetzt hauptsächlich nur noch die sogenannten Folterkomitees. Nicht wenige der jungen Leute aus bürgerlichem Hause, die sich mit aller Kraft für die Gefangenen einsetzten, trieb ihr moralischer Rigorismus, genährt aus Prinzipien christlicher Ethik, letztlich selbst zur Waffe. Die Härte des Staates bei der Behandlung der Gefangenen sorgte über Jahre dafür, daß die Kommandos der RAF sich immer wieder auffüllten.

Weil die Kritik aus der Linken an der Aktion nicht verstummte, hielt ein Teil der Gruppe es für nötig, ein zweites Flugblatt zu schreiben. Auf zwei Seiten verfaßten wir nochmals eine politische Rechtfertigung des Attentats und riefen dazu auf, die für den Donnerstag angesetzte offizielle Trauerfeier zu boykottieren. Über ein spezielles Verteilersystem schaffte es die Bewegung, noch am Mittwoch abend 15 000 Flugschriften zu verteilen. Alle näheren Sympis wurden bestückt und gaben ihrerseits jeweils 500 Exemplare an andere weiter: »Zwischen 19 und 20 Uhr verteilen. Schlagartig.« So gelang es, daß der Text zwar nicht flächendeckend, aber doch in allen Bezirken Westberlins auftauchte, linke Kneipen, Buchläden und die Universitäten inclusive.

»Die aktionen der bewaffneten linken haben sich nie gegen das volk gerichtet: ihre aktionen waren immer gegen die gerichtet, die das volk ausbeuten, belügen, betrügen und verraten. Und genau diese haben es nötig, im augenblick der gefahr für sie selbst, eine gefahr für die bevölkerung heraufzubeschwören: einer bevölkerung, mit der sie sich sonst nicht an einen tisch setzen würden. Plötzlich war richter Drenkmann ein bürger wie jeder andere, als ob die schüsse auch den werkzeugmacher, den gemüsehändler an der ecke oder die verkäuferin im kadewe hätten treffen können! (...) Verweigert den heuchlern die solidarität, laßt sie am donnerstag unter sich.

bewegung 2. juni«

Bei Hering in Sahnesauce und Pellkartoffeln saßen Atze, Tuss, Ella und ich am Donnerstag abend vor dem Fernseher, um uns die offizielle Trauerkundgebung anzusehen. Die Resonanz war trotz allen Mediengetrommels und des Aufgebots führender Politiker – selbst der Bundespräsident hielt eine Rede – eher dürftig. Kaum 15 000 Menschen hatten sich vor dem Rathaus versammelt.

Nach einer beklemmenden Lähmung von vierzehn Tagen wandten wir uns wieder der schon vor dem Hungerstreik geplanten Entführung zu. Das Guerilla-Gebot, auch untereinander zu schweigen, wurde eisern befolgt: Niemand wollte wissen, wie der Drenkmann-Anschlag abgelaufen war, keiner wollte mehr daran rühren.

Der Wahlkampf für die Abgeordnetenhaus-Wahlen am 2. März 1975 hatte begonnen. Sehr schnell kam uns jetzt die Idee, wer unser Entführungsopfer sein sollte. Der Spitzenkandidat der oppositionellen CDU und deren Berliner Vorsitzende, Peter Lorenz. Wir gingen davon aus, daß die regierende SPD den Oppositionsführer kurz vor der Wahl nicht zum Opfer werden lassen konnte. Auswahl und Anzahl der Gefangenen, die aus den Gefängnissen freigepreßt werden sollten, mußten wir so geschickt abwägen, daß der Staat selbst bei einem Eingehen auf unsere Forderungen noch sein Gesicht wahren konnte. Und der Termin war wichtig: Wir entschieden, Lorenz erst wenige Tage vor dem Wahltag zu kidnappen. Bis dahin wären wir auch mit allen Vorbereitungen fertig. Und es gab noch einiges zu tun.

Über Lorenz wurde sofort eine Kladde angelegt, in der wir alles abhefteten, was wir über ihn in den Medien und Archiven fanden. Maximal hatten wir noch drei Monate Zeit. Nach dem Drenkmann-Anschlag wurde die Fahndung nach uns noch offensiver, und wir waren gezwungen, unsere Regeln zur Eigensicherung erneut zu verschärfen. Wir Illegalen waren deutlich isolierter als vorher. Jetzt riskierte niemand mehr etwas, zumal über hunderttausend Mark Belohnung ausgelobt worden waren. Unsere Logistik aber hatte die Großfahndung der vorangegangenen Wochen unbeschadet überstanden. Vorsichtig begannen wir damit, uns gezielt auf die Entführung vorzubereiten. Teile unserer Waffen und Munition verbuddelten wir, gut in Ölpapier verpackt, in mehreren Erdbunkern im Grunewald. So etwas machten wir immer zu dritt, damit die Sachen wiedergefunden werden konnten, falls jemand in Haft ging. Nach und nach schleppten wir den größten Teil unserer Waffen und Ausrüstung in das Volksgefängnis. Jetzt mußten Autos her: In Abständen klauten wir einen roten Ford, einen schnellen Audi und einen neuen Golf. Die Autos konnten wir in unseren Garagen unterbringen, von denen wir inzwischen drei hatten, zwei im Berliner Norden, eine im Süden der Stadt. Ella und ich fuhren einen roten Audi als Doublette, die anderen einen großen Fiat.

Auch mit der Waffenbeschaffung klappte es zügig. Wir wollten unser Depot auffüllen und so kamen uns die zwei Firebird-Pistolen, die uns die RZ überließen, gerade recht. Zudem offerierten uns die »Zellen« auch eine Kalaschnikow, die wir uns bei Bedarf ausleihen konnten. Außerdem hatten wir beschlossen, einen Teil unserer Schrotbüchsen den »Roten Brigaden« im Tausch gegen anderes Schießgerät zu überlassen. Zwei Genossen brachen zur Kontaktaufnahme mit der Mailänder Kolonne der »Brigate Rosso« nach Italien auf. Was sie nach ein paar Tagen wieder mitbrachten, war gut zu gebrauchen: einige Stielhandgranaten und zwei Pistolen. Die nach Italien gelieferten Schrotbüchsen sollten ein halbes Jahr später wieder auftauchen. Eine lag neben der erschossenen Rotbrigadistin Marguerita Cargol, Ehefrau des Gründers der Roten Brigaden, Renato Curcio. Die Brigadisten hatten einen reichen Sektfabrikanten entführt. Die Polizei spürte allerdings das Volksgefängnis irgendwo in Norditalien auf und stürmte es. Dabei gab es mehrere Tote, und eine Waffe wurde als jene identifiziert, die der 2. Juni bei »Waffen Triebel« geraubt hatte.

Weihnachten wollten wir alle zusammen feiern: gemeinsam kochen, Wein trinken und einen durchziehen. Haschisch rauchen war bei uns ansonsten verpönt. »Der Realitätstrip ist der beste Trip« lautete unsere Devise. Also ließen wir es fast!

Für Weihnachten und über Silvester hatte uns ein Genosse seine geräumige Wohnung in der Görlitzer Straße, weit hinten in Kreuzberg, überlassen. Und wir aßen und tranken, und alle waren da und gut drauf. Zum ersten Mal sprachen wir gemeinsam über die Entführung von Peter Lorenz. Er bekam den Decknamen Fridolin. Jeder Aspekt der Aktion wurde durchdiskutiert. Das politische Ziel:

den Staat in die Knie zu zwingen und ihm sein Gewaltmonopol streitig zu machen. Das materielle: Gefangene befreien. Bei einem Erfolg wäre es zudem ein großer Propagandasieg für unsere Sache. Nicht der Regierende Bürgermeister, der Oppositionsführer muß es sein, und das nur wenige Tage vor der Wahl. Kann der Regierende Bürgermeister Klaus Schütz seinen politischen Kontrahenten und den möglichen Wahlgewinner in Todesgefahr belassen? Wir gingen davon aus: nein. Ein Erfolg hing auch von unseren Forderungen und dem Vorgehen bei der Aktion selbst ab. Selten waren wir so geschlossen einer Meinung. Wenn wir ihn behutsam schnappen könnten und das Volksgefängnis nicht gefunden würde, könnte es klappen. Jeder sollte sich jetzt seine Gedanken machen. Mit den praktischen Vorbereitungen und der konkreten Planung wollten wir erst im Januar beginnen. Zwischen den Jahren gingen wir erst mal alle auf Raubzug. Getreu unserer Maxime: »Alles, was wir brauchen, holen wir uns bei den Reichen« machten wir erst mal zwei Einbrüche. Zuerst auf dem Ku'damm, wir hatten einen Tip bekommen, und knackten ein vornehmes Reisebüro, wo wir teure Kugelkopfschreibmaschinen, Kopiergeräte und die Portokasse mitnahmen. Wenige Tage später brachen wir in den Ausstellungsraum des Druckmaschinen-Herstellers »Rotaprint« ein und klauten eine nagelneue DIN-A4-Druckmaschine. Atze kannte sich aus, er hatte in diesem Betrieb Drucker gelernt.

Silvester waren wir wieder alle beisammen. Zum Fisch gab es schönen Weißwein und anschließend dicke Joints. Um Punkt 12 Uhr nutzten wir die Knallerei auf unsere Weise aus. Auf dem alten Görlitzer Bahnhof, der damals noch ein großes Brachland war, schossen wir unsere neuen Schrotbüchsen ein. Niemand bemerkte, daß wir etliche scharfe Schüsse in den Nachthimmel ballerten.

In all diesen Monaten mußte ich nur manchmal an den kleinen Till denken, vor allem wenn ich in der Nähe des Wittenbergplatzes war, wo er mit seiner Mutter wohnte. Ich verdrängte es einfach. Als ich kurz vor Weihnachten Tuss gegenüber erwähnte, daß ich beabsichtigte, Till-Felix anonym ein paar Schlittschuhe und einen kurzen Brief zu schicken, riet sie mir ab. »Warum willst du das machen? Du bist Guerillero, und Nachrichten über dich können nur heißen, tot oder verhaftet. Du wühlst den Jungen nur auf. Kümmere dich nicht mehr darum, das ist besser. Dem geht es schon gut.« Hatte sie nicht recht? Das war wirklich die Situation. Natürlich konnte ich ihn nie aus meinem Kopf verdrängen, aber zum Beruhigen der immer wieder auftauchenden Frage danach, was er wohl machte, wie es ihm ginge, taugte das einstweilen. Zwei- oder dreimal hatte ich auch Ella zu meiner Schwester Rosemarie geschickt, bei der Till-Felix öfters zu Besuch war. Dann mußte die Schwester haarklein über ihn erzählen, und Ella berichtete es mir. Was kommen konnte, wußte ich nicht, aber zurück wollte ich auch nicht. Unsere Sache war gerecht, und ich war versessen darauf, die Entführung endlich zu machen.

Checken und cool bleiben

Ab Januar 1975 begannen wir damit, den Alltag von Peter Lorenz auszukundschaften. Dafür legten wir eine weitere Kladde an, in die jeder seine Beobachtungen eintragen mußte: Uhrzeiten, Wege, Abfahrt, Ankunft, mit wem? In den ersten Wochen machten wir das nicht zu oft, um nicht aufzufallen. Trotzdem hatten wir sehr schnell Lorenz' tägliche Wege und Routen raus: Entweder fuhr er in seine Rechtsanwaltskanzlei in der Hardenbergstraße, zur Parteizentrale der CDU in der Lietzenburger Straße oder ins Rathaus Schöneberg. Er war Fraktionsvorsitzender und Landesvorsitzender seiner Partei, und so steuerte der Chauffeur den Mercedes meistens zum Rathaus. Bei 25 Abfahrten von seinem Haus im Villenvorort Zehlendorf fuhr der Wagen 20mal, zumindest bis zur Avusauffahrt, den gleichen Weg. In der Innenstadt änderte sich die Fahrtroute öfters. Ende des Monats hatten wir die entscheidende Stelle gefunden: Sie lag nicht allzu weit von seinem Haus entfernt, und uns war klar, daß es morgens früh geschehen mußte, wenn er sich auf dem Weg zum Dienst befand. Zum unauffälligen Checken hatten wir fünf Autos, ein Motorrad und einen Hund als harmlosen Begleiter auf Spaziergängen eingesetzt.

Jetzt konnten wir zur nächsten Planungsphase übergehen. Wie stoppen und überwältigen wir ihn? Wie transportieren wir ihn schnellstens quer durch die Innenstadt? Wie kriegen wir ihn am frühen Vormittag unauffällig in das Volksgefängnis? Wieviel Autos, wieviel Leute brauchen wir, und wer soll was machen?

Für die Lorenz-Aktion mußte erst einmal die Kriegskasse wieder aufgefüllt werden. Die anderen hatten sich dafür eine Sparkasse in Steglitz ausgesucht. Hier sollten wieder jene ran, denen noch die notwendige Erfahrung im offenen Auftreten mit der Waffe fehlte. Die Banküberfälle liefen immer nach dem gleichen Muster ab. Die Genossen mit der größten Erfahrung bei Geldbeschaffungsaktionen hatten darüber ein mehrseitiges Papier angefertigt: »Bankraub – ein notwendiges Mittel revolutionärer Politik.« In diesem Papier war bis ins kleinste aufgelistet, auf was alles bei einem Überfall geachtet werden muß. Mitte Februar überfielen vier Genossen die Steglitzer Filiale, machten in weniger als einer Minute 70 000 DM Beute und verschwanden spurlos. Das Geld wurde auf alle Feuereinheiten der Gruppe gleichmäßig verteilt. Die Bundesanwaltschaft sollte der Bewegung später vorwerfen, insgesamt zwölf Banküberfälle mit über 1,2 Millionen Beute »in jeweils wechselnder Beteiligung« durchgeführt zu haben.

Atze und Tuss waren in Westdeutschland, um verschiedenen Genossen Bescheid zu sagen, daß demnächst ein dickes Ding passieren würde und sie aufpassen müßten. Weil wir jetzt wieder flüssig waren und ich mit den 150 D-Mark »Sold« pro Woche nie auskam, schlug ich bei einem Plenum vor, uns 500 D-Mark extra zu genehmigen. Alle waren einverstanden. Ich brauchte unbedingt eine neue Lederjacke. Bei Tuss und Atze hätte ich das nie durchgekriegt. Prompt bekam ich nach ihrer Rückkehr gleich schweren Ärger. »Wir klauen doch kein Geld, damit ihr euch schöne Klamotten kaufen könnt!« Das war doch Blödsinn, was sie da sagten, ärmer wurden wir davon nicht, und ich hatte es satt, immer knapp bei Kasse zu sein. Wo ich doch so gerne essen ging und mich sportlich, aber modisch kleiden wollte. Überhaupt ecke ich jetzt immer öfter an. Weil ich Tarzan und Lucky ein paarmal eine Viertelstunde hatte warten lassen, mußte ich mich vor der Gruppe verantworten. Man warf mir Unzuverlässigkeit und Arroganz vor – als wären die beiden Legalen dem gleichen Streß ausgesetzt wie ich. Wenn ich ein ungutes Gefühl bei einem Treff hatte, checkte ich lieber nochmal und wartete.

Vor allem aber gab es zunehmend politische Differenzen. Ich hatte längst andere Vorstellungen zur Strategie und Zusammensetzung der Gruppe. Diese halboffene Gruppe, in der alle das gleiche Mitsprache- und Entscheidungsrecht hatten, egal welchen Erfahrungshintergrund sie besaßen, und das auch noch gepaart mit dem unabdingbaren Konsensprinzip, hielt ich für ineffizient. Mir schwebte eher die kleine, straff organisierte Kaderorganisation vor, die bestimmte Aufgabenbereiche und Funktionen auch an andere delegieren konnte. Die Mischform zwischen gesuchten Illegalen und legal agierenden Leuten stellte überdies immer eine Gefahrenquelle für die Organisation dar. Auch hielt ich unsere Gruppe bereits für zu groß. Wir hätten uns teilen und unabhängig voneinander jeweils eine eigene Struktur und Logistik aufbauen müssen. Die Kommunikation und gemeinsame Planungen wären dann über Delegierte gelaufen, ähnlich wie es die Roten Brigaden in Italien praktizierten. Politisch unterschiedliche Strömungen waren bei uns ohnehin vertreten. Ich galt den anderen als die »Moskau-Fraktion«. Mein Verhältnis zur DDR, zum sozialistischen Lager überhaupt, sah anders aus als das meiner Genossen. Aus historischen Gründen war (und bin) ich ein Verfechter der Teilung Deutschlands und hielt die DDR für den besseren deutschen Staat, dem wir als Linke zumindest eine Chance geben müßten. Ich ging von einer bipolaren Welt aus: Jeder Befreiungskampf in der Dritten Welt war demnach Teil des Ost-West-Konfliktes. Also galt es, solidarisch zu sein mit dem »Hinterland der Weltrevolution«, den sozialistischen Ländern. Daraus ergaben sich für mich auch andere Strategien und Angriffsziele für die »Metropolenguerilla«. Und so geriet ich immer häufiger in Widerspruch zu meinen Genossen. Diese fühlten sich eher libertären, anarchistischen Ideen verpflichtet und vertraten das Konzept »Basisguerilla«, also einer militanten Intervention auf niedrigem Level. Diese Differenzen konnten wir nie produktiv nutzen. Später, in den langen Jahren der Haft, sollten diese Auseinandersetzungen noch auf die Spitze getrieben werden. Ich spürte zwar, daß es so nicht richtig war, konnte andererseits aber meine Kritik nicht auf den Punkt bringen und blieb deshalb im Gruppenkonsens. Noch einte uns der gemeinsame Wille zur Aktion.

Tarzan und Lucky sollten aus Gründen der Sicherheit für die Zeit vor und während der Lorenz-Aktion aus ihren alten privaten Zusammenhängen verschwinden und eine konspirative Wohnung in Charlottenburg beziehen. Wir Illegalen suchten uns sichere Zweitwohnungen für die Zeit nach der Entführung, wenn der Gegenschlag der Polizei erfolgte. Aus allen anderen Quartieren räumten wir unser Material raus, vergruben es oder brachten es bei unverdächtigen Genossen unter: »Kannste mal die Kiste für ein paar Tage aufheben?«

Der Plan steht

Der Wahlkampf lief jetzt auf vollen Touren. Überall prangte das Plakat mit unserem Entführungsopfer. Wahlslogan: »Mehr Tatkraft schafft mehr Sicherheit. CDU.« Alle Wahlprognosen deuteten darauf hin, daß die CDU mit einem erheblichen Stimmenzuwachs rechnen konnte. Zu sehr hatte sich die SPD unter dem Regierenden Bürgermeister Klaus Schütz in Filz- und Korruptionsaffären verstrickt, sie würde in jedem Fall der Wahlverlierer sein.

Sorge bereiteten uns die Körpergröße und das mögliche Gewicht von Lorenz – schließlich würden wir ihn tragen müssen. Tuss hatte bei dem Genossen Arzt einen Schnellkurs im Spritzengeben absolviert, Lorenz mußte ja betäubt werden. Die benötigte Menge des Serums hing von Größe und Gewicht ab. Und weil ich der Größte in der Gruppe war, wollte sie partout ihr dilettantisches Spritzesetzen an mir ausprobieren – sie schaffte es nicht.

In unzähligen Diskussionen lösten wir ein Detailproblem nach dem anderen. Zum Experimentieren hatten wir uns eine Reihe von Spielzeugautos gekauft, mit denen wir plangenau den Ablauf durchspielten. Stoppen wollten wir den Chauffeur von Peter Lorenz, der keinen Polizeischutz hatte, an einer Stelle, wo der Ithweg in den Quermattenweg mündet – dort kam er mit Sicherheit vorbei. Links Wald, rechts kleinere Villen; eine ruhige Ecke und nur drei Minuten von seinem Haus entfernt. Ein großer Lkw sollte rückwärts aus dem Ithweg in den Quermattenweg stoßen und so den Fahrer unverdächtig zum Halten bringen. Tarzan sollte jener

Mann sein, der den Lkw per Handzeichen aus der Straße dirigierte. Ein weiteres Auto sollte in diesem Augenblick wie aus Versehen von hinten auf den Wagen von Lorenz auffahren, ganz vorsichtig. Am Steuer eine Frau. Wir gingen davon aus, daß der Chauffeur dann den Wagen verlassen würde, um nachzusehen, was los war. In dem Moment würde ihn Tarzan mit einem umwickelten Eisenrohr niederschlagen. Zeitgleich würde der Rest der Gruppe, die hinter der Plane auf dem Lkw hockte, runterspringen, das Auto von Lorenz kapern und mit ihm zusammen losbrausen. Die Frau am Steuer des »Unfallwagens« sollte ebenfalls mit Lorenz zusammen wegfahren, gefolgt von einem Deckungswagen, in dem der Lkw-Fahrer sitzen sollte und derjenige, der das Ganze abgesichert hatte. Dann sollte es mit maximaler Geschwindigkeit über die nahe Avus gehen. Erstes Ziel wäre die Tiefgarage in der Neuen Kantstraße in Charlottenburg. Dort sollte Lorenz, der jetzt bereits betäubt und gefesselt wäre, in den Kofferraum des Golfs gepackt werden. Dafür war dieser Wagen besonders gut geeignet, weil der Kofferraum von innen überwacht werden konnte. Das Auto von Lorenz und den ersten Deckungswagen wollten wir stehenlassen. Als neuer Deckungswagen sollte sich dann der grüne Audi hinter den Golf mit dem betäubten Lorenz klemmen. Von der Tiefgarage in der Neuen Kantstraße sollte es dann im Konvoi bis nach Kreuzberg in die Lilienthalstraße gehen. Dort, auf einem nicht einsehbaren Friedhofsgelände, müßte Lorenz umgeladen werden, in den Ford und in die Kiste, und dann zum Volksgefängnis transportiert werden. Wichtig war, daß wir die gesamte Strecke, gut 20 Kilometer durch die Innenstadt, in weniger als 25 Minuten hinter uns brachten. Solange brauchte die Polizei, um ihre Alarmfahndung in Gang zu bringen. Kreuzberg war leicht dichtzumachen. Es gab praktisch von dieser Seite nur drei Wege in den Bezirk, und alle drei wurden bei einer Alarmfahndung zugemacht. Wir mußten auf jeden Fall schneller sein. Um ganz sicher zu gehen, daß wir auch durchkamen, sollten zwei Mann mit Funksprechgeräten dem Konvoi auf einem Motorrad vorausfahren. Die beiden »Kundschafter« konnten rechtzeitig warnen und schnell wenden.

Um Lorenz ohne Aufsehen aus dem Ford-Transit über die Straße in das Volksgefängnis zu transportieren, hatten wir als mobiles Versteck eine Kommode gewählt. Ella und ich suchten und fanden sie bei »Trödel Erna« in Neukölln: eine alte, solide Eichenkommode schien uns geeignet. Ich nahm die Schubladenkästen raus, nagelte die Türen zu und schraubte nur wieder die Blenden drauf. Dann entfernte ich den massiven Deckel und befestigte ihn mit Scharnieren. So war aus der Kommode eine Kiste geworden, die dennoch aussah wie eine Kommode und die man unverdächtig in den Laden schleppen konnte. Der Plan stand. Wir waren zu sechst, bewegten sieben Autos plus ein Motorrad und hatten gut ein halbes Dutzend Helfer im Hintergrund. Die hatten mehr oder weniger größere Aufgaben vor und während der Entführung zugeteilt bekommen. Von der Existenz des Volksgefängnisses wußte niemand etwas. Auch Tarzan und Lucky erfuhren den Ort erst eine Woche vor der Aktion.

Große Probleme bereitete uns die richtige Anzahl und Auswahl der Gefangenen, die wir durch die Entführung rausholen wollten. Vor allem aber: Wer sollte es sein? Die Überlegungen und Diskussionen zogen sich bereits seit Monaten hin. Fest standen: Ina Siepmann, Verena Becker und Rolf Pohle – sie gehörten zum 2. Juni. Auch mit Rolf Heißler hatte keiner von uns Probleme. Er zählte sich damals zu den Tupamaros München. Auch Gabriele Kröcher von der »Roten Ruhrarmee« wurde akzeptiert. Aber wen von der RAF? Lange Zeit waren wir fünf uns darüber einig, Ulrike Meinhof und Manfred Graßhof auf die Liste zu setzen. Wir kamen aber an beide nicht richtig ran. Und wir wußten, daß die RAF alles kollektiv diskutierte, auch die Kassiber. Uns plagte die Sorge, daß so ein Kassiber vielleicht hochgehen könnte. Sicher waren wir uns auch nicht, ob sie uns nicht vielleicht so antworten würden: »Alle oder keiner.« Wir überlegten sehr lange, wie wir unter diesen Umständen zumindest Ulrike Meinhof auf die Liste kriegen könnten. Es gab zwar Kontakt, aber sie wollten Details und – wie erwartet – mitdiskutieren. Das gab dann den Ausschlag gegen die RAF. Dann kamen wir auf Horst Mahler. Die RAF hatte ihn kurz zuvor aus ihrer Organisation ausgeschlossen, und er war jetzt engagiertes KPD/AO-Mitglied. Wir setzten ihn auf die Liste – nicht weil er bei der RAF raus war, sondern weil er eine der wichtigsten Symbolfiguren der APO war. Bei ihm vermuteten wir schon, daß er nicht mehr in den Untergrund gehen würde. Wir hofften mehr darauf, daß er nach seiner Befreiung in ein befreundetes Land ausreisen und von dort propagandistisch und wirksam unseren politischen Kampf unterstützen würde. Mit dieser Liste waren letztlich alle einverstanden, bis auf einen. Die Anzahl mußte stimmen, und es durfte nur »ein Mahler oder eine Ulrike« drauf sein. Keiner der Inhaftierten saß wegen Mordes, keiner, bis auf Mahler und Ina, hatte mehr als zehn Jahre Haft bekommen. Tim war der einzige von uns, der bis zum Tag des Austauschs gegen Horst Mahler war. Er sollte recht behalten.

Atze und Tuss hielten den Kontakt zu den Palästinensern. Sie sollten uns die Sicherheit geben, daß die Volksrepublik Jemen – und nur dieses Land kam für eine solche Sache in Frage – die befreiten Gefangenen auch wirklich aufnahm. Und schützte! Aber es dauerte. Knapp 14 Tage dachten die beiden daran, die Lorenz-Aktion abzublasen. Noch immer hatte die PFLP-Splittergruppe, über die der Kontakt lief, kein grünes Licht gegeben. »Wenn wir die Gefangenen da nicht unterkriegen, müssen wir es sein lassen«, hatte Atze die ausbleibenden Nachrichten aus Nahost kommentiert. Ich war dagegen. »Wir können doch die Leute nicht auf gut Glück dahin schicken. Was ist, wenn die Jemeniten die Befreiten postwendend zurückschicken?« wurde mir entgegengehalten. Da war was dran. Es wäre verhängnisvoll gewesen. Aber ich dachte, daß wir die Aufnahme im Süd-Jemen mit einer Bitte der Bundesrepublik erzwingen könnten: »Wir müssen einfach von Bonn fordern, daß die BRD sich selbst um ein absolut sicheres Aufnahmeland bemüht. Sie sollen einen Verfolgungsverzicht erklären und das Gastland um Asyl für die Befreiten bitten.« Sollten sie das später ignorieren, stünden sie zumindest in der Öffentlichkeit schlecht da. Ich konnte die Argumente der beiden nicht ignorieren, wollte aber unbedingt, daß die Sache durchgezogen wurde. Also versuchte ich, Tim während eines Essens beim Griechen auf meine Seite zu ziehen. »Abstimmen sollten wir«, schlug ich ihm vor. »Wir müssen die Sache jetzt zur Abstimmung stellen, sonst klappt es sowieso nicht.« Abstimmen, das war für Tim der nackte Stalinismus. »Wir müssen das ausdiskutieren, und dann muß Konsens bestehen, sonst . . .« Auch dafür mußte ich mich vor der Gruppe verantworten. »Unglaubliche Manipulation, Putschversuch« und ähnliches wurde mir vorgeworfen. Zum Glück traf dann doch die lang erwartete Nachricht ein: »Ihr könnt die Befreiten kommen lassen!« Inzwischen hatten die Gefangenen Anfang Februar ihren Hungerstreik abgebrochen. Die RAF-Aktionisten im Untergrund hatten sie dazu in einer öffentlichen Erklärung aufgefordert: Wir nehmen euch das Mittel aus der Hand und treffen andere Entscheidungen.

Als wir Pastor Albertz in einem Interview mit Stefan Aust im Fernsehmagazin »Panorama« sahen, wußten wir auch sofort, wer die vertrauenswürdige Begleitperson sein sollte. Der Mann, zum Zeitpunkt der Erschießung von Benno Ohnesorg am 2. Juni 1967 Regierender Bürgermeister von Berlin, hatte die Entwicklung von damals inzwischen tief bedauert: »Als ich mich am stärksten gefühlt habe, war ich in Wirklichkeit am schwächsten.« Wir hatten aufrichtige Sympathien für diesen gradlinigen und konsequenten Mann. Kurzfristig hatten wir auch an den Altbischof Scharf gedacht, auch ihm hätten wir vertraut, aber er schien uns schon etwas gebrechlich für die zu erwartenden Strapazen.

Das letzte Plenum fand über dem Volksgefängnis statt. »Na, wo ist der Einstieg?« fragte ich, stolz auf die gute Tarnung. Sie fanden ihn nicht. Die folgende Inspektion stellte alle zufrieden. Noch einmal gingen wir den Plan durch, und noch einmal wurden alle Unwägbarkeiten diskutiert. Sollten wir entdeckt werden, würden zwei von uns mit Lorenz als mitgeführter Geisel aus dem Versteck kommen. Dafür sollte Lorenz mit Klebestreifen der Lauf einer Schrotflinte an den Kopf geklebt werden, während einer von uns den Finger am Abzug hielt. Ein Bus mit zugeklebten Fenstern sollte uns dann alle zum Flughafen bringen, es ging dann nur noch um freies Geleit. Und noch einen Plan hatten wir parat. Ging Bonn wider Erwarten nicht auf unsere Forderungen ein, wollten wir eine zweite Geisel holen. Das sollte der bereits gecheckte Konsul von Irland, Pepper, sein: »Dann können sie Doppelkopf spielen.«
Nach und nach hatte ich mit Ella Sprudelwasser, Bier und Konserven in ausreichenden Mengen gebunkert. Die Schreibmaschine für die Kommuniqués war ebenso vorhanden wie Papier und Briefmarken. Vier Sauerstoffmasken und Zitronen gegen Tränen-

gaseinsatz lagen bereit, auch genügend Matratzen zum Schlafen für uns im hinteren Zimmer. Zu guter Letzt hatte ich noch eine Sprechanlage vom Keller in die Küche installiert. Um für alle die gleiche Verkleidung zu haben, hatten wir vier blaue Arbeiteroveralls gekauft und für die Kapuzen ein Kopfkissen in vier Teile geschnitten. Die wurden an den Seiten zugenäht und mit Löchern für Augen und Mund versehen. Immer, wenn wir uns damit sahen, mußten wir lachen. Das Kissen hatte rundum sogenannte Mausezähnchen und wirkte äußerst lächerlich – zumindest auf uns. An die Wand vor der Zelle im Keller hatten wir ein DIN-A0-großes Ché-Guevara-Poster gepinnt, »damit er gleich weiß, wo er ist«, und zum Fithalten ein Trimm-dich-Plakat. Der Monitor zeigte uns genau das Stück Straße vor dem Laden. Die Lämpchen der Alarmanlage funktionierten. Durch die Gitter vor den Fenstern und der massiven Eingangstür waren wir auch vor einem möglichen Überraschungscoup der Polizei weitgehend sicher. Niemand hatte in den Monaten des Umbaus mehr mitbekommen, als daß hier ein lahmer Secondhandshop existierte. Das hatte Ella bei so manchem Plausch mit Hausbewohnern und Nachbarn in Erfahrung gebracht. Während der Entführung ging nur sie aus dem Haus, stellte die Kontakte her und versorgte uns mit Zeitungen und Lebensmitteln. Keiner von uns anderen sollte in dieser Zeit den Laden verlassen, niemand durfte uns bemerken. Für den Kontakt mit dem Senat oder der Polizei sollte Captain Haddock den einen Part übernehmen, den anderen Ella. Mal wollten die beiden Kontakt über einen toten Briefkasten in der nahen Nostitzstraße aufnehmen, mal wollten sie sich in der nahen, unübersichtlichen Marheineke-Markthalle an der Currywurstbude treffen.

Am Vormittag des 26. Februar hatte ich einen Vier-Tonner-Lkw bei dem Autoverleih Karolowichz gemietet und ihn in der Nähe des Tatortes abgestellt. Morgen früh würde ihn Lucky fahren. Am Abend inspizierten Ella und ich noch einmal alles ganz genau. War alles da, war alles an seinem Platz? Jedes Element mußte funktionieren. Die kleine Kommode im Keller war gut bestückt. Hier hatten wir einen großen Teil unserer Waffen gelagert: Dynamitstangen, Zünder und Nebeltöpfe, die Handgranaten aus Italien, die Kalaschnikow, zwei Sturmgewehre und eine MP und massenhaft

Munition. Wir waren auf eine Belagerung vorbereitet. Und wir hatten Verbandszeug, Blutplasma und schmerzstillendes Serum parat. Am Vorabend der Aktion stand die Logistik komplett.

Auf der Matratze sitzend, reinigte ich meine Pistole und die Pumpaction. Die würde ich morgen mitnehmen. Noch einmal ging ich mit Ella alles durch. Alle Sachen in Sicherheit? Fehlt hier bei uns nichts? Haben wir auch allen Sympis Bescheid gesagt, daß sie ab morgen in Deckung gehen müssen? Ist die Wohnung für danach für uns beide auch wirklich klar? Alles stimmte. Wir waren euphorisch und fest davon überzeugt, daß am nächsten Tag alles in unserem Sinne laufen würde. Es war eine zärtliche Nacht. Sie dauerte nur zwei Stunden. »Die Sprache der Guerilla ist die Aktion – morgen werden wir etwas zu sagen haben.«

Mit der Lorenz-Entführung war es einer europäischen Guerillagruppe das erste Mal gelungen, dem Staat sein Gewaltmonopol streitig zu machen. Er hatte unsere Forderungen erfüllt – wir hatten unsere strategischen und materiellen Ziele erreicht. Die verschiedenen Guerillaorganisationen in Westeuropa hatten immer wieder versucht, mittels Geiselnahme das staatliche Gewaltmonopol zu brechen und gefangene Genossen aus der Haft zu befreien. Alle waren gescheitert. Wir hatten sämtliche für einen Erfolg erforderlichen Komponenten berücksichtigt und mit taktischem Geschick die mächtige Bundesrepublik zur Aufgabe ihres Machtmonopols gezwungen. Rechtskräftig verurteilte Gefangene freizulassen und sich unserem Diktat zu beugen hatte das Rechtssystem der Bundesrepublik für ein paar Tage in Frage gestellt. Diese Herausforderung beantwortete der Staat Bundesrepublik mit gnadenloser Verfolgung. Und doch war es ihm trotz immensen Fahndungsaufwands nicht gelungen, die Bewegung 2. Juni vollends zu zerschlagen. Mit fünf befreiten Genossen und den soeben aus der Lehrter Straße ausgebrochenen Frauen hatte die Bewegung 2. Juni wieder ein solides Rückgrat erfahrener Kader. Die Herrschenden sollten noch von uns hören. Auch ich – von meiner Schußverletzung bei der Festnahme nach der Lorenz-Entführung genesen – bereitete jetzt mit aller Energie meine Flucht aus der Haftanstalt Tegel vor.

VIII. Haft, Prozeß, Flucht und 29 Tage Freiheit

Ein Ausbruchsversuch

Bevor die aus der Haft entkommenen Genossinnen sich in den sicheren Nahen Osten absetzen konnten, halfen sie mir noch bei meinen Fluchtvorbereitungen. Ich hatte jetzt den Plan: Vom Fernsehraum aus, in den ich mit 30 anderen Gefangenen zweimal pro Woche für zwei Stunden ohne Bewachung eingeschlossen wurde, wollte ich mich aus dem Toilettenfenster durchsägen. Der Raum lag im ersten Stock, so daß ich mühelos runterspringen konnte. Von dort wollte ich über den dunklen Freistundenhof bis direkt an die 4,50 Meter hohe Außenmauer rennen, die hier die Rückfront der Haftanstalt bildet, und gleich unter dem Wachturm mit einer eigens konstruierten Leiter die Mauer mitsamt Stacheldraht überwinden. Dazu brauchte ich vor allem die schon erwähnten Spezialsägeblätter, ein Minifunkgerät und die Unterstützung von draußen. Am 21. November 1976 war meine Zeit als Strafgefangener um, und ich sollte wieder nach Moabit zurückverlegt werden. Bis dahin mußte es klappen.

Die Frauen organisierten alles. Victor kam aus Frankfurt und bastelte mit Horst zusammen die Klappleiter. Im Hintern verbunkert brachte der Kurier mir die zwei »Engelshaarsägeblätter«, etwa handlang und dünn wie ein Klingeldraht, sowie das daumengroße Funkgerät – eine Abhörwanze, die auf eine winzige Leiterplatine gelötet war. Koppelte ich sie an eine Batterie, konnte ich nach draußen senden. Das Timing war entscheidend, denn die Genossen konnten nicht ohne Verdacht zu erregen an der Mauer hinter der Anstalt auftauchen. Dort wollten sie erst in dem Augenblick anrücken, wenn ich signalisierte, daß es soweit war. Die Vorbereitungen und das exakte Abstimmen des Plans dauerten Wochen. Einen Tag vor meiner Verlegung waren wir bereit.

Ich hatte errechnet, daß ich eine 15 Zentimeter breite Lücke zwischen den Gitterstäben benötigte, um durchzukommen. Der Abstand zwischen den Stäben aber betrug nur 13 Zentimeter. Also mußte ich einen Stab ganz heraussägen, einen weiteren halb und mit einem Knebeltuch beiseite drücken. Hatte ich das geschafft, sollte ich das Funksignal geben: »Ich komme.« In diesem Augenblick wären die Genossen dann mit dem präparierten Wagen, an dessen Unterboden die Fluchtleiter versteckt war, an die Hinterfront gefahren. Einer hätte mit der Maschinenpistole die Beamten im Wachturm in Schach gehalten, ein weiterer die Leiter rübergelassen, und ein dritter wäre am Steuer geblieben. Am 20. war der Fernsehraum überfüllt. Mein Nachbar Jürgen, der nur noch vier Wochen abzusitzen hatte, war von mir eingeweiht worden. Ich mußte ihm vertrauen, denn ich brauchte Hilfe, er sollte mich abdecken. Jürgen war ein zuverlässiger Mann, der mich auch später noch jahrelang solidarisch in der Haft betreute.

Ich ging sofort aufs Klo, das direkt an das Fernsehzimmer grenzte. Zum Sägen hatte ich mir aus Holz, das Jürgen in der Tischlerwerkstatt beschafft hatte, eine Art Mini-Zimmermannssäge konstruiert. Sie paßte genau zwischen die Gitterstäbe. Auf dem Klo stehend, fing ich an zu sägen. Und wie! »Du hast genau zwei Stunden Zeit, sag, wenn du nicht mehr kannst, dann mach ich weiter«, flüsterte Jürgen. Immer wieder mußte ich unterbrechen, weil einer der Gefangenen aufs Klo kam oder das Sägeblatt heiß war und gewechselt werden mußte. Einen Junkie, der sich in der verpißten Kabine seinen Schuß setzte, wurde ich gar nicht mehr los. Er war aber so vollgedröhnt, daß er nicht mitbekam, was ich da oben am Fenster trieb. Immer wieder aufhören und lauschen, auf die Streife im Hof achten. Inzwischen bluteten und schmerzten mir die Finger, weil ich mich unaufhörlich an dem engen Gitter stieß. Ich sägte wie ein Besessener. Unten war ich durch! Und weiter. Es war 21 Uhr. Jetzt löste Jürgen mich ab. Schlüsselgeklapper auf dem Gang ganz in der Nähe. In aller Hast kittete ich die Schnittstellen mit Brot zu und eilte zurück in den Fernsehraum. Nichts. Wieder ran. Noch 20 Minuten! Meine Finger waren gefühllos. »Till, du hast nur noch 10 Minuten«, mahnte Jürgen. Vor Anstrengung und Schmerz in den Fingern fing ich fast an zu heulen. Du mußt es schaffen, es ist deine letzte Chance! Mit einem Krach flog die Zellentür zum Klo auf. Gleißendes Licht. »Kommen Sie sofort da runter!« Der Toilettenraum war voller Schließer. »Ja, er hat gesägt, einen hat er schon durch«, stellte der Beamte fest, der jetzt an der Stelle stand, an der ich mich vergebens geplagt hatte. Vorbei! Aus! Scheiße! Ausziehen zum Filzen. Nackt wurde ich in meine Zelle geführt. Mit mir abgeführt wurden auch der Junkie und ein Gefangener, der gerade pinkeln mußte, als die Schließer das Klo stürmten.

Schon im Morgengrauen fuhren sie mich mit Panzerwagen-Eskorte zurück nach Moabit. Später bekam ich wegen des Ausbruchsversuchs ein Verfahren wegen Meuterei. Der Ausbruch allein ist nicht strafbar, aber wenn daran mehrere beteiligt sind, läuft das unter Meuterei. Ich wurde freigesprochen. Die Gerichtsakten gaben den Verräter preis: Es war ein Gefangener, dessen Zelle direkt neben dem Fernsehraum lag. Er hatte »die Fahne« geworfen, eine kleine Eisenfahne, die außerhalb der Zelle runterklappt, wenn man drinnen einen Knopf drückt, und den Schließern »Sägegeräusche aus dem Fernsehklo« gemeldet. Die Anstaltsleitung hat den Denunzianten mit Hafterleichterungen belohnt, von den Mitgefangenen bekam er für den Verrat Wochen später eine aufs Maul.

Das Folterwochenende

In Moabit landete ich in Haus II. Es liegt versteckt hinter dem Hauptgebäude auf dem riesigen Areal, und ich brauchte Wochen, um rauszukriegen, in welche Himmelsrichtung meine Zelle eigentlich ging. Der Umgangston und das Haftreglement waren hier gänzlich anders als in Tegel: barsch wurde kommandiert, befohlen und gedroht. Die Zelle war ein dunkles, kaltes Loch in einem Flügel, auf dem im Winter der eisige Wind stand. Selbst in unmittelbarer Nähe der Heizung hatte ich in den Wintermonaten nicht mehr als 16 Grad plus. Alle Anträge meines Anwalts waren erfolglos, ich wurde nicht in eine wärmere Zelle verlegt. In den Wintermonaten lag ich auch tagsüber dick angezogen unter den Wolldecken im Bett, um nicht nur zu bibbern und mich auf meine Bücher konzentrieren zu können. Zwei lange Jahre blieb ich in diesem Flügel. Hierher drang nie ein Sonnenstrahl.

Wir sechs – also Andreas, Ralf, Fritz, Gerald, Ronny und ich – konnten die Freistunde, immer auf wechselnden Höfen der verschachtelten Anstalt, gemeinsam abhalten. Ansonsten waren wir vom gesamten Anstaltsleben streng isoliert, mit anderen Gefangenen kamen wir nie zusammen. Wer mit uns Kontakt aufnahm, und sei es nur durch Zurufe, riskierte Bunker, in jedem Fall aber Verlegung. Um die Kontaktaufnahme zu anderen Gefangenen zu verhindern, wurde vor unsere Fenstergitter zusätzlich ein engmaschiges Fliegengitter angeschweißt. Rausgucken war nun kaum noch möglich, weil alles vor den Augen verschwamm. Verließen wir die Zelle zum Gespräch mit dem Anwalt oder einem Besuch, zu einer Untersuchung beim Arzt oder zur Freistunde, geschah das unter hautnaher Begleitung von zwei Schließern und nie ohne daß zuvor alle anderen Gefangenen unter Verschluß kamen. Stündlich klappte der Spion zurück, und wir wurden beobachtet. Das geschah auch nachts, oftmals unter Einschaltung des Lichts. Bei jedem Gang aus der Zelle und bei der Rückführung wurden wir abgetastet und zusätzlich mit einer Sonde untersucht. Das konnte, je nach dem, was an einem Tag anstand, bis zu fünfmal passieren. Der Besuch fand in einem extra für uns eingerichteten Raum statt, unter striktem Berührungsverbot. Immer war der Besuch bereits da, wenn wir in den Raum geführt wurden: ein langer Tisch, an dessen einem Ende der Besucher saß, ich am anderen. Dazwischen zwei Beamte des Staatsschutzes und ein Schließer. Irgendwann erhielt die Zellentür zusätzlich zu dem schweren Riegel noch ein Vorhängeschloß, das zusammen mit dem Fliegengitter ein Gefühl erzeugte, als wäre man in einem dunklen Keller eingesperrt. Um uns kümmerte sich eine ganze Heerschar der anstaltseigenen Sicherheitsabteilung, und immer hatten dieselben Beamten bei uns Dienst, eine ganze Hundertschaft, wie wir erfuhren.

Jahr für Jahr wurden die Haftbedingungen verschärft. Es hagelte richterliche Beschlüsse zu allem, was uns betraf – durchweg waren sie repressiv. Mal durften wir keinen Zucker auf der Zelle haben, mal wurde die Anzahl der Bücher auf 20 und die der Zeitungen auf drei beschränkt, dann durfte nur zweimal Wäsche auf der Zelle sein, mal wurde der Besuch abgelehnt, mal ein Brief beschlagnahmt. Begründet wurde das regelmäßig lapidar damit, »daß die Sicherheit und Ordnung der Anstalt gefährdet« sei.

Anfang 1977 hatte der Bundesgerichtshof das Verfahren übernommen, und die Bundesanwaltschaft bereitete die Anklage vor. An einem Wochenende im Frühjahr wurden wir alle sehr unsanft zu einer Massengegenüberstellung vor einem venezianischen Spiegel ins Polizeipräsidium gekarrt. Es ist das Recht eines Gefangenen, nicht an seiner eigenen Überführung mitzuwirken: Also verzerrten wir unsere Gesichter oder hielten den Kopf nach unten. Die Beamten, die unmittelbar hinter uns standen und uns an Knebelketten hielten, drehten die Ketten strammer zusammen, um zu erreichen, daß wir unseren Kopf hoben – es schmerzte wahnsinnig. Blutergüsse und teilweise Lähmungen der Hände waren die Folge. Am Sonntag wiederholten sie das Ganze noch einmal, alles, ohne unsere Anwälte zu informieren. Amnesty International legte später scharfen Protest gegen das »Folterwochenende« ein, und unsere Anwälte erreichten dann im Prozeß, daß diese widerrechtliche Gegenüberstellung dem Gericht nicht als Beweisgrundlage dienen durfte.

Und wieder traten neue Gesetze in Kraft: Die Strafprozeßordnung war ein zweites Mal entscheidend verändert worden. Der § 129 a löste den alten § 129 ab, mit der Folge, daß die bloße »Mitgliedschaft«, nun nicht mehr in einer »kriminellen«, sondern in einer »terroristischen« Vereinigung, mit Gefängnis nicht unter fünf Jahren bestraft wurde. Der Schriftverkehr zwischen Verteidiger und Mandant wurde von einem Richter überwacht, und es genügte der einfache Verdacht, daß ein Verteidiger mit seinem Mandanten konspiriert, um ihn vom Verfahren auszuschließen. Das Haftrecht wurde abermals verschärft, es konnte Haftbefehl erlassen werden, ohne daß Verdunklungs- oder Fluchtgefahr gegeben waren. Wir diskutierten quer durch die Knäste einen kollektiven Hungerstreik gegen Isolationshaft und Sonderbehandlung. Zum ersten Mal forderten die Gefangenen aus der RAF die »Behandlung entsprechend der Mindestgarantien der Genfer Konvention von 1949«: Garantierte freie politische Betätigung, Zusammenlegung der politischen Gefangenen zu großen Gruppen, Abschaffung der gesonderten Isolationstrakte und eine internationale Kontrolle der Haftbedingungen waren die Kernforderungen. Eine Reihe von Gutachtern hatten in den Prozessen gegen die RAF immer wieder die Isolationshaftbedingungen kritisiert und »interaktionsfähige Gruppen« von mindestens 15 Gefangenen gefordert, um die Gesundheit der Gefangenen zu gewährleisten. Auf diese Gutachten stützten wir unsere Forderungen.

Die neuen Gesetze und das repressive Haftstatut gegen die Gefangenen war in den Augen der RAF die Verrechtlichung eines Ausnahmezustands. Mit der Forderung nach Behandlung entsprechend den Genfer Konventionen versuchte die RAF dem repressiven nationalen Recht internationales Recht entgegenzusetzen. Politisch war diese Forderung durchaus nachvollziehbar, praktisch aber löste sie nur Verwirrung und Lähmung aus. Die Unterstützer des Hungerstreiks verstanden in ihrer Mehrheit die Forderung falsch: »Ihr wollt den Kriegsgefangenen-Status«, hieß es immer wieder. Wir versuchten klarzustellen: Es ginge nicht um den Status als Kriegsgefangene – ohnehin niemals durchsetzbar –, sondern lediglich um die »Behandlung« entsprechend der Genfer Konvention. Die Begriffsverwirrung spaltete letztendlich die Unterstützerbewegung und auch die Gefangenen.

Die RAF ist wieder da

Am 29. März 1977 begannen wir sechs mit unserem ersten kollektiven Hungerstreik gegen die Vernichtungshaft. Nach langen Diskussionen hatten wir uns geeinigt, uns den Forderungen der RAF anzuschließen. Innerhalb weniger Tage waren bundesweit knapp hundert Gefangene im Streik. Er sollte fünf Wochen dauern und wurde von den Gefangenen mit aller Konsequenz geführt. Hungerstreik ist das einzige einem Gefangenen noch zur Verfügung stehende Mittel, sich gegen die Allmacht des Staates, der er in Haft unterworfen ist, zur Wehr zu setzen. Den eigenen Körper als Waffe einzusetzen – mehr hatten wir ja nicht –, bedeutete trotz der äußersten Defensive, in der wir uns als Gefangene befanden, immer auch Angriff. Wir nahmen wieder unsere eigene Lebensgeschichte in die Hand, gegen die Totalität der Fremdbestimmung. In diesem Sinne stabilisierte der Hungerstreik auch.

Schon Wochen vorher hatten wir von linken Ärzten Papiere darüber zugespielt bekommen, wie wir uns während des Streiks zu verhalten hatten und was im Körper während längerer Nahrungsverweigerung geschieht. Viel trinken, vier bis fünf Liter am Tag, und bewegen, auch wenn man meint, es geht nicht mehr. Ich will es kurz machen: Jeder Tag war eine grausige Qual. Anfänglich stellten sie uns noch drei, vier Tage lang das Essen in die Zelle, nie hatte der Fraß so verführerisch gut geduftet. Er mußte sofort ins Klo geschüttet werden, bevor ich schwach wurde. Und durchhalten wollte ich auf jeden Fall, obwohl ich oftmals nahe dran war, den Kampf zu verlieren. Der Hunger quält dich jeden Tag aufs neue und hört auch nie auf. Nach einer Woche pißt man puren Ammoniak, und die Zelle stinkt wie ein Chemielabor. Nach 14 Tagen tritt eine gewisse Euphorie ein, die wie ein kleiner Drogenrausch wirkt, ohne daß allerdings auch nur für eine Sekunde das mittlerweile schon schmerzhafte Hungergefühl aufhört. Der Kreislauf wird instabil, und schnelles Aufstehen kann sekundenlange Ohnmacht zur Folge haben. Ab dem 20. Tag war ich so geschwächt, daß ich bis auf die Freistunde fast nur im Bett lag. Nachts quälten mich die Hungerträume: Immer wieder tauchte darin das große Büffet aus unserem Wohnzimmer in Friedenau auf. Der dreitürige Schrank war gefüllt mit den erlesensten Speisen, fein sortiert nach Sorten und Geschmack. In der Mitte, hinter der Glastüre, waren nur Süßigkeiten, Torten, Kekse und jede Menge Nougat und Marzipanschokolade gestapelt, bis ins kleinste Detail nach Geschmacksrichtung aufgebaut und dargeboten. Braten, Fleisch, Geflügel, Schinken und duftendes Brot in großen Mengen lagerten hinter den anderen beiden Türen, die ich Nacht für Nacht aufs neue öffnete, und jedesmal boten sich andere Leckereien an. Die Träume waren so realistisch, daß ich manchmal aufwachte und im Mund den Geschmack von Schokolade zu spüren glaubte. Jeder Tag war eine neue Überwindung und ein Kampf gegen den nie nachlassenden Heißhunger. Nach vier Wochen war ich derart geschwächt, daß ich mich nicht mehr hastig bewegen konnte, ohne einen Schwächeanfall zu riskieren. Überall standen meine Knochen hervor, und die Kleidung schlotterte mir um den Körper. Wir verweigerten jede ärztliche Untersuchung und ließen uns auch nicht wiegen. Kein Arzt sollte unseren Zustand einschätzen können, damit unklar blieb, wie lange wir noch hungern könnten oder ob nicht doch schon einer von uns in Todesgefahr schwebte.

Am 7. April 1977 erschoß ein Kommando »Ulrike Meinhof« der RAF auf offener Straße den Generalbundesanwalt Siegfried Buback und seinen Fahrer. Mitleid mit dem obersten Verfolger der Republik hatten wir nicht, sahen wir doch in ihm einen der Hauptverantwortlichen für die zerstörerischen Haftbedingungen. Der Anschlag wurde von uns sorgfältig ausgewertet, und wir kamen zu dem Schluß, daß die RAF ihre Kommandos wieder aufgefüllt hatte und für die Zukunft noch einiges zu erwarten war. Wir sollten uns nicht täuschen. Kurz darauf wurde der Kern der RAF in Stammheim in allen Anklagepunkten schuldig gesprochen und jeweils zu dreimal lebenslänglich plus 14 Jahren verurteilt. Der von Skandalen begleitete Prozeß wartete auch zum Schluß noch mit einer handfesten Ungeheuerlichkeit auf: Es kam heraus, daß die Gespräche zwischen Verteidigern und Mandanten vom Bundesnachrichtendienst abgehört worden waren. Ein Grund, das Verfahren einzustellen, wie alle Verteidiger, darunter auch Otto Schily, und eine breite Öffentlichkeit im In- und Ausland seinerzeit forderten.

Am 30. April ging abends, spät nach Einschluß, die Zellentür auf. Ronny stand dort: »Till, gerade hat Gudrun Ensslin aus Stammheim angerufen, der Hungerstreik ist zu Ende.« Ronny durfte kurz mit Gudrun sprechen und uns allen Bescheid sagen. Noch am selben Abend brachte man jedem von uns einen halben Liter heißer Astronautennahrung, Sonana genannt, ein Paket Zwieback und eine Flasche Apfelsaft. »Aber alles ganz langsam essen, vor allen Dingen seien Sie vorsichtig mit dem Saft, nur ein paar kleine Schlucke«, hatte der Sani mich gewarnt. Kaum war die Zelle zu, hatte ich die Flasche Saft am Hals und sog gierig das herrlich süße Naß in mich hinein. Ich konnte mich gerade noch abfangen, bevor ich für Sekunden ohnmächtig zu Boden fiel. Der ganze Apfelsaft sauste mir quasi in Sekunden durch den ausgemergelten Körper, und es lief nur so aus dem Hintern raus. Hatte ich die vergangenen Wochen noch eine relativ gute Konstitution gehabt, war ich jetzt völlig ausgelaugt und schlapper als je zuvor. Erst als ich das ganze Paket Zwieback in mich hineingeschlungen hatte, ging es mir ein wenig besser. Ich hatte einen schweren Fehler gemacht, natürlich mußte die Nahrungsaufnahme nach so vielen Hungertagen äußerst vorsichtig vonstatten gehen. Zwei Wochen lang bekamen wir Schonkost und Zusatznahrung, vor allem Obst und Zwieback. Schon nach wenigen Tagen waren wir alle wieder gut bei Kräften, wenn auch noch sehr klapprig. Der Hungerstreik hatte uns nicht viel gebracht. Immerhin, einmal pro Woche durften wir sechs jetzt für zwei Stunden unter Bewachung Tischtennis spielen. In Stammheim allerdings wurde die Gruppe von bisher fünf Gefangenen auf acht erweitert: eine gemischte Gruppe von Frauen und Männern. Längst schon war es uns ein Rätsel, wie es in deutschen Gefängnissen möglich sein konnte, daß Frauen und Männer gemeinsam untergebracht wurden. In der Öffentlichkeit gab es dazu auch immer wieder kritische Kommentare, die von der Bundesanwaltschaft aber regelmäßig abgewiegelt und als Tribut an die Hungerstreikforderungen ausgegeben wurde. »Die sind in Stammheim nicht zusammengelegt worden, weil die Bundesregierung ihren Forderungen nachgeben wollte, sondern damit sie ausgiebiger abgehört werden können«, war letztlich unsere Erklärung für diesen einmaligen Vorgang in der deutschen Knastgeschichte. Schließlich fehlte es den Sicherheitsapparaten an Erkenntnissen über den »neuen Tätertyp«.

Das Verhältnis zwischen uns und unseren Bewachern war äußerst gespannt: Wir redeten nicht mit ihnen und sie nicht mit uns. Als wir im Sommer 1977 während einer Freistunde mit einem aus Socken gebastelten Ball Fangen spielten, drohten unsere Bewacher mit dem sofortigen Abbruch der Freistunde. »Kommt gar nicht in Frage«, gaben wir patzig zurück. Minuten später wimmelte der Hof von Schließern. »Einrücken! Nochmals: Einrücken! Sofort!« Wir stellten uns geschlossen mit den Rücken an die Gefängnismauer und gingen in Kampfstellung. Die Fäuste erhoben, forderten wir unser Recht auf die volle Freistunde, mit oder ohne Sockenball. Hunderte von Gefangenen hingen an den Fenstern, klapperten mit den Stullenbrettern an den Gittern und skandierten: »Haut se, haut se immer uff de Schnauze!« – »Terris, laßt euch nüscht gefallen von de Bullen, haut se...« Ich hatte höllische Angst, war aber beherzt wie die anderen. Und dann kamen sie. Krach, Gerald, der direkt neben mir stand, hatte zugeschlagen und dem ersten Angreifer gleich das Jochbein zertrümmert. Ich kam gar nicht zum Schlagen, im Nu waren etliche Beamte über mir. Ein Knäuel sich wehrender Gefangener und obendrauf gut zwei Dutzend Beamte. Und wieder: Krach! Diesmal in mein Gesicht, au, die Nase. An Händen und Füßen wurden wir, mehr geschleift als getragen, allesamt in den Bunker verfrachtet. Jeder von uns hatte Blessuren davongetragen, ich einen Nasenbeinfadenbruch, der noch wochenlang höllisch weh tat. Einzelfreistunde für 14 Tage war die Folge und ein Strafverfahren wegen »Widerstand« gegen uns alle.

Die Anklageschrift – voll daneben

Die erste der von uns befreiten Gefangenen war aufgetaucht: In Singen wurde Verena Becker zusammen mit Günter Sonnenberg nach einer Schießerei verletzt verhaftet. Wir rätselten, wieso sie bei der RAF war. Und wo waren die anderen? Kurz darauf tauchte ein weiterer der Befreiten auf: In Athen wurde Rolf Pohle verhaftet, allein. Wir wußten nichts und spekulierten.

Im August 1977 erhob die Bundesanwaltschaft gegen uns sechs Anklage wegen Mord, Nötigung von Verfassungsorganen, Raub, Diebstahl, Bildung einer kriminellen Vereinigung. »Die Angehörigen der kriminellen Vereinigung setzten sich zum Ziel, die gesellschaftlichen Verhältnisse in der BRD nach dem Vorbild der südamerikanischen Stadtguerilla mit allen Mitteln, insbesondere durch Gewaltmaßnahmen, zu bekämpfen.«... Die über 500 Seiten starke Anklageschrift reihte ein Kapitalverbrechen an das andere. Als ich allerdings das dicke Konvolut gelesen hatte, wurde mir bewußt, daß die Bundesanwaltschaft völlig danebengehauen hatte. Es stimmte fast gar nichts. Alles, was ich – wenn schon – zu verantworten hätte, hatten sie Fritz Teufel angehängt. Mal hatten sie Leute zuviel eingebaut, die es gar nicht gab, mal zuwenig, die es sehr wohl gab. Eine schlampige Ermittlung, die ich in der späteren Hauptverhandlung als bloße Spekulation und Revolvergeschichte im Stile eines Jerry-Cotton-Romans anprangerte. Wenn die Bundesanwaltschaft aber nicht durchblickte, hieß das auch, daß wir im Prozeß noch eine juristische Chance hatten. Die Anklagebehörde mußte den Einzeltäternachweis bringen. Und nach Lage der Akten war ich überhaupt bei gar nichts dabeigewesen. Jetzt kam es nur darauf an, daß Fritz mit seinem absolut wasserdichten Alibi so lange wartete, bis die Bundesanwaltschaft uns alle »überführt« und ihre Plädoyers gehalten hätte. Wir schätzten die Anklageschrift nicht nur als Schlamperei ein, sondern für uns war sie Ausdruck der politisch motivierten Verurteilungsabsicht der Bundesanwaltschaft, egal, wer nun was gemacht hatte. Fritz Teufel war unser Joker! Von den Medien wurde er die ganzen Jahre über als Räuberhauptmann der Bewegung 2. Juni aufgebaut, obwohl er an keiner Aktion beteiligt war. »Das ist der Witz von Fritz«, titelten die Medien, als hätte nur Fritz Teufel Humor. Die Ermittlungsbehörden, allen voran die Bundesanwaltschaft, suchten und fabrizierten sich einen intellektuellen Führer des 2. Juni. Sie konnten partout nicht zulassen, daß der Staat von einem halben Dutzend Leuten, die nie eine Universität von innen gesehen hatten, zumindest für eine kurze Phase in die Knie gezwungen worden war.

Wieder schlug die RAF zu: Diesmal erging es ihnen ebenso wie dem 2. Juni Jahre zuvor bei Günter von Drenkmann. Sie hatten versucht, den Vorstandssprecher der Dresdner Bank, Jürgen Ponto, aus seiner Villa in der Nähe von Frankfurt zu entführen. Auch er wehrte sich überraschend heftig, und die RAF schoß. Sie hatten aus der fehlgeschlagenen Drenkmann-Entführung nichts gelernt.

Und noch einmal wurde das Klima in der Haft rauher. Die Schließer waren aggressiv und vermittelten uns ein Gefühl ständiger Bedrohung. »Ihr feigen Mörder!« bellte mich der Schließer beim Abtasten an. Das tägliche Zellenfilzen, das regelmäßig in unserer Abwesenheit vorgenommen wurde, lief noch ruppiger ab. Danach lag die Marmelade zwischen den Briefen, die Margarine in den Akten. Alles zu einem Haufen aufgetürmt mitten auf dem Bett. Lebensmittel, Akten, Bücher, Kleidung . . . Und doch waren nicht alle Schließer Schweine. Immer gab es den einen oder anderen, der uns auch schon mal zu verstehen gab, daß er lieber anders vorgehen würde, aber die Kollegen . . . auch Kritik an den harten Haftbedingungen wurde schon mal vorsichtig formuliert: ». . . so etwas hat es ja noch nie gegeben.« Wir wußten nach einer gewissen Zeit, wie der einzelne Schließer einzuschätzen war, und wir waren froh, daß es solche Ausnahmen gab. Das bedeutete auch einen gewissen Schutz vor Willkür, denn in ihrer großen Mehrheit wären die Beamten lieber heute als morgen auf uns losgegangen.

Anfang August 1977 gab es im 7. Stock in Stammheim Bambule: Die Gefangenen fühlten sich provoziert und prügelten sich mit den Schließern. Sofort wurden vier der erst kürzlich dorthin verlegten Gefangenen in andere Knäste verschubt. Die RAF antwortete erneut mit einem Hunger- und Durststreik. Aus Solidarität schlossen wir uns sofort an. Jetzt war ich binnen fünf Tagen »runter«: Meine trockenen Lippen platzten auf, ich war schlapp, apathisch und sah alles doppelt. Die Anstaltsärzte umkreisten uns, wann immer wir aus den Zellen kamen. Es war eine brisante Lage, der Durststreik hochgefährlich. Alle sechs lagen wir in der Freistunde im Gras rum und hofften insgeheim, daß zumindest der Durststreik abgebrochen würde. Fritz Teufel brachte uns das Ende der Qual: Er kam am sechsten Tag in die Freistunde und gestand, daß er den Kampf gegen die Sprudelflasche unter seinem Bett verloren hatte. »Ich habe wieder getrunken.« Auch wir hörten sofort mit dem Dursten auf, hungerten aber weiter. Am 2. September erklärte die RAF:

»(. . .) daß die situation total verhärtet ist (. . .) daß nach den anschlägen gegen den bundesanwalt und Ponto an den gefangenen ein exempel statuiert werden soll. (. . .) die gefangenen haben daraufhin – um das mordkalkül nicht zu erleichtern – am 26. tag ihren streik unterbrochen.«

Deutscher Herbst

Nun wurde es auch Zeit, wieder zu Kräften zu kommen. Es stand die schärfste Auseinandersetzung zwischen der bewaffneten Linken und dem Staat bevor: Die RAF entführte den Präsidenten des Arbeitgeberverbandes Hanns Martin Schleyer und zielte damit auf die Zentrale des Kapitals. Wir wußten von nichts.

Am Nachmittag des 5. September hörte ich die erste Meldung im Radio. Vier tote Polizisten, au warte, das ist ja wie im Krieg! Verdammt! Haben sich die Leute damit nicht gleich alle Türen zugeworfen? Es war mir sofort klar: Das konnte nur die RAF sein. Die ganze Nacht lag ich wach und lauschte in mein Radio. Ich spekulierte und analysierte, natürlich ging es hier um Gefangenenbefreiung. Aber wen? Von uns bestimmt keiner! Die Figur des Arbeitgeberpräsidenten war schon okay, der Boß der Bosse mit Nazivergangenheit machte mir keine Probleme, aber die vier Toten . . . Ein »Kommando Siegfried Hausner« der RAF hatte Schleyer entführt und forderte die Freilassung von elf Gefangenen der RAF, unter ihnen alle Kader. Hausner war jener Mann, der in Stockholm so schwere Verletzungen davongetragen hatte, daß er später in einem deutschen Gefängnis starb. Unsere letzte gemeinsame Freistunde lief ziemlich einsilbig ab. »Schleyer ja, aber . . . typisch RAF. Immer eine Nummer zu groß.« Keiner von uns ahnte, was in den nächsten Wochen auch auf uns zukommen würde.

In der Nacht vom 6. auf den 7. September 1977 um drei Uhr flog meine Zellentüre auf. Vier, fünf Männer in schwarzen Lederjacken forderten mich aggressiv auf, sofort die Zelle zu verlassen. Über zwei Stunden wartete ich in einer Leerzelle. Als ich zurückkehrte, lagen meine paar Habseligkeiten zu einem Haufen zusammengeworfen auf dem Bett. Die Zelle war gründlichst auf den Kopf gestellt worden. Das Radio war weg. »Sie unterliegen ab sofort der Kontaktsperre. Was das genau heißt, kriegen Sie morgen per Gerichtsbeschluß mitgeteilt«, belferte kurz die abrückende BKA-Truppe.

Kontaktsperre? Über sechs endlose Wochen sollte ich erfahren, was das hieß. »Ab sofort gilt: kein Anwaltsbesuch, kein Postverkehr, keine Zeitungen, kein Radio, kein Besuch, kein Kontakt zu Mitgefangenen, Einzelfreistunde, Einzelduschen, Ausschluß von allen Gemeinschaftsveranstaltungen (Kirche), Essensausgabe nur durch Beamte, stündliche Kontrollen Tag und Nacht unter Einschaltung der Beleuchtung, tägliche Zellen- und Körperkontrolle.« Als ich den Beschluß mehrmals gelesen hatte, mußte ich schlucken. Was ist denn jetzt los? Anwaltsausschluß, das gibt es nicht mal in Diktaturen, was haben die mit uns vor? Es geschah uns physisch nichts. Aber jetzt waren wir von allem, was ein menschliches Leben ausmacht, den sozialen Kontakten, abgeschnitten. Ich sah niemanden, ich hörte nichts, ich erfuhr nichts – totale Isolation. Wir waren jetzt ohne jegliche Kontrolle Dritter den staatlichen Organen ausgeliefert.

Das Anstaltsradio schwieg ebenso wie meine Zellennachbarn, die tagsüber zur Arbeit gingen und ansonsten so angepaßt waren, daß sie mir nicht einmal in der Freistunde etwas zuriefen. Alles, was während der Schleyer-Entführung ablief, einschließlich der Entführung der Lufthansa-Maschine »Landshut« nach Mogadischu, erfuhr ich erst, nachdem es vorbei war. Nach ein paar Wochen Kontaktsperre gab ich die Spekulationen auf und arrangierte mich notgedrungen mit der Isolation, um zu überleben. Der ohnehin langweilige Knastalltag war jetzt nur noch die Hölle. Die Tage vergingen im Zeitlupentempo. Meine Schreibmaschine »Gabriele 300« hatte man mir zum Glück nicht abgenommen, und so saß ich Tag für Tag an dem Gerät und tippte ein minutiöses Protokoll über meine eigene Entwicklung in der Isolation. Das Typoskript von etlichen Dutzend Seiten wurde nach Ende der Kontaktsperre gefunden, beschlagnahmt und nie wieder herausgerückt. In den gesamten sechs Wochen konnte ich mit niemandem auch nur ein einziges Wort wechseln, so daß ich plötzlich erschrocken feststellen mußte, daß ich immer öfter mit mir selbst sprach. Ich führte ausgedehnte Dialoge: So lange wie die uns hier so isolieren, kann die Schleyer-Sache auch noch nicht zu Ende sein, wer weiß, was noch alles kommt, sprach ich mir selbst Mut zu. Mein Wille, auch das zu überleben, festigte sich von Tag zu Tag. Und täglich wuchs mein Haß auf jene, die mich hier gefangenhielten wie ein Tier. Was hatten wir mit der Schleyer-Geschichte zu tun? Wer gibt den Herrschenden das Recht, mich durch Haftbedingungen zu vernichten? Für wen bin ich Geisel? In welchem Staat leben wir? Ich fühlte mich schutzlos und ausgeliefert. Was machen unsere Rechtsanwälte? Mit Lesen, Grübeln und ständigen Selbstgesprächen vergingen auch diese finsteren Wochen. Noch heute, fast 20 Jahre später, ist es mir nur ansatzweise möglich, die Empfindungen und Gedanken jener Zeit wieder ins Gedächtnis zu rufen. Als ich nach diesen Wochen wieder Kontakt zu Menschen hatte, fiel mir das Sprechen schwer.

Was unter dem Begriff »Deutscher Herbst« die Republik bewegt und verändert hatte, ist zumindest von den Informationen her an mir vorbeigelaufen. Ich hatte meinen eigenen »Deutschen Herbst«. Am 20. Oktober 1977 machte es klick, und das Anstaltsradio sprang an: Flugzeug gestürmt, Geiselnehmer erschossen, Baader, Ensslin, Raspe tot aufgefunden. Schleyer erschossen im Kofferraum eines Autos. Ich konnte das Gehörte nicht fassen. Die Genossen tot? Ich konnte die Tränen nicht aufhalten. Noch bevor ich alle Details erfuhr, ahnte ich schon, daß es zu einem politischen Desaster und einer menschlichen Tragödie gekommen sein mußte.

Noch am selben Tag wurde mir eröffnet, die Kontaktsperre sei vorbei. Ich erhielt mein Radio und gleich eine Sackkarre voll mit den zurückgehaltenen Zeitungen. Beim Auswerten der Zeitungen stellte ich voller Erstaunen fest, daß es neben der Kontaktsperre in den Gefängnissen offensichtlich auch eine Nachrichtensperre in den Medien der Bundesrepublik gegeben hatte. Freiwillig hatte sich die bundesdeutsche Presse polizeitaktischen Maßnahmen unterworfen und damit ihren Status als vierte Gewalt auf den Müll geworfen. Diese Erkenntnis machte für mich noch einmal die Schärfe der Auseinandersetzung zwischen dem Staat und seiner Fundamentalopposition deutlich. Als hätte ein kalter Staatsstreich stattgefunden. Mir wurde angst und bange.

Erneut rückte ein Rollkommando an und nahm mir alles ab, was zum Selbstmord taugte: Gläser, Gürtel, Schnürsenkel und Rasierklingen. Die Toilette wurde ebenso abgeschraubt wie das Waschbecken, sogar die Fußleisten wurden abgerissen. Dahinter könnte ja wie in Stammheim was versteckt sein. »Um einen weiteren kollektiven Selbstmord wie in Stammheim zu verhindern«, hieß es. »Mord! Ihr habt sie ermordet!« fauchte ich die Schließer an.

Am nächsten Tag kamen wir das erste Mal wieder in der Freistunde zusammen. Rein physisch hatten alle die Isolationswochen unbeschadet überstanden. Aber wir waren völlig deprimiert und niedergeschlagen. Die Niederlage war total. Seit dieser Zeit verschärften sich auch die Auseinandersetzungen zwischen Tim und mir auf der einen und Ralf, Fritz, Ronny und Gerald auf der anderen Seite. Anlaß waren nicht die von Anfang an kontrovers diskutierten Ereignisse der letzten Wochen, sondern es schwelte schon länger der Konflikt über die richtige Strategie und Taktik des bewaffneten Kampfes. Hielt der »Blues«, wie Andreas und ich die vier anderen nannten, in seiner Kernargumentation an dem alten Basisguerilla-Konzept fest, orientierten wir zwei uns immer mehr an der internationalistischen Ausrichtung der RAF: eine Welt, ein Feind, ein Kampf. Die Hauptkampflinie verlief für uns zwischen Imperialismus und dritter Welt. Der Kampf der Völker um Befreiung in der dritten Welt findet in seiner Zuspitzung bewaffnet statt, die Dörfer kreisen die Metropolen ein. Für uns, im Herzen der Bestie, hieß das, den Kampf auf der politischen und auf der militärischen Ebene zu führen, wie die revolutionären Kräfte in der dritten Welt. Und dieser Kampf richtete sich gegen den Hauptfeind einer menschlichen Gesellschaft, die USA und ihre Verbündeten. Die Bundesrepublik Deutschland sahen wir als imperialistische Submetropole, Kolonie der USA und strategisches Aufmarschgebiet gegen die Staaten des Ostblocks. Das Konzept »Basisguerilla« hielten wir schon deshalb für gescheitert, weil wir die Bevölkerung in den westlichen Staaten, die ihren relativen Wohlstand der Überausbeutung der dritten Welt verdankt, für korrumpiert hielten. Kurz gefaßt waren das die Thesen, an denen vor allem ich noch Jahre festhalten sollte. Andreas' Analysen waren ähnlich, aber doch differenzierter.

Der Blues griff vor allem die Entführung der Lufthansa-Maschine durch ein palästinensisches Kommando heftig an. »Uns hat die RAF immer Populismus vorgeworfen. Also demnach ist es populistisch, wenn man die Zustimmung der Massen erreichen will, und revolutionär ist, wenn man darauf scheißt«, kommentierte Ralf sarkastisch. Eine Zeitlang rechtfertigte ich als einziger von uns – aus Solidarität mit der Guerilla und der internationalistischen Linie der RAF – die Flugzeugentführung als legitimes Mittel der Auseinandersetzung, vor allem weil sie von Palästinensern durchgeführt worden war. Das trug mir heftige Kritik ein, und irgendwann dämmerte mir, daß sie berechtigt war. Die RAF wollte in diesem konkreten Fall »gewinnen« und beging doch alle politischen und militärischen Fehler, die das Vorhaben von Anbeginn an zum Scheitern verurteilten. Die vier Toten schon beim Kidnappen von Schleyer mußten unweigerlich die Staatsräson auf den Plan rufen. Und die Flankierung der Aktion – es ging immerhin um den Boß der Bosse – durch die Entführung von 80 völlig unbeteiligten Fluggästen ließ die ganze Aktion vollends ins Kontraproduktive kippen. Die SPD-Bundesregierung war damit in der Lage, sich für die 80 Bürger, das Volk, in der »Landshut« einzusetzen, aber den Top-Manager zu opfern. Die Entführung der Lufthansa-Maschine war eine politische Niederlage für die Stadtguerilla. Die RAF hatte mit dieser Aktion die strategische Linie der Guerilla in den Metropolen aufgegeben, nach der sich Aktionen grundsätzlich nicht gegen das Volk richteten. Noch lange warteten wir auf die Selbstkritik der RAF, aber sie blieb aus.

Auch die drei Toten in Stammheim sollten noch jahrelang zu heftigen Auseinandersetzungen unter uns Gefangenen wie auch mit unseren Sympathisanten draußen führen. Der Blues war von Anfang an der Meinung, daß die Gefangenen sich selber umgebracht hätten: »Die Mordthese ist Quatsch und dient nur der Legendenbildung. Warum sollte der Staat in einer derartigen Situation, aus der er einwandfrei als Sieger hervorgegangen ist, die Gefangenen umbringen?« Als am 12. November 1977 auch noch gemeldet wurde, daß Ingrid Schubert im Gefängnis Stadelheim erhängt aufgefunden worden war, wuchs unsere Skepsis bezüglich der Mordthese. Traurig waren wir allemal, wir hätten sie alle gerne am Leben gewußt.

Die Toten aus Stammheim hatten die Gefangenen in ein großes Dilemma gestürzt. Ich grübelte Nacht für Nacht über die entscheidende Frage: Mord oder Selbstmord? Waren sie umgebracht worden, was von der RAF und ihrem Umfeld sofort und bis heute behauptet wurde, lebten wir in einem anderen Staat – dann mußte der bewaffnete Kampf erst recht fortgesetzt werden. War es aber Selbstmord, hätte das schon damals höchstwahrscheinlich zum Ende der bewaffneten Aktionen in der Bundesrepublik geführt. Die Toten hätten Resignation und Aufgabe signalisiert. Vertrackt war über Jahre, daß weder die Bundesregierung eindeutige Beweise für den Selbstmord liefern konnte noch die Verfechter der Mordthese diese lückenlos beweisen konnten. Jahrelang war die Auseinandersetzung darüber die Bekenntnisfrage, und je nachdem, in welchem Diskussionszusammenhang man stand, konnte man schlagartig in Verschiß geraten, wenn man Zweifel an der Mordthese äußerte. Ein paar Jahre war ich unsicher, ohne allerdings die Mordthese zu vertreten. Ich wußte nicht, was in der Nacht in Stammheim wirklich passiert war, und so argumentierte ich auch in den Diskussionen mit Unterstützern oder gegenüber der RAF. Die Toten von Stammheim und die Entführung der Lufthansa-Maschine überlagerten jedenfalls auf Jahre alle anderen Diskussionen, sowohl unter uns Gefangenen als auch mit der Linken draußen.

Wir sechs waren mittlerweile gespalten, obwohl niemand von uns, auch die Bewegung draußen nicht, die Spaltung wirklich wollte. Aber jetzt, wo uns nicht mehr der Wille zur Aktion einte, wuchs der politische Streit sich bis zur Feindschaft aus. Gemeinsame Diskussionen liefen nur noch über Dinge, die den Knastalltag betrafen. Der Blues schrieb seine Papiere und diskutierte seine Theorien, und wir die unseren. Jede Gruppe reklamierte für sich den richtigen politischen Weg. Und so vermischten sich die unterschiedlichen politischen Auffassungen mit persönlichen Animositäten, die oft verletzend und boshaft waren und sich in den langen Jahren der Haft noch steigern sollten. Aber trotz aller Differenzen und Feindseligkeiten bildeten wir ein gemeinsames »Fluchtkomitee«, das alle Fluchtmöglichkeiten auskundschaften sollte. Hatte das Dreierkomitee eine Idee, flüsterten sie den anderen drei in der Freistunde ihre Erkenntnisse ins Ohr. Zu allen Zeiten gingen wir davon aus, abgehört zu werden, in der Freistunde sogar mit Richtmikrofon.

Der 2. Juni meldet sich zurück

Endlich! Der so sehnsüchtig erwartete Kassiber kam: »Bei uns ist alles bestens. Macht euch keine Gedanken, es geht weiter. Bleibt stark. Wir melden uns wieder. Wie gerne möchte ich mich jetzt neben dir langmachen. Ella« – und darunter der wunderschöne Lippenstiftabdruck. Für ein paar Tage war alles vergessen.

Das Haftreglement war nach dem Tod in Stammheim erneut verschärft worden. Alle paar Wochen mußten wir jetzt die Zelle wechseln. Direkt nach dem Wecken um 5 Uhr 30, flog die Tür auf, und ich bekam einen großen Wäschekorb reingeschoben. »Filze, Zellenwechsel.« Binnen 15 Minuten mußte alles, was ich besaß, in dem Korb liegen. Dann ging es zu einem großen Röntgenapparat in die Aufnahme, und alles wurde durchleuchtet. Anschließend die Kleidung wechseln und ab in eine andere Zelle. Wieder verschissene Wände abkratzen, wieder versiffte Matratzen. Wir nannten das »Karussellfahren«. Natürlich hatten auch die Zellen, in die wir kamen, bereits das Fliegengitter. So kam es, daß durch das »Karussellfahren« bald ein Drittel aller Fenster der Anstalt mit diesen Zusatzgittern versehen waren.

Zum ersten Mal seit ihrer Flucht meldeten sich die 2.-Juni-Frauen mit einer Aktion zurück, und zwar in Wien. In einer raffiniert organisierten Entführung hatten sie den Wiener Großindustriellen und Trikotagemogul Walter Palmers entführt und nach drei Tagen gegen ein Lösegeld von 4,7 Millionen D-Mark wieder laufen lassen. Da kam bei uns Freude auf, die jedoch nicht lange anhalten sollte. Die dritte der befreiten Gefangenen tauchte auf: An der Schweizer Grenze war Gabriele Kröcher nach einem Schußwechsel mit Zollbeamten festgenommen und in der Schweiz inhaftiert worden. Jetzt waren nur noch Ina Siepmann und Rolf Heißler in Freiheit. Und keiner von uns hatte bislang einen der Befreiten gesehen oder gesprochen.

Intensiv arbeiteten wir an einem Ausbruchsplan. Es gab eine Lücke: In einem der Höfe, in dem wir manchmal Freistunde hatten, wurde hinter der Mauer gebaut, und wegen der Bauarbeiten fehlte zeitweilig die zweite Mauer, die entscheidende Außenmauer. Da könnte es gehen, mit kräftiger Unterstützung von außen für uns alle sechs. Die Frauen, die sich inzwischen aus Berlin gemeldet hatten, signalisierten, daß sie auf einen Fluchtplan von uns warteten. Anfang des Jahres 1978 ließen wir ihnen den Plan mit allen Details zukommen. »Nicht zu machen«, hieß nach zwei Wochen die Antwort. Zu viele Leute wären nötig, und die hätten sie nicht. Wir sollten weitersuchen. Das taten wir. Es gab noch eine Chance, allerdings nur für zwei von uns. Im Eingangsflügel, dem E-Flügel, lagen unsere Anwaltssprechzellen. Von da bis zur Hauptpforte war es nicht weit. Wenn nun zwei falsche Rechtsanwälte von draußen reinkämen, den einzigen Schließer vor den Anwaltszellen überwältigten und mit zwei von uns wieder rausgingen? Ein sehr komplizierter und waghalsiger Plan, aber wir gaben auch ihn raus.

Der Beginn unseres Prozesses war auf den 11. April 1978 festgesetzt. Die Anklage wurde durch die Bundesanwaltschaft vertreten, und wir sollten vor den 1. Strafsenat des Kammergerichts gestellt werden. Die »Stimme der DDR« wetterte gegen den Auftritt der Bundesanwälte in Westberlin, wo sie laut Viermächteabkommen nichts zu suchen hätten. Und auch um den vorsitzenden Richter gab es im Vorfeld heftiges Gerangel. Der »gesetzliche Richter«, der eigentlich der Kammer vorstand, paßte nicht in das Ränkespiel der politisch Verantwortlichen, und so landete unversehens ein anderer Richter auf seinem Platz: Friedrich Geus. Es war jener Richter, der den Polizisten Karl-Heinz Kurras freigesprochen hatte, nachdem dieser am 2. Juni 1967 Benno Ohnesorg erschossen hatte. Erfahrung zeichne den Mann aus, hieß es, schließlich habe er auch schon den Mahler-Prozeß konziliant geführt. Uns war egal, wer über uns richtete, wir glaubten ohnehin nicht an das Recht der Herrschenden und erwarteten, Beweise oder nicht, eine Verurteilung in allen Punkten der Anklage. Unsere Zerstrittenheit machte natürlich auch eine gemeinsame Prozeßstrategie unmöglich. Andreas und ich wußten nicht, was der Blues vorhatte, und die nicht, was wir planten. Eine politische Dummheit, die uns letztendlich nur geschwächt hat. Klar war lediglich, daß keiner von uns Aussagen zur Sache macht. Sollen sie uns doch mit ihren mageren Ermittlungsergebnissen erst mal überführen.

»Wir machen das mit den Anwaltszimmern. Wir haben entschieden, wen wir rausholen wollen. Till und Andreas«, hieß es im nächsten Kassiber, das an mich ging. Details und Lagepläne wollten sie jetzt. Und: »Kein Wort zum Blues, sonst ist die Aktion geplatzt.« Der Blues hatte sich den Zorn der in Freiheit befindlichen Genossen vor allem deshalb zugezogen, weil sie Papiere veröffentlicht hatten, die dem 2. Juni draußen politisch völlig gegen den Strich gingen. So hatten sie in einer längeren Grußadresse an den kurz zuvor veranstalteten »Tunix-Kongreß«, nomen est omen, auch klare Position gegen die RAF bezogen und sich selbst als »Revolutionäre Guerilla Opposition (RGO)« bezeichnet. Tim und ich geißelten das als unsolidarisch, zumal sie das im Namen der Bewegung 2. Juni gemacht hatten, und die Genossen draußen sahen darin bereits eine Absage an den bewaffneten Kampf schlechthin. Ihnen paßten die Verhaltensweisen und Papiere des Blues überhaupt nicht mehr, und es ging so weit, daß sie den vier untersagten, im Namen der Bewegung 2. Juni Erklärungen abzugeben. Schließlich bestimmten die draußen kämpfenden Genossen Taktik und Strategie der Bewegung 2. Juni und nicht die Gefangenen. In der dünnen Luft der Haft konnte jedes geschriebene Wort, jeder gesprochene Satz zur existentiellen Bedrohung werden. Alles war wichtig, und niemand wollte sich bei einem Fehler ertappen lassen.

Bald schoben die Frauen Erklärungen nach, warum sie Andreas und mich ausgewählt hatten. Mich, weil sie meine Ideen und meine Kreativität für den Kampf brauchten, und Andreas, weil er politisch und ideologisch auf dem Kurs des 2. Juni draußen lag. Persönliche Gründe gab es nicht. Beide hatten wir die ganzen Monate bis zum Tag des Ausbruchs schwere Skrupel gegenüber den anderen vier. Aber wir durften nicht mit ihnen sprechen, und das wäre in dieser Situation auch nicht mehr möglich gewesen. Das schlechte Gewissen blieb. Draußen ging man bereits an die konkreten Vorbereitungen. Es wurde auch Zeit. Am 1. Juni sollte das neue Gesetz über die Trennscheibe in Kraft treten: Rechtsanwalt und Mandant sollten durch eine dicke Panzerglasscheibe voneinander getrennt werden. Das hätte unseren Plan zunichte gemacht, zumal diese neuen Sprechzellen weit von der Hauptpforte entfernt im Inneren der Anstalt lagen. Fieberhaft und mit äußerster Heimlichkeit checkten wir alles, was die Frauen draußen wissen wollten, und gaben Ideen und Vorschläge weiter. Es sollten noch drei Monate vergehen, bis es soweit war.

»Zur Sicherung des Verfahrens« ordnete uns das Gericht neben unseren zwei Vertrauensanwälten noch zwei zusätzliche Pflichtanwälte bei. Geschlossen lehnten wir die ungebetenen Anwälte als »Zwangsverteidiger« ab und verweigerten jedes Gespräch mit ihnen. Ein paar dieser Anwälte, immerhin zwölf an der Zahl, gaben vor dem Prozeß freiwillig auf, die anderen saßen tatsächlich dort rum, sagten kein Wort und kassierten ihre Sitzungsgebühren.

Der Prozeß

Am 11. April 1978 begann unter großem Presseandrang aus dem In- und Ausland der Prozeß. Der Saal 700 in Moabit war eine Festung. Wir saßen jeweils zu dritt in einer Panzerglasbox. Über fünf Millionen, so hieß es, hatten die Sicherheitsvorkehrungen gekostet, die »einen störungsfreien Prozeßverlauf gewährleisten sollen«. Panzerglas auch vor den Fenstern des Gerichtssaals und Polizisten auf den Dächern ringsum. Auf der Straße und im Gerichtsgebäude tummelte sich eine Hundertschaft der Polizei, allein zu unserer Bewachung. Nicht nur die fünf Richter hatten seit Wochen ihre Bodyguards, sondern auch die Zwangsverteidiger.

»Haß, Wut und bodenlose Feindschaft bestimmten den Prozeß vom ersten bis zum letzten Tag.« Mit diesen Worten beschrieb das Gericht am Ende des Verfahrens die Atmosphäre der vorangegangenen zweieinhalb Jahre. Der Zuschauerraum war brechend voll. Über 80 Pressevertreter waren akkreditiert und drängelten sich um die wenigen Sitzplätze, die ihnen die Polizei übriggelassen hatte.

Im dritten Jahr der Haft und nach der langen Isolation war ich aufgeregt und wußte gar nicht, wohin ich zuerst gucken sollte. Die vielen Menschen auf einmal stürmten auf meine Sinne ein – totale Reizüberflutung. Im Zuschauerraum konnte ich kein bekanntes Gesicht erkennen, so sehr ich auch suchte. Unmittelbar vor dem

Panzerglas saßen unsere Rechtsanwälte, denen wir durch einen schmalen Schlitz die Hand zum »Guten Tag« geben konnten. Ich wurde von Wolfgang Panka und Detlev Müllerhoff verteidigt. Auf der gegenüberliegenden Seite, ebenfalls im Glaskäfig, saßen Ralf, Ronny und Gerald, vor ihnen die sechs Vertrauensanwälte. Fast alle linken Rechtsanwälte Westberlins waren in diesem Verfahren präsent, und sie hatten sich auf die kommende Indizienschlacht bestens vorbereitet. Die Anklage wurde von zwei Bundesanwälten vertreten.

Es ging zu wie auf dem Rummelplatz. Wir brüllten Grüße in den Zuschauerraum und schrien uns von Box zu Box zu. Journalisten wollten Fragen an uns stellen, wurden aber unsanft von den Saalbullen zurückgestoßen, Beschwerden, lautes Geschimpfe, Anwälte baten »ums Wort, Herr Vorsitzender«, und dann: »Ruhe, Ruhe, sonst lass' ich den Saal räumen!« Der Vorsitzende Geus hatte sich endlich gefaßt. Schon wenig später griff ich zum Mikrofon: »Eine Erklärung, ich will eine kurze Erklärung abgeben!« Wider Erwarten durfte ich. »Von dieser Stelle wollen wir den Genossen der Roten Brigaden unsere solidarischen Grüße übermitteln, die den Volksfeind Aldo Moro in Haft halten. Tutto il potere al popolo armato!« – »Unerhört! Ich entziehe Ihnen sofort das Wort!« schnauzte der Vorsitzende und drehte mir das Mikro ab. Seit Wochen hatten die Roten Brigaden den Vorsitzenden der italienischen Christdemokraten Moro in ihrer Gewalt. Und von welcher Stelle, wenn nicht hier aus dem Gericht, vor der internationalen Presse, konnte man ihnen eine Solidaritätsadresse zukommen lassen, hatte ich mir gedacht.

Die ersten Tage vergingen mit Formalien, Hin und Her über die Zusammensetzung des Gerichts, die Sitzordnung der Anwälte und dergleichen mehr. Erst nach etlichen Verhandlungstagen konnte die Bundesanwaltschaft die Anklage gegen uns verlesen. Anklagen wegen Mord bekamen nur Ralf und Andreas. Andreas allein deswegen, weil er bei seiner Verhaftung jene Waffe bei sich getragen hatte, mit der auf von Drenkmann geschossen worden war. Ralf, weil ihn Frau von Drenkmann angeblich als einen der Täter wiedererkannt haben wollte. Alle zusammen waren wir wegen der Lorenz-Entführung, also »Nötigung von Verfassungsorganen«, und verschiedener Banküberfälle angeklagt: Mitgliedschaft in einer kriminellen Vereinigung, Waffenbesitz, Urkundenfälschung inclusive. Die Bundesanwaltschaft war tatsächlich mit einer Wundertüte in das Verfahren gezogen. Die Anklageschrift stimmte hinten und vorne nicht. Das würden wir nutzen. Und so sollte der Prozeß auch noch mit einigen Überraschungen aufwarten können. Andreas und ich hatten uns eine flexible Prozeßstrategie vorgenommen: Aufgrund der konfusen Anklageschrift sollten die Rechtsanwälte mit aller Macht juristisch agieren. Verurteilten sie uns, wovon wir ausgingen, dann aber nur auf vage Indizien gestützt, so hätte das die Klassenjustiz zu verantworten – ein politisches Urteil. Wir beide wollten uns selbst mit Erklärungen oder Anträgen zu Wort melden, wenn wir das politisch für richtig hielten. Und natürlich die Haftbedingungen angreifen, sie waren zerstörerisch, und für uns ging es darum, daß sie wenigstens erträglicher wurden. Gejammert haben wir darüber nie, wir wußten alle, warum wir drin waren, aber es war ein Stück Überlebenskampf, der geführt werden mußte!

Unser erster Befangenheitsantrag zielte gegen einen der beisitzenden Richter. Er hatte zehn Jahre zuvor an dem skandalösen Freispruch des Nazi-Richters Rehse mitgewirkt. Abgelehnt! Diesem Ablehnungsantrag sollten in den nächsten Jahren noch 223 folgen. Nur einmal mit Erfolg. Ein Richter wurde wegen eines Formfehlers abgelöst.

Dreister Ausbruch

Unser Hauptinteresse galt in diesen Tagen aber Wichtigerem: Wir fieberten dem Tag unserer Befreiung entgegen. Sie kämen gut voran, aber ein paar Wochen bräuchten sie noch, hatten die Frauen kassibert. Bis zur Einrichtung der Trennscheibe hatten wir genau noch drei Wochen. Dann endlich kam der Plan: Andreas und ich mußten es, wie auch immer, unbedingt schaffen, daß unsere Rechtsanwälte am Samstag, dem 27. Mai, um Punkt neun Uhr bei uns zum Besuch erschienen. Wir mußten auf Pünktlichkeit dringen, damit die Gesprächszellen nicht bereits von anderen besetzt wären. Gleich darauf sollten zwei Genossinnen mit falschen Anwaltsausweisen in die Anstalt kommen, schnurstracks zu den Anwaltsräumen gehen, den wachhabenden Schließer vor der Tür überwältigen, fesseln und knebeln und dann in die Anwaltszimmer stürmen. Unsere Rechtsanwälte sollten mit Waffengewalt gezwungen werden, still zu sein und unter dem Tisch in Deckung zu gehen. Andreas und ich sollten Waffen erhalten – und dann ab zur Pforte. Die Panzerglasschleuse wollten wir mit einem Trick überwinden: Mit ihrem falschen Ausweis sollte eine der vermeintlichen Anwältinnen dafür sorgen, daß zumindest die erste Schleusentür aufging. Dann wollten wir alle vier in die Schleuse stürzen und den Beamten an der Pforte in seiner Panzerglaskabine massiv bedrohen. Würde er die zweite Türe nicht sofort öffnen, sollte an seine Scheibe ein Klumpen Plastiksprengstoff geklebt werden: »Aufmachen, sonst...« Das Gitter vor dem Haupteingang, die letzte Hürde vor der Freiheit, das bei Alarm automatisch runterging, sollte abgefangen werden. An der Bushaltestelle, direkt vor dem Haupteingang, wartete eine Genossin mit einem in einen Koffer eingebauten Eisenrahmen, den sie blitzschnell unter das sich langsam nach unten senkende Gitter stellen wollte. Die Lücke wäre dann groß genug für uns, um rauszukrabbeln. Vor der Anstalt patrouillierten ständig zwei mit Maschinenpistolen bewaffnete Polizisten, die per Funk mit der Anstalt in Kontakt standen. Sie waren noch mal gefährlich. Aber neben ihnen her sollte unbemerkt eine weitere Genossin mit der MP unter dem Mantel laufen und sie in Schach halten, falls der Alarm die Patrouille erreichte. Gegenüber vom Haupteingang, in der Spenerstraße, stünde der Fluchtwagen, ein VW-Bus. Wie es dann weitergehen würde, sollten wir erst draußen erfahren.

Der Plan war gut. Sein Gelingen hing vor allem von unserer Schnelligkeit ab. In der Zentrale war die Waffenkammer, waren wir nicht schnell genug, würden uns zwei Dutzend bewaffnete Schließer gegenüberstehen. Denn spätestens bei unserem Auftauchen in der Hauptpforte würde der Alarm losgehen. Ich bewunderte den Mut der Genossinnen, die einfach so in die Haftanstalt reinmarschieren wollten; das bedeutete eine große Überwindung.

Die Nacht zum Samstag, dem 27. Mai, verbringe ich schlaflos. Meine Papiere sind aufgeräumt, alles Verfängliche, Prozeßaufzeichnungen und Kassiber, habe ich im Klo verbrannt. Immer wieder gehe ich den Plan Schritt für Schritt durch. Ich habe große Angst. Andererseits bin ich zu allem entschlossen. Du hockst ohnehin die besten Jahre deines Lebens hinter Gittern, setz jetzt noch einmal alles auf eine Karte! Sollte die Aktion schiefgehen, wollte ich mich nicht ergeben – dann mußten sie mich erschießen.

Der Tag bricht an. Das ständige Summen der Anstaltsgeräusche schwillt an zu lautem Klappern, Gebrüll und Türenschlagen. Noch zwei Stunden. Ich ziehe mich an: Jeans, Hemd und Pulli. In die Hemdtasche das einzige Foto vom kleinen Till. »Herr Meyer, Anwaltsbesuch.« Es ist eine Minute nach neun. Schweigend führen mich die beiden Schließer durch die endlosen Gänge und Treppen zum E-Flügel. Mir läuft der Schweiß den Körper runter. »Morgen«, begrüßt mich Rechtsanwalt Müllerhoff. Ich kriege kein Wort raus. Sofort klopfe ich an die Wand, dort müßte jetzt Andreas sitzen. Es klopft zurück. Er ist da! »Was ist los?« will Müllerhoff wissen. »Nichts«, antworte ich und setze mich auf den Stuhl, der der Tür am nächsten steht. »Setz du dich doch bitte da oben hin«, weise ich den Anwalt an. Es ist 5 Minuten nach 9 Uhr. Ich schwitze nicht mehr, sondern lausche angestrengt auf die Geräusche vor der Tür. Plötzlich höre ich schnelle Schritte, zwei, drei Tritte, und schon fliegt die Tür auf. »Komm!« Die Genossin in der Tür mit der blonden Perücke und im schnieken Trenchcoat, die Maschinenpistole in der Hand, ist mir gut bekannt. »Hier!« Blitzschnell ergreife ich die hingehaltene Makarov-Pistole, drehe mich zum Anwalt um und kommandiere: »Du gehst unter den Tisch, halte den Mund und rühr dich nicht!« Schon bin ich auf dem Flur. Für unseren Plan hatten wir die Baustelle im E-Flügel mit berücksichtigt. Oberhalb der Anwaltssprechräume wurden Zellen umgebaut. Die große Gittertür, die auf dem Weg zur Zentrale lag, war mit Spanplatten abgedeckt, um Staub und Geräusche abzuhalten. Das kam uns jetzt entgegen, denn von der belebten Zentrale her war nicht auszumachen, was sich vorne bei den Anwaltsräumen abspielte.

Aber der Plan war eines, die konkrete Ausführung etwas anderes: Auf dem Flur rannte konfus der Anwalt von Andreas herum, der immer wieder schrie: »Was macht ihr für einen Blödsinn, was ist denn jetzt los? Hört auf!« Vor der Tür zum anderen Sprechzimmer stand regungslos die zweite Genossin des Befreiungskommandos, ohne Waffe in der Hand. Die Genossin mit der Maschinenpistole hatte inzwischen Mühe, einen Schließer abzuwehren, der sich auf sie gestürzt hatte. Plötzlich ratterte die MP los. Die Genossin hatte eine Garbe in die Luft abgegeben, um den Schließer einzuschüchtern. Entsetzt hob der die Hände, und der Rechtsanwalt quetschte sich, Deckung suchend, in eine Ecke des Flurs.

»Was ist los, wo ist Andreas?« wollte ich von der erstarrten Genossin wissen, die sich jetzt halbwegs gefangen hatte und eine andere Pistole aus dem Gürtel zog. »Da, da drin.« Sie zeigte auf die Tür des Anwaltszimmers. »Wie, da drin?« Ich griff nach der Klinke, die Tür war verschlossen. »Da ist noch ein Schließer gewesen, der ist bei Andreas drin, der hat mir die Pistole aus der Hand gerissen und Andreas da reingestoßen.« Und wieder ratterte die MP los. Wir schossen unten in die verschlossene Tür. »Aufmachen, aufmachen, sofort!« Und noch eine Garbe. Dann hörten wir von drinnen Andreas rufen: »Haut ab, der bedroht mich hier, haut ab!« Jetzt jaulte der Alarm. »Los weg!« Gerade sahen wir noch, wie der Schließer sich in Richtung Pforte davonmachen wollte. Blitzschnell waren wir an ihm dran und hielten ihn fest: »Du kommst mit uns!« Von weitem hörten wir schon das Getrappel näherkommender Knastbullen. Sofort weg hier!

Im Gänsemarsch, den verschreckten Anwalt zurücklassend, machten wir uns auf den Weg zum Hauptausgang. Vorneweg, am Schlafittchen gepackt, der Schließer, die MP im Nacken. Dann die andere Genossin und ich als Deckung hinterher. Lange Gänge, vorsichtig um die Ecken, aber niemand begegnete uns. Die Pforte! Verdammt, das Gitter zur Straße war herabgelassen. Kein Stahlrahmenkoffer hatte es aufgehalten! »Aufmachen! Los, sofort aufmachen!« Der Schließer in seinem Panzerglaskabuff hatte sich weggeduckt. »Aufmachen!« schrien wir erneut und richteten drohend die Waffen auf den verängstigten Mann. Tatsächlich, ein Summen, und die erste Tür der Schleuse ging auf. Im Nu waren wir alle drin, der Schließer noch immer vorneweg. »Los, die andere Tür und das Gitter, sofort!« Nichts. Die Tür nach draußen geht erst auf, wenn die andere zu ist. Hinter uns war geschlossen, aber vor uns noch nicht auf – und das Gitter. »Werner«, schrie der Schließer seinem Kollegen zu, »die bringen mich um, mach uff!« Und noch einmal Schüsse. Der Schließer brach schreiend zusammen: Eine Kugel hatte ihn am Fuß getroffen. Jetzt das Summen, die Tür ging auf, und langsam hob sich auch das Gitter! Raus!!! Frei!

Strahlender Sonnenschein und absolute Ruhe empfingen mich auf der Straße. Keine Polizei. Weit hinten sah ich die beiden Beamten völlig unbeteiligt und eifrig ins Gespräch vertieft auf und ab gehen. Die hatten noch nichts mitgekriegt, obwohl hinter uns unaufhörlich die Alarmsirenen jaulten. Ohne uns umzudrehen, überquerten wir die Straße Alt-Moabit und eilten auf den Fluchtwagen zu. Jetzt sah ich auch die anderen: Ella und Ina. Lachend, mit fragendem Blick. »Wo ist Andreas? Wir haben schon gedacht, Ihr kommt nicht mehr raus.« – »Erst mal weg hier!« hörte ich Tuss, und dann waren wir auch schon alle im VW-Bus. »Hier, die Jacke ist für dich. Links ist der Paß, rechts Geld.« Ella, von der ich keinen Blick lassen konnte, hatte mir eine neue Jacke gereicht. »Wir müssen zuerst raus«, sagte Ella. Die MP und die Pumpaction verstauten wir in einer Babytragetasche, in der eine täuschend echte Babypuppe lag. »Die Tasche nehmen wir mit«, lachte mich Ella an. In gewohntem Fluchttempo waren wir am nahen S-Bahnhof Bellevue angelangt. »Raus ihr beiden, bis gleich!« Da stand ich nun auf dem Bahnhof. Noch wenige Minuten zuvor unter schweren Sicherheitsvorkehrungen inhaftiert, ohne Perspektive und Zukunft. Jetzt wieder in Freiheit!

Alles war ganz unwirklich, ich konnte selbst nicht fassen, was eben abgelaufen war. Fast wären wir nicht mehr rausgekommen. Erst oben auf dem Bahnhof begannen wir, wieder zu sprechen. »Warum habt ihr geschossen? Und wo ist Andreas?« – »Ich weiß es nicht, ich habe ihn nicht gesehen, alles ging rasend schnell. In der Pforte haben wir einen Schließer verletzt, wir wären sonst nicht mehr rausgekommen.« Von der Straße her hörten wir jetzt die ersten Polizeisirenen, ich tastete nach meiner Pistole im Hosenbund. Nur ruhig. »Mit ihrer Großfahndung haben sie heute Pech. Im Norden Berlins läuft die Katastrophenschutzübung ›Omega‹, da ist zur Zeit die gesamte Polizei versammelt«, feixte Ella. Ich mußte sie jetzt küssen. Drei Jahre Trennung – und was war nicht alles passiert in der Zeit! Ob sie noch die alte war? Äußerlich hatte sie sich kaum verändert, die Haare waren länger, aber noch immer rot. Um mich herum nahm ich nichts wahr, unentwegt mußte ich sie angucken und mir zureden, daß es wirklich stimmte: Ich stand wieder neben ihr. Frei! »Präg dir jetzt die Legende deines Passes ein. Du heißt Wolfgang Berger, bist am 14. 5. 45 in Nikosia geboren. Es ist ein zypriotischer Paß, andere hatten wir nicht. Also rede so wenig wie möglich und dann nur Englisch. Wir haben uns für vier Wochen am Meer in Bulgarien eingemietet. Da können wir in Ruhe Urlaub machen und alles weitere besprechen. Die Knarren nehmen wir mit. Nur die Langwaffen in der Kindertasche übergeben wir auf dem Bahnhof Friedrichstraße einer Genossin, die nimmt sie mit zurück nach Westberlin.«

Der Zug fuhr ein: Lehrter Stadtbahnhof, Friedrichstraße. Erst jetzt atmete ich auf. Ich ging fest davon aus, daß uns hier im Ostteil nichts mehr passieren konnte. Ellas Erklärung beruhigte mich dann endgültig: Sie hätten schon vor zwei Monaten eine Begegnung mit der Stasi gehabt. Ein längeres Gespräch in freundlicher Atmosphäre, und man habe ihnen zu verstehen gegeben, daß die DDR keine Fahndungshilfe für die BRD leisten würde. Der Transit sei also ungefährlich für uns. »Später erzähle ich dir Genaueres dazu«, ließ sie mich wissen. »Die anderen kommen auch mit der S-Bahn, wir treffen uns vor dem Café Havanna in der Friedrichstraße.« Auf dem Bahnhof erwartete uns eine junge, blonde Genossin. »Hier«, die Babytasche wechselte den Besitzer. »Alles Gute!« – und schon stieg sie in den gerade eingefahrenen Gegenzug zurück nach Westberlin. Wir beiden passierten ohne Probleme die DDR-Grenzkontrollen und saßen schon Minuten später auf einer Bank vor dem Café Havanna. Seit der Flucht waren erst zehn Minuten vergangen. Vor der Westberliner Polizei waren wir sicher.

»Verdammt, das war knapp«, Tuss kam als erste. Wenig später auch die anderen drei Genossinnen. Wir begrüßten uns alle erleichtert und freuten uns, daß es doch noch geklappt hatte und wenigstens einer draußen war. Die Genossinnen erzählten, was sich in Bruchteilen von Sekunden vor dem Anwaltszimmer abgespielt hatte: Es stand nicht, wie erwartet, nur ein Schließer als Wache vor den Anwaltszimmern, sondern zwei. Sie seien problemlos mit ihren gefälschten Anwaltsausweisen durch die Pforte gekommen, aber dann waren da plötzlich zwei Polizisten. Sofort hätten sie ihre Waffen gezogen, aber die hätten sich dadurch nicht einschüchtern lassen. Im Gegenteil, beide seien sofort zum Angriff übergegangen. Einer der Schließer habe blitzschnell die Waffe mit Schalldämpfer ergriffen und sie der verdutzten Genossin aus der Hand gerissen. In diesem Augenblick sei Andreas aus der Zelle gestürmt und habe sich auf den Schließer gestürzt. Das alles hatte sich genau vor Andreas Sprechzelle abgespielt. Der eine Schließer habe Andreas blitzschnell in die Zelle zurückgedrängt und diese sofort von innen verschlossen. Im selben Augenblick sei ich auf dem Flur aufgetaucht. Alles sei rasend schnell gegangen, und zu allem Überfluß sei auch noch der Rechtsanwalt schreiend zwischen uns allen herumgelaufen. Ich hatte mich an den Plan gehalten und konnte so von dem kurzen Kampf zwischen Andreas und dem Schließer nichts mitbekommen. Zwischen seiner und meiner Tür war wegen der Baumaßnahmen eine breite Holztreppe installiert, daher konnte ich nichts hören. Alles muß so schnell gegangen sein, daß die andere Genossin sich nicht einmal sicher war, ob Andreas überhaupt dagewesen war. Gesehen hatte sie ihn nicht. Er war dagewesen. Scheiße, wir mußten einen Genossen zurücklassen. Die ganzen Anstrengungen, der Arbeitsaufwand, der persönliche Mut – fast wäre alles schiefgegangen. »Das Gitter kam nicht langsam runter, wie wir erwartet hatten, sondern schnell. Ehe ich mit meinem Koffer die paar Schritte machen konnte, war das Ding schon unten.« Um ein Haar wäre uns das zum Verhängnis geworden. »Wir mußten auf den Mann schießen, sonst hätte der andere das Gitter nicht mehr hochgelassen«, rechtfertigte ich die Schüsse in der Schleuse.

Heute wage ich nicht einmal daran zu denken, was passiert wäre, wenn wir nicht mehr rausgekommen wären. Natürlich hatten wir auch für den Fall einen Notplan: Wir wären zurück in die Anstalt und hätten versucht, sie zu besetzen. Geiseln gab es genug. Und wir hatten auch noch Genossen in den Zellen sitzen.

Die RAF-Stasi-Connection

Um 12 Uhr ging unser Zug über Prag und Belgrad nach Sofia. Vor dem internationalen Teil des Fernbahnhofes Friedrichstraße erwartete uns eine neue Kontrolle: Fahrkarten und Visa waren in Ordnung. In zwei verschiedenen Reihen wollten wir unter Sichtkontakt die Kontrollen passieren. Ella und ich kamen glatt durch, aber Tuss wurde in der Kabine neben uns gefilzt und prompt abgeführt. »Scheiße«, zischte ich Ella zu, »sie hat doch die Knarre am Gürtel.« – »Nee, warte mal ab«, gab sie gelassen zurück, »die kommt bald wieder.« Wir warteten schweigend. Längst hätte der Zug abfahren müssen. Und dann kam sie lachend aus den unübersichtlichen Tiefen des alten Bahnhofs auf uns zu. »Alles klar. Und gute Reise für uns.« Knapp 15 Jahre später sollte dieser Aufenthalt in Ostberlin aus dem Jahr 1978 von der Politik und den Medien der Bundesrepublik zum Auftakt »der teuflischen RAF-Stasi-Connection« hochstilisiert werden. Aber dazu später.

Jeweils zu zweit verteilten wir uns über die Abteile des Zuges. Bis hinter die tschechoslowakische Grenze hielten wir es für besser, nicht alle sechs in einem Abteil zu reisen. Ich wollte nun unbedingt wissen, was bei der Paßkontrolle in Ostberlin mit Tuss passiert war. Ella klärte mich auf: Nur wenige Wochen zuvor, im März des Jahres, sei sie zusammen mit Ina bei der Einreise aus der Tschechoslowakei in der DDR vorübergehend festgenommen worden. Bei der Grenzkontrolle sei Ina aus Versehen die Pistole aus dem Gürtel gerutscht. Daraufhin hätten die DDR-Grenzer unverzüglich das Abteil verschlossen, eine Wache davor postiert und sie beide in Dresden aus dem Zug geholt. Für einige Tage seien sie dann in einer Villa untergebracht worden und hätten mit hochrangigen Offizieren des MfS gesprochen. Hauptanliegen der Stasi war gewesen, herauszukriegen, ob der »internationale Terrorismus« womöglich Aktionen vom Gebiet der DDR aus plane oder ob die DDR als Ruheraum genutzt werden solle. Beides wollte die DDR auf keinen Fall dulden. Der Transit von und nach Westberlin allerdings sei ihnen egal.

Fahndungshilfe für die Organe der Bundesrepublik werde man auf keinen Fall leisten, es gebe ja nicht einmal ein Rechtshilfeabkommen zwischen beiden Staaten. Nach längeren politischen Diskussionen, die in freundlichem Ton geführt worden seien, habe man sie mitsamt ihren Waffen weiter nach Westberlin ziehen lassen. Schon kurz darauf sei Tuss auf dem Flughafen Schönefeld das gleiche passiert. Sie habe aber beim Abschied eine Telefonnummer erhalten, die sie benutzen sollte, wenn es an der Grenze Schwierigkeiten geben würde. Und das hatte sie jetzt getan.

Während ich mich bemühte, die neue Situation überhaupt erst mal in den Griff zu kriegen und dann zu akzeptieren, und der Zug uns dem vermeintlich sicheren Bulgarien entgegentrug, war in Westberlin der Teufel los. So etwas hatte es in der hundertjährigen Geschichte der Haftanstalt noch nie gegeben: Ein bewaffnetes Kommando hatte einen Gefangenen mitten aus dem Sicherheitsbereich der Anstalt heraus frech durch die Hauptpforte in die Freiheit bugsiert. Wieder Großfahndung und 50 000 D-Mark Belohnung für die Ergreifung eines jeden einzelnen von uns. Tagelang fuhren Polizeiwagen ausgestattet mit DIN-A3-großen Konterfeis von Ella, Tuss, Ina und mir und ständigen Lautsprecheransagen durch die Straßen von Tiergarten und Moabit: »Achtung, Achtung, hier spricht die Polizei! Wer hat die hier abgebildeten Personen vor oder nach dem 27. Mai gesehen? Wo haben die abgebildeten Personen möglicherweise Wohnungen oder Garagen gemietet? Für sachdienliche Hinweise auf eine Wohnung oder eine der gesuchten Personen hat die Staatsanwaltschaft 50 000 D-Mark ausgelobt!«

Die »generalstabsmäßig vorbereitete Befreiung« ging als »dreiste Köpenickiade« durch die gesamte europäische Presse. Der Leiter des Staatsschutzes war über die Niedertracht empört, mit der wir die Befreiung ausgerechnet mit der Katastrophenschutzübung »Omega« gekoppelt hatten. So seien die Fahndungsmaßnahmen erst mit Verzögerung in Gang gekommen. Die Berliner »Morgenpost« spottete: »Was macht der Meyer auf dem Himalaya!«, und die Szene sprühte voller Begeisterung an etliche Mauern und Hausfassaden: »Keine Feier ohne Meyer!« Der Oppositionsführer, Helmut Kohl, sprach der SPD/FDP-Koalition in Bonn jede Regierungsfähigkeit ab und erklärte das Kabinett für »abgewirtschaftet«. Die DKP wähnte mich wegen des guten Timings gar vom Verfassungsschutz befreit, während die KPD/AO den KGB im Verdacht hatte.

Zum ersten Mal in der deutschen Nachkriegsgeschichte wurde der § 111 StGB angewendet: Gleich für drei Monate war die Polizei demnach berechtigt, an Straßen, Bahnhöfen und Plätzen sämtliche Bürger zu kontrollieren, auch wenn kein unmittelbarer Tatverdacht bestand. Der »Spiegel« mokierte sich seinerzeit: »Argentinische Verhältnisse . . . jetzt haben wir den kleinen Ausnahmezustand.« Schon am 1. Juni richtete das Berliner Abgeordnetenhaus einen Untersuchungsausschuß ein, der die Hintergründe der Flucht erhellen sollte. Und natürlich forderte die CDU den Kopf des FDP-Justizsenators, Professor Jürgen Baumann, und des Innensenators Peter Ulrich. Der Justizsenator übernahm die politische Verantwortung und trat 14 Tage später zurück.

Der Senat und die Polizei sollten nicht zur Ruhe kommen. Am 2. und 3. Juni gab es erneut Anschläge. Gegen zwei der in unserem Verfahren eingesetzten Zwangsverteidiger wurden Attentate verübt, für die eine »Revolutionäre Zelle« die Verantwortung übernahm. Einem der Rechtsanwälte wurde ins Bein geschossen, der andere fand unter seinem Auto einen Sprengsatz, kurz bevor dieser detonieren konnte. Pikanterweise ausgerechnet vor dem Polizeipräsidium, wo sich der Anwalt gerade über Schutzmaßnahmen für seine Person erkundigt hatte. Am 7. Juni vermeldete die Polizei einen ersten Fahndungserfolg: Auf dem Wittenbergplatz wurde der schwer bewaffnete Buchhändler Klaus Viehmann festgenommen. Er wurde später, unter anderem auch wegen meiner Befreiung, zu 15 Jahren Haft verurteilt. Tatsache allerdings ist, daß er weder an den Vorbereitungen noch an der Ausführung der Befreiung beteiligt war. Klaus war nicht der einzige, der im »Lotteriespiel« der Anklagebehörde für Taten sitzen mußte, die er nicht begangen hatte.

Meiner Schwester Rosemarie, die an jenem 27. Mai, dem Tag meines Ausbruchs, ihren Dienst als Funkkoordinatorin in der Zentrale des Berliner Funktaxidienstes versah, hüpfte das Herz vor Freude, als sie von meiner Befreiung über den Polizeifunk hörte. Die Bitte der Polizei, die Zentrale möge unverzüglich auch alle Taxifahrer zur Fahndung nach uns mobilisieren, konnte sie zwei Stunden zurückhalten. Wir waren längst in Sicherheit.

Manöverkritik

Erst hinter Prag kam Tuss zu Ella und mir ins Abteil. »Die Zolltante hat meine Waffe entdeckt. Ich habe sie gleich beruhigt und sie gebeten, mich zu ihrem Vorgesetzten zu führen. Der hat dann sofort die Telefonnummer beim MfS angerufen, und stellt euch vor, 20 Minuten später waren auch welche von denen da. Erst mal haben sie uns zur gelungenen Aktion beglückwünscht, im MfS habe man sich vor Lachen auf die Schenkel geschlagen. In Westberlin stünden sie alle Kopf. Ich habe ihnen gesagt, wohin wir wollen. Gute Reise haben sie uns noch gewünscht, und dann konnte ich gehen.« Ich war sprachlos. Immer hatte ich fest darauf vertraut, daß uns drüben nichts passieren konnte, aber so etwas hatte ich dann doch nicht erwartet. Als kurz darauf auch die anderen drei in unser Abteil kamen, überhäuften wir uns, jetzt schon in gelösterer Stimmung, gegenseitig mit Fragen. »Wie war das bloß mit Andreas? Und wie konnte der Schließer dich entwaffnen?« wollte ich von der Genossin wissen. »Wir waren erst mal überrascht, daß da zwei Bullen waren. Und die haben sich von den Knarren überhaupt nicht einschüchtern lassen. Ich stand zu dicht an dem einen dran, der hat blitzschnell zugegriffen und mir die Knarre mit dem Schalldämpfer entrissen. Irgendwie muß dann Andreas aufgetaucht sein, gesehen habe ich nur kurz einen Schatten, das muß er gewesen sein.« Auch die Maschinenpistole hatte keinen Eindruck auf die Schließer gemacht. »Zweimal hat der mich angegriffen, bis du dann kamst«, erklärte die Genossin das Handgemenge. Der erwähnte Schließer sollte später zu Protokoll geben, daß er die MP für einen Regenschirm gehalten habe und nicht habe verstehen können, »warum mir die Anwältin einen Regenschirm vor den Bauch hält und immer wieder ›Hände hoch‹ ruft«. Letztendlich aber waren wir alle erleichtert, daß die Aktion zumindest zur Hälfte gelungen war und wir so glatt rausgekommen waren.

»Wir wollen ein paar Wochen Urlaub am Schwarzen Meer machen, in einem Ferienzentrum namens ›Goldstrand‹. Eine Touristenhochburg, in der wir nicht auffallen. Zwei Genossinnen von uns sind zur Zeit in der Normandie unterwegs und suchen da ein geeignetes Haus, das wir für ein paar Monate mieten können. Wir treffen uns mit den beiden in vier Wochen dort, um dann alle gemeinsam zu diskutieren, wie es weitergeht«, klärten sie mich auf. »Gibt's bei euch nur Frauen?« Alle lachten. »Klar, und wir kommen bestens zurecht. Du bist jetzt der einzige Typ im 2. Juni.« Ich erfuhr, daß die Bewegung über große Geldmengen verfügte, aber in der BRD kaum noch Unterstützer und Logistik hatte. »Wir sind nach Italien ausgewichen und nach Österreich.« Die Anschläge der RAF, vor allem Schleyer und Mogadischu, hatten nicht nur den Fahndungsdruck gewaltig erhöht, sondern auch viele Unterstützer zum Absprung veranlaßt. »Es gibt kaum noch zuverlässige Genossen, die mit uns was zusammen machen wollen.« Die RAF-Aktionen hatten sich verheerend auf die Unterstützerszene ausgewirkt. Welche Ansichten wir dazu im Knast hätten und was wir über die »Morde in Stammheim« dachten, fragten mich die Frauen. »Später, wenn wir am Ziel sind.« Ich war viel zu aufgeregt und unkonzentriert. Die neue Freiheit mußte verdaut werden. Ella war wieder da und Ina, die ich seit sechs Jahren nicht mehr gesehen hatte.

»Was ist bei euch nach eurer Befreiung durch die Lorenz-Entführung in Aden abgelaufen?« wollte ich von Ina wissen. Bald nach ihrer Ankunft in Aden 1975 hätten sich Verena Becker und Rolf Heißler entschieden, zur RAF zu gehen, erzählte sie. Später sei dann auch Rolf Pohle seine eigenen Wege gegangen. »Habt ihr wirklich den Papst gecheckt und erwogen, ihn zu entführen, wie der Klein im ›Spiegel‹ behauptet hat?« Hans-Joachim Klein war jener Mann, der bei dem Anschlag gegen die OPEC-Minister 1975 in Wien dabeigewesen war und angeschossen wurde. Er war mittlerweile aus der Guerilla ausgestiegen und hatte als reuiger Sünder Interviews gegeben und ein Buch geschrieben. »Der Arsch, der«, schimpften die Genossinnen, »die RZ war schon hinter ihm her, aber er ist ihnen noch gerade entwischt. Belogen hat der uns. Statt zu sagen, daß er nicht mehr will, hat er immer noch auf großer Fighter gemacht und uns alle in Gefahr gebracht.« Das Umfeld des Papstes hatten sie tatsächlich wochenlang in Rom ausgekundschaftet; sie hatten geplant, mit ihm als Geisel einen großen Gefangenenaustausch zu erzwingen. »Vielleicht hätten wir ihn auch gekriegt, aber letztlich waren die Ps dagegen. Waddi Haddat.«

»Wenn ihr den holt, nimmt kein Land der Welt die ausgetauschten Gefangenen auf«, habe ihnen der Palästinenser Haddat damals erklärt. Womit er zweifellos recht hatte. Die Aktion wurde abgeblasen.

Es gab also tatsächlich jene »Internationale des Terrorismus«, die die Presse und Politiker der westlichen Welt ständig heraufbeschworen. In der Wüste des Süd-Jemen bestanden Ausbildungslager für Guerilleros aus allen Teilen der Welt: Japaner, Iren, Italiener, Deutsche, Afrikaner, Südamerikaner, Basken der ETA – sie alle trainierten für den bewaffneten Kampf in ihren Heimatländern. Betreuung und Ausbildung unterstanden den Guerilleros der Volksfront zur Befreiung Palästinas (PFLP) des Waddi Haddat. Diese palästinensische Widerstandsgruppe sah vor allem in den europäischen Stadtguerilleros ihre Verbündeten im Kampf gegen Israel und den US-Imperialismus. Motto: Helft ihr uns, helfen wir euch. »Wir wollen uns aber aus diesen Zusammenhängen zurückziehen und eigenständig operieren, um vor allem wieder in der BRD Fuß zu fassen«, erklärten die Genossinnen zu dem heiklen Thema, »schließlich weiß man ja nicht, welche Geheimdienste aus Nahost ihre Finger da drin haben.« Wir im Knast hatten diese Verquickungen unter einem anderen Aspekt diskutiert: »Die OPEC-Geschichte, Mogadischu und Entebbe, allesamt Aktionen, die mit der sozialen Situation der Ausgebeuteten in Deutschland nichts zu tun hatten und überdies hier nur den Eindruck hinterlassen haben, wir seien rücksichtslose Killer. In großen Teilen der bundesdeutschen Linken hat uns das viel Sympathie gekostet. Das ist einfach nicht vermittelbar. Viele, die uns über Jahre zumindest die Daumen gehalten haben, sind nach diesen Aktionen einfach weggeknackt.« In diesem Punkt waren wir uns einig.

Das großzügige Ferienhaus, das wir am Goldstrand bezogen, lag zirka drei Kilometer außerhalb des eigentlichen Ferienzentrums inmitten eines idyllischen Gartens. Das Zentrum selbst war eine Zusammenballung häßlicher Hochhausbauten und zubetonierter Strandpromenaden, in dem es trotz der Vorsaison bereits von Urlaubsgästen, vor allem aus der DDR, nur so wimmelte. Hier fielen wir nicht auf.

Das einzige Doppelbett überließ man den Verliebten, Ella und mir. Schon während der langen Eisenbahnfahrt hatte ich gespürt, daß zwischen ihr und mir nichts mehr so war wie vor Jahren. Sie hatte sich verändert: Die Rollen waren vertauscht. War damals sie es, die mir vertraute, die sich an mir orientierte und sich an mich anpaßte, weil ich der Erfahrenere von uns beiden war, so war es jetzt umgekehrt. Aber ich genoß ihre Fürsorglichkeit, und ich war glücklich, wieder mit ihr zusammen handeln zu können. Noch stand ich unbeirrt hinter der Sache des bewaffneten Kampfes, und Zweifel an der Richtigkeit unseres Tuns gab es nicht. Taktik und Strategie müßten wir ändern, um verlorenes Terrain wieder zurückzugewinnen. In den Jahren der Haft hatte ich Dutzende von Ideen und Plänen entwickelt, und ich brannte darauf, sie einzubringen – und auch in die Tat umzusetzen. Zunächst aber wollte jeder vom anderen wissen, wie es dem einzelnen in den vergangenen drei Jahren ergangen war und wie es um die Genossen im Knast stand, die ich jetzt zurückgelassen hatte.

Ich erzählte über die elende Fraktioniererei zwischen Andreas und mir auf der einen und dem Blues auf der anderen Seite und daß es oftmals eigentlich nur Bagatellen gewesen waren, einzelne Worte nur, die uns auseinandergebracht hatten. Eine grundsätzliche Diskussion über Ziele und Strategien des bewaffneten Kampfes habe es nie gegeben, statt dessen Gehässigkeit und Rechthaberei auf beiden Seiten. So habe sich das dann hochgeschaukelt, obwohl keiner von uns es eigentlich gewollt habe. Der enorme Druck in der Isolationshaft und faktische politische Differenzen, hier die »Populisten«, wie sich der Blues selber nannte, und dort wir, die »Antiimperialisten« – ein künstlicher Widerspruch, dessen scharfe Austragung sich nur aus der dünnen Luft der Haft erklärte. Wir waren alle eher traurig über diese Entwicklung, weil niemand von uns auf die Genossen verzichten wollte. Die Genossinnen nahmen es dem Blues auch übel, daß er die Aktionen von Entebbe und Mogadischu öffentlich als »volksfeindlich« gegeißelt hatte. Ein unsolidarisches Verhalten sei das, vor allem in der Situation der absoluten Niederlage und des staatlichen Triumphes, schließlich hätten wir alle verloren. »Später werden wir uns mit ihnen auseinandersetzen, wer weiß, was bei denen noch ablaufen wird.«

Begierig lauschte ich dem, was die Frauen über ihre gewagten

Aktionen zu berichten wußten. »Eigentlich wollten wir von dem Palmers sieben Millionen. Da hat der uns frech ausgelacht. Soviel könne er jetzt auf die Schnelle gar nicht flüssig machen, ob wir denn nichts vom Kapitalismus verstünden, hat der uns gefragt.« Gefeilscht hätten sie mit dem alten Herrn wie auf einem Bazar und sich schließlich auf 4,7 Millionen geeinigt. »Eine Million haben wir der PLO überlassen und eine weitere der RAF. 600 000 haben wir irgendwo in Norditalien vergraben, aber nicht mehr wiedergefunden!« Tatsächlich, sie hatten das Geld so gut eingebuddelt, daß sie es selbst nicht wieder auffinden konnten. »Aber noch ist genug Knete da, wir können weiter agieren, ohne gleich 'ne Bank machen zu müssen.«

»Wie habt ihr im Knast über Stammheim gedacht?« kam schließlich die Gretchenfrage. Ich erzählte von den Grübeleien und den Zweifeln, die Andreas und ich hatten, und wie wichtig es politisch, aber auch moralisch betrachtet, wäre, die Wahrheit zu wissen. »Monatelang haben wir im Knast über kaum etwas anderes diskutiert als über die Frage: Mord oder Selbstmord?« Der Blues hatte von Anfang an keine Zweifel, er vertrat sofort die Selbstmordthese: »Die waren das selber. Es geht nur um Legendenbildung.« Und so äußerten sie sich auch öffentlich. »Und was ist eure Meinung?« wollte ich von den Genossinnen wissen. »Auch wir wissen nicht viel darüber, aber wir haben unsere Zweifel an der Mordthese.« Ich erfuhr ein äußerst wichtiges Indiz, das meine Zweifel an der Mordthese weiter verstärkte: Irgendwann im Frühjahr 1977 habe es ein Treffen zwischen ihnen und der RAF gegeben. Dabei hätten die RAF-Leute angefragt, ob der 2. Juni im Besitz von möglichst kleinen Faustfeuerwaffen sei, und zu verstehen gegeben, daß die in den Knast geschmuggelt werden sollten. »Das könnte aber ein Hinweis darauf sein, daß die Waffen von außen kamen«, warf ich sofort ein. Wenn das aber der Fall war, dann könnten sie es selber gemacht haben. »Habt ihr denn kleine Knarren gehabt?« – »Nee, wir konnten ihnen nicht helfen. Aber dafür haben wir ja jetzt auch unsere Zweifel.« Unsere Skepsis war so groß, daß wir für uns entschieden, nach außen nicht mehr offensiv von Mord zu reden. Wir wollten abwarten und versuchen, selbst mehr in Erfahrung zu bringen.

Gut zehn Jahre später sollte der ehemalige RAF-Aktivist Peter-Jürgen Boock öffentlich erklären, er habe seinerzeit die Waffen für die Häftlinge im 7. Stock von Stammheim besorgt. Eine Pistole vom Typ FEG, Kaliber 7,65, eine Heckler & Koch, 9 Millimeter, und einen Revolver gleichen Kalibers. Er selbst sei es auch gewesen, der die Rechtsanwaltsakten zu Waffencontainern umgebaut habe, in denen sie dann in Einzelteilen nach und nach in den 7. Stock geschmuggelt wurden. Mitwisser der brisanten Transporte war auf jeden Fall Volker Speitel, ein lautstarker Sympathisant der RAF, der seinerzeit in dem Stuttgarter Rechtsanwaltsbüro »Croissant, Müller und Newerla« ein und aus ging. Speitel wurde am 2. Oktober 1977, von einer Solidaritätsveranstaltung in Kopenhagen kommend, an der deutsch-dänischen Grenze festgenommen. Bereits Ende Oktober 1977, nur zehn Tage nachdem die Toten in Stammheim gefunden worden waren, konnte der Bundesanwalt Lampe umfassende Aussagen von Speitel präsentieren. Volker Speitel hatte ausgepackt und den Waffentransport inklusive der Transporteure, die Rechtsanwälte Müller und Newerla, preisgegeben. Bis heute ungeklärt ist jedoch, wann genau Speitel seine Aussagen gemacht hat. Erst Ende Oktober, also nach der Todesnacht in Stammheim, behauptet die Bundesanwaltschaft. Zweifel an dieser Zeitangabe sind allerdings nie verstummt und wurden vor allem auch dadurch genährt, daß die Bundesanwaltschaft einen Teil der Speitel-Aussagen bis heute unter Verschluß hält. Hat der Staat in jenen dramatischen Wochen davon gewußt, daß die Gefangenen im Besitz von Schußwaffen waren – durch Speitel oder durch Abhörmaßnahmen? Hat ein Killerkommando, wie von seiten der RAF behauptet wird, sich der Waffen bedient und die Gefangenen ermordet? Oder haben die Sicherheitsorgane durch Abhören erfahren, daß die Gefangenen einen kollektiven Selbstmord planten, und zugewartet, bis sie das Vorhaben tatsächlich ausführten? Ungeklärt bis heute ist auch der Einsatz von sieben offiziell zugegebenen Abhörwanzen. Vier waren angeblich in den Anwaltssprechzellen versteckt. Wo waren die anderen drei? Das Rätsel über die Todesnacht in Stammheim bleibt so lange ungelöst, bis der Staat alle seine Fakten auf den Tisch legt.

Die Nato angreifen

Die Tage verbrachten wir mit langen Fahrradtouren ins Hinterland oder mit Baden an den überfüllten Stränden und die Abende mit gutem Essen und harten Diskussionen darüber, wie es weitergehen sollte. Klar war uns, daß wir eine Aktion planen mußten, die uns die verlorenen Sympathien zurückbringen konnte. Wir wollten wieder in der Bundesrepublik Fuß fassen, mit Sympathisanten und Unterstützern in die Diskussion kommen, Struktur und Logistik aufbauen. Die Gruppe zählte mit mir jetzt wieder acht Aktivistinnen – ich war der einzige Mann – und drei weitere Frauen, die auf den Sprung in den Untergrund vorbereitet waren – stark genug, um jede Aktion durchführen zu können. Ideen und Pläne kamen auf den Tisch, wurden sorgfältig analysiert und verworfen. Bestehen blieb der Plan, Institutionen der Nato wegen der geplanten Nachrüstung in Europa, vor allem in Deutschland, anzugreifen.

Die sogenannte Nachrüstungsdebatte war in der Bundesrepublik voll im Gange, und es formierte sich bereits eine breite Protestbewegung quer durch alle Schichten der Bevölkerung gegen die Bonner Pläne. Die Regierung unter Helmut Schmidt plante, in den kommenden zwei Jahren in der Bundesrepublik eine neue Generation von Atomraketen, die Pershing II und Cruise-Missiles-Marschflugkörper der Amerikaner, zu stationieren. Der Nato-Doppelbeschluß sollte die Sowjetunion an den Verhandlungstisch bringen und sie zwingen, ihre SS 20 Mittelstreckenraketen, die auf Westeuropa gerichtet waren, hinter den Ural zurückzuverlegen. Bei einem militärischen Ost-West-Konflikt in Europa wäre die Bundesrepublik automatisch zum atomaren Schlachtfeld geworden. Damit war die Bundesrepublik der einzige Staat auf der Welt, der sein Territorium einer fremden Macht für einen Atomkrieg zur Verfügung stellte: der Nato, den Amerikanern. In diesem brisanten Konflikt wollten wir spektakulär und propagandistisch optimal wirksam werden. Zuschlagen wollten wir am Nato-Hauptquartier in Brüssel. Nach gründlichen Diskussionen entschieden wir, den stellvertretenden Natooberbefehlshaber, den deutschen General Gerd Schmückle, zu entführen. Im Volksgefängnis hätte er uns

Auskunft über die militärischen Planungen der Nato und Bonns geben müssen. Wir wollten damit die Protestbewegung unterstützen und dem Massenprotest gegen den Nato-Doppelbeschluß die fehlende Schärfe geben. Es wäre eine Antikriegsaktion gewesen: Wir fühlten uns im Einklang mit der großen Mehrheit aller Deutschen, die keine Kriegsgefahr und schon gar nicht den Krieg selbst wollte. Einfluß wollten wir auch auf die Anti-Atomkraft-Bewegung gewinnen, deren Anhänger inzwischen zu Zehntausenden gegen die Atompolitik der Bundesregierung zu Felde zogen. Die »neuen Bewegungen«, wie sie jetzt hießen, waren unserer Meinung nach zu stark von ideologiefreiem Pazifismus dominiert, und in den AKW-Gegnern sahen wir eine »One-Point-Bewegung«, die unter der Perspektive »AKW NEE« sehr schnell die soziale Frage vergessen könnte. Die Entführung des deutschen Vize-Oberbefehlshabers der Nato wäre unsere politische Intervention gewesen.

Für den General hätten wir nicht einen Gefangenen aus dem Knast gekriegt, aber jede Woche ein Bulletin in die Öffentlichkeit lancieren können. In diesen Texten hätte der Nato-Vize die drohende Kriegsgefahr und die Pläne des Militärbündnisses offenlegen müssen. Wir machten uns bereits Gedanken bis ins kleinste Detail: Ein Teil der Gruppe sollte, getarnt als Pflege- und Gesellschaftspersonal einer reichen Dame im Rollstuhl, in dem eine auf zerbrechlich zurechtgemachte Genossin Platz genommen hätte, eine standesgemäße Wohnung beziehen. Der andere Teil sollte als Stewardessen (beziehungsweise ich als Steward) einer Phantasie-Fluggesellschaft zwei Appartements beziehen. Das wirkte unauffällig in den gediegenen Wohnquartieren, und zum Ausbaldowern wäre diese Tarnung ebenfalls gut geeignet. Wer achtet schon auf eine kranke Dame oder auf Flugpersonal? Nächtelang feilten wir an den Einzelheiten und an dem Bauplan für ein neues Volksgefängnis und machten uns schon eingehend mit dem Stadtplan von Brüssel vertraut.

Mittendrin kündigte sich Besuch aus Damaskus an: Zwei hohe Funktionäre der PFLP kamen auf Stippvisite und wollten wissen, wie es in Berlin gelaufen sei und was wir jetzt vorhätten. Verwundert zeigten sich die beiden darüber, daß ich als einziger Mann mit fünf Frauen in dem Ferienort wohnen konnte, ohne aufzufallen.

Das hatten wir bedacht und uns direkt nach der Ankunft gegenüber der Rezeption äußerst glaubhaft als »Internationales Architektenbüro« aus Griechenland vorgestellt. Wir mußten bei der Ankunft ja unsere Pässe vorlegen – und die stammten aus verschiedenen Ländern.

Ein Problem bildete mein Äußeres: Die Polizei verfügte nun über etliche Fahndungsfotos von mir mit verschiedenen Bart- und Haarfarben-Varianten. Die Palästinenser schlugen vor, ich solle doch gleich mit ihnen nach Damaskus fahren, um mir in einem Krankenhaus der PLO meine auffällige Stupsnase operieren zu lassen. Fast hätte ich es gemacht, aber auf Ellas Protest hin unterließ ich es dann doch. Wahrscheinlich wäre ich dann zehn Tage später zwar nicht erneut verhaftet worden, hätte aber meine altvertraute Nase eingebüßt. Wir erzählten den beiden über die geplante Nato-Aktion und was in Berlin falsch gelaufen war. Viele Zeitungen im Nahen Osten hätten über die Befreiung in Westberlin ausführlich berichtet, zumal wir der Aktion den Kommandonamen »Nabil Harb« gegeben hatten: Nabil Harb war einer der Entführer der Lufthansa-Maschine nach Mogadischu gewesen. Ich hatte keine Probleme mit dem Namen, denn dieser Mann war tot. Erschossen von der GSG 9, und noch immer hielt ich es aus Gründen der Solidarität für geboten, die Entführung, wenn auch nicht zu verteidigen, so doch auch nicht öffentlich zu kritisieren. Es war eine Trotzhaltung, die vor allem durch die Arroganz der Herrschenden und aus meiner Wut gespeist wurde. Wir waren die Verlierer, und das auf der ganzen Linie. In dieser Situation war für mich klar, wem meine Solidarität galt. Politisch war das nicht haltbar, aber emotional konnte und wollte ich damals nicht anders.

Mit der Planung der Entführung des Generals hatten wir unsere Arbeit, und ich war mit Feuereifer dabei. Es geht wieder los! Eine Aktion mit großen politischen Wirkungen gegen einen hohen Militär, die der herrschenden Klasse in der Bundesrepublik einen empfindlichen Schlag versetzen und sie in einen heiklen Rechtfertigungsdruck zwingen müßte. Mit dieser Propagandaaktion wäre es uns auch gelungen, davon waren wir überzeugt, nach und nach in der Bundesrepublik wieder eine Basis zu schaffen. Zunächst aber versetzte uns der Sozialismus einen Schlag: In Jugoslawien, in

Zagreb, waren vier Kader der RAF festgenommen worden. Bonn verlangte unverzüglich ihre Auslieferung. Die Jugoslawen konterten mit der Forderung, die Bundesrepublik möge im Gegenzug acht in Jugoslawien gesuchte nationalistische kroatische Bombenleger ausliefern, die in Deutschland Asyl erhalten hatten. Vorweg: Bonn ging darauf nicht ein, und die Jugoslawen ließen prompt die RAF-Leute laufen. Wir waren jetzt in einer prekären Lage: Zwei Tage liefen wir in höchster Wachsamkeit und bewaffnet durch das Feriengebiet. Nichts. Könnte uns das hier auch passieren, sollten wir nicht besser gleich abhauen? Ein paar Tage diskutierten wir – und entschieden zu bleiben. Jugoslawien, so war unsere Meinung, ist kein sozialistisches Land, was da möglich ist, kann uns hier im DDR-Bruderland nicht passieren. Wir waren wieder sorglos und unbewaffnet.

Verraten und verkauft

Den Kontakt nach Deutschland hielten wir über eine Genossin in Bielefeld. Wir erwarteten eine Kurierin, die uns Geld und neue Pässe bringen sollte. Die allerdings hielt sich in der kleinen Logistik des 2. Juni in Italien auf und verkehrte mit uns via der Bielefelder Wohnung. Am 20. Juni, hatten wir über Bielefeld abgemacht, würden wir die Genossin am Haupteingang des »Hotels Kuban« inmitten des Ferienzentrums am Sonnenstrand erwarten. Punkt 16 Uhr. Mitbringen wollte sie auch Haarfärbemittel für mich, ich sollte jetzt rotblond werden. Mein Bart war inzwischen so kräftig gewachsen, daß ich mir einen exotischen Schnauzbart schneiden konnte, einen, wie es ihn noch auf keinem Fahndungsfoto gab. Jeweils paarweise wollten wir dann Bulgarien verlassen: Ella und ich als Rucksacktouristen über Jugoslawien nach Italien, die anderen mit der Bahn über Griechenland. Treffen wollten wir uns alle in Paris, um von dort in das Haus in der Normandie weiterzufahren.

Es war brütend heiß, als Ella und die Stille sich auf den Weg machten, um die Kurierin, Gudrun Stürmer, am »Hotel Kuban« abzuholen. Vom Kirschbaum aus, der direkt vor unserem Haus stand und den ich gerade aberntete, sah ich den beiden Frauen nach, wie sie in Richtung Ferienzentrum spazierten. Ich war so verliebt in Ella, daß ich mich keine Minute von ihr trennen wollte. Also rief ich den beiden hinterher: »Wartet, ich komme mit!« In Badelatschen und ohne Waffe rannte ich ihnen hinterher – mein Verhängnis.

Wir bummelten noch ein wenig durch das Einkaufszentrum, um uns dann pünktlich am Hotel einzufinden. Da stand sie schon: Ich kannte Gudrun nur flüchtig aus Diskussionen noch aus der Zeit vor der Lorenz-Entführung. Erst vor wenigen Monaten war ihr Mann Harry, dem ich nie begegnet war, als Unterstützer der Bewegung 2. Juni in Berlin verhaftet worden. Er war zusammen mit einem anderen Genossen an einem unserer Erddepots festgenommen worden, das die Frauen kurz zuvor im Tegeler Forst angelegt hatten. Ein freudiges Hallo und dann gleich ab in das nächste Café, direkt dem Hotel gegenüber. Sie habe alles dabei, Geld im Stiefel und Pässe und Stempel auf den Bauch geklebt. Es war nichts Auffälliges zu bemerken, und wir fühlten uns völlig sicher. Kaum stand das erste Budweiser auf unserem Tisch, begann der Alptraum: Kurze, hastige Schritte um uns herum, und dann hörten wir auch schon voller Entsetzen: »Hände hoch, keine Bewegung!« Von hinten wurde mir in die Haare gegriffen, der Kopf zurückgerissen, und ich spürte, wie mir der kalte Stahl einer Pistole ins Genick gepreßt wurde. Ella und den beiden anderen erging es genauso. Ich starrte in kreidebleiche Gesichter. Das war doch nicht möglich, hinter jedem von uns hatte ein drahtiger Bulle Position bezogen, und blitzschnell hatten sie auch schon die Hände auf dem Rücken mit Handschellen gefesselt. »Los, aufstehen, mitkommen!« brüllten sie. Ich begriff nicht. Mitten in Bulgarien in einem voll besetzten Café deutsche Polizeikommandos! Was war los? Wer war hier unterwegs? Ohne noch ein Wort sagen zu können, wurde ich schon hochgerissen, zu einem nahen Auto geschleift – ehe ich mich fassen konnte, lag ich bereits im Fond des Wagens mit bulgarischer Nummer. Kidnapping! Die kidnappen uns, schoß es mir durch den Kopf. Der Bulle über mir, der unentwegt seine Pistole in meinen Nacken drückte, war zweifellos ein Deutscher. Wer den Wagen fuhr, konnte ich nicht erkennen, der Mann lag auf mir drauf. Verhaftet? Hier? Durch wen? Ich konnte keinen klaren Gedanken fassen. Alles war rasend schnell gegangen. Schon hielt der Wagen, und ich sah gerade noch, daß ich in einen Bungalow-Trakt mit mehreren nebeneinanderliegenden Türen gezerrt wurde. »Auf den Boden, auf den Bauch, los!« schrie mich der hypernervöse Bulle an. Seine Hände mit der Pistole zitterten. Schnell tastete er mich ab und schrie in Richtung der offenen Tür: »Der hier ist unbewaffnet!« – »Die Frauen auch«, kam es von nebenan zurück. »Ella!« brüllte ich jetzt. »Ja, hier, wir sind nebenan, die Schweine, das sind deutsche BKA-Bullen.« – »Ihr haltet jetzt die Schnauze!« bellte mein Bewacher, ein Mann von etwa Anfang Zwanzig. Er saß direkt über mir und drückte mir unentwegt seine Pistole in den Nacken. Wir waren überrumpelt worden. Aber von wem?

Mit einem simplen Bindfaden band der Mann mir jetzt die Füße zusammen. Nicht mal genug Handschellen, dachte ich, was geht hier bloß vor? »Ich will sofort bulgarische Behörden sprechen!« brüllte ich jetzt immerzu. »Hilfe, Hilfe, Kidnapping!« Die Handschellen waren so festgestellt, daß mir jede kleinste Bewegung wehtat. Ich beschimpfte den Bullen, der noch immer nicht gesagt hatte, wer er war und warum er mich hier gefangen hielt, als »Schwein und Kidnapper« und verlangte, bulgarische Behördenvertreter zu sprechen. Ella rief von nebenan: »Paul, das sind deutsche Bullen, und die Bulgaren machen mit denen gemeinsame Sache, uns hat 'ne Bulgarin untersucht. Wir sind am Arsch!« – »Das gibt es doch gar nicht!« schrie ich zurück. Von den anderen beiden hörte ich nichts, sie waren in den letzten Bungalows der Gebäudezeile gelandet. Plötzlich erschien ein zweiter, älterer Beamter im Raum: »Zieh ihm mal seine Hose runter«, befahl er dem Mann, der mich bewachte. »Da, da ist ja die Schußwunde. Er ist es. Das ist Till Meyer. Die andere ist vermutlich die Rollnik.« – »Sie sind verhaftet. Hier!« Vor mir auf den Boden legte er den rosa Haftbefehl mit meinem Namen. »Scheiße bin ich. Ich bin hier in einem sozialistischen Land, und hier habt ihr einen Dreck zu sagen. Ich will sofort bulgarische Dienststellen sprechen. Sofort!« schrie ich wieder und immer wieder.

Inzwischen waren einige Stunden vergangen. Ich bemerkte, daß die Beamten, es müssen fünf gewesen sein, auf irgendwen warteten. Einer ging öfter zum Telefonieren. Sie waren aufgeregt; ein ums andere Mal tuschelten sie miteinander, und manchmal verstand ich etwas von »Verstärkung« oder »Auto kommt gleich«. »Bulgarische Behörden werden noch kommen, haben Sie nur Geduld«, erklärte mir jener ältere Mann, der offenbar Chef des Kommandos war. Irgendwann gab ich die Brüllerei auf und versuchte, einen klaren Gedanken zu fassen. Was konnte hier ablaufen? Plötzlich schleppten sie Ella, die ebenso an Händen und Füßen gefesselt war, zu mir in den Bungalow und ketteten uns mit den Händen auf dem Rücken aneinander. Einer der Bullen wurde geschickt, die Sachen des BKA-Kommandos aus einem Hotel zu holen. Inzwischen war ein mächtiges Sommergewitter losgebrochen. Es donnerte, blitzte und goß in Strömen. Ob die anderen uns suchen, ging es mir durch den Kopf? Ella flüsterte mir ins Ohr: »Wir haben verloren, die Bulgaren liefern uns offenbar aus. Hier muß ein Deal gelaufen sein.« Ich wollte es nicht glauben, noch nicht. Ein sozialistisches Land liefert uns dem BKA aus, das gibt es doch gar nicht! In einem fort raste mir dieser Gedanke durch den Kopf. »Und wenn die uns gekidnappt haben?« flüsterte ich zurück. »Nee, da waren doch Bulgarinnen dabei, zumindest bei uns. Hier läuft eine mordsmäßige Schweinerei ab!« Ella hatte wohl recht.

Etwa gegen Mitternacht, das Gewitter war immer noch voll im Gange, griffen uns zwei Mann unter die Arme und schleiften uns durch den Regen in einen VW-Bus. »Hilfe, Hilfe!« schrie ich in den prasselnden Regen. Sie schmissen uns alle vier übereinander auf den Boden. Wir schrien vor Schmerz und drohten zu ersticken, weil die Männer sich auch noch auf uns drauf setzten. Der Wagen, das hatte ich noch schnell erkannt, hatte eine Diplomatennummer und das »D«-Schild. Irgendwann hatten sie Erbarmen mit ihren wehrlosen Opfern, und wir durften uns auf dem Boden zusammengepfercht hinsetzen. Wir schwiegen. Aber jeder wußte vom anderen, was er jetzt dachte. Verfluchte Scheiße! Und das ausgerechnet hier. Die haben uns einfach rausgeschmissen! Wieder Knast!

Bis zum nächsten Flughafen waren es 45 Kilometer: Burgas. Als ich erkennen konnte, daß wir uns einem Flugfeld näherten, packte mich noch mal verzweifelter Mut. Ich sprang auf und hämmerte mit meinen auf den Rücken gefesselten Händen gegen die Autoscheibe. »Hilfe, Hilfe, Banditen!« Noch als sie mich runterrissen, sah ich verschwommen im Regen einen bulgarischen Soldaten zackig grüßen und das Auto durchwinken.

Weit hinten auf dem Flugfeld hielt der Wagen. Regennaß glänzte die Lufthansa-Maschine im Scheinwerferlicht. Am Fuß der Gangway hatten zwei uniformierte GSG-9-Bullen Posten bezogen. Sonst war niemand zu sehen, vor allem keine Bulgaren. Ich wand mich und zappelte, als sie mich die Gangway hochzerrten. Längst bluteten nicht nur die Handgelenke, seit der Verhaftung am Nachmittag hatte ich auch keine Schuhe mehr an den Füßen. Im Flugzeug wimmelte es vor BKA-Beamten. Etwa 30 standen Spalier, als wir über das ganze Flugzeug verteilt auf die Sitze geschleift wurden. Den fünf, die uns verhaftet hatten, wurde anerkennend auf die Schulter geklopft, man war bester Stimmung. Hinter und vor einem jeden von uns nahmen jeweils zwei Beamte ihre Sitze ein. Noch in der Startphase zischte es mir von hinten zu: »Wenn du Faxen machen willst, schlagen wir dich nieder, und du kriegst 'ne Betäubungsspritze.« Von vorne hörte ich die Stille schreien. Sie versuchten ihr mit Gewalt die Fingerabdrücke abzunehmen. »Bei ihm sind wir uns sicher, das ist Till Meyer.« Die beiden Männer vor mir waren offenbar höhere Chargen. Einer von ihnen war der Leiter der Operation, der Chef der Abteilung Terrorismus (TE) im BKA. Ihn sollte ich unter gänzlich anderen Bedingungen gut elf Jahre später noch einmal wiedertreffen. Ich schwieg und zermarterte mir das Hirn: Warum ausgerechnet liefert uns ein sozialistisches Land den Häschern des BKA aus? Meine Gefühle waren völlig durcheinander. Ich fühlte mich zerstört, deprimiert und zerschunden. Tiefe Enttäuschung mischte sich mit Schuldgefühlen und Resignation.

In dem Moment, als die Maschine abflog und es aus dem Cockpit kam: »Gegen vier Uhr werden wir deutschen Luftraum erreichen«, fühlte ich mich so schlecht und verloren wie noch nie in meinem Leben zuvor. Ich spürte meine Hände, die Füße, meinen Körper, aber im Kopf rutschte mir alles weg. Es ging mir elendig, die Lippen brannten, und aus den Augen wollten Tränen schießen. Ich kämpfte dagegen an. War ich nicht schuld daran, daß jetzt auch die drei Frauen in Haft gingen? Sie hatten ihr Leben riskiert, um uns zu befreien – und jetzt waren sie deswegen in dieser Lage. Oh, Scheiße! Ella wurde zu mir geschleppt und auf die andere Seite des Ganges gesetzt. Sie wirkte gefaßt und merkte mir sofort an, was mit mir los war. »Bleib stark. Die Runde ging an sie. Jetzt haben sie uns zwar ins Aus getreten, aber nicht ausgetreten. Denk nur da dran«, zischelte sie quer über den Gang. Sie hatte recht. Ich mußte mich fangen. Jetzt sofort! »Zigarette, ich will eine Zigarette!« Sie hielten mir eine hin. »Nein, nicht die, ich will meine eigenen.« Ich bekam meine Gitanes.

»Guten Abend zu diesem ungewöhnlichen Flug. Hier spricht Ihr Flugkapitän, den Namen lasse ich besser weg. Wir haben heute die kürzeste Nacht und den längsten Tag, es ist Sommeranfang. Soeben überfliegen wir die Grenze zu Bayern.« Päng, aus! Du bist wieder drin. Stell dich darauf ein.

Es gelang mir noch ein paarmal, Ellas Hand zu streicheln. Würde ich sie je wiedersehen? So viele Pläne hatte ich noch im Kopf, so viele Ideen, die ich verwirklichen wollte... aus! Jetzt kannst du dich auf was gefaßt machen, für diese Provokation werden sie sich rächen. Als wir in Köln landeten, gelang es mir noch schnell, Ella zu küssen, bevor sie uns auseinanderrissen. Es sollte der letzte Kuß sein. Einzeln und flankiert von je zwei GSG-9-Leuten wurden wir per Hubschrauber direkt vom Flughafen in den Knast nach Köln-Ossendorf geflogen. Ein neuer Knast, aber der gleiche Ton und die gleichen Gerüche wie in Moabit. Wieder drin. Das dritte Mal.

Irgendwo in einer Zelle hatten sie mich abgelegt, mir meine Sachen ausgezogen und mich in Knastklamotten gesteckt. Seit über 24 Stunden war ich nun schon gefesselt, und meine Hände waren mittlerweile ohne Gefühl. »Fotos. Wir müssen Fotos von Ihnen machen. Los mitkommen!« Hochreißen und ran an die Wand.

Ich brachte nicht mehr die Kraft auf, mich irgendwie dagegen zu wehren, das Gesicht zu verziehen oder den Kopf nach unten zu halten. Warum auch. Da stand ich: in extrem zu großen und schäbigen Knastklamotten, nicht mal einen Gürtel hatten sie mir gegeben. Um den Bauch hatte ich ein Stück Bindfaden geschlungen. Meinem Gesicht sah man die Strapazen der letzten 48 Stunden deutlich an, zerschlagen und gedemütigt. Das Bild gaben sie an die Presse: das gejagte und gefangene Tier.

Hätten sie mich nur einen Tag später festgenommen, wäre mein Prozeß in Berlin geplatzt gewesen. Ein Verfahren darf nur 30 Tage unterbrochen werden, andernfalls muß es ganz neu begonnen werden. Noch am selben Abend wurde ich, angekettet an zwei Bullen, mit einer Sondermaschine von Köln nach Berlin transportiert, während die Frauen noch für einige Wochen im Kölner Knast blieben. Bei der Ankunft in Berlin-Tempelhof, noch auf der Gangway, präsentierte mich der Berliner Staatsschutz erst einmal den massenhaft anwesenden Pressevertretern. Dann ging es mit Eskorte zum Polizeipräsidium, das in der Nähe des Flughafengeländes lag. Auch hier war man in ausgelassener Siegesstimmung. In einer Zelle im Keller wartete ich auf meinen Rechtsanwalt, nach dem ich sofort verlangt hatte. Panka kam in gedrückter Stimmung. Ja, schade, alle Anstrengungen umsonst. Ob er was über die Hintergründe unserer Verhaftung wisse, Bulgarien, was sagt Bonn? »Bonn dankt den Bulgaren für ihre unbürokratische Kooperation.« Kein Kidnapping! Einen Völkerrechtler habe er schon bemüht. Der solle mal sagen, ob sowas überhaupt rechtens sei oder ob nicht doch die »Spezialitätenfrage« eine Rolle spiele. Die »Spezialitätenfrage« bezieht sich nur auf eine klare Auslieferung: Wenn ein Staat den Bürger eines anderen Staates an diesen ausliefert, kann der ausliefernde Staat zur Bedingung machen, daß nur angeklagt werden kann, was auch der ausliefernde Staat für rechtens hält. Wegen politischer Delikte wird oftmals die Auslieferung verweigert, oder die Ausgelieferten dürfen im Heimatland für politische Delikte nicht angeklagt oder verurteilt werden. Wir aber waren nicht formal, sondern »kalt« ausgeliefert worden, für uns gab es keine »Spezialitätenfrage«.

»Heute nacht noch, vor Mitternacht, hast du Prozeß. Das Gericht tagt hier im Präsidium, morgen wären sonst die 30 Tage um, und sie müßten dein's vom Hauptverfahren abtrennen«, erklärte Panka.

Um 23 Uhr am 21. Juni 1978 stand ich wieder vor dem Richter. Das Gericht wies die formal notwendige Zusammensetzung auf, die Bundesanwälte waren da, und die vorgeschriebene Öffentlichkeit bestand aus den Polizeibeamten. »Die Hauptverhandlung ist eröffnet. Der Angeklagte und sein Verteidiger sind anwesend. Die Hauptverhandlung ist beendet und wird vertagt auf ...«, erklärte der Vorsitzende. Panka forderte den Richter auf, sich meine Hände und Füße anzusehen, und drohte in Richtung Bundesanwaltschaft: »Ich bin morgen um Punkt neun Uhr in der Anstalt und will meinen Mandanten unverletzt vorfinden. Herr Bundesanwalt, sorgen Sie dafür, daß Herrn Meyer in Moabit kein Haar gekrümmt wird.« – »Wenn da etwas passieren sollte, hat er sich das selber zuzuschreiben«, gab der Bundesanwalt lakonisch zurück. Wie ich hatte auch Panka die Befürchtung, daß ich jetzt in Moabit gehörig eins auf die Fresse kriegen würde. Wie man schlägt, ohne Spuren zu hinterlassen, darüber wußten die Schließer bestens Bescheid.

Mitten in der Nacht kam ich genau über den Stollen nach Moabit zurück, aus dem ich vor vier Wochen abgehauen war, den E-Flügel, vielleicht 30 Meter bis zum Stern. Da standen sie. Die gesamte Nachtschicht hatte sich schweigend im Halbkreis aufgestellt, um mich zu empfangen. »Hierher!« rief es aus dem Kreis der Schließer. Ich ging los. Schade, dachte ich noch, wenn sie dich erschossen hätten, wäre dir diese Demütigung erspart geblieben. Aber ich lebte, und mein Kampfeswille war wieder geweckt. Mit arroganter Miene und erhobenen Hauptes ging ich festen Schrittes auf den Halbkreis zu. Werden sie dich schlagen, oder wagen sie es nicht? Es war mir egal. Ihre Moral und unsere. Die Anstalt war merkwürdig still, nur meine Schritte ... Und dann sah ich sie. »Um« und »Trunk« standen mitten in dem Pulk der Schließer. Wir nannten die beiden so, weil sie des öfteren eine leichte Alkoholfahne hatten, aber äußerst korrekte Beamte waren. Umtrunk. »Um« der kleine Dicke und »Trunk« der große Starke. Sie würden sich an keiner Schweinerei beteiligen oder sie zulassen. Kein Wort fiel, aber alle blickten voller Haß auf mich. Jetzt endlich wurden mir die Handschellen abgenommen. »Na, dann komm se mal, Herr Meyer.« Tatsächlich. »Um« und »Trunk« lösten sich aus der Reihe und marschierten mit mir in Richtung Haus zwei. Ich war wieder in der alten Zelle. Alles Bewegliche in der Zelle hatten sie auf den Kopf gestellt und wie gehabt zu einem großen Haufen auf dem Bett zusammengetürmt. Ich schob es einfach nur beiseite und legte mich dazu. Ich konnte und wollte an nichts mehr denken. Morgen, morgen werde ich meinen Kopf wieder ordnen ... Ich fiel in bleiernen Schlaf.

Peter Lorenz im Zeugenstand

»Der Prozeß gegen dich geht übermorgen weiter. Die holen jetzt im Eiltempo mit dir allein alles nach, was in den vier Wochen im Prozeß gelaufen ist. Wenn sie auf dem gleichen Stand sind, wirst du wieder in das Hauptverfahren eingegliedert«, erläuterte Panka mir das Vorgehen des Gerichts. Bis dahin, so hatte das Gericht angeordnet, sollte ich isoliert und von den Genossen getrennt bleiben. Die Genossen, wie werden sie mich empfangen? Ich fühlte mich schlecht.

Journalisten aus aller Welt riefen ständig bei ihm an, alle wollten sie wissen, was da in Bulgarien abgelaufen war, berichtete mein Anwalt. Von anderen Verhaftungen dort unten habe er nichts mitbekommen. Also gut, die anderen drei hatten offenbar entkommen können. Haarklein erzählte ich ihm, was abgelaufen war, und daß ich lange Zeit den Gedanken gehabt hätte, daß wir vom BKA ohne Wissen der Bulgaren gekidnappt worden seien. »Nein, das kann nicht sein, Bonn bedankt sich offiziell bei den Bulgaren, und die Presse bejubelt bereits die Zugriffsmöglichkeiten des BKA von Gibraltar bis an den Ural.« – »Alles läuft also weiter wie vor vier Wochen?« wollte ich wissen. »Ja, keine Chance.« Das mußte ich erst mal verdauen. Entweder die Verhältnisse zerquetschen dich jetzt und es kommt noch so weit, daß du in dieser Depression plötzlich am Gitter hängst, oder du nimmst den Kampf erneut auf. Ich kämpfte.

»Na, Herr Meyer, aus dem Urlaub zurück?« begrüßte mich grinsend der Vorsitzende am ersten Verhandlungstag. Darauf war ich gefaßt. In aller Eile hatte ich eine dreiseitige, provozierend gehaltende Erklärung verfaßt. »Mit meiner Befreiung«, so begann ich, »haben wir der Bonner Krisenbande eine erste Ohrfeige versetzt.« Daran ändere auch die Tatsache nichts, daß ich wieder festgenommen worden sei. »Den Schlag habt Ihr erst mal hinnehmen müssen, und wer weiß, welche Schweinereien Bonn angestellt hat, uns wieder aus Bulgarien herauszuholen. Wir wissen noch nichts darüber, aber wir werden es noch rauskriegen.« Ich drohte wider besseres Wissen die Verstärkung internationalistischer Aktionen an, weil mir klar war, daß eine solche Aussage »Besorgnis in Bonn auslösen« könnte. Vor allem rief ich zur verstärkten Fortsetzung und Unterstützung des bewaffneten Kampfes auf. Schweigend hörte das Gericht zu: Hier stand einer, der ihnen seine Wut und seinen Haß entgegenschleuderte.

Viele Jahre habe ich dazu gebraucht, um rauszubekommen, was eigentlich wirklich in Bulgarien abgelaufen war und wie das BKA uns dort überhaupt hatte aufspüren können. Kurz nach meiner Verhaftung hatte es in den Medien geheißen, ein Schließer aus Moabit, der gerade Urlaub in Bulgarien machte, habe mich erkannt. Das war Quatsch. Die Telefonate nach Bielefeld waren uns zum Verhängnis geworden. Damals wußten wir noch nicht, daß der BND alle Leitungen aus dem Ostblock in die Bundesrepublik und auch jene, die nur über die BRD liefen, systematisch abhörte. Auch wenn wir mit Bielefeld nur verschlüsselt gesprochen hatten, war es den Experten im BND ein leichtes gewesen, herauszuhören, daß wir uns an einem bestimmten Tag und an einem bestimmten Ort mit jemandem treffen wollten. Haftbefehle hatte das BKA in Bulgarien gleich 17 Stück dabei, weil sie nicht wußten, wer sich genau da aufhielt. Gegen Gudrun Stürmer und Angelika Goder lag überhaupt nichts vor, für die beiden hatte das BKA auch keine Haftbefehle. Sie wurden einfach prophylaktisch aus Bulgarien verschleppt.

Nahezu 20 Jahre später fiel mir ein Papier der Stasi in die Hände, in dem meine Abhörthese gestärkt wurde. In dem Papier der Staatssicherheit der DDR vom Juni 1978 heißt es: »Streng vertraulich. Inoffiziell wurde bekannt, daß sich mehrere Angehörige der Abteilung Terrorismus des BKA seit einigen Tagen in Nessebar/Bulgarien aufhalten. Diese Kräfte wurden am 18. 6. 1978 durch zwei weitere Angehörige des BKA verstärkt. Seitens der bulgarischen Sicherheitsorgane erhalten die mit Waffen in Bulgarien eingesetzten BKA-Beamten umfangreiche Unterstützung. Wie weiter zur Kenntnis gelangte, soll auf Wunsch der bulgarischen Seite eine eventuelle Festnahme des Meyer und/bzw. seiner Begleiter durch Angehörige des BKA erfolgen. Die bulgarischen Sicherheitsorgane wollen sich im Hintergrund halten.« In dem 15 Kilometer vom Goldstrand entfernten Nessebar hat also das BKA-Kommando auf das Eintreffen von Gudrun Stürmer gewartet, um dann zuzuschlagen. Der Leiter des BKA-Trupps vor Ort sollte im Prozeß aussagen, daß die Bulgaren Fahndungsmaßnahmen nach uns untersagt hätten. Verboten wurde dem BKA auch zu schießen. Der Beamte: »Hätten die Leute sich gewehrt, hätten wir ihnen keine Chance gelassen.«

Wir hatten uns also selbst die Bullen auf den Hals geholt. Über Monate habe ich mir den Schädel zermartert, warum uns ausgerechnet das sozialistische Bulgarien ausgeliefert hatte. In Teilen der Linken setzte es Besserwisserei und Häme. Viele sahen sich in ihrer Abneigung gegen die sozialistischen Staaten bestätigt. Vor allem, als der damalige Wirtschaftsminister Graf Lambsdorff in der FAZ erklärte, daß, wer mit der Bundesrepublik im Terrorismusbereich zusammenarbeite, auch wirtschaftlich dafür belohnt werden solle. Bulgarien konnte seinen Export in die Bundesrepublik um 13 Prozent steigern, vor allem durch den Export von Tomaten. Terroristen gegen Tomaten. Bulgarien hatte bei mir, sozialistisches Land oder nicht, auf alle Zeiten verschissen. Eine kleine Genugtuung waren die Bombenanschläge auf den Fuhrpark der bulgarischen Botschaft und eines bulgarischen Exportladens direkt nach unserer Verhaftung in Paris und Athen. Andererseits suchte ich immer noch nach Erklärungen: Moskau soll den Wink gegeben haben, die Aktion des BKA zu dulden. Während wir in Bulgarien saßen, hatten die Roten Brigaden den Vorsitzenden der »Democracia Cristiana«, Aldo Moro, noch immer im ›Volksgefängnis‹. Die Politiker und die Medien der westlichen Welt, allen voran die der USA, geißelten täglich Moskau als das »Hinterland des internationalen Terrorismus, Drahtzieher, Wegbereiter, Helfershelfer...« Und die Medien hörten nicht auf zu spekulieren, wo Aldo Moro gefangen sein könnte – im Ostblock natürlich; in der Tschechoslowakei, in Ungarn, in der DDR, in Moskau gar. Als Beweis seiner Lauterkeit lieferte das »sozialistische Lager« nun uns kurzerhand aus. In dieser Situation war Bulgarien offenbar nicht gewillt, sich einer internationalen Diffamierungskampagne à la »Terroristennest« auszusetzen. Wir waren schlichtweg in das große politische Ränkespiel geraten und zum Bauernopfer geworden. Soweit mir bekannt ist, hat bis auf die DDR kein sozialistischer Staat europäischen Guerilleros Unterstützung gewährt, aber es gab auch keine Fahndungshilfe. Dem Westen dienten wir nur als Diffamierungsknüppel, gemeint war die Unterstützung für die Befreiungsbewegungen in der dritten Welt, die in der Tat Hilfe aus den sozialistischen Staaten bekamen.

Nach 14 Tagen konnte ich wieder zu den anderen in den Freistundenhof. Einerseits fühlte ich mich sauschlecht, andererseits freute ich mich doch, sie wiederzusehen. Ich vermutete, daß der Blues mir den Ausbruch hinter ihrem Rücken nicht verzeihen würde, und ebenso würden sie nicht verzeihen, daß wir uns so schnell wieder hatten einfangen lassen. Und Andreas, was würde er sagen? Der Blues redete erst gar nicht mit mir, sondern grinste hämisch und machte Witzchen über unser Bulgarien-Desaster. Aber auch ich rückte mit keinem Wort der Entschuldigung raus und versuchte auch nicht zu erklären, wie die Situation damals gewesen war. Die Fronten waren total verhärtet. Andreas wollte wissen, warum ich nicht auch sofort rausgekommen sei, als ich damals den Kampf vor der Anwaltssprechzelle gehört habe. Ein Vorwurf! Ich hatte ihn wegen der damaligen Nottreppe zwischen seiner und meiner Tür gar nicht hören können. Vielleicht war sein unvorhergesehenes Rauskommen der Fehler? Reaktionen in Bruchteilen von Sekunden – falsch oder richtig, das Resultat zählt, wandte ich ein. Ob er das einsah oder nicht, wir waren wieder Verbündete. Ich erzählte ihm alles über die vergangenen Wochen, bis ins kleinste Detail. Nach Bulgarien zu fahren sei eine Fehlentscheidung gewesen: »Kein Wunder, daß die euch ausgeliefert haben, das sind doch keine Sozialisten.« Damit deckte er sich wieder mit der Ansicht des Blues. Ich fand keine Rechtfertigung.

Die politische Dimension aber ließ mir keine Ruhe, ich wollte Hintergründe wissen und vor allem, welche Haltung die DDR dazu einnahm. Von den Erfahrungen mit der DDR hatte ich Andreas erst mal nichts erzählt. Mein Rechtsanwalt sollte unbedingt in der

DDR nachforschen und rauskriegen, was die zu dem Bulgarien-Rauswurf sagten. Noch immer stand ich fest zum real-existierenden Sozialismus, ohne den der weltrevolutionäre Prozeß nicht weitergehen würde, davon hatte mich auch die Bulgarien-Erfahrung nicht abbringen können. Diese Niederlage mußte ich politisch klären und nicht über mein persönliches Schicksal. Zum ersten Mal begann ich zaghaft darüber nachzudenken, was wir falsch machten, ob unsere Politik nicht ein Fehler war. Zum ersten Mal fühlte ich mich orientierungslos und mußte schwer gegen die immer wieder aufkommende Resignation ankämpfen.

Zur verheerenden Bilanz – einer raus, vier wieder rein – kam jetzt die Forderung nach absolut sicherer Unterbringung von gefangenen Terroristen. Mein Ausbruch bildete den Auftakt zur öffentlichen Diskussion über den Bau von Hochsicherheitstrakten in allen Bundesländern. Schon im Herbst 1978 wurde in Moabit mit großem Kostenaufwand mit dem Bau eines solchen Hochsicherheitstraktes begonnen. Und noch einen weiteren Nebeneffekt hatte meine Flucht: Unverhohlen machte mir eines Tages ein Schließer klar, daß mein Ausbruch ihnen immerhin den verhaßten Justizsenator Baumann vom Hals geschafft habe. Baumann hatte sich vor allem bei den Schließern unbeliebt gemacht, weil er sich ständig in den Vollzugsalltag eingemischt und sich für Änderungen im Strafvollzug stark gemacht hatte. Dieser Spruch gab mir lange zu denken.

Mein Rechtsanwalt hatte in Ostberlin mit dem bekannten Anwalt Friedrich Kaul gesprochen: Empört sei man in der DDR über diesen Handstreich der Bulgaren gewesen, niemals hätte die DDR uns ausgeliefert, und er, Kaul, der unsere Aktionen keineswegs billige, habe unlängst bei einem Empfang in der bulgarischen Botschaft auch sein Mißfallen kundgetan. Ich hätte ihn gerne als Verteidiger gehabt, aber der Staranwalt der DDR lehnte ab, »kam von ganz oben«, ließ er mich wissen.

Der andere Rechtsanwalt, von der Justiz hartnäckig der Beihilfe bei meinem Ausbruch verdächtigt und deswegen wochenlang in Haft, hatte sein Mandat niedergelegt. Statt seiner kam jetzt ein junger, noch unerfahrener Anwalt neu in meine Verteidigung. Auch Andreas Anwalt hatte sein Mandat niedergelegt, so daß er jetzt nur noch von einem Rechtsanwalt seines Vertrauens verteidigt wurde.

Anfang August wurden Ella, Gudrun und die Stille nach Berlin verschubt. Sie wurden in den »Turm« gelegt, eine Sicherheitsabteilung für Frauen im Männerknast Moabit, die deshalb so hieß, weil sie im obersten Stockwerk lag. Obwohl wir nun in derselben Anstalt einsaßen, begegnete ich ihr doch nie. Als gefährlicher Ausbrecher konnte ich mich nun der besonderen »Fürsorge« der Schließer erfreuen. Das Gericht hatte inzwischen eine ganze Reihe von Tatvorwürfen »vorübergehend eingestellt« und verhandelte gegen uns jetzt noch wegen der Lorenz-Entführung, dem Überfall auf den Waffenladen Triebel und wegen der Tötung des Kammergerichtspräsidenten von Drenkmann. Spannend war für mich vor allem der Auftritt des Zeugen Peter Lorenz. Würde er mich wiedererkennen? Lorenz schilderte in sachlichem Ton seine fünftägige Geiselhaft und hob hervor, durchweg korrekt behandelt worden zu sein. Er konnte keinen von uns identifizieren. Sekundenlang hatte er mir ins Gesicht geschaut. Als sich unsere Augen trafen, hatte ich das Gefühl, daß er dachte: »Den habe ich doch schon mal gesehen.« – »Nein, ich erkenne niemanden von den Herren hier im Raum wieder.« Na, prima. Der Zeuge Lorenz konnte gehen.

Der Auftritt von Pastor Albertz konnte hinsichtlich der Tatvorwürfe keine Überraschungen bringen. Der couragierte Mann, der uns alle mit einem freundlichen Kopfnicken begrüßte, empörte sich vor allen Dingen über eins: Entgegen allen Zusagen von höchster Stelle habe er hinterher doch erfahren müssen, daß seine Gespräche mit den befreiten Gefangenen seinerzeit auf dem Flughafen Frankfurt am Main rundum abgehört worden waren. Das erschiene ihm auch jetzt noch als schwerer Vertrauensbruch der Sicherheitsbehörden. Die Ausführungen des Mannes hatten den Vorsitzenden Richter offensichtlich beeindruckt.

Nach einem halben Jahr Prozeß verkündete der Vorsitzende Richter überraschend, das Gericht erwäge, bei einer Verurteilung von uns zusätzlich Sicherungsverwahrung zu verhängen. Das war ein absolutes Novum. Wir sollten also wie krankhafte Gewohnheitskriminelle für immer im Knast verschwinden. Diese Ankündigung brachte uns auf die Barrikaden. Die Rechtsanwälte deckten das Gericht mit Anträgen und Rechtsgutachten ein, bundesweit gab es Protestveranstaltungen, und auch die Bundesrechtsanwaltskammer wurde eingeschaltet. Der Protest reichte bis weit in das bürgerliche Lager und war so massiv, daß das Gericht diese Androhung später wieder zurücknahm.

Gefährlich war für uns der Zeuge Reiner Hochstein. Er hatte inzwischen ausgepackt und trat in unserem Verfahren als Kronzeuge auf. Hochstein tischte dem Gericht obskure Geschichten über das Attentat auf den Kammergerichtspräsidenten auf. Der Kronzeuge hatte allerdings an keiner Aktion der Bewegung 2. Juni teilgenommen, trotz alledem aber belastete er Andreas und Ralf schwer. Dank harter Recherche und einer Fülle von Beweisanträgen gelang es unseren Verteidigern, allen voran meinem Anwalt, Hochstein als Zeugen zu demontieren und für das Gericht unbrauchbar zu machen. Drogensüchtig und ein großmäuliger Spinner war der Mann. Noch in der Haft war er tablettenabhängig und wurde sogar regelmäßig von der Anstaltsärztin mit ausreichend Medikamenten versorgt. Als die Anwälte auch noch diesen Tatbestand auf den Tisch packten, mußte das Gericht auf den Kronzeugen Hochstein verzichten. Und noch eine Überraschung gab es in Sachen von Drenkmann. Frau von Drenkmann hatte Ralf als einen der Täter angeblich wiedererkannt und ihn somit schwer belastet. Aber zu einer vom Gericht angeordneten Wahlgegenüberstellung mit uns allen, dem Folterwochenende, war sie nicht erschienen. Sie begründete ihr Nichterscheinen damit, daß sie sich ohnehin ganz sicher sei: Ralf sei einer der Täter. Die Anwälte wiesen ihr in der Verhandlung wasserdicht nach, daß sie Ralfs Bild aus der Zeitung kannte, in der er als möglicher Täter bereits vorverurteilt worden war. Auch ihre Aussage konnte das Gericht nicht werten. Und erneut eine Überraschung, als das Gericht verkündete, daß es bei dem Attentat auf den Kammergerichtspräsidenten nicht mehr um den Vorwurf des »gemeinschaftlichen Mords« gehe, sondern um eine »versuchte Entführung mit tödlichem Ausgang«. Nicht zuletzt die Aussage Hochsteins, daß der Gerichtspräsident eigentlich habe entführt werden sollen, und die Rekonstruktion des Tatablaufs mußten das Gericht zu dieser Änderung veranlassen. Jetzt fehlten die juristischen Merkmale für einen Mord. Auch den Besitz der Waffe, aus der die tödlichen Schüsse abgegeben worden waren und die Andreas bei seiner Verhaftung bei sich getragen hatte, konnte das Gericht nicht als Tatbeweis heranziehen. Der ehemalige 2.-Juni-Aktivist Heinz Brockmann hatte ausgesagt, daß es beim 2. Juni üblich war, die Waffen untereinander auszutauschen. Das Gericht hatte zwar die Tatwaffe, aber keinen Täter.

Richtungskämpfe per Kassiber

Während sich der Prozeß dahinschleppte, wuchsen unter uns die Spannungen. Wir billigten die Erklärungen, die der Blues vor Gericht abgab, nicht, und sie die unseren nicht. Fritz Teufel spottete über uns als Anhänger der »Radikühlen Armee Fraktion«. Zu allen prozeßrelevanten Themen meldeten Andreas und ich uns zu Wort: Wir nutzten die Öffentlichkeit, die uns der Prozeß bot, natürlich als politische Bühne und griffen, wann immer es möglich war, die Verhältnisse in der Bundesrepublik an. Mal kritisierten wir das Atomprogramm der Bundesregierung, mal die Geheimdienste, mal die Repressionsorgane und immer wieder die Haftbedingungen. Unsere Erklärungen waren zumeist in Anträge eingebaut, sonst hätten wir sie nicht verlesen können, und wurden von uns mit großer Akribie und Sorgfalt erarbeitet. Wir diskutierten tagelang in der Freistunde darüber, und dann schrieb jeder einen bestimmten Teil. Diese Zusammenarbeit war ungeheuer anstrengend, weil wir zum einen nie genug Zeit für das Besprechen hatten und zum anderen aufpassen mußten, daß uns die Schließer die Manuskripte nicht aus der Zelle filzten. Bei den täglichen Zellenfilzen machten sie auch nicht vor unseren Verteidiger-Akten halt.

Die Schließer langten aber auch anderweitig zu. Immer wieder hatte Ralf behauptet, daß die Beamten sich bei der Zellenfilze auch an seiner Schokolade vergriffen. »Schon wieder fehlt an meiner Ritter-Sport ein ganzer Riegel. Den haben die sich während der Zellenfilze abgebrochen.« Uns erschien die Sache so absurd, daß wir ihm keinen Glauben schenkten. »Ach Quatsch, Ralf, du spinnst. Die klauen doch nicht uns armen Knackis die Schokolade!« Also hatte Ralf sich eines Tages ein heimliches Zeichen an seine angebrochene Schokolade gemacht. In der nächsten Freistunde brachte er sie zum Beweis und behauptete erneut: »Hier fehlt ein Riegel, mein Zeichen ist weg!« Er hatte recht. Bald darauf kam Gerald in die Freistunde und konnte sich vor Lachen kaum halten. Er hatte in seinem Geburtstagspaket ein Dutzend Haschkekse geschickt bekommen, die täuschend echt in eine Originalpackung des KaDeWe eingeschweißt waren. Schon ein paar Tage hatten wir uns zu sechst immer einen der Kekse geteilt, in die eine höllisch starke Prise Haschisch eingebacken war. Acht waren noch übrig geblieben. Gerald erzählte: Soeben sei der Sicherheitsinspektor bei ihm gewesen und habe peinlich zerknirscht ihn dringend darum gebeten, zu sagen, was in diesen Keksen sei, die er leider beschlagnahmen müsse. Zwei seiner Beamten hätten sich während der Zellenfilze jeweils einen Keks genommen und aufgegessen. Ihnen sei danach »so anders« gewesen, daß man sie unverzüglich ins Krankenhaus gebracht und ihnen den Magen ausgepumpt habe. Tagelang lachten wir die kontrollierenden Schließer aus. Zur Zellenfilze ließen wir Schokolade liegen, mit dem Hinweis: »Bitte bedient euch!« Wir signalisierten den Schließern aber auch, daß wir die peinliche Sache nicht an die große Glocke hängen würden, wenn wir die restlichen Kekse zurückbekämen. Gerald hatte schlichtweg behauptet, in den Keksen sei nichts gewesen. Die waren inzwischen bei der PTU, der Polizeitechnischen Untersuchungsanstalt, gelandet. Zehn Tage später überreichte der Anstaltsleiter höchstpersönlich und mit zerknirschter Miene Gerald die Dopekekse: »Die Kekse sind in Ordnung, wir haben nichts gefunden.«

Wie wichtig und fetzig unsere Erklärungen auch waren, wenn Fritz Teufel an diesem Tag seine Späßchen im Gerichtssaal zum besten gab, und das war nicht selten, stand er in der Zeitung und kein Wort über das, was wir gesagt hatten. Mal stand er beim verordneten Aufstehen auf dem Kopf, »Sie haben ja nicht gesagt, wie herum ich aufstehen soll«, mal wollte er den Eid statt in weltlicher lieber in »Pillenform ablegen«. Wir konnten ihm nicht böse sein. Wichtig war, daß er durchhielt und mit seinem Alibi erst am Ende des Verfahrens rausrückte.

Anfang des Jahres 1979 erklärten uns die Frauen vom »Turm«, daß sie sich der RAF anschließen wollten und wir Druck auf die Genossen draußen ausüben müßten, damit diese sich ebenfalls der RAF zuordneten. Manchmal hatten wir einen guten Kassiberweg in den »Turm«, dann wieder war er komplizierter; es kam darauf an, in welcher Zelle wir gerade lagen. Immer war alles eng und verschlüsselt auf Durchschlagpapier geschrieben. Nächtelang saß ich dann bei selbstgemachter Kerze und dechiffrierte mühsam und langwierig endlose Zahlenkolonnen, wobei jede Zahl ein Buchstabe war. Zum Entschlüsseln brauchte ich dann die vorgegebene Seite eines bestimmten Buches. Das Hauptargument der Frauen für einen Zusammenschluß mit der RAF war: Zwei Gruppen bedeuteten Schwäche, und im übrigen sei das politische Niveau des 2. Juni miserabel, und wenn wir keine richtige Theorie hätten, könne es beim 2. Juni auch keine richtige revolutionäre Praxis geben. Wir sollten endlich mit der Konkurrenz zur RAF aufhören und uns ihr anschließen. Das war aber keineswegs in unserem Sinne. Wir wollten künftig zwar vieles anders machen, aber in jedem Fall eigenständig bleiben. Andreas und ich lehnten nicht nur die verheerenden Aktionen der RAF ab, wir stimmten auch mit ihrer politischen Analyse nicht in allen Punkten überein. Vor allem aber war es ihre Praxis, die wir für falsch hielten. Richtig in Streit mit den Frauen gerieten wir aber erst, als sie von uns verlangten, eine seitenlange, von ihnen verfaßte Selbstkritik über unseren Kassiberweg nach draußen zu schmuggeln. Die unterwürfige Selbstbezichtigung sollte an die Gefangenen aus der RAF gehen. »So einen Dreck, falsch obendrein, leiten wir nicht weiter«, ließen wir die drei wissen. Alles falsch hätten sie bisher gemacht, einfach drauflosgekämpft, den falschen Ansatz gehabt, und jetzt wollten sie bei der RAF lernen, wie man wirklich revolutionär kämpft – das war uns zu pralle. Wir leiteten den Kassiber statt dessen an Tuss weiter, die sich inzwischen wieder gemeldet hatte. Auch sie war erbost und kassiberte den Frauen harsch zurück: »Spinnt Ihr? Ob wir zusammengehen, entscheiden wir hier draußen!«

Es begann eine elende, verbitterte Diskussion. Wagte es einer von uns, einmal auch nur einen Gruß auf einen Kassiber zu quetschen, kam es postwendend zurück: »Was soll der privatistische Scheiß!« Überhaupt war der Umgang unter uns und der Ton der Kassiber vernichtend: nie ein persönliches Wort, dafür eine abstrakte Sprache und immer wieder verletzende Kritik, die einem wochenlang zu schaffen machte. »Kapier das endlich, weil es richtig ist, daß du es kapierst!« In all meinen Büchern, die ich über inhaftierte Revolutionäre las, sei es unter dem Zaren in Rußland, in den Diktaturen Lateinamerikas oder während der Nazi-Zeit, nirgendwo sind die Gefangenen so hart und erbarmungslos miteinander umgegangen wie bei uns. Ernst Toller, der fünf Jahre Festungshaft wegen seiner Beteiligung an der Münchner Rätedemokratie absaß, hatte allerdings ähnliches erlebt. »War am Anfang jeder bemüht, liebevoll in den anderen sich zu versenken, jetzt ist er die Nähe des anderen satt, er kann ihn nicht ertragen, er wirft ihm vor, was der andere ihm einst anvertraute, die Haft macht ihn krank, die Einsamkeit böse. Während draußen die Handlungen durch sinnliche Wirklichkeit gehemmt und gelenkt werden, fehlt hier in der dünnen Luft jede Möglichkeit der Korrektur. Es bilden sich Parteigruppen, die einander verfolgen, verleumden, schlagen. Der Haß ist umso größer, je mehr Gemeinsames sie haben, eine Gruppe verbietet der anderen, mit Angehörigen der anderen Gruppe zu reden. Im Mittelalter schlugen sich die Mönche um eines Buchstaben willens tot.« Und Toller saß mit Hunderten von Gleichgesinnten zusammen, wir aber waren nicht mal ein Dutzend. Als ich das Toller-Zitat einmal in einen Kassiber schrieb und freundlicheren Umgang und Nachsicht anmahnte, bekam ich als Antwort: »Wenn dir das nicht paßt, mußt'e aus dem Infosystem raus.« Das Infosystem klappte ohnehin nicht mehr richtig: Nur selten erreichten uns noch Kassiber aus anderen Knästen. Die politischen Diskussionen waren hart und kannten keine Zweifel. Richtig Ärger bekam ich, als ich es mir verbat, immer wieder von den ermordeten Genossen in Stammheim lesen zu müssen. Die Frauen im Turm waren wieder bei der Mordthese angelangt. Unter uns anderen war Stammheim kein Thema mehr.

Hungerstreik – auf Leben und Tod

Im Frühjahr 1979 wurde erneut über einen Hungerstreik diskutiert. Wieder ging es um die Forderung nach größeren Gruppen und um die Behandlung entsprechend der Genfer Konvention. Der Blues wollte sich daran beteiligen, und wir versuchten, eine gemeinsame Hungerstreikerklärung zustande zu bringen. Weil der Blues aber darauf bestand, »Freiheit für alle Gefangenen« zu fordern, lehnten wir eine gemeinsame Erklärung ab. Auch dieser Forderung, mit der die sogenannten »sozialen Gefangenen« gemeint waren, spaltete sowohl die politischen Gefangenen als auch die Unterstützerbewegung draußen. Der Knast ist eben kein »Spiegelbild der Gesellschaft draußen«, wie gerne behauptet wird. Angehörige der Oberschicht sind im Knast allenfalls vereinzelt vertreten. »Banditen, Hasardeure, Zufallstäter, Schlagetots und Vergewaltiger, illegitime Kapitalisten und Affekttäter, sie schlichtweg alle als soziale Gefangene zu bezeichnen und ihre Freiheit zu fordern, ist vielleicht gut gemeint, aber dennoch Quatsch. Sitze ich vielleicht hier drin, weil ich dem Nachbarn den Schädel eingehauen habe, um an seine Rolex-Uhr zu kommen?« schimpfte ich. Prompt kassierte ich dafür den Vorwurf der Überheblichkeit und Arroganz. Also verfaßten wir zwei Erklärungen, und die Frauen im »Turm« auch noch eine. Anfang April ging es dann los: wieder der furchtbare Schlauch. Für mich sollte es der längste Hungerstreik werden. Nach 50 Tagen hatte ich am ganzen Körper große, dunkle Flecken, sogenannte Hungerödeme. Und wieder ließen wir uns nicht untersuchen. Als die Schließer zufällig mitbekamen, wie ich in der Zelle umkippte, wurde ich sofort auf einer Trage zur ständigen Beobachtung in die extra eingerichtete Intensivstation im Haftkrankenhaus gebracht. In Westberlin verfolgten die Vollzugsärzte entgegen der Praxis in der Bundesrepublik die Linie, uns nicht mit Zwang zu ernähren, sondern erst dann künstlich Nahrung zuzuführen, wenn wir ohnmächtig umfielen.

Nach ein paar Wochen waren wir nicht mehr verhandlungsfähig und wurden vom Prozeß ausgeschlossen. »Mutwillig verhandlungsunfähig gemacht!« wetterte die Bundesanwaltschaft und verlangte unverzügliche Zwangsernährung. Das Gericht erließ auch einen entsprechenden Beschluß, aber es gelang nicht, auch nur einen einzigen Arzt in Berlin zu finden, der diese Aufgabe übernommen hätte. Die Berliner Ärztekammer hatte alle Mediziner aufgefordert, sich nicht zum Werkzeug der Justiz zu machen, sondern forderte im Gegenteil die Beendigung der Isolationshaft. Ich litt Höllenqualen und hatte große Angst zu sterben. Meine Geschwister hatte die Justiz bereits unterrichtet, daß mit meinem Ableben zu rechnen sei und sie sich darauf einstellen sollten, womöglich bald an mein Sterbebett kommen zu müssen. Zu Beginn des Hungerstreiks hatte ich bereits ein Testament gemacht und meinem Rechtsanwalt übergeben. Ich besaß ja nichts außer meinen Aufzeichnungen und Büchern. Der kleine Till sollte sie erhalten. Jeden Tag kamen jetzt unsere Anwälte in die inzwischen mit Panzerglas getrennten Sprechzellen, um nach unserem Befinden zu sehen. Sie litten mit uns, weil sie hilflos mit ansehen mußten, wie wir uns auf den sicheren Tod zuhungerten. Alles setzten sie in Bewegung, Telegramme gingen an Amnesty International nach London: »Bitten um dringende Intervention in Bonn.« Der Berliner Altbischof Scharf wurde eingeschaltet, das Gericht mit Anträgen auf Änderung der Haftbedingungen geradezu bombardiert, Veranstaltungen wurden abgehalten, die Szene klebte Plakate, besetzte Kirchen und schmiß auch schon mal Molotow-Cocktails in SPD-Büros und Justizeinrichtungen. Nach zwei Tagen auf der Intensivstation hatte ich mich wieder stabilisiert und schlich in meine Zelle zurück. Ich wog jetzt nur noch etwa 50 Kilo, ein Zustand, in dem jeden Tag der Tod eintreten konnte. Wir sahen alle gleichermaßen furchtbar aus und konnten in der Freistunde nicht mal mehr ein paar Runden laufen. Der Blues hatte es sogar geschafft, illegal Flugblätter in Moabit zu verteilen und die anderen Gefangenen zum Hungerstreik aufzurufen. Anfänglich hungerten tatsächlich mehrere Dutzend der sozialen Gefangenen mit uns. Wie es den Frauen im »Turm« ging, erfuhr ich nur aus der Zeitung. Am 55. Tag kam endlich die erlösende Nachricht: »Wir brechen ab!« Schlagartig wurde in der Bundesrepublik und Westberlin der Hungerstreik beendet. Der Staat blieb auch in dieser Machtprobe hart, keine unserer Forderungen wurde erfüllt.

In den folgenden drei Jahren sollte ich mich noch an drei weiteren Hungerstreiks beteiligen, der längste davon dauerte 35 Tage. Unseren Forderungen wurde nie nachgegeben, allenfalls gab es kleine »kosmetische Veränderungen«, die uns zwar den Haftalltag erleichterten, aber an unserer Isolation nichts änderten. Sosehr sich die Soli-Bewegung draußen auch mühte, unsere Forderungen zu unterstützen, gelang es uns und ihnen nur sporadisch, größere Teile der liberalen Öffentlichkeit hinter unsere Forderungen zu bringen. Ein Grund dafür war sicher, daß mit der Unterstützung unserer Forderungen immer auch ein Bekenntnis zur Politik des bewaffneten Kampfes erwartet wurde. Nach sieben Hungerstreiks mit mäßigem Erfolg hielt ich dieses Kampfmittel nur noch für bedingt tauglich. Vor allem unsere Maximalforderungen blockierten jede, wenn auch nur schrittweise Veränderung der mörderischen Haftbedingungen. Der Staat reagierte im Gegenzug immer brutaler – 1981 kostete das den Gefangenen Sigurd Debus das Leben – und machte damit unmißverständlich klar, daß ihm sowohl die Protestbewegung wie auch tote Gefangene gleichgültig waren. Das Kampfmittel Hungerstreik war inflationär eingesetzt worden und hatte nach Jahren selbst seine Mobilisierungswirkung auf die Linke verloren.

Bambule vor Gericht

Der Prozeß war jetzt bereits im zweiten Jahr. Unsere Rechtsanwälte lieferten sich mit dem Gericht und der Bundesanwaltschaft an jedem Prozeßtag erbitterte Wortgefechte, die ihnen mitunter postwendend ein Ehrengerichtsverfahren einbrachten. Wann immer sie unsere Sonderhaftbedingungen zum Thema hatten, sprachen sie selbstverständlich von »Isolationshaft« – und schon gab es ein neues Ehrengerichtsverfahren. Die Bundesanwaltschaft und das Gericht bezeichneten diesen Terminus als »Propagandalüge«, für die unsere Anwälte gerügt und bestraft wurden. Jeder von ihnen wurde mit einigen Tausend Mark Geldstrafe bedacht. Für uns Angeklagte war der Prozeß äußerst anstrengend. Der Streß begann schon am frühen Morgen mit der Zuführung in den Gerichtssaal. Jeweils einzeln und bewacht von zwei Schließern wurden wir zum Röntgenraum gebracht: nackt ausziehen, alle Kleidung unter den Röntgenapparat. Dann ab in den Keller des Gerichtsgebäudes: hier erfolgte das zweite Abtasten und Absonden. Dann wurden wir von zwei Gerichtsdienern und sechs mit Maschinenpistolen bewaffneten Polizisten übernommen. Im Gänsemarsch ging es über enge Treppen in den fünften Stock. Auf jedem Treppenpodest noch mal ein Polizist. Oben angekommen, erneute Körperfilze und Einschluß in die »Vorschlußzelle«, ein Kabuff so groß wie ein Besenschrank. Mitnehmen durften wir nur den Tabak (aber kein Feuer) und einen Aktenordner. Weil dieses Procedere unendlich lange dauerte, wurde der erste von uns bereits um sieben Uhr abgeholt, er mußte dann zwei Stunden in dem engen Loch warten. Vor dem Betreten des Gerichtssaales wieder Abtasten und Absonden und dann rein in den Panzerglaskäfig. Am Nachmittag, bei der Rückführung, das gleiche widerliche Ritual. An manchen Tagen kam es vor, daß wir bis zu acht Mal abgetastet und abgesondet wurden. Das paßte uns ganz und gar nicht, und eine Aktion war fällig. Eines Morgens zogen wir uns vor Prozeßbeginn kurzerhand in den Vorschlußzellen splitternackt aus. Ohne uns konnte der Prozeß nicht anfangen. Große Aufregung. Der Bundesanwalt schlug sogleich vor, uns doch in Decken zu hüllen, auf eine Trage zu fesseln und uns so in den Gerichtssaal zu transportieren. Wir drohten Randale an. Das Gericht entschied, uns wenigstens das lästige Abtasten zu ersparen, und so wurden wir im Bereich des Gerichtssaals nur noch abgesondet. Randale gab es öfter, mal aus den Zuschauerreihen, mal von uns selber. Wollten wir vom Prozeß ausgeschlossen werden, störten wir durch Zwischenrufe so lange, bis uns das Gericht für mehrere Verhandlungstage ausschloß. Ich war an 44 Verhandlungstagen ausgeschlossen. Alle zusammen erhielten wir zwanzig Mal Ordnungsstrafen von insgesamt 104 Tagen. Sieben Mal gab es Tumulte in den beiden Anklageboxen, zehn Mal im Zuschauerraum, der zudem elf Mal mit Polizeieinsatz geräumt wurde. Und 22 Zuhörer erhielten insgesamt 68 Tage Ordnungshaft. Der Vorsitzende Richter sollte zum Ende des Prozesses erklären, daß dieses Verfahren ihn Jahre seines Lebens gekostet habe.

Unter uns, im Saal 500, hatte inzwischen der Parallel-Prozeß gegen Ella, Gudrun, Angelika und Klaus Viehmann begonnen. Auch dort war die Atmosphäre vom ersten Tag an gespannt und feindselig. Angelika und Klaus wurden wegen der Palmers-Entführung und der Meyer-Befreiung angeklagt. Gudrun wegen Unterstützung einer kriminellen Vereinigung und Ella wegen dieser Tatbestände und zusätzlich noch wegen der Lorenz-Entführung. Als die Frauen eines Tages gewaltsam in den Gerichtssaal geschleppt wurden und gegen ihren Willen an einer Gegenüberstellung mitwirken mußten, wobei die Schließer mit äußerster Brutalität gegen sie vorgingen, sann ich auf Rache. Jener Schließer, der sich dabei besonders übel benommen hatte, war auch Saaldiener in unserem Verfahren. Er sollte eine Lektion bekommen. »Ich muß auf die Toilette«, meldete ich mich. Der Saal wurde geräumt, die Box aufgeschlossen, und ich wurde auf die gegenüberliegende Seite geführt. Da stand er. Mit einem Satz war ich an dem Mann, warf ihn zu Boden und umklammerte mit festem Griff seinen Hals. »Du weißt schon warum, du Schwein!« schrie ich. Im Nu waren alle Saaldiener und Polizisten über mir und versuchten, mich wegzuzerren. Das war für Ralf, Ronny und Gerald das Signal, ihrerseits mit Randale zu beginnen. Sie zertrümmerten ihre Stühle und schlugen rhythmisch mit den so gewonnenen Prügeln gegen die Panzerglasbox. Alles ging jetzt durcheinander. Die Anwälte tobten, man möge mich sofort loslassen, und der Richter rief ständig nach »Ruhe«. Mir brachte das fünf Tage Ordnungshaft und tausend Mark Geldstrafe ein und von den Frauen eine heftige Rüge: »Chauvinistisches Gehabe, wir können uns selber wehren.« Zack!

Andreas und ich kämpften inzwischen an vier Fronten. Geradeso als genügte uns der alltägliche Streß noch nicht, waren wir jetzt mit allen um uns herum im Clinch: gegen den Blues, gegen die Frauen, die unbedingt zur RAF wollten, im Gerichtssaal und gegen die ständige Repression im Knast. Wie es drinnen in einem aussah, das wurde nie diskutiert, das mußte jeder mit sich alleine in der Stille seiner Zelle abmachen. Wir diskutierten und kassiberten wie toll in alle Richtungen. Mein alter Zellengenosse aus Tegel, Jürgen, war mein zuverlässigster Genosse draußen. Er baute Kontakte zu radikalen Zirkeln auf und agierte in der »Roten Hilfe«, wo er konsequent unsere Linie vertrat. Waren wir im Hungerstreik, so koordinierte er die Aktionen draußen, über ihn liefen auch die diversen ideologischen Papiere, die wir verfaßten und die er dann in der Szene verbreitete. Ein paar Jahre lang hatten wir durchaus beachtlichen Einfluß auf die Diskussion und Aktionen unserer Sympathisanten draußen. Aber wir mischten uns auch in die laufenden Prozesse jener ein, die wegen angeblicher Unterstützung des 2. Juni vor Gericht standen. Wir verlangten von ihnen mit knallhartem Rigorismus, daß sie unsere Linie in ihren Erklärungen vertreten müßten. »Es lebe die antiimperialistische Guerilla!« Zeitweilig zeichneten sich meine Kassiber dann auch durch den gleichen Jargon aus wie jene, die ich so sehr ablehnte. Es war die Haft und die ständige Angst vor Solidaritätsentzug. Und der war das schlimmste, was in einer solchen Situation passieren konnte: Verfehlungen, falsche Theorien, manchmal nur die falsche Wortwahl, und man konnte in Verschiß geraten. Das Knastkollektiv war so eher ein Alptraum. Die Starken setzten die Schwachen unter Druck, gefälligst auch so zu sein wie die Stärksten. Im Laufe der Jahre bin ich mit dieser Art von Hierarchie überhaupt nicht mehr klargekommen und war nur noch froh, wenn mich kein Kassiber erreichte.

Der Prozeß quälte sich über Monate mit langatmiger Beweisaufnahme dahin. Zeugen, mehr als 300, behaupteten steif und fest, etwas zu wissen, und wußten eigentlich gar nichts. So marschierten eines Tages die gesamten Hausbewohner aus der Schenkendorfstraße 7, dem Volksgefängnis, im Gericht auf. Alle identifizierten Fritz Teufel als jenen Mann, der »dort doch immer rumgelaufen ist«. Obwohl ich es war und neben Teufel saß, erkannte mich von den Zeugen keiner wieder. Ich ließ mich immer öfter von der Verhandlung ausschließen, weil ich schon seit Monaten wieder unter chronischen Magenschmerzen litt. Aber auch wachsender Konzentrationsmangel machte mir schwer zu schaffen. Zeitungsartikel, Bücher, Texte jeder Art mußte ich grundsätzlich zweimal lesen, weil ich am Ende den Zusammenhang vergessen hatte. Mein Kurzzeitgedächtnis wurde immer schlechter und um so mehr mußte ich mich anstrengen, den Auseinandersetzungen, vor allem der Verhandlung im Gericht, richtig folgen zu können. Ein Gutachten, das die Anwälte einklagten, bestätigte »starken Erschöpfungszustand und große Konzentrationsschwäche«. Und erneut wurde die Isolationshaft als Ursache in der Hauptverhandlung thematisiert – ohne Erfolg. Für den Magen bekam ich Tabletten, die nicht halfen, und wegen der Konzentrationsschwäche wurde die Verhandlungszeit um eine Stunde verkürzt. Für uns war klar: Weil die Isolationshaft auf den Kopf zielte, der Kopf sich aber gegen die Vernichtungshaft ständig wehrte, litt der Körper. Der Gefangene wurde krank.

Gerald war fertig. Er wollte am liebsten raus aus der Sache. Der bewaffnete Kampf sei keine Perspektive mehr für ihn, eröffnete er uns eines Tages. Na schön, niemand wird gehalten. Also begannen wir zu überlegen, wie wir ihn da rausbugsieren könnten. Beweise gegen ihn und Ronny hatten sie ohnehin nicht. Wir kamen überein, uns »zur Sache« einzulassen und Gerald als Unterstützer auszugeben. Das war ein äußerst kompliziertes Unterfangen, denn auf keinen Fall durfte es so aussehen, als wollten wir Gerald nur rausdealen. »Schutzbehauptung, unglaubwürdig!« hätte uns das Gericht entgegengehalten. Also feilten wir über Wochen an diesem Projekt, um es wirklich glaubhaft über die Rampe zu bringen. Bevor wir aber unseren Plan realisieren konnten, legte Gerald alleine los: Zu unser aller Überraschung verlas er Anfang 1980 in der Hauptverhandlung eine längere Erklärung, in der er klarmachte, daß der bewaffnete Kampf ein Fehler sei, und er die Konsequenzen aus einer falschen Politik ziehe. Die legale politische Arbeit sei jetzt seine Alternative. Alternative war schon richtig, denn die Berliner »Alternative Liste« hatte die Patenschaft für Gerald auf seinem »Weg aus dem Terrorismus« übernommen.

Hochsicherheitstrakt – weiße Folter

Ende des Jahres 1979 stand der Hochsicherheitstrakt vor seiner Fertigstellung und das Gericht hatte bereits den Beschluß ausgefertigt, der unsere Unterbringung im Trakt anordnete.

In meinen Aufzeichnungen heißt es zur Jahreswende: »Scheiß Jahr. Rolf Heißler verhaftet, der 4. der Befreiten. Elisabeth van Dyck erschossen. Victor wegen Verdacht auf Bullenmord in Haft. Eddy wegen Brandanschlag. Die Ecke also auch perdu. Hungerstreik umsonst. Fühle mich physisch kaputt. Was macht die RAF? Was macht der 2. Juni? Nichts von Ella gehört. Ob sie mich noch liebt? Im nächsten Jahr kommen wir in den Trakt. Es ist nicht zum Aushalten. Schönes Weihnachtspaket von Rosemarie. Ein Jahrzehnt ist um. Drei Jahre in Freiheit, sieben Jahre drin. Für die Zukunft bin ich skeptisch. Der Kampf geht weiter. Prosit 1980.«

Drei Pakete à fünf Kilo durften wir pro Jahr empfangen. Schon 200 Gramm mehr konnten die Ablehnung bedeuten. Selbstverständlich wurden unsere Pakete besonders intensiv gefilzt: die Wurst zerstückelt, das Marzipan durchstochen, der Schinken zerhackt, und dennoch war für diese Tage immer das große Fressen angesagt. Die Knastküche war über die Jahre für uns nicht mehr genießbar. Pro Woche durften wir für 45 D-Mark Lebensmittel einkaufen, die uns per Liste angeboten wurden. Hatten wir genug Geld, konnten wir uns Zusatznahrungsmittel besorgen, Obst und Gemüse vor allem, und Schokolade. Wie alle Langzeitinhaftierten waren auch wir geradezu süchtig nach Süßigkeiten, und eine Tafel Schokolade am Tag war das mindeste. Der Körper verlangt aufgrund des sinnlichen und physischen Entzugs stark nach Zucker, den wir uns auf diese Weise zuführen mußten. Die »Rote Hilfe« überwies während all der Jahre jeden Monat regelmäßig 50 D-Mark an jeden von uns und bezahlte auch noch ein Zeitungsabonnement. Andere Geldbeträge, für Zeitungen oder den lebenswichtigen Einkauf, mußten von Freunden oder Verwandten kommen. Meine Geschwister, die alle nicht viel hatten, sorgten dennoch immer dafür, daß ich nie ganz ohne Geld auf dem Knastkonto war. Rosemarie, die auch regelmäßig zu Besuch kam, sorgte für die Pakete, die anderen bezahlten ein Zeitungsabo oder schickten ab und zu Geld. Unermüdlich kümmerte sich Jürgen um mich, der in der Szene oder bei Promis Geld sammelte und hin und wieder selbst Pakete schickte. »Alles aus dem KADEWE, alles geklaut. Das Beste für dich.« Die Zeitungen konnten wir untereinander austauschen, so daß wir mindestens fünf verschiedene Tageszeitungen zur Verfügung hatten. Noch immer schicken uns die linken Buchläden aus der ganzen Republik unsere Bücher umsonst, und manchmal erreichten uns auch anonyme Geldüberweisungen. Auch wenn die Versorgung durchweg ein Problem war, so waren wir dennoch besser dran als die meisten der Mitgefangenen um uns herum, von denen wir nach wie vor hermetisch abgeschottet blieben. Im Januar 1980 verschwanden sie auch als Geräuschkulisse.

»Wir gehen nicht freiwillig in den Trakt«, hatten wir beschlossen. Von unseren Rechtsanwälten verlangten wir, bei der Verlegung in den Trakt demonstrativ der Hauptverhandlung fernzubleiben, damit der Prozeß zumindest ins Stocken geriet. Die Linke draußen war bereits im Vorfeld unserer Verlegung mobilisiert und handelte dann auch sofort. Am 19. Januar standen sie bei mir in der Zelle. »Gehen Sie freiwillig, oder müssen wir Gewalt anwenden?« – »Ich gehe nicht freiwillig, aber Gewalt ist überflüssig. Ihr könnt mich ja tragen.« Ich legte mich auf die mitgebrachte Trage, bekam Handschellen an, und ab ging es in den ehemaligen A-Flügel, aus dem jetzt für sechs Millionen ein Hochsicherheitstrakt geworden war. Ralf und Ronny hatten ihre Zellentüren von innen so verkeilt, daß sie mit der Flex aus den Zellen geholt werden mußten. Die Frauen bissen und schlugen um sich, als das Transportkommando ihre verrammelten Zellen stürmte. Am Nachmittag waren wir alle im Trakt.

»Ein Beton-Mausoleum für die negativen Helden der Nation«, titelte der »Tagesspiegel«, womit er die Situation zutreffend beschrieb. Beton und Kameras, wohin das Auge fiel. Wir landeten im größten Traktbereich mit sieben Zellen. Inzwischen waren wir sieben, weil Klaus Viehmann zu uns gelegt worden war. Daneben gab es noch Zweier-, Dreier- und Fünfer-Einheiten – dorthin wurden die Frauen gebracht. Ein kahler Mittelraum, der von nun an unser Gemeinschaftsraum werden sollte, von dem ohne Schnörkel und Ecken die flach in die Wand eingelassenen Zellentüren abgingen: vier Zellen auf der einen, drei auf der anderen Seite plus einer Eingangstüre und einer Dusche. Alles in Weiß- und Brauntönen. Links und rechts im Mittelraum, direkt unter der niedrigen Decke, waren hinter Panzerglas zwei Kameras installiert. Sobald wir aus den

Zellen traten, waren wir im Blickfeld der Monitore. Im gesamten Komplex auf den Gängen und im Freistundenhof befanden sich 47 Kameras, so daß wir keinen Schritt ohne Kontrolle absolvieren konnten. Die Zelle selbst: Bett, Tisch, Stuhl, schmaler Schrank, kleines Regal und Klo und Waschbecken aus Stahl, alles ohne jeden Winkel. Keine Wasserhähne und keine Klospüle, nur ein Knopf in der Wand. Lampen – nur grelles Neonlicht – waren im Mittelraum wie in den Zellen flach unter die Decke geschraubt und mit Panzerglas überdeckt. Und in allen Räumen Mikrofone. Die Zellenfenster, »Hamburger Modell« genannt, waren der Gipfel der perversen Konstruktion: zwischen zwei großen Panzerglasscheiben ein Gitter, rechts an der äußeren Scheibe eine etwa 20 Zentimeter breite Lamellenöffnung für die Luft. In der inneren Scheibe, diesmal auf der linken Seite, ein 20 Zentimeter schmaler Fensterflügel zum Öffnen. Nie fand ein Windhauch durch diese Schleuse den Weg in dein Gesicht. Wenn es regnete, sahst du zwar, wie die dicken Tropfen fielen, aber du konntest ihn nicht prasseln hören. Vom ersten Tag an litten wir unter dem Frischluftentzug und hatten oft geschwollene Gesichter und Kopfschmerzen. Etwa 1,50 Meter vor den Fenstern verlief eine hohe, graue Betonmauer, die besonders bei Regenwetter noch grauer, noch trister wirkte. Auf dem immer frisch geharkten schmalen Streifen zwischen Fenster und Mauer konnte man nachts die fetten Knastratten tanzen sehen. Der Freistundenhof, nun gänzlich vom anderen Haftbereich abgeschlossen, war eine einzige Betonorgie: Der kleine Hof, umrundet von einer 4,50 Meter hohen Betonmauer, an einer Ecke ein Wachturm, war durchgängig mit Betonsteinen gepflastert. Wohl zu unserer Ermunterung hatten sie eine Tischtennisplatte aufgebaut, natürlich aus Beton. Und aus demselben Stoff war dann auch die Vierersitzgruppe direkt daneben – ein Knast im Knast. Völlig schallisoliert von der normalen Anstalt, keine Geräusche mehr, die ja auch Leben vermittelten, niemanden mehr sehen können außer die immer gleichen Schließer. Jahre sollte das so gehen. Noch heute benutze ich, wenn ich vom Trakt spreche, den Begriff »da unten«: er war Keller, Gruft, obwohl er zu ebener Erde lag. Das Haftreglement änderte sich nun: Hatten wir keinen Prozeß, wurden die Zellen um 16 Uhr aufgeschlossen, und wir konnten bis 22 Uhr zusammensein. Für den Mittelraum forderten wir eine Tischtennisplatte und bekamen sie auch. Ebenso ein Fernsehgerät, das fest an der Decke verankert war. Die Kommunikation zwischen uns und den Schließern lief nun per Mikrofonanlage ab. »Herr Meyer, Anwalt«, quäkte es dann, mal über den Lautsprecher im Mittelraum, mal in der Zelle, denn wo man sich gerade aufhielt, wußten sie über ihre Monitore. Es war die perfekte Überwachung und Kontrolle, denn wir gingen davon aus, das die Mikrofone immer offen waren.

Draußen brach ein gewaltiger Proteststurm los. Wieder wurden Kirchen besetzt, wieder flogen Mollis, Demonstrationen, Teach-Ins, Parolen an den Wänden, Flugblätter, Broschüren und Proteste der Kirchen, Anwaltsvereinigungen und von Amnesty International. Die Rechtsanwälte, die »Rote Hilfe«, die Humanistische Union organisierten Informationsveranstaltungen und verurteilten unsere Unterbringung aufs schärfste. Selbst ein Teil der Medien wollte diese Art von Gefängnis nicht gutheißen. Am ersten Verhandlungstag nach der Verlegung überzogen wird das Gericht mit Beschimpfungen: »Unseren 24-Stunden-Tag auf den Begriff bringen, heißt: Haß! Der Trakt ist das perfekte Refugium für Gehirnwäsche und damit zur Zerstörung unserer politischen Identität. Das ist das Ziel, das ihr erreichen wollt, wir sollen selbst, als zerstörte Kämpfer, zum Kronzeugen gegen revolutionäre Politik werden. Mit den Trakts wird die jahrelange Isolation auf die Spitze getrieben und der Vernichtungswille perfektioniert. Perfektion der räumlichen Ausgrenzung und der totalen Isolation, elektronische Überwachung und bewacht durch psychologisch geschulte und konditionierte Beamte. Das ist weiße Folter! Es geht darum, unser Verhalten zu ›ändern‹, wie die Bundesanwaltschaft es hier immer fordert. Den Gefallen werden wir euch nicht tun. Knackt die Trakts!« Seitenlange Erklärungen folgten Woche auf Woche, und für uns war klar, daß diese Betonhölle nichts mit sicherer Unterbringung, sondern viel mehr mit psychologischer Einflußnahme und Vernichtung zu tun hatte. Aus unserer Forderung nach »großen Gruppen, die eine soziale Interaktion möglich machen«, wurde der Kleingruppenvollzug , und der wurde von der Staatsschutzjustiz obendrein noch als »Eingehen auf unsere Forderungen« verkauft. Tatsächlich wurden wir alle, selbst die mit guter körperlicher Verfassung, krank: Ständig hatten wir wegen der Klimaanlage Grippe, Kopfschmerzen oder Kreislaufstörungen. Ich verlor weiter an Gewicht, war immer matt, verbunden mit großen Konzentrationsschwierigkeiten und Magenschmerzen. In meinen Briefen nach draußen versuchte ich, den Leuten die Situation hier so zu vermitteln: »Stellt euch vor, sie sperren euch mit fünf Leuten zusammen auf Jahre und ohne Ausweichmöglichkeit in eure Wohnküche ein. Könnt ihr ahnen, was ich meine?«

In Berlin und im Bundesgebiet hielten die Proteste gegen die Hochsicherheitstrakte an. Berlin, Celle, Bielefeld und Lübeck hatten jetzt solche »Betonmausoleen«, und nach und nach wurden sie mit den politischen Gefangenen belegt. Wir sieben in Berlin waren die zahlenmäßig größte Gruppe. Die Szene hatte mobil gemacht, und in vielen Großstädten der Republik gab es spektakuläre Aktionen gegen die Hochsicherheitstrakte. Andreas und ich erwarteten von unseren Sympis, daß auch sie aktiv wurden. Wir kassiberten wie toll: Aktionen, ihr müßt was machen! Anfang Mai erfolgte die Aktion. Knapp ein Dutzend junger Leute besetzten im Handstreich das Dach des Berliner Amerikahauses und entrollten Transparente: Gegen Hochsicherheitstrakt und Isolationsfolter. Freiheit für alle politischen Gefangenen! Die Sache, als harmlose Propagandaaktion geplant, ging voll nach hinten los. Unbemerkt von allen anderen Dachbesteigern hatte einer aus der Truppe in seinem Rucksack etliche Molotow-Cocktails mit auf das Amerikahaus geschleppt. Ein agent provocateur. Das, so versicherten uns später die Beteiligten, sei nicht abgesprochen gewesen. Stante pede wanderten alle Dachbesteiger in Haft. Mollos galten wegen der Viermächte-Hoheit in Westberlin als streng verbotene Waffen. Die jungen Leute wurden für ihr humanitäres Engagement hart bestraft. Allesamt bekamen sie zwei Jahre Gefängnis ohne Bewährung. Ein Teil der Leute verschwand direkt nach der Haftentlassung im Untergrund und tauchte wenig später auf den Steckbriefen der Bundesanwaltschaft als gesuchte RAF-Aktivisten wieder auf. Es folgte irgendwann die Verhaftung und jahrelanger Knast. Ich machte mir deswegen schwere Vorwürfe.

Gerald war der erste Abgang aus dem 2. Juni. Kaum waren wir ein paar Monate im Trakt, verlas er seine Erklärung vor Gericht. Von Stund an war er für uns anderen zur Unperson geworden. Gnadenlos ließen wir ihn fallen und sprachen kein einziges Wort mehr mit ihm. Nur Fritz Teufel, der, Gott sei ihm Dank, immer für Vermittlung unter uns sorgte, sprach noch mit ihm und half ihm über diese finsteren drei Wochen hinweg. Danach verschwand Gerald plötzlich im Normalvollzug.

Meine Ex-Frau Christa hatte sich wieder gemeldet. Eines Tages beantragte sie für sich und Till-Felix eine Besuchserlaubnis. An diesem Tag hatten wir Prozeß und so kam es, daß ich ihn ohne Trennscheibe erleben konnte. Auf Drängen meiner Anwälte ließ der Vorsitzende Richter es zu, daß er während der Mittagspause direkt in meine Panzerglasbox kommen durfte, selbstverständlich unter den Augen Dutzender Schließer. Es war ein merkwürdiges Gefühl für mich, nach zehn Jahren den Sohn, der jetzt fast schon ein junger Mann war, zu umarmen und, wie er es selber wollte, auf den Schoß zu nehmen. Er hatte die gleichen Probleme wie alle Sechzehnjährigen, aber was sollte ich dazu sagen? Seine Mutter maßregeln? Ratschläge an ihn? Nachholen konnte ich nichts mehr. Ich genoß es einfach, ihn so nah zu spüren und zu knuddeln. »Ich warte schon so lange, wie lange muß ich noch auf dich warten?« Nur Christas Ablenkungsgeschick verhinderte, daß mir die Tränen kamen. »Nicht mehr lange, du siehst, ich lebe und es geht mir gut«, tröstete ich ihn. Nur zu gerne hätte ich ihn öfter gesehen, aber ich wollte ihm den deprimierenden Besuch hinter der Trennscheibe im Hochsicherheitstrakt ersparen. Und so einigte ich mich mit seiner Mutter, daß sie ihn öfter zum Schreiben anhalten und mir regelmäßig über seine Entwicklung berichten sollte. In der Nacht quälten mich wie so oft zuvor Erinnerungen und Selbstvorwürfe: Dein Leben in die Waagschale geworfen und seins zerstört? Das war der Preis und du wußtest es. Ich verdrängte.

Anfänglich wohltuend war im Trakt nur, daß wir zusammen waren und so aus der Not zur Notwendigkeit kamen: Wir redeten jetzt wieder mehr miteinander. Zugleich entluden sich von Monat zu Monat die Spannungen unter uns immer deutlicher. Wir konnten die Konflikte in der Gruppe, die zwangsläufig entstehen mußten, den gruppendynamischen Prozeß, nicht stoppen oder ihm auch nur gegensteuern. Und so nahm auch der Streß weiter zu, denn jetzt gab es kein Rückzugsrefugium mehr.

Es fiel uns allen schwer zu begreifen, daß unser Kampf nichts Statisches war, sondern daß gerade wir immer in Bewegung bleiben, immer neu analysieren, neu suchen und bestimmen mußten, welche Strategie wir unter den sich ständig verändernden Bedingungen zu verfolgen hatten. Solidarische Diskussionen, Fragen und Zweifel an der Perspektive und Berechtigung des bewaffneten Kampfes kamen viel zu selten auf. Statt dessen Rechthaberei, Kleinmütigkeit, Überheblichkeit und Nostalgie im Rückblick auf längst vergangene Schlachten. Wochenlang stritten wir uns über die Berechtigung oder Nicht-Berechtigung der russischen Oktoberrevolution oder über das Verhalten der KPD am Vorabend der Naziherrschaft ebenso hitzig und anhaltend wie über den Bürgerkrieg in Spanien. Wir wußten alles über die »Trilaterale«, über den Befreiungskampf im »Trikont«, und ereiferten uns angesichts der Frage, welche Fehler Lenin gemacht hatte, konnten aber für die Situation in Westeuropa und speziell der Bundesrepublik keine klare Strategie entwickeln. Jeder wollte recht haben, egal wie es dem anderen dabei erging. Der bewaffnete Kampf war das absolute Dogma, das nicht in Zweifel gezogen werden durfte. Es sei denn, man fürchtete weder den Bannstrahl der »kämpfenden Genossen« noch den Fall ins Nichts. Dabei gab es nach zehn Jahren Stadtguerilla-Praxis Fragen über Fragen: Mit wem und für wen wollten wir wie kämpfen und vor allem – was wollten wir erreichen? Es fehlte einfach die klare Analyse, in welchem »sozialen Teig« die Stadtguerilla wie die »Hefe« wirken konnte. Daß die Marginalisierten der Zweidrittel-Gesellschaft, auf die wir so große Hoffnung setzten, nicht per se zur Revolte neigen, wollte man damals einfach nicht kapieren. Statt auszugehen von dem, was ist, ging man davon aus, wie man wollte, daß es ist.

Die Bewegung 2. Juni löst sich auf

Während bei uns im wahrsten Sinne des Wortes Bunkermentalität herrschte und wir von Selbstkritik noch weit entfernt waren, zerfiel draußen die »neue Linke«, aus der wir selbst kamen. Die K-Gruppen lösten sich auf, und ihre Kader verschwanden zum Teil kreuzkrumm auf dem Marsch durch die Institutionen oder traten als geläuterte Klassenkämpfer den gerade entstehenden »Grünen« bei. Für uns Gefangene waren die Grünen die Partei der »Mittelschicht«, angetreten, die letzten revolutionären Strömungen in der neuen Linken zu neutralisieren. Aus Fabrikbasisgruppen war längst die »Tanzfabrik« geworden und aus marxistischen Arbeitskreisen »Therapie-Workshops«. Die neue Linke, der ich immer mißtraut hatte, war wieder mit dem Arsch an den warmen Ofen zurückgekehrt. Stimmte ich in diesen Punkten noch mit meinen Genossen überein, waren wir in allem anderen heftig über Kreuz.

Nach der Festnahme in Bulgarien hatte bei mir das große Kopf-Durchpusten begonnen, und ich stellte alles in Frage, vor allem unser Selbstverständnis als sozialistische Revolutionäre. Ich verschlang die Klassiker des Marxismus-Leninismus, weil ich Antworten suchte, Anleitungen zum politischen Handeln, zum Klassenkampf. Manchmal kam es mir vor, als wäre Lenin vor der Abfassung seiner Schrift »Der linke Radikalismus, die Kinderkrankheit im Kommunismus« wochenlang bei uns im Trakt zu Gast gewesen. Ich verfügte über eine stattliche Anzahl von Büchern und Zeitschriften aus dem Ostblock, aber die wollten die Genossen nicht lesen, »stimmt eh nichts«. Weil ich unbeirrt behauptete, daß der Fortschritt des weltrevolutionären Prozesses nur im Kontext von starken sozialistischen Staaten möglich sei, stand ich unter Dauerkritik. Meine Mitkämpfer waren allesamt erklärte Gegner des real existierenden Sozialismus, der »die Revolution verraten« habe und »zu einem Bonzensystem verkommen« sei, in dem das Volk unterdrückt werde. Daß die Ostblockstaaten nur zehn Jahre später zusammenbrechen sollten, haben weder sie noch ich uns damals träumen lassen. Auch daß die »DDR der größte Knast auf deutschem Boden« sei, wußten meine Genossen schon, bevor die FAZ das behauptete und lange bevor die »Ost-Revolutionäre« von

Helmut Kohls Gnaden das in den Westmedien kundtun konnten. Ich war isoliert und bewegte mich ohne Ausweichmöglichkeit auf einem Terrain, in dem es immer weniger Gemeinsames, dafür immer mehr Trennendes gab.

Irgendwann hatte ich die Schnauze von der Orientierungs- und Perspektivlosigkeit voll und ließ nach und nach Gedanken an mich heran, die ich noch wenige Monate zuvor nicht zu denken gewagt hätte: Der bewaffnete Kampf war gescheitert, keines unserer Ziele hatten wir auch nur annähernd erreicht. Wir hatten aber dazu beigetragen, daß eine Umverteilung der politischen Macht zugunsten der herrschenden Klasse und zum Nachteil der demokratischen und linken Kräfte ohne massenhaften Widerstand möglich wurde. Unsere Begeisterung für den revolutionären bewaffneten Kampf, der in vielen Teilen der dritten Welt gegen Imperialismus und Ausbeutung tobte, hatte uns zu der voluntaristischen Analyse verleitet: Was dort möglich ist, geht auch hier. Ein folgenschwerer Fehler. Und daß ausgerechnet wir, losgelöst von allen sozialen Bewegungen und Kämpfen, mit gezielten Aktionen den Staat Bundesrepublik in seine endgültige Krise treiben könnten, wie die RAF meinte, schien mir inzwischen unerhört vermessen und politisch ignorant.

In dieser Phase des Zweifelns erreichte mich ein heißer Kassiber: Die Bewegung 2. Juni löste sich auf. »Nach 10 jahren bewaffneter kampf wollen wir unsere geschichte kritisch reflektieren und erklären, warum wir heute sagen: Wir lösen die bewegung 2. juni als organisation auf und führen in der RAF – als RAF – den antiimperialistischen kampf weiter. Die bewegung 2. juni hat sich als widerspruch zur RAF gegründet, mit der unklaren bestimmung, ›spontane proletarische politik‹ zu machen. Wir haben die revolutionäre theorie, die analyse der bedingungen – aus der heraus die strategie und taktik, die kontinuität und perspektive des kampfes erst entwickelt werden kann – für unwichtig gehalten und ›drauflosgekämpft‹, mit dem ziel, die jugendlichen anzutörnen, und so haben wir auch unsere praxis nach der frage – was törnt an – bestimmt, und nicht nach der frage, wo sind die wirklichen widersprüche, die friktionen in der imperialistischen strategie, die wir angreifen müssen.« (…) Über zwei Seiten hagelte es harsche Kritik an der Geschichte des 2. Junis. Das Papier endete mit: »Einheit im antiimperialistischen bewaffneten kampf. Zum letzten mal: bewegung 2. juni.«

Die Auflösung kam nicht ganz unerwartet. Tuss hatte in einem ihrer letzten Kassiber, der schon Monate zurücklag, wissen lassen, daß die Gruppe nach den vielen Verhaftungen der vergangenen zwei Jahre nicht mehr aktionsfähig sei. Danach hörten wir von ihr nur noch aus den Medien: In Paris sollte sie in eine Schießerei mit der Polizei geraten und entkommen sein. Der Auflösungskassiber war voller gehässiger Vorwürfe und stimmte so natürlich überhaupt nicht. Was sprach eigentlich dagegen, »Jugendliche anzutörnen«? Mich verärgerte nicht einmal so sehr das Zusammengehen mit der RAF als vielmehr die Bewertung der eigenen Geschichte. Wie kritisch ich jetzt auch der Politik des bewaffneten Kampfes gegenüberstand, diese Vorwürfe hatte niemand von uns verdient: Hier die Doofen, dort die Durchblickerelite! Ausgerechnet von der RAF sollten wir uns deckeln lassen, die das Konzept Stadtguerilla in den vergangenen fünf Jahren mit ihren Katastrophenaktionen aufs heftigste diskreditiert hatte. Und kein Wort an uns Gefangene. Die Organisation draußen löst sich auf, und wir bleiben uns selbst überlassen. Wer zur RAF gehen will, hörten wir dann später, der kann das ja machen. Also gut, dachte ich mir, wenn die draußen nicht mehr existieren, dann bist du auch hier an keine politische Gruppenloyalität mehr gebunden. Daß ich nicht zur RAF gehen würde, war seit jeher klar. Perdu war schlagartig auch der dünne Kassiberkontakt zu den Frauen. Für meine Weigerung, zur RAF zu gehen, bekam ich noch in einem letzten Zettel kräftig Schelte. Ich wolle ja bloß nicht mehr kämpfen, sondern mich auf meine kleinbürgerliche Existenz setzen, beschimpften mich meine ehemaligen Kampfgenossinnen. Ich ertrug dieses Verdikt damals bereits mit Fassung, obwohl ich Ella immer noch liebte und große Sehnsucht nach ihr hatte.

Ein paar Mal versuchten wir im Trakt sachlich über die Auflösung und ihre Begründung zu diskutieren, aber eine konstruktive Auseinandersetzung kam nie so richtig in Gang. Der Blues war zu Recht verärgert und voller Zorn, andere, wie Andreas, überlegten, ob sie nicht doch zur RAF gehen sollten, und mir war das inzwischen ohnehin scheißegal. Klaus Viehmann machte sich über alles lustig, er zählte sich sowieso zu den RZ.

Ein B-libi ist ein minderwertiges Alibi

Im Mai desselben Jahres, nach 176 Verhandlungstagen, hielten die Bundesanwälte ihre Plädoyers: schuldig. Für Ralf forderten die Bundesanwälte lebenslänglich wegen Beteiligung an dem Attentat auf den Kammergerichtspräsidenten, der Lorenz-Entführung, wegen Raub- und Banküberfällen. Andreas sollte ebenfalls wegen dem Attentat auf von Drenkmann, der Lorenz-Entführung und Banküberfällen zehn Jahre in Jugendhaft. Für Fritz, Ronny, Gerald und mich forderte die Bundesanwaltschaft wegen der Lorenz-Entführung und verschiedener Banküberfälle 15 Jahre Haft. Überführt seien wir alle auch der »Mitgliedschaft in einer kriminellen Vereinigung«, die wir zu dem Zweck gegründet hätten, die politischen Verhältnisse in der Bundesrepublik mit Waffengewalt zu beseitigen. Langatmig würdigte der Bundesanwalt vor allem die teuflische Rolle des »Gehirns der Gruppe«, die von Fritz Teufel. Es war ganz so, als hätte es keine Beweisaufnahme gegeben, als seien Belastungszeugen nicht beim Lügen ertappt worden, als hätten die Gutachten alle gestimmt, und als wären die Gegenüberstellungen doch rechtens gewesen. Als hätten unsere Rechtsanwälte nicht den Zeugen Hochstein demontiert, Aktenmanipulation und Zeugenbeeinflussung aufgedeckt, Verfahrensbehinderungen und schlampige Ermittlungen nachgewiesen. Nach der Beweisaufnahme war es allerdings folgerichtig, daß sich die Bundesanwälte bei der Täterzuordnung im Fall des getöteten Kammergerichtspräsidenten vorsichtig verhielten. Außer den Aussagen des Zeugen Hochstein hatten sie für eine Beteiligung von uns keine Beweise. Und Hochstein war unglaubwürdig.

Schon jubelte die Presse: Das Gericht werde wohl den Anträgen der Bundesanwälte folgen, denn überführt seien wir allemal. Über die Jahre hinweg hatten die Medien, nicht nur die Berliner Springer-Presse, den Prozeß begleitet und für eine massive Vorverurteilung gesorgt. Das sollte sich sehr bald ändern.

Obwohl ich nicht mehr hinter dem Konzept Stadtguerilla stand, hatte ich mich entschieden, vor Gericht die politische und moralische Verantwortung für unsere Handlungen zu übernehmen. Also feilte ich wochenlang an meinem 20seitigen Schlußwort, in dem ich mich ein letztes Mal klar zum bewaffneten Kampf bekennen wollte. Schließlich stand ich deswegen vor Gericht und nicht wegen der Distanz, die ich dazu inzwischen hatte.

Gleich mir bastelten auch die anderen an ihrem Schlußwort. Gespannt waren wir alle auf die bevorstehende Einlassung von Fritz Teufel und auf die Reaktion von Gericht und Öffentlichkeit. Der 178. Verhandlungstag sollte die Wende im sogenannten Lorenz-Drenkmann-Prozeß bringen. Nachdem die Anwälte angekündigt hatten, es werde zu einer Sensation kommen, war der Gerichtssaal erstmals seit Monaten wieder mit Pressevertretern überfüllt. Fritz hatte durchgehalten, seine Freiheit geopfert, Sonderhaftbedingungen und Isolationshaft überstanden, die Schikanen und Demütigungen über sich ergehen lassen, das Folterwochenende, die Vorverurteilung, er war stark geblieben.

»Bim, bim, hiermit läute ich die neue Zeit ein.« Fritz hatte sich eine Glocke aus Papier gebastelt und simulierte die Bimmeltöne selbst. Außerdem trug er die Haare kurz geschnitten und war frisch rasiert. »Wie Sie sehen, habe ich mich nach den Blödoyers der Bundesanwälte rasiert und mir die Haare schneiden lassen, um der Welt die Fratze des Terrors zu zeigen, die ich bisher hinter Bart und Matte versteckte.« Dann kam er zur Sache, und im Saal herrschte bald atemlose Stille: Detailgenau erzählte Fritz, wo er sich seit dem April 1974 bis zum Mai 1975 aufgehalten hatte und wer das bezeugen konnte. Unter dem Namen Jörg Rasche hatte er über ein Jahr lang in einer Essener Fabrik gearbeitet. Als Maschinenarbeiter im Gruppenakkord habe er, ohne einen Tag zu fehlen, Scheißhausbrillen gepreßt. In Essen-Frintrop habe er in einer kleinen Hinterhauswohnung gelebt und sei jeden Tag mit seinem Mofa zur Arbeit gefahren. »Ich lebte und fühlte mich als Arbeitsemigrant, als Gastarbeiter im eigenen Land, aber meine politische Praxis erschöpfte sich darin, als Illegaler nicht entdeckt zu werden.« Dann listete er weit über ein Dutzend Zeugen auf, die das alles bestätigen könnten: seine Prollikollegen, Mustafa, Manne, die

Kantinenfrau, Hausbewohner, den Lohnbuchhalter und Prokuristen der Firma. Unangreifbare Zeugen, keiner des Sympathisantentums mit der Guerilla verdächtig. In seiner trockenen, humorvollen Art verabschiedete sich Fritz zugleich von der Guerilla, für deren Kampf er nun mal nicht geeignet sei, und wandte sich zum Schluß noch mal an die Bundesanwälte: »Das Blödoyer der Bundesanwaltschaft sieht jetzt genau so aus wie die Kongreßhalle.« Das »Symbol deutsch-amerikanischer Freundschaft« in Berlin-Tiergarten war wenige Tage zuvor zum Entsetzen der Politiker mit großem Getöse zur Hälfte eingestürzt. Jetzt mußte das Gericht erneut in die Beweisaufnahme. Wieder vergingen Monate, in denen ich die meiste Zeit vom Prozeß ausgeschlossen war.

Alle Zeugen, die Fritz genannt hatte, marschierten vor Gericht auf und bestätigten seine Version. »Ja, dort sitzt unser Mitarbeiter Jörg Rasche«, bekundete der Personalchef des Essener Betriebes und zeigte auf Fritz. Zum Beweis der Tatsache legte er auch noch alle Stempelkarten des Jörg Rasche für den entsprechenden Zeitraum auf den Richtertisch. Die Bundesanwälte, schwer konsterniert, versuchten zu retten, was zu retten war, und zogen in ihrer Not Flugpläne zu Rate. Unter allen Umständen wollten sie beweisen, daß Fritz doch bei allen Taten dabei gewesen sein könnte. So trugen sie allen Ernstes vor, Teufel habe zwischen dem Toilettenbrillen-Pressen mal schnell nach Berlin zur Entführung von Lorenz jetten können. Vergebens. Fritz Teufel war in allen Punkten der Anklage unschuldig. Dann aber sahen die Bundesanwälte doch noch eine letzte Chance, ihn zu verknacken: die Negerkuß-Banken! Zu dieser Zeit sei er ja bereits in Berlin gewesen, und überhaupt, die Späßchen während der Aktion trügen eindeutig Teufels Spaßguerilla-Handschrift. Fritz war vorbereitet: »Ein B-libi ist ein minderwertiges A-libi«, ließ er jetzt das Gericht wissen. Im B-libi beschwor er seine Gegner, die Bundesanwaltschaft, das BKA und die Geheimdienste, daß sie unbedingt helfen müßten, jenen Junkie aufzutreiben, mit dem er sich in dem entscheidenden Monat Juli 1975 in Köln ein Zimmer geteilt habe. »Helft mir, bitte, helft mir!« Das B-libi war genial. Teufel hatte die bisherige Prozeßpraxis der Bundesanwälte vom Kopf wieder auf die Füße gestellt. Die Anklagebehörde war verpflichtet, auch sämtlichen Entlastungsindizien nachzugehen. Der Junkie wurde zwar nicht gefunden, aber der Gegenbeweis gelang auch nicht.

Das Prozeßklima kippte. Die öffentliche Meinung stand plötzlich mit der gleichen Verve hinter Teufel, mit der sie ihn zuvor noch als »Kopf der Terroristen« lebenslang hinter Gittern sehen wollte. Die Anklage war zusammengebrochen. Jetzt stimmte nichts mehr.

»Ich bekenne mich hier zur Sache – das heißt zur Notwendigkeit des bewaffneten Kampfes für den Kommunismus.« Mit diesem Satz leitete ich mein Schlußwort ein. Scharf griff ich den Verurteilungswillen der Bundesanwaltschaft an, die als Vertreter des verhaßten Systems uns verfolgt und vor Gericht gebracht hatte und uns mit jahrelanger Isolationshaft physisch vernichten wolle. »Die Bundesanwaltschaft nennt unsere Beweggründe, uns nicht an den Verbrechen des Kapitals zu beteiligen, sondern aktiv dagegen zu kämpfen, ›niedrige Beweggründe‹. Da können wir nur sagen: Je niedriger diese Gründe für euch sind, desto klarer markiert ihr damit selbst unseren Standort – gegen eure Beweggründe, das alles zerstörende System aufrechtzuerhalten, stehen unsere, es zu zerstören.« Ich attackierte die Verhältnisse in den kapitalistischen Ländern, vor allem in der Bundesrepublik, und rechtfertigte die Notwendigkeit des bewaffneten Kampfes gegen imperialistische Kriegstreiberei. Mit flammenden Worten verteidigte ich unseren Widerstand gegen den Völkermord in Vietnam und unsere bewaffnete Solidarität mit dem Befreiungskampf der Völker in der dritten Welt. Die Anfang der achtziger Jahre schwer bekämpfte Nachrüstung und die damit verbundene Kriegsgefahr »des begrenzten atomaren Schlages« waren Schwerpunkt meiner Erklärung. In eindringlichen Worten analysierte ich die Gefährlichkeit dieser Strategie und geißelte den Kurs der Bonner Regierung. »Die Menschen hier wollen keine Kriegsgefahr und schon gar keinen Krieg. Hier in diesem Land, in dem fast noch in jeder Familie Kriegsopfer aus den letzten Massenmorden zu beklagen sind, ist es ein Verbrechen, sich atomar aufzurüsten und zur Zielscheibe eines möglichen Angriffs zu machen. Das alles für die Pax Amerikana, für die multinationalen Konzerne, für die Freiheit des Kapitals.« Für den Versuch, der strukturellen Gewalt von oben revolutionäre Gewalt von unten entgegenzusetzen, hatte ich mich nicht vor diesem System zu rechtfertigen, das Millionen von Menschen ein Leben in Achtung und Würde verunmöglicht.

Kritik bekamen aber auch jene ab, die entgegen allen Erfahrungen dem bewaffneten Kampf hier und jetzt ohne Wenn und Aber das Wort redeten: »Alle Bewegungen, alle Macht, alle Möglichkeiten und alle Siege gehen vom Volk aus. Jede Theorie und Praxis, die nicht ausschließlich davon ausgeht und zum Ziel hat, die Menschen in den Metropolen für sich zu gewinnen, wird über kurz oder lang im Selbstzweck, im politischen Sektierertum stecken bleiben. Insoweit sind auch alle Analysen über das Wesen des Imperialismus und seine Auswirkungen auf die Menschen, die ihm unterworfen sind, voluntaristisch und zu kurz gegriffen.« Damit hatte ich direkt auf die internationalistische Strategie der RAF gezielt. Bemerkt hat das allerdings niemand.

Mit »Es lebe die Weltrevolution« beendete ich meine Erklärung. Ohne Unterbrechung hatte mich das Gericht über eine Stunde lang reden lassen. Ich war zufrieden mit mir und dem, was ich gesagt hatte. Sollen sie mich doch verurteilen, die Moral war auf unserer Seite. Anschließend ließ ich mich sogleich wieder vom Prozeß ausschließen, weil ich bei der Urteilsverkündung nicht im Gerichtssaal sein wollte. Das sollten die mit sich selbst abmachen.

Trotz des einwandfreien Alibis von Fritz Teufel glaubten wir alle fest daran, daß das Gericht den Anträgen der Bundesanwaltschaft folgen und uns alle hoch verknacken würde, Fritz mindestens für zehn Jahre. Es kam anders. Schon seit Monaten hatte das Gericht wesentlich moderater agiert als noch zu Beginn des Prozesses. Vor allem der Vorsitzende hatte mit einer Reihe von für uns überraschenden Entscheidungen – nämlich Hochstein nicht zu glauben, die Gegenüberstellungen nicht zu werten, selbst Frau von Drenkmann als Zeugin abzulehnen – zwar für Verunsicherung unter uns gesorgt, aber dennoch waren wir weiterhin vom Verurteilungswillen der Klassenjustiz fest überzeugt.

Unsere Rechtsanwälte hatten alles in ihrer Kraft Stehende getan, um unseren Kopf zu retten. Erbittert hatten sie vor allem darum gekämpft, uns ein Lebenslänglich zu ersparen. Bis auf Geralds Anwälte forderten sie in ihren Plädoyers die Einstellung des Verfahrens. Wir hatten das so gewollt.

Das Urteil

Am 13. Oktober 1980 erging am 206. Verhandlungstag das Urteil. Ich saß allein in meiner Zelle und lauschte den Nachrichten: »Till Meyer 15 Jahre wegen Mitgliedschaft in einer kriminellen Vereinigung, erpresserischem Menschenraub und Nötigung von Verfassungsorganen etc. In allen anderen Punkten der Anklage ergeht Freispruch.« Ich galt dem Gericht als einer der Rädelsführer der Bewegung 2. Juni, der eigentlich nur 13 Jahre bekommen hätte, wenn er nicht der Gefährlichste von allen wäre. Immer wieder hätte ich mich nach den Ausbrüchen aus der Haft in den Untergrund begeben und erneut den Staat angegriffen. »Selbst in seinem Schlußwort hat der Angeklagte noch zur Fortsetzung des bewaffneten Kampfes aufgerufen. Zwei Jahre mehr schienen uns da gerade recht«, erklärte der Vorsitzende. Ralf 15 Jahre wegen der Lorenz-Entführung, dem Überfall auf »Waffen-Triebel« und Mitgliedschaft in einer kriminellen Vereinigung. Ronny 13 Jahre und drei Monate unter Einbeziehung einer Reststrafe, wegen Lorenz und Mitgliedschaft in einer kriminellen Vereinigung. Andreas 10 Jahre Jugendstrafe wegen Lorenz, den »Negerkuß-Banken« und Mitgliedschaft in einer kriminellen Vereinigung. Gerald, der sich glaubhaft vom Terrorismus gelöst hatte, wie ihm das Gericht bescheinigte, bekam 11 Jahre und zwei Monate. Die Überraschung für die Öffentlichkeit aber war der Freispruch für uns alle wegen des Attentats auf den Kammergerichtspräsidenten von Drenkmann. Und Fritz: Er kassierte fünf Jahre wegen Mitgliedschaft in einer kriminellen Vereinigung und konnte sofort als freier Mann den Gerichtssaal verlassen. In seiner Begründung ging das Gericht zwar davon aus, daß wir, die Bewegung 2. Juni, jene Taten begangen hatten, die uns die Anklage vorwarf, Überfälle, Raub und auch das Attentat auf den höchsten Richter Berlins, aber weil eine Personenzuordnung, wer von uns an welchen Taten beteiligt gewesen war, nicht erbracht werden konnte, mußte Freispruch ergehen. Zur politischen Motivation unseres Handelns führte das Gericht aus: »Der Senat lehnt es ab, die politischen Beweggründe der Angeklagten als Strafminderungsgrund anzuerkennen. Kern ihrer politischen Vorstellungen ist die Auffassung, daß die Bewegung 2.

Juni, ›als proletarische, antikapitalistische und antiimperialistische Bewegung‹ einen bewaffneten Guerillakampf gegen den ›herrschenden kapitalistischen Terror‹ führe. Diese Anschauung kann ihre Taten in keinem anderen Licht erscheinen lassen, denn die auf dem Grundgesetz fußende staatliche Ordnung gibt die Möglichkeit, in ihrem Rahmen für jede politische Meinung zu werben, um deren Durchsetzung zu ringen und soziale Mißstände mit legalen Mitteln zu bekämpfen.«

War das die Fratze der Klassenjustiz? Ich wußte nicht, ob ich lachen oder weinen sollte. Fünfzehn Jahre sind auch genug für ein Leben. Erleichterung unter uns allen. Das war vor allem ein Sieg der Verteidigung. Trotzdem gingen wir in die Revision.

Nur ein paar Monate später erging im Parallelprozeß gegen die Frauen aus der Bewegung 2. Juni und Klaus Viehmann ebenfalls das Urteil. Wie schon bei uns war auch dieser Prozeß von Skandalen, Zeugen- und Beweismanipulationen, Anwaltsbehinderungen und anhaltend scharfer Konfrontation gekennzeichnet. Auch sie kassierten hohe Freiheitsstrafen: Ella, Angelika Goder und Klaus Viehmann jeweils 15 Jahre, Gudrun Stürmer viereinhalb Jahre.

Beton, Beton, Beton

Nach dem Abgang von Gerald und Fritz waren wir im Trakt jetzt nur noch zu fünft. Sosehr wir alle Fritz seine wiedergewonnene Freiheit gönnten, sosehr fehlte er jetzt als Vermittler zwischen den unterschiedlichen Fraktionen. Die Reduzierung der Kleingruppe von sieben auf fünf Personen verschärfte die Spannungen unter uns ein weiteres Mal. Durch die lückenlose Kontrolle hatten die Verantwortlichen in der Anstalt längst mitbekommen, daß wir unversöhnlich und kontrovers diskutierten. Man konnte das allerdings nicht gegen uns nutzen, noch handelten wir solidarisch, wenn es gegen den Apparat ging. Dessen Vertreter waren jederzeit darauf aus, die Gruppe in Atem zu halten: Besuche wurden abgebrochen, weil einer von uns wieder nicht deutlich genug gesprochen hatte. Wenn wir uns um 22 Uhr weigerten, in die Zellen zu gehen, weil ein Fernsehfilm noch eine Viertelstunde länger lief, rückte unverzüglich ein Rollkommando, bewehrt mit Schlagstock und Helm, in den Trakt ein, und wir hatten unter Androhung von Gewalt sofort in den Zellen zu verschwinden. Wir wußten sehr wohl zwischen den einzelnen Schließern und ihrer Haltung uns gegenüber zu unterscheiden, dennoch war das Klima zwischen uns und den Beamten durchgängig von Mißtrauen und Aggression bestimmt. Das sollte sich noch verschärfen, als wir einen Staatsanwalt als Sicherheitsbeamten zugeordnet bekamen. Der Mann war ausschließlich für uns und die Frauen zuständig: Er machte alles ganz genau und legte jede Vorschrift, jeden Gerichtsbeschluß äußerst restriktiv aus. Mal lieferte er bestellte Bücher nicht aus, mal ließ er Zeitschriften beschlagnahmen, mal verweigerte er einen Besuch, auf den man sich schon so lange gefreut hatte. Ein paarmal kam es dann auch zu Handgreiflichkeiten. Ronny, der sich geweigert hatte, seinen Besuch abzubrechen, wurde böse zusammengeschlagen. Wir waren empört und sannen auf Rache, bei der ersten Gelegenheit schlug Ralf zu. Geschickt hatten wir es hingekriegt, nach der Freistunde einen Teil der Schließer abzuschirmen, so daß Ralf den Hauptverantwortlichen für die Schläge sekundenlang allein vor den Fäusten hatte. Er langte gut zu. Im Gegenzug erhielt allerdings auch er schlimme Prügel. Ralf und Ronny waren sehr kräftig und gut durchtrainiert. All die Jahre in der Haft hatten sie mit einfachen Hilfsmitteln, meist gefüllten Wassereimern, ihre Muskeln kräftig gehalten. Mühelos konnten sie Dutzende Liegestütze auf den geballten Fäusten oder auf den Fingerspitzen absolvieren. Die Freistunde nutzten sie konsequent zum Dauerlauf. Ihr Training beunruhigte die Schließer immer wieder und fand sogar in der Springer-Presse ihren Niederschlag: »Terroristen halten sich fit für den nächsten Ausbruch. Faustrecht in Moabit?«

Von den Frauen, die im hinteren Teil des Traktes einsaßen, von uns getrennt durch massiven Stahlbeton, hörten und sahen wir nichts. Manchmal konnte ich sie wie aus weiter Ferne in meiner Zelle beim Dauerlauf hören oder wenn sie einmal sehr laut lachten. Nie habe ich Ella in diesen Jahren im Trakt gesehen oder ihr auch nur etwas zurufen können. Sobald ich das versuchte, hieß es unverzüglich: »Einrücken, Abbruch der Freistunde.« Was hätte ich darum gegeben, sie wiederzusehen, wenn auch nur von weitem; sie war so nah und doch so unerreichbar. Den Liebeskummer und meine schmerzhafte Sehnsucht mußte ich mit mir alleine abmachen, über »privatistischen Kram« wurde nicht geredet. »Hart werden, ohne an Zärtlichkeit zu verlieren«, war die viel beschworene Haltung, zu der wir uns durchringen mußten. Die lange Isolationshaft, die permanente Anstrengung, sie zu überleben, die teils existentiell geführten Auseinandersetzungen unter uns und der unaufhörliche Kampf gegen den Anstaltsapparat hatten uns in der Tat hart werden lassen. Die Härte war auch notwendiger Schutz. Gefühle und Stimmungsschwankungen konnte ich auch nicht über Briefe oder bei Besuchen mitteilen: Wir wollten der Gegenseite keine Psychogramme aus dem Menschenlaboratorium Hochsicherheitstrakt liefern. So habe ich es mir auch verkniffen, eine Art Tagebuch zu schreiben – was ich heute bedauere –, es wäre unweigerlich zur Beute unserer Gegner geworden.

Im zweiten Jahr im Trakt waren wir erneut zum Kampf gegen die Vernichtungshaft entschlossen, ein weiterer Hungerstreik wurde diskutiert. Und wieder gab es im Vorfeld die zähen und aufreibenden Diskussionen über die richtigen politischen Forderungen und Formulierungen. Ich beteiligte mich daran nicht mehr sonderlich engagiert, für mich war nur wichtig, daß sich hier etwas änderte – oder wir gingen kaputt. Kein Tag verging, an dem ich nicht unter Magen- und Kopfschmerzen litt; ständig hatten wir wegen der Klimaanlage eine Erkältung, und das ewige Kunstlicht hatte meine Augen so geschwächt, daß ich zum Lesen jetzt eine Brille brauchte. Kreislaufbeschwerden hatten wir alle. Irgendwann setzten unsere Anwälte durch, daß die Frischluftzufuhr im Trakt überprüft werden mußte. Die Ergebnisse haben wir nie erfahren, aber die Anstalt sah sich gezwungen, in jede Zelle ein handtellergroßes Loch bohren zu lassen, das direkt nach draußen ging und so für etwas mehr frische Luft in den Zellen sorgte. Vergittert, versteht sich.

Im Frühjahr 1981 begannen in Westberlin und der Bundesrepublik über 60 Gefangene mit dem fünften kollektiven Hungerstreik. Wieder der wochenlange Schlauch des zermürbenden Hungers und des körperlichen Verfalls. Einerseits hielt ich das Kampfmittel des Hungerstreiks inzwischen für entwertet, vor allem wenn das

Ziel die Maximalforderung war: Zusammenlegung in große Gruppen. Andererseits sahen wir keine anderen Mittel, bessere Haftbedingungen zu erreichen, als mit unserem Leben darum zu kämpfen. Ich ging in schlechter Verfassung in diesen Hungerstreik. Er wurde wieder von Beginn an von beiden Seiten mit aller Härte geführt: Die Gefangenen hungerten, der Staat verweigerte eine Änderung der Haftbedingungen. Diese Starrheit auf beiden Seiten sollte erneut einem Gefangenen das Leben kosten.

Die Auswirkungen des wochenlangen Hungers waren im Trakt noch gravierender, als sie es schon in den anderen Bereichen der Haftanstalt gewesen waren; es ging viel schneller physisch mit uns bergab. Und wieder kämpften unsere Rechtsanwälte darum, unser Leben zu retten. Sie waren diejenigen, die unmittelbaren Kontakt mit uns hatten und die Auswirkungen der Haft aus eigener Anschauung kannten, und sie waren es, die während des Hungerstreiks ohnmächtig mitansehen mußten, wie wir körperlich verfielen. »Ihr müßt Öffentlichkeit herstellen, Amnesty International soll in Bonn intervenieren, geht an die Kirchen ran«, forderten wir, und sie taten alles, was in ihren Möglichkeiten lag: Veranstaltungen, Telegramme, persönliche Gespräche mit hochrangigen Vertretern aus Politik und Justiz, Pressekonferenzen. Bei mir hatte sich nach vier Wochen Hungerstreik der Berliner Alt-Bischof Kurt Scharf angekündigt. Überraschend lehnte das Gericht einen unüberwachten Besuch des Bischofs kategorisch ab. Der alte Herr gab nicht auf und ließ seinen Rechtsanwalt mit aller Schärfe kontern: Viele Jahre sei er in geheimer Mission im Auftrag der EKD in nahezu allen Diktaturen der Welt unterwegs gewesen, um von der Todesstrafe bedrohte Gefangene zu besuchen und bei den verantwortlichen Machthabern um Gnade zu bitten. Es könne doch wohl nicht möglich sein, daß ihm hier in der Bundesrepublik ein seelsorgerliches Gespräch, das nur unter vier Augen stattfinden dürfe, verweigert werde. Das war stark! Das Gericht ließ Scharf zu mir, allerdings nur hinter der Trennscheibe. Da stand ich nun ausgemergelt, dem Tod näher als dem Leben, vor diesem unbeugsamen Geistlichen und hätte ihn zu gerne umarmt. Ich drückte meine Handfläche gegen das Panzerglas und bat ihn, seine dagegen zu halten. Er hatte mich verstanden. Eindringlich schilderte ich ihm unsere Haftbedingungen und forderte ihn auf, die Kirche zu mobilisieren, sie müsse sich für uns einsetzen, »es gibt sonst erneut Tote«. Er versprach zu helfen, machte mir aber keine großen Hoffnungen. Alles, was in seiner persönlichen Macht stünde, werde er tun, aber ... Flehentlich, mit Tränen in den Augen beschwor er uns, mit dem Hungern aufzuhören, schließlich seien wir noch zu jung zum Sterben, und Menschen wie wir würden doch noch gebraucht. Das Gespräch durch die dicke Panzerglasscheibe hatte mich schwer mitgenommen. Obwohl ich überzeugter Atheist war und das Gespräch mit dem Alt-Bischof Teil unserer Öffentlichkeitsstrategie war, hatte mich die Begegnung mit diesem aufrichtigen Mann zutiefst berührt.

Als uns nach 35 Tagen der Sicherheitsbeauftragte ein Angebot machte, diskutierten wir den Abbruch: längere Freistunde, Besuch bei heruntergelassener Trennscheibe, in dem Betonhof sollte eine Rasenfläche installiert werden und wir eine Teeküche erhalten, in der wir uns selbst Essen kochen könnten. Kleinigkeiten, aber keineswegs zu unterschätzende Erleichterungen. Zumindest einem Teil von uns war klar, daß wir die Maximalforderung nicht durchsetzen würden, selbst wenn es Tote gäbe. Nach längeren Diskussionen nahmen der Blues und ich das Angebot an und brachen am 36. Tag unseren Hungerstreik ab. Von uns hungerte nur Andreas weiter, der nach 40 Tagen so geschwächt war, daß er auf die Intensivstation des Klinikums Steglitz verlegt wurde. Ich war niedergeschlagen und fühlte mich sauschlecht, das erste Mal hatte ich nicht durchgehalten und die anderen im Stich gelassen. Aber ich sollte auch recht behalten. Nur aus den Zeitungen erfuhr ich, daß Ella ebenfalls in Lebensgefahr auf der Intensivstation des Haftkrankenhauses lag. Banges Hoffen und schwere Selbstvorwürfe raubten mir den Schlaf. Daß ich nicht durchgehalten hatte, würde sie mir nie verzeihen. Wieder Demonstrationen, Anschläge, Versammlungen und Proteste der Kirchen und von Amnesty International. Die Situation war aufgeheizt und sollte noch einmal eskalieren. Nach über 60 Tagen Hungerstreik starb in der Haftanstalt Celle Sigurd Debus an den Folgen der gewaltsam durchgeführten Zwangsernährung. Das zweite Mal war in bundesdeutschen Haftanstalten ein Genosse nur deshalb zu Tode gekommen, weil er um menschenwürdige Haftbedingungen gekämpft hatte. Viele junge Menschen trugen ihre Wut auf die Straße: Brand- und Bombenanschläge, gewaltsame Demonstrationen und militante Besetzungen von Pressebüros und Kirchen in der ganzen Republik und fast allen westeuropäischen Ländern. Der Staat blieb auch in dieser Auseinandersetzung hart: Nach 74 Tagen brach der Streik zusammen. Wieder war das berechtigte Ziel nicht erreicht worden. Für mich war das der letzte Hungerstreik. Andreas' Haltung, sich nicht unserem Abbruch anzuschließen, sondern mit der RAF weiter zu hungern, machte auch seinen endgültigen Standort klar: Er würde zur RAF wechseln.

Irgendwann bekam ich meine »Straferkarte« mit dem genauen Entlassungstermin: »Entlassungstag 2. November 1991«. Also die besten Jahre des Lebens hinter Beton, ich wäre bei der Entlassung 47 Jahre alt und hätte dann zusammengerechnet 18 Jahre in Haft gesessen. An Ausbruch aus dem Hochsicherheitstrakt war nicht mehr zu denken, also, was tun? Hatte ich überhaupt die Kraft, diese Jahre auf diesem kämpferischen Niveau durchzuhalten, und wie sollte es unter uns Gefangenen weitergehen? Wie immer, beschloß ich auch jetzt, erst mal alles laufen zu lassen und abzuwarten. Was auch sonst. Mit viel Kraft und Energie, irgendwann und irgendwie ... Kommt Zeit, kommt Freiheit.

Andreas Entscheidung, zur RAF zu gehen, hatte Folgen für mich. Er zog sich immer mehr zurück, blieb oft in seiner Zelle und nahm nur noch selten an den Diskussionen mit uns anderen teil. Dabei wechselte er die Seiten und argumentierte, vor allem in der Frage der Perspektive des bewaffneten Kampfes, mit dem Blues und gegen mich. Die Mehrheiten änderten sich immer öfter, in der Regel aber wurde ich zur Zielscheibe der Kritik aller vier. Mein Fehler war, daß ich laut und impulsiv reagierte und meine Genossen allein dadurch immer wieder gegen mich aufbrachte. Es ging dann nie mehr um die eigentliche »Sache«, sondern nur um meine Reaktion. »Wenn du so brüllst, diskutieren wir überhaupt nicht mehr mit dir«, hieß es.

Nach solchem Streit war ich tagelang zerknirscht, denn ich war auf die Solidarität und die wenigen Gemeinsamkeiten angewiesen, wohin hätte ich auch ausweichen können? Es wurde immer deutlicher, daß die Vorstellungen der anderen von einer Revolte zu meiner Auffassung von Revolution ganz und gar nicht paßten. Sahen sie in der polnischen Solidarnosc die »wahre Arbeiterklasse auf dem Marsch, die die verkommenen Kommunisten von der Macht fegen« müßte, konterte ich mit einer Wandzeitung: »Klerikalfaschisten und kleinbürgerliche Spinner in einer Front mit der CIA. Auf dem Marsch ist die Konterrevolution. Sonst nichts.« Nicht nur meine Haltung zu den sozialistischen Staaten sorgte für Kontroversen. Sahen die anderen in der gerade aufkommenden Hausbesetzerbewegung schon die neue Basis für den 2. Juni, war das für mich eine klassische, wenn auch berechtigte One-Point-Bewegung, die nach dem Abfrühstücken mit renovierungsbedürftigen Häusern befriedet sein würde – mal wieder die pure Überheblichkeit von mir! Irgendwann kritisierten sie auch die Lorenz-Entführung als »eigentlich zu groß und zu weit weg von den Massen«, weil die Arbeiter so etwas nicht »nachmachen« könnten. Na, logisch nicht. Es ging zu wie in einer Zwergschule.

Obwohl im »Kreise meiner Genossen«, war ich in diesen Jahren einsamer als in meiner Einzelzelle. Zu den politischen Differenzen kamen jetzt unausweichlich auch persönliche Animositäten: Ich entwickelte eine starke Abneigung gegen die immer gleichen elenden Jogginghosen des einen oder gegen die Haltung des anderen, alles und jedes zu ironisieren oder niederzumachen. Der Ton unter uns wurde schärfer, und manchmal war ich nicht weit entfernt davon, handgreiflich zu werden. Ich haßte inzwischen ihre Weigerung, sich ernsthaft über alle anstehenden Fragen auseinanderzusetzen und statt dessen so zu tun, als hätten sie mit ihren ultralinken Thesen aus der Mottenkiste des Anarchismus die überlegene Strategie für den politischen Kampf gefunden. Selbst ihr Verständnis von der Strategie der »Bewegung 2. Juni« als gewissermaßen bewaffneter Arm der linken »Bewegungen« war Hohlformel geblieben. Nach der Zerschlagung des 2. Juni hatte es die »Basis-Bewegung«, abgesehen von einem schwachen Versuch, nicht mehr geschafft (oder angestrebt), wieder einen schlagkräftigen Untergrund aufzubauen.

Stalinismus hier und libertärer Sozialismus dort waren beliebte Begriffe – ich natürlich der Stalinist und Revisionist. Keineswegs war ich ein unkritischer Verteidiger des real existierenden Sozialismus, aber ich hielt daran fest, daß die DDR für mich der bessere deutsche Staat war, ich hielt daran fest, daß es zur Teilung Deutschlands keine Alternative gab, außer einem Großdeutschland unter kapitalistischen Verhältnissen mit allen Gebrechen der spezifisch deutschen Geschichte. Ich hielt daran fest, daß es ohne einen starken Sozialismus nirgendwo auf der Welt Fortschritt und soziale Gerechtigkeit geben würde: Sozialismus oder Barbarei.

Nachdenken über Theorie und Praxis

Ich war in diesen Überzeugungen unerschütterlich und stand damit schon damals auf verlorenem Posten. Mit dem Blues, das war mir nach den langen Jahren des Zusammenseins in Freiheit und im Gefängnis klar, kannst du es nicht aushalten, du mußt notfalls als Einzelkämpfer weitermachen. Aber wie? Sosehr wir uns auch voneinander entfernt hatten, es waren meine Genossen, mit denen ich zusammen so viel riskiert hatte und die mir ja auch nahestanden. Aber wenn es politisch nicht mehr geht, dann rauscht auch alles Zwischenmenschliche den Bach runter. Das hatte ich bereits mehrfach erfahren. Was sollte ich tun?

Anfang des Jahres 1982 zog Andreas seine Revision zurück und beantragte seine sofortige Verlegung in den Hochsicherheitstrakt der Haftanstalt Celle. Dort saßen zu jener Zeit drei RAF-Mitglieder ein. Als hätte es zwischen uns nie Gemeinsamkeiten gegeben, verließ er uns eines Morgens, nicht ohne zuvor noch Ronny seinen gesamten Tabak zu geben, statt ihn zwischen uns beiden aufzuteilen. Seither habe ich ihn nie wieder gesehen. Wenige Monate später ließ sich auch Klaus Viehmann nach Westdeutschland verlegen. Ihm trauerte ich nicht nach, in ihm hatte ich ohnehin keinen Diskussionspartner gefunden. Jetzt waren wir nur noch zu dritt. Ich vermied es inzwischen, über die Knackpunkte zu diskutieren, Spannungen unter uns dreien wären jetzt für alle unerträglich geworden.

Eines Morgens kam der Sicherheitsbeauftragte zu uns in die Zellen: Die Justiz müsse mit uns Gespräche führen, der Bundesgerichtshof habe unsere Revision abgelehnt und wir seien jetzt Strafgefangene. Nun solle, wie üblich, ein Vollzugsplan erstellt werden, der festschriebe, wie unsere Haftzeit gestaltet werden solle. »Herr Meyer, sind Sie bereit, diese Gespräche zu führen?« Ich wollte erst mit den Genossen reden, beschied ich den Mann. Wir kamen überein, uns anzuhören, was die zu sagen hatten.

Die beiden Vertreter des Justizsenators, die mich wenig später in Anwesenheit meines Rechtsanwaltes zum Gespräch baten, waren freundlich, aber bestimmt: »Es geht um Ihren Vollzugsplan. Wie der ausfällt, hängt ganz von Ihnen ab. Vorzeitige Entlassung ist ebenso möglich wie Absitzen Ihrer Gesamtstrafe. Unsere Fragen an Sie: Wie stehen Sie zum bewaffneten Kampf? Haben Sie die Absicht, daran festzuhalten und womöglich nach der Haft in den Untergrund zu gehen und wieder zu schießen? Wie stehen Sie heute dazu?« Ich hörte zu, äußerte mich aber nicht abschließend. »Sie können sich das in Ruhe überlegen, wir kommen noch mal wieder.« Die beiden anderen hatten sich das auch angehört, ein weiteres Gespräch aber sofort abgelehnt.

Ich zermarterte mir lange das Gehirn: Welche Entscheidung sollte ich treffen? Der bewaffnete Kampf »hier und jetzt« war gescheitert, davon war ich überzeugt. »Ob es richtig ist, den bewaffneten Widerstand jetzt zu organisieren, hängt davon ab, ob es möglich ist. Ob es möglich ist, ist nur praktisch zu ermitteln«, hatte die RAF zehn Jahre zuvor im »Konzept Stadtguerilla« geschrieben. Waren diese »Ermittlungen« nicht längst gelaufen? Natürlich war es möglich – das sagten mir meine Erfahrungen –, daß sich in diesem Land kleine, militante Gruppierungen auf Jahre halten können, ohne aufgerieben zu werden. Der Stadtguerillakampf war eine militärisch-politische Strategie. Bedachte man aber die politische Wirkung, wurde es problematisch. Hatte sich nicht erwiesen, daß keine noch so spektakuläre Aktion, keine noch so wagemutige Taktik die Säulen der Macht ins Wanken bringen kann, wenn sie nicht auf das bewußte und entschiedene Mit-Handeln der Ausgebeuteten zählen kann, die nach grundsätzlicher politischer und ökonomischer Veränderung streben? Revolutionäre Gewalt ist eben nicht beliebig einsetzbar oder zu unterlassen, sie wäre folgerichtig nur in der Zuspitzung aller gesellschaftlichen Widersprüche. Oder wie Lenin es gesagt hatte: Wenn die da oben nicht mehr können, und die da unten nicht mehr wollen. Eine solche Situation bestand in der Bundesrepublik nicht. Der Aufwand, mit dem der Staat gegen uns zu Felde zog, die Aufmerksamkeit, die uns die Medien widmeten, waren wohl kaum Folgen der Furcht vor einem revolutionären Umsturz, sondern eher der konkreten Angst der herrschenden Eliten vor einem Attentat. Alle Guerillabewegungen in der dritten Welt, die, gestützt auf die Fokus-Theorie, den bewaffneten Kampf aufgenommen hatten, waren gescheitert. Die roten Brigaden, die stärkste Guerilla in Westeuropa, waren am Ende und erklärten ihre Aufgabe. In Nordirland und im spanischen Baskenland wurde der bewaffnete Kampf nur deswegen nicht beendet, weil es hier um separatistische Auseinandersetzungen ging.

Und überhaupt, der bewaffnete Kampf war kein Selbstzweck, sondern mußte konkret, ausgehend von elf Jahren Praxis, diskutiert werden. Mit dem, was geschehen war, hatte ich moralisch keine Probleme, es ging mir um die Frage des Preises und der Ergebnisse, die wir aufzuweisen hatten. Nach langem Zweifeln und selbstkritischen Analysen kam ich für mich zu dem Schluß, das Konzept Stadtguerilla in dieser historischen Situation als gescheitert anzusehen. Auf der anderen Seite wollte ich das aber nicht öffentlich machen, sondern hatte vor, das Maul zu halten und die Jahre zusammen mit den anderen abzusitzen. Ich fürchtete mich vor dem unweigerlich folgenden Solidaritätsentzug und dem Bannstrahl der radikalen Linken. Wie sollte ich aber ohne die Solidarität der Linken die Haft überstehen? Ich grübelte weiter.

Was verband mich eigentlich noch mit den Genossen? War es für mich überhaupt noch mit ihnen auszuhalten, hatte ich nicht die Schnauze gestrichen voll vom ultralinken Chaos, vom Antikommunismus, von Faustkeilanalysen und moralisierendem Engagement? Gehörte ich eigentlich noch zu ihnen? Und zählten sie mich, den »Revisionisten«, überhaupt noch zu den ihren? Mit solchen Überlegungen quälte ich mich über Wochen. Mein Abschied vom Konzept Stadtguerilla war eine politische Entscheidung, in der radikalen Linken jedoch würde er zweifellos als Opportunismus verurteilt werden. Und war es nicht auch selbstmörderisch, sich zwischen alle Stühle zu setzen und den doppelten Druck auszuhalten, den von seiten der Genossen und den von seiten des Staates? Nach einigen durchwachten Nächten beschloß ich, nur noch über mich zu entscheiden und das allein mit meinem politischen Gewissen abzumachen: Ich mußte meine Abkehr vom Konzept Stadtguerilla politisch offen vertreten. »Wer keine Angst vor Vierteilung hat, wagt es, den Kaiser vom Pferd zu ziehen«, sagt Mao. Ich hatte keine Angst, und sie vierteilten mich. Festzuhalten ist, daß ich mit dieser Entscheidung nur zehn Jahre früher kam als die RAF, 1992 sollte auch sie ihren Rückzug erklären.

»Uns interessiert nicht, welches Parteibuch Sie haben. Wir haben schon mit einigem Erstaunen mitbekommen, daß Sie sich ja bereits seit langem zum orthodoxen kommunistischen Lager zählen, Herr Meyer«, begannen die beiden Herren vom Justizsenat das zweite Gespräch mit mir. Auch diesmal war mein Rechtsanwalt dabei. Das hatte ich vor allem gewollt, um späteren Gerüchten vorzubeugen. »Richtig, ich bin Kommunist. Insoweit lehne ich den bewaffneten Kampf in dieser historischen Phase als Abenteurertum ab.« Sprach ich von »Verhandlungen«, protestierten die beiden Beamten heftig. »Nein, so kann man das nicht sehen. Wir wollen von Ihnen klar wissen, ob Sie nach der Haftentlassung wieder auf uns schießen?« Ich verweigerte eine Distanzierung von jenen Taten, für die ich inhaftiert war, mit den Worten: »Dann hätten wir ja eine andere Geschäftsgrundlage, dann könnten Sie mich ja gleich rauslassen.« Auch sei ich kein Pazifist, der nun ein für allemal der Gewalt abschwören würde. »Schließlich«, so hielt ich den beiden hohen Justizbeamten vor, »sind Sie Vertreter einer Klasse, die selbst gewalttätig an die Macht gekommen ist.« Aber dann: »Ja, ich werde nach meiner Haftentlassung den bewaffneten Kampf nicht wieder aufnehmen, sondern mich konsequent legaler politischer Arbeit widmen, dem Klassenkampf.« Jetzt war es raus! »Wir werden nach einer bestimmten Zeit beantragen, Sie in den Normalvollzug zu verlegen. Stimmt die Bundesanwaltschaft dem zu, werden Sie behandelt wie alle normalen Gefangenen auch, einschließlich der Möglichkeit einer Entlassung nach Zweidrittel der Strafe.« Das war es. Ich hatte nur das gesagt, was ich auch politisch vertrat, ich war meinen Idealen treu geblieben.

Beim Abendbrot an der Tischtennisplatte rückte ich damit heraus, daß ich ein zweites Gespräch geführt und was ich gesagt hatte. »Verräter! Schwein!« Nun begann für mich die Hölle. Das Kalkül der Justiz war aufgegangen – die Kleingruppe zerfleischte sich. Zusammengepfercht in diesem Betonsarg mieden die anderen mich wie einen Aussätzigen. Niemals richteten sie das Wort wieder an mich. Kam ich aus meiner Zelle, verschwanden sie in den ihrigen. Sie benahmen sich sechs Wochen lang so, als sei ich Luft. Ich litt, ich wollte alles rückgängig machen, ich war fertig. Jetzt hängst du dich auf, du bist kein Revolutionär mehr, du bist allein und verlassen, rotierte es in schlaflosen Nächten in meinem Kopf. Ich hatte an alle mir wichtigen Genossen und Genossinnen draußen Briefe geschrieben und ihnen meinen Entschluß seitenlang erläutert. Fast alle stellten sich hinter mich. Vor allem der alte Freund Jürgen begrüßte meine Entscheidung und trug mit seinen Briefen und Besuchen wesentlich dazu bei, daß ich diese Wochen überlebte. Ich war ins Bodenlose gestürzt. Die radikale Linke draußen ließ mich prompt fallen. Ich war »gehirngewaschen, Unperson, Verräter an der revolutionären Sache«. Nach etlichen qualvollen Wochen schrieb ich der Anstaltsleitung, die Situation unter uns sei inzwischen angespannt und bedrohlich, ich verlange die sofortige Verlegung in einen anderen Traktbereich. Eine Stunde später wurde ich in einen gesonderten Zweierbereich, direkt neben die anderen verlegt. Längst hatte der Apparat mitbekommen, was sich zwischen uns abspielte. Hier saß ich dann zwei Monate ganz allein – nicht nur allein, sondern das erste Mal in den langen Jahren der Haft auch tatsächlich einsam, abgeschnitten von allen Zusammenhängen und Bindungen der vergangenen 15 Jahre. Hier kehrte das Gefühl tiefer Hoffnungslosigkeit und Verlorenseins zurück, das mich 20 Jahre zuvor als jugendlicher Schulschwänzer in meiner kargen Zelle im Jugendknast »Café Schönstedt« gepeinigt hatte. Und wie selbstverständlich tauchten jetzt in meinen Träumen Bilder meiner Kindheit auf: die Mutter, wie sie mich damals nach der Haft mit gebratenem Hähnchen tröstete, der Onkel, die Datsche am Müggelsee. Mir blieb nur das Verdrängen, ich mußte nach vorne schauen.

Raus aus der Isolationshaft

Nach endlosen Wochen voll Trostlosigkeit und hartem Theoriestudium landete ich Anfang Dezember 1982 in der Haftanstalt Tegel. Die Bundesanwaltschaft hatte der Verlegung in den Normalvollzug zugestimmt. Hinter mir lagen acht Jahre Isolationshaft, davon 34 Monate im Hochsicherheitstrakt.

Der größte Knast Deutschlands verschluckte mich wie meine 1600 Mitgefangenen. Eine Welt für sich, mit Tischlerei, Autowerkstatt, Schlosserei, der zentralen Berliner Knastbäckerei und Wäscherei und einer großen Druckerwerkstatt. Auf dem riesigen Anstaltsgelände lagen verstreut die Hafthäuser aus dem vorigen Jahrhundert neben den Betonkäfigen der neuen Zeit. Ich wurde in eines der alten Gebäude, das Haus I verlegt, in dem ich auch die folgenden drei Jahre verbringen sollte.

Hier war alles anders: Das Klima war weniger aggressiv als in Moabit, und auch die Schließer waren, in der Mehrheit jedenfalls, durchaus freundlich. Zum ersten Mal seit vielen Jahren war ich wieder mit mehr als sieben Menschen auf einmal zusammen. Die vielen Kontakte überwältigten mich in den ersten Wochen derart, daß ich mich nur selten aus meiner Zelle traute. Dafür hatte ich reichlich Besuch in dem winzigen Loch. Die Zellen waren in diesem Haus besonders klein, deswegen waren sie auch nach Arbeitsende von 18 bis 22 Uhr offen. Allerdings war dann der Haftstollen durch eine Eisentür vom anderen Teil des Hauses abgetrennt: vier Flügel, in jede Himmelsrichtung einer, und jeweils fünf Etagen hoch. Auf jedem Stollen waren 27 Gefangene, ein Sozialarbeiter und zwei Schließer untergebracht.

Kurz vor Weihnachten stand der katholische Gefängnispfarrer in meiner Zelle. »Ich habe nicht nach Ihnen gerufen!« fuhr ich ihn an. Der Mann knuffte mich vertraulich auf den Oberarm: »Mensch, Till, kennst du mich nicht mehr?« Ich schüttelte den Kopf. »Na, ich bin doch dein alter Pfadfinder Cornett aus der Sippe Fuchs.« Tatsächlich! Vor 30 Jahren. Immer wieder kamen Gefangene, um mich freundlich zu begrüßen. Mein Ruf als gefährlicher Terrorist war beachtlich, vor allem imponierte ihnen der Ausbruch aus Moabit. Überhaupt, daß wir es den Herrschenden gezeigt hatten, fanden sie alle großartig, und so hatte ich von Beginn an ein mir wohlwollend und solidarisch gesinntes Umfeld. Das blieb in all den Tegeler Jahren so. Der eigens für mich auf diese Station versetzte Sozialarbeiter Brückner, ein Mann, dessen Herz nicht nur links lag, sondern auch links schlug, sollte bald zu meinem Verbündeten werden. Und mein alter Bekannter, der Hecht, kam – der Genosse, Schauspieler, Lebenskünstler, der allerdings immer Pech hatte, wurde für mich zur wichtigsten Stütze des ersten Jahres in Tegel. Der »Hecht« wurde so genannt, weil er schweigsam war wie ein Fisch. Er verfügte über beste Kontakte zur Unterwelt. Vor allem die letzten Monate und die Trennung von meinen Genossen hatten mich fast die letzten Kräfte gekostet. Ich litt unter ständigen Magenschmerzen, Appetitlosigkeit und wog nur noch 62 Kilo. Der Hecht war es, der fortan unermüdlich dafür sorgte, daß ich anderes Essen als das immer gleiche Anstaltsessen bekam. Das konnte ich partout nicht mehr runterkriegen. Er handelte und schacherte, was das Zeug hielt. Immer wieder gelang es ihm, im Knast äußerst rare Lebensmittel zu ergattern: frische Kartoffeln etwa oder Thunfisch, Zwiebeln, ein paar Tomaten. Und dann kochte er mir etwas, was allemal besser schmeckte als der Anstaltsfraß. Auch hier gab es Knasteinkauf, höchstens für 70 Mark im Monat. Immer zuwenig. Aber die Subkultur blühte, für Geld konnte man alles bekommen. Da wurde selbstgebrautes Bier für 10 Mark der Liter angeboten oder selbstgebrannter Schnaps für 50 Mark die Flasche, und jede Menge Drogen. Um an Geld für Drogen zu kommen, verkauften die Junkies ihre monatlichen Einkaufszettel für den doppelten Wert an andere Gefangene. Die legten sich richtige kleine Lebensmittellager auf ihren winzigen Zellen an und betrieben einen florierenden Handel. Alles war teuer, aber wer Geld hatte, der konnte . . . Ich hatte keins, doch der Hecht teilte alles.

Schon von Moabit aus hatte ich mich um eine Lehrstelle in der Knastdruckerei beworben. Der 1. Februar 1983 war mein erster Lehrtag. Ein riesiger Drucksaal, vollgestellt mit Maschinen älterer Bauart, die von angelernten Gefangenen bedient wurden. Mein Zellennachbar Otto und ich waren seit Jahren die ersten Lehrlinge. Wir druckten im Offsetverfahren Zahlkarten für Berliner Finanzämter, Zeugenvorladungen für die Gerichte und andere Behördenformulare, eine eintönige Arbeit, die mir aber dennoch Spaß gemacht hat.

Ich war überall der Exot: Manchmal brachte die Aufmerksamkeit der Schließer für diesen »gefährlichen Mann« Vorteile, meistens aber Nachteile. Ich unterlag einem strengen Sicherheitsreglement: Post wurde nach wie vor kontrolliert, das einmalige Telefonieren in der Woche mußte ich unter Nennung des Gesprächspartners schriftlich beantragen, Besuche wurden in der einzigen überwachbaren Zelle abgehalten. Auf dem Anstaltsgelände durfte ich mich nicht ohne Schließer bewegen, und meine Zelle wurde intensiver und öfter gefilzt als die der anderen Gefangenen. Damit konnte ich leben, ich war ja ganz anderes gewöhnt.

Riskante Liebe

Im Frühjahr 1983 sollte es zu einer für mich entscheidenden Begegnung kommen. Auf der Treppe zu meinem Stollen begegnete mir eine junge Frau, Jeans, Lederjacke, blonde, kurze Haare, freundliches, offenes Gesicht, etwa so alt wie ich. Ich starrte sie an und sah ihr lange nach, wie sie die Treppe hinabeilte. Meine Blicke waren ihr nicht verborgen geblieben. Frauen – seit Jahren hatte ich keine Frau mehr in voller Körpergröße gesehen, geschweige denn berührt. Immer wenn wir in Moabit den Sprechraum betraten, hatte der Besuch bereits Platz genommen, hinter Panzerglas. Wie gerne hätte ich nur einmal den Duft einer Frau eingesogen, die Haut gefühlt, geküßt, gestreichelt. Das lag jetzt schon so viele Jahre zurück. Und nun flitzte das blonde, hübsche Wesen so einfach, ganz frei, an mir vorbei. Wer war sie? Marlene, Sozialarbeiterin auf der Drogenstation, wußte der Hecht sofort und daß sie gut drauf sei und bei den Gefangenen sehr beliebt. Ich mußte sie wiedersehen. Sozialarbeiter Brückner sollte helfen und mich zu ihr durchschließen. Zwei Stunden diskutierte ich mit Marlene in ihrem Dienstzimmer auf der Drogenstation über linke Politik, über den bewaffneten Kampf und über ihre Arbeit als Drogentherapeutin. Als ich gehen mußte, hatten wir uns bereits heftig ineinander verliebt. Ich kam auch politisch mit ihr zurecht, was ja wichtig war. Sie hatte eine für diese Jahre nicht untypische Entwicklung hinter sich: WG-Erfahrung in Stuttgart, Säuglingsschwester, Randgruppenarbeit, Frauenbewegung und über den zweiten Bildungsweg zur Sozialarbeiterin und Drogenberaterin. Eine Linke.

Wie schön ließ es sich jetzt von ihr träumen, wenn ich tagsüber in der riesigen Druckhalle Hunderttausende von eintönigen Formularen druckte. Das gleichmäßige Stakkato meiner Druckmaschine interpretierte ich als »Liebe, begehren, Liebe, begehren...« Es begann ein äußerst kompliziertes und für beide auch gefährliches Liebesverhältnis. Sie war Schlüsselträgerin und ich der hochgefährliche Terrorist. Natürlich hatte ich Feinde im Justizapparat, die mir zu keiner Zeit trauten. Wir mußten aufpassen. Mit des Hechts und Brückners Hilfe gab es aber immer wieder Augenblicke, in denen wir beide ungestört zusammen sein konnten, mal bei Brückner im Dienstzimmer, mal bei ihr. Oftmals dann, wenn alle anderen etwa über Mittag eine Stunde unter Verschluß waren. Ich konnte nie genug kriegen. Wären wir erwischt worden, hätte das für sie die fristlose Entlassung bedeutet und für mich mit Sicherheit die Rückverlegung nach Moabit: Man hätte mir sofort einen erneuten Ausbruchsversuch unterstellt. Ein knappes Jahr schafften wir es – unter äußersten Vorsichtsmaßnahmen – unentdeckt zu bleiben. Wir lernten uns besser kennen und schafften es, uns, wenn auch hastig und unter der Gefahr des Entdecktwerdens, auch zu lieben. Es war eine gefährliche Liebe, und vielleicht war sie deshalb so innig und heftig. Marlene wußte, was sie riskierte, aber sie wollte die Beziehung zu mir. »Einmal müssen wir das für uns nutzen«, meinte der Hecht. »Till, weißte, was ich jetzt am liebsten hätte? Eine kalte Dose Tuborg-Bier. Ich möchte so gerne das Zischen der Lasche hören.« Wir bekamen jeder unsere Dose. Das war es dann aber auch, in diese unnötige Gefahr wollte ich sie nicht auch noch bringen. Daß es sie gab, war für mich ein Segen. Sie war die gute Fee, die mich gerettet hatte. Auch dafür liebte ich sie.

Eines Mittags, kurz vor Arbeiteraufschluß, heulten die Sirenen. Anstaltsalarm! Bis zum späten Abend wurden die Zellen nicht mehr aufgeschlossen. Der Hecht, der unter mir lag, wußte schon nach einer Stunde, was los war. Er bekam alles raus, kein Schließer und kein Gefangener war seiner Raffinesse gewachsen. »Die haben 'ne Knarre gefunden, in der Druckerei, irgendwie unten im Flur.« Au warte, schoß es mir durch den Kopf, jetzt bist du reif. Die kriegst du in die Schuhe geschoben. Adieu Marlene, adieu Tegel. Es sollte ganz anders kommen. Ich hatte gehört, wie mein Zellennachbar Heinze, ein Buchhalter und Bankräuber mit vier Jahren Haft, schon mehrmals aus seiner Zelle geholt worden war. Was hatte das zu bedeuten?

Am anderen Tag bestätigte sich das Gerücht. Tatsächlich, in der Druckerei war eine scharfe Walther, Kaliber 7,65 mm mit Munition, gefunden worden. Drei Libanesen aus Haus III hätten damit einen Ausbruch versuchen wollen, hieß es. Mit kriminalistischer Akribie und nach tagelangen Recherchen gelang es dem Hecht und mir, die Sache aufzuklären. Das war in meinem ureigensten Interesse, denn schon am nächsten Tag kam ein Justizvertreter zu mir und erklärte, daß ich in ein anderes, sichereres Haus verlegt werden solle. »Wir können eine Provokation gegen Sie nicht ausschließen, wir müssen Sie woanders unterbringen.« Das wollte ich auf keinen Fall – vor allem wegen Marlene! Ich drohte einen sofortigen Hungerstreik an und verlangte Aufschub. Er wurde gewährt.

Der Hecht und ich konzentrierten unsere Ermittlungen auf den Mitgefangenen Heinze. Der bekam plötzlich Hafturlaub, obwohl er von der Haftdauer her noch gar nicht dran war. Seinen Kumpel, der schon seit längerem in Hafturlaub ging und ebenfalls auf meinem Stollen lag, unterzogen wir einem harten Verhör. »Schmok« – so hieß er –, »was hast du für Heinze draußen erledigt?« Drei Tage nahmen wir ihn mal hart, mal vertraulich kumpelhaft in die Mangel, gaben eine Flasche Selbstgebrannten aus und hatten irgendwann die Geschichte auf dem Tisch. Schmok packte aus: Die Pistole habe er im Auftrag Heinzes draußen besorgt und in ein Radio eingebaut. Das Gerät habe er der Sozialarbeiterin Roenning übergeben, mit der Bitte, es direkt an Heinze weiterzugeben. Das war verboten, die Radios mußten durch die Anstaltskontrolle. Aber Frau Roenning war ihrem Lieblingsgefangenen Heinze gegenüber großzügig und überbrachte ihm nichtsahnend die brisante Konterbande, unkontrolliert. Heinze deponierte die Knarre in der

Druckerei und meldete sich bei der Anstalt: »Ich habe gehört ...
Waffe ... und da wollen welche ... die Libanesen ... Aber ich
sage nur, wo sie ist, wenn ich Urlaub bekomme.« Er erhielt den
Urlaub. Das war der Trumpf für mich, jetzt konnte ich meinerseits
die Anstalt in die Enge treiben und zugleich den Kontrolldruck auf
mich abwehren. Als mein Rechtsanwalt kam, auch in Tegel selbstverständlich hinter einer Trennscheibe, erzählte ich ihm die ganze
Provokationsstory und bat ihn, den Teilanstaltsleiter zu holen.
Nach meiner Devise: »Schweine sollen Schweinereien unter sich
abmachen«, hatte ich keine Skrupel, die Sache aufzuklären, zumal
ich sicher war, daß sie ohnehin von der Anstaltsleitung vertuscht
werden würde. Der Teilanstaltsleiter hörte schweigend zu. »Also
wenn in meiner Zelle 'ne Säge oder gar 'ne Knarre gefunden wird,
dann ist sie nicht von mir, sondern irgendein Arschloch will sich
über 'ne Provokation Hafturlaub erschleichen. Auf Kosten anderer«, schloß ich meine Ausführungen. Der Mann hatte verstanden. Zudem hatte ich den nicht unbegründeten Verdacht,
daß gerade er die Sache mit dem Gefangenen Heinze ohnehin
durchschaut hatte. Für Heinze und Schmok blieb die Sache ohne
weitere Folgen.

Meine Leistungen als Druckerlehrling waren mäßig, vor allem in
der Berufsschule versagte ich kläglich. Als Ausbildungsleiter kam
einmal in der Woche die Koryphäe der Berliner Druckerzunft zu
uns in den Knast, um uns Lehrlinge zu unterrichten. Im Verlauf all
der Jahre hatte ich den verdammten Dreisatz wieder vergessen.
Der Mann hatte Geduld mit mir, zumal ganz offensichtlich war,
daß ich unter großen Konzentrationsschwierigkeiten litt, die bei
den anderen nicht zu bemerken waren. Dank großer Nachsicht
konnte ich mich geradeso durchschlängeln. Der Beruf machte mir
eigentlich großen Spaß, ja, wenn ich nur physisch und psychisch
besser intakt gewesen wäre. Aber ich hielt durch und wollte es unbedingt schaffen.

Marlene und ich überlegten, wie es mit uns weitergehen
könnte. »Sie dürfen uns auf keinen Fall erwischen oder überhaupt
rausbekommen, daß hier zwischen uns was läuft.« Selbst wenn sie
von sich aus gekündigt hätte, wäre unsere Beziehung erst mal zu

Ende gewesen. Eisernes Gesetz der Haftanstalten war, daß Beziehungen von Bediensteten zu Gefangenen nicht nur mit fristloser Kündigung bestraft wurden, sondern daß die Betroffenen dann später auch nicht mehr zu Besuch in diese Haftanstalt kommen dürfen. Als Insider und Kenner der Sicherheitsvorkehrungen könnten sie ja Ausbruchstips geben oder gar selbst Hand anlegen.

»Was ist, wenn wir einfach heiraten«, schlug ich vor. »Dann kannst du kündigen und mich doch weiter besuchen.« Nach zwei Wochen Bedenkzeit willigte sie ein. »Wir haben eh keine andere Wahl, wenn wir zusammen bleiben wollen.« Als mein Rechtsanwalt den Justizsenator persönlich um die Heiratserlaubnis anging, wurde der erst mal bleich. »Donnerwetter, was hat ihr Mandant noch alles drauf?« Er mußte einwilligen, wollte aber noch wissen: »Wie lange geht diese Beziehung mit unserer Mitarbeiterin denn schon?« Daß wir es fast ein Jahr geschafft hatten, unentdeckt zu bleiben, veranlaßte den Senator zu sorgenvollem Kopfwackeln.

Im November 1983 war es dann soweit. Eine Gästeliste mit zehn Leuten, Freunde und Verwandte, mußte eingereicht werden, wurde genehmigt, und ein Standesbeamter kam zur Trauung von draußen. Vier Stunden konnten wir in einem Konferenzraum bei Kuchen und Cola unsere Hochzeit feiern – unter Aufsicht von Brückner. Natürlich hatte ich zwei Flaschen Selbstgebrannten organisiert. Die Hochzeitsnacht fand auf dem Knastklo statt – aber schön war es doch. Marlene war jetzt raus aus ihrer Stelle und erst mal arbeitslos. Daß sie nicht mehr im Gefängnis arbeitete, war ganz in meinem Sinn. Immer wieder hatte ich ihr deswegen Vorwürfe gemacht: »Knastarbeit, das ist doch eigentlich Erpressung Abhängiger.« Die Gefangenen, so meine Argumentation, würden sich nicht freiwillig, sondern gezwungenermaßen ihrer Therapie beugen, sonst hätten sie gar keine Chance, noch mal rauszukommen. »Deine Aufgabe ist doch, die Dropouts nur so weit wieder herzustellen, daß sie aufs neue fähig sind, sich dem kapitalistischen Reproduktionsprozeß zu unterwerfen.« Das sah sie natürlich anders, schließlich war sie mit großem Engagement in diesen Beruf gegangen und so sollte aus diesen Fragen ein Dauerkonflikt zwischen uns werden.

Von meinen alten Genossen oder der Szene draußen hörte ich

nichts mehr. In der »tageszeitung« (taz) stieß ich dann eines Tages auf eine Kleinanzeige: »Der Blues. Gesammelte Texte der Bewegung 2. Juni. Zwei Bände für 35 Mark. Der Erlös geht an die Gefangenen.« Ich war baß erstaunt und verärgert, schließlich hatte sich für dies Buchprojekt niemand an mich gewandt. War ich schon tot, daß man mich nicht hatte fragen können? Als ich über meinen Anwalt an die beiden dicken, natürlich schwarz eingebundenen Bücher kam, mußte ich feststellen, daß eine ganze Reihe meiner Texte in den Wälzern abgedruckt waren. Ich war wütend, da ich meine Texte nie für diese Bücher freigegeben hätte. Die Macher, wer auch immer das gewesen war, waren nicht in der Lage gewesen, wenigstens die korrekte Chronologie einzuhalten, alles war durcheinander, ein typisches Szene-Buch. Mir fiel dann auch ein, wie meine Texte in die Bücher gekommen waren: Ronny hatte sie mir kurz nach Ende des Prozesses mit dem Hinweis abgeluchst, in Bremen gebe es demnächst eine Veranstaltung zum Prozeß gegen uns, und dort wollten sie die Texte verlesen. Feine Sache von den Genossen, mit ihrer Hilfe waren die Bücher entstanden.

Szene-Leute, schwarze Lederjacke, Palästinensertuch, die mir früher geschrieben hatten, als ich noch als »straighter Fighter« in Moabit saß, liefen mir in Tegel hin und wieder auch über den Weg. Sie waren hier unterwegs, um anpolitisierte Knackis zu besuchen, die sie, getreu der linken Randgruppenstrategie, ganz unten, ganz revolutionär, solide betreuten. Originäre Sozialarbeit, die sie besser den dafür bezahlten staatlichen Profis hätten überlassen sollen. Mich allerdings straften sie mit Mißachtung.

Der Hecht war inzwischen entlassen worden. Aber Mitgefangene, auf die ich mich verlassen konnte, hatte ich mittlerweile auch so genug. Von den 27 Gefangenen auf meinem Stollen hatten fünf lebenslänglich wegen Mordes erhalten, die anderen saßen wegen Drogen und Beschaffungskriminalität und drei wegen Raubüberfällen, sieben von ihnen waren freigekaufte Häftlinge aus der DDR. Ich half allen, soweit ich konnte: verschenkte Tabak, verlieh, gab Beratung, schrieb Beschwerden und persönliche Briefe und hatte ein gutes Standing bei allen Gefangenen. »Mensch, uff deinen Kopp war doch mehr Belohnung ausgesetzt, wie die hier alle zusammen jeklaut haben.« Das mochte wohl stimmen. »Wenn ihr eure Intellejenz nur dafür einjesetzt hättet, Jeld zu machen, dann wärter jetzt alle Milljonäre. Watt hatten euch dit andere jebracht, jetzt sitze hier ...« Mit solchen Erkenntnissen verblüfften mich meine Mitgefangenen des öfteren. Tja, dann zuckte ich nur die Schultern: »Und wenn ihr nicht geklaut hättet, dann wärt ihr jetzt auch nicht hier drin.« Was sollte ich auch sonst sagen. Von der Wolfsgesellschaft, die in Tegel existierte, blieb ich weitgehend verschont, ich hatte zu viele gute Freunde um mich herum.

Von der Schippe gesprungen

Der Streß und ewige Kampf in der nun schon seit neun Jahren währenden Haft mit schlechter medizinischer Versorgung kostete mich im Winter 1984 fast das Leben. Als ich an einem Dezembermorgen, einem Sonnabend, aufstand, fühlte ich mich so schwach und elend wie selten zuvor. Für den Nachmittag erwartete ich Marlene zu Besuch und wollte deswegen nicht auf das Krankenrevier gehen. Ein Arzt war an diesem Tag ohnehin nicht da. Der Sani hätte mir vielleicht Bettruhe oder Krankenrevier verordnet, und der Besuch wäre geplatzt, das wollte ich auf keinen Fall.

Nach dem Mittagessen, wir waren gerade wieder unter Verschluß, ging es los. In mehreren Schüben schoß mir Blut aus dem Mund, und ich sackte vor der Toilette ohnmächtig zusammen. Als ich zu mir kam und mich mühsam aufrappeln wollte, erneut Blut und wieder Ohnmacht. Überall Blut, was war mit mir los? Erst nachdem ich eine Stunde auf dem Bett gelegen hatte, stabilisierte sich mein Kreislauf wieder etwas. Schnell alles wegputzen, wenn der Schließer das sieht, ist der Besuch flöten. Ich war so geschwächt, daß ich nicht alleine zur Besucherzelle gehen konnte und Otto mich unauffällig stützen mußte. »Du mußt den Sani rufen«, bedrängte er mich. »Später, später.« Marlene war entsetzt, als sie mich sah. »Wir müssen sofort etwas tun!« – »Nach dem Besuch, beruhige dich jetzt«, verlangte ich barsch. Sie fügte sich, und wir verabredeten, daß sie draußen sofort meinen Anwalt informieren würde; der solle auf eine Verlegung in ein normales Krankenhaus dringen. Das Haftkrankenhaus hatte den denkbar schlechtesten Ruf. Vielleicht der Magen, oder was sonst? »Da lass' ich doch nicht die Knastpfuscher ran. Dann kann ich ja gleich verbluten«, zerstreute ich ihre Einwände. In banger Sorge verließ sie mich nach einer Stunde. Am Sonntag wieder Blut, ich hatte fast zehn Minuten ohnmächtig vor dem Klo gelegen. Jetzt bekam ich Todesangst, diesmal wischte ich das Blut nicht weg. Der Sani war entsetzt und handelte sofort. »Feuerwehr!« schrie er, nachdem er nur einen Blick auf mich geworfen hatte. An den Händen gefesselt und auf der Trage liegend, wurde ich abtransportiert. »Otto, ich will sofort Otto sprechen!« Die Feuerwehrmänner stellten mich ab. Otto kam. »Hör zu, Otto, ruf den Schließer Hartmann als Zeugen, ich muß dir was Wichtiges sagen.« Beide beugten sich zu mir runter. »Otto, wenn ich krepieren sollte, du mußt mir das versprechen, dann will ich im Westteil Deutschlands nicht mal unter die Erde kommen. Hast du verstanden? Verbrennt mich und buddelt mich in Ostberlin ein. Hast du verstanden?« Otto nickte, Hartmann nickte. »Du kommst wieder, ganz sicher kommst du wieder, Till.« Und ab ging es zum nächsten Krankenhaus in die Notoperation. Schlauch schlucken. Die Diagnose: vier pfenniggroße Magengeschwüre, eins davon blutend. »Höchste Zeit, noch ein Tag länger, und Sie wären verblutet. Viel Blut hatten sie nicht mehr«, klärte mich der Arzt auf. Die Blutung wurde gestoppt, ich hatte bereits über zwei Liter verloren. Stunden später lag ich auf der Einzelzelle im Haftkrankenhaus Moabit. Schonkost, Antibiotika, Ruhe. »Sie müssen ruhiger werden, versuchen Sie doch mal zu entspannen, Sie sind ja völlig verkrampft und angespannt«, versuchte der Internist in Moabit auf mich einzuwirken. Der hatte gut reden.

Auch diese lebensbedrohliche Situation überstand ich. Weihnachten war ich wieder in Tegel. Sozialarbeiter Brückner begrüßte mich mit einer guten Nachricht. »Sie haben dich auf Zweidrittel abgestellt. Du giltst dem Justizsenat als ›vertragstreu‹, sie glauben dir, daß du nicht mehr in den Untergrund gehst. Das heißt auch, daß wir jetzt darum kämpfen müssen, daß du bald in den Freigang kommst. Geht jetzt alles. Wenn alles so weiterläuft, wirst du im November 1986 auf Bewährung entlassen.« Merkwürdigerweise war meine Freude gedämpft. Noch immer litt ich unter der Verachtung durch meine alten Genossen, und in vielen Nächten dachte ich darüber nach, ob es nicht doch besser gewesen wäre, mit ihnen durchzuhalten. Mich plagten anhaltende Zweifel.

Willkommen in der Freiheit, Genosse

Das Ergebnis meiner Zwischenprüfung war dürftig. Eigentlich hätte ich nach zwei Jahren Lehre schon mehr können müssen. Da ich jetzt auf Zweidrittel abgestellt war, bot sich hier die Chance, meine Zulassung zum Freigang zu beschleunigen.»Sie müssen in einen normalen Betrieb, sonst schaffen Sie Ihre Prüfung nicht«, hatte der Berufsschullehrer festgestellt. Also fingen meine Anwälte und Marlene an, Eingaben zu machen. Per Brief bewarb ich mich schon mal um eine Lehrstelle in einem alternativen Druckbetrieb in Kreuzberg. Dort war man solidarisch und bot mir sogleich die Möglichkeit, die Lehre bei ihnen abzuschließen. Im Herbst 1985 hatte ich alle Genehmigungen beisammen, und auch die Bundesanwaltschaft hatte dem Freigang zugestimmt. Jetzt ging alles ganz schnell: »Herr Meyer, wir haben entschieden, daß Sie am 9. November Ihre erste Ausführung bekommen. Für sechs Stunden. Allerdings in Begleitung zweier Beamter, das ist Vorschrift«, eröffnete mir der Teilanstaltsleiter. Aufgeregt beriet ich mit Marlene beim nächsten Besuch, was wir in den Stunden alles machen würden: zu meiner neuen Lehrstelle bei »Oktoberdruck« natürlich, dann zu ihr nach Hause, gut essen, Till-Felix mußte kommen und meine Schwester Rosemarie. An einem kalten Novembertag stand ich mit den beiden Schließern an der Knastpforte, vor der bereits Marlene auf mich wartete.»Unfug machen Sie ja wohl nicht, denn sonst...« Der Schließer hatte noch im Ausgang den zivilen Mantel gelüftet und mir seine Pistole gezeigt.

Ich war wieder in Freiheit!

Die zukünftigen Kollegen bei »Oktoberdruck« empfingen mich voller Herzlichkeit und mit einem bombastischen Frühstück. Ich war viel zu aufgeregt, um ein vernünftiges Gespräch zu führen und Fragen zu stellen. Ganz hippelig war ich und wollte alles auf einmal. Ich ging durch Kreuzberger Straßen, frei, und alles war unwirklich und überwältigend: der laute Verkehr, die ungewohnten Gerüche, vor allem der Blick in die Ferne ohne störende Mauern und das Gewusel der vielen Menschen stürmten auf mich ein, so daß ich fürs erste froh war, endlich in Marlenes stiller Wohnung zur Ruhe zu kommen. Sie waren alle da. Wir aßen gut, die anwesenden Schließer gestatteten mir sogar ein Glas Wein, redeten über den Freigang, der demnächst anstand, und was wir dann alles machen könnten. »Ich warte schon so lange auf dich, 15 Jahre sind genug«, machte Till-Felix sich bemerkbar. Er nahm mir die Heirat mit Marlene übel, weil er glaubte, daß sie ihm etwas wegnehmen würde. Till-Felix hatte gerade seine erste eigene Wohnung bezogen und jobbte mal hier, mal da, weil er nicht wußte, was er wollte. »Das kommt noch, laß dir Zeit«, konnte ich ihn aus eigener Erfahrung beruhigen. Kurz vor dem Abitur hatte er die Schule geschmissen und sich seither Dauerärger mit seiner Mutter Christa eingehandelt. Auch das stürmte sogleich auf mich ein. Alles war so weit weg, und doch war ich gefordert.

Der Freigang verlangte harte Selbstdisziplin. Ich wurde in eine kleine Haftanstalt im Bezirk Lichterfelde verlegt, versteckt hinter den Mauern des alten Bezirksgerichts. Um sieben Uhr morgens konnte ich die Anstalt zur Arbeit verlassen und mußte pünktlich um zehn Uhr abends wieder drin sein. Die Zelle wurde jeden Abend wieder hinter mir abgeschlossen, Nacht für Nacht ein Alptraum. Pünktlich mußte man sein und durfte niemals eine Alkoholfahne haben. Dagegen zu verstoßen hätte die unverzügliche Rückverlegung in den geschlossenen Vollzug bedeutet. An drei Wochenenden des Monats konnten die Gefangenen die Anstalt von Sonnabend früh bis Sonntag 20 Uhr verlassen. Ein Wochenende mußte dringeblieben werden. Oftmals latschte ich dann mit Gustav »Bubi« Scholz, der mein Zellennachbar war, über den Freistundenhof, und wir fachsimpelten über seine Boxerfolge. »Bubi« hatte allerdings Pech: In Vorfreude auf seine baldige Entlassung kam er besoffen in die Anstalt zurück und das noch am Steuer seines eigenen Autos. Umgehend mußte er nach Tegel zurück und bekam noch ein Jahr Haft dazu.

Der Prozentsatz der Gefangenen, die während des Freigangs »abstürzen«, ist sehr hoch. Nur wenige halten den Streß zwischen den Nächten in der Zelle und der Freiheit am Tage durch. Ich schaffte es, aber es kostete mich die letzten Kraftreserven. Zugleich mußte ich mich nun bei der Arbeit anstrengen, um überhaupt die näherrückende Prüfung zu schaffen. Das gelang nur mit der Solidarität der Kollegen von »Oktoberdruck«. In Crashkursen powerten sie mich durch die theoretischen und praktischen Lücken, die ich aus Tegel mitgebracht hatte. Eigentlich begann ich erst unter den Fittichen meiner Kollegen die richtige Lehre. Sie opferten ihre Freizeit, und der kollektiv geführte Betrieb scheute auch keine Kosten, um mich für die Prüfung fit zu machen. Mehr schlecht als recht quälte ich mich durch dieses anstrengende Jahr.

Von der Freiheit bekam ich unter diesen Umständen nicht viel mit: Weil ich nicht wirklich frei war, konnte ich auch nichts genießen. Ich war mit den Nerven am Ende und ständig gereizt und aggressiv. Das brachte wachsenden Ärger mit Marlene, der ich beständig vorwarf, daß sie mich nicht genug entlasten würde. Natürlich tat ich ihr damit unrecht, konnte aber meine Zerrissenheit in dieser Zeit nicht anders loswerden. Alle um mich herum litten unter meiner Anspannung und meiner Unzufriedenheit. Marlene ging auf Distanz. Tatsache war wohl, daß jeder von uns an den anderen Ansprüche hatte, die jetzt, nachdem ich nicht mehr nur für eine Stunde Besuch da war, nicht eingelöst werden konnten, jedenfalls nicht in dieser Situation. Es gab schöne Tage, an denen ich mächtig froh war, daß es sie gab, und dann wieder Ärger im Knast, auf der Arbeit, der Druck der Prüfung, meine Gereiztheit.

Von einem Kollegen konnte ich im tiefsten Kreuzberg eine billige Wohnung übernehmen, in die Marlene aber schon nicht mehr mit einziehen wollte. Eigentlich wollte ich nicht, daß die Beziehung in die Brüche ging, vor allem, weil ich ihr viel Unrecht getan hatte, aber es kam doch so. Sie verstand meine Probleme nicht und ich die ihren nicht. Wir redeten aneinander vorbei.

Die Druckerprüfung war für mich eine peinliche Angelegenheit: Klappte es in der Praxis noch so gerade, wußte ich in den theoretischen Fächern natürlich viel zu wenig, so daß ich in die Nachprüfung mußte. Aber auch dort war man mir offenbar wohlgesonnen und ließ mich nicht durchfallen. Ich erhielt meinen Gesellenbrief. Den Sommer 1986 über rackerte ich jetzt als Geselle bei »Oktoberdruck«. Kollegin Marion, Manne und ich machten so manchen Subotnik. In unserer Freizeit druckten wir Flugblätter und einmal auch Tausende von Kinderfibeln in kurdischer Sprache, weil die in der Türkei und dem Iran verboten waren. Die Exilvereine in Berlin hatten nicht genug Geld, um diese Fibeln bezahlen zu können, so brauchten sie nur für das Material aufzukommen.

Nach einer heftigen Auseinandersetzung, in der es mal wieder eigentlich um Nichtigkeiten ging, erklärte Marlene kurz und bündig, daß ich von jetzt an meinen Scheiß allein machen könne, sie werde sich von mir trennen. Das hatte ich nicht gewollt. Manchmal fühlte ich mich so am Ende, daß ich mir sogar wünschte, wieder im Normalvollzug zu sitzen, da war wenigstens alles überschaubar. Jetzt auch noch die Trennung, bevor die Beziehung überhaupt richtig beginnen konnte, und das ein paar Monate vor der Entlassung. Vor dem physischen Zusammenbruch retteten mich in den letzten Monaten Haft nur meine Pläne, die ich nachts in der Zelle schmiedete: Natürlich werde ich den politischen Kampf wieder aufnehmen! Von der Waffe zur Feder. Ich wollte meinen alten Berufswunsch angehen und Journalist werden, bei der »tageszeitung«, wer sollte mich bei meiner Biographie auch sonst nehmen? Und wer mir da zu einem Volontariat verhelfen sollte, war auch klar: der Chefkommentator. Der Mann war mir als solider Genosse aus den Zeiten der »Roten Hilfe« gut bekannt, er mußte mich in die »taz« bringen. Das Schreiben traute ich mir zu, aber das Handwerk, die unterschiedlichen Genres, Zeitungmachen überhaupt, das wollte ich in der »taz« von der Pike auf lernen.

Mein thematischer Schwerpunkt als Journalist, das war klar, wäre die sogenannte Innere Sicherheit. Die Sicherheitsapparate hätten in mir einen Gegner, der von ihrem Metier einiges verstand. Seit Jahren hatte ich mich in der Haft mit den Geheimdiensten und den bundesdeutschen Sicherheitsapparaten befaßt. Auf dieses Thema wollte ich mich stürzen und der ausufernden Repressionsmaschinerie schwer zu schaffen machen.

Ein letztes Mal traf ich mich mit Marlene, um sie zu bitten, die Trennung noch einmal zu überdenken. Sie wollte nicht: »Vielleicht geht es später noch mal, jetzt will und kann ich nicht.« Ich sollte sie nie wiedersehen. Zwei Jahre später waren wir geschieden. Oftmals habe ich an diese Zeit zurückgedacht, und so unglücklich diese Beziehung auch zu Ende gegangen ist – ich war froh, daß es Marlene damals gab.

Am 2. November 1986 stand ich wieder als freier Mann vor der Knastpforte in Lichterfelde, niemand von den Genossen erwartete mich. Nur die Kollegin Marion war da, in der einen Hand einen Blumenstrauß, in der anderen eine Flasche Sekt. »Willkommen in der Freiheit, Genosse!« Hinter mir lagen 15 Jahre unter Starkstrom.

Epilog

Die Freiheit war erdrückend. Einerseits war es phantastisch, meine Schritte wieder dahin lenken zu können, wohin ich wollte. Zugleich aber verunsicherte mich das viele Neue, das auf mich einstürmte, derart, daß ich mich manchmal erschrocken dabei ertappte, wie ich mich nach der Ruhe und Überschaubarkeit der Gefängniszelle sehnte. Und ich war das erste Mal seit 16 Jahren Haft und Illegalität wieder ich selbst, Till Meyer. Kein falscher Name, keine Steckbriefe, kein Verstecken mehr vor der Polizei, keine Angst, erkannt zu werden. Es hat Monate gedauert, bis ich mit der Freiheit auch nur einigermaßen zurechtkam und nicht mehr zusammenzuckte, wenn mir jemand von hinten auf die Schulter klopfte. Ständig fühlte ich mich beobachtet, was vermutlich auch zutraf. Über lange Jahre verhielt ich mich so wie seinerzeit in der Illegalität. Niemals setzte ich mich mit dem Rücken zum Eingang eines Lokals, selten gab ich meine Telefonnummer weiter oder nannte meinen Namen. Sperren, die ich nur langsam verlor. Während ich mich körperlich nach und nach erholte, tauchten in meinen Träumen wieder die Knastbilder auf, vor allem die nächtlichen Zellenrazzien. Die Tür fliegt auf, und ein Dutzend Lederjacken stürmt die Zelle: Aufstehen, sofort! BKA! Alpträume, die ich bis heute nicht abschütteln kann.

Ich mußte vorsichtig sein bei allem, was ich tat, schließlich hatte ich die Reststrafe auf fünf Jahre zur Bewährung ausgesetzt bekommen. Mit einem Bier zuviel am Steuer, einem Stück Dope in der Tasche – zack, wäre ich weg vom Fenster gewesen. Einmal im

Monat hatte ich mich bei meinem Bewährungshelfer einzufinden und Auskunft über Arbeit, Wohn- und Lebenszusammenhänge zu geben. Der Mann sah das allerdings nicht so eng, ein Alt-68er, mit dem ich beim Besuch vor allem politisch diskutierte und der ein eifriger Leser meiner taz-Artikel war. Skurrilerweise holte mich meine Vergangenheit ausgerechnet in der »Berliner Sparkasse« ein, deren Filialen vom 2. Juni bevorzugt überfallen worden waren. »Herr Meyer, wenn Sie ein Anliegen haben, kommen Sie doch bitte gleich zu mir persönlich«, zischelte mir der Neuköllner Filialleiter eines Tages im Schalterraum zu. Bei einem Betriebsfest der Sparkasse war ich, ihr neuer Kunde, zum Klatschthema geworden. Einige Damen, die als Kassiererinnen in anderen Filialen seinerzeit vom 2. Juni überfallen worden waren, trauten mir einfach nicht. Sie konnten nicht glauben, daß ich fortan wirklich nur mit dem Scheck vor ihnen stehen und nicht doch noch die Pistole ziehen würde. »Die würden glatt in Ohnmacht fallen, wenn sie nur Ihren Namen hören, also kommen Sie immer zu mir.« Den freundlichen Mann konnte ich beruhigen: »Auch wenn's jetzt zu spät ist, ich sage es Ihnen trotzdem. Für Geld hätten wir nie geschossen, sagen Sie das auch den Damen.«

Zurückgezogen lebte ich in meiner Kreuzberger Wohnung und bemühte mich angestrengt, eine politische und persönliche Bilanz der letzten zwanzig Jahre zu ziehen. Freiheit und Leben hatte ich für meine Ideale riskiert, alle persönlichen Bedürfnisse und Beziehungen hintangestellt und meine ganze Kraft dem politischen Kampf gewidmet. Aus den autoritären Zwängen der Kindheit hatte ich mich befreit und als Autodidakt hart an mir gearbeitet, hatte das Alte in mir bekämpft und unter großen Anstrengungen das Neue versucht. Ich war für meine Klasseninteressen eingetreten und hatte mit militanten Mitteln versucht, eine radikale Veränderung der Gesellschaft in Gang zu bringen, für eine menschenwürdige Zukunft, für den Sozialismus, gegen Ausbeutung und Unterdrückung, gegen Faschismus und Krieg. War alles umsonst? So dreckig es mir jetzt nach der Haft auch ging, ich war entschlossen, an diesen Zielen festzuhalten und weiter dafür alles zu geben. Für was lohnt es sich sonst zu leben, wenn nicht dafür!

Vorsichtig tastete ich mich an die veränderten Bedingungen heran und mußte erkennen, daß wir im Knast unter einer Käseglocke gelebt hatten. Analysen und Theorien, die wir vor Jahren erarbeitet hatten und die zur Basis des bewaffneten Kampfes geworden waren, erschienen mir jetzt voluntaristisch, vordergründig und aufgesetzt. Entsprechend fiel die politische Bilanz aus. Die revolutionäre Ungeduld hatte uns zu einem Zeitpunkt in die Illegalität und zu den Waffen getrieben, als in der Bundesrepublik radikale, linke Politik allemal noch legal möglich war. Die Bundesrepublik hatten wir als willenlosen Lakaien der US-imperialistischen Globalstrategien gebrandmarkt, die nur die bewaffnete Opposition verdient hatte. Wir sahen keine Widersprüche im System, sondern den Staat und seine ideologischen Apparate, Parteien, Justiz, Medien, als gleichgeschaltet und in der Tendenz faschistisch an. Legale oppositionelle Arbeit konnte in diesem Staat nur Alibifunktion haben. Kurz: Wir hatten keine Klassenanalyse geleistet, sondern wurden getrieben von unserem politischen und moralischen Rigorismus. Nur nicht noch einmal schuldig werden. Wie oft hatten wir darüber diskutiert, was gewesen wäre, wenn die beiden großen Arbeiterparteien 1933 gegen die Machtergreifung der Nazis den bewaffneten Kampf aufgenommen hätten, statt ohne es zu versuchen dann doch in die Konzentrationslager verschleppt oder ins Exil getrieben zu werden.

Immerhin hatte sich das »Konzept Stadtguerilla« im hochgerüsteten Industriestaat Bundesrepublik fast zwanzig Jahre lang gehalten. Die RAF führte ihren Kampf trotz Verhaftungen und Verfolgung weiter. Ich wollte jetzt alles anders machen, besser, strategisch überlegter, Fehler vermeiden, mit kühlem Kopf jede Möglichkeit der politischen Agitation nutzen, keine Abenteuer.

Daß Marlene nicht mehr da war, tat mir weh. Gerade jetzt wollte ich nicht allein sein. Sie fehlte mir, und ich bedauerte tief, daß die Beziehung schon zu Ende war. Aber ich wagte keinen neuen Versuch, und so blieb ich zunächst weiter allein. Um mein Brüten zu beenden, entschloß ich mich nun, all das zu tun, was mir die langen Jahre über vorenthalten worden war: erst mal verreisen, mich erholen, andere Gedanken zulassen, Entspannung. Und weil es

Winter war, in die Sonne nach Gomera. Ich fand dort zwar die Sonne, aber keine Ruhe und Erholung. Mein politischer Kopf ließ mich nicht los. Wohin ich auch ging, die Insel wimmelte von Alternativen und Aussteigern, die von neuer Mütterlichkeit und sanfter Geburt, von Ökologie und gesunder Ernährung schwärmten. Nicht Marx, sondern Joschka Fischer, nicht der Sozialismus, sondern die Grünen waren hier Thema. Vorzeitig und enttäuscht verließ ich das Eiland: Das sollten die Überbleibsel des 68er Aufbruchs sein? Angepaßt und etabliert, im Schmuddellook, aber mit goldener Scheckkarte? Gibt es die Linke überhaupt noch, und wenn, wo ist sie abgeblieben? Die neue Linke gab es als Bewegung mit politischer Relevanz nicht mehr. Was übriggeblieben war, war zersplittert, individualisiert, ohne Strategie.

Ehemalige Funktionäre der Studentenbewegung oder der maoistischen K-Gruppen bereuten öffentlich, zumeist von den Podien grüner Parteitage herunter, ihr kurzfristiges Engagement für die »Soziale Frage« als doch verzeihliche Jugendsünde. Darunter viele, die mir aus Untergrundzeiten noch wohlbekannt waren. Radikale Überbleibsel wie das sogenannte Autonomen-Spektrum waren derart heterogen zusammengewürfelt, daß keine politische Strategie und ideologische Ausrichtung zu erkennen war. Wohin sollte ich gehen, mit wem politisch zusammenarbeiten, wo sollte ich mich engagieren? Ich war verzweifelt über die Situation, die ich draußen vorgefunden hatte – nach so vielen Jahren. Wie immer war ich ungeduldig.

Die Arbeit bei »Oktoberdruck« mußte ich aufgeben, ich schaffte sie physisch nicht mehr. Für ein paar Monate kassierte ich Arbeitslosengeld und versoff es auf unzähligen nächtlichen Touren quer durch die Westberliner Kneipenszene, ging gut essen, ins Kino, in Ausstellungen oder streifte stundenlang durch die Straßen meiner Kindheit, auf der Suche nach alten Bekannten und vertrauten Ecken. Ich lief so lange unruhig durch die Nächte, bis ich wieder eine neue Freundin gefunden hatte und überzeugt war, alles gesehen zu haben, was man gesehen haben muß. Nachholen kann man ohnehin nichts, und es gab auch kein »neues Leben«, weil die Verhältnisse die alten waren.

Die Freundin Annalisa war genau die Frau, die ich in dieser Phase brauchte: sie streichelte meine Wunden, streßfrei und liebevoll. Endlich.

Viel Zeit verbrachte ich mit Till-Felix, der jetzt ein erwachsener Mann war und wußte, was er wollte. Er lernte Drucker und war engagierter Gewerkschafter. Ich spürte aber ständig, daß die langen Jahre der Trennung nicht mehr nachzuholen waren. So war unser Verhältnis zwar herzlich und intensiv, und doch blieb es zugleich distanziert. Vorwürfe hat er mir nie gemacht. »Was fängst du jetzt mit deinem neuen Leben an?« Schon im Knast hatte ich daran gedacht, in die DDR überzusiedeln. Aber letztlich doch entschieden, hier zu bleiben und weiter an meinen Utopien zu arbeiten. Was sollte ich auch dort? Hier findet der Kampf statt, hier muß sich was ändern. »Du bleibst jetzt hier, was ist mit mir, wenn du gehst«, empörte sich Till-Felix über meine Übersiedlungspläne. Er hatte ja recht. Ich wollte und mußte einen neuen Anfang finden. Er sollte gelingen.

Den Chefkommentator der taz, dem wir schon zu »Rote Hilfe«-Zeiten den Decknamen »Quark« gegeben hatten, ging ich bei unserem ersten Treffen gleich frontal an. »Du mußt mir helfen, in der taz ein Volontariat zu bekommen. In allen etablierten Gremien, an den Unis, in den Medien und vor allem bei den Grünen tummeln sich doch Leute, die vor Jahren dasselbe vertreten haben wie wir. Nur mit dem Unterschied, daß sie nur darüber geredet haben, während wir es gemacht haben.« Es könne doch von daher kaum ein Problem geben, in der taz einen Ex-Guerillero zu beschäftigen. Quark hatte Bedenken wegen meines Bekenntnisses zum orthodoxen Kommunismus, »der ist in der taz nicht vertreten«. Aber er versprach, sich zu bemühen, und Solidarität sei für ihn selbstverständlich.

Nach wochenlangem Warten entschied man endlich in der taz: »Ja, wir geben dir einen Volontärsvertrag über zwei Jahre.« Nach und nach sollte ich durch alle Ressorts gehen, in allen Sparten schreiben und mich mit dem Einheitslohn von 1500 Mark netto zufriedengeben. Ich hatte mein Ziel erreicht: Anfang 1987 begann ich als Reporter in der Berliner Lokalredaktion.

Und schon mit meinem ersten Artikel – die ich fortan mit dem Kürzel »time« unterzeichnete – handelte ich mir eine geharnischte Beschwerde des Berliner Polizeipräsidenten und Ärger mit der taz-Lokalredaktion ein. Ich hatte einen kurzen Bericht über den Auftritt des Chefs der Partei »Die Republikaner«, Franz Schönhuber, vor dem Reichstag geschrieben. Im letzten Satz hieß es da: »Wie üblich schützte die Polizei den rechten Demagogen und prügelte auf die linken Gegendemonstranten ein.« Das entsprach dem, was ich vor Ort gesehen hatte und von vielen anderen Demonstrationen kannte. Fortan beargwöhnten mich Teile der Redaktion als »linkes U-Boot«, während ich in der Autonomen-Szene als »taz-Schwein« galt.

Bei vielen Linken, vor allem bei den Autonomen, war die taz längst unten durch. Ihnen galt sie inzwischen als staatstragend und angepaßt. Als ich dort anfing, waren die Häuserfassaden von Kreuzberg gerade massenhaft mit der Parole »taz lügt« besprüht. Die »tageszeitung«, 1979 von Dutzenden von Basisinitiativen aus dem Bundesgebiet und Westberlin gegründet, verstand sich als Antwort der Linken auf die Nachrichtensperre, die die Bundesregierung während der Schleyer-Entführung 1977 verhängt hatte und die von den Medien widerspruchslos hingenommen und befolgt worden war. Die taz hatte sich in Satzung und Präambel der Herstellung von Gegenöffentlichkeit verpflichtet. Gründungskonsens war, unterdrückte Nachrichten zu veröffentlichen und der Linken ein breites Informations- und Diskussionsforum zu bieten. Im »projekt tageszeitung« sollte es keine hierarchischen Strukturen geben, keine Trennung von Hand- und Kopfarbeitern, Einheitslohn und gleiches Mitspracherecht für alle Beschäftigten. Die Realität nach acht Jahren Basisdemokratie in der taz sah allerdings anders aus.

Tatsächlich hatte die Zeitung inzwischen einen Rechtsschwenk vollzogen. Die Mehrheit der Redakteure und Redakteurinnen, viele Renegaten der 68er Bewegung, trieben nicht immer mit demokratischen Mitteln, dafür aber mit knallharter Macht- und Personalpolitik, die Zeitung unaufhaltsam in das politische Fahrwasser des rechten Flügels der Grünen. Die Linke war zwar nominell in der Mehrheit, vor allem in Technik und Verwaltung, aber heillos zersplittert und ohne Konzepte, das Blatt weiter für alle linken Positionen offenzuhalten. Die endlosen Plenen und Diskussionen, die in der taz an der Tagesordnung waren und oftmals lähmten, waren ihrem Wesen nach Links-Rechts-Auseinandersetzungen, auch wenn es offiziell um die Ökonomie, Führungsstrukturen oder einzelne Artikel ging. Mündeten die zähen Diskussionen schließlich in Plenumsbeschlüsse, bei denen die Linken zumeist obsiegten, wurden sie von einigen Redakteuren unterlaufen, die so taten, als hätte es diese Beschlüsse nicht gegeben. Die taz gehörte der Linken, und doch driftete sie unter der informellen Hierarchie der Realo-Fraktion unaufhaltsam in die Beliebigkeit der Mitte ab.

Eine kurze Meldung, die ich eines Abends der deutschsprachigen Sendung von »Radio Moskau« entnahm, sollte für mich zu einem doppelten Erfolg werden und meine Position in der taz schlagartig verbessern. Moskau hatte gemeldet, 15 chilenische Widerstandskämpfer gegen die Pinochet-Diktatur seien in erster Instanz zum Tode verurteilt worden. Der Diktator sei aber bereit, die Gefangenen ziehen zu lassen, wenn ihnen ein westlicher Staat Asyl gewähren würde. Sofort schoß mir durch den Kopf: Die taz muß diese Forderung unterstützen. Am anderen Morgen auf der Redaktionskonferenz trug ich meine Information vor und forderte, daß die taz sofort einsteigt und eine Asylkampagne für die Chilenen lostritt. Die zuständigen Redakteure wußten von nichts. »Doch, es stimmt, Radio Moskau hat es letzte Nacht gemeldet.« Linksradikal und »moskauhörig« – das hatte es in der taz noch nicht gegeben. Am anderen Tag aber brachten auch die dpa-Ticker exakt meine Information. Und nun galt sie auch in der taz als seriös. Jetzt legst du los!

Die taz begann mit einer über Wochen währenden Kampagne zur »Rettung der vom Tode bedrohten Chilenen«. Meine guten Kontakte zu den Resten der Chile-Solidaritätsgruppen verschaffte uns vor allen anderen Zeitungen einen wichtigen Informationsvorsprung. Die Soli-Leute verfügten über ausgezeichnete Informationen und hatten direkte Verbindung zu Angehörigen der Verurteilten, ihren Rechtsanwälten und zu chilenischen Menschenrechtsgruppen. Nahezu jeden Tag konnte ich mit neuen Exklusivinformationen die Kampagne anheizen, so daß es bald keine große Zeitung in der Bundesrepublik gab, die sich nicht einklinkte und der taz nachschreiben mußte. Trotz des öffentlichen Drucks verweigerte Innenminister Zimmermann, CSU, den zum Tode Verurteilten das Asyl in der Bundesrepublik. Politische Gefangene gab es für die Bundesregierung vor allem im Ostblock. Die Kampagne, zu der sich jetzt auch die Kirchen und hochrangige Politiker der SPD, der Grünen und die Menschenrechtsorganisationen meldeten, war letztlich so massiv, daß Arbeitsminister Blüm öffentlich erklären mußte, er werde bei seinem anstehenden Besuch in Chile Pinochet um Gnade für die Häftlinge bitten. Die Bundesrepublik gewährte kein Asyl, andererseits wurde auch keiner der Todeskandidaten hingerichtet.

Eines Sommernachmittags klopfte es an der Tür meiner Kreuzberger Wohnung. Ein mir unbekannter älterer Mann hielt mir einen Briefumschlag entgegen und bat, kurz hereinkommen zu dürfen. »Freunde schicken mich, die Sie bitten, den Brief gleich zu lesen. Ich soll auf Antwort warten.« Ich riß den Umschlag auf: »Lieber Paul, wir würden uns gerne mit Dir unterhalten. Wenn Du willst, sei übermorgen am Bahnhof Friedrichstraße. Ostseite. Wenn Du nicht willst, vergiß den Zettel.« Ich wußte sofort, wer mich da sprechen wollte, nicht nur wegen des alten Decknamens: die Staatssicherheit der DDR. Ohne lange zu überlegen, sagte ich zu. Politische Skrupel, mich mit diesen Leuten zu treffen, hatte ich nicht. Warum auch? Noch am selben Abend suchte ich den Hecht auf. Ich wollte seinen Rat hören. »Soll ich?« – »Natürlich. Du stehst doch ohnehin auf deren Seite, und Feinde haben die hier gewiß genug. Hier ist doch sogar der Wetterbericht antikommunistisch. Geheimdienst ist nicht gleich Geheimdienst, leuchte ab, was sie wollen.« Verständlicherweise war ich für die Stasi interessant. Als Ex-Terrorist mit guten Verbindungen und Kenntnissen und nun auch noch als politischer Redakteur der einzigen linken Tageszeitung im Westen. Und ich war bekanntermaßen ein Verteidiger der DDR und vehementer Verfechter der deutschen Teilung.

Vor dem Haus des Brecht-Ensembles erwarteten mich zwei etwas beleibte Herren mittleren Alters in einem roten Lada. Der eine, Oberstleutnant und Leiter der Abteilung 8 der Hauptabteilung XXII, Terrorabwehr, der andere ein Hauptmann derselben Abteilung und noch etwas fülliger als sein Vorgesetzter. Die Begrüßung war freundlich. Nach stundenlanger Diskussion in einem verschwiegenen Restaurant einigten wir uns auf eine Zusammenarbeit, ohne sie zunächst zu konkretisieren. Die beiden waren mir sofort sympathisch, nicht zuletzt, weil wir die gleichen Anliegen hatten: Die Verhältnisse in der BRD angreifen, die DDR verteidigen. Der bereits zu jener Zeit zum Untergang verurteilte zweite deutsche Staat hatte in mir einen kompromißlosen Verbündeten. Bei einem zweiten Treffen saßen wir schon zum Arbeitsessen zusammen in einer der konspirativen Wohnungen des MfS in der Christburger Straße am Prenzlauer Berg. Meinen Decknamen wählte ich selber: Willi Waldoff. Den Nachnamen von der Sängerin Claire Waldoff und den Vornamen vom kommunistischen Agitprop-Zeitungsmacher Willi Münzenberg. Um es vorweg zu sagen: Die Stasi, es blieb bei den Kontakten mit diesen beiden Genossen, konnte mir keine »Aufträge erteilen«, alles, was geschah und was ich sie wissen ließ, entschied ausschließlich ich, und das nach meinen politischen Kriterien.

Die journalistische Arbeit fesselte und faszinierte mich, und schon bald bewegte ich mich auf diesem schlüpfrigen Terrain so selbstsicher wie seinerzeit als Guerillero im Berliner Untergrund. Ich war genauso listig, so subversiv und immer wißbegierig auf neue Informationen aus, als gelte es nun, den gerade Regierenden Bürgermeister zu entführen. Die Ziele waren diesmal weniger spektakulär, aber politisch war diese Arbeit effizienter. Die Achillesferse der regierenden CDU-Clique in Westberlin war ihr Antikommunismus, ihr ungezügelter Haß auf alles Linke überhaupt, ihre Korruptionsskandale, ihre »Recht und Ordnung«-Hysterie. Da werde ich fündig, da werde ich ansetzen.

Im Herbst des Jahres 1987, kaum ein Jahr aus der Haft, konnte ich den CDU-Senat das erste Mal schwer in die Bredouille bringen. Der amtierende CDU-Innensenator, Professor Kewenig, hatte einen berüchtigten Vorgänger: Heinrich Lummer. Der CDU-Rechtsausleger ließ unter seiner Senatorägide die im Berliner Abgeordnetenhaus vertretene Alternative Liste flächendeckend überwachen und ihre Funktionsträger bespitzeln. Zeitweise hatte er 65 Spitzel in dieser Partei untergebracht, einige sogar bis in den Vorstand der AL bugsiert. Lummers Sorge war, daß ehemalige Funktionäre maoistischer Parteien, die längst bekehrte Grüne waren, vielleicht doch noch zum »Sicherheitsrisiko« werden könnten. Quatsch. Aber ich hatte meinen Aufmacher: »Lummer ließ jahrelang die AL flächendeckend bespitzeln.« Der Artikel, exakt mit Aktenzeichen des Verfassungsschutzes und Namen der Sachbearbeiter, stimmte auf Punkt und Komma und traf voll ins Schwarze. Lummer, der kurz zuvor aus dem Amt des Innensenators weggelobt worden war, weil er rechten Zirkeln zu erklecklichen Geldsummen verholfen hatte, mußte sich öffentlich rechtfertigen, und die »Alternative Liste« forderte unverzüglich einen parlamentarischen Untersuchungsausschuß. Die heiße Information über die Ausforschung der AL stammte aus einem Zwei-Seiten-Papier, das einem AL-Abgeordneten zugespielt worden war. Der von mir geschätzte Ex-Maoist hatte im Abgeordnetenhaus mit spitzer Zunge und treffsicheren Analysen dem CDU-Senat stets heftig zugesetzt. »Till, was hältst du hiervon?« hatte er mich eines Tages gefragt und mir die zwei Seiten auf den Tisch gelegt. Ich las und kam sofort zu dem Schluß: »Das stimmt. Natürlich machen sie das, die sind so!« Unterschrieben war das Papier von: »Ein Insider, kein Anschluß unter keiner Nummer.« Also anonym. Fest überzeugt, daß die Sache stimmt, begann ich zu recherchieren. Auch beim Verfassungsschutz gibt es Durchstecher, Leute, die es schlichtweg ablehnen, Agenten an Abgeordneten zu spielen und eine legale, demokratisch gewählte Partei auszuspähen.

Meine Aufgaben als IMB Willi Waldoff waren weniger operativer als vielmehr strategischer Art. Analysen und Einschätzungen über die zahlreichen kleinen linken Zirkel und Basisbewegungen in der BRD und Westberlin wollte die Stasi. Vor allem interessierte sie: Sind die gegen die DDR? Haben wir von denen etwas gegen uns zu erwarten, vielleicht sogar auf unserem Territorium? Die nur noch sporadisch aufkommende linke Militanz im Westen wollten sie von mir genauestens eingeschätzt bekommen, ebenso die heterogene Autonomenszene. Über das Spektrum der Autonomen, das damals überall in der Bundesrepublik, vor allem in Berlin-Kreuzberg virulent war, fertigte ich meine einzige schriftliche Analyse an. Der Stasi ging es darum, diese Bewegung überhaupt politisch einordnen zu können. Wo die taz politisch stand und wohin sie driftete, brauchte ich nicht zu erzählen, das konnten sie ja täglich selbst im Blatt lesen. Immer wieder bedauerten sie, mit welchem Haß einige taz-Autoren gegen die DDR Front machten. Ihr Interesse war, daß die Linken in der taz mehr Gewicht bekamen. Auch darin deckten sich unsere Absichten. Nie verlangten sie von mir, hinter Personen herzuspitzeln. Ich war ihnen wichtiger als »Einflußagent«, der ohne Auftrag ohnehin machte, was auch sie politisch wollten.

Vor allem interessierte es die Stasi, wenn West-Journalisten über noch gesuchte RAF-Leute wie Susanne Albrecht, Werner Lotze oder Inge Viett berichten wollten oder gar deren Aufenthalt zu recherchieren versuchten. Kam mir darüber etwas zu Ohren, was öfters vorkam, da ich als Insider von den Journalisten angelaufen und um Tips gebeten wurde, berichtete ich in Ostberlin. Gut verpackt als »heiße Info« spickten sie mich mit Desinformationen: »Die sind doch alle im Nahen Osten, Libanon und Damaskus. Das kannste ruhig weitergeben.« Das tat ich auch, und einige fuhren prompt los. Und doch hatte ich immer, wenn wir über die untergetauchten RAFler sprachen, so ein vages Gefühl, daß die beiden weit mehr über deren tatsächlichen Verbleib wußten. Überaus gut waren sie über Interna aus der RAF und dem 2. Juni informiert, die sie nicht von mir hatten. Bei einem Treffen Mitte 1988 versprach sich der Hauptmann, und aus dem Lapsus konnte ich schlußfolgern: Einige der gesuchten RAFler müssen in der DDR sitzen. Eine Sensation! Niemals sprach ich meinen Verdacht aus, denn eins war klar: Wenn das zutraf, war das ein Staatsgeheimnis ersten Ranges.

Für die Stasi, die Genaueres über die Strategien und Konzepte der West-Linken erfahren wollte, saß ich in der taz an der richtigen Quelle. Kaum eine Diskussion ist an mir vorbeigegangen, Kommandoerklärungen, Autonomenpapiere, Konzepte und Bewertungen gingen ja großenteils direkt über meinen Schreibtisch. Ich befand mich in der linken Zeitung gewissermaßen an einem Informationspool, an einer Schnittkante, über die vieles lief, was nicht immer offiziell bekannt wurde. Vor allem brachte ich den Genossen alles rüber, was ich über die sogenannte »Benz-Initiative« in Erfahrung bringen konnte. Die Initiative, nach dem Verfassungsschutzagenten Benz benannt, war ein dubioses »Aussteigerprogramm« für untergetauchte RAFler. Auch die von den Grünen, vor allem von Antje Vollmer, mit Vehemenz vorangetriebene »Dialogstrategie« mit den Gefangenen aus der RAF interessierte die Stasi brennend. Nicht alles aus diesen Dialogplänen wurde öffentlich, aber via taz hatte ich den Zugriff auch auf das nichtveröffentlichte Material. Die Stasi konnte aus diesem Material Schlüsse ziehen, ob man in der BRD einen Verdacht hegte, wo die lange gesuchten RAF-Leute tatsächlich saßen. Erst später wurde mir klar, daß der Schutz dieses Staatsgeheimnisses wohl die wichtigste Funktion war, die ich für die Stasi hatte. Schließlich wußten auch einige der in der Bundesrepublik inhaftierten RAF-Kader über die »teuflische RAF-Stasi-Connection« Bescheid.

Nach unserem Desaster in Bulgarien 1978 war Inge Viett mit den zwei übriggebliebenen Genossinnen zunächst in die Tschechoslowakei gereist. Dort wurden sie verhaftet, und die dortigen Behörden erwogen, sie an die Bundesrepublik auszuliefern. Inge nutzte ihren ersten Stasi-Kontakt vom Bahnhof Friedrichstraße und bat die DDR um Hilfe. Die Stasi eiste sie aus dem Bruderland los und ließ alle drei in ein Land ihrer Wahl fliegen. 1980, des Lebens im Untergrund und des bewaffneten Kampfes müde, entschied sie sich, die DDR um Exil für sich und neun weitere RAF-Aussteiger zu bitten. Die DDR nahm sie auf. Ironie der Geschichte ist, daß ausgerechnet ein Großteil der in der DDR untergetauchten RAFler nach ihrer Festnahme in der untergehenden DDR und ihrer Auslieferung an die Bundesrepublik 1990 ihre alten Kampfgenossen, die seit Jahren hier in den Gefängnissen saßen, vor Gericht erneut schwer belasteten.

Meine Undercover-Arbeit brachte mich zweimal auf die Seite 1 des »Neuen Deutschland«. Rechtzeitig hatte ich erfahren, daß ein Hamburger Zeitgeistmagazin ein gefälschtes »Neues Deutschland« entlang der Transitstrecken in den DDR-Raststätten ablegen wollte. Die wackeren Yuppie-Journalisten taten das auch – allein die Stasi fuhr hinterher und sammelte alle Exemplare gleich wieder ein. Ein anderes Mal konnte ich eine Sache aufklären, die schon zu diplomatischen Verstimmungen zwischen Ostberlin und Bonn geführt hatte: Die Westberliner Zeitungen hatten gemeldet, etliche gefälschte DDR-Pässe seien in Westberlin, vor allem in der Kreuzberger Szene im Umlauf, die sich damit Vorteile verschaffe: billiges U-Bahn-Fahren, Begrüßungsgeld, Kino und Theater zum halben Preis. »Das ist eine Ente, ein Mediengag, es gibt die Pässe nicht«, konnte ich vermelden.

Mit Informationen für mich war die Stasi hingegen äußerst sparsam: »Wenn wir dir was journalistisch Verwertbares geben, werden die Westdienste auf dich aufmerksam. Das ist zu gefährlich.« Hatte ich mal eine heiße Recherche, sagten sie höchstens: »Mach mal weiter, da liegst du richtig.« Vor allem wollte ich wissen, wo die VS-Agenten in der Linken saßen. Bis auf eine Ausnahme habe ich aber auch dazu keine Informationen bekommen. Dann hieß es allenfalls: »Paß auf, bleib mal aus der und der Ecke weg, die ist nicht sauber.« Das war es dann auch schon. Nach der Wende sollte ich allerdings aus der gleichen Quelle erheblich mehr erfahren. Bis heute nicht an die Öffentlichkeit gelangt ist allerdings die Namensliste der HVA mit mehr als 80 Agenten westlicher Geheimdienste, die sich vor allem in den siebziger und achtziger Jahren in der linksradikalen Szene Westberlins und der BRD tummelten. Ein- bis zwei Mal im Monat fuhr ich in die konspirative Wohnung in der Christburger Straße. Meistens waren sie beide da, und bei deftigem, selbstgekochtem Essen, für das der Hauptmann zuständig war, ging es gleich zur Sache. Das Auswerten der Papiere, die ich mitgebracht hatte, und die Beurteilungen dauerten nie länger als zwei Stunden, dann fuhr ich, versehen mit neuen Informationen, eilends zurück in den Westen. Für den Transport der diversen Papiere hatte ich eine spezielle Aktentasche in doppelter Ausführung. Bei der Einreise gab ich die volle Tasche noch vor der Kontrolle auf der Gepäckaufbewahrung des Bahnhofs Friedrichstraße ab, überließ den Genossen den Aufbewahrungsschein und nahm das gleiche, aber leere Aktentaschenmodell wieder aus der Christburger Straße mit in den Westen. Geld habe ich nur einmal bekommen: Zum 40. Jahrestag der DDR 1000 D-Mark Prämie für meine »Verdienste als Kundschafter an der unsichtbaren Front«. »Den Orden kriegst du beim nächsten Mal«, fügte der Oberst hinzu. Dazu kam es nicht mehr.

Weil wir uns bestens verstanden und wohl auch zur »Kontaktpflege« verbrachte ich so manches Wochenende mit den beiden in der DDR. Meistens fuhren wir ins Grüne. Genauer gesagt: in das »Objekt 74« nahe der märkischen Ortschaft Briesen. Das Anwesen, ausgestattet mit eigener Energieversorgung, lag mitten im Wald und war nur über einen verdeckten Feldweg zu erreichen, der geradewegs von der Autobahn nach Frankfurt/Oder abging. »Hier haben wir auch Arafats Leibwache ausgebildet. Und nicht nur die. Oder soll Arafat seine Leibwache vielleicht von der CIA schulen lassen?« klärten sie mich beim ersten Besuch in Briesen auf. Nach der Wende erfuhr ich, daß hier auch einige RAF-Kader, unter ihnen Inge Viett, logiert hatten. Für das Wohlbefinden von uns dreien sorgte an solchen Wochenenden ein älteres Hausmeisterpärchen, ansonsten habe ich dort niemand anderen gesehen. Wir angelten, schossen auf Scheiben, grillten und diskutierten bis spät in die Nacht. Aber wir fuhren auch zum reinen Vergnügen auf Besichtigungstour durch die DDR. »Damit du auch mal siehst, warum es sich lohnt, die DDR zu verteidigen.« Wir waren in der alten Handwerkerstadt Suhl, auf dem Rennsteig in Thüringen, an der Mecklenburgischen Seenplatte. Noch tagelang mitgenommen hat mich unser gemeinsamer Besuch im Konzentrationslager Buchenwald auf dem Ettersberg. Die beiden erklärten mir alles, und als wäre es gestern gewesen, fiel mir Onkel Frenny ein und das Buch »Nackt unter Wölfen«, das er mir als damals Fünfzehnjährigem geschenkt hatte. Der Mandrill, die Genickschußanlage, die Dunkelzellen, Pipin ... alles wurde real. Nicht mal mehr zum Bier konnte ich an diesem Abend greifen, so fertig war ich.

Das Doppelleben war anstrengend, denn mein oberstes Gebot war: keine Fehler machen, nicht entdeckt werden. Aber ich war ja routiniert und so umsichtig, daß niemand, vor allem in der taz, Verdacht schöpfen konnte. So nervenaufreibend das auch alles war, ich machte es mit Verve, es war meine Sache, und ich hätte auch mehr gemacht, wenn die Stasi es von mir verlangt hätte. Zu keiner Zeit hatte ich Skrupel, mit den Überlebenden von Auschwitz, Buchenwald, den Exilierten, den Befreiten aus den Zuchthäusern Brandenburg oder Jauer, die nach den Verbrechen der Nazis das antikapitalistische, das neue Deutschland aufbauen wollten, gemeinsam in einer Front zu stehen. Niemand konnte von mir erwarten, daß ich, nachdem ich sowohl draußen mit der Waffe wie auch in der Haft gegen das kapitalistische System in der BRD gekämpft hatte, diesem Staat nun Loyalität entgegenbringen würde. Ich habe mich nie selbst geschont, ich war wütend und verbittert über die schlimmen Haftbedingungen, denen wir unterworfen gewesen waren, ich wollte weiter angreifen. Als Einzelkämpfer konnte ich das nur mit einem mächtigen Verbündeten: das war für mich die DDR. Unbeirrbar zog ich mein Ding durch und kämpfte an zwei Fronten: hier mit der DDR im Rücken, dort mit aggressiver Feder. Als Journalist konzentrierte ich mich weiterhin auf mein Spezialgebiet, die innere Sicherheit.

Im November 1987 kam es zu einer Zäsur in der Demonstrationsgeschichte der Bundesrepublik, und die sollte wenig später für mich zu einer journalistischen Herausforderung werden. An der seit Jahren hart umkämpften Baustelle zur Erweiterung des Flughafens Frankfurt/Main, an der berüchtigten Startbahn 18 West, ereignete sich anläßlich einer Demonstration ein Desaster. Aus dem abrückenden Demonstrantenpulk war bei Dunkelheit auf die nachrückende Polizei geschossen worden. Zwei tote und mehrere verletzte Polizisten blieben im bauchhohen Gras der Mönchsbruchwiesen liegen. Die toten Polizisten bewegten die Republik. Zum ersten Mal war in der BRD aus einer Demonstration heraus auf die Polizei geschossen worden. Anfang März 1988 beschloß die taz, meine Kollegin Maria und mich zu einer Sonderrecherche nach Frankfurt am Main zu schicken. Diese Recherche war nicht die wichtigste, aber vielleicht meine beste Arbeit als Journalist. Der direkte Gegner war die Bundesanwaltschaft, die alle Ermittlungen führte. Die Linke im gesamten Rhein-Main-Gebiet, einschließlich der vielen Bürgerinitiativen, wurde von einer Verhaftungs- und Repressionswelle geradezu überschwemmt. Als wir beide in Frankfurt ankamen, konnte die Bundesanwaltschaft bereits den Täter, die Tatwaffe und ein Dutzend Verhaftete präsentieren. Aufgeklärt, hieß es aus Karlsruhe. Mord aus niedrigen Beweggründen. Wochenlang recherchierten wir vor Ort, sprachen mit Autonomen, mit Teilnehmern jener verhängnisvollen Demonstration, mit den Bürgerinitiativen, Rechtsanwälten, leitenden Polizisten und sogar mit dem Chef des Hessischen Landesamtes für Verfassungsschutz, Günther Scheicher. Ich kannte den Mann. Er war seinerzeit Leiter der Abteilung TE/Terrorismus im BKA und der Chef jenes Greiftrupps, der mich und die Genossinnen vor über zehn Jahren aus Bulgarien geholt hatte. Ich nutzte die »Bekanntschaft« und bat um ein Gespräch. Eine denkwürdige Begegnung. »Herr Meyer, daß wir uns noch mal wiedersehen, hätte ich nicht gedacht«, begrüßte mich der freundliche, weißhaarige Mittsechziger in seinem Dienstzimmer. »Ich auch nicht, Herr Scheicher.« Aus meinen Artikeln, die er regelmäßig lese, »schon rein dienstlich«, habe er ja verfolgen können, welchen Lebensweg ich nun eingeschlagen habe. »Sehen Sie, seien Sie doch froh, daß diese Zeit für Sie so glimpflich ausgegangen ist, Sie sind doch ein fleißiger Journalist und haben Erfolg.« Ich verkniff mir einen Kommentar und nutzte die »alte Bekanntschaft« auf meine Weise. Daß an der Startbahn auch der Verfassungsschutz mit V-Leuten unterwegs war, davon war ich überzeugt. »Hatten Sie einen V-Mann bei den Autonomen, und war der an dem Abend, als die Schüsse fielen, mit an der Startbahn?« wollten wir wissen. Das Interview mit dem Hessischen VS-Präsidenten ist abgedruckt worden: Ja, es gab V-Leute in der Startbahnszene. Mehr ließ er nicht raus.

Schon bei der ersten Besichtigung jener Stellen, an denen die Polizisten tödlich getroffen worden waren, und dem Fundort der Hülsen aus der Todeswaffe, wurde ich sofort stutzig. Das waren gut 500 Meter Entfernung. Meine Erfahrung mit Schußwaffen brachte mich auf die richtige Spur: Auf eine Distanz von 500 Metern kann niemand in Todesabsicht geschossen haben. Gezieltes Schießen mit einer Pistole ist allenfalls auf 100 Meter möglich. Um auf diese Entfernung die Polizisten überhaupt treffen zu können, muß der Todesschütze die Pistole hoch in die Luft gehalten haben. Denn eine Kugel fliegt nur über eine bestimmte Entfernung gradlinig und senkt sich dann zu Boden. War es aber so, dann konnte es sich hier nur um fahrlässige Tötung handeln und nicht um Mord. Ein Unterschied, der viele Jahre Gefängnis weniger oder mehr bedeutete. Wir interviewten einen bekannten, gerichtsvereidigten Schußwaffenexperten, der meine Thesen bestätigte, unter exakter Berechnung der ballistischen Flugbahn: »Wenn der Schütze auf 500 Meter noch tödlich getroffen hat, dann muß er die Waffe erheblich über die Köpfe der anrückenden Polizisten gehalten haben. Daß der noch getroffen hat, ist reiner Zufall.« Das war es! Unsere fünfteilige Startbahnserie wurde ein voller Erfolg und sorgte sogar für erhebliche Auflagensteigerung. Tatsächlich griffen die Verteidiger später im Prozeß gegen die mutmaßlichen Täter unsere These auf, und das Gericht kam nicht umhin, den Hauptverdächtigen wegen zweifachen Totschlags zu 15 Jahren zu verurteilen statt zu lebenslänglich wegen Mordes.

Kaum zurück in Berlin, konnte ich die Polizeispitze wegen ihres brutalen Polizeieinsatzes anläßlich der 1.-Mai-Randale in Kreuzberg schwer attackieren. Eine berüchtigte Sondereinheit hatte nicht nur äußerst brutal auf die Demonstranten eingeschlagen, sondern im Eifer des Gefechts auch noch drei hohe Polizeiführer verhauen, die aus der Nähe das Geschehen beobachten wollten.

Im Regierungssitz, dem Rathaus Schöneberg, ging ich inzwischen ein und aus und war regelmäßig aufmerksamer Beobachter der Sitzungen des Innenausschusses. Tips bekam ich ab und zu nicht nur vom Sicherheitsexperten der AL, sondern inzwischen auch von der oppositionellen SPD. Allerdings wollten Vertreter dieser Partei ungern mit mir, dem Ex-Terroristen, in der Öffentlichkeit gesehen werden. Das sollte sich in den nächsten Monaten ändern. Aber immer »nur unter vier Augen, Herr Meyer«. Ich recherchierte hart hinter Polizei und Geheimdiensten her und konnte mehr als eine Schweinerei aufdecken. Meine vierteilige Serie über den Berliner Verfassungsschutz sorgte für große Unruhe in der Dunkelmännerbehörde, weil ich Praktiken aufgelistet hatte, die diese besser nicht öffentlich erörtert haben wollte. So brachte ich ans Licht, daß der Verfassungsschutz über die Jahre 400 protestantische Pastoren, darunter Aktivisten der Friedensbewegung, abgehört hatte. Anläßlich der Tagung von Internationalem Währungsfonds und Weltbank in Berlin, zu der ich als Sonderberichterstatter abgestellt worden war, gelang es mir erneut, die Bundesanwaltschaft in Rechtfertigungsdruck zu zwingen. Um anreisende Gegner der Tagung schon weit vor Berlin, im Bundesgebiet, abzufangen, hatte die BAW heimlich den Ausnahmeparagraphen 111, wie bei meiner Flucht aus Moabit 1978 groß flächendeckend angewandt. Die taz titelte: »Bundesrepublik unter Ausnahmerecht.«

Im Herbst legte ich mich mit dem Senatsrat Karo im Berliner Verfassungsschutz an. Ich hatte herausbekommen, daß seine Abteilung rechtsextremistische Umtriebe in ihren Berichten systematisch heruntergespielt hatte und daß der wackere Mann zusammen mit dem Kölner Bundesamt für Verfassungsschutz vorsorglich geheime Akten über die Alternative Liste und linke Sozialdemokraten ins Bundesamt nach Köln ausgelagert hatte. Rechte Seilschaften im Berliner Verfassungsschutz befürchteten bei den anstehenden Wahlen einen Sieg von Rot/Grün. Der sollte kommen, und ich half kräftig mit.

Niemals schrieb ich über meine alten Kampfgefährten, unterstützte aber die jeweiligen Redakteure mit Hintergrundwissen auf vielfältige Weise und trug dazu bei, daß eine sachkundige Berichterstattung, vor allem über die Haftbedingungen, erfolgte. Persönlich hörte ich nichts von den Genossen. Andererseits sorgten meine ehemaligen Kampfgefährten aus dem Knast heraus dafür, daß ich in der Szene Schwierigkeiten bekam. Vor allem die Fanclubs des bewaffneten Kampfes – vornehmlich Maulhelden – entblödeten sich nicht, mich als »gehirngewaschenen und orientierungslosen Verräter an der Sache der Revolution« anzupöbeln.

Meine Enthüllungsgeschichten waren inzwischen bei der regierenden CDU so gefürchtet, daß mich eines Tages der amtierende Innensenator Kewenig vom Parlamentspult herunter öffentlich angriff: »Dieser Ex-Terrorist Till Meyer, das ist der, der hier ständig

Enthüllungsgeschichten schreibt und für Unruhe sorgt.« Baff erstaunt hörte ich den Ausfällen des Senators auf der Pressebank zu und wußte, du liegst richtig. Ich sah meine journalistische Aufgabe darin, die Politik durch Öffentlichkeit dazu zu zwingen, ihre eigenen Gesetze einzuhalten. Wann immer ich die Lobby im Rathaus Schöneberg betrat, verdufteten die CDU-Abgeordneten und viele Kollegen, vor allem die von der Springer-Presse, aus meiner Nähe, als hätte ich die Pest. Mir machte das ganze Spaß, frech und arrogant grinste ich den CDU-Vertretern ins Gesicht. Sie haßten mich.

Im Spätherbst, wenige Wochen nach dem Ende der Weltbanktagung, die mit Massendemonstrationen und viel Randale abgelaufen war, gelang es mir, einen brisanten Recherchefaden aufzunehmen. Wieder mal hatte der Sicherheitsexperte der SPD im Innenausschuß eine sibyllinisch formulierte Frage an Innensenator Kewenig gerichtet: Kann es sein, daß ein Anti-IWF-Demonstrant inflagranti beim Steinewerfen ertappt und festgenommen wurde, bereits anderntags aber vom Haftrichter auf freien Fuß gesetzt wurde? Heftig bestritt der Senator eine »solche Unmöglichkeit. Unsere Gerichte sind unabhängig. Wir hatten keine Provokateure unterwegs.« Aber doch. Der SPD-Sicherheitsexperte, ein mir durch und durch sympathischer und eloquenter Mann, war zugleich auch der SPD-Vertreter in der »parlamentarischen Kontrollkommission«, zuständig für die Überwachung der Geheimdienste. Wenn der Mann anfragte, dann wußte er natürlich bereits, daß die Sache stimmte – und ich auch!

WestBerlin steckte mitten im Wahlkampf. Ende Januar 1989 sollte das neue Parlament gewählt werden. Sechs Wochen vor dem Wahltermin gelang mir ein Schlag gegen den CDU-Senat, der die Wellen im bundesdeutschen Blätterwald hochschlagen ließ, vor allem in Berlin sorgte meine Enthüllung für anhaltende Furore. Ich war der Sache mit dem Steinewerfer nachgegangen und hatte den Mann auch bald in einem Anarchistenzirkel in Moabit aufgetrieben. Ein 24jähriger, erst vor Jahresfrist aus der DDR nach Westberlin übergesiedelt. Stadtguerillero wolle er gern sein. Alles, was er darüber in der DDR erfahren könne, habe er gesammelt. Die RAF sei sein Vorbild. Und warum dann der Verfassungsschutz? Mit raffinierten Tricks gelang es mir, den Mann zum Reden zu bringen. Zusammen mit einem taz-Kollegen lief ich den Mann ein weiteres Mal an, und wir ließen uns seine abenteuerliche Geschichte auf das mitgebrachte Tonband erzählen. Zum VS sei er nach seiner Ausreise aus der DDR gekommen: Die Franzosen, die ihn zuerst verhört hätten, weil sein Vater ein hoher Offizier in der NVA sei, hätten ihn anschließend an die deutschen Kollegen weitergereicht. Mitgemacht habe er aus purer Abenteuerlust. Er plauderte freimütig runter, was er wußte. Der VS habe ihn unter dem Decknamen »Lange« geführt und auf die Autonomen angesetzt. Seinem V-Mann-Führer »Max« war das aber wohl zu wenig, und so setzte er den jungen Naiven ausgerechnet auf den Kontrolleur der Geheimdienste, den SPD-Sicherheitsexperten, an. Dreimal sei er zu dem SPD-Abgeordneten geschickt worden. Stimmungslagen sollte er erkunden und versuchen zu erfahren, was der SPD-Mann über ihn, »Lange«, eigentlich genau wisse. Das war ein Skandal! Der Geheimdienst läßt jenen bespitzeln, der ihn zu kontrollieren hat. Mein Aufmacher: »Bis zu den Wahlen alles abstreiten.« Das hatte dem armen Würstchen noch sein V-Mann Führer »Max« mit auf den Weg gegeben – bevor man ihn fallenließ.

Wir schrieben eine ganze Seite, inklusive der enthüllenden Passagen des Interviews mit »Lange«. Noch am Abend vor dem Erscheinungstermin war ich mit einem Vorabdruck im Zimmer des SPD-Abgeordneten. »Hier, lesen Sie mal, was wir morgen bringen!« Der Mann drückte mir mit beiden Händen lange die Hand. Das war Futter für die Sozialdemokraten in der heißen Phase des Wahlkampfes: Die CDU verlor, es kam eine rot-grüne Regierung, der SPD-Abgeordnete wurde Innensenator.

Die Stasi erfuhr von dem Coup erst aus der Presse. Während dieser Recherche hatte ich überhaupt keine Zeit, rüber zu fahren. »Mensch, Genosse, da hast du aber ein Ding gelandet. Paß bloß auf, du rückst immer mehr ins Fadenkreuz der Reaktion. Die hören längst dein Telefon wieder ab. Mach nur keine Fehler, die stellen dir noch eine Falle. Denk an deine Bewährung.« Natürlich war man in Ostberlin über diesen Schlag gegen den CDU-Senat besonders erfreut, erhoffte die SED sich doch zu Recht ein erträglicheres Auskommen mit einer rot-grünen Regierung.

Nach der Wende forderte die CDU prompt einen Untersuchungsausschuß. Sie argwöhnte, meine Enthüllungsgeschichten seien im Komplott mit der Stasi gelaufen. Alles Blödsinn. Ich habe gut recherchiert, kannte meine Gegner und war natürlich voll motiviert.

Aber nicht nur die Stasi warnte mich vor zu großem Eifer. Auch ein SPIEGEL-Vertreter in Westberlin, zu dem ich ein gutes, wenn auch nur lockeres, kollegiales Verhältnis hatte, meinte eines Tages: »Mensch, Till, häng dich nicht so weit raus. Oder lege nach, dann bist du unangreifbar.« Kurz vor dem Wahltag, im Januar 1989, legte ich noch mal nach. »Der V-Mann war immer gut plaziert« titelte die taz diesmal. Ich war Gerüchten nachgegangen, denen zufolge im Komplex um die Erschießung des Studenten und Möchtegern-Guerillero Schmücker ein weiterer, bisher noch nicht entdeckter V-Mann unterwegs gewesen war: Deckname »Flach«. Jahrelang hatte »Flach« sogar als Anwaltsgehilfe ausgerechnet in der Kanzlei eines Anwalts gesessen, der die Angeklagten im Schmücker-Verfahren verteidigte. Und wieder mußte sich Innensenator Kewenig öffentlich rechtfertigen. Entscheidend bei diesen schwierigen Recherchen war, daß ich wußte, wo ich ansetzen mußte. Ich wußte, wer was wissen mußte, und schenkte vor allem nie den Dementis der Verantwortlichen Glauben.

Nach der Regierungsübernahme durch Rot/Grün verbesserte sich auch mein Informationsfluß in Sachen »innere Sicherheit«. Der von der AL, die jetzt mit in der Regierung saß, gebildete »Ausschuß zur Reform des Verfassungsschutzes« lud mich mehrmals als »Experte« zu seinen Sitzungen. Natürlich hielt ich die Stasi über den Stand der »Reform« der Feindbehörde auf dem laufenden.

Das Jahr 1989 sollte zur politischen und damit für mich auch zur persönlichen Katastrophe werden.

Die taz war jetzt nur noch auf Feindkurs. Von Monat zu Monat forcierte sie ihre subversive Berichterstattung aus und über die DDR. Aus der DDR ausgewiesene »Bürgerrechtler«, nicht wenige von ihnen mit besten Verbindungen zu westlichen Geheimdiensten, steuerten die taz-Berichterstattung über die DDR. Diese druckte ab, was souffliert wurde, zumeist ohne die Möglichkeit der

Gegenrecherche. Da entdeckten ehemalige Führer maoistischer Parteien »das Progressive im polnischen Katholizismus«, andere Redakteure kaprizierten sich ausschließlich auf die Menschenrechtsverletzungen in der DDR, obwohl die Bundesrepublik es war, die von der UNO wegen ihrer Hochsicherheitstrakte gerügt wurde. Ich fühlte mich in der taz jetzt wie in Feindesland.

»Warum laßt ihr die Hetzer noch rüber?« wollte ich von der Stasi wissen. »Die sind doch alle bei uns auf der Rolle, wo auch immer die hingehen, unsere Leute sind bereits da. Alles, was sich jetzt hier als Opposition geriert, ist von unseren Leuten unterwandert. Außerdem wollen die meisten sowieso nur ausreisen.« – »Die wollen euch nur schaden, macht mit dieser Pfaffenrevolte Schluß, ihr unterschätzt die Außenwirkung dieser Leute.« Später sollte sich die taz rühmen, als erste so intensiv über die DDR-Opposition berichtet zu haben wie sonst keine andere Zeitung in der Bundesrepublik. Die bürgerliche Presse lohnte es den Schreiberlingen nach der Wende mit gut dotierten Posten in ihren Medien, einer landete sogar als Pressesprecher in der »Gauck-Behörde«. »Eine linke Zeitung hat vor allem eins nicht zu sein: antikommunistisch!« schimpfte ich den diversen Osteuropaexperten der taz vergebens ins Gesicht. Die arbeiteten nicht nur mit der taz, sondern sogar mit dem stramm antikommunistisch ausgerichteten »Radio Free Europe« zusammen. Je mehr die taz die DDR-Opposition ins Blatt holte, desto mehr schlug ich auf die rechten »Republikaner« ein, die mit 7 Prozent ins Westberliner Abgeordnetenhaus eingezogen waren. »Der Feind steht rechts«, war meine Devise. Ich schlich mich sogar, getarnt als Hans Schulz, in die rechtsradikale Partei ein und konnte über ihre innere Struktur enthüllende Reportagen schreiben. Nicht lange: »Vorsicht, rote Wanze, Journalist«, grassierte bald mein Foto in den rechten Zirkeln.

Auf die sogenannten DDR-Dissidenten wollte mich die Stasi partout nicht ansetzen. »Wir haben die alle im Griff, und sie sind auch unbedeutend. Sorge macht uns eher der große Bruder, die UdSSR«, hieß es dann immer. Ich protestierte: »Wie könnt ihr es zulassen, daß die jeden Tag im Westfernsehen von Kirchentreppen herunter die Konterrevolution predigen, geht endlich gegen die vor. Was glaubt ihr, was mir passieren würde, wenn Tag für Tag die

›Aktuelle Kamera‹ in meinem Kreuzberger Loch auftauchen würde, um sich nach dem Stand der Opposition in der BRD zu erkundigen? Weg wäre ich, aber wie!«

Tatsächlich war es so, daß die Umtriebe der Bürgerbewegten, der diversen »Umweltbibliotheken« von vorn, unten oder hinten, für den Bestand oder Nicht-Bestand der DDR unbedeutend waren. Moskau hatte alle Fäden in der Hand. Also hielt ich mich von der ganzen verlogenen Schlammschlacht der taz-Berichterstattung gen Ost und ihrem konterrevolutionären Troß fern. Widerwillig. In vielen Gesprächen, die ich mit dem Oberst und dem Hauptmann in Ostberlin führte, wurde mir langsam klar, daß sich der gesamte Ostblock dank Gorbatschow in einer Krise befand. Aber daß alles zusammenbrechen könnte, daran habe ich damals keine Minute geglaubt. »Till, ich war kürzlich in Moskau, die Regale sind wirklich leer. Lebensmittel habe ich denen von hier mitgebracht. Die Russen wollen nicht mehr für internationale Solidarität und die Rüstungsspirale bezahlen. Das Land ist am Abgrund«, hatte der Oberst mir erzählt. »Aber wir geben nicht auf, wir verteidigen unsere DDR.« – »Das will ich auch hoffen«, gab ich zurück.

Seit Monaten hatte ich zusammen mit der Kollegin Maria geplant, zum Wahlkampf ins ferne Chile zu reisen, um von dort für mehrere Zeitungen zu berichten. Es war abzusehen, daß die Pinochet-Diktatur nach 16 Jahren Herrschaft fallen würde. Darüber wollten wir berichten. Am 18. Oktober, fünf Tage vor unserer Abreise, traf ich mich noch einmal, es sollte das letzte Mal sein, mit dem Oberst in der Christburger Straße. Gerade war Honecker abgewählt worden, und Egon Krenz hielt seine Antrittsrede. Wortlos saßen wir vor dem Fernseher und lauschten dem, was er sagte. Mir kam es schon eher wie ein Abgesang vor, während der Oberst offenbar noch optimistisch war. »Das kann ein neuer Anfang werden. Wir haben viele Fehler gemacht in der Konfrontation mit dem übermächtigen Feind nebenan, aber wir werden es noch einmal rumreißen. Die DDR geht nicht unter.« Es beruhigte mich, obwohl mir klar war, daß der Mann große Sorgen hatte. »Soll ich hierbleiben, seid ihr wirklich am Ende?« fragte ich ihn beklommen. »Nein, nein, fahr du mal, wir kriegen das in den Griff.« Inzwischen waren die Botschaften in Budapest und Prag bereits mit DDR-Bürgern überfüllt. »Die lassen wir noch mal gehen, dann ist Schluß.« Zum Abschied ließ er mich noch wissen: »Wenn irgendwas in Chile schieflaufen sollte für euch, dann könnt ihr in unsere Botschaft rennen. Wir haben da Bescheid gesagt.« Schwer deprimiert verließ ich den Genossen und war total unschlüssig, ob ich überhaupt fahren sollte. Aber ich vertraute auf die Kraft der Massen, die ich noch immer hinter dem Sozialismus in der DDR stehend wähnte.

Am 23. Oktober 1989 hob unsere Maschine mit Ziel Buenos Aires ab. Mit dem Bus quer über die Anden erreichten wir einen Tag später Santiago de Chile. Wir sind bewußt nicht bis Santiago geflogen, weil ich nicht sicher sein konnte, daß Pinochet mich als Ex-Terroristen nicht postwendend auf den Rückflug schicken würde. Gestank, Hitze, Dreck. Hier konnten wir erstmals wirklich sehen, was strukturelle Armut bedeutet, was es bedeutet, wenn die Monetaristen, die berüchtigten Chicago-Boys, freie Hand haben und im Interesse der multinationalen Konzerne ein Land zugrunde richten dürfen.

Wir meldeten uns ordnungsgemäß als ausländische Korrespondenten anläßlich der Wahl am 16. Dezember beim Innenministerium an und bekamen eine Berichterstatter-Lizenz. Von morgens bis abends rasten wir durch die Gluthitze, machten Interviews mit Vertretern der erstmals wieder zugelassenen linken Parteien, waren auf Wahlveranstaltungen der Rechten und der Linken. Bereits von Berlin aus hatten wir ein Treffen mit der Untergrundorganisation »Frente Patriotico Manuel Rodriguez« verabredet. Im Nobelviertel Providencia sollten wir am 2. November eine bestimmte Straße einmal auf und ab gehen, unter dem Arm einen gelben Aktendeckel, und anschließend in einen x-beliebigen Omnibus steigen. So machten wir es. »Guten Tag, wissen Sie, wie ich zur Moneda komme?« sprach uns eine kleine, zierliche, etwa 35jährige Frau im Bus auf spanisch an. Das war das Erkennungswort. Maria antwortete mit unserem Paßwort: »Ja, Sie müssen dreimal umsteigen.« An der nächsten Haltestelle stiegen wir drei aus. Anfang Dezember plane die »Frente«, die erst vor kurzem mit einem gescheiterten Attentat auf den Diktator von sich reden gemacht hatte, eine illegale Pressekonferenz. Wir sollten kommen, man werde uns zur gegebenen Zeit mit verbundenen Augen an einen bestimmten Ort fahren. Dort könnten wir dann alles fragen, erfahren und darüber schreiben. Eine höchst sympathische und sehr schöne Genossin, und meinem erfahrenen Blick war auch nicht entgangen, daß sie in der Handtasche eine Waffe trug.

Kaum in unserem Quartier angekommen, warf ich erst mal die Wurfantenne meines Weltempfängers in die Bäume, um die Deutsche Welle zu hören. Was ich oft atmosphärisch verzerrt aus dem 13 000 Kilometer entfernten Deutschland hörte, raubte mir den Schlaf. Demonstrationen: »Wir sind das Volk«, aus Leipzig, Dresden, Ostberlin. Wo ist die Partei, die FDJ, die Massen müssen auf die Straße, gegenhalten! schimpfte ich. Ich war verzweifelt. Jede Nacht, immer kurz nach Mitternacht in Chile, 18 Uhr in Deutschland, rief der Hecht an: »Till, hier ist die Hölle los. Die brechen zusammen.« Widerstand? Bürgerkrieg? »Quatsch, nichts machen sie. Dein Idol Mischa Wolf ist gestern zusammen mit der Konterrevolution auf dem Alex aufgetreten – ausgepfiffen haben sie ihn.« Die Partei? »Abgetaucht! Nichts passiert. Solche Masken wie Bohley und diverse Eppelmänner führen jetzt das große Wort. Die gehen den Bach runter.« Ich wollte nicht mal dem Hecht glauben, obwohl ich längst wußte, daß es wahr sein mußte. Verdränge, vielleicht geht es doch noch anders ab, redete ich mir in den schlaflosen Nächten ein. »Hier geht die Geschichte ab«, beschied uns die taz aus dem fernen Berlin durchs Telefon. »Ihr braucht gar nichts mehr zu schreiben, Pinochet, das interessiert hier keinen mehr.« Einen Artikel hatten wir in der Zeit in Berlin unterbringen können. »In Chile spricht man von Ottostroika«, hieß es da. Verwundert waren die Chilenen vor allem über die vielen gut gekleideten Flüchtlinge, die sogar mit dem eigenen Auto fliehen konnten. »Aber den Kontakt mit den Illegalen, den müßt ihr unbedingt noch machen«, trötete der durchgeknallte taz-Redakteur noch lauthals durchs Telefon. Mir fiel vor Schreck fast der Hörer aus der Hand. Wir wohnten zur Untermiete bei deutschen Menschenrechtlern, die mit Sicherheit von der Geheimpolizei abgehört wurden. Der taz-Mann aus Berlin hatte uns und vor allem unsere Kontaktleute von der »Frente« in höchste Gefahr gebracht. Postwendend schickten wir beide unsere Kündigung an die taz.

Am 10. November waren wir wieder unterwegs zu einem Interview. Vor mir lief ein Mann mit der Mittagszeitung »Segunda« unter dem Arm. »Mensch, Maria, guck mal, das ist doch die Mauer! Und alles voller Menschen obendrauf!« Wie vom Blitz getroffen starrte ich das Foto an: »La caida del muro en Berlin...« Die Mauer war gefallen. Das war das Ende der DDR. Oder? Es wird Bürgerkrieg geben, sie werden doch ihren Staat nicht kampflos der Konterrevolution überlassen. Jetzt hielt mich nichts mehr, ich wollte nach Berlin. Im Eiltempo fuhren wir zurück nach Deutschland.

Nach ein paar Tagen und nächtelangen Gesprächen mit meinen alten Freunden war mir klar: Wir hatten verloren, die DDR wird untergehen. Wochenlang lag ich richtig krank im Bett und weigerte mich, Nachrichten zu hören, fernzusehen oder Zeitungen zu lesen. Maria mußte mir alles erzählen.

Ende Januar 1990 endlich eine Nachricht der Stasi: Ein Zettel in meinem Kreuzberger Briefkasten gab einen Treffpunkt an der Dimitroffstraße an. Scharfer Wind und eiskalter Regen. Ich wartete und wartete. Mit zwei Stunden Verspätung erschien der Hauptmann. Ich setzte mich zu ihm ins Auto. »Genosse, wir haben verloren, der Sozialismus in der DDR ist am Ende. Du bist jetzt offiziell abgeschaltet. Wir haben alles von dir vernichtet, aber du kannst nicht sicher sein, daß sie dich nicht doch entdecken. Einiges von dir ist ganz oben gelandet. Das war's.« Schweigend hatte ich zugehört. »Warum habt ihr euch nicht gewehrt?« wollte ich wissen. »Zu spät. Und der große Bruder wollte es auch nicht, was hätten wir tun können?« Wir umarmten uns und wünschten uns viel Glück. »Rot Front, Genosse, die Geschichte ist noch nicht zu Ende!« rief ich dem langsam Davonfahrenden noch hinterher.

Der Modrow-Regierung trauten wir nichts mehr zu. Die DDR war in Auflösung. Die Grenzer ließen sich schon mit Zigaretten und Bananen beschenken. Die Staatsautorität war allenthalben dahin. Längst schon gingen die westdeutschen Geheimdienste in den Archiven der Stasi ein und aus und fuhren Lkw-weise ab, was ihnen wichtig erschien. Und die ersten Immobilienhaie aus dem Westen grasten die DDR nach lohnender Beute ab. Mit einem halben Dutzend Genossen setzte ich mich hin und entwarf den »Berliner Aufruf«. Anläßlich der ersten sogenannten freien Wahlen in der DDR am 18. März wollten wir noch einmal gegenhalten: »Was in der DDR unter den Rufen ›Freiheit ist immer nur die Freiheit des anders Denkenden‹ auf Kirchentreppen begann, hat in der Parole ›Freiheit statt Sozialismus‹ sein Ende gefunden. (. . .) Beklatscht und bejubelt wird der Umbruch in der DDR als ›friedliche Revolution‹ – stattgefunden hat jedoch ein Salto rückwärts zur kapitalistischen Hackordnung. Gefeiert wird die Niederlage des Sozialismus, die ausgegeben wird als Beweis für das Scheitern einer Idee. Die antikommunistische Allianz vom Klerus bis zu den ›Freiheit statt Sozialismus‹-Propheten in Wirtschaft und Politik verkündet die Widerlegung eines Menschheitstraums, die Widerlegung der Utopie einer Gesellschaft ohne die Herrschaft der wenigen über die vielen. (. . .) Unter bundesdeutschen Flaggen wird Montag für Montag in Leipzig als ein Befreiungsschlag gegen den Sozialismus in der DDR gefeiert, was sich als real existierender Kapitalismus bitter rächen wird (. . .).« Zur Demonstration und Kundgebung einen Tag vor der Wahl kamen knapp 20 000 Wiedervereinigungsgegner.

Was auf die Wahl folgte, ist bekannt. Die Bürger der ehemaligen DDR bezahlten ihr »Helmut, Helmut«-Geschrei nur fünf Jahre später mit dem fast vollständigen Bankrott ihrer Volkswirtschaft, mit Massenarbeitslosigkeit, mit sozialem und menschlichem Elend. »Daß man Freiheit und Demokratie nicht fressen kann, haben die DDRler doch von Kind an in der Schule gelernt. Nicht aufgepaßt, wie!« kommentierte der Hecht sarkastisch den Ausgang der Wahl.

Auch im letzten Akt dieses Dramas mußte ich einen kühlen Kopf behalten. Die von den Medien als »teuflische RAF-Stasi-Connection« hochgepushte angebliche Unterstützung der DDR für die RAF war mit der Verhaftung der zehn in der DDR untergetauchten RAF-Aussteiger im Sommer 1990 auf ihrem vorläufigen Höhepunkt. »Natürlich haben wir sie aufgenommen. Haben wir damit nicht einen Beitrag zur Resozialisierung geleistet?« empörte sich der Oberst über das wütende Geschrei. »Hat die BRD jemals einen

DDR-Bürger an uns ausgeliefert, selbst wenn es ein Doppelmörder war? Freigesprochen wurden die auch noch vor BRD-Gerichten!« Im März des Jahres 1991 sollte es für den Oberst eng werden. »Wegen Unterstützung der RAF hat die Bundesanwaltschaft in den frühen Morgenstunden sechs Haftbefehle gegen führende Offiziere der Abteilung XXII der Staatssicherheit der DDR vollstreckt. Die Männer, unter ihnen General Neiber, werden verdächtigt, die RAF in der DDR im Umgang mit der sowjetischen Panzerfaust RPG 7 unterwiesen zu haben.« Mit einer solchen Waffe hatte die RAF im Herbst 1981 in der Nähe von Heidelberg auf den Oberbefehlshaber der US-Streitkräfte in Europa, General Kroesen, gefeuert. Der General blieb damals nur durch einen Zufall unverletzt.

Das Radio meldete aber auch, daß gegen einen der sechs der Haftbefehl nicht vollstreckt werden konnte. Der Mann war dem Greiftrupp des BKA entkommen. Es war der Oberst. Noch am selben Tag suchten und fanden wir uns. Da stand er auf dem Wittenbergplatz, mit nicht mehr als einer Plastiktüte in der Hand. Die so dämonisierte, gefürchtete und mächtige Staatssicherheit auf der Flucht! Ohne Hilfe der einschlägigen linken Szene, aber mit Unterstützung einiger junger Hitzköpfe und alter, erfahrener Antifaschisten gelang es uns, den überall gesuchten Mann über sechs Wochen in Berlin zu verstecken. Den werdet ihr nicht kriegen! Jetzt mußte der Hecht ran: Wir brauchten einen falschen Paß, der Oberst mußte außer Landes. »Die Schießübung hat tatsächlich stattgefunden«, erklärte er mir, »aber nach dem Anschlag auf Kroesen. Also Beihilfe zum Mordversuch kann nicht stimmen. Wir haben die drei RAFler im Frühjahr 1982 mit der RPG schießen lassen, der Anschlag war aber ein gutes halbes Jahr vorher. Dafür gibt es massenhaft Beweise. Das Ganze dient doch nur der Propaganda. Siegerjustiz.« Selber fälschen konnte ich nicht, weil mir die notwendigen Utensilien fehlten. Der Hecht brach nach Westdeutschland auf und konnte kurz darauf vermelden: »Alles klar, vier Mille kostet das Ding.« Es war eine gelungene Totalfälschung. Durch mich abgeschirmt, verließ der Mann über den deutsch-polnischen Grenzübergang Frankfurt/Oder das neue, große Deutschland.

Die Kollegen des Oberst saßen genau ein halbes Jahr in Haft, bis sich dann zweifelsfrei herausstellte, daß die ganze Sache doch im Jahre 1982 stattgefunden hatte.

Erst anderthalb Jahre später wurde der Oberst von einem BKA-Zielfahndungskommando in Griechenland aufgespürt und verhaftet. Er wurde in Berlin wegen eines anderen Delikts vor Gericht gestellt und zu viereinhalb Jahren Gefängnis verurteilt.

Im Januar 1992 sollte es auch für mich eng werden. Ein Magazin rief bei mir an und behauptete unumwunden, daß ich für die Stasi gearbeitet hätte. Das wisse man durch Überläufer. Und Überläufer, aus mangelnder Moral, aus Geldgier oder wegen des Versprechens auf einen Job, gab es einige. Kein Wunder, wenn schon Teile der Führung des einstigen »Schild und Schwert der Partei« würdelos vor dem Klassenfeind in die Knie gegangen waren. Ich hatte keine Wahl. »Wenn Sie es nicht selbst einräumen«, ließ der Journalist mich wissen, »dann bringen wir das eben ohne Sie.« Also in die Offensive. Was konnten sie mir schon, hatte ich Geheimnisverrat begangen, Attentate geplant? Nein! Also setzte ich mich vor die Kamera und bekannte mich zur Sache: »Ja, ich habe es gemacht, es war mein Ding. Alles, was wir jetzt haben, ist doch eine Katastrophe. Großdeutschland inklusive!« Entsetzen in der taz – »wir haben eine Natter an unserer Brust (sic!) genährt« – Ermittlungsverfahren bei der Bundesanwaltschaft. »Die Denunzianten-Schleimspur, die selbsternannten Rächer, die so tun, als sei die SED schlimmer als die Nazis und das MfS übler als die Gestapo, widern mich an. Die DDR war kein Unrechtsstaat, auch wenn das die schwer gefolterten Bier- und Eppelmänner noch so oft behaupten. Es ist ungeheuerlich, daß sich jedes Arschloch unter dem Beifall der bundesdeutschen Reaktion an unseren Idealen die Füße abputzen kann.«

Die Bundesanwaltschaft stellte das Ermittlungsverfahren gegen mich mangels Aktenfunden zwei Jahre später ein.

Nach einer Zeit der Lethargie und Lähmung begann ich wieder zu recherchieren. In meinem ersten Fernsehbeitrag enthüllte ich einen gelungenen Coup der Westberliner Baumafia auf ihrem Beutezug im Osten. Schließlich muß man kein Wetterprophet sein, um zu wissen, woher der Wind weht.

Nachtrag

Im April 1992 erklärten die Kommandos der RAF die Rücknahme ihrer bewaffneten Aktionen. Vier Jahre später bekannten ehemalige Gefangene aus der RAF auf einer Veranstaltung in Berlin: Der bewaffnete Kampf in der BRD ist gescheitert.

Die militärische Auseinandersetzung zwischen dem Staat Bundesrepublik und seiner Fundamentalopposition ist beendet. Die vielen Opfer, die es in dieser 25 Jahre währenden Auseinandersetzung auf beiden Seiten gegeben hat, werden durch den Rachefeldzug der Verfolgungsbehörden nicht wieder lebendig. Noch immer sitzen Angehörige der RAF unter Sonderhaftbedingungen, einige von ihnen seit über 15 Jahren, in den Sicherheitsabteilungen der Gefängnisse. Es ist an der Zeit für eine Geste des Siegers: Amnestie. Freiheit für die politischen Gefangenen.

Ingrid, Ina Siepmann, verlor ihr Leben beim Einmarsch der Israelis in den Libanon 1982. Johannes Roos setzte seinem Leben 1992 selbst ein Ende. Gabriele Kröcher-Tiedemann starb nach fast 15 Jahren Haft und gerade kurz in Freiheit 1995 an Krebs. Rolf Pohle lebt als Übersetzer in Athen. Verena Becker wurde wegen schwerer Krankheit vorzeitig aus der Haft entlassen. Rolf Heißler, bei seiner Festnahme durch einen Kopfschuß schwer verletzt, sitzt noch heute in Haft. Horst Mahler ist wieder ein begehrter Wirtschaftsanwalt. Gabriele Rollnik, Angelika Goder und Klaus Viehmann saßen die 15 Jahre Haft ab. Bis zum letzten Tag haben auch Ralf Reinders und Ronald Fritsch ihre Strafe in der Haftanstalt Moabit abgesessen. Andreas Vogel saß die letzten drei der zehn Jahre im Hochsicherheitstrakt Celle ab. Gerald Klöpper kam nach neun Jahren frei. Fritz Teufel arbeitet als Fahrradkurier in Berlin. Inge Viett ging Anfang der achtziger Jahre ins Exil in die DDR. Ihr wurde 1992 in Koblenz der Prozeß gemacht. Sie sitzt noch heute in Haft. Roger, Schulze und Struppi, Captain Haddock und all die vielen anderen, die seinerzeit aktiv auf unserer Seite waren und den Kampf erst ermöglicht haben, leben unentdeckt von den Verfolgungsbehörden ein Leben in bürgerlicher Existenz.

Rudolf Augstein (Hrsg.)
Die Welt im Wandel
Reportagen 1980 - 1995
640 Seiten, gebunden

Ein deutsches Jahrzehnt
Reportagen von 1985 - 1995
608 Seiten, gebunden

Klaus Brinkbäumer / Hans Leyendecker
Heiner Schimmöller
Reiche Steffi, armes Kind
Die Akte Graf
416 Seiten, gebunden

Henryk M. Broder
Volk und Wahn
256 Seiten, gebunden

John Douglas / Mark Olshaker
Die Seele des Mörders
25 Jahre in der FBI-Spezialeinheit
für Serienverbrechen
448 Seiten, gebunden

Jäger in der Finsternis
Der Top-Agent des FBI schildert
seine Methoden bei der Fahndung nach
Serienmördern
ca. 448 Seiten, gebunden

Hohlspiegel
Fundstücke aus 15 SPIEGEL-Jahren
Herausgegeben von Manfred Weber
128 Seiten, gebunden

Hohlspiegel
Neue Folge
144 Seiten, gebunden

Christiane Kohl
Der Jude und das Mädchen
Eine verbotene Freundschaft in Nazi-
deutschland
384 Seiten, gebunden

Alexander Lebed
Rußlands Weg
*576 Seiten + 16 Seiten Bildteil,
gebunden*

Nick Leeson
Das Milliarden-Spiel
Wie ich die Barings Bank ruinierte
336 Seiten, gebunden

Robert S. McNamara
Brian VanDeMark
Vietnam
Das Trauma einer Weltmacht
512 Seiten, gebunden

Till Meyer
Staatsfeind
Erinnerungen
480 Seiten, gebunden

Roger Morris
Die Clintons
Eine amerikanische Karriere
480 Seiten, gebunden

Norbert F. Pötzl
Basar der Spione
Die geheimen Missionen des
DDR-Unterhändlers Wolfgang Vogel
544 Seiten, gebunden

Richard Rhodes
Tödliche Mahlzeit
BSE: Eine schleichende Epidemie
bedroht die Menschheit
ca. 240 Seiten, gebunden

Dieter Schenk
Der Chef
Horst Herold und das BKA
ca. 528 Seiten, gebunden

Spiegel-Almanach 1999
Alle Länder der Welt:
Zahlen, Daten, Analysen
ca. 608 Seiten, brosch.

Tiziano Terzani
Fliegen ohne Flügel
Eine Reise zu Asiens Mysterien
480 Seiten, gebunden

GOLDMANN

SPIEGEL-Bücher bei Goldmann

Rudolf Augstein (Hrsg.),
Ein deutsches Jahrzehnt 12954

Tiziano Terzani,
Fliegen ohne Flügel 12952

Robert S. McNamara/
Brian VanDeMark, Vietnam 12956

John Douglas/Mark Olshaker,
Die Seele des Mörders 12960

Goldmann • Der Taschenbuch-Verlag

GOLDMANN

Biographien der Gewalt

Guido Knopp,
Hitler – Eine Bilanz   12742

Guido Knopp,
Hitlers Helfer   12762

Alan Bullock,
Hitler und Stalin   12757

Goldmann • Der Taschenbuch-Verlag

GOLDMANN

Perspektiven für die Zukunft

Michael Rutz (Hrsg.),
Aufbruch in die Bildungspolitik 15001

Günter und Peer Ederer,
Das Erbe der Egoisten 12696

Nicholas Negroponte,
Total digital 12721

Michail Gorbatschow u. a.,
Das Neue Denken 12754

Goldmann • Der Taschenbuch-Verlag

GOLDMANN

*Das Gesamtverzeichnis aller lieferbaren Titel erhalten Sie
im Buchhandel oder direkt beim Verlag.*

Taschenbuch-Bestseller zu Taschenbuchpreisen
– Monat für Monat interessante und fesselnde Titel –

✴

Literatur deutschsprachiger und internationaler Autoren

✴

Unterhaltung, Thriller, Historische Romane
und Anthologien

✴

Aktuelle Sachbücher, Ratgeber, Handbücher
und Nachschlagewerke

✴

Esoterik, Persönliches Wachstum und
Ganzheitliches Heilen

✴

Krimis, Science-Fiction und Fantasy-Literatur

✴

Klassiker mit Anmerkungen, Autoreneditionen
und Werkausgaben

✴

Kalender, Kriminalhörspielkassetten und
Popbiographien

Die ganze Welt des Taschenbuchs

Goldmann Verlag · Neumarkter Str. 18 · 81673 München

Bitte senden Sie mir das neue kostenlose Gesamtverzeichnis

Name: _____

Straße: _____

PLZ / Ort: _____